兵者，国之大事，死生之地，存亡之道，不可不察也。

……

夫未战而庙算胜者，得算多也；未战而庙算不胜者，得算少也。多算胜，少算不胜，而况无算乎？吾以此观之，胜负见矣。

——摘自"孙子兵法《始计篇》"

译文①：战争，是国家的头等大事，是关系到民众的生死所在，是决定国家存亡的途径，作为国家的领导人不能不认真考察研究。

……

译文①：未开战而在庙算中就认为是会胜利的，是因为具备的制胜条件多；未开战而在庙算中就认为是不能胜利的，是因为具备的制胜条件少。具备制胜条件多就能取胜，具备致制条件少就不能取胜，何况一个制胜的条件也不具备的呢，我从这些对比分析来看，战争胜负的情形就可以预见到了。

"庙算"，是指战争之前的战略谋划。我国古代自夏朝开始，国家凡遇战事，都要告于祖庙，议于庙堂，成为一种固定的仪式。皇帝要在庙堂占卜凶吉，祈求神灵护佑，并以神的旨意，迫使人们进行战争，这是"庙算"的原始形态。春秋战国时期，庙算已发生了革命性变革，实际上已变成在庙堂召开"作战会议"，研究克敌制胜方略的代名词了。

① baike. baidu. com/1102416. htm

21世纪清华MBA精品教材

# 企业战略管理

## ——不确定性环境下的战略选择及实施

### （第三版）

刘冀生　编著

Strategic
Management

清华大学出版社
北　京

## 内 容 简 介

本书是工商管理专业教科书,本书是在《企业战略管理(第二版)》基础上修订而成。原书受到学生、教师、企业管理理论界及企业家的热烈欢迎。本书第三版吸收了近年来国际及国内企业战略管理新的理论与实践,同时也总结了作者10多年来的战略管理教学实践体会、科研成果及企业战略管理咨询的实践经验。

本书主要内容包括:企业外部环境及内部条件分析,企业使命及愿景的确定,企业战略目标的确定,企业战略的类型,互联网条件下的商业模式,企业战略的转型及可持续发展,企业战略的选择,企业战略的实施、评价与控制。本书力求给读者一个清晰的企业战略管理的全貌。本书的特点是理论联系实际,体系结构严谨,文字通顺生动,书中配有大量专栏及案例,资料翔实,并有作者的独到见解。

本书是工商管理研究生教材,也可作为其他经济管理专业研究生教材,同时可供企业高层管理者及企业咨询人员参考。

**图书在版编目(CIP)数据**

企业战略管理:不确定性环境下的战略选择及实施/刘冀生编著. --3版. --北京:清华大学出版社,2016(2023.10重印)

(21世纪清华MBA精品教材)

ISBN 978-7-302-42331-7

Ⅰ.①企… Ⅱ.①刘… Ⅲ.①企业战略—战略管理—研究生—教材 Ⅳ.①F272

中国版本图书馆CIP数据核字(2015)第279857号

责任编辑:刘志彬
封面设计:汉风唐韵
责任校对:王荣静
责任印制:杨 艳

出版发行:清华大学出版社
　　　　　网　　　址:http://www.tup.com.cn,http://www.wqbook.com
　　　　　地　　　址:北京清华大学学研大厦A座　　　　　邮　　编:100084
　　　　　社 总 机:010-83470000　　　　　邮　　购:010-62786544
　　　　　投稿与读者服务:010-62776969,c-service@tup.tsinghua.edu.cn
　　　　　质量反馈:010-62772015,zhiliang@tup.tsinghua.edu.cn
印 装 者:三河市天利华印刷装订有限公司
经　　销:全国新华书店
开　　本:185mm×260mm　　　印　张:30　插页:2　　字　数:695千字
版　　次:1995年4月第1版　2016年1月第3版　　印　次:2023年10月第9次印刷
定　　价:56.00元

产品编号:066369-02

# 前言

**第三版**

本书第一版名为《企业经营战略》，于 1995 年 4 月出版，受到了学生、教师、经济管理理论工作者及企业管理者的热烈欢迎，截止到 2003 年 2 月，第一版已重印 16 次，印数已达 89000 册，许多高等院校及企业总裁高级培训班均使用其作为教材，得到了很高评价。

本书第二版名为《企业战略管理》，于 2003 年 10 月出版，亦受到了学生、教师、经济管理理论工作者及企业管理者的热烈欢迎，截止到 2015 年已重印 25 次，印数已达 12 万册，许多高等院校及企业总裁高级培训班仍使用其作为教材，也得到了很高评价。

本书第二版出版后，作者在 2007 年曾经出版过一本教材《创新时代的企业战略管理》（刘冀生、彭锐编著），该教材是由国家人事部、中国企业联合会组织，针对全国专业技术人才在现代管理领域开展以知识更新为内容的继续教育活动而编写的，于 2007 年 4 月由企业管理出版社出版，但该教材因写作时间仓促，且印数有限，影响不大。

从本书第二版出版到现在已有 12 年了，在这期间随着互联网、云计算、大数据、物联网的发展，企业战略管理理论和实践飞速发展，中国企业在此期间也有了飞速发展和进步，大批中国企业开始做强做大，并走向世界，取得了丰富的战略经验及战略创新，为把在不确定性环境下国内外丰富的企业战略管理理论及实践总结进教材，故现在出版本书第三版。

我认为作为一个高等学校企业管理专业的教师，除了师德方面的要求以外，还应当具备四个方面的条件：第一，他应当知晓当前国际国内企业管理最前沿的管理理论是什么；第二，他应当知晓当前我国企业管理存在的问题是什么；第三，他要能用最通俗生动的语言给学生讲出来；第四，他要有一本理论联系实际、体系结构严谨、文字通顺生动的好教材。本教材即是向这个方面努力的结果。

本版教材有以下特点：

1. 将近年来国际国内企业战略管理新的理论与实践引入教材，如产业跨界融合的发展趋势、企业动态能力分析、企业利益相关者、社会责任及企业伦理分析、企业动态竞争战略、企业战略联盟、中国企业进入全球价值链战略、互联网条件下的商业模式、企业转型及可持续成长战略等均适当地引入第三版。并对所有的案例和专栏进行了更新。

2. 作者近年来的科研成果也反映在教材中，如中国高科技企业知识管理战略研究成果(国家自然科学基金项目，批准号：70072013，国家自然科学基金委员会管理学部评价为优)已反映在教材中，本书还包括作者的其他研究课题以及部分博士生的部分研究成果。

3. 第三版也反映了作者近 10 多年来丰富教学实践及企业战略管理咨询实践的成果，12 年来作者为上万名企业中上层管理人员授课，讲课效果很好，在课程结束时有时全体听课者起立鼓掌对作者表示感谢。讲课的过程也是教学相长的过程，作者也向第一线企业管理者学到了很多。学员们的有些见解也反映在教材中。

4. 编写教材的过程也是学习的过程。作者从 2013 年即开始独立写作第三版，直到现在历时三年。三年来借助清华大学图书馆，参阅了近千本图书及大量的刊物资料，因而许多似是而非的理论得到了思辨、梳理和纠正，许多模糊的概念得到了厘清，这是本教材又一个特点。

本书第二版自面世以来得到许多专家、学者的热情关注，许多读者来信来电关注本书的再版，给予作者极大的鼓励与支持，对本书的再版提出了许多希望及建议，在此一并表示衷心感谢！

企业战略管理是实践性很强、艺术性极高的一门科学，企业界形势发展迅速，战略管理理论与实践时刻会受到新环境的影响和挑战，没有一种理论、没有一种模式能永远适用，本书能引起读者对战略管理的思考和讨论，作者就非常满意了。当然，随着时代的发展，作者仍会不断努力推出第四版、第五版，以满足读者的需求。

刘冀生

2015 年 7 月于清华园

# 目录

# 第一章

# 企业战略管理概论

## 第一节　企业战略的概念与特征

### 一、企业战略的概念

什么是企业战略？国内外学者对此有各种不同的见解。综合他们的见解，结合我国企业的具体情况，笔者对企业战略的定义为：企业战略是企业根据其外部环境及企业内部及外部资源和能力状况，为求得企业生存和长期稳定地发展，为不断地获得新的竞争优势，对企业的发展目标、达成目标的途径和手段的总体谋划。

根据上述定义，可以看出企业战略要素包括六个方面：

#### （一）企业的外部环境

20 世纪 90 年代以前的战略理论比较偏重于静态地分析企业外部环境及竞争态势，而在进入 21 世纪以来，国际、国内环境日益动态化，全球信息化，即环境变化的速度加快；技术不断创新，新的竞争来源及竞争对手日益增多；市场和消费者需求越来越复杂多变和不可预测。因此，一种新的动态竞争的战略观正在形成。它要求我们在分析企业外部环境方面要更具有前瞻的眼光和更强的战略主动性，而不仅仅是适应环境。企业要勇于预见、善于预见并积极构建新的战略架构，而不仅仅是战略定位和传统的战略规划。因此，企业要用新的战略观去分析外部环境，这样才能把握不断出现的商机，进而创造出具有光辉未来的战略。

#### （二）企业的内部资源及能力状况

20 世纪 90 年代以前，在分析企业内部条件时比较偏重于静态地分析企业优势及劣势，而 20 世纪 90 年代以来，尤其在进入 21 世纪以来，企业优势理论重点开始转向以资源为基础的竞争优势观（resource bases view of competitive advantage）并出现了核心竞争力（core competence）等一系列新的理论与模型，强调战略形成的学习观，并认为唯一可持续的竞争优势就是具有比对手更快的学习能力和适应能力,核心竞争力是企业可持续竞争优势和新事业发展的源泉,然而,这一核心竞争力有时并不是一个企业能够独立建立起来的,需要与其他企业合作,才能在短时间内建立核心竞争力。但企业只有形成核心竞争力、核心产品和市场导向的最终产品这种层次结构时,才能在全球竞争中取得持久的领先地位。竞争优势的真正来源在于管理者有善于将公司的技术与管理变成核心竞争力的能力。以资源为基础的竞争优势观认为,一个公司可以获得超出行业平均水平的利润,原因在于它能够比竞争者更好地掌握和利用某些核心资源或核心竞争力,在于它能够比竞争对手更好地把这些能力与在行业中取胜所需要的能力结合起来,去发现怎样利用这些能力以获得最大利润的方式。

### (三)企业生存和长期稳定发展、不断获得新的竞争优势是制定战略的出发点和归宿

要使企业得以生存并长期稳定地发展,就必须不断地创造出新的竞争优势。只有不断地创造新的竞争优势,才有可能使企业生存和获得长期稳定发展,两者相辅相成,是企业制定战略的根本出发点。

过去的战略思维的基本出发点就是扬长避短,认为企业优势是可以长期保持的,但在动态竞争条件下,企业的任何竞争优势都是暂时的,甚至是脆弱的。所有的优势都是会受到侵蚀的,这种侵蚀有的是因为竞争对手模仿,有的是被竞争对手以智取之,有的则是因为环境变化,优势变成了劣势,一旦竞争优势失去了,有时反而可能成为竞争取胜的包袱。所以,在动态竞争条件下,虽然也要保持竞争优势,但更重要的是如何及时地、不断地创造出新的竞争优势,同时还要想办法削弱对手的竞争优势,可采用改变竞争领域,或改变竞争规则使竞争对手的优势变得过时等方法以赢得竞争的胜利。

### (四)企业战略应当有一个明确的战略目标

战略目标是指在一定的战略时期之内企业所预期达到的理想成果。战略目标的作用不仅在于指明企业未来的发展方向,引导企业进行正确资源配置,协调不同企业、部门及个人之间的活动,增强企业之间的协调性,同时也要与企业的主要利益相关者的期望相一致。

### (五)企业战略应当指明从现状到达成战略目标所选择的途径

企业为了达成战略目标可以通过技术创新,不断地开发新技术、新产品,从而不断地创造新的技术优势,取得竞争的胜利。企业也可以通过不断地购并,努力扩大规模,从而使企业迅速达到经济规模,不断地创造成本优势,取得竞争的胜利。企业也可以通过开拓市场,利用各种营销策略,不断地创造市场优势,取得竞争的胜利。企业也可以通过多元化经营,在核心竞争力方面进行新的组合,在核心竞争力、核心产品及最终产品等方面不断创造新的优势,从而取得竞争的胜利等。总之,为达成战略目标而进行途径选择,这是企业战略的重要内容。

### (六)企业战略应当指明实施战略所应采用的手段

企业为了达成战略目标,选择了正确的战略途径之后,还需要有各种战略措施来加以

保证，以确保战略的实施，即企业组织机构、人力资源开发与管理、对企业的供应、生产、营销、财务、技术等企业管理各方面采取相应的策略，并与企业战略相匹配，以保证企业战略目标的真正实现。

总之，企业战略是以上六个方面的总体谋划，谋，这里讲的是动词，有出主意想办法一定要达到战略目标的含义，是对企业总体的谋划，而不仅是对企业某一方面的谋划。

从企业战略的性质来看，还有四点说明：

### （一）企业战略是企业竞争形势的一种定位

企业在制定战略时，要进行行业定位、产品及服务定位、市场定位及行业内竞争地位的定位。

行业定位是指企业要在哪个行业经营；产品及服务定位是指企业所提供的产品及服务是属于高档的还是中低档的；市场定位是指企业是在本省市场经营还是在国内或国际市场经营；竞争地位定位是指本企业的竞争实力是处于行业前列位置还是处于中下位置等。

### （二）企业战略是企业高层领导人的一种价值观念

往往出现这种情况，当企业更换了一位领导人时，企业战略也随之更换；又换了一位领导人时，企业战略又随之更换。这种现象具有普遍性，不仅企业如此，国家也如此。国家领导人更换时，国家的战略也会修改。因此作者认为战略具有主观性，它是组织最高领导人价值观念的一种反映，这是战略非常重要的性质。

### （三）企业战略是企业管理的一种创新

什么是创新？通俗地讲，理论联系实际就是创新。如邓小平在我国改革开放初期提出"社会主义也有市场，资本主义也有计划……中国要实行社会主义的市场经济"，这就是创新。同样，企业战略要从本企业实际情况出发，结合企业战略理论，构思出新的战略思路并付诸实施，这就是一种管理创新。当然，这种管理创新要和企业的制度创新、组织创新、技术创新紧密结合起来，企业战略才真正能够实现。

### （四）企业战略是企业的一种行动计划

制定企业战略固然十分重要，但执行战略却比制定战略重要千百倍。若制定了企业战略而不去实施，战略是毫无用处的，只有当企业战略变成企业全体干部员工的自觉行动时，企业战略的威力才真正能发挥出来。

## 二、企业战略的特征

### （一）企业战略的一般特征

企业战略的一般特征有五个方面：

1. 全局性及复杂性

企业战略的全局性表现在四个方面：

（1）企业战略要符合整个世界的政治、经济、技术的发展趋势。世界经济全球化是21世纪不可抗拒的潮流，企业战略必须要符合世界的政治、经济、技术的发展趋势，企业才有可能取得竞争的胜利。

（2）企业战略要符合所在国的政治、经济、技术的发展趋势。即企业战略必须要与所在国国民经济的发展计划相一致，企业战略才有可能实现。

（3）企业战略要符合企业所在产业的发展趋势。每个产业都有其自身的发展趋势，企业战略必须与企业所在产业的发展趋势相一致，企业战略才有可能实现。

（4）企业战略要符合本企业的发展趋势。每个企业的昨天、今天与明天是连续变化的，企业历史是不可能割断的，因此，企业战略也必须与本企业发展趋势相一致，企业战略才有可能实现。

综上所述，企业战略要符合世界的、所在国家的、行业的及本企业发展趋势，没有全局观念，就无法制定企业战略。

企业战略的复杂性表现在两个方面：

（1）企业战略的制定是企业高层领导人价值观念的反映，它是一种高智慧、复杂脑力劳动及集体决策的结果，是一种非程序性决策。因此，完全要靠战略咨询专家及企业高层领导团队的环境敏感、远见卓识、捕捉机遇、战略技巧的有机组合才能制定出好的企业战略，战略制定过程是非常复杂的。

（2）企业战略的实施是非常复杂的，因为新战略的贯彻实施会牵扯到企业原有的产品结构、组织机构、人事安排的调整，关系到企业内部干部和职工的切身利益、权力、地位等问题。同时，企业战略的实施也关系到企业高层领导人的权力、地位、利益、专业、影响等问题，实际上，企业战略的实施是企业内部高层领导者政治权力平衡的结果，因此，企业的董事长或总经理如果没有坚定的决心，即使企业战略制定得很好，也未必能贯彻到底。战略实施阻力很大。事实也证明，有的企业战略贯彻1～2年就被迫停下来，因为阻力太大，贯彻不下去。只有企业的董事长或总经理具有贯彻战略的坚定决心，排除企业内外一切干扰，又制定了具体有力的措施，企业战略才能得到贯彻，因此，战略的贯彻实施也是非常复杂的。

2. 未来性及风险性

企业战略是为了企业明天更好地行动，因此预测很重要，所谓未来性是指制定企业战略必须要对未来几年的企业外部环境变化及企业内部条件变化做出预测，成功的战略往往是预测准确的战略。因此，企业战略具有未来性。

但是，随着科学技术及国内外经济的变化速度越来越快，环境的动态性增强，许多事物具有不可预测性，环境的不确定性因素增多，因此企业战略的制定及实施具有一定风险性，这是人们在制定及实施战略时必须充分估计到的。

3. 系统性及层次性

企业战略通常分为三个层次，即公司层战略（corporate strategy）、业务层战略（business strategy）和职能层策略（functional strategy），见图1-1。

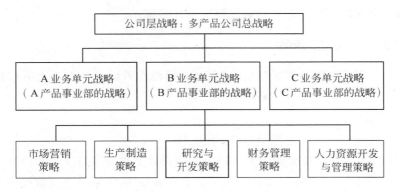

图1-1 大型企业战略系统

公司层战略的概念首先由安索夫提出,它主要关注两个问题:第一,公司经营什么业务;第二,公司总部应如何管理多个业务单位来创造企业价值。

业务层战略,也称为"业务单元战略"(business unit strategy),起源于安德鲁斯的论述,主要关注企业经营的各个业务如何获取竞争优势的问题。

职能层战略是公司战略与竞争战略在企业各职能领域的体现,是连接战略与企业职能活动的桥梁。由于职能层战略通常是短期的、局部的,因而称为"策略"可能更为准确。职能策略主要包括市场营销策略、财务管理策略、人力资源开发与管理策略、研究与开发策略、生产制造策略等。在学术界,职能策略的内容通常由工商管理的各个职能学科研究;在企业界,职能策略通常是由战略咨询专家与企业职能部门共同参与制定,由职能部门负责实施。

应当指出,公司层战略、业务层战略与职能层策略之间必须保持高度的统一和协调,即各职能部门的策略是为了保证实现业务单元(事业部或子公司)战略服务的,而各业务单元(事业部或子公司)战略是为了保证实现公司战略服务的,战略的三个层次之间必须要同步化、协调化,否则,公司战略是实现不了的,这就是企业战略的系统性及层次性。

4. 竞争性及合作性

制定企业战略的目的就是使企业能在激烈的市场竞争中发展壮大自己的实力,使其在与竞争对手争夺市场和资源的斗争中占有相对的优势。因此,竞争性是企业战略的本质特征之一。

但是,企业存在的目的不是为了竞争,所以在竞争当中还可能与竞争对手在某些领域进行有条件的合作(如结成战略联盟),以取得双赢或者多赢的效果,因此企业战略也具有合作性。

5. 稳定性及动态性

不能因为在企业经营中发生了一些枝节性的问题,随便就去修改战略,企业战略必须在一定时期内保持相对的稳定性,才能在企业经营实践中具有指导意义。但是,如果企业外部环境或内部条件确实发生了较大的变化,企业战略也必须随之进行修改,因此战略又具有对环境动态适应的特点。所以,企业战略在执行过程中要按月、按季度、按半年、按全年随时观察企业内外环境变化,及时进行调整修正,才能达到战略目标,因此企业战略又具有动态性。企业高层领导必须要有战略动态性的观念。

### (二) 中国企业战略的特征

中国由于刚刚从计划经济转轨到市场经济,因此作者认为中国企业战略还具有以下两方面特征:

1. 变革性及短期性

中国企业战略具有较大的变革性,这是因为:

(1) 中国企业外部环境变动较大。因为中国正处于政治体制改革及经济体制改革过程中,国内政治经济的一些深层次问题尚未得到有效解决,中国社会发展及宏观经济增长仍然会遇到许多新的问题。中国各方面政策及经济结构都要经历相当长时间的调整,因此中国企业外部环境动态性比一般发达国家要大得多。

(2) 处于上述动态的环境中,中国企业战略本身变革性也较大。作者为我国 100 多家企业制定过发展战略,企业战略在实际执行过程中几乎每年都要作较大调整,甚至要重新制定新战略,企业在第五年所执行的战略,与 5 年前制定的战略已有相当大的变化,大多是因为内外环境变化引起的。

因此,作者认为中国企业制定战略的期限不能太长,对传统产业来讲,企业战略期限以 5 年为宜,对第 5~10 年有一个展望即可;对高新技术产业来讲,企业制定战略期限以 2~3 年为宜。曾有一位企业总经理要求作者为他的企业制定今后 20 年的战略,被笔者婉言谢绝了,就是因为我国国内外环境,尤其是国内环境变化太快,中国企业战略比一般发达国家企业战略更具有短期性的特点。

2. 调整性及重组性

作者在为我国 100 多家大中小型企业、企业集团、上市公司制定战略过程中,发现几个带有普遍性的问题:

(1) 企业产品结构急需调整。有的企业老产品很多,新产品很少。

(2) 企业人才结构急需调整。相当多的企业人才缺乏,笔者认为当前我国企业缺乏 7 方面人才:①真正懂得经营管理的人才很缺乏;②企业财务分析人才很缺乏,有的企业财务人员只会出纳、核算,而不会分析,董事长或总经理不能及时看到企业的财务分析报告,这是相当危险的;③企业内真正懂得市场营销的人才很缺乏,一个合格的市场营销人才应当了解企业的生产、技术及财务状况,应当熟悉市场营销的基本原理及技巧,但这种具有全面素质的营销人才在我国企业中仍十分缺乏;④企业内真正懂得人力资源管理的人才很缺乏、有的企业人事干部往往是政工干部,他们每天忙于人事事务,却忘记了人力资源开发与管理部门最根本的任务是要充分调动企业内各部分人的积极性,为实现企业战略而努力奋斗。人力资源管理干部应当懂得心理学,企业里各部分人心理状态不同,人力资源管理干部应当根据企业内各部分人群的不同心理状态去做各种不同人群的思想工作,调动各部分人的积极性,为实现公司战略发挥出各部分人的力量,这才是企业人力资源管理部门最重要的任务;⑤企业内真正能领导科技人员进行研发的科技带头人很缺乏;⑥企业信息化管理人才很缺乏;⑦企业高级技工人才缺乏。因此,企业人才结构急需调整。

（3）企业市场结构急需调整。有的企业不仅国际市场没有开拓，就连国内市场都没有充分开拓。

（4）企业财务结构急需调整。有的企业资产负债率已经相当高了，财务状况不佳，安全性、流动性、收益性均较差。

（5）企业组织结构急需调整。有的企业组织结构不适应企业战略发展的需要，岗位职责范围不清，管理效率低下，企业内信息传递链很长，干部分工不合理，职能部门功能发育不全，母子公司关系不规范，等等。

由上述问题可以看出：现阶段中国企业战略具有调整性、重组性的特征。

# 第二节　企业战略管理的概念和步骤

## 一、企业战略管理的概念

企业战略管理（corporation strategy management）是把企业战略的分析与制定、评价与选择、实施与控制三者形成一个完整的、相互联系的整体，使企业能够达到战略目标的动态管理过程。

由上述定义可以看出企业战略管理的要点有三个：

（1）企业战略管理包括企业战略的分析与制定、选择与评价、实施与控制，三者形成一个完整的、相互联系的管理过程，见图 1-2。企业战略管理过程一般来讲是串联的，即企业战略往往是先分析制定，再评价选择，最后实施控制。但有时也不一定都是串联的，有时正在进行战略分析时战略尚未制定出来，但某些战略意见企业可能已经开始实施了。因此，在图 1-2 中把这三个圆圈重叠在一起。

（2）企业战略管理是把企业战略作为一个不可分割的整体来加以管理的，其目的是提高企业整体优化的水平，如何使企业战略管理各个部

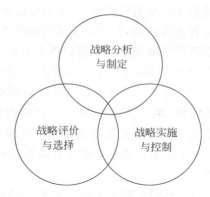

**图 1-2　企业战略管理图**

分有机协同整合以产生集成效应是战略管理的主要目的。因此，企业资源配置、各职能部门策略都要从全局出发，而不能只顾及企业内部个别子目标的实现而不顾及全局。所谓集成效应，简单地说是对各战略要素的优化汇集和配置。各战略要素不是一般地结合在一起，这并不能称为"集成"，只有当各要素经过主动的优化，选择搭配，相互之间以最合理的结构形式结合在一起，形成一个由各战略要素组成的、相互优势互补、匹配的有机体，这样的过程才称为"集成"，所以，集成效应是主动寻优过程，是整体优化的过程。

（3）企业战略管理关心的是企业长期稳定和持续发展，它是一个不断循环往复、不断完善、不断创新的过程，是螺旋式上升的过程。

一次战略管理过程完成之后，并不是战略管理过程的结束，而是新一轮战略管理过程的开始。每经过一次循环，就应当使企业战略管理水平提高一步。

## 二、中国企业为什么要实施战略管理

### (一)中国企业已进入战略制胜的时代

中国企业经过30多年的经济体制改革,中国企业的外部环境已发生了重大变化,概括起来讲,中国企业的外部环境发生了3C的变化。

1. 顾客(customer)在变化。21世纪顾客对企业产品和服务的要求有七个方面:

(1)速度。现代工作和生活节奏加快,顾客希望企业提供的产品和服务要快、要有一定的速度。如西班牙女性服装专卖店ZARA,一般服装店从服装的设计到服装的销售要经历5个月的时间,而ZARA服装店可以做到从服装的设计到服装的销售只要2周。在当前,速度就是规模,速度就是市场,速度就是企业的优势。

(2)质量。顾客要求企业所提供的产品要有全世界最佳的质量,而顾客所要求的质量是要达到或者超过顾客的满意度,这才是顾客所要求的质量。因此企业不要只从企业角度来看待产品或服务的质量,而要站在顾客的角度来理解产品或服务的质量,这是十分重要的。

(3)品种。顾客要求企业所提供的产品或服务品种要多,要满足顾客个性化的需求。西班牙ZARA服装专卖店所提供的服装款式品种多,每月可以提供1 000种服装款式,该企业有400个服装设计师,分散在世界各地,哪个城市举行服装展示会,ZARA服装设计师就赶去参加,他们把展示服装的款式拍摄下来,用互联网传到ZARA服装设计总部,设计总部的服装设计师在被拍摄的服装款式基础上稍加修改,即成为ZARA服装款式投入生产,2周之后,即在专卖店中销售,颇受中等收入水平妇女的欢迎。

(4)服务。企业要把服务提高到很重要的位置来看待,不仅第三产业的企业中有服务的问题,第一、第二产业中也存在很多服务的问题,生产性服务在第一及第二产业中占有很大比重。服务要做到使顾客满意。

(5)价格。顾客希望企业的产品和服务有全世界最合理的价格,即其性能价格比要最高。

(6)环保。顾客希望企业的一切经营活动是绿色的,要保护好自然生态环境,顾客绝不购买污染环境的产品。

(7)安全。顾客希望企业的产品和服务要保证顾客的生命、财产、健康等各方面安全。

由以上七个方面可以看出,当前顾客的需求千人一面的时代已经过去了,人类已进入到顾客需求个性化、情感化、碎片化、圈子化的时代,美国通用电气公司、微软公司、波音公司等通过博客建立起品牌粉丝群体,收集粉丝反映,在企业战略制定方面发挥了重要作用。

2. 竞争(competition)在变化。经济全球化使国内企业受到来自国外更有活力企业的冲击,企业之间的竞争由过去的静态竞争转变为现在的动态竞争。

动态竞争的特点集中表现在三个方面:

(1)竞争的频率加快了。过去企业向竞争对手发起进攻,要等相当一段时间竞争对手才会发动反攻。现在不同了,企业刚向竞争对手发起进攻,竞争对手立即进行反击,甚至发动一连串反击,因此竞争的频率加快了。

(2)被动挨打的企业还没有被打倒时,首先发起进攻的企业却先倒了。因为被动挨打的企业也在分析自身的优劣势,当它发现竞争对手正在向本企业弱点发起进攻时,被动挨打的企业就会迅速增强自己的优势,当其优势发展到足够大时,它就会向进攻者发起反击,而首先发起进攻的企业却常常处于没有防备的被动境地,因而在对方还没有被打倒时,自己却先被打倒了。因此,现在小企业战胜大企业、年轻的企业战胜年老的企业已经是非常普遍的现象,这是动态竞争的重要特征。

(3)竞争的规则在改变。随着世界经济一体化及全球信息化的发展,企业之间竞争的规则也在不断变化,最明显的就是电子商务的出现,移动互联网条件下电子商务的出现使得企业市场营销的某些原理受到了严峻的挑战,目前企业之间竞争已远远超出过去单纯靠扩大生产能力、扩大规模、降低成本来取得竞争优势,现在创新及服务的速度、产品质量、品种、售前和售中及售后服务等都已成为企业竞争实力的重要评价指标。

3. 变化(change)的本身也在变化:变化本身的性质也在变化。主要体现在以下三方面:

(1)变化的内容在变化。变化不仅表现在产品数量上的增长,而且表现在向品种、质量、服务、速度方向发展,表现在由面向规模市场转变到面向千千万万个有个性化需求的顾客细分市场,面向个别顾客提供产品的方式。

(2)变化的周期在缩短。21世纪是速度的经济,表现在环境及技术进步变化的速度越来越快,产品和服务的生命周期大为缩短,企业要想在变化中生存,就需要有灵活的机制及快速反应的能力,这对于那种按部就班的串行式经营的企业来讲是不可想象的。

(3)变化的突然性增加了。变化的出现常常难以预测,如美国“9·11”事件的出现以及2008年世界金融危机的出现对全球经济的发展都带来影响,企业在面对突然出现的新情况时,如果仍然通过那种自上而下的问题解决体制和部门山头林立、官气十足的串行过程,企业就无法应对这突如其来的变化。

企业在面对上述3C为特征的环境变化中一定要有战略,不实行战略管理就相当于在茫茫大海中的一只小船,没有罗盘,没有指南针,是相当危险的。因此,企业的高层领导一定要把自己的主要精力放到研究企业的战略管理上来。

据统计,发达国家的企业领导一年中要花大约40%的时间去研究战略。美国通用电气公司的CEO韦尔奇说:“我整天没有做几件事,但有一件做不完的工作,那就是规划未来。”在美国有90%以上的企业家认为:“最占时间、最为重要、最为困难的事就是制定战略规划。”

我国企业领导人一年中花多少时间去研究战略?作者曾在2010—2012年对来清华大学参加企业战略管理短期培训的董事长或总经理做过问卷调查,经营较好的企业的领导人一年中大约只花10%左右的时间在研究企业战略,这是远远不够的。

**(二)科学技术发展的需要**

当前人类正在经历一场世界性的新科技革命和产业结构调整,其主要特点是:高技术及其产业对综合国力的影响越来越大,知识更新的速度越来越快,科学技术转化为现实生产力的周期越来越短,原始性创新越来越成为当代科技竞争的战略制高点,许多科技前沿正在酝酿新的重大突破,一种建立在知识基础上的新经济形态正在兴起。现举三个技术发展的案例加以说明:

## 1. 信息技术突飞猛进

云计算(cloud computing)的出现将孕育着一场信息技术革命,云计算是指 IT 基础设施的交付和使用模式,指通过网络的按需服务、易扩展的方式获得所需资源(硬件、软件、平台等资源),提供资源的网络被称为"云","云"中的资源在使用者看来是可以无限扩展的,并且可以随时获取,按需使用,随时扩展,按使用付费,是像水、电一样方便使用的 IT 基础设施。云计算具有超大规模、虚拟化、高可靠性、高可扩展性、高通用性、按需服务、价格低廉的特点。云计算的发展被视为科技业的一次革命,它将带来工作方式和商业模式的根本性改变。2011 年中国云计算产业规模已达 1 640 亿元,"十二五"期间可达 7 500 亿~10 000 亿元。

物联网时代的来临使人类的社会活动乃至个人生活发生翻天覆地的变化,物联网(internet of things)是在计算机互联网基础上利用标识技术、传感技术、有线和无线数据通信技术、自动控制技术等构造的一个覆盖世界万事万物的网络,使得物体能够彼此自动地进行"交流"和"协调",而无须人的干预。物联网最终会形成无所不在、无所不包、无所不能的基本特征,它能帮助人类实现在任何时间、任何地点、任何人和任何事物之间顺畅通信的功能。物联网被称为继计算机、互联网、移动通信网之后,全球信息产业的又一次浪潮,人类正在走向"物联网"时代,但这个过程可能需要几十年的时间。

我国 2010 年物联网市场规模已达 2 000 亿元,未来 5 年(2010—2015)全球物联网产业市场将呈现快速增长态势。到 2015 年,中国物联网产业将实现 5 000 多亿元规模,年均增长率为 11% 左右。2015 年我国要形成较为完善的物联网产业链,培育和发展 10 个产业聚集区和 100 个骨干企业。[①]

2008 年美国 IBM 公司提出"智慧地球"(smarter planet)的概念,受到美国政府的重视,并将"智慧地球"战略上升为美国国家战略。IBM 公司认为,要建设"智慧地球"需要有三个步骤:第一,可以最大程度地将人、事物及物质世界进行数字化;第二,人、数据和各种事物都能以不同方式实现网络化;第三,先进的技术和计算机可以对这些海量数据进行处理、加工和分析,将生硬的数据转化为活生生的洞察,以帮助人们做出正确的决策。作为新一轮 IT 技术革命,智慧地球可以深入到各行各业,对于人类文明产生深远影响。实际上智慧地球就是"互联网+物联网+云计算"。

## 2. 生物技术有了很大发展

21 世纪被称为生命科学和生物技术的时代,生物技术在医疗、农业、环保、化工、食品、冶金、能源等重要领域对改善人类健康状况及生存环境、提高农牧业以及工业的产量和质量都正在发挥越来越重要的作用,目前生物技术已经成为现代科技研究和开发的重点,在发达国家已经成为一个新的经济增长点,其年增长速度在 25%~30%,是经济增长

---

① 北京青年报,2012-02-20.

速度的 8～10 倍。虽然由于开发成本高等原因，近期内生物技术产业本身还无法实现全面盈利，但随着它的日益普及，这一天也为期不远了。[①]

生物技术的前沿领域有功能基因组学和蛋白质组学、克隆技术与干细胞、转基因生物及生物信息学等。

生物技术是当今最活跃的科技领域之一，以生物技术为重点的第四次科技革命，将成为继信息产业之后又一个最具活力的经济增长点，由其引领的生物经济，驱动着全球经济结构的调整和重组。未来谁拥有生物科学基础优势，谁就能把握科技原动力，谁就能占领国际生物产业的制高点，谁就能主导未来世界生物经济的格局。预计到 2020 年，全球生物技术市场将达到 3 万亿美元。

3. 纳米技术的迅猛发展

纳米技术(nanotechnology)是近年来出现的一门高新技术，"纳米"是长度计量单位，称"微毫米"，即是 $10^{-9}$ 米(即 1/10 亿米)。纳米技术是指研究尺寸在 0.1～100 纳米范围内的材料的性质和应用。纳米技术已成功应用于材料、微电子、电力、生物、医学、药学、化学、制造业、能源、交通、光学及国防等许多领域。如 IBM 公司已做出比例为百亿分之一的世界地图，做出一把琴弦只有 50 纳米粗的亚显微吉他。科学家预言，尺寸为分子大小、厚度只有一根头发丝的几百万分之一的纳米机器装置将在今后数年内投入使用，纳米机器具有可以操纵的微型"手指"并指挥这些手指进行工作。用纳米材料做成蜜蜂大小的飞机，蚂蚁大小的汽车，用数层纳米粒子包裹的智能药物进入人体，可主动搜索并攻击癌细胞，并修补损伤组织。纳米粒子比人体红血细胞小得多，可以在血液中自由运动，如果利用纳米粒子研制成机器人，注入人体血管中，就可以对人体进行全身健康检查和治疗，疏通脑血管中的血栓，清除心脏动脉脂肪沉积物，还可以吞噬病毒、杀死癌细胞。

纳米材料所表现出来的力、热、声、光、电磁等性质，往往不同于该物质在粗晶状态时表现出的性质，与传统晶体材料相比，纳米材料具有高强度、高扩散性、高塑性、高电阻、高比热、高热膨胀系数、低密度、低弹性模量、低热导率、强磁性等性能，纳米技术应用前景十分广阔，经济效益十分巨大，2010 年世界纳米技术市场已达到 1.4 万亿美元，专家预测，21 世纪纳米技术将成为超过网络技术和基因技术的"决定性技术"，21 世纪将是纳米技术的时代，我国国家科委、中科院也将纳米技术定位为 21 世纪最重要、最前沿的科学之一。纳米产业是 21 世纪中国战略性高新技术产业之一。

### （三）中国企业走向国际化的需要

截至 2013 年，中国 1.53 万家境内投资者在境外设立了 2.54 万家对外直接投资企业，分布在全球 184 个国家，中国企业"走出去"对外直接投资从 2000 年的不到 10 亿美元增长到 2013 年的 1 078.4 亿美元，2014 年又达到 1 160 美元，增长了 100 多倍。从 2004 年至 2013 年，我国对外劳务合作派出人员年均达 22 万人，年均增长率为 15%，我国劳务人员遍布世界 180 多个国家和地区。

2014 年我国双向投资首次接近平衡，2014 年我国对外直接投资 1 160 美元，同年外

---

① 谷竣战.国外生物技术产业最新发展现状综述（一）.中国科学技术信息研究所，2005-09-15.

商对华投资额为 1 195.6 亿美元[①],仅差 35.6 亿美元,这是我国双向投资首次接近平衡。近年来我国跨国并购形成高潮,民营企业对外直接投资活跃,国企与民企携手并购案例增多。对外投资存量主要集中在亚洲,所占比重大,年均占比达 70% 左右,其次是拉丁美洲,占比 13% 左右,北美和欧洲等国平均占 12% 左右。我国对外直接投资涉及 28 个行业,主要投资流向租赁的商务服务业、采矿业、批发零售业、金融业、建筑业和交通运输业等。

但中国企业国际化也存在一些问题,部分企业国际化战略不清晰,谋划不足,造成国际化异动,一些项目匆忙决策,甚至有的竞购项目不惜抬高成本,导致收购后财务压力巨大,企业经营困难。在国际化经营中风险防范意识不足,防范措施压力,尤其是政治风险及法律风险已成为中国企业国际化面临的主要风险。应付车道国复杂政治社会关系的能力有待提高。

中国企业如何在全球化进程中更好地走出去,更好地化解跨国经营的政治、法律、经济及社会风险,更好地克服跨文化管理风险、管控风险,都急需中国企业加强国际化战略管理。

**(四)中国企业内部发展的需要**

笔者认为,当前中国企业内部发展遇到了六大瓶颈,简述如下:

1. 观念的瓶颈

什么是观念?观念是人类支配行为的主观意识,对人的思想和行为起着根本的指导和规范作用。观念就是人的思维方式。企业高层领导的战略活动来源于领导的思维方式,即观念出思路,思路出战略,战略出效益。企业高层领导的观念不能跟上时代变化的要求,没有战略远见和战略目标就没有领导的战略行动。西方教育心理学家有一段名言:"播下一种观念,收获一种行为;播下一种行为,收获一种习惯;播下一种习惯,收获一种性格;播下一种性格,收获一种命运。"因此,当各企业处于同一起跑线上时,不同的观念决定不同的成功速度,是观念决定了企业的命运。当美国商人洛克菲勒尚未发家时,美国发现了石油,许多大投资者蜂拥而来开采石油,当时洛克菲勒资金有限,但他有与众不同的新观念,他搞石油精炼,石油开采出来以后,只有他一家企业是石油精炼公司,因此他垄断了美国石油市场,成为世界闻名的富豪。目前,部分国有企业高层管理者仍有时用计划经济时代的观念及眼光去思考处理问题。当前中国民营企业大多数已进入第二次创业的阶段了,但部分民营企业的高层管理者的观念仍停留在第一次创业的阶段,经常忙碌于企业眼前的人、财、物、产、供、销等具体业务安排,而缺乏长远战略眼光,这都会给企业发展带来损失。不断地接受新的信息,不断地转变观念,是企业战略管理者的重要任务。

2. 产品结构的瓶颈

当前中国大多数企业的产品仍处在世界产业链的低端,应当看到,中国经济从生产劳动密集型产品起飞是必然的,在经济起飞初期中国的产品处于世界产业链末端也是必然的,但经过 30 多年改革开放,中国经济已经发展壮大,因此企业产品结构应当向技术含量高、附加值高、品牌价值高等方向发展,逐渐向世界产业链的中端和高端方向发展,而不能永远停留在过度依赖资源消耗和环境代价、过度依赖廉价劳动力的低附加值产品阶段,这

---

① 股城网财经频道. 中国企业国际化发展现状与问题,2014-10-29. finance. gucheng. com.

是很危险的。

3. 核心竞争力的瓶颈

现在中国有相当一批企业规模开始做大了,但相当一部分做大了的企业核心竞争力并不强,如何加速企业核心竞争力的培育,这是企业持续发展的关键,一个企业如果长期形不成核心竞争力,企业很难持续发展。

4. 企业生产要素成本上升的瓶颈

当前中国企业土地、能源成本在上升,劳动力成本也在上升,因此今后中国企业就生存在高成本的环境中,如果企业不加强管理,企业利润就会变薄,甚至进入亏损状态,企业长期亏损,企业就会破产。因此,如何抵御生产要素成本上升是中国企业管理面临的一个问题。

5. 企业科学的法人治理结构的瓶颈

中国股份制企业大多建立了股东大会、董事会、监事会等机制,但大多数企业中,股东大会、董事会、监事会之间并没有发挥出相互促进、相互制约的机制,独立董事的监督、制约、咨询作用亦远没有发挥出来,这是困扰制约我国企业健康发展的重要问题。

6. 企业管理落后的瓶颈

中国相当多的企业管理仍停留在经验管理和科学管理阶段。经验管理就是拍脑袋管理,指靠企业领导个人的经验进行管理。科学管理主要是指泰勒式的科学管理,其主要内容是对工人劳动的时间和动作进行研究,制定劳动定额和标准的操作方法,监督标准和执行的实际情况,并进行控制。其主要存在问题是泰勒把工人当成机械来用,加剧了劳资之间及管理人员和工人之间的矛盾,对工人的控制越来越严密,管理越来越专横,越来越强调服从,工人成了机械的附属品。

现在应当强调加强以人为本的现代化管理,以人为本,即要做到尊重人、理解人、关心人、爱护人、充分发挥人的主动性和积极性。人本管理要做到情感管理、民主管理、自主管理、人才管理和文化管理,即运用行为科学,重新塑造人际关系,增加人力资本,提高劳动力质量,实现信息化管理,充分利用人力资源,推行民主自组织管理,提高劳动者参与意识,建设现代企业文化,培育企业精神,等等。中国大多数企业要实现现代化管理还有很长的路要走。

综上所述,中国企业发展六大瓶颈中,要克服产品结构的瓶颈、核心竞争力的瓶颈、生产要素成本上升的瓶颈、企业管理落后的瓶颈四大瓶颈都是要靠加强企业战略管理来解决的。

## 三、中国企业战略管理的现状及存在的问题

### (一)中国部分企业缺乏必要的战略管理的条件

并不是所有的企业都能实行战略管理,笔者认为企业要实行战略管理,必须具备五个条件:

1. 企业要有基本正常的生产经营活动

有一次,一位企业总经理找到笔者,请笔者帮助企业作战略咨询,总经理介绍企业的情况时说,现在我的企业的产品卖不出去,都堆在仓库里了,资金花光了,全厂停产了,您

看怎么办？笔者说，听你介绍这种情况，我就不去你这个企业去作战略咨询了，因为你的企业快要破产了，如果我咨询一个企业，不久就破产一个企业；又咨询这样一个企业，又破产一个企业，那还叫全国管理专家吗？如果一个企业快要破产了，就不用制定战略了，办法只有两种：一是等着它破产，二是找到一笔资金，勉强还能活半年或一年。

如果一个企业生产经营活动已陷入停顿状态或即将破产，这种企业就不具备制定和实施企业战略的条件，只有等到该企业生产经营走上正轨，人、财、物、产、供、销都正常运动起来了，企业战略管理才可能提到议事日程上来。

2. 企业要有一定的管理基础

有一次，我带了几个研究生到一个小企业去咨询，总经理介绍说，现在产品的售价是10元一个，这时我们问该产品成本是多少，总经理说成本现在还不知道，要到年底才能知道呢，笔者立即找一位研究生核算该产品成本，结果发现该产品成本10.8元，大大超过了售价。这种企业管理基础很差，企业的基本统计资料都没有，这种企业就很难制定战略。企业内部要具有一定的管理基础才能制定和实施战略管理，如果一个企业内部管理混乱，账目不清，人力资源管理、财务管理、市场营销管理、生产管理等各方面管理缺少基本的统计资料，而企业管理人员也说不清楚企业的基本情况，这种企业就不具备制定和实施企业战略的条件。

3. 企业要有足够的信息

笔者遇到过几位公司的董事长或总经理，我问他们，你们公司有战略吗？他们都回答说有战略，我又问公司的战略是怎么制定出来的？其中一位董事长回答说："那还不容易吗？就是我们几位董事会成员，再加上总经理、副总经理，坐在沙发里，抽着烟，喝着茶，侃上两天，战略就制定出来了。"显然，这样的战略对企业来说是没有用的。

制定企业战略必须要有足够的信息，一般来讲，企业至少需要四方面信息才能制定战略：①国内外宏观经济方面的信息；②国内外行业发展方面的信息；③国内外竞争对手方面的信息；④本企业各方面的信息。

主观臆断、拍脑袋制定出来的战略，脱离实际，根本无法实施。制定战略有时需要靠企业家的直觉，但是这种直觉是建立在充分掌握信息的基础上产生的直觉，而不是在不掌握信息的情况下凭经验主观愿望的直觉，凭主观愿望的直觉制定出的战略是危险的，只会给企业带来灾难，不会给企业带来发展。

4. 企业要有一定的规模，要有相对稳定的产品和服务

当企业规模太小（1～2人的企业，如1～2人卖菜、卖水果等）就不用实施战略管理了。当企业已形成一定规模、具有相对稳定的产品和服务时，才有可能实施战略管理。即公司在第一次创业时，当时企业生产经营并未走入正轨，市场亦未开拓，很难制定出完整的企业战略；当公司进入第二次创业时，企业生产经营已走入正轨，并已开拓出一部分市场，企业组织结构已经成形，这时企业才需要制定战略。

5. 企业要有实施战略管理的要求

我国有些企业只顾眼前利益，忽视长远利益，忽视企业技术进步，企业管理水平低，人员素质差，管理基础工作薄弱，有的企业领导者的战略思维较差，有些企业没有实施战略管理的要求，没有认识到实施战略管理的必要性和重要性。在这种情况下，硬性规定企业

都要实施战略管理是不现实的,即使制定了战略也只不过是摆设,是为了看的。只有不断地进行宣传和鼓励,等到企业管理者认识到战略管理的重要性,并成为企业自觉的迫切要求时,实施战略管理才有实际意义。

### (二)有的企业往往以经验代替战略,或以总裁战略代替企业战略

有的企业高层管理者向笔者介绍企业战略时讲,"我们企业过去就是这样做的,取得了很大的成功,今后还这样做,同样也能取得很大成功。"笔者认为,过去的经验不能代替企业未来的成功,因为环境在变化,过去是过去,现在是现在,将来是将来,你把过去的经验用到将来,不仅不行,而且很危险。因此,以经验代替战略是不对的。

还有的企业高层管理者向笔者介绍企业战略时讲,"我现在完全想清楚了,今年怎么干,明年怎么干,今后五年怎么干我都想清楚了。"笔者认为,仅仅企业高层管理者想清楚企业战略是远远不够的,这是总裁战略而不是企业战略。企业战略管理是要把战略变成企业全体干部和职工自觉行动的。只有几位企业高层管理者知道战略,而广大企业干部员工都不知道怎么干,这种企业战略是没有用的。

### (三)有的企业领导人尚没有认识到企业战略管理的重要性、必要性和迫切性

现在大多数企业高层管理者都认为企业战略管理很重要,但有的企业高层管理者认为企业战略很虚,他们说"我找两个笔杆子,写一篇战略,交给上级领导去看,实际上企业该干什么还干什么",还有的企业高层管理者说"战略就是画一幅画,挂在企业墙上,看上去很漂亮,实际上是执行不了的"。这都反映了他们对战略重要性及必要性没有认识。还有的企业高层管理者讲"企业战略没有用,环境变化很快,定了战略,环境又变了"。实际上要认识到企业战略就是为了应对环境变化的,如果环境没有变化,例如在计划经济时代,就没有必要制定战略了。环境变化越剧烈,企业越需要战略的指导。

### (四)中国企业战略的制定缺乏必要的工具和方法

企业战略制定应当是理性分析和感性分析相结合的产物,但中国有些企业战略制定往往只注重感性分析,主观判断多,理性分析少,口号标语代替战略。有的企业给笔者寄来企业战略,战略的头一句话就是"以……为指导思想,落实……发展观",笔者认为上述口号是对的,但是这是指导整个国家的发展方针,现在我们讲的是具体企业的发展方向,你把国家的发展方针罩在企业脑袋上,它不仅把企业脑袋罩住了,把整个企业身子都罩进去了,帽子太大了。还有的企业战略提出要做到"一流的产品,一流的质量,一流的企业"的口号,笔者认为,这种战略就不具备操作性了,什么是一流? 是省内一流? 国内一流? 还是世界一流? 上述提法就比较抽象,不够具体,很难执行。现在有些企业给笔者寄战略,寄来的战略摞起来已有半米多高了,在这些战略中,第一部分,企业环境分析,大概有3~4页,没有太多内容;第二部分,企业内部优劣势分析,优势讲得很详细具体,内容很多,但讲到企业的劣势,就只有两三行字,某某方面做得不够,某某方面向有欠缺;再后面就是战略指标和战略措施了。笔者认为,这种战略起码存在三个问题:第一,它没有产业竞争态势的分析;第二,它没有竞争对手的分析,企业战略在某种意义上来讲,是对着竞争对手去

的,对竞争对手不作分析是不对的;第三,它没有企业劣势的分析,企业现在得的是什么病?病根在哪里?不作分析,后面就开不出药方来了,这种战略管理是不会取得成效的。

### （五）中国企业战略是由少数人制定的,中下层管理干部及员工对战略认同度低,企业战略执行力差

有时,笔者带领团队给企业作战略咨询,企业战略制定完了,企业领导班子很高兴,董事长和总经理均表示满意,我们就离开企业回去了。过了半年,我们对该公司进行回访,发现企业并没有照着战略去做,找总经理谈话,总经理也认为战略确实没有执行。于是我们团队又花了一个多星期,把整个企业再扭转到战略轨道上,做完工作后我们又离开了该企业,又过了半年,我们再次对公司进行回访,发现公司又回到原来老路上去了。中国有些企业习惯的势力极为顽固,战略执行能力很差。

## 四、企业战略管理的步骤

企业战略管理的步骤见图 1-3。

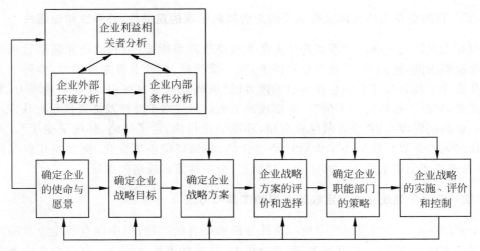

图 1-3　企业战略管理的步骤

### （一）企业外部环境分析

1. 企业宏观环境分析

分析和预测宏观环境因素的变化,可以使企业战略管理者获得分析行业和企业的背景知识,确定影响行业和企业取得成功的关键因素,预测这些关键因素在未来的变化,以及这些变化对企业影响的程度和性质、机遇与威胁。企业宏观环境分析主要包括五个方面:企业的政治环境分析、法律环境分析、经济环境分析、科技环境分析和文化环境分析。

2. 企业所处产业及其竞争对手分析

主要分析产业竞争结构的五种因素的变化,分析竞争对手实力、战略和商业模式,在此基础上确认企业所面临的竞争机会与威胁。

（二）企业内部条件分析

1. 企业价值链及价值网络分析

在价值链及价值网络分析中主要分析企业在进货后勤、生产作业、发货后勤、市场营销及售后服务等基本活动中存在的优势及劣势。同时还要分析采购管理、技术管理、人力资源管理及企业基础职能管理等辅助活动对价值链的支持活动，综合价值链的基本活动及辅助活动的分析，确认企业内部管理中存在的优势和劣势。

大中型企业由许多价值链而形成企业价值网络，要对这一价值网络优劣势进行分析。同时有些价值链环节是外包的、虚拟的，企业也应对外包环节进行分析。

2. 企业资源、能力及核心竞争力分析

从与竞争对手的比较中，分析企业的竞争优势，从竞争优势的可保持性、独特性、延展性及其价值来判断其核心竞争力，从核心竞争力与行业特点的匹配来判断企业是否需要建立新的核心竞争力或者进入相关行业。

将外部环境分析与企业内部条件分析两部分整合起来，与寻找有吸引力的产业相匹配，或者根据产业演化分析，重新进行产业创新。企业只有掌握了所在产业的发展趋势及命运，才能把握住企业自身的命运，而要掌握产业的命运，关键在于产业创新，它包括：

1. 产业竞争规则创新

现有产业企业之间游戏规则是由该产业领先者决定的，产业挑战者及跟随者只有设法改变产业的竞争规则，才有可能打破现有的竞争格局，成为产业新的领先者。

2. 重划产业界限

新出现的产业其界限往往难以划分，如计算机通信业，很难确定它是属于计算机产业还是属于通信产业，只有重新设计产业界限，企业才能认识并发现其竞争对手和合作伙伴，从而找出新的竞争空间。

3. 创造全新产业

通过顾客前瞻式思考，依靠企业核心竞争力，为顾客提供全新的产品或服务，从而创造一个全新产业，如个人电脑业崛起、沃尔玛商业连锁超市的导入。企业如能创造一个全新的产业，该企业就能主导这个产业的发展走向，决定该产业的竞争规则，从而把握企业的发展命运。

由于产业创新又往往需要建立新的核心竞争力，这就需要企业将事业部的核心竞争力重新整合，例如：夏普是以整个企业为一体的方式与东芝、卡西欧、索尼等竞争，才在平面显示器领域建立起世界的领导地位。

（三）企业利益相关者分析

面对同样的环境，甚至资源和能力相似的企业，其组织行为却大不相同，原因就在于企业的战略行为往往要受到利益相关者利益的影响，因此，企业利益相关者分析是企业战略分析的重要组成部分。

利益相关者是指对企业产生影响的,或者受企业行为影响的任何团体和个人[①]。或者说任何一个影响企业战略目标完成或受企业影响的团体或个人都是企业利益相关者。企业的利益相关者主要分为内部利益相关者与外部利益相关者。

企业内部利益相关者主要有向企业投资的股东(包括个人或机构投资者)、董事会成员、职业经理和企业员工。

企业外部利益相关者主要有政府、购买者、供应者、贷款人、合作伙伴、工会及其他社会团体、当地社区、社会公众、媒体、其他组织等。

由于企业利益相关者的利益不同,他们对企业的发展方向和路径就有不同的要求,他们之间产生矛盾和冲突在所难免,这不仅会影响战略的制定,而且还会对战略的执行带来巨大的影响,因此在制定战略之前,需要判断未来哪些利益相关者将会对企业的经营行为产生重大影响,这些利益相关者的利益期望是什么,以便在制定和选择战略时寻找符合主要利益相关者利益的方案。

### (四) 确定企业的使命与愿景

企业使命是说明"企业要做什么"或"我们的业务是什么",以此作为使本企业区别于其他类似企业的对经营目标的叙述。使命陈述(mission statement)是对企业存在理由的宣言,它回答了"我们的业务是什么"这一关键问题,明确的使命陈述不仅阐述了企业存在的理由,还说明了企业的宗旨、哲学、信念、原则,根据企业服务对象的性质揭示企业长远发展的前景,为企业战略目标的确定与战略制定提供依据。

例如,美国苹果公司在 20 世纪 90 年代提出的企业使命是:

"苹果公司的任务在于,通过提供卓越的个人计算机产品和不断创新的用户服务,协助改变用户的工作、学习和交流方式;我们将确立新的方向,创造新的方法,寻求新的途径,以便用计算机技术扩展人类潜能的边界;苹果公司将与众不同,我们的产品、服务和见识将帮助世界各地的人们在 21 世纪以新的方式从事商务与教育。"

企业愿景(vision)回答的是"我们想成为什么",它是根据企业使命,在汇集企业每个员工个人心愿的基础上形成的,展示了全体员工共同心愿的美好远景,它能激发出强大的力量,使每个员工都渴望能够归属于一项重要的任务和事业,它是企业战略的重要组成部分。

好的企业愿景应富有想象,对企业员工有很强的感召力,并能得到社会公众的认可,它应用简单的、精炼的、激动人心的语言来表达。

企业愿景应回答三个问题,即:

(1) 企业是个什么企业?

(2) 企业的长远目标是什么?

(3) 企业的行动信念是什么?

企业的使命和愿景对战略管理具有十分重要的作用,具体表现为:

(1) 明确了企业的发展方向和业务领域。

---

① [英]托马斯·加拉文,杰拉德·菲茨杰拉尔德,迈克·莫利.企业分析[M].马春光,等译.北京:生活·读书·新知三联书店,1997.

（2）是协调企业内外部矛盾的依据,为配置企业资源提供了标准或根据。

（3）可以帮助企业建立客户导向的思想。

（4）使企业高层管理者对公司的长远发展方向和未来业务结构有一个清晰的认识。

（5）使企业中层管理部门可依照它来制定部门的使命和愿景,制定与公司发展方向和战略协同一致的部门策略。

（6）使企业基层管理部门制定本部门策略有了依据,降低了制定及执行策略的风险。

（7）向全体员工传递公司的价值观,激励员工竭尽全力为实现公司的使命及愿景做出自己的贡献。

在图 1-4 中,从企业的使命与愿景方框有一条线反馈到企业外部环境、企业内部条件及企业利益相关者方框中去,这是指企业外部环境、内部条件及企业利益相关者分析不是盲目地对任何因素都去进行分析,而是从企业的业务性质及发展愿景出发,分析与之有关的外部环境、内部条件及企业利益相关者各因素。

### （五）确定企业战略目标

企业战略目标是指,企业在一定时期内沿其经营方向所预期达到的理想成果。目标体系的建立是将企业使命和愿景转化为具体的、简练的、可测量的、具有适度挑战性的业绩目标,如果不建立战略目标,那么企业使命与愿景的宣言也仅仅是一些美丽的词句。

企业战略目标的内容可以包括盈利能力、生产效率、市场竞争地位、产品结构、财务状况、企业的建设和发展、企业的技术水平、人力资源的开发、职工福利、社会责任目标等方面。

### （六）企业战略方案的评价与选择

企业高层领导在作战略决策时,应要求战略制定人员尽可能多地列出可供选择的方案,不要只考虑那些比较明显的方案,因为战略涉及的因素非常多,有些因素的影响往往不那么明显,因此,在战略选择过程中形成多种战略方案是战略评价与选择的前提。

高层管理人员要对每个战略方案按一定标准逐一进行分析研究,以决定哪一种方案最有助于实现战略目标。战略评估过程要坚持三条基本原则,即适用性、可行性及可接受性。既要使企业资源和能力能够支持战略方案的实现,同时外界环境的限制条件是在企业可接受的限度内,也要为企业内的干部、员工所接受。可行的战略选择并不完全是理性推理的过程,更为重要的是取决于高层管理者对风险的态度、企业文化及价值观的影响、利益相关者的期望、企业内部的权力及政治关系,以及高层管理者的需要及欲望,等等,因此,战略选择的过程是对各种方案进行比较权衡,进而决定一个较为满意的方案的过程。

### （七）企业职能部门策略

根据前述确定的企业战略,进一步具体化作出企业的组织机构策略、市场营销策略、人力资源开发与管理策略、财务管理策略等各职能部门策略,这样才能使企业总战略真正落实。要求各职能部门策略与企业战略保持一致。

### (八)企业战略的实施、评价与控制

企业战略的实施要遵循三个原则,即适度合理性的原则、统一领导与统一指挥的原则和权变的原则。为贯彻实施战略要建立起贯彻实施战略的组织机构,配置资源,建立内部支持系统,发挥好领导作用,使组织机构、企业文化均能与企业战略相匹配,处理好企业内部各方面的关系,动员全体员工投入到战略实施中来,以保证战略目标的实现。

同时也要注意到,若在战略执行中发现企业外部环境已经发生变化,企业则应将信息反馈到高层领导,企业应重新审视企业外部环境的变化,进行战略的变革或转移,从而保证企业持续发展。

笔者建议读者应当把图1-3记在自己脑子里,理由有三点:第一,因为图1-3概括了企业战略管理的主要内容;第二,该图表明了企业战略管理的基本思路;第三,该图也是本书讲述企业战略管理的总纲。读者掌握了图1-3,就掌握了企业战略管理的基本思路及基本脉络,就在总体上把握了企业战略管理的概貌。

笔者认为,图1-4是企业战略管理的生态链,企业只有适应环境变化才能生存和发展。同时图1-4也是企业战略管理增值链,即只有把企业外部环境、内部条件、利益相关者的要求分析透彻才能制定好战略,而只有执行好战略才能最终为顾客创造价值,也才能体观战略管理的价值。

另外,图1-4也是企业战略变革链,即如果企业外部环境发生重大变化,企业需及时进行战略转型,从而保证企业能够持续发展,见图1-4。

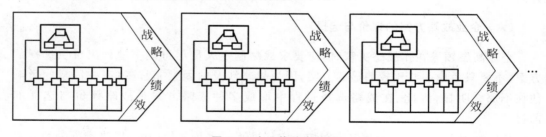

图 1-4  企业战略变革链

## 案例 1-1

## 阿里巴巴集团公司的战略分析(2010—2015 年,摘要)

### 一、企业简介

阿里巴巴公司是由马云在 1999 年一手创立的企业对企业的网上贸易市场平台,2003 年 5 月,投资 1 亿元人民币建立淘宝网。2004 年 10 月,阿里巴巴投资成立支付宝公司,面向中国电子商务市场推出基于中介的安全交易服务。2012 年 2 月,阿里巴巴宣布,向旗下

子公司上市公司提出私有化要约,回购价格为每股 13.5 港元。2012 年 5 月 21 日,阿里巴巴与雅虎就股权回购一事签署最终协议,阿里巴巴用 71 亿美元回购 20％股权,阿里巴巴集团已建立淘宝网、一淘网、天猫、支付宝、阿里巴巴网络有限公司、中国雅虎和阿里云计算七大事业群。

### 二、企业外部环境分析

#### (一)一般环境分析

1. 政治环境分析

中国加入 WTO 后,政府正力推"电子商务进企业",这将会得到包括阿里巴巴在内的很多电子商务企业的积极响应,以获得更大发展。

杭州市政府对电子商务及互联网产业发展以政策支持,杭州市市长也曾表达了政府对马云提出"把杭州打造成'中国电子商务之都'"的大力支持。

2. 经济环境分析

全球一体化加快,分工更加精细,要求合作更加紧密,随着中国加入 WTO,国内经济加速发展,电子民营企业快速发展,中日美贸易交往频繁。

21 世纪正是劳动密集型向知识经济过渡的时机,国家经济快速发展的同时正遇上电子商务发展的机遇期,国内相关的产业空间和国外电子商务的发达给了阿里巴巴一个极其有利的经济环境。

3. 社会环境分析

随着经济发展,人们已经越来越接受电子支付,2003 年"非典"爆发后,网络的商务价值突显,阿里巴巴成为全球企业首选的商务平台,网站的各项指标持续高速发展。

阿里巴巴总部在杭州,在浙商文化"求速度"、"善于创新"以及"独特创富模式"的影响下,给阿里巴巴创造了一个快速成长的摇篮。

4. 技术环境分析

信息时代来临及互联网的普及,使电子商务有了较大生存空间,人们可通过手机随时随地在网上冲浪,这给电子商务的发展提供了有利的前提。

#### (二)行业环境分析(波特五力模型)

1. 现有竞争者的竞争能力

对环球资源网、京东商城、拍拍网、腾讯网等网站进行了简要分析。

2. 替代品威胁

传统购物方式仍是大多数顾客喜欢的购物方式,年轻人喜欢电商购物方式。

3. 新进入者威胁

在阿里巴巴刚起步时,国内这方面还是一片空白,阿里巴巴当时领跑中国市场,经过近 10 年的发展,电子商务产业已比较成熟,电子商务平台上竞争对手增多,传统零售商纷纷转向电子商务。但电子商务进入壁垒高,需大量资金投入和技术储备,因此新进入者威胁较小。

4. 供应商议价能力

阿里巴巴的供应商主要是那些与电子商务活动关联的专业服务提供商,在数据服务及搜索引擎等技术服务上,大多数厂商都需要依靠阿里巴巴,尚缺乏议价能力。目前在供应商中议价能力较强的就是物流快递行业，物流企业由于服务成本上升不断提高物流服务价格，目前某些物流公司已经开始自建电子商务平台。

5. 购买者议价能力

阿里巴巴企业的实质是一家互联网服务公司。目标客户是两类群体：电子企业和网络消费者，这些电子企业对阿里巴巴提供的服务已形成习惯，因此电子企业议价能力较弱，网络消费者的转换成本很低，因此网络消费者议价能力相对较强。

### 三、企业内部条件分析

#### （一）企业资源分析

对企业客户资源、财务资源、人力资源、声誉资源、技术资源等进行了简要分析。

#### （二）企业战略能力分析

阿里巴巴在资产运作、营销和服务、品牌打造、网络建设等方面都做得不错，具备实现战略增长的能力，但在融资、风险管理及搜索研发能力上尚有所欠缺。

#### （三）核心能力分析

阿里巴巴创立了 B2B 模式，使电子商务推广到一个社会化的廉价的系统中，使电子企业进入这种简化的业务流程成为现实。

阿里巴巴有凝聚力极强的企业文化，有较强的管理团队。

综合战略分析

1. 优势：进入市场较早，有庞大的客户群，形成了完善的服务平台；对电子商务有透彻了解；占有绝对的市场份额；页面设置人性化，操作简单；资金准备充足，具有危机意识。

2. 劣势：与雅虎中国的资源整合问题很多；公司运作模式简单，易于模仿，容易被替代；低门槛准入制带来监管困难；另外，机构官僚化严重，信用体系不健全，发展速度和质量失衡。

3. 机遇：电子商务市场的快速增长，政府政策的支持，世界金融危机，促使商业模式的变革，居民消费能力上升，电子商务和网络购物即将进入高速发展期。农村电子商务的发展成为新亮点。

4. 威胁：百度和谷歌的紧逼，专业网络迅速崛起，市场竞争压力加大，电子商务产业规范缺失。物流配送的制约，服务能力的限制。

### 四、企业的愿景及使命

（一）企业的愿景：成为一家持续发展企业，打造跨越三个世纪的世界名企；成为全球十大网站之一；让天下没有难做的生意，只要是商人就一定要用阿里巴巴。

（二）核心价值观：客户第一（员工第二，股东第三），拥抱变化，团队合作，诚信正直，激情向上，敬业执着。

### 五、企业的战略目标

（一）远期目标：为全世界创造1 000万家小企业的电子商务平台，为全世界创造一亿个就业机会，为全世界10亿人提供消费平台。

（二）2010—2015年近期战略目标（略）。

### 六、企业的战略选择

#### （一）企业公司级战略选择

阿里巴巴选择发展型战略，最终是要建立一个完整的生态系统，该系统核心是阿里巴巴电子商务平台，再以平台为核心辐射带动相关电子商务服务的协调运作。阿里巴巴电子商务生态系统由内而外将分为几部分，对内要不断创新服务种类提升服务质量；对外建立与金融、物流、保险、IT 等企业的合作伙伴关系，完善服务体系。

#### （二）业务层竞争战略选择

阿里巴巴采用差异化战略：产品差异化、服务差异化、渠道差异化、品牌形象差异化等战略。

1. 平台业务创新战略：打通 B2B、B2C、C2C 平台界限，形成 B2B2C 全方位电子商务平台。

2. 支付业务开放战略：进入基金、保险等金融领域。

3. 物流业务联盟战略：组建物流联盟，建立第四方物流平台。

4. 云计算业务领先战略：布局"阿里云"和"阿里端"，实现"云—端"模式发展。

### 七、企业战略实施

1. 战略实施方式：建立诚信开放平台、建立完善信用评价体系。

2. 组织结构调整战略。

3. 投资及融资战略。

4. 财务管理、人力资源管理、研发管理等各职能部门为贯彻战略应采取的战略措施。

资料来源：1. 阿里巴巴战略. 文库网，wenku. baidu. com.

2. 阿里巴巴战略. 豆丁网，docin. com.

案例 1-2

# 阿里巴巴集团 CEO 陆兆禧谈阿里巴巴战略问题（2015 年 2 月）

《中国经营报》：阿里现在已是美国的上市公司，美国某些评论说阿里巴巴的模式不如亚马逊，这或许也存在阿里对认知者的沟通问题。如何让资本市场了解你们公司以及你们所做的事？

陆兆禧：几个月前我绕了地球两圈，见了很多资本市场的投资者、分析师等，总体来说海外对阿里的评论比国内要正面得多，不知道为什么，国内自己看自己都是一身毛病，海外隔岸看美女都很漂亮。亚马逊是非常伟大的公司，我们肯定在亚马逊身上学到很多东西，但是在海外也有大量看好阿里的人，关键是我们立足本身核心业务知道自己下一步做什么，特别知道客户要什么，给自己做事情和给别人做事情是不一样的。互联网带给我们最大的改变就是以往做事情是为自己做，互联网就是利他精神，先为别人做，让别人在你提供的工作和服务中获得价值以后才能够得到你想要的东西。我们与投资者和海外媒体做了非常充分的沟通，我们希望有更多的沟通，阿里肯定不完美，这个公司有很多问题，但是我们往越来越好的方向在改变。

在美国不可能有阿里巴巴这样的公司，因为那里信用环境很完善，零售很发达，刚好中国这两个方面比较欠缺，所以诞生了这么一个公司。所以每个公司在当地都有一个特定的存在环境，我觉得外国人有没有看得懂不重要，毕竟也有人看好我们。

《中国经营报》：阿里在美国上市后玩法比以前多很多，比如推动全球购、分期购等，你们开拓新业务的商业逻辑是什么？

陆兆禧：阿里只专注在客户上面，专注在客户市场需求上就不会迷失。以前不了解市场，看看美国市场，起码有一个榜样，但是今天我们超过它了，我们重新审视这个市场到底需要什么。像农村战略，四年前就开始了，让全中国的农副产品放在淘宝天猫上销售，满足消费者的需求。其实满足社会需求之外还有更大的社会价值，就是城市化过程中所碰到的问题。如果今天能够解决这个大的社会问题将会创造更高的价值，我们也会获得更好的回报。战略不是想好了就这样，而是在整个过程中不断地跟着市场、跟着变化走。

阿里有一个价值观叫"拥抱变化"，我们经常被变化拥抱，被市场拖着走，比如"双十一"促销活动，内部很多讨论到底该不该做，因为每年准备"双十一"要半年时间，技术上的峰值，为那五分钟我们要准备半年。软件投入、硬件投入和运营商的合作，但我们还是这样扛下来了。

《中国经营报》：阿里的体系庞杂，从战略上讲，你这一年来主要关注的事情有哪些？

陆兆禧：战略上有三个方面。第一，农村战略，希望通过我们的努力能够让中国的农民重新回到土地上去。这是个很大的命题。过去大量的农民离开农村到城市找工作，给城市带来很多问题，关键是农民为什么要离开土地？因为收入少，我希望通过网络帮助农民在土地上所产生出来的农产品，能够用一个市场的价值卖到城市里去。同时，通过网络把城市的产品带到农村去。把发达地区、沿海地区的商品带到落后地区。

第二，国际化，立足于中国是第一步，产品走出去和商品带进来，满足当地消费和海外的消费。阿里的国际化分了几步，首先立足中国，中国是全球大市场，未来中国肯定成为全球最大的消费市场。把国外的货物带进中国，其实也是国际化的过程，让国际货物跟中国本地的消费者产生连接，跟本地的市场发生关系，就是国际化的一步。

另外，中国有大量的生产企业，他们生产很多产品，这些产品需要卖到海外去，最早的时候外贸是 B2B 模式的出口，未来可能是 B2C 和 C2C 出口，现在阿里做的事情可以看得到这个增长已经非常大，今天 B2C 和 C2C 大量需求来源于发展中国家和不发达地区。

第三，大数据和云计算，今天阿里能够承受那么大的交易量，是因为我们在云计算里面投入了大量的资源去做研发，今天我们没有一台 IBM 机器，没有 EMP 的存储，全是用国内厂商（像华为、联想）生产的 PC 服务器，几千台连在一起，形成巨大的计算能力和存储能力。这种计算和存储能力我们希望未来能够开放给更多的创业者和中小企业。

创业公司或者中小企业要上网，要创业，首先要请 IT 人员，要买服务器，要花很多钱。在云计算时代，这样的服务就像插电一样，按月、按用量付钱，云计算让中小企业做生意更简单，降低了它们的门槛。

大数据方面,我们也是做了几年,有两个方向及目标:让数据驱动业务;让数据变成业务。数据驱动业务更多是指内部怎么用数据。

数据变成业务,指的是数据产品要做得好,商家就能够利用数据产品可以预测下一步要做些什么产品,要备多少库存。今天所做的事情都是这样做的,包括"双十一"的广告,其实背后都有大量的数据帮助我们做判断、做决定。我们要让商家和我们有一样的能力。

资料来源:中国经营报,A12 版,2015-02-02.

# 第二章

# 企业宏观环境分析

## 第一节　企业环境分析与企业战略管理的关系

### 一、什么是企业环境

国内外学者提出了许多不同的见解和分析,目前对什么是企业环境主要有两种观点,一种观点认为企业环境仅是指企业组织以外的各种因素,卡斯特等人认为"企业环境就是企业组织界限以外的一切事物",[①]达夫特把组织环境定义为"存在于组织边界之外,可能对组织总体或局部产生影响的所有因素"[②]。明茨伯格等人认为,"环境指的是组织以外的所有东西"[③]。另一种观点认为企业环境不仅包括企业外部的各种因素,也包括企业内部的各项因素,伊恩·沃辛顿和克里斯·布里顿"强调企业内部环境与外部环境的互动,企业内部环境主要包括企业的组织结构、各项职能和追求特定组织目标的方法"[④]。加雷斯·琼斯等人指出"……必须理解和把握另外一种环境——企业内部环境,内部环境包括企业中来源于企业组织结构与文化的各种力量"[⑤]。乔治·斯蒂纳认为要把企业外部环境与企业内部环境作为一个企业环境整体进行研究,对企业内部环境建立了一个企业内部环境中利益相关方的模型。[⑥] 国内学者也有不同看法。

笔者认为,环境是指组织以外周围的情况和条件。所谓情况是指事物的情形,即事物

---

①　[美]弗莱蒙特·E.卡斯特特,詹姆斯·E.罗森茨韦克.组织与管理:系统方法与权变方法[M].傅严,等译.北京:中国社会科学出版社,2000.

②　[美]丹尼尔·A.雷恩.管理思想的演变[M].赵睿,等译.北京:中国社会科学出版社,2000.

③　[美]亨利·明茨伯格,等.战略历程——纵览战略管理学派[M].刘瑞红,徐佳宾,郭武文,等译.北京:机械工业出版社,2002.

④　[英]伊恩·沃辛顿,克里斯·布里顿.企业环境(第四版)[M].徐磊,沈晓丽,译.北京:经济管理出版社,2011.

⑤　[美]加雷斯·琼斯,珍妮弗·乔治,查尔斯·希尔.当代管理学[M].李建传,严勇,周晖,等译.北京:人民邮电出版社,2003.

⑥　[美]乔治·斯蒂纳,等.企业、政府与社会[M].张志强,王春香,译.北京:华夏出版社,2002.

呈现出来的样子及其变化。所谓条件是指影响事物发生、存在和发展的各种因素[①]。因此，企业环境是指企业以外周围的情况和条件，是指企业外部周围影响企业生存和发展的各种因素所组成的复杂系统。

## 二、企业与环境的关系

企业的环境因素众多，不同的标准可进行不同的划分。从企业环境因素所涵盖的范围来看，可包括政治、经济、法律、社会、科技、文化、人口、自然环境等因素；从对企业影响的时间长短来看，可划分为长期影响因素、中期影响因素、短期影响因素和突发因素等；从对企业影响方式看，可分为直接影响因素和间接影响因素等；从对企业影响的空间来看，可分为宏观环境、中观环境及微观环境等；从对企业影响的程度看，可分为重大影响因素、一般影响因素和微小影响因素等；从对企业影响的可预测性上看，可分为可准确预测的因素、可大致预测的因素、可把握变化方向的因素、随机性因素、动态性因素、混沌性因素、模糊性因素、复杂性因素和不确定性因素等。

企业与环境变化的关系，从战略管理角度来看有以下四种：一是企业被动地适应环境，认为环境是真实的客观存在，所有环境因素都是可以获取的客观事实，企业只能通过内部资源配置来适应外界环境的变化；二是企业主动适应及选择环境，企业通过产业结构调整，主动选择进入利润优厚、发展势头良好的行业，主动地寻找和选择适应自身发展的环境；三是企业创造适应自身发展的环境，企业开发了新的产品，因而创造了新市场及顾客新需求，创造了新的产业，因而获得了较好的经济效益；四是企业与环境共同进化，共同成长，即外部环境与企业组织之间并不是完全独立的，处在一定环境中的企业在适应环境的同时，通过与环境的交互作用也会反过来影响环境，尤其在当前互联网时代下，企业与环境交互作用更加频繁和强烈。

### （一）环境决定了企业的生存和发展

20世纪60-70年代，许多学者认为，形成战略最重要的是外部环境和内部因素的匹配，即战略的计划学派与设计学派所主张的，把企业外部环境的变化看作是一种挑战，企业必须在这种挑战下，与企业内部资源和能力实现良好的匹配，即SWOT分析（企业优势、劣势要与外部的机会和威胁相匹配），这是由环境到战略的单向线性思维模式，即企业战略受制于既定的产业结构，战略变革空间很小，环境是决定企业战略的主导力量，企业所有活动都是在环境约束范围内，企业是环境的产物。从根本上来讲，企业系统仅是复杂的自然及社会巨系统中的一个子系统，而且随着技术及经济的发展这一复杂的巨系统仍然在向更复杂、更高级的形态演化，环境的新的层次和新系统仍在不断地涌现，该复杂巨系统的结构也在不断变化，因此企业系统只能是这个复杂巨系统的一个子系统，自然与社会的复杂巨系统对企业子系统具有统率和支配的作用，因此是环境决定了企业的生存和发展，企业在一定程度上只能被动地适应外部环境的变化。

近20年来，企业非市场战略研究日益受到学术界的关注，Baron(1995)首次把非市场

---

[①] 中国社会科学院语言研究所词典编辑室.现代汉语词典（修订本）[M].北京：商务印书馆,1996.

因素提升到企业非市场战略加以研究,企业战略需要指导企业在市场与非市场环境中行动。非市场因素涉及政治、体制、经济、社会、文化等方面,企业面对非市场环境因素就只能鉴别其对自身的机会和威胁,并协调自身行为来适应非市场环境的变化。

应当指出,上述情况是企业处于相对比较稳定的环境中,环境变化是可以预测的,环境变化速度是比较缓慢的情况下,企业所采取的战略。

### (二) 企业主动适应环境

20 世纪 80 年代,美国学者迈克尔·波特(Michael E. Porter)提出了竞争战略理论,认为企业要有选择地进入吸引力强的行业,不久,美国学者哈默(Garg Hamel)和普拉哈拉德(C. K. Prahalad)提出核心竞争力理论,强调企业竞争优势来源于企业内部特殊资源即企业的核心竞争力,形成了战略理论的定位学派和资源学派,因此企业战略不再是企业被动地与环境相匹配的结果,而是企业主动适应和迎合环境的产物,认为环境变化是可以预测的,企业意识到了外部环境变化给企业带来的影响,企业战略有了更好的能动性和主动性。

20 世纪蒂斯(Teece,1997)提出"动态能力理论",一般来讲,"动态"是指适应不断变化的环境,企业必须具有不断更新核心能力的能力,"能力"是指企业能根据外部环境的变化,动态地整合、构建、重新配置企业内部与外部资源,建立新的核心竞争力的战略能力。动态能力战略观改变了传统战略理论注重静态分析的方法,注重在动态多变的环境下强调战略的动态性,动态能力本身是一种战略能力,企业只有比竞争对手更快、更灵敏、更幸运地施展动态能力才能获得长期竞争优势,同时学习机制是动态能力不断演进的保证,因此动态能力是组织学习的产物,在高速变化的市场环境中企业只有通过学习来获取复杂且难以显性化的新知识,实现知识资产的更新。这是当代企业战略管理理论的前沿问题之一。

### (三) 企业选择环境并与环境共同进化,共同成长

20 世纪 90 年代,摩尔(Moore,1993)从生物生态学的角度提出"商业生态系统"概念,以"共同深化"为目标,主张跳出"把企业看作单个的主体"的竞争思维定势,通过有目的的选择和构建顾客、市场、产品或服务、经营过程、组织、利益相关者、社会价值和政府政策七个维度的系统成员,以合作演化为主要机制,建立成功的商业生态系统。摩尔利用生态系统思想看待企业与环境的关系,这种商业生态系统的概念把独立自治的企业实体的战略理论转向企业生态系统的战略理论,De Bono(1996)称为超越竞争理论,认为商业生态系统把企业与环境的关系是由四个部分组成的竞争分析框架:一是从商业生态系统整体上来考察和考虑竞争;二是从系统各成员之间的相互关系方面建立合作,以合作来应对竞争;三是通过开放企业、开放环境来吸引成员,以扩大生态系统的共同"做大饼"的方式来避免共同"分小饼"式竞争;四是商业生态系统中的核心企业必须不断地关注价值理念和关键驱动因素的变化,并建立起审视机制,重组与重构商业生态系统的应对策略,以此来使商业生态系统不断"进化",实现企业与环境的共同进化,共同持续发展。

20世纪末及21世纪初又出现了虚拟经营战略理论,虚拟经营是最大限度地利用外部资源,强调生态系统的整体优势,共同营造具有竞争优势的价值系统,生态系统各成员共生进化,互为补充,共同为企业在动态市场环境和全球竞争环境中,实现持续竞争优势服务。

20世纪末,Jarillo(1988)提出战略网络理论,认为战略网络是一个关系网络,是由社会的不同组织或个人,为了共同的愿景,通过一定的协议或契约联结,以彼此间的信任和长期合作为基础而构成的动态合作网络,通过战略网络来获取企业生存和发展所需的资源,通过战略网络的成长演变,使网络中的组织共享其成长演变的利益。

### (四)企业创造和改造环境

20世纪90年代至21世纪信息技术的发展给企业战略带来三方面影响:①改变了企业价值链;②改变了原有的产业结构;③孕育了新的产业。进入信息经济及网络经济时代,知识成为企业最重要的战略资源,知识存量增长速度及更新速度加快,新技术、新产品开发周期越来越短,战略新兴产业迅速发展,当今世界经济一体化,全球信息化速度加快。国际企业竞争更加激烈,面对外部环境快速、复杂、剧烈动荡的变化,企业对环境极难进行预测,很难把握环境变化的全部,企业只能通过创新改变部分外部环境,营造好自己的发展平台。因此进入21世纪,创新与创造未来成为企业战略管理的重点。

企业创造未来要从以下三方面入手:①改变行业竞争规则,如电子商务的兴起,改变了原有市场营销的某些规则;②重新划定行业界限,如电脑、电视、电话的三网融合,使IT产业界限大大扩大了;③创造全新的行业,如美国苹果公司创办人之一,史蒂芬·保罗·乔布斯的重大技术创新,他把电脑业与娱乐业紧密结合起来,他是麦金塔电脑、iPod、iPhone、iPad等数码电子产品的发明者和缔造者,他深刻地改变了现代通信业、娱乐业乃至人们工作生活的方式,引领了全球IT科技和移动电子产品的发展潮流,开辟了电脑及电子产品的新时代,这就为苹果公司发展创造和改造了很好的环境和条件。

21世纪是知识经济的时代,知识管理战略就是企业创造必要的环境和条件来推动组织中知识进行创造和传播。知识已成为企业最重要的战略资源,企业只有掌握知识资源才能创造和改造环境。

# 第二节　企业宏观环境分析

企业的宏观环境主要包括六个方面,即企业的政治环境、法律环境、经济环境、科技环境、社会环境和文化环境。

笔者认为,企业战略管理要求企业领导人必须要有宏观环境观念,没有宏观环境观念制定不了战略。企业领导人一定要跳出自己的办公室,跳出自己的办公大楼,站在珠穆朗玛峰顶上俯视你的企业,才可能对你的企业经营状况有一个全面了解。宏观环境就像是大海,你的企业就像是大海当中的一条小船,当宏观环境起了波浪时,你的企业要想平稳地行驶恐怕也是非常困难的。

## 一、企业政治环境分析

政治是一种重要的社会现象,要考察企业面临的宏观环境,政治因素及其运行状况是企业宏观环境中的重要组成部分,这是因为政治因素给企业带来的影响异常巨大和明显,同时影响企业生存和发展的其他社会因素也都会因为政治条件及状况的不同而对企业产生不同的影响。因此,政治是决定、制约和影响企业生存和发展的极其重要因素。

企业的政治环境是指制约和影响企业的各种政治要素及其运行所形成的环境系统。政治环境对企业影响的共同特点是:

(1) 直接性:即国家政治环境直接影响着企业的经营状况。

(2) 难以预测性:对于企业来讲,有时难以预测国家政治环境的变化趋势。

(3) 不可逆转性:即政治环境因素一旦涉及企业,就会使企业发生十分迅速和明显的变化,而这一变化是企业驾驭不了的。

企业政治环境的具体内容包括以下五个方面:

(1) 政治制度。例如,我国社会主义政治制度是人民代表大会制度。

(2) 政党和政党制度。政党和政党制度是影响国家政治环境的主要因素,也是影响企业政治环境的重要因素。例如,我国是以中国共产党为领导的多党合作制度。

(3) 政治性团体。例如,工会、妇联等,这些政治性团体对国家政治决策具有很大的影响作用,有时也会使企业政治环境发生重大变化。

(4) 国家的方针政策。这是在一定阶段内指导一个国家政治、经济、文化等方向性、原则性的战略策略规范,因此企业必须遵循所在国的这些方针政策,它对企业活动往往具有控制和调节的作用。

(5) 政治气氛。所谓政治气氛,一是指各阶级及其政党的各种政治主张的矛盾和力量对比在政权上的反映所形成的国家政治局势;二是指基层组织和群众的政治情绪,如政治倾向、政治热情及政治思想等。

我国的基本政治制度和方针政策构成了我国企业政治环境的基本要素,政治体制改革和不同时期的具体方针政策则为企业政治环境提供了良好的条件和发展前景,这些都将对我国企业的领导制度、生产经营和管理产生深远的影响和制约作用,正确充分地利用、适应企业所面临的政治环境,无疑是使企业生存和健康发展、实现其战略的重要前提。

## 二、企业法律环境分析

企业是一个开放系统,任何企业生存和发展都离不开一定的法律环境条件,与企业经营活动相关的法律,如公司法、反不正当竞争法、知识产权法、劳动法、合同法、环境保护法,以及一系列的经济法,甚至是公法、国际法等都有可能构成企业开展经营活动的基本法律环境。

因此,企业法律环境是指和企业事务有关的法律及其实施所形成的外部客观环境和基本氛围。法律环境是制约企业经营的重要外部条件,企业既要受到它的保护,又要受到它的限制,企业必须在法律规定的准则指导下开展经营活动。法律环境包括多种环境因素,主要有三种要素:

### （一）国家的法律规范

它是由国家制定或认可、体现统治阶级意志、由国家强制力保证实施的行为规则。法律规范是一个完整的体系，同企业及其活动相关的法律规范体系是由不同效力等级的一系列法律所组成，主要有宪法、基本法律、行政法规、地方性法规等，其中与企业相关的法律规范构成企业法律环境中最基本的内容。

### （二）国家司法、执法机关

指国家设立的法律监督、法律审判和法律执行部门，主要有法院、检察院、公安机关及各种行政执法部门。与企业关系较密切的行政执法部门有工商行政管理部门、税务部门、物价部门、计量管理部门、技术质量监督部门、专利部门、环境保护管理部门、政府审计部门等。此外，还有一些临时性行政执法部门，如各级政府的财政、税收、物价检查组织等。

### （三）企业的法律意识

法律意识是法律观、法律感和法律思想的总称，是指企业对法律制度的认识和评价。因为任何企业都要同与其生产经营活动相关的企事业单位发生经济、技术、贸易关系，这些关系都具有社会经济法律关系的性质。企业的法律意识，最终都会物化为一定性质的法律行为，并造成一定的行为后果，从而构成每个企业不得不面对的现实法律环境。

综上所述，法律规范是企业法律环境赖以存在的基础，国家司法、执法机关及其活动是企业法律环境健康生长的保证，企业的法律意识是企业参与法律环境和感受法律环境的重要媒介。法律环境对企业的影响方式受法律的强制性特征所决定，对企业的影响方式具有刚性约束的特征。针对经济法律规范所调整的不同的经济法律关系，其刚性又有程度上的差异，不同的法律形式对它的调整对象采取不同的调整手段和作用方式。

## 三、企业经济环境分析

所谓经济环境是指构成企业生存和发展的社会经济状况及国家经济政策。社会经济状况包括经济要素的性质、水平、结构、变动趋势等多方面的内容，涉及国家、社会、市场及企业等多个领域。国家经济政策是国家履行经济管理职能、调控宏观经济水平和结构、实施国家经济发展战略的指导方针，对企业经济环境有着重要影响。

企业经济环境是一个多元动态系统，主要由社会经济结构、经济发展水平、经济体制和宏观经济政策四个要素构成。

### （一）社会经济结构

社会经济结构又称"国民经济结构"，这是指国民经济中不同经济成分、不同产业部门以及社会再生产各个方面在组成国民经济整体时相互质的适应性、量的比例性及排列关联的状况。一般而言，社会经济结构主要包括五个方面的内容，即产业结构、分配结构、交换结构、消费结构和技术结构，其中最重要的是产业结构问题。

实践证明，社会经济结构如果出现问题，立即会导致相当范围与数量的企业不能正常生产经营，甚至造成国民经济的危机。企业应关注社会经济结构的变化动向，及时妥善调整企业的经营活动，主动适应宏观经济环境变化，就能保证企业的安全与健康，有时还能把握时机，开拓创新，推动企业的发展。

### （二）经济发展水平

经济发展水平是指一个国家经济发展的规模、速度和所达到的水准。反映一个国家经济发展水平常用的主要指标有国民生产总值、国民收入、人均国民收入、经济增长速度等。对企业而言，从这些指标中可以认识国家经济全局发展状况，利用全国、各省市和企业自身的数据对比，加之时间序列（各年度数据）的比较，可以从中认识该国宏观经济形势和企业工作环境的发展变化，这对企业是有帮助的。

本章专栏 2-1～专栏 2-3 说明了当前国际经济环境、中国国内宏观经济的变化及存在的问题，供读者参考。

### （三）经济体制

经济体制是指国家组织经济的形式。经济体制规定了国家与企业、企业与企业、企业与各经济部门之间的关系，并通过一定的管理手段和方法，调控或影响社会经济流动的范围、内容和方式等。正因为如此，经济体制对企业的生存与发展的形式、内容、途径都提出了系统的基本规则与条件。在经济体制改革过程中，企业应加强和重视对新经济体制实质、形式及运行规律等方面的了解，把握并建立起新的体制意识，改变企业行为的方式与方法，这对企业发展是至关重要的。

### （四）经济政策

经济政策是国家在一定时期内为达到国家经济发展目标而制定的战略与策略，它包括综合性的国家经济发展战略和产业政策、国民收入分配政策、价格政策、物资流通政策、金融货币政策、劳动工资政策、对外贸易政策等。宏观经济政策是国家根据一定时期经济领域中普遍存在的问题提出的针对性政策，它规定企业活动的范围、原则，引导和规范企业经营的方向，协调企业之间、经济部门之间、局部与全局之间的关系，保证社会经济正常运转，实现国民经济发展的目标与任务。

综上所述，这四个要素组成了企业的经济环境，它们是相互结合、整体地影响着企业的生存和发展。从企业的角度来看，企业在宏观经济环境中应当加强经济环境意识。企业经营管理活动是多样、复杂、快节奏的，以致许多企业领导人整天被企业内部生产经营问题所缠绕，"只顾埋头拉车而不抬头看路"，忽略了对宏观经济形势的观察、了解和思索，而宏观经济环境往往是通过各种经济政策具体地对企业发生作用，因此导致企业对它的感觉和认知在时间和空间上存在一定距离，由此带来的结果是：当宏观经济环境发生的变化已逐步被企业领导者觉察时，早已错过良机，甚至某种经济形势早已"兵临城下"，使企业被动应付，险象环生，困窘不堪。形势突变，如江河决堤，一泻千里，顷刻吞没企业的情况也时有发生。因此，企业的宏观经济环境意识要特别强，这样才能使企业在经济环境乃至整个社会环境中的生存发展得到有力的保证。

## 四、企业科技环境分析

企业的科技环境是指企业所处的社会环境中的科技要素及与该要素直接相关的各种社会现象的集合。粗略划分企业的科技环境,大体包括以下四个基本要素:

### (一)社会科技水平

社会科技水平是构成科技环境的首要因素,它包括科技研究成果的数量、门类分布、先进程度和科技成果的推广应用四个方面。

### (二)社会科技力量

社会科技力量是指一个国家或地区的科技研究与开发的实力。它包括从事科技研究与开发人员的数量、科技人员的水平等。

### (三)国家科技体制

科技体制是指一个国家社会科技系统的结构、运行方式及其与国民经济其他部门的关系状态的总称,主要包括科技事业与科技人员的社会地位、科技机构的设置原则和运行方式、科技管理制度、科技成果推广渠道等。

### (四)国家科技政策和科技立法

国家的科技政策和科技立法是国家凭借行政权力和立法权力,对科技事业履行管理及监督职能的策略及行为规范。

以上四个基本要素都会对企业的生产、经营、管理活动等多方面产生影响。

我国科学技术在近 30 年来获得了飞速发展,在信息技术、生物技术、新材料技术、新能源技术、空间技术及海洋开发技术等许多部门都取得了重大成就。科学技术的发展,促使我国劳动生产率提高和生产力迅猛发展,推动着我国电子工业等一批新兴工业的发展,也促使我国产业结构向高级化方向发展。新产品及新技术的不断涌现,给企业的发展提供了机会,也给某些企业带来了威胁,一项新技术的出现有时会形成一个新工业部门,但同时也会摧毁另一个技术落后的工业部门。

当前由于需求及技术寿命周期的缩短,当企业某项业务还处于持续成长阶段时,企业领导者就必须研究怎样为企业增添新的业务活动领域,还要考虑如何从不能继续满足企业增长目标的业务领域中撤退,这是企业的战略问题。需求及技术寿命周期从一个阶段发展到另一阶段时,企业就必须谋划适应新技术阶段的战略,即当技术发展处于萌芽阶段和加速成长阶段时,企业可以把精力集中于国内市场,企业将获得较大的成功。但当国内技术成长速度较慢而国外某些国家或地区需求仍处于萌芽期或加速成长期时,企业就可以转而采用国际经营战略。当技术发生转化更新时,企业也必须及时在产品结构上进行调整。因此,企业必须预测技术的发展及转化更新的趋势,预测技术环境的发展变化,并根据这些变化不断进行产品结构及市场结构的调整,重视新技术及新产品的开发工作,才能使企业立于不败之地。

## 五、企业社会及文化环境分析

### (一)企业社会环境分析

企业的社会环境包括国家社会阶层的形成和变动、执政党的状况、人口的地区性流动、人口年龄结构的变化、社会中权力结构、人们生活方式及工作方式的改变、就业状况、城乡差别、社会福利、社会保障、廉政建设、社会道德风气、公众对国家的信心等,必然都要反映到企业中来,严重影响社会对企业产品及劳务的需求,也改变着企业的战略决策。

### (二)企业文化环境分析

文化是企业赖以生存和发展的基础,构成了企业的文化环境。然而文化环境对企业行为的影响,在很大程度上并没有被社会所认识。在企业成长过程中,文化对企业产生的许多影响都被埋入企业行为动机的原始部位,即处于行为动机的意识层面之下,这正是文化作用往往被人们忽视的原因。事实上,企业的文化环境始终以一种不可抗拒的方式影响着企业,因此,研究企业战略决不能忽视文化环境对企业的影响。作为企业管理者,只有深刻认识所在国家文化的内容和实质,全面了解企业所处的文化环境,才能真正把握企业战略与文化环境的内在联系,在更深层次上掌握企业行为的规律性。

文化的基本要素包括哲学、宗教、语言与文字、文学艺术等,它们共同构筑成文化系统,是企业文化环境的重要组成部分。

1. 哲学是文化的核心部分,在整个文化中起着主导作用。传统哲学基本上由宇宙论、本体论、知识论、历史哲学及人生论(道德哲学)五个方面构成,它常以各种微妙的方式渗透到文化的各个方面,对企业发挥着强大的影响。

2. 宗教作为文化的一个侧面,在长期发展过程中与传统思想文化有着千丝万缕的联系。在我国文化中,宗教所占的地位并不像西方那样显著,宗教情绪也不像西方那样强烈,但其影响却是不可忽视的,它对人们心理、风俗习惯、哲学思想、文学艺术、科学技术乃至医药卫生、政治经济生活等都会产生深刻的影响。

3. 语言文字是一种传递信息、观念和规范的基本文化手段。语言文字是一个民族得以发展和流传的直接载体,我国语言以汉语为主,文字仍保持方块字形的非拼音文字,西方国家却是拼音文字,这些都反映了文化的基本特征。

4. 文学艺术往往是整体文化形象具体的表现,是社会现实生活的反映。它对企业员工的心理、人生观、价值观、性格、道德及审美观点的影响及导向是不容忽视的。

要充分认识文化在社会经济发展中的作用,存在决定意识,意识反映存在又反作用于存在。文化对于人们认识经济发展规律、调整人们的经济活动、加速或延缓经济发展有重大影响。一般来讲,文化发达,水平高有利于经济发展,文化落后、水平低不利于经济发展。文化与工业发展之间有不可分割的关系,工业落后,文化也必然落后,反过来也同样如此。工业与文化相互影响,螺旋式发展,因此根本不存在纯粹的经济行为。例如,钢铁本身似乎和文化没有什么联系,但用它可以生产出汽车、轮船和楼房,这已经是完全文化的产物。企业为了占领市场、赢得良好的经济效益,必须注重研究文化环境,因为文化的影响遍及企业整个生产经营活动,包括产品、定价、促销、分销渠道、包装、款式、服务等,企业一切生产经营活动都受到环境文化价值观的检验,有的产品就受到欢迎,有的产品则遭到抵制或排斥。企业生产经营活动能否适应当地文化,决定着企业经营活动的成败。因此,成功的企业不仅要了解环境中有关文化的具体知识,而且必须对文化有非常敏感的感受力,能够体会到文化环境中人们的价值观念、人生意义等比较抽象的文化理念,这样才能客观地观察、评价和理解企业所处的文化环境,并以此作为制定战略的重要依据。

## 专栏 2-1

### 当前国际经济环境分析(2014 年)

**一、信息化**

进入 21 世纪以来,移动互联网、物联网、云计算、大数据等已占据了信息技术领域的前沿,成为最具革命性的创新领域。制造业革命也已初见端倪,数字化、智能化制造技术兴起。以智能软件、新一代机器人和 3D 打印技术为代表的一系列新技术开始向工业领域拓展,新的生产方式使得产品的成本结构发生了根本变化,即生产前期的工具设备和劳动力投入已变得很少,产品成本的重点已转向如何与最终客户保持零距离、分散生产布局、生产的灵活性及个性化制造等方面。按需生产、体验式生产、参与式生产、柔性化生产越来越普遍,消费者的个性化需求将得到最便捷、最有效的满足。

**二、全球化**

1. 经济全球化。信息技术的发展产生全球化产品及全球化的消费者,从而出现经济全球化,各种生要素大规模、全方位跨国界配置,国际分工进一步分化、细化和体系化,国际金融资本在全球范围内高速流动,统一世界大市场已经形成。同时出现了生产全球化、研发全球化、贸易及金融全球化。

2. 文化全球化。苏联解体,中国的改革开放,标志着真正全球化的到来,东欧与西欧文化隔阂的消除,共产主义与资本主义意识形态冲突的降低,使文化在全球范围内更充分地交流、融合,同时又能在一定程度上对各国的文化特色包容及尊重。

3. 政治全球化。联合国及其大量附属组织的作用正逐渐增强。任何一个国家制定的政策不仅会影响本国,同时也会影响周边国家,甚至对全球造成影响。同时地区性政治联盟正在发展。

4. 生态全球化。随着人类生产规模和消费能力的扩大,极大地影响了地球的生态环境,地球上日益严重的大气污染、水质恶化、资源浪费、土壤恶化及荒漠化、酸雨及臭氧的形成等生态灾难正危及人类的身体健康及生存环境。

5. 认知全球化。即全球人类的认同化,表现在人类活动方式、生活方式、生产方式、思维方式上的基本认同。但是也存在着全球价值观的冲突,有时会表现得很激烈。

6. 企业全球化。当前跨国公司正在向全球化公司转型,其特点是打造全球产业链、整合全球资源，通过并购及战略联盟快速增长，企业管理结构的全球调整，包括股权全球化、公司治理全球化、管理组织全球化、管理理念及管理文化的全球化，企业承担全球化责任等。

### 三、智慧经济正在世界范围内崛起

知识是指人们在社会实践中积累起来的认识和经验（现代汉语词典，1996）。知识经济是建筑在知识和信息性生产、分配和使用基础上的经济。

智慧是指人们对事物的辨析判断、发明创造的能力（现代汉语词典，1996）。是在知识基础上更高层次的深加工和再运用，它强调解决问题思维过程的创新性。智慧经济是建立在数据、信息和知识基础上经济，是指在智慧的发现、生产、运用、消费基础上的经济，智慧通过各种途径渗透到生产力诸要素的各个方面，智慧是提高生产率和实现经济增长的驱动器。智慧资本在社会财富的创造中越来越起到决定性作用。

智慧经济的本质是通过智慧策划创造经济价值。通过市场调研与分析，确定智慧策划目标，围绕目标进行创造性智慧策划，产生新思想、新理论、新战略、新技术、新文化、新产品、新艺术等，并进行动态执行，从而构成智慧经济的基本生产过程。2008年，美国IBM公司提出"智慧地球"的概念，受到美国政府重视，上升为美国国家战略。出现了智慧电力、智慧医疗、智慧城市、智慧交通、智慧供应链、智慧银行等，因此智慧经济是建立在数据经济、信息经济和知识经济基础之上的经济。

智慧经济条件下企业管理的新特点是：企业更加重视社会整体的目标，更多地承担社会责任，企业在重视物质激励的同时更加重视精神激励；企业更加重视知识和人才，以及人的智慧开发；企业更加重视企业文化；企业更加重视领导方式的转变等。

### 四、世界能源革命取得了突破性进展

为满足全球日益增长的能源需求，有效对应煤炭、石油等常规石化能源消费带来的生态和环境问题，世界正掀起一场新能源革命，以实现能源供给的多样化和可持续。

由于技术上的突破，当前许多国家"非常规"油气资源出现，极可能成为全球范围内的能源革命。"非常规"油气主要有三种，即主要蕴藏在加拿大的油砂资源，主要蕴藏在巴西的盐下油资源，主要蕴藏在美国及中国的页岩气和页岩油资源。目前这三种非常规油气资源都已进入商业化开发新阶段。

国外太阳能、风能、水能、生物质能等可再生能源也正在成为世界各国抢占未来能源先机的重点领域。欧盟委员会预计到2020年把新能源和可再生能源发电量争取达到总发电量的20%以上。

在能源方面具有革命性变化的是信息网络技术与能源相结合，有可能引起第三次工业革命，一种全新的分布式能源生产和使用方式正在兴起，将来所有的楼宇、厂房乃至个人，都有可能成为新能源的提供者和使用者，德国分布式能源的发电是已经超过了集中式供电的发电量，远远领先于其他国家。2012年12月，我国青岛也诞生了首个家用分布式光伏系统，我国国家电网公司已发布了接纳分布式光伏发电上网的意见，标志着中国分布式能源开始进入商业化应用的新阶段。这种以可再生能源和能源互联网为核心的新能源革命将重构世界能源结构和能源消费方式，会引起全球产业变革和产业体系调整。

# 中国经济进入新常态（2014 年）

中国经济快速发展，已进入中等收入国家行列，从 2014 年起中国经济将进入新常态，中国经济将进入中高速发展，我国人均 GDP 增长见表 2-1。

**表 2-1  我国人均 GDP 的增长**

| 年份 | 人均 GDP（美元/人） | 我国 GDP 总量增长速度（%） |
| --- | --- | --- |
| 2010 | 4 682 | 10.4 |
| 2011 | 5 432 | 9.3 |
| 2012 | 6 100 | 7.7 |
| 2013 | 6 767 | 7.7 |
| 2014 | 7 485 | 7.4 |

2014 年全世界 GDP 总量约 77 万亿美元，中国 2014 年 GDP 总量约 10.5 万亿美元，美国为 17.2 万亿美元，欧盟 15 万亿美元。我国人均 GDP 在世界上还在 90 名左右，仍然是发展中国家。

中国自 2014 年深化改革元年起，经济进入新常态。中国经济新常态有五大经济特征：

1. 从过去高速增长转为中高速增长，过去 GDP 年增速在 8%～10%，今后年增速在 7% 左右。

2. 经济结构优化升级，第三产业消费需求将逐步成为主体。

3. 从过去的要素驱动、投资驱动转向创新驱动。

4. 中国经济面临新的战略机遇。①新常态意味着中国经济进入新阶段，经济增速下滑，但经济增长质量提高。②今后要大力发展服务业。③扩大内需，实现从投资拉动到内需拉动的转换。④实现包容性增长，包容性增长即寻求公平合理地分享经济增长，重要表现是缩小收入分配差距。让更多民众享受改革成果。总之，要寻求社会和经济协调发展、可持续发展。

5. 中国经济发展仍面临挑战和风险。

中国经济发展已换上另一个轨道，乘客会出现许多不适应。中国经济发展面临四大风险：①经济刺激依赖症，经济一下滑就刺激，一刺激就见效，刺激完了又下滑的周期律。②不改革的风险，民间对中国未来改革的信心取决于改革的执行力。③过去的刺激政策所导致的产能过剩和企业债务、政府债务的风险。④房地产全面调整带来的风险。

上述中国经济一系列风险很大程度上是因为过去一再延误改革时机，一再采取不当刺激政策造成的。今后要痛下决心重回改革正途。中国现在仍处于珍贵的战略机遇期，下一个 30 年（从 2014 年算起）仍然属于中国黄金发展期。经济新常态要做到六点，即质量提升，物价稳定，增长平稳，就业充分，收入均衡，社保完善。

企业发展过去靠的是宏观经济快速增长、行业增长、市场增长的推动，靠国家政策及政府财政支持。今后企业发展靠什么？靠体制、机制创新，靠创新驱动发展战略，推动科技创新、产业创新、企业创新、市场创新、业态创新、模式创新、管理创新等,靠国际化经营去整合全球资源,靠向可持续发展战略的转型等。

资料来源:作者根据相关资料汇总。

### 专栏 2-3

## 国企改革将呈现四方面趋势(2014 年)

十八届三中全会后,国企改革将呈四方面发展趋势:

第一,国有资产管理体制改革会进一步深化。

目前国企总体要分为公益性国企和竞争性国企两类。公益性国企既包括具有一定的资源垄断或政策许可,但同时也要提供公共服务、履行社会保障职能的企业,也要包括涉及国计民生的战略性企业。

将来,国有资产监管模式将成为一种三层结构:行政性出资人代表机构、国有资本运营公司或国有资本投资公司、国有控股或参股企业。国资委代表行政性出资人代表机构从事监管职能,由国有资本运营公司或国有资本投资公司行使股东职能。

第二,根据国有企业的不同性质实施分类监管和体制改革。

第三,改革国有企业干部管理体制、建立职业经理人制度。

第四,坚持完善董事会制度,健全公司治理结构。

资料来源:全国人大财经委副主任邵宁作十八大三中全会文件辅导报告摘录.证券日报,2014-03-04.

### 专栏 2-4

## 我国中小企业及个体私营经济将会有一个更大的发展

截止到 2013 年年底中国中小企业数量为 4 200 万家,从业人员约 2 亿(2011 年),个体工商户 4 564 万户。中型企业占全国企业总数 4%,小型企业占 35%,微型企业占 60%。中小企业在国民经济中的作用很大,见表 2-2。

表 2-2 中小企业在国民经济中的作用(2009 年)

| 项　目 | 占全国的比例(%) | 项　目 | 占全国的比例(%) |
|---|---|---|---|
| 国内生产总值 | 60 | 上缴税收 | 59 |
| 实现利润 | 65.3 | 提供发明专利 | 65 |
| 研发新产品 | 75 | 提供就业机会 | 80 |
| 外贸出口 | 60 | 金融机械贷款 | 30(2011 年) |

目前中小企业及微型企业发展存在的问题是政府对中小企业及微型企业已采取很多政策措施予以支持,但目前仍存在融资难、用工难、成本高、产业层次低、过度竞争、市场秩序有待提高等问题。因此,政府要进一步简政放权、优化市场环境;进一步夯实基础,支

持结构调整；进一步扶弱济困，缓解融资难融资贵；进一步正税清费，减轻税费负担；进一步转变职能，加强公共服务。

今后中小企业发展大有可为。中小企业要走小而专、小而精、小而新、小而特、小而优之路，向差异化、聚焦化战略转型，向高新技术创新战略转型，向国际化战略转型，向产业集群战略转型，向现代服务业转型，向商业模式创新转型等。

我国中小企业发展环境正不断优化，其发展前景十分广阔，但挑战与机遇并存，中小企业正处在爬坡过坎的关键阶段，要牢牢抓住深化改革和创新两个历史机遇，并通过信息化促进转型升级，实现可持续健康发展。

资料来源：作者根据有关资料汇总。

## 专栏 2-5

# 中国对外投资 13 年猛增 45 倍（2002—2014 年）

中国在 2001 年加入世界贸易组织（WTO），2002 年中国对外直接投资 27 亿美元，当年利用外资 527 亿美元。2013 年中国对外直接投资 1 078.4 亿美元，2013 年利用外资 1 239 亿美元。2014 年中国对外直接投资 1 200 亿美元，利用外资 1 196 亿美元，中国在 2014 年首次成为资本净输出国。2002—2014 年的 13 年间，中国对外投资猛增了 45 倍。根据商务部预测，中国对外投资未来 10 年还会以每年两位数的增幅增长，中国对外投资额很可能在 2020 年超过 2 000 亿美元。有学者预测 2017 年中国将成为全球最大的净投资国，海外投资规模将居世界第一位。

截止到 2013 年年底，中国总共有 1.53 万家境内投资者在国（境）外设立了 2.54 万家对外直接投资企业，分布在全球 184 个国家和地区，中国对外直接投资净额达 6 604 亿美元，这个金额只占全世界所有国家对外直接投资存量的 2.5%，中国对外投资存量相当于美国的 10.2%，英国的 29.4%，德国的 34.4%，法国的 35.5%，日本的 50% 左右。中国对外直接投资仍处于较低发展阶段。

近两年来，国家提出"一带一路"战略、区域自贸战略，我国装备制造业、高铁、核电等行业"走出去"步伐越来越快。未来需要通过对外直接投资、国际兼并重组、国际产业技术联盟、参与全球创新网络等手段实现对外产品输出到产品、技术、资本、服务输出的转变，完成中国全球价值链重构，实现中国产业链的整体升级。

资料来源：作者根据有关资料汇总。

## 专栏 2-6

# 国家新型城镇化规划（2014—2020 年）（摘要）

由中共中央、国务院印发的《国家新型城镇化规划（2014—2020 年）》单行本于 2014 年 3 月 18 日由人民出版社出版。

规划主要内容摘要如下：

1. 以人为本。以人的城镇化为核心，有序推进农业转移人口市民化。

2. 常住人口城镇化率达到 60% 左右（2013 年我国常住人口城镇化率为 53.7%），户籍人口城镇化率达到 45%（2013 年我国户籍人口城镇化率为 36% 左右），努力实现 1 亿左右农业转移人口和其他常住人口在城镇落户。

3. 特大城市可采取积分落户制，设置阶梯式落户通道调控落户规模和节奏，有序推进农业人口市民化。

4. 完善农业转移人口社会参与机制，推进农民工融入企业、子女融入学校、家庭融入社区、群体融入社会、建设包容性城市。

5. 把加快发展中小城市作为优化城镇规模结构的主攻方向。

6. 健全房地产市场调控长效机制。建立以土地为基础的不动产统一登记制度，实现全国住房信息联网，推进部分信息共享。

7. 扩大参保缴费覆盖面，适时适当降低社会保险费率。

8. 加快培育成渝、中原、长江中游、哈长等城市群，使之成为推动国土空间均衡开发、引领区域经济发展的重要增长极。

9. 完善综合运输通道和区际交通骨干网络，强化城市群之间交通联系，加快城市群交通一体化规划建设，改善中小城市和小城镇对外交通，发挥综合交通运输网络对城镇化格局的支撑和引导作用。到 2020 年普通铁路网覆盖 20 万以上人口城市，快速铁路网基本覆盖 50 万以上人口城市，普通国道基本覆盖县城，国家高速公路基本覆盖 20 万以上人口城市，民用航空服务覆盖全国 90% 左右的人口。

10. 人均城市建设用地严格控制在 100 平方米以内，绿色生产、绿色消费成为城市经济生活的主流，稳步推进义务教育、就业服务、基本养老、基本医疗卫生、保障性住房等城镇基本公共服务覆盖全部常住人口，消费环境更加便利，生态环境明显改善，空气质量逐步好转，饮用水安全得到保障。

资料来源：中国政府网。

专栏 2-7

## 中国人口老龄化发展趋势（2014 年）

21 世纪是世界人口老龄化的时代（国际上公认的人口老龄化定义，是指 60 岁以上人口超过总人口的 10%，或 65 岁以上人口超过总人口的 7%。），中国已于 1999 年进入老龄社会，中国是世界上老年人口最多的国家，中国人口老龄化不仅是中国自身的问题，而且关系到全球人口老龄化进程。

21 世纪中国人口老龄化可分为三个阶段。

第一阶段，2001—2020 年是快速老龄化阶段，中国将平均每年新增 569 万老年人口，到 2020 年，老年人口将达到 2.6 亿，老龄化水平将达 17%。

第二阶段，2021—2050 年是加速老龄化阶段。中国将平均每年新增 620 万老年人口,至2050年,老年人口将超过4亿,老龄化水平将达到30%以上。

第三阶段,2051—2100年是重度老龄化阶段。中国老年人口规模将稳定在3亿~4亿,老龄化水平稳定在30%左右。

中国人口老龄化有六大特征:①老年人口基数大;②老年人口增长速度加快;③生活困难老人数量多(2010年城乡空巢家庭占50%);④老龄化先于工业化;⑤老龄化与家庭小型化相伴随;⑥老年抚养比快速上升(抚养比是指每万名劳动年龄人口负担老年人的比例,2010年为19%,2020年预测为30%,2030年为40%)。中国人口老龄化必将对社会发展带来新的矛盾和压力,特别是2030—2050年是中国老龄化最严峻的时期,要在思想、物质、制度等方面做好全方位准备,应对人口老龄化高峰的到来。

目前中国老龄产业进入快速成长期,老龄金融业、老龄用品业、老龄服务业、老龄房地产业四大板块正逐步形成。《中国老龄产业发展报告(2014)》预测,2014—2050年,我国老龄人口消费潜力从4万亿左右增加到106万亿元,占国内生产总值比例从8%左右增加到33%,成为全球老龄产业市场最大国家。中国老龄化产业将经历成长、高峰、成熟三个阶段,在2025年前后形成供需两旺良好态势,2031—2050年间进入成熟期。

资料来源:1. 全国老龄办. 中国人口老龄化发展趋势预测研究报告[J]. 中国妇运,2007(2).

2. 中国老龄化现状2014. 中国人口老龄化表图. 老龄化最严重的国家. 环球军事网,http://www.huanqiumil/a/22536.html.

专栏 2-8

# 中国制造 2025(2015 年)(摘录)

2015 年 5 月 19 日国务院印发了《中国制造 2025》,现简要摘录如下:

## 一、战略方针和目标

指导思想:创新驱动、质量为生、绿色发展、结构优化、人才为本。

战略目标:力争用 10 年时间,迈入制造强国行列。到 2010 年基本实现工业化,制造大国地位进一步巩固,制造业信息化水平大幅提升。到 2025 年,制造业整体素质大幅提升,创新能力显著增强,全员劳动生产率明显提升,两化(工业化和信息化)融合迈上新台阶。形成一批具有较强国际竞争力的跨国公司和产业集群,在全球产业分工和价值链中的地位明显提升。

## 二、战略任务和重点

(一)提高国家制造业创新能力;(二)推进信息化与工业化深度融合;(三)强化工业基础能力;(四)加强质量品牌建设;(五)全面推行绿色制造;(六)重点突破十大重点领域:1.新代信息技术产业;2.高档数控机床和机器人;3.航空航天装备;4.海洋工程装备及高技术船舶;5.先进轨道交通装备;6.节能与新能源汽车;7.电力装备;8.农机装备;9.新材料;10.生物医药及高性能医疗器械。(七)深入推进制造业结构调整;(八)积极发展服务型制造和生产型服务业;(九)提高制造业国际化发展水平。

### 三、战略支撑与保障

(一)深化体制机制改革;(二)营造公平竞争市场环境;(三)完善金融扶持政策;(四)加大财税政策支持力度;(五)建全多层次人才培养体系;(六)完善中小微企业政策;(七)进一步扩大制造业对外开放;(八)建全组织实施机制。

资料来源:中国政府网,2015-05-19.

## 专栏 2-9

# 柳传志:我的不安来自环境

在中央编译出版社即将出版的《大国前途》一书中,联想创始人柳传志撰文讲述了中国企业所面临的生存环境,令人深思。摘登如下。

很多人都会问我这样一个问题:中国企业现在的生存环境,和我当年创业时的环境相比,哪个更困难一些? 其实,这两者有着很大的不同。经历了那样一个大浪淘沙的年代,我深深感受到新旧制度的强烈碰撞,以及中国的改革所释放出来的巨大能量。

联想在 20 世纪 80 年代创办。对我来说,业务上的困难都不算真正的困难,最难的是:怎么适应环境,怎么让企业活下去。

那个年代,中国正处在计划经济向市场经济转轨的时期,国家的法律、法规不健全,立法和执法不能自洽,计划内企业和计划外企业所能获得的资源有天壤之别。计划内企业拥有生产批文、拥有外汇指标,而像联想这样的企业,只能用高价买指标,到黑市上换外汇进口零部件。这么做需要冒很大的政策风险,是"踩着红线的边"走。企业要把自己的目标想清楚,把政策研究透,确定做事的底线。但即便如此,联想也有过被处罚的时候。

回想起来,那时候的环境非常险恶,但即便被罚,我们的心态和现在的企业也是不一样的。我们没有愤愤不平,因为对方确实是在按照制度办事;当然,我们也不觉得惭愧,因为很多规定与市场经济是相违背的;我们相信将来一定会改变。

那个年代,计划内的企业没有真正的销售,采购渠道由国家提供,价格由国家确定,卖给谁也都分配好了,开一个"订货会"就全部解决。企业就是一个生产厂,人的积极性被禁锢,产品永远处在短缺的状态,企业没有竞争力,一个大浪就可能被冲得片甲不留。

而联想被关在计划体制外面,没有背景,没有靠山,困难得几乎寸步难行。但正因如此,我们没有像体制内企业那样身上被绳子捆着,我们努力研究市场,研究环境,设定目标后千方百计谋求发展。

改革开放经过了 30 多年,中国的经济环境也发生了巨大的变化,各个领域都确立了新的法律、法规,改变了过去没有规定或者规定明显不符合市场经济的状况。但新的问题也随之出现:执法不公、官员索贿的现象时有发生;政府机构的办事效率快慢之间差别很大,一些法规赋予了执法者很大的裁决空间等。比如,有些规定将所有违例项目由轻到重全都罗列在一起,相应的处罚从低到高是一个很宽泛的区间,于是执法者就有很大的解释空间,这些"空间"会引起人的不安。

我创业的早年间,中国是完全没有规矩,大家可以胡来;而今天一个突出的问题是,有了规矩之后，有人按规矩办，有人不按规矩办，这就形成一种不公平。

选择性执法是当前企业家们抱怨最多的问题，也是不安全感产生的一个主要来源。人们往往会有这样的担心：提了意见会不会得罪某些人？他们想找企业的问题，多多少少总还是可以找到的。另外，一些资源分配会带有个人关系色彩或一定的倾向性，有寻租的成分。

如果让企业家处于一种不安的状态，一些企业会变得更注重钻营与政府的关系，而不是好好运作自己的企业，这对经济发展是不利的。

我经常会打这样一个比喻：企业与环境之间的关系就像孵小鸡，最适合小鸡孵化的温度是37.5℃，太高或太低都不行。

改革开放以前，好比是在90℃的高温下，那个时候没有企业能够存活。等到我们1984年创业的时候，温度可能到了40℃，只有生命力极其顽强的小鸡才能被孵化。后来温度逐渐朝着更适宜小鸡孵化的温度调整，不过近些年温度又有所升高。对于国家来说，不能要求小鸡的生命力有多么顽强，而应把环境的温度调整得更加合适，而企业作为小鸡则应该思考怎样使自己的生命力更顽强，能在较恶劣的环境中生长。

近些年，越来越多的人开始移民，我想他们并不是真的想背井离乡，很多人依然认同"中国发展的机遇期并没有丢失"，仍然希望在中国继续发展事业。但同时，他们也对自身的财产感到不安全。

企业家对环境的要求总体上就两点：一是产权有保障；二是把"规矩"定好，定得正确，然后大家都按着规矩做事。定规矩时要减少可解释的空间，在执行中尽量减少人为因素。此外，政府本身的架构过于庞大，这样会影响效率，加大财政支出，应该适当缩减。

资料来源：报刊文摘，第6版，2015-03-23.

# 第 三 章
# 产业及竞争环境分析

## 第一节　行业与产业的概念及其分类

### 一、行业的概念及其分类

什么是行业？行业是指按生产同类产品或具有相同工艺过程或提供同类劳动服务划分的经济活动类别。由该定义可以看出，行业是根据人类经济活动的特点来划分的，如饮食行业、家用电器行业、机械行业、金融行业等。

行业的分类，国家统计局制定了《国民经济行业分类》(GB/T 4754—2011)，见表 3-1。按该标准，行业分类采用四级，即门类采用英文字母编码，大、中、小类采用阿拉伯数字编码(其中门类 A 到 T 共分为 20 个门类，门类下面共分 96 个大类)，各层次之间是上一层级包含下一层级的包含关系。行业环境分析要严格按照该标准来进行分析。行业分析是指对企业经营业务所处行业的行业结构、行业内企业的行为方式、行业平均绩效水平、行业竞争程度以及盈利潜力等因素进行分析的过程。

表 3-1　中国国民经济行业分类(GB/T 4754—2011)(举例)

| 门类 | A.农、林、牧、渔业，B.采矿业，C.制造业……T 国际组织 | 一位数分类 |
| --- | --- | --- |
| 大类 | 例如，38.电气机械及器材制造业，39.计算机、通信和其他电子设备制造业，40.仪器、仪表制造业 | 二位数分类 |
| 中类 | 例如，381.电机制造，382.输配电及控制设备制造，383.电线、电缆、光缆及电工器材制造，384.电池制造，385.家用电力器具制造 | 三位数分类 |
| 小类 | 例如，3851.家用制冷电器具制造，3852.家用空气调节器制造，3853.家用通用电气具制造 | 四位数分类 |

### 二、产业的概念及其分类

什么是产业？产业是指国民经济中按一定社会分工原则，为满足社会某种需要而划分的,从事某种同类属性的企业经济活动的集合。产业是介于宏观经济与微观经济之间的中观经济。相对于微观经济,产业是具有某种同类属性的企业集合体,相对于宏观经济,产业是国民经济的一部分。产业是社会分工的产物,随着社会生产力水平不断提高,产业的内涵在不断充实,外延在不断扩展。

产业在其集合和划分时形成了有粗有细的若干层次,具体地说,产业经济学中将产业分为三个层次。第一层是以同一商品(服务)市场为单位划分的产业,即产业组织。现实中的企业关系结构在不同的产业中是不相同的;第二层是以技术、工艺的相似性(或服务相似性)为根据划分的产业,即产业联系;第三层是大致以经济活动的阶段为根据,将国民经济划分为若干部分所形成的产业,即产业结构。产业的划分在理论上并不严密,即产业的划分和集合是服务于一定分析研究目的的,这是产业划分的实用性。

产业的分类一般有以下六种:

1.《所有经济活动国际标准产业分类》(我国翻译为:《所有经济活动国际标准行业分类》)(*International Standard Industrial of All Economic Activities*,《国际标准产业分类》),这是由联合国经济和社会事务部统计局于 2008 年修订本第 4 版,这是生产性经济活动的国际基准分类,其主要目的是提供一套能用于根据此类编制统计数据的活动类别,各国可根据此国际标准产业分类制定自己的国家产业分类,因此《国际标准产业分类》为各国制定国家活动分类提供了指导,成为在国际一级比较经济活动统计数据的一个重要工具。无论是在各国还是在世界范围内,《国际标准产业分类》都在经济和社会统计领域按经济活动进行数据分类方面得到了广泛应用,如国家账户统计、企业统计、就业统计等。另外,《国际标准产业分类》也越来越多地用于非统计用途。

《国际标准产业分类》把国民经济划分为 21 个门类(英文字母从 A 到 U),每个门类再划分为大类(共计 99 个大类)、中类、小类。其特点是:

(1) 它与三次产业的分类方法保持着稳定的联系,从而有利于对产业结构的分层次研究。

(2) 它便于调整和修订,也为各国各自制定标准产业分类以及进行各国产业结构的比较研究提供了十分方便的条件。

中国国家标准《国民经济行业分类与代码》(GB/T 4754—2011)就是采用《国际标准产业分类》2008 年第 4 次修订版的分类标准而制定的。

2. 三次产业分类法。这是由新西兰经济学家费歇尔首先创立的(1935 年),后来由英国经济学家克拉克在费歇尔的基础上,总结出三次产业结构变化规律及其对经济发展的作用。即把全部产业划分为第一产业、第二产业和第三产业。第一产业是农、林、牧、渔业;第二产业是工业和建筑业;第三产业是流通部门和服务部门。

3. 生产结构产业分类法。这是以研究者的分析研究目的对产业进行分类,因而形成各种分类方法。

(1) 霍夫曼分类法。德国经济学家霍夫曼提出的以研究工业化进程中产业结构之间的比例关系和变动趋势为目的按产品用途进行产业分类的方法。将产业分为三类:消费资料产业,资本资料产业,其他产业。

(2) 日本产业结构审议会使用的生产结构分类法。将全部产业部门划分为 7 类:

①基础材料产业；②加工组装产业；③生活消费品产业；④建筑业；⑤商业；⑥服务业；⑦其他产业。

（3）产品生产阶段分类法：按产品生产阶段把产业分为 3 类：上游产业，中游产业和下游产业。

4. 生产要素的密集程度分类法：把全部产业分为资源密集型产业、劳动密集型产业、资本密集型产业、技术密集型产业、知识密集型产业等。

5. 产业地位和作用分类法：把全部产业分为主导产业、支柱产业、优势产业、薄弱产业等。

6. 产业国际经济联系分类法：把全部产业分为内向产业和外向产业等。

综上所述可以看出，产业作为经济学的概念，其内含及外延是复杂的，小至行业，大至部门，从生产到流通、服务以至于文化、教育……的各行各业都可以称之为产业。

## 三、行业与产业的联系与区别

从欧美国家来讲，行业与产业是不加区分的。英文 industry 既可理解为产业，也可理解为行业（还可理解为工业），即从欧美国家来讲，行业就是产业，产业就是行业。他们弄不清，也很难理解我们说的行业与产业的区别。

但在中文语境下，行业与产业仍有一定的区别。

（1）一般来讲，行业往往是以核心原料相同的产品作为行业划分标准之一。如烟草行业，化学纤维制造行业，橡胶和塑料制造行业等。而产业往往是以核心技术相同的产品作为产业划分的标准之一。如汽车制造产业、仪器仪表制造产业等。

（2）行业往往是从静态横向视角来观察竞争环境的变化，而产业则不仅要从横向视角更要从动态纵向视角来观察竞争环境的变化。

（3）行业是个管理的概念，带有较多的计划经济色彩，过去政府经济管理部门中的部、委、办、局就是代表着一个个不同的行业及其行业利益。现在市场经济体制下，政府把许多经济管理部门都撤销了，使市场在资源配置中起决定性作用。产业是个市场经济的概念，是按规模经济和范围经济要求集成的企业群体。

（4）产业的概念要比行业的概念更加宽泛，其外延要大于行业。同时产业可指工业以外的行业，如教育产业、文化产业等。

综上所述，鉴于当前中国在理论界及企业界在讲话及论文中产业与行业是混合使用的现状，笔者建议，为使理论界及企业界在理解上和概念上有比较统一地认识，今后应将"行业"的概念转成"产业"的概念，因此在本书中本章标题将"行业环境分析"改为"产业环境分析"较为妥帖。

建议我国国家统计局制定的《国民经济行业分类》改为《国民经济产业分类》。

建议将联合国经济和社会事务部统计司出版的《所有经济活动国际标准行业分类》（*International Standard Industrial of All Economic Activities*）翻译成《所有经济活动国际标准产业分类》。

建立"产业"概念的好处在于：

（1）与当前国际产业标准分类的理解相一致。在中国企业走向国际化过程中，使中国理论界及企业界对产业的理解与国际上对产业理解相一致。

（2）与当前我国经济发展阶段相一致。当前中国经济正处于从高速增长转为中高速增长、产业结构及经济结构调整的关键时期，第三产业的消费需求将逐步成为消费主体，因此建立产业的概念是十分重要的。

（3）与产业经济学的研究内容有很好的衔接。产业经济学是现代经济学中用以分析现实经济问题的应用经济理论，它研究经济发展中产业结构及产业联系理论、产业内的企业组织结构变化的规律（产业组织理论），进而分析经济发展中内在的各种均衡问题。为制定国家经济发展战略服务，为制定产业政策服务，也为企业制定战略服务。因此，建立产业的概念也是十分重要的。

## 第二节　产业环境分析的内容

产业环境是企业生存和发展的空间，是与企业关系最直接、最密切的外部环境，直接影响着企业获利的多少，是企业进行战略选择的基础。通过产业环境分析，可以预测产业发展与企业获利之间的关系，以及企业未来获利能力的变化；可以了解产业投资回报能力，评价产业吸引力；可以寻找机会，缓解企业间的竞争；可以分析顾客需求，明确产业成功的关键因素。

产业环境分析包括产业的确定、产业的简要分析、产业一般特性分析、产业发展现状及演化分析、产业内竞争状况分析、产业的战略判断六部分。[①]

### 一、产业的确定

确定企业经营业务的产业归属是产业环境分析的首要内容，也是制定战略的前提，要充分了解和判断企业经营活动的范围，了解和判断企业的产品和市场是处在何种具有独特发展规律和逻辑的产业之中，产业选择对企业业绩的影响是客观存在显而易见的。企业无论大小，处于何种发展阶段，都要给予产业问题以相当程度的关注。对于规模较小，又处于发展前期的企业，重要的是找到恰当的产业进入即关键要解决产业选择问题。对于发展到一定规模，相对也比较成熟的企业，则更多地考虑把握产业的走向、格局和发展大势，进而对其形成影响。但不管怎样，企业必须关注产业分析和研究。

产业的确定要注意两点：

（1）要从顾客需求的角度来确定产业归属，而不是从厂商的角度来确定产业归属。如一个企业生产窗帘，企业经营亏损，总经理请咨询公司来企业进行咨询，咨询人员经过分析后认为，顾客买窗帘的目的是为了遮挡光线，该企业不应属于窗帘产业，而应当属于遮挡光线制品产业，由此企业高层管理者得到启发，开发生产了一系列遮挡光线产品，企业扭亏为盈，转危为安。因此，正确地确定企业所属产业，就可以发现企业新的利润增长点，同时也是做好战略的基础。

（2）对多元化经营的企业，要对多元化经营的每一个产业都要进行产业环境的分析，

---

① 长城战略咨询：产业分析方法.豆丁网，docin.com.

才能制定出该多元化经营企业的战略。

## 二、产业的简要分析

1. 国内外产业发展简史,产业内各企业的产品结构,生产能力及其分布,产业的基本用户及其市场特点,市场的发展前景,价格趋势等。

2. 产业在国民经济中的地位及作用分析。

3. 产业的政治经济的宏观环境分析。

4. 国家法规对产业的基本政策的影响。

(1)政府对该产业的管制情况分析:是属国家支持的新兴战略性产业?基础性产业?国家放松管制产业?国家退出管制产业?

(2)产业管制的基本形式:进入管制、价格管制、数量管制、资源管制。

(3)产业管制对产业竞争的影响,对企业成本和效益的影响。

(4)政府管制今后可能出现的变化:解除、放松、减弱、改变或加强,产业管制变化对产业进入与退出的影响。

(5)政府部门对该产业对外开放政策的变化,主管部门对产业管辖关系的变化,地方政府对产业管辖关系的变化。

## 三、产业的一般特性分析

### (一)产业的市场结构分析

1. 完全竞争产业市场。是指产业内竞争不受任何阻碍和干扰的市场结构,市场上有许多生产者和消费者,这些生产者和消费者的规模都很小,他们都无法通过自己的买卖行为影响市场价格,即市场价格是由整个市场的供求关系决定的。每个生产者和消费者都只能是市场既定价格的接受者,而不是价格的决定者。市场上的产品是同质的,即不存在产品差别。资源是完全自由流动的。市场信息是畅通的。生产者和消费者都可获得完整而迅速的市场信息。如农产品市场就是完全竞争的。

2. 完全垄断产业市场。是指整个产业的市场完全处于一家厂商所控制的状态,即一家厂商控制了某一种产业的市场,即一家厂商构成了一个产业。如政府对某一产业进行完全垄断,如铁路、邮政、供电、供水等公用事业的完全垄断。又如某些产品市场需求很小,只有一家厂商即可满足全部需求。又如某厂商控制了某些特殊的自然资源或矿藏,从而形成对某产业的完全垄断,如美国铝公司在1945年以前长期保持铝业的完全垄断地位,就是因为它控制了铝土矿藏。又如某厂商控制了某些产品的特殊技术(或专利)而形成对某产业的完全垄断。

3. 垄断竞争产业市场。是指既有垄断又有竞争,既不是完全竞争又不是完全垄断的产业市场结构。引起垄断竞争的基本条件是产品差别的存在。产品差别是指同一种产品在质量、包装、牌号或销售条件等方面的差别。每一种有差别的产品都可以以自己产品的特色在一部分消费者中形成垄断地位,这样产品差别就会形成垄断。但是,产品差别是同一种产品的差别,这样各种有差别的产品之间又存在替代性,这种替代性又引起产品之间的竞争。所以,产品差别既会产生垄断,又会引起竞争,从而形成垄断竞争产业的存在。这种垄断竞争产业中存在很多厂商,这些厂商努力创造自己产品特色,以形成垄断,而这些产品之间又存在竞争,这就使这些厂商处于垄断竞争的产业市场结构中,如日用消费品产业、餐饮产业、旅游产业等。

4. 寡头垄断产业市场。是指少数几家厂商垄断了某一产业的市场:在这种产业的市场上,每家厂商的产量都占有相当大的份额,从而每家厂商的经营策略的变化对整个产业的价格与产量的决定都有举足轻重的影响,而这几家厂商之间又存在着不同形式的竞争。如钢铁、汽车、石油、飞机制造、机械制造等产业都是寡头垄断产业市场结构。这些产业有一个基本特点,即这类产品只有大规模生产时才能获得好的经济效益。因为这些产业都要使用先进的大型设备,要有精细的专业分工,在开始投资时所需资金量巨大,而且只有当产量达到一定规模后平均成本才会下降,生产才是有效益的,即这种产业内规模经济效益特别明显。此外,这些寡头本身所采取的种种排他性措施,以及政府往往对这些寡头给以扶植和支持,也促进了寡头垄断产业市场的形成。

### (二)产业与宏观经济周期的关系

1. 增长型产业。产业与宏观经济周期无关,产业发展主要靠技术进步、新产品推出及优质服务,产业呈现增长态势。如 IT 产业、高新技术产业等。

2. 周期型产业。产业与经济周期相关,如耐用消费品、钢铁、房地产、煤炭、建材、装备制造等产业。

3. 稳定型产业。产业的产品需求相对稳定,不受宏观经济周期的影响,如食品、药品、公用事业等产业。

### (三)产业技术特性分析

1. 产业的技术属性。即产业的基本技术特性是什么?产业的技术是属技术密集型,资源密集型,劳动密集型,资本密集型还是知识密集型的产业?产业的替代技术对产业发展有何影响?

2. 产业关键技术的变化情况如何?产业主导技术发展变化的方向是什么?

3. 产业技术标准和规程的变化情况。

4. 产业国内外技术差距如何?

## 四、产业发展现状及演化分析

1. 产业生命周期分析:幼稚期,成长期,成熟期,衰退期。

2. 产业内部结构的演变:产业内企业的并购与重组状况分析。

3. 产业外部的变化:产业链分析。

产业链是指为服务于某种特定需求或特定产品生产(或服务)所涉及的、相互依存、相互制约的、具有某种内在联系的几个产业的集合。这几个产业之间在技术、生产、市场、服务等方面有高度的经济关联性,在上游产业和下游产业之间存在大量信息、物质、价值等方面的交换关系,产业之间形成多样化的链接实现形式。产业链上各组成部分呈现出分离和集聚并存的趋势,同时产业链上各产业特征及发育状态不同呈现出多层次的网络结构。

(1) 上游产业分析:供应商产业分析,供应商讨价还价能力分析,集中度分析,最大厂商分析,本产业对供应商产业依赖程度分析,供应商产业对本产业依赖程度分析。

(2) 下游产业分析:下游产业状况分析,下游产业讨价还价能力分析,集中度分析,最大厂商分析,本产业对下游产业依赖程度分析,下游产业对本产业依赖程度分析。

(3) 本产业对上下游产业的对策分析:是建立战略联盟,还是兼并收购?

(4) 其他相关产业分析:相关产业的类别(替代性、补充性、配套性、服务性等),相关产业与本产业的关系,相关产业的规模及主要厂商情况分析。对相关产业的对策分析:是联盟、并购、挤压,还是转型?

4. 产业外部的变化:产业转化为新产业或消亡。

(1) 产业增长的长期变化(人口、需求、替代、辅助产品等)。

(2) 买主市场面的变化(潜在买主)。买主的学习,疑难问题的减少(进入壁垒降低),专有知识和技术的传播(专利公开),经验的积累,规模的扩展和缩减等。

(3) 临近产业内结构的变化:产品的创新、加工工艺创新、市场营销创新、服务创新、政府政策变化、进入与退出壁垒变化等。

## 五、产业内竞争状况分析

1. 产业竞争结构分析:产业内竞争者、供应者、需求者、潜在进入者、替代者等方面的分析。

2. 产业市场容量和消费情况分析:产业市场特点分析、产业集中度分析、产业竞争状况分析、产业内几个重要带头企业分析(规模、财务状况、市场份额、竞争战略、股市表现等)、影响产业发展的关键因素分析(技术创新、消费习惯的改变、服务创新、政策变化、宏观经济变化等)。

3. 产业内合作状况分析:行业内大、中、小企业的合作、分工关系及形式,大中小企业间竞争关系及形式,企业间的合谋垄断形式分析。

4. 国家开放政策对产业的影响:外商直接投资的影响,进出口商品的影响,企业跨国经营的影响。

5. 产业金融特性分析:产业的财务特性、资本结构、投资安全性、收益稳定性、融资方式分析等。

## 六、产业的战略判断

1. 产业的综合判断

(1) 对产业的基本走势进行评价。

(2) 对产业的市场、技术、投资的发展趋势进行综述。

(3) 对产业的短期、中期、长期发展进行预测、对其发展前景进行评价。

(4) 对产业的进入与退出壁垒进行评价。

2. 提出企业进入与退出该产业的战略判断及建议

# 第三节　产业环境分析方法

产业环境分析方法很多,不同的分析方法达到的目的不同,主要方法有 SCP 分析法、产业竞争结构分析法、产业生命周期分析法等。

## 一、SCP 分析法

结构-行为-绩效(structure-conduct-performance,SCP)模型是美国哈佛大学产业经济学教授乔·贝恩(Joe S Bain)、谢勒(Seherer)等人于 20 世纪 30 年代建立的,该模型提供了一个既能深入具体环节,又有系统逻辑体系的市场结构(structure)-市场行为(conduct)-市场绩效(performance)的产业静态和动态分析框架。SCP 框架的基本含义是市场结构决定企业在市场中的行为,而企业行为又决定了经济效益。结构是指产业的市场结构,以产业中的竞争者数量、产品异质性,以及进入与退出产业的成本为衡量标准;行为是指产业中具体的企业市场行为,包括价格、产品差异化、串谋和利用市场势力等;绩效是指企业的绩效水平,见图 3-1。具体运用时可以对模型稍作变化,将其转换为动态模型,即产业市场结构的变化-企业市场行为的变化-企业绩效的变化。

| 外部冲击 | S 产业市场结构分析 | C 生产商市场行为分析 | P 生产商绩效分析 |
|---|---|---|---|
| -技术突破<br>-政府政策法规变化<br>• 国内<br>• 国际<br>-品位/生活风格的变化 | -需求<br>• 有替换的产品<br>• 产品的差异性<br>• 增长率<br>• 动荡/循环性<br>-供给<br>• 生产商的集中化<br>• 进口竞争<br>• 生产商的多样化<br>• 固定/可变的成本结构<br>• 技术机会<br>• 供应曲线的形状<br>• 进入/退出障碍<br>-产业链<br>• 供应商讨价还价的能力<br>• 用户讨价还价的能力<br>• 信息市场失效<br>• 垂直市场失效 | -营销<br>• 定价<br>• 容量<br>• 广告/促销<br>• 新产品/研发<br>• 分销<br>-容量变化<br>• 扩张/收缩<br>• 进入/退出<br>• 合并/资产剥离<br>-垂直整合<br>• 向前/向后整合<br>• 垂直合资企业<br>• 长期合同<br>-内部效率<br>• 成本控制<br>• 物流<br>• 研发 | -财务<br>• 营利性<br>• 价值创造<br>-技术进步<br>-人员招聘目标 |

**图 3-1　SCP 分析模型**

从 SCP 分析模型图可知:一方面,企业所在产业的结构特性限定了企业所面临的选择和约束的范围,并最终对企业的绩效产生影响;另一方面,产业中企业的行为和绩效水平又对产业结构产生重要影响,并使产业结构不断发生动态变化。此外,外部的冲击也会对产业结构产生重大影响。图 3-1 中列出了外部冲击、产业结构、企业行为和绩效的具体分析要素。

在对产业进行 SCP 分析时,通过对产业结构中供给、需求和产业链的分析,对产业结构的变化做出评估;通过对产业中各战略群组企业的营销、容量变化、垂直整合情况和内部效率分析,对产业中各战略群组企业的行为做出评估;通过对各战略群组企业的财务、技术、人员等方面的分析,对绩效水平做出评估。经过上述评估过程,将会对企业所处产业和企业的现状有一个基本判断,但还需要考虑产业结构、各战略群组企业行为、绩效水平以及与外部冲击间的相互影响和作用,再对产业结构的未来变化、战略群组企业未来的行为变化和绩效水平的变化做出动态评估。

## 二、产业竞争结构分析法

不同产业中竞争压力不同,但我们可以用一个框架模型分析各种竞争压力的性质和强度。美国哈佛商学院教授迈克尔·波特(M. E. Porter)于 20 世纪 80 年代提出了这一分析框架模型。

按照波特的观点[1],一个产业的激烈竞争,其根源在于其内在的竞争结构。在一个产业中存在有五种基本竞争力量,即新进入者的威胁、产业中现有企业间的竞争、替代品或服务的威胁、供应者讨价还价的能力、用户讨价还价的能力,见图 3-2。这五种基本竞争力量的现状、消长趋势及其综合强度,决定了产业竞争的激烈程度和行业的获利能力。在竞争激烈的产业中,一般不会出现某个企业获得非常高的收益的状况;在竞争相对缓和的产业中,会出现相当多的企业都可获得较高的收益。五种基本竞争力量的作用是不同的,问题的关键是该产业中的企业应当找到能较好地防御这五种竞争力量的位置,甚至对这五种基本竞争力量施加影响,使它们朝着有利于本企业的方向发展。因此,有必要对这五种基本竞争力量逐一加以分析。

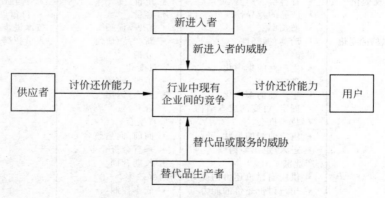

**图 3-2　产业竞争结构分析**

在中国,政府规制及基本政策对产业竞争结构影响巨大,这是在产业结构分析中必须要重视的因素。同时,进行上下游全产业链分析,也是企业进行产业分析应注意的问题。

### (一) 潜在的新进入者的威胁

所谓新进入者,可以是一个新办的企业或者是一个采用多角化战略的原从事其他产

---

① ［美］M. E. Poter. 竞争战略[M].陈小悦,译.北京:华夏出版社,1997.

业的企业,这个新进入者给这个产业带来了新的生产能力,并要求取得一定的市场份额。这个新进入者对本产业的威胁的大小取决于两个因素:该企业进入新产业需要克服的障碍和付出的代价(又叫进入壁垒),以及该企业进入新产业后现有企业反应的强烈程度。

新进入者进入壁垒的高低主要取决于以下因素:

1. 规模经济。若产业内原有企业的生产都已达到一定的规模,新进入者若以较小的规模进入该产业就将处于成本上的劣势地位,若以较大规模进入该产业则风险较大,因为这有可能给新进入者带来长期的生产能力过剩的问题,也对现有企业的市场占有率形成威胁,现有企业会积极地进行报复。还应指出,新进入者所遇到的规模经济壁垒不仅存在于产品领域,还存在于研究开发、原材料采购、市场营销、售后服务、财务融资,等等。

衡量一个企业的一个重要经济指标是规模经济的大小(scale economy),这里所说的"规模",就是生产的批量。生产批量的变化有两种情况:一种是生产设备条件不变(即生产能力不变)的情况下的生产批量变化;另一种是生产设备(生产能力)变化时的生产批量变化。规模经济概念中的"规模"是指后一种情况,即指伴随生产能力的扩大而出现的生产批量的扩大。这里所说"经济"是节省、效益的意思,具体地说,就是单位产品成本的下降。用西方经济学的概念来表述,规模经济就是规模的收益递增现象。

规模经济表现为长期平均成本费用曲线向下倾斜,见图 3-3。这里所谓"长期"是指生产设备的增加、生产能力扩大的过程。这时的"长期平均成本"是指长期中平均每单位产品的成本。

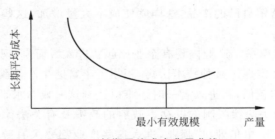

图 3-3 长期平均成本费用曲线

长期平均成本费用下降不是无限的,规模达到一定程度后,如再扩大规模,规模经济就不再出现,在长期平均成本费用曲线最低点就是最小有效规模(minimum efficient scale,MES)。

不同产业长期平均成本费用曲线的形状及最小有效规模是不相同的,这是因为在不同产业内技术工艺特征不同。

2. 产品差异壁垒。在一个存在产品差异的产业,产业内现有企业享有品牌认知和顾客忠诚的优势。

例如,美国消费者忠诚于单一品牌的百分比是大小不等的,香烟高达 71%,牙刷达 61%,电池、蔬菜、罐头不到 30%。这些市场的新进入者必须花费重金用于广告和促销,才能树立企业良好形象,取得用户信任。一份研究发现,比起早期市场进入者,消费品市场的后期进入者所花费的额外的广告和促销成本相当于销售收入的 2.12%。我国消费者不仅对家用高档消费品形成了品牌忠诚(如汽车、家用电器等),对一般家用消费品也已形成了品牌忠诚（如香烟、服装、牙膏、洗涤剂、皮鞋等）。因此，新进入者必须花巨资投入广告和促销，消除顾客对原有品牌的忠诚，增加顾客对新品牌的认知，逐渐挤占原有企业的市场，这些努力会给企业带来极大的风险，同时在初始阶段也会带来亏损。

3. 资金需求壁垒。对某些资金密集型产业来讲，进入一个产业并在这个产业站住脚所需要的资金数量相当大，因而资金需求就形成了新进入者的进入壁垒。如汽车业、石油化工业、钢铁业、航空业、远洋运输业、电力工业、互联网产业等对资本需求都非常大，因而进入壁垒就很高，限制了进入者涌入，所以在这种资金密集型产业中的企业数量较少。相反，在资金密集度较低的行业，如日用品、餐饮、美容美发、旅游等产业内，由于所需资金量较少，因而企业数量较多。

4. 资源供应壁垒。若产业内现有企业已与原材料及技术供应渠道建立了良好的稳定的供应关系，则新进入者的进入壁垒就相当高，如石油、煤炭、天然气、有色金属等自然资源采掘型产业，现有企业已经拥有了这些资源的采掘权，新进入者除了采用购并等办法外，是很难进入这些产业的。

5. 销售渠道壁垒。对大多数新进入者来讲，最大的进入壁垒可能是分销商对现有企业产品的偏好。由于分销渠道容量有限，分销一种新产品的固定成本较高，同时分销商也要规避由于分销新产品所带来的风险，因此分销商一般不愿意经销新进入企业的新产品，这时新进入者只能采用降价、分担广告费用等各种方法，使分销商获得更多的利益，促使分销商愿意接受其产品。当然，这种方法就会降低企业利润水平，甚至新进入者要独立建立自己的销售渠道，营销自己的产品，这样就使成本大量增加，这些都会成为新进入者的进入壁垒。

6. 其他成本因素壁垒。产业内现有企业比起新进入者而言，现有企业由于进入该行业时间较早，企业已经掌握了某种技术诀窍，积累了丰富的生产经验，工人操作熟练，废品率低，因而其产品成本较低，新进入者一时还难以达到这一成本水平。

7. 政府政策及有关法律限制的壁垒。政府的政策及有关法律是一种最有效的进入障碍，如银行业、保险业、电信业、广播业，进入这些产业都要求有政府颁发的执照。国家对有些产业实行许可证制度，如药品、食品、邮电等，也能形成进入壁垒。国家对某些原材料进行严格控制等都能形成重要的进入壁垒，另外，国家有关控制环境污染的法令，水资源保护、森林资源的保护、矿产资源保护等法令都有阻止新进入者进入相关产业的作用。

8. 原有企业的反应。若新进入者遇到该产业原有企业采取强烈报复行动，例如，它们会采用降价、增加广告费用、扩大生产规模、促销或者诉讼等措施阻止新企业进入该产业，甚至有的企业采取"肮脏的伎俩"（如进入新进入者电脑系统），盗取其顾客名录，并诋毁新进入者声誉，使新进入者处于十分困难的境地，或使新进入者由于惧怕原有企业的报复行动而放弃进入该产业。

9. 资产专用性壁垒。若产业内企业资产专用性非常强，则产业内现有企业就要努力维持在市场中的地位，对新进入者的吸引力可能就会减少，如石油开采设备资产专用性较强，因此新进入者很难进入石油采掘业。

10. 进入壁垒的其他因素。

（1）长期合同壁垒。产业内现有企业与原材料供应商有长期合同，垄断了原材料来源和渠道,对潜在进入者形成壁垒。产业内现有企业与经销商、分销商有长期合同,现有企业垄断了商品的销售渠道,对新进入者也形成了进入壁垒。产业内现有企业与购买者或用户有长期合同也可以阻止新进入者。

（2）专利或专有技术壁垒。如果产业内现有企业持有专利或专有技术,将阻止新进入者自由进入产业,如药品的专利主要预防新进入者对新药品的模仿,在专利保护期内不允许其他组织和个人拷贝已有的创造和发明。

（3）学习曲线效应壁垒。产业内现有企业,随着工人生产经营经验的增多,单位产品成本将下降,见图3-4。这种学习曲线的优势是新进入者不能获得的,当然也要看生产经营经验的独占性如何。

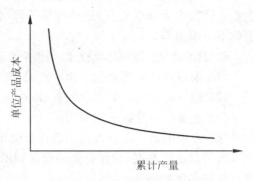

**图 3-4　单位产品成本曲线**

### （二）行业内现有企业的竞争

对大多数产业来讲,产业盈利水平主要取决于产业内现有企业的竞争,产业内各企业都要为增强各自的经营能力而展开竞争,以致有时有的产业价格降到了成本线以下,导致全产业亏损。也有的产业竞争主要集中在广告、服务、创新等非价格因素上。产业内现有企业的竞争激烈程度取决于以下六个因素:

1. 产业市场集中度的大小。

（1）产业内企业数量越多,集中度越低,竞争越趋于激烈,因为每一个企业都想改善其竞争地位,而且都认为它的单独行动不会引起其他竞争对手多大的反应,这种产业内企业合作的机会就越少。

（2）产业内企业数量不多,集中度中等,但每个企业都处于势均力敌的地位,实力不相上下,也会导致产业内企业竞争激烈。

（3）产业内仅有一个或少数几个大型企业主宰产业的市场,产业市场集中度高,由于这几个大型企业实力强大,产业内其他企业与这几个大型企业实力上有相当的差距,则产业内竞争不激烈。

2. 产业增长速度的快慢。在增长速度较为缓慢的产业,产业内各企业为了争取占有更高的市场占有率,容易发生价格战及促销战,竞争变得异常激烈。相反,在增长速度较快的产业中,产业总体市场需求扩大,各企业都有进一步发展的空间,各企业都可以从快速增长中获益,因而产业内竞争相对不激烈。

3. 固定费用和存储费用的高低。固定费用高的产业迫使企业要尽量充分地利用其生产能力。当市场需求不足时,企业宁愿削价扩大销售量也不愿让生产设备闲置,因而使企业间竞争加剧。在储存费用高或产品不易保存的产业内,企业急于想把产品卖出,也会使产业内竞争加剧。

4. 产品特色与用户的转换费用。若用户从购买一个企业的产品转到购买另一个企业的产品的转换费用较低时,则竞争就比较剧烈;反之,若转换费用高,产业内各企业产品各具特色,各自企业有各自不同用户,则竞争不激烈。

5. 产业内生产能力大幅度提高。若由于产业的技术特点和规模经济的要求,产业内企业生产能力大幅度提高,这将导致一段时间内生产能力过剩,竞争就会加剧;反之,竞争就不会很激烈。

6. 退出壁垒。所谓退出壁垒,是指企业退出某个行业时要付出的代价,它包括如下方面:

(1) 未用资产。当企业退出产业时,企业将蒙受重大损失。

(2) 退出的费用。如人员安置、库存物品的处理等费用。

(3) 企业形象受到一定损害。

(4) 心理因素。经理人员不愿作出退出产业的决策等。

由于退出壁垒高,即使企业经营遇到困难时,仍不愿轻易作出退出产业的决策,这就使产业内竞争加剧。

波特提出了一个产业进入壁垒与退出壁垒关系的矩阵,见图 3-5,尽管进入壁垒与退出壁垒在概念上有所不同,但它们之间却有着密切的联系,构成了产业分析的一个重要方面。由图 3-5 看出:从产业利润的角度来看,最好的情况是进入壁垒高而退出壁垒低,在这种情况下,新进入者将受到抵制,而在本产业经营不成功的企业会离开本产业。反之,进入壁垒低而退出壁垒高是最不利的情况,在这种情况下,当某行业的吸引力较大时,众多企业纷纷进入该产业;当该产业经营不景气时,过剩的生产能力仍聚集在该产业内,企业之间竞争激烈,相当多的企业会因竞争不利而陷入困境。

| 退出壁垒<br>进入壁垒 | 低 | 高 |
| --- | --- | --- |
| 低 | 稳定的低利润 | 低利润高风险 |
| 高 | 稳定的高利润 | 高利润风险 |

图 3-5  产业进入壁垒和退出壁垒的矩阵

### (三) 供应者的压力

1. 如果把供应商视为本企业的竞争对手。供应者对本产业的竞争压力表现在要求提高原材料或其他供应品的价格,减少紧俏资源的供应或降低供应品的质量等,总之,供应者希望提高其讨价还价的能力,从产业中谋取更多的利润。

供应者的压力主要取决于以下七个因素:

(1) 供应者的集中程度和本产业的集中程度。如果供应者集中程度较高,即本产业原材料的供应完全由少数几家公司控制,而本产业集中程度却较差,少数几家公司供给产业中众多分散的企业,则供应者通常会在价格、质量和供应条件上对购买者施加较大的压力,如欧佩克对全世界石油价格及产量的协调及垄断,对各国石油供应的影响极大。

(2) 供应品的可替代程度。若存在着合适的可替代品,即使供应者再强大,它们的竞争能力也会受到牵制,如我国改革开放初期,我国企业当时不会造彩电,从国外进口彩电的价格就较高,现在我国制造的彩电质量好,价格便宜,我国彩电企业竞争实力增强,国外彩电企业的竞争能力因而受到牵制。

（3）本产业对于供应者的重要性。如果本产业是供应者的重要用户，供应者的命运将和该产业息息相关，则来自供应者的压力就会减少；反之，则供应者会对本产业施加较大的压力。如海尔集团外有一大批家电零配件供应商，由于海尔集团所用零配件批量大，海尔集团是这批家电零配件供应商的重要用户，其供应商的命运与海尔集团的命运息息相关，因而这批供应商对海尔集团的威胁就会减少，甚至海尔集团向这批零配件商赊账，这些零配件商也不会跑掉。

（4）供应品对本产业生产的重要性。如果供应品对本产业的生产起关键性作用，则供应者会提高其讨价还价的能力，如铝锭是铝型材厂、铝箔厂的重要原材料，铝锭的价格直接影响到铝型材及铝箔的成本。

（5）供应品的特色和转换费用。如果供应品具有特色并且转换费用很大时，则供应者讨价还价能力就会增强，会对本产业施加较大的压力。如过去相当长时期我国电脑装配生产中使用的芯片是美国英特尔公司的，CPU 也是美国进口的，因此，我国电脑制造业当时是处在世界电脑产业链的末端，当芯片及 CPU 技术换代时，会对我国电脑制造业发展产生重大影响。

（6）供应者前向一体化的可能性。如果供应者有可能前向一体化，这样就更增强了它们对本行业的竞争压力。如果炼铝厂不仅生产铝锭，也生产铝型材和铝箔，则铝型材产业及铝箔产业中的企业就会受到更大的竞争压力。

（7）本产业内的企业后向一体化的可能性。如果本产业内的企业有可能后向一体化，这样就降低了他们对供应者的依赖程度，从而减弱了供应者对本产业的竞争压力。如果葡萄酒厂不仅生产葡萄酒，而且还要种葡萄，有属于自己的葡萄园；炼钢厂不仅生产钢，而且还有自己的炼铁厂，以供给炼钢所用的铸铁，这样做当然就减弱了供应者对本产业的竞争压力。

针对以上情况，企业可以采取以下相应措施来维持与供应商的关系，以保证供应：

① 寻找和开发其他备选的供应商，以减少对现有某一供应商的过分依赖。

② 积极地寻找替代品供应商，减弱现有供应商的讨价还价能力。

③ 向供应商表明企业有能力实现后向一体化，即企业有潜力成为供应商的竞争者，而不仅仅是一般的顾客。

④ 选择一些相对较小的供应商，使企业的购买成为该供应商收入的一个重要组成部分，增加供应商对企业的依赖性。

2. 把供应商视为企业的合作伙伴。企业最好把供应商作为自己的合作伙伴，不是采用讨价还价的方式，而是更多地采用谈判方式。

（1）可以考虑与供应商签订长期合同，而不是采用间断式的购买方式，这对稳定供应关系有很大作用。

① 长期合同可以使供应商拒绝向本企业竞争者提供原材料。

② 长期合同也会使企业更好地对库存、运输、供货的数量、组合以及供应商的地位进行规划，这正是战略管理所需要的。

（2）说服供应商更好地接近顾客，了解顾客，这使他们提供的原材料更符合顾客的需求,有助于供应商更好地为企业提供服务。

（3）分担供应商的风险。企业与供应商协作,帮助改进原材料的制造技术,提高其制造工艺及质量,并以此降低供应商成本。在特殊情况下,企业可以向供应商投资,促使其对新技术的采用,甚至也可以与供应商联合或合资,共同开展研究开发,以提高原材料性能。以上两种模式应当结合起来,加强对供应商的理性分析。

### （四）用户的压力

用户对本产业的竞争压力表现为要求产品价格更低廉、质量更好、提供更多的售后服务,他们会利用各企业间的竞争来施加压力。总之,用户压力趋向于降低本行业的盈利能力。来自用户的压力主要取决于以下 8 个因素:

1. 用户的集中程度。如果本产业产品集中供应给少数几个用户,用户购买数量占了企业产量的很大比例,则这少数几个用户将会对本产业形成较大压力。例如,中国的水力发电设备制造商只有三家,即哈尔滨电机厂、上海电机厂及东方电机厂,而全国每年水电站建设投资是由国家计委一家掌握的,即全国每年的水电装机容量对水电设备行业发展形成很大的控制力。

2. 用户从本产业购买产品的标准化程度。若产品标准化程度越高,则用户选择的余地也越大;反之,用户对具有特色的产品选择余地很小,例如生产螺钉、螺母等标准化程度很高的机械零配件的企业很多,则用户选择的余地相当大。而对化妆品、酒等非常具有特色的消费品,取决于用户的偏爱及忠诚,用户对这种产品选择余地就很小。

3. 用户从本产业购买的产品在其成本中所占的比重。若用户购买的本行业产品在其成本中占很大比重,则他们在购买时对价格、质量等问题就更为挑剔;反之,他们在价格上是不敏感的。例如,汽车发动机在汽车制造中,无论从技术性能还是从价格方面都居于重要地位,因此,汽车制造厂对汽车发动机的选购是十分慎重和挑剔的。

4. 转换费用。用户转向其他产业产品的选择余地越大,则对本产业形成的压力越大。例如,我国居民在 20 世纪 60、70 年代,房子的门窗都用木制门窗,而到了 90 年代大多数居民已改用塑钢门窗了,这就使木制门窗产业内企业之间的竞争更加激烈了。

5. 用户的盈利能力。若用户盈利能力低,则用户在购买时对价格敏感;反之,则不敏感。例如,小商贩(如卖菜的小商贩)其盈利能力低,因而小商贩在采购原材料或商品时,一般对价格是相当敏感的。

6. 用户后向一体化的可能性。若用户有可能后向一体化,则会增强它对本行业的竞争压力。例如,若汽车制造厂原来是要汽车发动机专业厂来提供汽车发动机的,现在汽车制造厂决定自己要制造发动机,这对汽车发动机行业自然会增强其竞争压力。

7. 本产业企业前向一体化的可能性。若有这种可能性,会降低它们对用户的依赖性,削弱了用户对本产业的竞争压力。例如,炼钢厂本来是把钢锭卖给轧钢厂的,现在炼钢厂决定自己要建立轧钢厂,因而钢厂就削弱了对轧钢厂的依赖性。

8. 本行业产品对用户产品质量的影响程度。若本产业产品对用户产品质量有举足轻重的影响,则用户对价格不敏感,对本企业构成的压力较小。例如,电视屏幕对电视机质量影响巨大,因此电视机制造商对电视屏幕质量极为重视,相对来讲,对电视屏幕的价格就不太敏感,对电视屏幕产业价格压力就相对小一些。

### (五) 替代品的压力

1. 产业中引起替代的原因。

(1) 科技进步的结果。例如晶体管代替电子管、电子表代替机械表、计算机代替人工计算、电子邮件代替电报、信函、传真等。

(2) 由经济因素引起。以塑代钢、以人造革代替真皮革等。

(3) 由资源短缺所引起。以钢代木、以塑代木、以混凝土代木(铁路的混凝土枕木)等。

2. 替代品的种类。

(1) 相同功能替代。在同一产品价值链中,一种产品替代另一种产品的完全相同的功能。例如,在发动机中陶瓷零件代替金属零件,洗衣机中用塑料筒代替铝筒,洗衣粉代替肥皂,圆珠笔代替钢笔。

(2) 多种功能替代。例如,空调器既能制冷又能供暖,既替代了暖气片又替代了其他制冷器;计算机能用来打字,用来计算,用来发电子邮件,可用来看 CD,又可进行电子商务、网上聊天、网上教育等。

(3) 无功能替代。过去没有这种功能的产品,现在有了这种功能的产品了。例如,过去没有空气加湿器,现在有了空气加湿器,用有加湿器的环境代替没有加湿器的环境;用网络营销代替没有网络营销等。

(4) 回收品替代。例如,旧家具回收再卖,限制了低档家具市场的价格上升,二手车销售也给低档汽车市场造成威胁,等等。

(5) 上游产品替代。例如,中型卡车原采用柴油发动机,现改用汽油发动机,因此汽油机的厂商获得供货权,那么对柴油机厂商就会造成威胁,同时对柴油机零件的需求也会下降。

(6) 互补品的替代。例如,光盘代替了录像磁带后,VCD 代替了录像机。

3. 替代的经济性。如果替代品相对于现在正在使用的产品能给用户提供更好的价值/价格比,那么,这种替代品就形成了对用户的诱惑力。因此,替代品的威胁程度取决于替代品对用户的诱惑力及用户转换成本的大小。

因此,替代品的威胁主要取决于三个因素:替代品与现用产品的相对价值/价格比(relative value/price,RVP);用户转向替代品的转换成本;用户使用替代品的欲望。

(1) 相对价值/价格比(RVP)。

所谓相对价值/价格比,是指 $\dfrac{\text{替代品价值/价格}}{\text{现用产品价值/价格}}$,而一个产品的价值/价格比是指提供给用户的价值与用户为它支付的价格之比。一般来讲,替代品及现用产品的价格是比较容易确定的,而估算替代品及现用产品的价值是比较困难的,它取决于:

① 替代品能向用户提供的价值差异性的大小。

② 用户是否能够感知替代品的价值差异,用户对替代品并不完全了解,其感知带有主观性。

③ 替代品使用频率是否比现用产品使用频率低。

④ 替代品的交货和安装成本。如替代品的运输成本、安装成本、调试成本、改变安装地点的成本等是否比现用产品低。

⑤ 替代品价格的相对变动性和替代品可得性,如陶瓷元件的好处是材料资源储量丰富、价格便宜,而金属元件价格易发生较大波动,价格相对波动较大等。

⑥ 直接使用成本及间接使用成本。直接使用成本是指使用替代品后成本的变化。例如,汽车的子午胎比斜交胎贵,但子午胎跑的公里数比斜交胎多 25%,使汽车燃料利用率提高 2%～6%,这种节约可抵消子午胎价格比斜交胎差价的 30%～50%。间接使用成本是指用户使用替代品后所引起的整个价值链成本的变化。例如,自动传送带相对于传统的人工搬运方式,可实现减少工人数目及降低工人技能水平、减少工厂起重机数目、减少装运劳动强度等方面的节约。

⑦ 用户使用替代品前后经营业绩表现的差异,如机器人代替由人操作的机器,工作效率及工作质量大大提高。

⑧ 替代品比现用产品在功能上增加了多少。

⑨ 互补产品的成本及性能。例如,手动剃须,刀片及刀架是互补产品。其替代品是电动剃须器,电动剃须器与电池是互补产品,新的互补产品的成本和性能是否比原有的互补产品优越?

上述因素所起作用各不相同,必须仔细分析,但由此看出,估价 RVP 是比较困难的,它还取决于生产替代品的企业在广告宣传、销售队伍、产品展示、推销方式、舆论导向等方面。

(2) 用户转向替代品的转换成本。其转换成本反映在以下七个方面:

① 搜集替代品的信息。

② 检验替代品是否能达到使用者所要求的性能标准。

③ 由于使用替代品使用户的生产活动或价值活动必须重新设计,例如,洗衣粉代替肥皂,计算机代替了部分秘书的工作,使洗衣服的过程及秘书的工作要重新安排。

④ 使用替代品后的培训及学习成本有所增加。

⑤ 使用替代品后,劳动者地位发生改变,例如,自动化机器代替手工劳动,使操作人员地位发生变化了。

⑥ 使用替代品有失败的风险,例如,计算机硬盘坏了,使原在计算机内储存的文件丢失。

⑦ 使用替代品还需要对相应的软件、零部件、检测工具进行投资等。

(3) 用户使用替代品的欲望。在不同竞争环境下,在不同的行业,对不同的顾客,其替代的欲望是不同的。

① 在不同竞争环境下,其替代欲望不同。行业内竞争激烈,则用户使用替代品欲望就比较强烈;若行业内竞争不激烈,则用户使用替代品欲望相对就不强烈。

② 不同的行业替代欲望不同。例如,软件业产品转换快,用户替代欲望强烈;机械制造业产品转换相对慢,用户替代欲望就不强烈。

③ 不同顾客替代欲望不同。由于文化、年龄、历史、收入状况、性格等不同,其替代欲

望有很大区别。例如,年轻人,文化程度高,接受新鲜事物快,则替代欲望强;而老年人,文化程度低,收入状况不佳,则替代欲望就低。

4. 替代品的替代途径。

分析替代的可能性、经济性的目的在于寻找可能替代的途径及防止被替代的途径。

(1) 企业促进替代的途径。

① 以早期转换者为目标。通过市场细分,发现早期转换者,企业为其提供必要的试用品,以促使其替代,如新的化妆品或新牙膏的推销,就要以早期转换者为目标。

② 努力提高RPV。相对RVP值越大,则其产品替代可能性就越大。例如彩色电视机,尽管其外壳、式样也很重要,但最重要的是电视机图像的色彩、清晰度及声音的质量,这三个要素质量提高了,彩电就代替了黑白电视机。

③ 努力降低用户的转换成本。例如,企业使用多种手段,使替代品信息在用户中广为传播,有的企业为用户负责提供培训(软件),为用户提供免费安装等(如空调、冰箱等),因而使用户转换成本降低。

④ 利用前向或后向整合来创造拉动需求。铝业在某些产品要代替钢铁业就要创造后向需求,例如,用铝合金门窗代替钢门窗,易拉罐原来用马口铁片做原料,现改用薄铝板等。

⑤ 促进互补产品或基础设施的改进。例如,为促进光碟购买或租用,光碟销售商还可以帮助维修VCD机器;高速公路修好了,促进了汽车的销售。

⑥ 替代品是以获取较高相对价值价格比进入原产业壁垒为原则来进行定价的。替代品定价要以用户真正能得到较高的RVP才能使用户愿意实行转换。在进入高壁垒行业时,企业先以高价格渗入高价值细分市场,再逐渐扩大到低价值细分市场,这样缓慢地进行替代,效果可能会好得多。

在存在率先行动者优势情况下,企业应以牺牲短期利润快速地渗透,并且建立起保护长期利润的壁垒。例如,饭馆要先赔钱经营,努力地占领市场;可口可乐、和路雪等饮料食品进入中国都是在最初几年亏损的情况下,努力占领中国市场后而盈利的。

(2) 防御替代的途径。

① 首先要辨识替代品,这是比较困难的。例如,自开通了北京至太原的高速公路后,有了北京至太原的长途汽车运输后,北京至太原的民航班机的乘客率大大下降。

② 通过降低现有产品成本,改进现有产品性能,或改进互补产品性能来改善现有产品的相对价值价格比。例如,目前手机价格在下降,性能在提高,改善了手机的价值价格比;又如火车提速,夕发朝至改进服务,在一定程度上也防止了民航及长途汽车的替代。

③ 改进现有产品的形象。例如,有的产品靠改进包装、树立品牌等方法,来抵御新产品的替代。

④ 提高现有产品的转换成本。美国微软公司靠Windows操作系统把用户拉住,其Windows操作系统软件年年升级更新,使得使用其他操作系统软件的成本升高,因而防御了其他操作系统软件的替代。

⑤ 寻找不受替代品影响的现有产品的新用途。例如,人们发现红葡萄酒不仅具

有活血功能还有降低胆固醇的功能；阿司匹林不仅能治感冒,而且具有稀释血液的功能。

⑥ 避开替代品的优势,重新界定竞争领域。例如,移动电话有可能代替有线电话,因此,有线电话采取电话费和安装费降价、发展有线电话的多种功能、IP电话、近距离无绳多机通话等功能,以尽量避免移动电话的完全可替代。

⑦ 行业内采取集体主义的反击行为。这是很难做到的,例如,温州打火机企业相互压价,出口到欧盟国家的打火机价格非常便宜,遭到欧盟的反倾销,温州打火机商会出面,协调了温州各打火机企业的出口价格,使企业免受损失。

⑧ 将目标客户转向最少受替代威胁的细分市场。例如,棉布衣服原先受到化纤及丝绸衣服的替代威胁,棉布衣服就转向内衣、休闲服装或高档服装的细分市场。

⑨ 当替代品与行业现有产品之间存在很强关联性时企业应进入替代品产业。与其将替代品看作是威胁,不如将其看作是一个机会,进入替代品产业可能会使企业的替代品与现有产品之间的关联成为新的竞争优势,这些关联可以是共同的核心技术、共同的销售渠道和促销手段等,例如汽车、火车、民航及航运应联手开展旅客运输等。

⑩ 寻求与替代品共存与联合。例如,警卫用电子报警系统与人工警卫相结合,使警卫工作质量有更大的提高。

我们采用波特的五力竞争力模型对我国的白酒行业的竞争结构进行了分析,分析结果见图3-6。

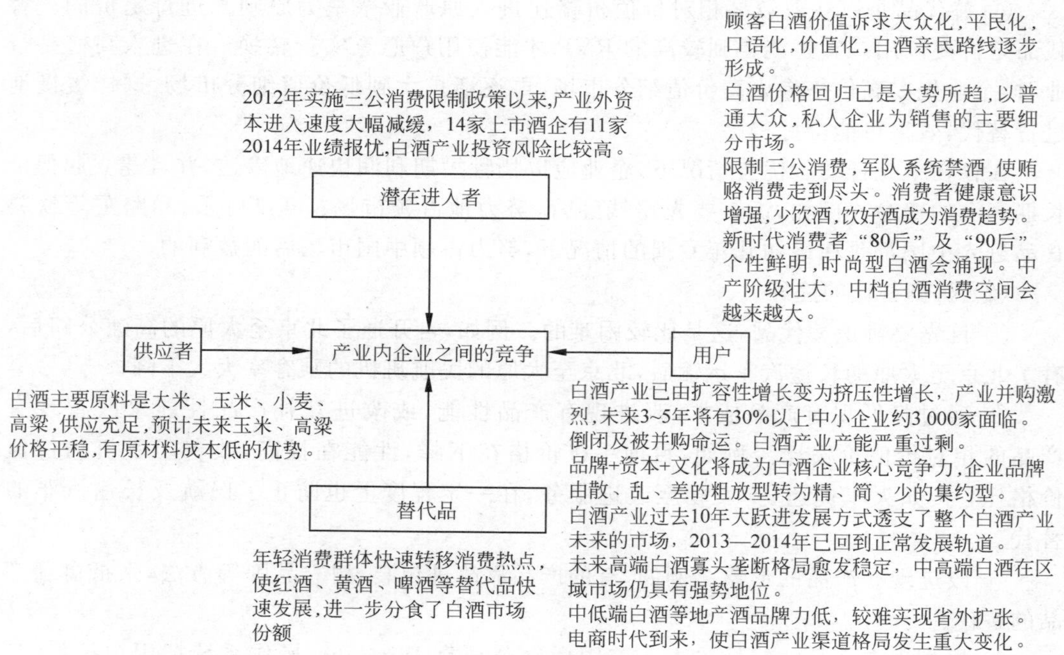

2012年实施三公消费限制政策以来,产业外资本进入速度大幅减缓,14家上市酒企有11家2014年业绩报忧,白酒产业投资风险比较高。

顾客白酒价值诉求大众化,平民化,口语化,价值化,白酒亲民路线逐步形成。

白酒价格回归已是大势所趋,以普通大众、私人企业为销售的主要细分市场。

限制三公消费,军队系统禁酒,使贿赂消费走到尽头。消费者健康意识增强,少饮酒,饮好酒成为消费趋势。

新时代消费者"80后"及"90后"个性鲜明,时尚型白酒会涌现。中产阶级壮大,中档白酒消费空间会越来越大。

```
                    潜在进入者
                        │
                        ↓
供应者  →  产业内企业之间的竞争  ←  用户
                        ↑
                        │
                    替代品
```

白酒主要原料是大米、玉米、小麦、高粱,供应充足,预计未来玉米、高粱价格平稳,有原材料成本低的优势。

年轻消费群体快速转移消费热点,使红酒、黄酒、啤酒等替代品快速发展,进一步分食了白酒市场份额

白酒产业已由扩容性增长变为挤压性增长,产业并购激烈,未来3~5年将有30%以上中小企业约3 000家面临倒闭及被并购命运。白酒产业产能严重过剩。

品牌+资本+文化将成为白酒企业核心竞争力,企业品牌由散、乱、差的粗放型转为精、简、少的集约型。

白酒产业过去10年大跃进发展方式透支了整个白酒产业未来的市场,2013—2014年已回到正常发展轨道。

未来高端白酒寡头垄断格局愈发稳定,中高端白酒在区域市场仍具有强势地位。

中低端白酒等地产酒品牌力低,较难实现省外扩张。

电商时代到来,使白酒产业渠道格局发生重大变化。

**图3-6　2014年我国白酒产业竞争结构分析**

资料来源：中国报告大厅：2014年白酒行业竞争分析.www.chinabgao.com.

# 第四节　产业跨界融合的发展趋势

2014 年,中国产业的跨界融合表现为五大趋势:即服务业与制造业融合发展,金融投资与实业投资融合发展,以互联网为纽带的产业跨界融合发展,技术革命引领的产业融合发展,新市场需求推动的产业跨界融合发展。[①]

## 一、服务业与制造业融合发展

2013 年我国服务业占 GDP 比重已开始超过制造业。服务业与制造业之间的边界开始变得模糊即服务业开始制造业化,制造业也开始服务业化,我国服务业发展出现了产品化、标准化、连锁化趋势,而这些特征本来是制造业生产基本要素和模式。近年来服务业推出金融产品、旅游产品、医疗服务产品等,将各种服务模式标准化,并加以复制推广,"产品"已成了服务业的时髦名词。

制造业也开始服务业化了,制造业开始以产品为中心向服务端延伸,制造与服务一体化了,全面提升产品附加值,过去讲产品就是生产,怎么用产品那是你的事,今后,要全面生命周期管理,智能化服务的时代到来了,即制造服务业会兴起。例如房地产开发商已从建造房屋扩展到房屋维护、房屋装修、物业管理等领域,形成旅游房产、养老房产、教育房产等新兴业态。巨大的制造业产生了为这些制品使用和消费的服务业,中国成为制造服务业大国。

## 二、金融投资与实业投资融合发展

国有资产资本化、价值化的管理改革方向,本质上体现了运用金融投资理念来运营和管理国有资产。

过去金融投资与实体投资分属不同投资领域,相对独立,各有不同的流程、标准和回报要求,但新的趋势是两者正在加速融合。

首先是实体经济内部开始运用金融理念与工具来进行投资,典型的是光伏产业,2014 年 2 月光伏企业与金融企业联手启动了光伏互联网金融战略项目,借助众筹模式,让光伏电站投资走向社会大众,这是实体经济与金融的融合,也是传统制造业与互联网工具的融合。

金融投资渗透到实体经济领域,案例很多,如 2014 年保险公司频频举牌地产企业,表明金融企业开始直接参与实体项目的管理和运营。资本市场上出现各种并购基金,都是金融业与实体投资之间融合的基本工具,以国资改革带动国企改革,从管理资产转向管理资本,其制度设计的深层含义就是金融与实体之间的高度融合,以价值化的理念和金融手段来盘活和运作国有资本。

金融投资是建立在产业发展基础上的,是为产业发展服务的,如果没有了产业基础,金融本身就不会有任何价值。所以,金融与产业的深度融合是必然趋势。

---

① 杨成长.产业跨界融合呈现五大趋势[N].中国证券报,2014-10-24.

### 三、以互联网为纽带的产业跨界融合发展

互联网经济的发展形成了一条以互联网为纽带的产业跨界和融合的新模式。人类经济活动本质上是信息流、资金流、物流、人流的聚合,互联网通过控制和改变信息流可以引导资金流、物流、人流的变化。互联网企业正在颠覆传统企业的商业模式,正成为不可忽视的力量,传统经济也在积极地拥抱互联网。互联网成为嫁接传统产业与新兴产业之间的桥梁,是产业跨界投资和融合的重要平台。

从产业内部看,互联网产业链正在进行更广泛的垂直整合,电信运营商、内容服务商、设备制造商等正加速将自身业务向产业上下游延伸,打造硬件、软件、应用服务一体化的产业模式,抢夺互联网以及移动互联网"入口"。布局、抢夺,甚至垄断"入口",就是抢夺用户,提升商业价值。

从产业外部看,互联网与传统产业的跨界融合正在加速。典型的如传统商贸、商超、零售企业纷纷向互联网转型,推动网购市场高速发展。互联网教育、互联网娱乐、互联网医疗、互联网彩票、2015 年春节期间互联网"抢红包"等正在持续发酵。另外,随着大数据、云计算、移动互联网发展,联袂向生产、消费领域的广度和深度渗透,促使生产、消费、服务和流通一体化发展。

### 四、技术革命引领的产业融合发展

目前,机械、电子、仪器仪表、材料、动力这五大领域都在发生技术革命,制造领域内出现了 3D 打印新的制造模式,机器人产业有望成为第三次工业革命的一个切入点和增长点,将影响全球制造业格局。材料领域中出现了大量新材料,仪器仪表领域中诞生了遥感、传感、监测等新手段,动力领域有了新能源和新动力设备,电子领域出现了以移动互联网为核心的一系列技术革命,这五大领域的创新融合,是以推动传统制造业的新一轮革命。从产业要素及技术应用上来看,特斯拉汽车,是美国纯电动汽车,集独特造型、高效加速、良好的操控性能与先进技术为一身。特斯拉几乎将先进制造、电子革命、仪器仪表创新、新能源,以及新材料等工业革命的成果集于一身,是工业技术革命跨界融合创新的典型代表。

### 五、新的市场需求推动产业跨界融合发展

军工产业具有天然高科技属性,各国武器装备追求领先效应,最先进的技术往往产生或首先应用于军工领域,这种最尖端的需求引领了科技进步,推动了产业发展和升级,如美国 GPS 系统,最初由美国国防部组织研发,如今基于卫星导航定位系统延伸到民用技术,产业范围非常广,市场需求非常大。我国也在研究北斗导航系统,这将推动智慧城市建设,在智慧物流、智慧家居、物联网、车联网领域为人们的生活提供便利。

环保产业也是推动和聚集一系列重要产业加速融合和跨界发展的重大需求领域。环保除了传统的污染防治外,正在促进节能新材料研发、新能源推广、新监测技术应用、生物修复技术进步、转基因技术的应用等。从产业性质上看,环保产业既是生产,也是消费;既是需求,也是供给;既是制造业,也是服务业;既是百姓的日常消费领域,也是公共需

求领域,充分体现了产业跨界的特点。

综上所述,今天产业升级正是以产业跨界融合等方式进行的,产业之间的关系已不是过去简单的投入产出和上、中、下游关系,产业之间的边界越来越模糊化。从产业角度讲,可以分为产业渗透、产业交叉、产业重组、创立全新产业等几种类型。

产业跨界融合是新经济时代的重要特征。因此,企业战略在作产业环境分析时,不应固守国际和国内产业标准分类的限制,而应看到未来产业跨界融合的发展大趋势,站在新经济发展的观点上看待产业环境的变化,站在顾客需求变化的观点上看待产业环境的变化,才能制定好企业的战略。

# 第五节　竞争对手的选择与分析

## 一、竞争对手的选择

在战略制定过程中需要对现在及将来对企业战略形成重大威胁的主要竞争对手进行认真分析。这里讲的竞争对手是指比现有竞争对手更广泛的一个组织群体。在很多情况下战略的失败是因为企业未能正确识别将来可能出现的竞争对手,才导致企业措手不及,一时陷于被动,以致使有的企业陷入破产危机,因此竞争对手的选择是极力重要的。需要评价的竞争对手包括两种,即现有直接竞争对手及新的和潜在的竞争对手。

### (一)现有的直接竞争对手

企业当然要密切注意现有的主要直接竞争对手,尤其是那些与自己同速增长或比自己增长更快的竞争对手,注意它们竞争优势的来源。

有些竞争对手出现在某些特定的细分市场中,因此对不同的竞争对手需要进行不同方面、不同深度水平的分析。尤其要注意目前看起来竞争实力未必已非常强大,但其发展势头迅猛,预测将来有可能对本公司核心能力形成威胁的企业尤其要密切关注。

### (二)新的和潜在的进入者

未来对本公司造成竞争威胁的不一定来自现有的直接竞争对手,反而是新的潜在的进入者有可能在未来对企业造成严重威胁。

新的竞争对手有以下六种:

1. 进入壁垒低的产业,会有出其不意的竞争者出现。
2. 有明显经验效应或协同效应收益的企业。
3. 前向一体化或后向一体化的企业。
4. 实行非相关多元化战略的企业进入本产业。
5. 移动互联网企业跨产业颠覆进入本产业。
6. 具有潜在技术优势的企业进入本产业。

## 二、竞争对手分析的内容

### (一)竞争对手情报信息来源

竞争对手信息来源有以下 12 部分:

1. 竞争对手企业年度报告。

2. 竞争对手产业产品的文献资料。

3. 竞争对手企业内部报纸、杂志。这些资料非常有用,因为它们记载了企业许多详细信息。如重大任命,员工背景,业务单位描述,高层领导的活动及讲话,理念及宗旨的陈述,新产品和服务,研究进展状况,重大战略行动,等等。

4. 竞争对手的发展历史。

5. 竞争对手的广告及企业出版物。

6. 竞争对手企业各级领导的讲话及文章。

7. 竞争对手销售人员的报告。这类报告提供了有关竞争对手、消费者、价格、产品、渠道、促销、服务、质量、配送等第一手资料。

8. 顾客的报告。可向竞争对手企业内部索要获得,也可从外部市场调研与专家获得。

9. 来自竞争对手供应商的报告。这一资料对评价竞争对手投资计划、行动水平和效率非常有用。

10. 专家意见。许多公司通过聘请外部专家进行咨询,因此对这些外部专家的了解是非常有用的。

11. 证券经纪人报告。这些资料通常能从竞争对手简报中获得有用的操作性细节。同样,产业研究报告也可提供有关某些竞争对手的有用信息。

12. 雇佣高级顾问。可以雇佣从竞争对手那里退休的管理人员作为自己企业的咨询人员,提供以前竞争对手的有关信息。

### (二)竞争对手分析的内容

对大量收集到的竞争对手资料应建立完善的竞争对手数据库,以便充分、及时地使用,应当收集的数据应包括以下内容:

1. 竞争对手基本情况:竞争对手或潜在竞争对手的名字;作业场所的数量和位置;每个单位人员的数量和特征;竞争对手组织结构和业务单位结构详细情况。

2. 竞争对手市场营销策略详情:企业产品和服务范围情况,按顾客和地区细分的市场详情,营销策略、价格策略、产品策略、渠道策略、促销策略、媒体选择、广告支持的详情等。

销售和服务组织的详情,包括数量、组织、责任、重要客户需求的特殊安排、小组销售能力、销售人员的划分方法等。

市场的详情(包括重要客户需求的确认与服务)、顾客忠诚度估计和市场形象等。

3. 竞争对手财务状况详情:要了解竞争对手最近几年的总产值、销售收入、利润总额、净资产及负债状况、股市表现,尽量了解竞争对手的收益性、安全性、流动性、成长性及生产性状况(关于以上财务比率分析评价体系的收益性、安全性、流动性、成长性及生产性指标及分析,请参见本书第四章第二节的相关内容)。

4. 竞争对手研发详情:研发费用、设备、开发主题、特殊技能和特征的详情、研发组织,与产学研协作状况详情,核心竞争力的评估等。

5. 竞争对手生产运作详情:有关作业和运行系统设备详情,包括生产能力、规模、范围、新旧程度、设备利用情况、产出效率评价、资本密集度和重置政策、质量管理状况、库存分析、劳动力分析等。

6. 竞争对手供应链详情:重要供应商的详情、供应链运行详情等。

7. 竞争对手人力资源管理详情:员工数量、生产力、工资水平、员工情绪、奖惩政策等。

8. 竞争对手管理人员详情:高层管理人员详情、中层管理人员详情、科研人员详情等。

9. 竞争对手企业体制,机制详情:管控情况、信息和计划系统的详情等。

10. 竞争对手企业文化详情:企业文化内容及特色、企业愿景、核心价值观念等详情。

11. 对竞争对手的综合判断:对竞争对手现状及优劣势综合评估,对竞争对手当前的战略及未来发展趋势进行评估,对本企业应对策略及竞争对手反击行动进行评估,预测竞争对手防御能力,本企业与竞争对手竞争战场的选择,理想情况是找到一个令竞争对手在当前条件下无法报复的战略,其次是使竞争对手的报复即使有效,也会使其利益受到更大的损害。

# 第六节　企业外部环境的不确定性

## 一、环境不确定性的含义

所谓不确定性按照奈特(Knight,1921)[1]的定义是指:由于人们缺乏对事件基本性质的知识和经验,对事件可能出现的结果知之甚少,难以通过现有理论或经验对结果进行预测和定量分析。所谓环境不确定性,邓肯(1972)认为是指:一是在决策时缺乏对相关环境因素的信息;二是无法得知决策的结果;三是无法预知环境对决策的影响。

米利肯(1987)认为[2]环境不确定性可以归结为三类即:①环境状态的不确定性,在环境瞬息万变的情况下,由于无法认知环境要素的变动状态,使决策与环境变动状态之间出现时间差,或无法预测,导致原决策无法达到预期效果所产生的不确定性。②决策结果不确定性,由于缺乏环境变化原因与结果的相关知识,以致无法事先预测环境变化对决策可能产生的影响,由此产生的不确定性。③对组织影响的不确定性,即组织采取某种战略或行动后,无法确知该方案对组织影响的最终效果,由此所产生的不确定性。

①　[美]富兰克·H.奈特.风险、不确定性和利润[M].王宇,王文玉,译.北京:中国人民大学出版社,2005.

②　F. J. Milliken. Three Types of Perceived Uncertainty about the Environment: State, Effect, and Response Uncertainty[J]. The Academy of Management Review, Vol. 12, No. 1, 1987, pp. 133-143.

## 二、环境不确定性的特点

当前企业所处外部环境具有不确定性，即环境具有动态性、模糊性、混沌性和复杂性的特点。

所谓动态性是指企业所处的宏观环境、产业环境、微观环境的一致性地随时间而变化，在形式、内涵上所表现出来的差异的状态。其主要特征是随时间而变化。

所谓模糊性是指由于事物类属划分的不分明而引起判断上的不确定性。水在 0℃ 时要突变为冰，这是一种突变现象，但在水变成冰的过程中仍会有冰水混合的模糊状态，即事物绝对的突变是不存在的，事物变化多具有中介过度的连续形态，这就使得模糊性普遍地寓于人对客观世界的认识过程中，尤其在主观认识领域及主客观相互作用的领域，因此外部环境与企业战略的关系即属于这种领域，因此在当前多变动态的环境中对模糊性的研究具有更为迫切、更为深刻的意义。外部环境系统越复杂，模糊性越大。因素越多，综合判断便越模糊。动态性越强，模糊性越突出。

所谓混沌性是指在企业外部环境的非线性系统在一定条件下所呈现的不确定的随机现象，好比是放在篮球顶端的一只乒乓球，起初乒乓球是静止的，而后在受到一个极微小的初始干扰作用下，乒乓球便很快地向一个方向滚落下去，即客观环境一个小小变化可以放大成为一个很大的变化，这就是著名的蝴蝶效应，即加勒比海的蝴蝶扇动了一下翅膀，3 个月后在美国纽约竟刮起了一场龙卷风。一根小小的火柴引燃了森林大火，费时数月才被扑灭。2008 年美国房地产金融衍生品出了问题，过了半年后引起了全世界的金融危机。一个确定的系统经过非线性相互作用会产生极大的不确定性，这就是环境的混沌性，混沌是在环境的有序与无序、稳定与非稳定、确定性与非确定性等混为一体的现象，用混沌的眼光来观察环境，就会从"紊乱"的现象背后有惊人的发现。

所谓复杂性是指影响环境的因素多而庞杂。当前对探索事物复杂性的研究是称为"复杂性科学"还是"复杂性研究"，学术界存在一些争论[①]。有的学者认为对事物复杂性的研究应称为复杂性科学，它是研究复杂系统行为与性质的科学，是系统科学发展的新阶段，被誉为"21 世纪的科学"。有的学者认为对事物复杂性的研究应称为复杂性研究，它并不是一门新学科，而是所有学科领域都有自己的复杂性，复杂性研究改变的不是个别学科领域，而是几乎所有学科领域，甚至还将开辟大量跨学科的未知的新领域。复杂性研究是科学研究方法的新发展，它丰富了科学方法的理论宝库。本书是指环境的复杂性科学研究方法。

企业外部环境是受技术、市场、资源、经济、社会等诸多因素组成的复杂系统，要用复杂性的观点和方法对企业外部环境的复杂系统进行分析，才会找到企业战略发展的方向，简单地说，复杂性科学方法有四个研究特点：①整体论，环境的整体不等于部分环境之和，事物整体的性质不等于部分性质之和，环境分析时，既要看到部分更要看到整体。对人体解剖得越细致，似乎对人体的了解就越全面、越深入，但整体的人已经不存在了，对人体解剖得再深入细致，但是对整体人的思想、意志、需求、情绪、信仰仍缺乏了解。对环境的观察亦如此。对环境分析，我们可以将其分为宏观环境、产业环境、微观环境等方面进

---

① 黄欣荣.复杂性科学方法及其应用[M].重庆：重庆科学出版社，2012.

行分析,而实际上是所有环境因素整体地作用于企业身上,要把复杂性当作复杂性来处理,这就会带来科学的重大进步。整体论管理思想会在管理领域内扎根,并使管理思想和管理实践掀起一场革命,企业战略管理就是要在整体上观察企业与环境的关系。②非线性的相互作用,线性相互作用就是一是一,二是二,不可能产生复杂行为;非线性相互作用就是一加一不一定等于二,企业的环境的复杂性表明环境是非线性的,是不可预测的。③自组织性及涌现性,复杂性之所以产生就是因为它有自组织特性,不依靠外力的作用,靠自身力量将要素组织起来,产生复杂行为,如大雁会自动排成"一"字形或"人"字形飞行;企业中有非组织行为,职工中自发地组成创新小组;安徽小岗村农民当年自发地组成包产到户小组等,即自行组织、自行演化、自主地从无序走向有序,形成结构系统,如互联网的形成即是如此,这就是老子说的"有生于无",这就是涌现,涌现是指系统内部元素相互作用而出现宏观的功能和结构,自组织就是涌现生成的动力机制。④自适应性,企业也处于环境中,也是环境这一复杂系统中的重要组成部分,即环境系统中企业能够与环境及其他企业进行交互作用,从中不断地"学习"和"积累经验",根据学到的经验,改变自身的结构和行为方式,从而使整个宏观系统演变和进化,形成了一个复杂适应系统(complex adaptive system),从中又有新系统的产生、分化和多样性的出现。企业战略制定及实施的过程即是一个向复杂环境学习和积累经验的过程,也是改变自身结构和行为的过程。从中还会有创新的战略管理系统的产生、分化及多样性的出现。

当然,复杂性本身就是一种科学研究方法,它还有其他一些特性,在此不再赘述。

**案例 3-1**

## 我国肉制品产业环境分析大纲(2015—2020 年)

一、我国肉制品产业宏观环境分析

**(一)中国宏观经济及居民消费状况分析**

主要对 2010—2015 年及未来 5 年(2015—2020 年)中国宏观经济发展状况分析;城市居民收入与支出状况分析;居民食品及肉制品消费状况分析。

**(二)中国肉制品产业政策分析**

中国肉制品产业政策及未来变动情况预测分析;中国肉制品产业"十二五"发展战略执行情况及"十三五"发展战略分析;中国肉制品进口政策预测及对我国肉制品产业的影响分析。

**(三)产业内企业融资状况分析**

产业内企业融资现状分析;中小企业融资困难状况分析;企业上市融资解析;外资进入中国肉制品产业及发展趋势分析。

二、中国肉制品产业基本面分析

**(一)产业定义及产品**

**(二)产业发展历程分析**

产业发展历史概述;肉制品产业组织及其发展状况分析;肉制品产业结构及其发展

趋势分析;产业内均衡发展(即一产畜牧业、二产肉类加工业、三产肉制品营销业的均衡发展)状况分析。

**(三)中国肉制品产业特征及存在问题分析**

**(四)中国肉制品产业链分析**

对肉制品的畜牧、养殖、屠宰、分割、冷冻、储藏、加工、包装、物流、批发、零售等各环节发展趋势及存在问题进行分析。

对肉制品流通体系、市场结构、营销模式创新、批发零售渠道改革,肉制品包装产业发展作重点分析。

**三、产业经济运行状况分析**

对 2010—2015 年肉制品产业的产销规模、盈利能力、发展能力、偿债能力进行分析。

对 2010—2015 年大、中、小企业在产销规模盈利能力、发展能力、偿债能力进行对比分析。

对产业地区经济对比分析,重点对河南、山东、浙江、江苏、四川等地肉制品产业发展进行对比分析。

**四、产业竞争状况分析**

中国肉制品产业寿命周期分析,2015—2020 年产业市场预测;肉制品产品价格指数分析;共对 22 种肉制品价格指数进行分析和预测。对产业供求状况进行分析预测。

对产业内供应者、顾客、新进入者、替代品威胁等对肉制品产业的影响进行分析,对产业内企业竞争状况进行分析。

对产业取得成功关键因素进行分析。

**五、肉制品产业内主要企业经营状况分析**

对产业内主要企业进行排名,在企业资产、总产值、销售收入、利润总额、销售利润等指标分别进行排名。

对双汇集团、诸城公司、山东金锣集团、山东凤祥公司、吉林德大公司、南京雨润公司,得其利斯集团等主要骨干肉制品企业经营状况、发展战略及优劣势进行分析。

**六、对中式肉制品及西式肉制品企业进行 SWOT 分析;企业发展机会分析**

**七、产业综合判断及投资前景分析**

综合上述分析对中国肉制品产业发展趋势进行综合判断,对产业投资前景进行判断。

资料来源:行业发展环境分析.豆丁网,docin.com.

# 第四章

# 企业内部条件分析

## 第一节 企业资源及能力分析

### 一、企业资源及能力分析的意义

#### （一）为抓住机遇，必须要分析企业的资源及能力

不断变动着的外部环境给各企业都带来了潜在的可利用的机会，但是，只有具备了能够利用这种机会的资源和能力的企业，这种机会才是企业现实的机会。环境赋予的机会使企业已具备的长处得以施展，而企业的短处却限制了它对外部环境中提供机会的利用。不少企业的经验证明，有的企业环境十分有利（如产品畅销、已建立了一定的市场信誉等），但由于关键资源的短缺（如缺乏资金或缺少场地等）而错过了迅速发展的机会，也有的企业环境虽然不利（如有明显竞争优势的进口产品投入市场），但由于它发挥了其独特的能力（如有优良的售后服务能力）而能立于不败之地。因此，系统地分析企业资源和能力已成为将企业有限资源最有效地运用于外界环境提供机会的关键，具有十分重要的现实意义。

#### （二）有的企业领导人对企业内部的资源与能力存在的问题熟视无睹

作为企业领导人，对企业内部条件应当说已经有了大致的了解，但是由于他们平日忙于事务，没有充裕时间对本企业进行全面系统的分析。从作者咨询过的许多企业来看，有相当一部分企业领导人对本企业的优、劣势并没有看得很清楚，有个别企业领导人对企业内部存在的资源与能力问题熟视无睹，在他的耳朵里塞满了颂扬他的话，他听不到真正的批评意见，这是很危险的。在某种程度上说，企业战略就是为指出并解决企业发展中存在的问题而作的谋划。有的企业领导人认为，自己在本企业工作已有很长的年限，对本企业存在的问题早已了如指掌，"不识庐山真面目，只缘身在此山中"，正是因为在本企业工作时间长了，有的企业领导人不见得完全清楚本企业的资源和能力，因此中国一部分企业非

常有必要请企业以外的专家或咨询公司来企业进行咨询,帮助企业对其内部条件进行客观分析,甚至帮助企业制定战略。有时,光靠企业自己为自己制定战略,往往不能取得满意的结果。

### （三）企业领导成员对企业内部存在的资源和能力问题往往看法不一致

分析企业内部条件是一件很艰难的事情,企业内各个领导成员由于所处的工作岗位不同,看问题的出发点不同,以及每个人的权力和地位不同等原因,对于本企业资源和能力的估计常会持有不同的看法,但是,制定企业战略就要使企业领导成员对企业内部资源和能力进行系统分析,就要力图做出比较客观的评价,使企业各个领导成员对企业内部的优势及劣势、对企业的资源和能力能有一个比较一致的看法才能制定战略,因此,有时分析企业内部条件的过程就是逐渐统一企业领导成员思想的过程,一定要使企业领导成员对企业内部存在的问题基本取得共识,才能制定战略。不能取得基本共识,很难制定战略。

## 二、企业资源的概念

什么是资源?目前没有一个统一的、规范化的定义,本书采用以下定义:资源是可以被人类利用来创造社会财富的一切有形和无形的客观存在。它是社会财富的来源。

什么是企业资源?企业资源是可以被企业利用来创造社会财富的一切有形或无形的客观存在。它也是社会财富的来源之一。

## 三、企业资源的分类

企业资源按特征来分类可以分为有形资源、无形资源和人力资源三类。

1. 企业有形资源一般是指那些能够用价值指标或货币指标直接衡量的,具有实物形态的资源,通常包括自然资源、实物资源和财务资源。

（1）自然资源是指自然界天然存在的,并有利用价值的自然物,如土地、矿藏、水力、生物、阳光、空气、风力、气候、海洋等资源,是企业原料的来源和布局场所,是在一定的时间和技术条件下,可以被人类利用来创造社会财富的自然物的总称。

（2）实物资源主要是指在使用过程中具有物质形态的固定资产,包括工厂车间、机器设备、工具器具、房屋等,大多数固定资产表现出单位价值大,使用年限较长,物质形态较强,流动能力差等特点。

（3）财务资源是指企业物质要素和非物质要素的货币体现,包括企业的资本、债权和其他金融权力。在一定程度上还包括企业获取和驾驭这些财务资源的能力和水平,即企业在筹集和使用资本过程中形成的财务专用性资产,包括企业的财务管理体制、财务分析和决策工具、财务关系网络及金融网络等。

2. 企业无形资源是指企业拥有或控制的、没有实物形态的可辨认的非货币性资源。无形资源具有四项特征:无限性、依附性、自身增值性和收益有不确定性。

（1）无形性:是指无形资源没有固定的实物形态。

（2）依附性:无形资源需要依附于有形资源而存在的一种特殊资源,一旦与原有载体分离,其效能会大大降低。

(3) 自身增值性,无形资源可以转移,而且其价值也会随转移而不断增加。

(4) 收益有不确定性,虽然无形资源取得的成本可以计量,但其成本不易全面、正确地计量。无形资源转移出让时,其价值也不易确定。同时无形资源投资的回收与预期收益亦不易确定。

无形资源分类方法有很多种,本书将无形资源分为企业知识信息资源、组织管理资源、市场资源、社会资源四种。[①]

(1) 企业知识信息资源,主要包括企业内外可编码知识和信息,这些知识和信息以文件、资料、数据、软件、视频等形式存在。

(2) 企业组织管理资源,反映企业成员(所有者、经营管理者、技术人员及员工)之间的正式结构与关系,包括企业治理结构和制度、企业文化、企业组织结构、制度和程序、企业经营管理的组织、制度和过程等。

(3) 企业市场资源,主要包括企业商誉、商业信用、企业形象(包括企业知名度和美誉度)企业品牌、顾客满意度、顾客忠诚度、企业与顾客、供应商、经销商和代理商关系等。

(4) 企业社会资源,主要是指企业的社会网络。是分布于企业内部成员个体之间的非正式关系(非组织关系)以及企业与其外部成员个体之间的社会关系。

随着社会经济的发展,这里要请企业高层管理者特别注意企业思想观念资源和企业制度资源的开发,见专栏 4-1 和专栏 4-2。

3. 企业人力资源,主要是指能够推动企业发展的全体员工的能力。人力资源与人力资本是两个密切相关的概念,两者有相同之处,又有明显的区别。人力资源主要是管理领域的概念,强调人力作为一种经济资源的稀有性及有用性,是指经过开发而形成的具有一定体力、智力和技能的生产要素的资源形式,强调人的创造能力。人力资本是经济领域的概念,其分析内容侧重于人的价值研究,即通过投资形成的以一定的人力存量存在于人体中的资本形式,强调以某种代价所获得的能力和技能的价值,投资的代价可以在提高生产力的过程中以更大的收益收回。本书在此强调人力资源的概念。

如果把人力资源看成是资源,往往会驱使人们更多地从使役对象上去理解人力资源,更多地去关注如何提高使用效率,如何节省人工成本、提高工作强度等方面。如果把人力资源看作是企业的能力,就会驱使人们更多地从主观能动性上去理解人力资源,更多地去关注如何开发人的潜能,如何改善工作环境,如何提供发展机会等方面。企业管理者应当把人力资源看作是资源与能力的结合体去管理。人力资源需要通过能力去实现企业增值,而员工的能力只有通过使用资源为顾客创造了价值方得以实现。[②]

---

[①] 刘东.资源、能力与企业战略[M].北京:经济管理出版社,2006.

[②] 项保华.企业资源与能力辨析[J].经济管理,2003.

**专栏 4-1**

## 企业思想观念资源

什么是观念？是人类支配行为的主观意识，对人的思想和行为起着根本的指导和规范作用。观念的内核是人的思维方式。

领导者的任务就是带领和引导企业及团队成员前进，而"带领"和"引导"的着力点就在于员工的观念上，当领导者的观念一旦成为员工的认知，就会使带领和引导的工作取得意想不到的突破和成就。

西方教育心理学有一段名言："播下一种观念，收获一种行为；播下一种行为，收获一种习惯；播下一种习惯，收获一种性格；播下一种性格，收获一种命运。"因此"观念决定命运"，这是观念—行为—习惯—性格—命运链。

若人们处于同一起跑线上，不同的观念决定不同的成功速度。

例如，第二次世界大战结束后，联合国总部要建设一座大楼，需要一笔资金，美国洛克菲勒家族在纽约买了一块地，决定拿出其中一块地皮，价值 870 万美元捐给联合国，当联合国大楼盖好后，各国纷纷要在其周边买地建办事机构，结果联合国总部周边地价飙升，洛克菲勒家族不知赚了多少个 870 万美元。

所谓天才的成功，不过是 1％ 的灵感和 99％ 的汗水，但如果没有 1％ 的灵感，99％ 的汗水是没有多大用的，因此观念资源产生的力量是相当大的。

卓越领导的显著特征是善于将观念变成方法，把方法变成执行力，将执行力变成结果。因此思想观念是企业重要的无形资源。

资料来源：由作者搜集有关资料汇集而成。

**专栏 4-2**

## 企业制度资源

企业制度是指以产权制度为基础的企业组织和管理制度，是关于企业组织、运营、管理等一系列行为规范和模式的总称，是企业全体员工在生产经营活动中必须共同遵守的规定和准则的总称，表现在企业的各项政策、组织结构、岗位工作说明书、各项管理制度、工作流程、管理表单等各类规范文件等。

企业制度资源是企业赖以生存的体制基础，是企业各部门及员工的行为准则，是企业活力之源，是企业各项经营活动的体制保证。企业制度资源提供了企业管理体制、管理模式、管理重心、管理目标及管理手段的选择，因此企业制度资源能创造财富，它具有约束性、稳定性及利益性的特点。

资料来源：由作者搜集有关资料汇集而成。

## 四、企业资源分析的方法

现有及潜在资源分析旨在确定企业资源现状、企业在资源上表现出的优势和劣势，以及相对未来战略目标存在的资源缺口等。企业的成功源于对资源的成功开发和利用,因而必须做好企业资源分析。资源分析的方法有两种:调查法和资源法。

**(一)调查法**

企业资源调查是从全局来把握企业资源在数量、质量结构和分配、组合方面的情况,企业资源的现状和变化趋势是制定战略和进行经营领域选择的最根本的制约条件。因此要对企业现有资源状况及未来变化趋势进行分析,同时要对实现战略应增加那些资源进行预测,表 4-1 提供了一种企业资源分析的框架和思路,表中"未来"是指战略期末。

表 4-1　企业资源调查表

| | 数量 | | | 质量 | | | 配置 | | | 说明 |
|---|---|---|---|---|---|---|---|---|---|---|
| | 现状 | 未来 | 差距 | 现状 | 未来 | 差距 | 现状 | 未来 | 差距 | |
| 有形资源:<br>　财力资源<br>　实物资源<br>　自然资源 | | | | | | | | | | |
| 无形资源:<br>　无形资产<br>　知识资本<br>　组织资本<br>　市场资本<br>　社会资本 | | | | | | | | | | |
| 人力资源:<br>　人力资源规划<br>　招聘与配置<br>　培训与开发<br>　绩效考核<br>　薪酬与福利<br>　劳资关系 | | | | | | | | | | |

**(二)资源法**

资源法是确定企业的资源状态的方法,根据企业在资源上表现出的优势和劣势,发现企业在资源使用上需要进行的变革。企业资源是指企业拥有或者控制的能够用来创造效益的一切有形和无形要素的总和。

资源法的分析流程见图 4-1。

1. 分析现有资源

对现有资源进行分析的目的是为了确定企业目前拥有的资源量和可能获得的资源数量。列出企业目前拥有和可能获得的资源清单。在资源清单基础上进一步进行资源评价,为战略的制定提供可靠依据。

资源清单至少需要包括以下内容:

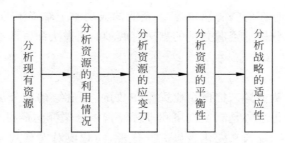

图 4-1　资源法的分析流程

（1）企业的所有者和管理部门。包括企业管理部门的构成特征及由此形成的管理优势，管理人员专业的分布及平衡，管理人员的流动情况，企业内有关信息和沟通系统的有效程度，高级管理人员制订战略计划的能力等。

（2）企业员工。包括企业人员的实际拥有量与需要量的平衡情况，员工出勤率和流动率，企业有关激励政策的功效等。

（3）市场和营销。包括企业的营销力量，企业对用户需求和竞争对手的了解程度，企业产品或服务所在市场及在市场上的地位，企业设定的营销组合的成效等。

（4）财务。包括企业资本结构的平衡状态，企业的现金流动、债务水平以及盈利情况，企业与银行的关系，企业财务对战略支持的程度等。

（5）生产。包括生产效率和规模，存货水平或瓶颈状态，企业与供应商的关系等。

（6）设施和设备状况。包括设施和设备的满足程度，质量和使用状况，是否有进一步扩大的可能性等。

（7）企业组织。包括组织结构合理性、组织管理效率和工作流程效率等。

（8）企业形象和企业与外部环境的关系等。

2. 分析资源的利用情况

主要是分析企业的生产效率，即产出与资源投入的比率，也可以用利润和成本的比率表示。首先分析确定使用的效率指标，一般用财务指标表示，但对企业的其他职能活动还可以利用其他的指标，如对营销活动效率的分析可以用销售额分别与广告费用比率、与销售费用的比率、与销售人员工资的比率、与销售场地面积的比率等，分析资源利用情况还可以通过比较的方法加以确定，如将企业资源实际利用情况分别与其计划中设定的目标、历史最好水平、产业平均水平和竞争对手的资源利用情况进行比较。

3. 分析资源的应变力

分析资源应变力的目的是要确定在战略环境一旦变化的情况下，企业及时对资源进行重新组合和开发新的资源以满足新的需求的能力。进行应变力分析时，重点分析资源清单中对环境变化敏感的资源。

4. 分析资源的平衡性

主要包括四个方面的平衡分析：

（1）业务平衡分析。业务平衡分析是对企业内各项业务的经营现状和发展趋势进行分析，从而确定资源在各项业务之间的分配是否合理。

（2）现金平衡分析。现金平衡分析是对企业是否拥有必要的现金储备或拥有应付短期现金需要的资本金来源进行分析。

（3）高级管理者资源的平衡分析。高级管理者资源的平衡分析是分析企业高级管理者的数量、质量、管理模式及管理风格等是否与企业战略、企业文化的要求相一致，以及高级管理人员的构成是否适应战略的变化。

（4）战略资源平衡分析：主要分析企业现有资源与战略期内可获得资源，对企业战略目标，战略实施的保证程度，资源缺口在哪里？缺口有多大？应采取什么措施来填补资源缺口？

通过以上分析，确定企业资源的强势与弱势，资源强势是企业的竞争资产，资源弱势是企业竞争负债，确定企业今后应当在哪些方面投入多少战略性资源，才能够增加竞争资产，减少竞争负债，全面提高企业的资源基础。

5. 分析战略的适应性

战略适应性分析是通过分析确定企业制定的战略，对内是否符合企业内部条件和资源拥有情况，是否符合企业的组织设计，是否符合企业长期形成的文化特征；对外是否符合企业所处环境，并能适应环境的变化等。

## 五、企业能力的概念

什么是能力？目前没有统一的规范化的定义。本书采用以下定义：一般来讲，能力是某个社会主体（组织或个人）对客观世界的作用力，是将一种资源变为另一种资源（如将原材料加工成产品，用零件造出机器），或将资源转化为社会财富的作用力。[①]

什么是企业能力？企业能力是利用企业资源（部分或全部）及其有机整合所具有的可以施加于客观世界的作用力。这种作用力是通过企业完成某种活动的可能性、效益和效率来衡量的。因此企业能力是企业可以施加于客观世界的作用力。这里强调"可以施加"是说，不是实际施加的作用力，实际作用力大小还要视企业主体利用资源的水平的高低而定。企业能力是个人能力的整合力。企业能力是一个多维向量，是由不同要素所组成的，可以表现在企业经营管理的各个方面。可以将企业能力分类为企业经营管理能力、企业核心竞争力及企业动态能力等。

## 六、企业资源与能力的区别与联系

### （一）企业资源与能力的区别是显而易见的[②]

1. 资源一般来讲是静态的，是客观使役对象，能力是潜在的、动态的主观能动的条件。前者是客体，具有被动性和使役性。后者是主体，具有主动性和驾驭性。

2. 资源一般来讲总是相对稀缺的，十分有限的，而能力是相对丰富的，特别是从想象力及创造力的角度来讲，几乎是无限的。

3. 一般来讲资源越用越少（除知识信息资源外），而能力则越用越强。

4. 资源在使用、交换过程中，通常是发生形态和价值的等价转移，而能力在使用、交

① 黄津孚.资源、能力与核心竞争力[J].经济管理·新管理,2001(20).

② http://www.chinashoes.com/AllNews/2008/06/99/341341.shtml.

换过程中，却发生增值，甚至倍增的效果。

5. 一般来讲资源价值的度量相对容易，而能力是一个多维向量，呈现出多维度多层次和非线性特点，其价值一般难以简单测度。

### （二）企业资源与能力关系密切，可相互依存、相互转化

1. 缺少能力，资源难以发挥作用，离开资源，能力再高，也难有作为。当然，资源与能力并不能等量齐观，资源只具备基础性作用，起根本性的决定性作用的是能力，没有资源，企业也可以用买资源、借资源等方法创造资源。

2. 如前所述，人力资源既具有资源的性质，又具有能力的性质，是资源与能力的共生体。

3. 通过能力可以把小资源变成大资源，把"死"资源变成"活"资源，把分散资源变成集中资源，把一次性使用的资源变成多次性使用的资源。

4. 资源与能力相互间可以转化，如知识作为资源，可以通过学习内化为人的能力，人们也可以将能力变成资源，人们的学识通过设计、著作、软件、专利、创意等形式，成为企业资源形态的产品，直接构成企业的重要资源。

### （三）企业资源、能力与企业战略的关系

许多中外学者对企业资源，能力与企业战略的关系进行了分析研究，作者认为比较有实践价值的是格兰特1991年提出的实践性框架，见图4-2。

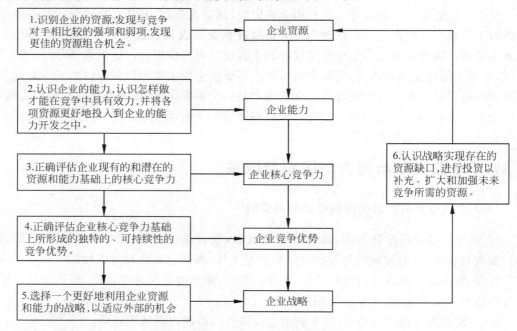

图 4-2　资源、能力、竞争优势与战略关系[①]

---

① Grant, R. M.. The Resource-based Theory of Competitive Advantage: Implications for Strategy Formulation. California Management Review, Spring, 1991.

从图 4-1 中看到,企业从资源到战略需要有六个阶段性步骤:①分析企业资源,评价本企业与竞争对手相关的优势和劣势,识别更好地利用资源的机会;②识别企业的能力,企业应当在能力方面做什么才能比竞争对手更胜一筹,分析企业每种能力的资源投入以及各种能力组合的复杂性;③分析和评估核心竞争力,企业资源和能力的组合能为企业创造多少效益;④企业持续竞争优势的潜力有多大;⑤应选择一个更好地利用企业资源与能力的战略,以适应不断变化的外部机会;⑥认识现有战略实现存在的资源缺口,应如何进行投资,以补充、扩大和加强未来竞争所需要的资源。

# 第二节　企业经营管理能力分析

企业能力可以从不同的视角去研究。本节是从职能视角研究和分析企业的能力。

企业经营管理能力是为求得企业生存和发展,为不断地获得新的竞争优势,对各种资源进行综合利用的作用力。这种作用力是通过企业为达成企业目标的可能性和效率来衡量的,是企业在研发、生产、销售、服务及组织、管理等方面作用力量的总和。

## 一、企业研发能力分析

企业研发能力是企业竞争优势的重要来源。企业研发能力主要分析指标见表 4-2。

表 4-2　企业研发能力指标①

| 指　　标 | 指　　标 | 公　　式 |
|---|---|---|
| 研发投入能力 | 研发投入强度<br>研发人员素质-数量强度<br>非研发投入强度 | 研发经费/销售收入<br>见注 2<br>(技术引进费用＋技改费用)/销售收入 |
| 研发管理能力 | 信息采集能力<br>研发机制<br>创新频率<br>企业文化和气氛<br>技术创新的预测和评价能力<br>与外界研发的合作能力<br>技术水平的先进程度 | 定性,见注 1<br>定性,同上<br>年内产品创新数＋年内工艺创新数<br>定性,见注 1<br>定性,同上<br>定性,同上<br>定性,同上 |
| 研发创新能力 | 研发成功率<br>消化吸收能力<br>专利拥有情况<br>自主创新产品率<br>开发的时间和费用 | 研发成功次数/研发项目总数<br>定性,见注 1<br>拥有专利数/创新成果数<br>自主创新产品数/创新产品数<br>可用开发时间和费用占同类产品开发的平均时间和平均费用来评价 |

---

① 王伟光,吉国秀.知识经济时代的技术创新[M].北京:经济管理出版社,2007.

续表

| 指　标 | 指　标 | 公　式 |
|---|---|---|
| 研发产出能力 | 新产品的市场占有率 | 企业在该年度新产品销售量/该年度同类产品市场总销售量 |
| | 新产品的销售份额 | 新产品销售收入/总销售收入 |
| | 技术贸易指标 | 技术净收入/（技术购入额＋技术售出额） |
| | 标准化工作水平 | 定性，见注1 |

注：1. 定性指标一般采用"强、中、弱"或"好、中、差"表示，或借助专家评判换成 0～100 的评分。

2. 研发人员素质-数量 $= \dfrac{\sum\limits_{i=1}^{n} w_i r_i}{\sum\limits_{i=1}^{n} w_i}$

$i$：素质 $i$ 的等级。一般企业研发人员素质等级分为四级：国家级有突出贡献的专家为 4 级，高级研发人员为 3 级，中级研发人员为 2 级，初级研发人员为 1 级。

$r_i$：为第 $i$ 级研究人员数量。

$w_i$：为第 $i$ 级人员的素质权重。

研发人员素质 - 数量强度 ＝ 研发人员素质 - 数量 / 职工人数。

## 二、企业财务能力分析

要评估判断一个企业现实的经营能力，首先必须对企业财务状况进行客观公正的分析，因为企业的财务报表和资料记录了企业经营的整个过程和取得的绩效水平。分析企业财务状况广泛使用的方法是财务比率分析。

财务比率分析通常可以从两方面进行：一是计算本企业有关的财务比率，并与同行业中的竞争对手进行比较或与同行业的平均财务比率进行比较，借以了解本企业同竞争对手或同行业一般水平相比的财务状况和经营成果。二是将计算得到的财务比率同本企业过去的财务比率和预测未来的财务比率相比较，借以测定企业财务状况和经营成果在一个较长时间内的变动趋势。

财务比率分析评价体系主要由五大类指标构成，即收益性、安全性、流动性、成长性和生产性指标（见表 4-3～表 4-7）。分别计算出五类指标并画出雷达图，就能够清楚地揭示出企业的财务及经营状况的优势和劣势，这对于制定正确有效的企业战略具有十分重要的意义。

表 4-3　企业收益性指标

| 收益性比率 | 基　本　含　义 | 计　算　公　式 |
|---|---|---|
| 1.资产报酬率 | 反映企业总资产的利用效果 | （净收益＋利息费用＋所得税）/平均资产总额 |
| 2.所有者权益报酬率 | 反映所有者权益的回报 | 税后净利润/所有者权益 |
| 3.每股利润 | 反映股东权益的报酬 | （净利润－优先股股利）/普通股发行在外平均股数 |
| 4.销售利润率 | 反映销售收入的收益水平 | 利润总额/净销售收入 |
| 5.销售净利润率 | 反映销售收入的收益水平 | 净利润/净销售收入 |
| 6.成本费用利润率 | 反映企业为取得利润所付代价 | （净收益＋利息费用＋所得税）/成本费用总额 |

表 4-4　企业安全性指标

| 安全性比率 | 基本含义 | 计算公式 |
|---|---|---|
| 1.流动比率 | 反映企业短期偿债能力和信用状况,标准 2:1 | 流动资产/流动负债 |
| 2.速动比率 | 反映企业立刻偿付流动负债的能力,标准 1:1 | 速动资产/流动负债 |
| 3.资产负债率 | 反映企业总资产中有多少是负债,标准<50% | 负债总额/资产总额 |
| 4.所有者(股东)权益比率 | 反映企业总资产中有多少是所有者权益 | 所有者权益/资产总额 |
| 5.利息保障倍数 | 反映企业经营所得偿付借款利息的能力 | 息税前利润/利息费用 |

表 4-5　企业流动性指标

| 流动性比率 | 基本含义 | 计算公式 |
|---|---|---|
| 1.存货周转率 | 反映存货的变化速度 | 销售成本/平均存货 |
| 2.应收账款周转率 | 反映年度内应收账款转为现金的平均次数 | 销售收入/平均应收账款 |
| 3.流动资产周转率 | 反映流动资产的使用效率 | 销售收入/平均流动资产总额 |
| 4.固定资产周转率 | 反映固定资产的使用效率 | 销售收入/平均固定资产总额 |
| 5.总资产周转率 | 反映全部资产的使用效率 | 销售收入/平均资产总额 |

表 4-6　企业成长性指标

| 成长性比率 | 基本含义 | 计算公式 |
|---|---|---|
| 1.销售收入增长率 | 反映销售收入变化趋势 | 本期销售收入/前期销售收入 |
| 2.税前利润增长率 | 反映税前利润变化趋势 | 本期税前利润/前期税前利润 |
| 3.固定资产增长率 | 反映固定资产变化趋势 | 本期固定资产/前期固定资产 |
| 4.人员增长率 | 反映人员变化趋势 | 本期职工人数/前期职工人数 |
| 5.产品成本降低率 | 反映产品成本变化趋势 | 本期产品成本/前期产品成本 |

表 4-7　企业生产性指标

| 生产性比率 | 基本含义 | 计算公式 |
|---|---|---|
| 1.人均销售收入 | 反映企业人均销售能力 | 销售收入/平均职工人数 |
| 2.人均净利润 | 反映企业经营管理水平 | 净利润/平均职工人数 |
| 3.人均资产总额 | 反映企业生产经营能力 | 资产总额/平均职工人数 |
| 4.人均工资 | 反映企业经营成果分配状况 | 工资总额/平均职工人数 |
| 5.全员劳动生产率 | 反映企业劳动效率状况 | 产值/平均职工人数 |

说明:
- 表 4-3 分析企业收益性指标的目的在于观察企业一定时期的收益及获利能力。
- 表 4-4 企业安全性指标反映企业经营的安全程度,即资金调度的安全性,观察的是企业一定时期内的偿债能力。
- 表 4-4 中指标 1 和指标 2 反映企业的变现能力,比率越高,保障越大,然而过高会造成浪费。
- 表 4-5 企业流动性指标反映资金周转状况,即资金活动的效率。

- 表 4-5 中指标 3～指标 5 比率越高,说明资产利用越好,获利能力越强。
- 表 4-5 指标 1 越高,资金回收越快,效益越好。
- 表 4-5 指标 2 越高,催收账款工作做得越好,坏账损失的可能性越小。
- 表 4-6 企业成长性指标反映一定时期经营能力的发展变化趋势。
- 表 4-6 说明一个企业即使收益性高,但如果成长性不好也就表明其发展后劲不足,未来的盈利能力可能较差。因此,分析企业的成长性对战略的选择至关重要。
- 表 4-7 分析企业生产性指标的目的在于判断企业在一定时期内的生产经营能力、生产经营水平和生产成果的分配等。

## 三、企业营销能力分析

一个企业营销能力的强弱往往体现在其产品竞争能力、销售活动能力和市场决策能力方面。因此,营销能力分析通常可以从这三个方面来展开。

1. 产品竞争能力分析

产品竞争能力分析是对企业当前销售的各种产品的市场地位、收益性、成长性、竞争性和结构性等方面进行分析。

(1) 市场占有率与市场覆盖率。市场占有率是产品市场地位的重要标志,也是企业最重要的战略目标之一。市场占有率越高,产品的知名度和影响力越大。其计算公式如下:

$$市场占有率＝本企业产品销售量/市场上同类产品销售量×100\%$$

市场覆盖率是与市场占有率相关的一个指标。它是本企业产品投放地区占应销售地区的百分比,其计算公式如下:

$$市场覆盖率＝本企业产品投放地区数/全市场应销售地区数×100\%$$

(2) 销售增长率与市场扩大率。销售增长率和市场扩大率是衡量产品成长性的两个指标,其计算公式如下:

$$销售增长率＝本年度销售量(额)/上年度销售量(额)×100\%$$

$$市场扩大率＝本年度市场占有率/上年度市场占有率×100\%$$

通常把企业最近几年的销售量或销售额按时间顺序画成曲线来观察其增减变化趋势。

(3) 产品收益性分析。产品的收益性高低直接决定企业的效益,企业应确立以高收益产品为中心的产品组合。收益性分析的主要内容有:①进行销售额的 ABC 分析,以找出需深入调查的 A 类重点产品;②进行边际利润分析,以明确各种产品的利润贡献度;③进行量本利分析,以查明经营安全率和确定目标销售量。

(4) 产品竞争性分析。产品竞争性分析是分析企业的产品相对于竞争对手产品,在质量、外观、包装、商标、价格、服务等方面所具有的优越性。

(5) 产品结构分析。产品结构又称产品组合。产品结构可分为深度结构和宽度结构。宽度结构是指产品的系列结构;深度结构是指同一系列的规格结构。产品结构分析的目的是发现优势产品和弱势产品,弄清产品结构不合理的地方,进而改进产品组合,为保持和提高产品竞争力奠定产品结构基础。具体可运用波士顿矩阵(见本章第五节的内容)等方法进行分析。

### 2. 销售活动能力分析

销售活动能力分析是在产品竞争力分析基础上,以重点发展产品或销路不畅产品为对象,对其销售组织、销售绩效、销售渠道、促销活动、销售计划等方面进行分析,以判断企业销售活动的能力、存在问题、问题成因,进而为制定战略提供依据。

(1)销售组织分析。销售组织分析主要包括销售组织机构分析、销售人员素质分析和销售管理资料分析等。

(2)销售绩效分析。销售绩效分析是从销售活动效率出发,发现销售管理的问题,为进一步深入研究提供线索。主要包括计划完成率分析、地区发展性分析、销售活动效率分析等。

(3)销售渠道分析。销售渠道分析是通过对与企业进行交易的中间商的评价,加强对中间商管理,分析存在的问题。主要包括销售渠道结构分析、中间商评价、销售渠道管理分析等。

(4)促销活动分析。促销活动分析是对企业开展促销活动的方法、内容和效果进行评价,研究企业如何运用各种促销活动的组合,加强对市场的作用和影响,提高企业和产品的形象。

(5)销售计划分析。销售计划由销售预测、确定目标销售额、分解目标销售额和制订实施计划四个部分组成。销售计划分析着重分析销售计划编制的依据、编制方法的合理性、计划内容是否完善等。

### 3. 市场决策能力分析

市场决策能力分析是以前述产品市场竞争力分析、销售活动能力分析、新产品开发能力分析的结果为依据,对照企业当前实施的经营方针和经营计划,来发现企业在市场决策中的不当之处,评估判断企业领导者的市场决策能力,并探讨企业中长期所应采取的经营战略,以提高企业领导者的决策能力和水平,使企业获得持续的成长和发展。

## 四、企业生产管理能力分析

企业的生产功能包括将投入品转变为产品或服务的所有活动。在绝大多数行业,企业生产经营的大部分成本发生于生产过程中,因此生产管理能力的高低将决定公司战略的成败,而生产管理的首要任务就是开发和管理一个有效的生产体系。美国管理学者罗杰·施罗德(Roger Schroeder)认为,生产管理主要包括五种功能或决策领域:生产过程、生产能力、库存、劳动力和质量。因此,生产管理能力分析也应从这五方面展开。

### 1. 生产过程分析

生产过程分析主要涉及整个生产系统的设计。具体分析内容包括技术的选择、设施的选择、工艺流程分析、设施布局、生产线平衡、生产控制和运输分析。

### 2. 生产能力分析

生产能力分析主要涉及确定企业的最佳生产能力。具体分析内容包括产量预测、设施和设备计划、生产计划、生产能力计划及排队分析。

### 3. 库存分析

库存分析主要分析原材料、在制品及产成品存量管理。具体包括订货的品种、时间、数量以及物料搬运。

4. 劳动力分析

劳动力分析主要分析对熟练及非熟练工人及管理人员的管理。具体分析内容包括岗位设计、绩效测定、丰富工作内容、工作标准和激励方法等。

5. 质量分析

质量分析主要分析质量控制、质量检验、质量保证和成本控制。

## 五、企业组织效能分析

企业的一切活动都是组织的活动。组织是实现目标的工具，是进行有效管理的手段。分析组织效能、发现制约企业长远发展的组织管理问题并加以改进，则为企业战略的正确制定和成功实施奠定了坚实的组织基础。

进行组织效能分析，必须明确评价组织效能的一般标准。良好的组织应符合以下基本原则：目标明确、组织有效、统一指挥、责权对等、分工合理、协作明确、信息通畅、有效沟通、管理幅度与管理层次有机结合、有利于人才成长和合理使用、有良好的组织氛围等，根据以上评价标准可从多角度进行组织效能分析。

具体包括从分析组织任务分解入手，进而对组织任务分解的合理性作出判断；从分析岗位责任制、职责权限对等性入手发现改善的机会；从分析管理体制入手，对企业集权与分权的有效性进行分析；从分析组织结构入手，确定现有组织结构是否适应未来的战略方向；从分析管理层次和管理幅度入手，分析新增或合并管理职能部门的可能性；从分析人员入手，看现职管理者的胜任程度和职位标准等是否应当修正。

## 六、企业文化分析

所谓企业文化是企业全体员工在长期生产经营活动中培育形成并共同遵循的目标、道德标准、行为准则和价值观念的总称。企业文化是一种管理文化、经济文化和组织文化。当今，企业文化的价值愈益为企业界所重视。人们从许多大企业成功的范例中发现，这些企业之所以能在快速发展中立于不败之地，是由于它们成功地创造了具有自身特色的企业文化。

理论界的研究和企业界的实践均已证明，企业文化的力量既可能支持企业的战略管理，助其成功；也可能抵制它们，促其失败。因此，分析企业文化的现状，从中找出能够制约企业战略的关键要素，加以加强或改进，就成为企业战略管理者面临的重要挑战。一般认为可以从以下几个方面分析：企业文化现状、企业文化建设过程、企业文化特色、企业文化形成机制、企业文化与战略目标和内外部环境的一致性等。[1]

# 第三节　企业核心竞争力分析

企业能力可以从不同视角去研究，依据企业能力重要程度和价值大小的不同，企业能力可分为一般能力和核心能力。本节重点研究企业核心能力，即企业核心竞争力分析。

---

[1]　刘平.战略管理[M].项目教学版.北京：机械工业出版社,2013.

## 一、企业核心竞争力的概念

什么是企业核心竞争力(core competence)(或翻译成核心能力),目前世界管理学界仍没有一个统一的规范化的定义,也可以说,企业核心竞争力目前仍是国内外管理学界研究讨论的热点问题之一。

1990年哈默和普拉哈拉德(1990)提出:核心竞争力"是组织中的积累性学识,特别是关于如何协调不同生产技能和有机结合多种技术流派的学识"。同时他们指出核心竞争力既是组织资本又是社会资本。组织资本指的是企业内部各种资源的整合,社会资本指的是企业内部资源与外部资源的整合。

上述是关于企业核心竞争力最原始、最古典的定义。美国麦肯锡咨询公司对企业核心竞争力下的定义指出:"企业核心竞争力是某一组织内部一系列互补的技能和知识的组合,它具有使一项或多项关键业务达到行业一流水平的能力。"

概括起来讲,理解企业核心竞争力有四个关键词:积累性学识、协调和有机结合、组织资本、社会资本。

1. 企业核心竞争力是企业的"积累性学识"。这积累性学识主要指的是企业长期经营管理所积累下来的经验、技能、诀窍和知识等学识,即企业的隐性知识是构成核心竞争力的重要资源。

知识分两种:显性知识和隐性知识。显性知识又称明晰知识,是指能够明确表达的知识,可以通过语言、书籍、文字、数据库等编码方式传播,也容易被人们学习的知识。隐性知识是那些不能明示的知识,是指个人的、特定环境下的、难以编码、储存和传播的知识。例如学习游泳,仅靠看书学不会游泳,要有教练现场演示,学习者跟着教练学不断地练习体会,逐渐掌握游泳技巧,因此游泳技巧就属于隐性知识,它具有无意识性、对环境的依赖性、个体性、来源于长期经验和体验以及大部分隐性知识难以编码和储存等特性。[①] 无意识性是指隐性知识拥有者有时并不知道自己拥有隐性知识,即我不知道我知道了什么。对环境依赖性是指离开了一定的环境,则隐性知识将无法体现,离开了游泳场所,就展现不出游泳的技能。个体性是指隐性知识往往浮著在个人身上,来源于长期经验和体验是指有些隐性知识需要不断地实践才能掌握。如游泳技巧要不断地练习才能习得。同时相当多的隐性知识是难以编码储存的。

隐性知识可分为两类:①技能类,指的是技能、技巧、诀窍等;②认识类,指的是洞察力、直觉、价值观、心智模式、团队默契、组织文化等。

隐性知识在企业中表现在四个方面:①难以表达的技能。例如某种工艺诀窍很难用语言表述清楚;②心智模式。是根植于我们心中的,影响我们如何了解世界,如何采取行动的许多假设、成见或印象,是对于周围世界的既有认知。是一种思维定势,是对复杂问题分析的方法和习惯;③处理问题的方式方法;④企业惯例。是指企业知识的经验的载体,是企业日常行为的基础,即企业的基因。日常惯例大部分是隐性知识。惯例可以继承,也可以创新改变旧惯例,但惯例在演化过程中有稳定性及迟疑性的特点。

---

① 周晓东,项保华.意会知识及其在企业内传播的探讨[J].软科学(成都),2003(3):23-25.

2. 要"协调"和"有机结合"。这里主要包括三层含义:①要把企业核心竞争力与企业其他的技术相协调和有机结合,这样才能形成一个完整的产品(服务)、只有完整的产品(服务)才能在市场上具有竞争力;②企业核心竞争力包括两部分,即企业技术方面的核心竞争力和企业管理方面的核心竞争力。企业技术方面的核心竞争力,包括企业全体员工的知识和技能水平,企业的技术和科学知识、专有数据、创造性的才能等。企业管理方面的核心竞争力,包括企业的管理思想、管理理念、企业战略管理、企业各职能部门管理特色、企业文化等。只有将技术方面核心竞争力与管理方面核心竞争力很好地"协调","有机结合",才能形成完整的企业核心竞争力;③要将企业核心能力和企业内外资源很好地"协调"和"有机结合",才会形成企业的竞争优势。

3. 核心竞争力是企业的"组织资本"。企业组织资本是企业在长期生产经营过程中逐渐积累起来的,能将组织内部的一切资源(人力、信息、知识、文化、流程、经济、技能等)进行有效集成,使其转化为企业最终价值的能力。是使企业各种资源在实现战略目标中得以有效利用的能力。是使其组织成员能够将其所有能力充分发挥出来并形成合力的一种能力。它不是个人能力的叠加,而是组织内资源有机整合和创新,它不会因个别成员的离开而流失。

企业组织资本的形成取决于五个因素,即:①企业战略;②企业制度规范;③企业组织结构;④企业文化;⑤企业管理结构。

企业组织资本主要表现在三个方面:

(1) 企业将显性知识和隐性知识相整合的能力。企业隐性知识向显性知识转化有一个过程。日本学者野中和竹内(Nanaka and Takeuchi,1995)提出了知识转化 SECI 模型即:①知识的社会化(socialization),通过师傅带徒弟,非正式聚会中的交流等方法,将个人的隐性知识汇集到组织中去的过程;②知识的外部化(externalization),即通过比喻,示范,将个人的隐性知识清晰地表达为显性知识的过程;③知识的综合化(combination),通过教学,市场分析等方法把零散的显性知识组合成系统的显性知识的过程;④知识的内部化(internalization),通过干中学,又将上述显性知识内化为个人隐性知识的过程,上述 SECI 模型说明,企业管理者的任务就是要使存储于个人的隐性知识尽快地转化为显性知识,而且要通过组织学习,成为组织掌握的知识。这里个人知识,是指个人具有的技巧,经验和学识。组织知识则是指个人离开组织仍然不可能带走的知识,如组织惯例、文档、专利等。只有将分散于个人头脑中的个人知识提高到组织层次,形成组织的知识,才能在分工日益专业化的"团队生产"中发挥知识的作用,企业管理者的责任就是要将雇员头脑中的知识,以及组织外部的知识挖掘和整理出来,通过相互学习和转化,融入组织中,使知识像"砖瓦"一样,嵌入到组织经营管理过程、手册、编码等知识载体中,使知识与企业融为一体,才能形成核心竞争力,形成企业持续的竞争优势。这是企业组织资本表现形式之一。

(2) 企业的组织能力,企业组织能力是指企业在与竞争对手投入相同的情况下,具有更高的质量、生产效率和经济效益,将其资源要素整合转化为产品或服务的能力。有人把组织能力称为企业竞争力的 DNA,即组织能力有独特性,每一家企业都有不同的组织能力,这种组织能力会强化(或局限)企业在不同层面的表现。

（3）优秀企业惯例的形成。如前所述，惯例是指可以学习的、模式化的、可重复的、部分隐性知识的有特定目标的行为（Nelson and Winter，1982），组织惯例是指企业大多数人为完成企业某一任务而形成的可以重复的习惯做法（Becker，2005）。是由企业内部管理经验的积累，通过内部不断学习而形成的习惯做法，体现在企业文化、核心价值观、制度规范及管理习惯等。培养优秀的企业惯例的形成是企业管理者的重要任务之一。

4. 核心竞争力是企业的"社会资本"。企业社会资本是指企业特定的社会关系网络，以及嵌入在该网络中的关系资源和动员资源的能力。[①]

社会资本是从人际关系开始的，有人际关系了，就有社会资本了，广东为什么发展这么快？因为它有充足的社会资本，有很多华人、华侨、港澳同胞，所以它社会资本充足了。浙江为什么发展快？浙江有它的社会资本，因为它有同乡关系、同家族关系，都是社会资本。

社会资本中的"社会"，强调的是这些资源不是私人财产，不属于任何个人，而是存在于社会关系网络之中。"资本"强调的是社会资本也像财务资本、人力资本一样都具有创造性，使企业能够利用社会资本创造效益。总之，社会资本可以创造价值，可以使资源要素得到增值，减少交易费用，降低交易成本。当然社会资本也可能给企业带来风险。

因此社会资本有三方面重要特征：

（1）社会资本与财务资本不同，财务资本，钱越用越少，而社会资本越用越多，利用越多，价值就越大，不用反而就越小，甚至枯竭。

（2）社会资本是建立在诚信基础上的，若企业没有诚信，其社会资本是零，甚至是负数。西方有一句话：你骗了所有的人，最后你发现你被所有的人骗了。

（3）企业的生存和成长，既需要强关系也需要弱关系

"关系"的表现形式多种多样，如亲属关系、同学关系、同乡关系、同事关系、师生关系、战友关系等，按照关系的联结强度可以将其划分为两种类型：强关系和弱关系。Yang（1994）[②]对中国社会中的关系的分类标准，根据关系亲疏可分为家人、熟人、普通相识和陌生人等几大类，家人是原始意义上的"自己人"，普通相识和陌生人为"外人"，熟人介于"自己人"与"外人"之间。在测量企业社会关系强度时，姚小涛、张田、席酉民（2008）将其分为四种分别是亲属、关系密切的熟人、关系一般的相识及其他一般关系。

三位学者研究认为，在所有制结构中，与国有企业和集体企业相比，私营企业在成长过程中，在正式制度保障方面不占优势（如融资），主要依赖比较强的关系提供帮助。从产业类型来看，新兴第三产业，如金融业、房地产业、物流业、社会服务业等属新兴第三产业，进入这一领域企业，它们的许多较强的关系网还只能在传统领域中发挥作用，因此，这些企业为了生存和发展，多需要在陌生领域重新建立社会联系，主要依赖比较弱的关系提供帮助。在企业成长过程中，经营年限越短的企业，主要依赖比较强的关系提供帮助。经营规模较小的企业，主要依赖比较强的关系提供帮助。[③]

---

① 石军传. 社会资本与企业行为选择[M]. 北京：北京大学出版社，2008.

② M. M. Yang Gifts，Favors and Banquets：The Art of Social Relationship in China[M] Ithaca，NY：Cornell University Press，1994.

③ 姚小涛，张田，席酉民. 强关系与弱关系：企业成长的社会关系依赖研究[J]. 管理科学学报，2008（1）：143-152.

关系在中国是一种重要的文化和社会现象,对企业的生存、成长都会产生深远的影响。当然,这里所说的关系单纯是指人际交往中的联系,其内涵不包括行贿的腐败的不正当关系,不正当的所谓的超级关系会损害社会经济的平等、正义、公平竞争等基本原则。

企业管理者要提高自己社会资本整合能力,如何把外部社会资本整合到企业内部来形成企业核心竞争力,这是每个企业管理者重要的职责。

例如,浙江传化物流基地有限公司,该公司在浙江萧山将当地几百家物流企业、几十万辆社会车辆、几万家货主企业三种资源在互联网上进行整合,形成了专业化运营的公路港物流模式,取得了很好的经济效益。

因此对企业来讲社会资本是一种稀缺资源,哪个企业社会资本越多,哪个企业就有可能发展得更好。它是一个关系的网络,没有关系网络就没有社会资本。因此,哪个企业关系网络越大,哪个企业就有可能发展得越好。它是一种动员整合资本的能力,它是在与相关行动者(包括个体和组织)交往过程中积累起来的,能够促使双方相互理解和支持的能力,这种能力内嵌于企业与各种行动者的关系网络之间。因此,哪个企业这种能力越强,哪个企业就有可能发展得越好。

在转轨经济中企业中社会资本与人力资本的结构将发生变化。在经济体系运行不规范时政府是主要信息提供者,是经济计划的制订者,大部分资源都掌握在政府手中,所以企业要发展,首先要和政府搞好关系,然后才是个人能力的发挥。等到经济体系运行大部分已规范化了,信息流动较为充分,大量信息被规范化传播,这时人力资本价值进一步提升,社会资本的角色也会发生变化,它不再以人际关系为主,由非常重视政治力量的关系演化为非常重视内容和资源(遵守规范,提升信任、声誉等),企业也由利用关系资源创造价值逐渐过渡到遵守规则来赢得利益。在一个完全市场化经济体系中,遵守规范就是最大的社会资本。

## 二、企业核心竞争力的基本特征

企业核心竞争力具有以下四方面基本特征:

1. 增值性和效益性。企业核心竞争力要能在为客户创造价值的过程中作出显著贡献,反过来讲,不能为客户作出显著的价值贡献的就不是企业核心竞争力。因此增值性是从客户角度来讲的。同时,企业核心竞争力还要为企业产生显著的经济效益,不能使企业产生显著经济效益的就不是企业核心竞争力。因此,效益性是从企业角度来讲的。

2. 独特性和难于模仿性。企业核心竞争力要在产业中的某种技术上或管理方面处于领先地位,不能处于领先地位就不是企业核心竞争力。同时,企业核心竞争力是很独特的,是很难被竞争对手模仿的,凡是能被竞争对手很容易模仿的就不是企业核心竞争力。

3. 延展性及多样性。企业核心竞争力不是局限于企业某一种产品或服务,而是能够应用于多种产品和服务领域的,即要最大程度地实现范围经济效应,如果企业该项能力不能衍生出新产品或服务就不是企业核心竞争力,见表4-8。

表 4-8　公司核心竞争力举例

| 公 司 名 称 | 核心竞争力 | 市场/产品/经营 |
|---|---|---|
| 日本本田公司（Honda） | 发动机和电动火车技术 | 摩托车、汽车、发电机、割草机等 |
| 美国 3M 公司 | 黏结（黏性材料）技术 | 砂纸、磁带、录像带、告示贴 |
| 日本索尼公司（Sony） | 小型化、袖珍化技术 | 袖珍录像机及收录机、小型液晶电视等 |
| 日本佳能公司（Canon） | 光学与图像技术 | 复印机、照相机、激光打印机 |

4. 协调性和整合性。"企业核心竞争力是协调不同生产技能和有机结合多种技术的学识"。企业单个的技能和能力不能成为核心竞争力，它必须要和企业其他技能、能力相互"协调"、"结合"，因此企业组织管理不同的技能和能力就显得十分重要。实际上，世界上任何产品都是科学技术、制造技术、工艺技术等多学科技术的整合。

上述四项基本特征是判别企业是否具有核心竞争力的四项基本测试标准，即凡是企业能力具有以上四项特征者，就是企业核心竞争力；凡是不完全具有以上四项特征者就不是企业核心竞争力，或者说企业核心竞争力不完整，还需要不断地加以培育。

企业内部条件分析的重要任务之一就是要辨识和评价企业的核心竞争力表现在何处，在企业核心竞争力的产生、培育、应用方面还存在哪些缺陷，应当如何加以改进。

## 三、企业核心竞争力的一般特征

所谓一般特征是指企业核心竞争力的非基本特征，即企业其他能力也可能不同程度地具有此特征。企业核心竞争力还具有三个一般特征，即：

1. 动态性。企业核心竞争力也有生命周期，要防止企业核心竞争力的刚性，要不断抛弃过时的、陈旧了的核心竞争力，不断培育新的核心竞争力，因此需要对核心竞争力加以管理。

例如，美国英特尔公司在 1985 年开始供应 386 计算机芯片，1986 年 386 芯片全面上市，成为全球 386 芯片唯一供应商，1989 年英特尔公司推出 486 芯片，不久又推出 586 芯片，1997 年又推出奔腾系列芯片，由此英特尔公司不断地培育新的核心竞争力，带动了个人计算机市场的发展变革。

2. 不可交易性。企业核心竞争力是不能在市场上买来的，只能通过企业内部研发或企业并购、企业战略联盟、合资等方式获得。核心竞争力必须把企业内部的技能、能力与外部获得的能力"协调"、"结合"成统一有机整体而获得。

3. 相对性。核心竞争力的领先性是相对于竞争对手而言的，具有地区相对性及时间相对性，不一定都是世界一流水平的能力才算是企业核心竞争力。

企业核心竞争力、核心产品及最终产品的关系见图 4-3 和图 4-4。

由图 4-3 中看出，企业就像一棵大树，核心竞争力相当于树根，核心产品相当于树干，树上的树叶、花、果相当于最终产品。例如，美国可口可乐公司，其可口可乐的配方就是企业的核心竞争力之一，因此可口可乐公司说，如果全世界发生火灾，把全世界的可口可乐公司都烧光了，但是只要配方还在，可口可乐公司在 3～5 年之内还可以在全世界东山再起，这就是企业的核心竞争力。而树干，就相当于可口可乐的浓缩液，这是可口可乐公司

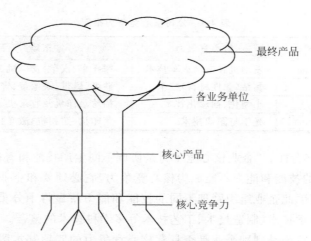

图4-3 企业核心竞争力、核心产品、最终产品关系

的核心产品。把可口可乐浓缩液运到各地瓶装厂,最终制成可口可乐产品就是最终产品。这就是树上的树叶、花和果。因此,读者要注意,企业当前的任何优势(如成本优势、技术优势等)都是暂时的,而企业不断创造优势的能力比企业当前的优势还重要,这个不断创造优势的能力就是企业核心能力。因此,在本书第一章开始,对企业战略下的定义中有一句话特别值得读者注意,即企业战略是要达到"不断创造新的竞争优势"的目的,这个不断创造新的竞争优势的能力就是指企业的核心能力。

图4-4显示了企业核心竞争力与多角化战略的关系,由图4-4中看出,一个企业中,不一定只有一个核心能力,有可能有几个核心能力,关键是企业领导人要很好地"协调"和"有机结合"不同的核心能力,使之形成不同的核心业务,从而使企业的多角化经营取得成功,并具有持久的竞争力。

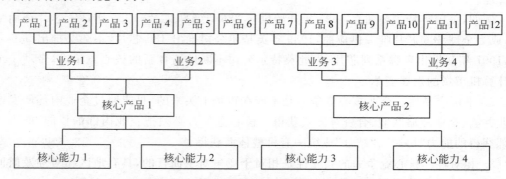

图4-4 企业核心竞争力与多角化战略的关系

资料来源:C. K. Prahalad,G. Hamel. The core competence of the corporation[M]. Harvard Business Review,1990 May-June:81.

## 四、企业核心竞争力的构成

企业核心竞争力是一个高度抽象、综合的概念,理论界和实践界对它的认识也一直存在着分歧,本书引用具有较强代表性、适合中国企业实际的研究观点来进一步说明企业核心竞争力的构成。

核心竞争力的形成是一个复杂的过程,决定了其必然由多种能力复合而成,见图4-5,核心竞争力呈现出不同的能力结构和维度。

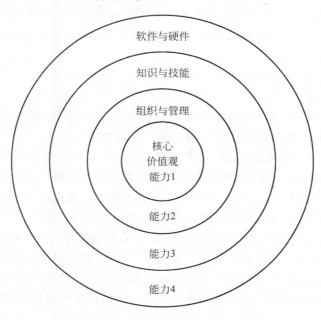

**图 4-5  企业核心竞争力的结构与维度**

资料来源:史东明.核心竞争力论:构筑企业与产业的国际竞争力[M].北京:北京大学出版社,2002.

图 4-5 表明,核心竞争力分为四个组成部分。

核心价值观位于核心竞争力的中心,属于第一维度,它反映了企业的经营理念、企业文化、企业行为规范和企业价值标准等,对企业的所有重大活动产生影响。正如美国IBM前总裁沃森所说:"就企业相关经营业绩来说,企业的经营思想、企业精神和企业目标远比其技术资源、企业结构、发明创造及随机决策重要得多。"彼得斯(Peters)和沃特曼(Waterman)在《追求卓越》书中的一个重要论点就是成功或优秀的公司都是被中心价值观所主导,反过来又成为竞争优势。微软公司的创新价值观带来核心竞争力就是一个恰当的例证。微软公司的核心竞争力是创新,而它的创新战略来源于公司的崇尚创新的价值观。核心价值观通过影响企业的战略决策、组织结构、企业制度、企业风格甚至企业技能体系来影响企业核心竞争力的形成。特别是最后一点,即核心价值观能够影响企业的技能体系,因为企业技能体系主要来自于员工个人和组织集体的知识、经验的学习和积累,是行为文化和物质文化的一部分,适宜的核心价值观所营造的企业文化正是培育核心技能的土壤和源泉。当然,企业特有的价值观以及围绕其形成的企业文化本身就是核心竞争力。

组织与管理能力是核心竞争力的第二维度。企业的组织与管理能力既是核心价值观的体现和执行环节,又是企业知识与技能、软件与硬件的运作环节,它决定了企业资源积累和有效配置的能力,确保企业经营的有序性和有效性,没有完善的组织与管理能力,构成企业核心竞争力的其他构件如知识、技术等就无从发挥作用,甚至无法形成,这就是为什么一些技术领先的公司,一些以高等院校为背景的"校办企业"却难以形成核心竞争力,在市场中赢得与其技术领先性相匹配的竞争地位的重要原因。

知识与技能是核心竞争力的第三维度。它主要指企业员工所具有的知识、特殊技术、技能和对科学的理解程度,反映出企业员工的技术素质和研究、开发能力。构成核心竞争力的知识至少有以下三种:

(1)科学知识(通常是公共知识)。

(2)产业独有知识。

(3)公司独有知识。从科学知识到公司独有知识,知识的可转移性越来越低,隐性知识所占比例越来越大,竞争者也就越加难以学习或者复制。

软件与硬件体系又称物理系统,属于第四维度。它在核心竞争力中相对来说是一种非能动性的能力,因为各种软件、硬件和设备只是客观存在的被人操作使用才能发挥效力的工具。但是,没有这些东西,人的知识和技能以及好的创意也就无法实现。需要指出的是,软件与硬件为企业带来的竞争优势程度不一样,一般硬件优势只能持续较短时间,如美国航空公司开发的电脑订票系统帮助它们赢得了竞争优势,但是随着其他航空公司开发出类似的系统,该优势很快就消失了。相比之下,世界顶尖的汽车发动机制造商都拥有大量的发动机实验数据,通过对这些数据组成的数据库进行计算机模拟和数据挖掘,将非常有利于新型发动机的研发,这些数据库不同于发动机的生产设备线,竞争对手不可能在短时间内获得。

## 五、中国企业核心竞争力的培育途径

### (一)企业领导者应建立五个观念

1. 隐性知识比显性知识更重要。
2. 潜在市场比显在市场更重要。
3. 无形资本比有形资本更重要。
4. 人力资本比物质资本更重要。
5. 外部资源整合比企业内部资源整合更重要。

### (二)核心竞争力培育的途径

美国学者库布斯(Coombs)将核心竞争力定义为企业的技术能力以及把技术能力有机结合的组织能力,而这种组织能力实际上就是企业的管理能力,任何企业都可以在技术核心竞争力和管理核心竞争力两个维度上努力来培育核心竞争力,因此,我们认为企业核心竞争力培育有四条途径,见图4-6。

1. 途径1:A→B→C。即企业先主要在技术

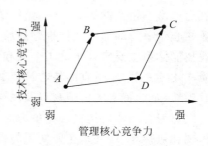

图4-6 企业核心竞争力培育途径

方面培育其核心竞争力,然后再与其管理方面核心竞争力相协调和有机结合,将企业发展的重点集中在市场方面,表现为经营管理能力的提高。一般发达国家的企业往往采用这一途径。例如美国通用电气公司、辉瑞公司等都采用这一途径。

2. 途径 2:A→D→C。对于新兴市场国家企业来讲,它可以利用后发优势通过技术引进建立技术能力,因为经营的重点在于市场方面,表现为经营管理能力的提高。对中国相当多的企业来讲,通常缺少核心技术而熟悉市场,企业需要建立经营管理能力才能顺利地开展商务活动以求生存和发展,例如联想集团采用的贸工技战略。

3. 途径 3:A→B。这是指某些高新技术企业,企业领导者的主要精力放在技术核心竞争力的发展及形成上,例如清华紫光、清华同方等公司,美国硅谷的很多高科技公司也是沿着这一路径培育核心竞争力。

4. 途径 4:A→D。这是指某些企业商业模式的创新。企业领导者的主要精力放在企业经营管理核心竞争力的发展和形成上。例如麦当劳,该企业利润主要来源不是食品而是房地产,麦当劳到了一个城市,它把连锁店位置选在城市中心区的外围,因为中心区外围地价比中心区地价便宜,麦当劳把中心区外围连锁店的地买下来或长期租下来,然后出租给当地商业人士开麦当劳连锁店,经过几年运营后,该城市中心区范围扩大到把麦当劳连锁店也包括在城市中心区内,该地段地价上涨,于是麦当劳就赚钱了。这就是麦当劳的商业模式。

由图 4-5 中可以看出,图中的菱形框架可以用来描述一个企业的发展轨迹,同时该菱形框架也可以用来确定某一时刻同行业中多个企业在图中的位置,进而与竞争对手的位置进行比较,可以发现彼此的优劣势,因而菱形框架可以作为竞争分析的有力工具。

## 案例 4-1

### 大型企业塑造核心竞争力的战略决策与实施(2011 年)[①]

中国南车集团于 2000 年成立,现有总资产 220 亿元,有 19 家全资及控股子公司,员工 8 万余人,当时企业与国际领先企业对标,发现有五大差距:即运行机制差距、技术能力差距、制造水平差距、经营能力差距、发展环境差距。由此企业决心以振兴民族工业的信念,制定了"赶超世界一流"的战略目标,以培育核心竞争力为中心,抓住技术创新和管理创新两条主线,培育核心竞争力,共分为四大阶段,见图 4-7。

1. 归核战略,通过整合重组,剥离辅助,分离社会职能将业务集中到资源和能力都具有优势的轨道交通装备领域。

2. 借核战略,从欧洲引进国外的高铁先进技术并全部实现了国产化。缩短与国际领先企业的差距;借资本市场的力量,实现管理创新和产业升级。与此同时,企业进行改

---

① 全国企业管理现代化创新成果审定委员会,中国企业联合会管理现代化工作委员会.17 层国家级企业管理创新成果(2011)[M].北京:企业管理出版社,2011.

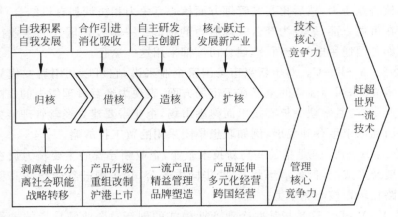

**图 4-7 中国南车集团核心竞争力**

制,2008 年 8 月中国南车在香港及上海交易所上市,完善了法人治理结构,强化了企业管控能力。

3. 造核战略,联合了国内 300 多家产学研单位,组成了 4 000 多人的虚拟研发队伍,其中包括 60 多位院士参与研发,充分利用社会资源,经过不懈努力,终于自主研发出了世界上最先进的高速列车技术。与此同时,企业推行精益管理及品牌塑造。

4. 扩核战略,利用轨道交通装备的专有技术优势,形成电动汽车、风电设备、复合材料、大功率半导体元件、工业用电机等技术相关领域,培育未来种子业务的核心竞争力。形成了由核心基础理论、核心技术、核心产品、专有技术延伸产品四个层面的技术体系,同时企业通过"请进来,走出去"并购国外相关企业,建立海外机构,开拓海外市场,实现跨国经营。

中国南车利用后发优势,仅用 6 年时间通过原始创新、集成创新、引进消化吸收再创新,在高速动车组、大功率电力机车、大功率内燃机车、重载货车、城轨地铁等方面走完了发达国家交通装备企业 30 年的路,赢得了世人的瞩目,实现了产品,技术从国内一流向国际领先的跨越。

### （三）加强企业知识管理是培育企业核心竞争力的关键战略措施[①]

根据哈默和普拉哈拉德对核心竞争力的经典定义可知,核心竞争力从本质上表现为企业的"积累性学识",例如英特尔公司在微处理器芯片技术方面积累的专利和专有技术是其核心竞争力的基础。所以,核心竞争力的源泉来自于企业所拥有的极具战略价值的知识资源,它既包括显性知识又包括隐性知识,又包括技术知识,也包括管理知识,这些知识是企业快速向市场提供新产品或增强竞争力所必需的。因此,培育核心竞争力的关键是对知识的协调与整理,即对知识的管理。

---

① 本小节内容是笔者国家自然科学基金"我国高科技企业知识管理战略研究"(2001—2003,基金批准号:70072013)的成果的一部分,参见彭锐.基于知识价值链系统的中国高科技企业知识战略研究[D].清华大学博士论文,2005;吴金希.中国高科技企业的知识链研究[D].清华大学博士论文,2003。

企业知识管理是把知识作为企业最重要的资源,对知识资源的获取、共享、创新、应用等过程进行测评、组织、控制、技术和领导,以期达成增强企业核心竞争力的过程。通过一系列知识管理活动,构成知识价值链系统,将有助于企业培育和增强核心竞争力,见图4-8。

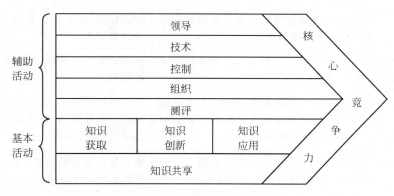

**图4-8　企业知识价值链**

由图4-8可知,旨在提高企业核心竞争力的知识管理活动包括两类:一类是知识管理的基本活动,它们是围绕知识管理过程展开的,即知识获取、知识共享、知识创新和知识应用过程;另一类是知识管理的辅助活动,它们是围绕知识管理的支撑条件和影响因素展开的,对知识管理的主要活动起到支持、指导和规范作用。表4-9对这些知识管理活动加以详细说明。

例如,华为公司从一家默默无闻的小作坊式的民营企业在短短十几年时间迅速成长为一家在国内数一数二,并且在全球市场占有一席之地的电信设备制造商,逐步培育形成了低成本提供世界先进水平通信系统产品的核心竞争力。能够取得今天的成绩与华为较好地运用了上述知识管理活动是分不开的。为了提升公司的管理效能,降低研发成本和管理成本,华为通过知识获取,大量引进,直接导入国际最先进的管理理念和管理方法,IBM、毕马威、德国国家技术应用研究院都先后成为华为的老师,通过"先僵化、后优化、再固化"的原则,华为成功地将先进的管理知识在企业管理实践中加以运用。

**表4-9　知识管理活动**

| 名称 | 含　义 | 示　例 |
|------|--------|--------|
| 知识获取 | 企业将外部环境中的知识转换到企业内部,使之能够为企业所用的管理过程。 | 聘请专家顾问、收集市场信息、引进技术 |
| 知识共享 | 企业通过各种交流方式,能够在最佳时机、最佳地点,以最合适的形式,将最合适的知识传递给企业内外最合适的人的过程。 | 内部技术论坛、知识库、知识黄页、知识地图、标杆管理、跨部门人员交流沙龙、人员流动 |
| 知识创新 | 企业在已有知识资源的基础上开发、创造出新知识的过程。 | 新工艺设计、产品技术开发、营销创新 |

续表

| 名　称 | 含　义 | 示　例 |
|---|---|---|
| 知识应用 | 将知识作用于企业经营管理实践，最终实现知识价值的过程。 | 技术成果商业化、根据客户数据库提供个性化服务 |
| 知识测评 | 组织对内部知识资源以及自身开展知识管理状况进行测量和评价的活动。 | 知识审计、智力资产管理、知识管理活动效果评估 |
| 知识组织 | 对知识管理活动进行协调、激励、调节使之成为有机整体的活动。 | 知识贡献激励体制、学习型团队的建立和协调 |
| 知识控制 | 组织在对知识进行准确测评的基础上，为了保证知识资源的质量和安全而采取的一系列的监督、控制、保护等措施和活动。 | 专利申报与保护、挽留关键技术人员、许可权交易管理、技术标准的确立、信息系统的安全防护 |
| 知识技术 | 企业为了保证知识管理活动的正常展开而配置、开发、应用适当技术和工具的活动。 | 知识管理系统的建设、建立专家系统、知识挖掘，存储和传递技术的开发 |
| 知识领导 | 企业以适当的方式领导组织，将知识转化为实践的活动。 | 制定知识管理战略、设置 CKO、营造学习共享文化 |

为了在技术上快速追赶世界先进水平，华为首先从客户那里获取大量需求知识，用于指导研发的方向，然后坚持自主创新，通过高密度、高投入的知识创新活动，取得了大量技术突破。最后，华为广泛参与技术合作和分享，通过知识共享，不断完善自己的技术体系。

当然，华为高层对上述知识管理活动进行了强有力的组织、领导和控制，保证了这些活动的有效进行。

总之，企业知识管理的出发点和归宿是提高企业的核心竞争力，是培育企业核心竞争力的关键战略措施。

## 六、中国企业核心竞争力管理存在的问题

从前面的分析不难看出，有一部分中国企业尚不具有核心竞争力，当前在企业界对核心竞争力仍存在许多误解，主要存在以下几个问题：

1. 相当多的企业领导者不知道什么是企业核心竞争力，缺乏核心竞争力的观念，这将会给企业的发展带来损失。

2. 对核心竞争力缺乏敏感性，有的企业已具有核心能力，但企业领导者没有感觉，这将给企业带来巨大损失。有的企业裁减某些表现不佳的部门，不小心把核心竞争力也给裁减掉了。倒洗澡水，把小孩也给泼出去了。

3. 大型企业被细分为越来越小的事业部或子公司，结果核心竞争力也随之被割裂或削弱。

4. 企业只关心自己品牌份额的扩大，而不重视建立自己的核心竞争力，这是非常危险的。

5. 企业尚没有成为真正的技术创新主体，我国企业研发经费人均支出仅为美国的 1.2%，日本的 1.1%。中国许多企业还没有建立自己的技术开发中心，企业自主创新主体地位

还有待进一步加强。

6. 把企业的地位优势误认为是核心竞争力[①]。许多人都会把地位优势与核心竞争力搞混,企业地位优势来源于企业外部资源,尤其是政府政策的支持,而核心竞争力是企业内部自身发展起来的能力,在一个受管制的环境里地位优势非常明显,许多国有企业是依靠这些优势成长起来的,如我国的电信运营商、电力公司、航空公司等。而一旦保护政策撤销,这时才是真正考验企业及其领导者解决问题能力的时候,最终的赢家将是拥有并能很好运用核心竞争力的企业。

7. 把企业现有的竞争优势误认为是企业核心竞争力。应当看到,核心竞争力是因,竞争优势是果,有的企业误把果当成了因,如企业的品牌优势是表象,核心竞争力才是内因。同时要认识到,企业现有的竞争优势并不是企业的核心竞争力,现有的竞争优势都是很容易被竞争对手所模仿的,不断创造优势的能力才是企业的核心竞争力。

8. 把宏观经济快速增长推动企业发展误认为是企业核心竞争力。中国 30 多年来总体经济发展很快,企业整体外部环境很好,因而企业得以快速发展,即所谓"水涨船高",如果一旦外部环境变坏,企业经营将面临严峻考验。

9. 把企业领导人的"先见之明"、"领导力"及"关系"误认为是企业核心竞争力。应当认识到企业核心竞争力是一个集体的、组织的学习能力,当然,企业领导人的领导力在企业成功中起到了重要的作用,但不管企业领导人的能力如何强大,他仅仅是组成企业优秀基因的一个因素,还需要全体员工的知识和技能水平、企业的技术体系、管理体系及企业文化等因素起作用,才能形成企业核心竞争力。沃尔玛具有了上述因素,但沃尔玛领导人山姆·沃尔顿不是沃尔玛的核心能力,领导力是组成企业优秀基因的一个元素,这个元素有助于形成和发展企业的核心竞争力。

10. 我国一部分企业核心竞争力并没有形成,根据组成企业核心竞争力的几个要素来看,我国大多数员工的知识技能水平并不高;相当多的企业技术体系仍不完整,我国企业的加工及配套能力很强,但装备能力较差;我国企业管理水平较为落后,有些企业仍停留在经验管理及科学管理阶段,从整体来讲,相当多的企业尚未进入到现代化管理阶段;我国相当多的企业具有个性的优秀企业文化尚未形成。根据以上四点说明我国一部分企业核心能力尚未形成,但我国加入 WTO 已多年,企业始终无法形成自己的核心能力,企业很难持续发展。

## 第四节　企业动态能力分析

### 一、企业动态能力的概念

企业动态能力理论是战略管理理论最近研究的热点问题之一。什么是企业动态能力,目前仍没有一个统一的规范化的定义。最早是由美国学者 Teece 和 Pison 于 1994 年首先提出了企业动态能力的概念,1997 年 Teece 指出企业动态能力是指企业在快速变化环境中整

---

[①]　谢祖犀. 中国企业对核心竞争力误读[J]. 哈佛管理评论,2004(1):112-115.

合、构建和重构内外部资源和竞争力(competence),获取持续竞争优势的能力。2000 年 Eisenhardt 和 Martin 指出,企业动态能力是企业应用资源以匹配甚至创造市场变化的流程,尤其是整合、重组、获取和扩散资源的流程。动态能力不是应付一时危机的能力,它是深刻地、长期地对企业核心业务盈利能力的趋势不断进行预测和调整的能力。通俗地讲,企业动态能力是指"动态"管理企业核心竞争力的"能力"。这里"动态"是指为适应超竞争环境,企业必须具有不断更新核心竞争力的能力。这里的"超竞争"是指在高新技术产业,随着竞争加剧及技术创新的加快,公司竞争优势的创造和毁灭正在以极快的速度进行,任何一个竞争者能够保持其原有竞争优势的时间正在急剧缩短,其表现形式为产品更新换代加快,产品生命周期变短,以适销对路和价格为基础的竞争变得十分激烈,任何一个企业的优势都是暂时的,迫使企业必须获取一系列短期竞争优势,才能获取持续的竞争优势。这里的"能力"是指企业具有敏锐感知内外部环境变化,整合、构建和重构内外部资源,建立新的核心竞争力的能力。

## 二、企业动态能力的组成

企业动态能力由四方面维度组成:

1. 企业快速感知和敏锐响应外部环境变化的能力。外部环境变化表现为顾客需求、市场竞争及社会文化、技术等方面的变化,企业对外部环境变化敏感度不同,会影响到企业面对市场机遇或挑战时的决策的行为不同。

2. 重新整合企业内外资源的能力。根据外部环境变化,企业能非常灵活地调整企业内外资源,包括产品结构、人员配置、财务分配、组织结构、工作流程等,不仅要求各职能部门要有快速重构企业内外资源的能力,更为重要的是市场响应能力极大程度上依赖于企业跨职能部门的沟通和协调能力。

3. 企业组织学习能力。新环境、新问题需要企业更新知识,更新解决问题的方案,企业组织学习能力已成为企业动态能力的唯一源泉,因此应该把企业动态能力的形成过程看成是组织学习的过程。通过学习使企业能够在企业经营管理理念、企业战略转型、企业组织惯例和程序、新知识要素的积累、新目标引导团队合作等方面都能提出新的解决问题的方案。因此组织学习能力是企业动态能力必不可少的维度。

4. 企业组织的协调、整合能力。

企业根据新的工作任务,对资源重新进行选择、吸收和配置,同时控制、激励和协调企业内外组织活动的过程,使之相互融合,从而实现组织新的目标的能力。

组织能力是指企业在与竞争对手投入相同的情况下,具有以更高的生产效率或更高的质量,将其各种生产要素转化为顾客价值的能力,它是企业竞争力的基因。

协调能力主要是指调配资源和调配任务的能力,企业要重新组织资源和任务,以形成新的工作方式,以克服不同对象之间信息沟通、物资交换、工作流程的障碍,使资源配置更趋合理,满足新环境的需要。

整合能力,主要是指通过整合,企业可以将个体分散的贡献汇聚于共同的目标下,使企业各部门打破正规的工作程序,形成跨职能部门的团队,让不同背景、不同利益主张的个体共同解决问题,实现共同目标。这种凝聚力通过体制化的组织整合能力得以实现,从而持续性地维持企业灵活性和适应环境变动的能力,见图 4-9。

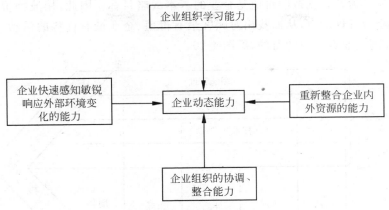

图 4-9   企业动态能力组成

## 三、企业动态能力的逻辑思维

企业动态能力的逻辑思维顺序是:外部环境分析→发现新的创新机遇→制定响应新机遇的战略→寻找完成该战略的资源、能力和合作伙伴→合作竞争取得成功→新竞争优势形成→完成战略并结束现有合作→外部环境分析中又发现有新的创新机遇。

应当指出,目前企业动态能力的研究正在兴起,其理论发展仍处于"婴儿期"(helfat and peteraf,2009),动态能力的概念分散,理论分析仍存在许多不足,实证研究及实际意义仍较为缺乏。[①]

# 第五节   企业能力分析方法

通常企业能力分析法主要有价值链分析法、SWOT 分析法、波士顿(BCG)矩阵分析法、新波士顿矩阵分析法、通用(GE)矩阵分析法、内部战略要素评价矩阵法等,本节重点介绍以上六种方法。

## 一、价值链分析法

### (一)企业价值链简介

M. E. 波特在 1985 年提出了企业价值链理论。所谓价值链,是指企业从事设计、生产、营销、交货以及对产品起辅助作用的各种价值活动的集合。

同一个产业中的企业有大体相似的价值链,但仔细分析竞争对手之间的价值链却有相当显著的差异,竞争者之间价值链的差异是竞争优势的根源。从竞争角度而言,竞争优势的市场表现主要反映在顾客价值的创造上,所谓顾客价值是顾客认知利益与顾客认知

---

① 江积海.动态能力是"皇帝的新装"吗?[J].经济管理,2012(12).

第四章 企业内部条件分析

99

价格之差。顾客认知利益指的是顾客感觉到的收益总和;顾客认知价格指的是顾客感觉到的支出总和。为顾客创造的价值是企业的基本战略目标。因此,用波特价值链的方法来分析企业经营管理能力,从而找出对顾客最有价值、企业最有优势的活动,加以改进提高,以达到提高企业竞争力的目的,见图 4-10。

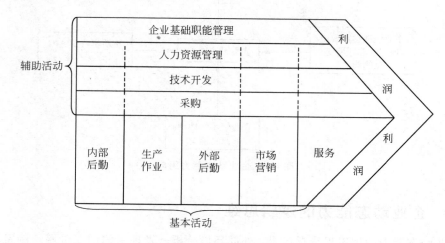

**图 4-10  企业价值链**

由图 4-10 可以看出,企业基本活动包括以下内容:

1. 内部后勤:包括物料接收、储存和分配活动,如原材料搬运、仓储、库存控制、车辆调度等。

2. 生产作业:将各种投入转化为最终产品的各项活动,如加工制造、检测、包装、设备维护等。

3. 外部后勤:包括产品发送、储存、运输等。

4. 市场营销:包括市场营销各种活动,如广告促销、销售队伍、产品定价、销售渠道、建立营销网络等。

5. 服务:包括安装、维修、培训和备件供应等。

企业的辅助活动包括以下内容:

1. 采购:这是指在企业整个价值链各项活动中的投入,而不仅是内部后勤的采购活动,包括各项活动所需原材料、易耗品、机器设备、办公设备及建筑物等。

2. 技术开发:技术开发(不仅是指研究与开发中的技术开发)发生在企业许多部门,一个企业的技术水平直接关系到企业产品的功能、质量、资源利用效率及企业运行效率。

3. 人力资源管理:人力资源管理包括各种涉及所有类型人员的招聘、雇佣、培训、开发和激励等各种活动。

4. 企业基础职能管理:包括企业总体管理、计划、财务、质量、信息系统、法律及其他各项管理活动等。

### （二）从用户角度评价企业价值链

以上价值链的分析帮助我们认识和了解了企业资源增值过程。应当看到，价值链各项活动之间是紧密联系的，恰恰是这种联系才形成了企业的竞争优势。各项活动对企业竞争优势的形成所起的作用是不同的。要站在最终用户的角度来评价企业的价值链，要使企业整个价值体系做到整体最优，企业内部条件分析就是要抓住企业价值增值链中的关键环节仔细进行分析，才能找到企业存在的优势及劣势。

### （三）用系统论的方法分析企业价值链

实际上，使用系统论的方法来考察企业的所有活动及其相互作用，企业的每一项活动都能成为一个价值链系统，见图 4-11。当然，这种价值链及价值链系统是随着产业的不同，以及企业的地位和位置的不同而不同的，产品生产经营的价值链与服务行业的价值链是不相同的。

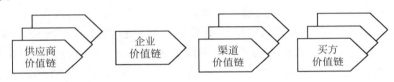

**图 4-11　企业价值链系统**

供应商在创造和供应公司所购买的原材料、零部件时，其成本和质量会影响到公司的成本和差别化的能力，影响公司的竞争能力。而渠道价值链也是重要的，它会直接影响用户的满意度，因此，企业必须与上下游公司紧密合作，改造或重新设计其价值链，以提高它们共同的竞争力。

### （四）进行战略成本分析

战略成本及价值链分析的任务是：按照价值链的各个环节，逐项比较本企业和关键竞争对手的成本差异，从而了解哪些活动是本企业产生竞争优势的源泉，哪些活动是产生竞争劣势的源泉。同时也要了解本企业的相对成本地位，即分析本企业所开展的各项活动的总成本与竞争对手所开展的各项活动的总成本相比的相对地位。同时企业也应当与同一行业中表现最优秀的企业去作对比，分析本企业在价值链管理方面与同行业中最优秀的企业在价值链管理方面的差距在哪里，其重大成本差异是在上游的供应商部分，是在企业内部生产制造经营部分，还是在价值链的下游市场营销部分？找出本企业与竞争对手（或最优秀企业）之间价值链成本的差异，分析产生差异的原因，由此可采用不同的战略行动。

### （五）确认企业关键价值链环节

一个企业的产品与服务从来就不是公司持久竞争优势的基础，只有找出本企业比竞争对手做得更好的成本最低，差异最佳，价值增值最大的关键价值链活动，然后把企业的资源和人才集中于这些最有优势的关键价值链活动上,才能建立和维持企业持久的竞争优势。

从价值链分析的类型来看,大致可分为纵向价值链分析、横向价值链分析和内部价值链分析三种类型。

1. 纵向价值链分析是将企业看成是整个产业价值链的一个环节,与上下游存在紧密相互依存关系,企业可以通过协调与上游供货商和下游销售渠道的关系来优化价值链的流程。同时企业的价值转移和增值过程可以向前延伸至供应商,向后延伸至顾客环节,甚至延伸到供应商的供应商、顾客的顾客等一系列环节,在纵向价值链分析中确定其中的一环或几环企业具有最大的竞争优势。

在上述一环或几环关键价值链环节上分析产品的成本和收益,企业从合理分享利润的角度进行战略规划。

2. 横向价值链分析是在纵向价值链分析基础上,在同类价值链环节上不同生产者之间的价值运动过程分析,要充分考虑目前和潜在的竞争对手,为获得企业竞争优势,要形成产品差异,要努力降低成本,总之要努力提高企业自己的竞争优势。

3. 企业内部价值链分析是纵向价值链分析和横向价值链分析的交叉点,纵向价值链分析的结果确定企业应该生产什么,横向价值链分析的结果指出企业生产该种产品的竞争优势所在,同时明确与同产业竞争者有关的因素有哪些,从而确定企业应如何进行生产,这两种分析的落脚点都在企业内部价值链分析的结果之上,没有企业内部各种成本、挖掘价值链优化,纵向和横向价值链分析就失去了意义,失去了分析的基础。

总之,这三类价值链分析相互依存、相互联系构成一个有机整体,共同为实现企业生产经费目标服务。①

## 二、SWOT 分析法

评估公司的强势(strengths)和弱势(weakness)及外部环境的机会(opportunities)和威胁(threats),即 SWOT 分析法。应用此方法可以概略地说明一个企业的健康状况。这种分析方法的理论基础是要寻求企业外部环境与内部资源的良好匹配,使企业领导者能清晰地了解企业在资源和能力方面存在的优劣势,企业目前及未来将要面临的机遇和威胁,这对制定战略有着极为重要的意义,战略制定者的任务就是要尽量使机遇与企业优势结合起来,尽量避开威胁及劣势,使企业在未来竞争中取得胜利。

公司的强势(或叫优势)是指公司所擅长的、能够提高企业竞争力的方面,例如,企业具有一项专有技术或技能,有宝贵的有形资产,有很好的品牌、声誉等无形资产,有宝贵的人力资源,有强有力的组织机构,有很强的市场营销能力,有很好的联盟伙伴或合作公司,有很强的竞争能力,有先进而科学的管理方法及手段,有优良的企业文化等。

公司的弱势(或叫劣势)是指企业缺少的或者做不好的事情,因而在竞争力方面落后于竞争对手,例如,企业没有明确的战略方向,企业有形资产存在缺陷,企业品牌声誉很低,缺乏人才,研发能力薄弱,企业组织机构不合理,管理效率低下,企业市场营销能力弱,

---

① 横向价值链. http://mbalib.com/.

企业观念落后,企业文化落后等。

利用 SWOT 矩阵可帮助企业战略决策者开发出四类战略,见表 4-10。

表 4-10　SWOT 分析表

| 企业内部优势与劣势　　企业外部机会与威胁 | 内部优势(S)<br>1.…,2.…,<br>3.…,4.… | 内部劣势(W)<br>1.…,2.…,<br>3.…,4.… |
|---|---|---|
| 外部机会(O)<br>1.…,2.…,<br>3.…,4.… | SO 战略<br>依靠内部优势<br>利用外部机会 | WO 战战略<br>利用外部机会<br>克服内部劣势 |
| 外部威胁(T)<br>1.…,2.…,<br>3.…,4.… | ST 战略<br>利用内部优势<br>规避外部威胁 | WT 战略<br>减少内部劣势<br>规避外部威胁 |

利用 SWOT 矩阵最困难的工作是进行企业内外部环境关键因素的匹配。一般来讲,由于客观上不存在最佳匹配方式,所以,需要高层领导根据自己的主观分析对每个要素做出适当的判断。

构造表 4-10 需要首先列出企业面临的主要外部机会与威胁、主要内部优势与劣势,第二步再进行匹配,找出相应 SO、WO、ST 和 WT 四种战略。

1. SO 战略是企业用内部优势去利用外部机会。例如,利用企业很强的财务地位(内部优势),国外有尚未饱和国际市场(外部机会),提出进行国外市场开发战略,这是 SO 战略。

2. WO 战略意图是利用外部机会来改善企业内部劣势。例如,企业的计算机服务技能缺乏(内部劣势),国内有很强的计算机服务市场需求(外部机会),提出接管一个计算机公司的战略,这就是 WO 战略。

3. ST 战略是运用企业优势来规避或减少外部威胁的冲击。例如,企业已有名牌产品(内部优势),但国内宏观经济衰退、疲软(外部威胁),提出企业低成本战略,这就是 ST 战略。

4. WT 战略是一种防御性战略,用来规避外部威胁和内部劣势带来的不利影响。这种企业要竭力求生,往往要采用一体化、兼并、紧缩、破产或清算战略。例如,企业产品质量不佳(内部劣势),供应商不可靠(外部威胁),提出后向一体化的战略,这就是 WT 战略。

## 三、波士顿(BCG)矩阵分析法

在产品结构分析方法中最常用的是市场增长-市场占有率矩阵(又叫波士顿矩阵),波士顿矩阵是美国波士顿咨询公司(Boston Consulting Group,BCG)在 1960 年开发出来的,该矩阵横坐标表示某项业务的相对市场占有率,它代表公司在该项业务上拥有的实力;纵坐标表示该项业务的市场需求增长率(即销售额增长率),它代表公司在该项业务的市场吸引力;纵坐标表示的销售额增长率,是根据历史资料计算的:

销售额增长率=(本期总销售额-上期总销售额)/上期总销售额(%)

销售额增长率所代表的是某项业务所处产业在市场上的吸引力,它与该项业务在本公司内所处的地位无关,所以选这一指标来代表市场吸引力是出自产品生命周期的概念,因为产品生命周期理论主要是以产业市场销售量的变化来判断产品的投入期、成长期、成熟期和衰退期四个时期的。图 4-12 中的销售额增长率高低分界线是定在 10%。如果公司经营的多项业务属于同一产业,则可把产业的平均增长率作为分界线,在分界线以上的,可以看成是处于投入期或成长期,在分界线以下处于成熟期或衰退期。如果公司经营的各项业务很分散,缺乏共性,则可以把国民生产总值的增长率作为分界线,也可以用各项业务的加权平均的增长率作为分界线。也有的公司用全公司的目标增长率作为分界线的,以此来区别哪些业务拉高或拉低全公司的增长率业务。

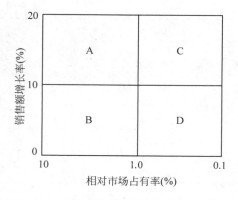

图 4-12　市场增长-市场占有率示意

横坐标的相对市场占有率计算公式如下:

$$相对市场占有率 = \frac{本公司某项业务本期销售额}{最强的竞争对手该业务本期销售额} \times 100\%$$

有时由于统计资料缺乏,我国许多商品往往统计不出产品的市场占有率。另外,由于各产业的集中程度不同,直接以市场占有率来表示一个企业某项业务在同产业中的地位是不确切的。例如,10%的市场占有率在一个高度分散的行业中可能是处于相当强的地位,而在一个高度集中的行业中却代表了较弱的地位。同时也是为了与竞争企业进行对比,因此采用了相对市场占有率的指标。

横坐标是对数刻度,这是因为市场占有率的大小决定累计产量的多少,累计产量又与经验曲线有关,而由经验效应导致产品单位成本下降在对数轴上呈线性关系。图 4-12 中的相对市场占有率高与低的分界线定在 1.0,这是合乎逻辑的,因为高于 1 就是在市场占有率的领先者。

市场增长-市场占有率矩阵在企业战略评价分析中的主要作用,在于利用该矩阵分析公司各项经营业务间资金流向关系。把公司从事的各项经营业务按 A、B、C、D 四个区域进行分类,各区域中的业务因资金流向不同而有不同的特征,见图 4-13。

A 区的业务称为"明星"产品,它们是具有高度吸引力的业务(销售额增长率高),而本企业又具有强大的实力地位(相对市场占有率高),因此在该区的业务能回收大量资金,但企业要在迅速增长的市场中保持一定的优势,也需投入大量资金,两者相抵,公司资金净收入并不多。

B 区的业务称为"金牛"产品,它们是企业资金的主要来源,即它们能回收的资金大于再投资的需要,在企业能够集中调度资金的前提下,它们能提供投资于其他业务的资金。

C 区的业务称为"问题"产品,它们是待开发的机会,它们由于市场迅速增长而具有吸引力,但企业并没有在这个市场上占有适当地位,企业需要作出决策,在其中选出一部分业务使其能成功地提高到行业的领先地位,但这要求投入大量资金;反之,对一些企业认为无希望的业务,即使它很有吸引力,也不得不作出退出的决策。

D区的业务被称为"狗类"产品,它们既没有吸引力又处于软弱地位,可能会回收少量投资仅够维持其经营的开支,合乎逻辑的决策是尽量利用,即只回收不投资,或者转让。

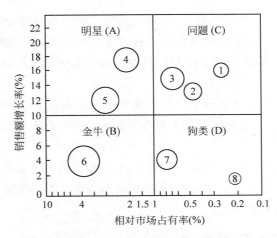

**图 4-13　波士顿公司的市场增长-市场占有率矩阵**

一般说来,较为合理的产品结构是:C 类产品(问题类产品)约占公司全部产品销售额的 20%～30%,A 类产品(明星类产品)约占 30%～40%,B 类产品(金牛类产品)约占40%～50%,D 类产品(狗类产品)约占 5%～10%左右。

由以上分析可以看出,合理的产品结构是一个动态优化的过程,只能通过不断开发新产品、剔除衰退产品来实现。同时,我国企业之间情况各异,对企业进行产品结构调整必须根据各企业实际情况来考虑,制定出对它们各自都较适合的调整方法,而不宜采用统一的调整模式,应当强调合理的产品结构和多样化的调整方法。

公司进行波士顿矩阵分析的目的,是要把企业中高盈利、低发展潜力的业务的资金投向有长远发展和盈利潜力的、有吸引力的业务中去,通过这种资金平衡调度达到公司的总体优化。矩阵中各区域的战略方针及资金流向关系可归纳见表 4-11。

**表 4-11　从市场增长-市场占有率矩阵得出的战略方针**

| 业务类别 | 市场占有率方针 | 业务盈利能力 | 投资需求 | 净资金流 |
|---|---|---|---|---|
| 明星 | 保持或扩大 | 高 | 高 | 接近于 0 或小负数 |
| 金牛 | 保持 | 高 | 低 | 大正数 |
| 问题 | 扩大<br>利用或退出 | 无或亏损<br>低或亏损 | 很高<br>回收 | 大负数<br>小正数 |
| 狗类 | 利用或退出 | 低或亏损 | 回收 | 正数 |

采用波士顿矩阵进行战略分析具有简单明了的优点,但也存在局限性,该矩阵运用的前提是:产业的吸引力由市场增长率(即销售额的增长率)来表示,企业实力用市场占有率来表示,企业销售额的大小和盈利的多少是一致的,公司在各项业务的资金回收与资金投入应当是平衡的。以上假设均带有一定片面性,仅用市场增长率一个指标并不能全面反映产业吸引力,仅用市场占有率一个指标也不能全面反映企业实力,企业销售额的大小与企业盈利的多少有联系,但也不尽一致。扩大市场占有率,利用经验效应取得成本领先地位是企业取得经营成功的有效途径,但也不是唯一的。发挥企业产品特色或重点瞄准某处特定的局部市场,同样有机会取得经营的成功。而我国相当多的中型企业,产品既没有达到规模批量,又没有自己产品的特色,往往陷入中等规模水平,其盈利能力最低,经营效果最差。

另外,公司理想的产品结构也不一定要求资金回收和资金投入的平衡。一个很有利的产品结构实际上在资金需求和提供上是不平衡的,而一个资金上平衡得很好的业务结构有时却是盈利能力较差的。

由以上讨论可知,波士顿矩阵由于其简单明了,对战略制定具有多方面的启示而得到广泛的应用,但它与经验曲线一样,较多地强调市场占有率和降低成本的作用而忽视了其他因素,容易导致决策不够周密。

## 四、新波士顿矩阵分析法

在 20 世纪 80 年代初,美国波士顿咨询公司又提出了一种新的矩阵,其横坐标为竞争地位差别的大小,纵坐标为企业取得独特优势的多少,该矩阵见图 4-14。

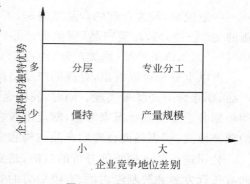

**图 4-14 新波士顿矩阵**

在"产量规模"这一格内,前面所讨论的随着市场占有率的扩大企业产品成本降低、企业盈利增加的关系是存在的,如汽车、电视机等装配加工产业大体上可归入这一类。

"僵持"产业是指产业进入壁垒较低或退出壁垒较高,行业内所有企业不论大小其盈利能力都比较低,它们之间的竞争地位和盈利率相差都不大,与市场占有率基本无关,如一般农产品的初加工就属于这一类。

"分层"产业内企业的盈利能力与其是否能取得某种独特的优势直接有关,独特优势较突出则盈利高,相反则盈利较低,但企业盈利能力与市场占有率关系不大,这方面典型例子是饮食业。

"专业分工"产业是指产业中市场占有率较小但产品却具有特色的企业,这种企业的盈利能力高。市场占有率很大的企业,由于其产品成本低,企业盈利能力也很高。处于中间状态的企业其盈利能力最低,这一道理已如前述。

以上四种类别的产业,其市场占有率和投资回收率的关系见图 4-15,从图 4-15 中看出,横轴表示竞争地位的差别,即由于进入壁垒高,行业内只有具有竞争优势的企业才能持久地维护其优势地位,形成较大的差别;纵轴表示企业取得独特优势的程度,该指标直接与经营特色有关,产品特色较少的产业是生产一般商品的产业。

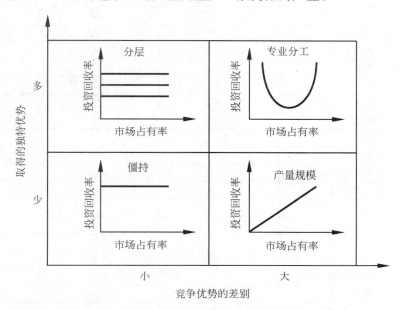

图 4-15　在新波士顿矩阵内市场占有率和利润的关系

## 五、通用(GE)矩阵分析法

通用矩阵(又叫 GE 矩阵)是美国通用电气公司设计的一种统筹方法,矩阵纵轴表示产业吸引力,横轴表示企业竞争地位(企业实力)。该矩阵的实质是把外部环境因素与企业内部实力归纳在一个矩阵内。产业吸引力取决于外部环境因素,影响产业吸引力的因素有市场规模、市场增长率、利润率、市场竞争强度、技术要求、周期性、规模经济、资金需求、环境影响、社会政治与法律因素等。从中识别出几个关键的因素,然后根据每个关键因素相对重要程度定出各自的权数,再对每个因素按其对某项业务的经营的有利程度逐个评级,这里采用五级制(非常有利为 5,有利为 4,无利为 3,不利为 2,非常不利为 1),最后用权数乘积数得出每个因素的加权值,再将各个因素的加权值汇总,得出整体产业吸引力值,见表 4-12,最后把行业吸引力归纳分成大、中、小三档。

企业实力取决于企业内部的可控因素,影响企业实力的因素有市场占有率、制造及营销能力、研究开发能力、产品质量、品牌知名度、单位成本、管理能力等。从中识别出几个关键的内部因素,评价企业实力的原理与评价产业吸引力的原理相同,即对每个关键因素定出权数,再考虑它的级数(五级制),最后加权汇总归纳成为强、中、弱三档,见表 4-12。

表 4-12　行业吸引力-企业实力矩阵

| 项　　目 | | 权数 | 定值（1～5） | 加权值 |
|---|---|---|---|---|
| 产业吸引力 | 市场规模 | 0.18 | 4 | 0.72 |
| | 市场增长率 | 0.15 | 4 | 0.60 |
| | 利润率 | 0.20 | 3 | 0.60 |
| | 竞争强度 | 0.10 | 3 | 0.30 |
| | 周期性 | 0.10 | 2 | 0.20 |
| | 技术需求 | 0.07 | 1 | 0.07 |
| | 社会及环境因素 | 可接受 | — | — |
| | 机会 | 0.20 | 4 | 0.80 |
| | 小计 | 1.0 | | 3.29 |
| 企业实力 | 市场占有率 | 0.10 | 4.0 | 0.4 |
| | 市场份额成长性 | 0.15 | 4.0 | 0.6 |
| | 产品质量 | 0.10 | 4.0 | 0.4 |
| | 品牌知名度 | 0.10 | 5.0 | 0.5 |
| | 分销渠道 | 0.05 | 4.0 | 0.2 |
| | 促销效率 | 0.05 | 5.0 | 0.25 |
| | 生产能力 | 0.05 | 3.0 | 0.15 |
| | 生产效率 | 0.05 | 2.0 | 0.10 |
| | 单位成本 | 0.15 | 3.0 | 0.45 |
| | 原材料供应 | 0.05 | 5.0 | 0.25 |
| | 开发研究实绩 | 0.10 | 4.0 | 0.40 |
| | 管理能力 | 0.05 | 4.0 | 0.20 |
| | 小计 | 1.0 | | 3.90 |

　　某公司有 A、B、C、D、E、F 6 种产品，见图 4-16，图中圆圈大小表示这些产品整体市场规模，其中阴影部分代表公司产品的市场占有率，如 B 产品所在市场为中等规模，本公司的市场份额为 25%。

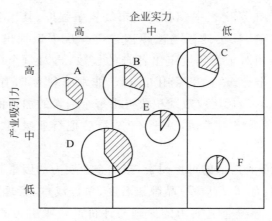

图 4-16　某公司产业吸引力-企业实力矩阵

实际上,产业吸引力-企业实力矩阵分为三部分:左上角三个格子表示最有发展前途的产品项目;左下角至右上角三个格子表示处于中间状态,企业可采用盈利收获策略;右下角三个格子表示产业吸引力低,应采用放弃或收获策略。

如产品F市场规模较小,在吸引力也不大的产业中是占有极小市场份额的产品项目,可考虑放弃。

通用矩阵在评价分析企业实力时也存在着不足,主要有:

1. 在产业吸引力评价中采用加权计分法所得出的数字,表面上看是客观的、确切的,但实际上却在相当大的程度上是人为的,轻信这种方法包含一定的危险。更好的办法是:经理人员或战略研究人员应深入进行调查研究,用实证的方法对每项影响产业吸引力的因素进行充分的讨论研究,作出判断,综合各项因素进行定性分析,有时反而更加切合实际。在企业实力评价中也应注意这种评价是与产业中最强的一个竞争对手相对比而得出的,不应把每一个因素都和在这个因素上最强的竞争对手相对比,这样做会导致低估本企业的实力。

2. 经理人员之间对某项业务在矩阵的定位有分歧意见是很常见的,最后为平衡各位经理人员间意见的分歧,往往把业务定位在"中"的位置上。再者,经理人员即使意见一致,也往往对公司各种不同业务很难有一个共同的分类标准,把公司所有业务都列入一张标准化的内外因素的表格内,往往是不适用的。

一般来讲,对企业实力的评价毕竟有一个明确的比较对象,即与产业中最强的竞争对手对比,而对产业吸引力的评价就显得更为复杂、困难,因而在评价分析中存在着较大的模糊性,而波士顿矩阵却没有这种不确切的缺点,并便于和同行业竞争对手作对比。因此,较好的做法是把波士顿矩阵用于竞争分析,把通用矩阵用于本企业资源分配分析。

## 六、内部战略要素评价矩阵法

内部战略要素评价矩阵可以帮助企业经营战略决策者对企业内部各个职能领域的主要优势和劣势进行全面综合的评价。其具体分析方法和步骤如下所述:

1. 列出企业内部战略条件中的关键要素。通常以10~15个为宜。

2. 为每个关键战略要素确定一个权重以表明该要素对企业战略的相对重要程度。权重取值范围从0.0(表示不重要)到1.0(表示很重要)。各要素权重值之和应为1。

(1)按4分制给每个要素打分,以表明这个要素是企业的主要劣势(1分)、一般劣势(2分),一般优势(3分)、主要优势(4分)。

(2)将每一要素的权重与分数相乘得到某一要素的加权分数。

(3)将每一要素的加权分数加起来,就可求得企业内部战略条件的优势与劣势情况的综合评价值。

**注意**:无论这个模型包括多少优势或劣势,企业的总加权分数最高是4分,最低是1分,中间标准是2.5分。大于或等于2.5分,企业表现为有竞争力;小于2.5分,企业缺乏竞争力。

表4-13是某企业内部战略要素评价矩阵。从表4-13中可以看出:该企业的主要优势在产品质量,评价值为4,劣势在组织机构上,评价值为1;从加权评价值来看,产品质

量为 0.8，职工士气为 0.6，这两个关键战略要素对企业战略产生的影响最大；该企业的综合加权评价值为 2.4，说明该企业内部条件的综合地位处于行业平均水平（2.5）以下，应引起高度重视。

表 4-13　企业内部战略要素评价矩阵

| 关键战略要素 | 权重 | 评价值 | 加权评价值 |
| --- | --- | --- | --- |
| 职工士气 | 0.20 | 3 | 0.60 |
| 产品质量 | 0.20 | 4 | 0.80 |
| 营运资金 | 0.10 | 3 | 0.30 |
| 利润增长水平 | 0.15 | 2 | 0.30 |
| 技术开发人才 | 0.05 | 2 | 0.10 |
| 组织机构 | 0.30 | 1 | 0.30 |
| 综合加权评价值 | 1.00 | | 2.40 |

内部战略要素评价矩阵法的缺点是：各关键战略要素的权重及评价值都是靠直觉判断，是一种定性结果的定量描述，有相当大的主观性。因此，对矩阵中关键战略要素实际状况的理解和分析要比表 4-13 中的数字更重要。

## 案例 4-2

# 宜家的价值链特点（2010 年）

宜家（IKEA）是 20 世纪中少数几个商业奇迹之一。成立于 1943 年，从 1947 年开始销售家具。1955 年宜家开始走向全球化，并开始自己设计生产家具。1956 年宜家开始采用独创性平板包装，充分利用运输工具的空间，降低生产成本同时，也给消费者提供便利，1958 年宜家在瑞典开设了第一家商场。

宜家价值链特点反映在采购供应环节、研发设计环节、销售宣传环节。

**一、采购供应环节特点**

1. 原材料采购与使用

在宜家庞大的供货体系中，控制原材料的价格十分重要。例如宜家与某一塑料供应商签订战略性供货协议，由该供应商向宜家在全中国区域的供应商供应某塑料原材料，这样宜家由于采购本地化得到很好的原材料价格，既保证产品低价，又容易控制质量、可追溯性等。除控制原材料采购以外，宜家也控制各种标准件的采购。这样可以更好掌握产品的成本核算，更有效进行供应价值链管理。

2. 对供应商的有效管理

宜家在 55 个国家和地区拥有超过 1 300 家供应商，在 9 个国家有 31 家独资工厂。宜家对供应商管理有三个特点：

① 对供应商的选择：在多个供应商都达到入门条件之后，在供应商报价基础上，考虑总成本最低，包括制造、物流、关税等所有相关成本。

② 与供应商密切合作：宜家的策略是发展长期稳定合作的供应商，对供应商采取合

作与必要的扶持态度,宜家有各方面的专家都助供应商提高管理水平,改善品质,缩短交货期等。

③与供应商的制约关系:一方面通过各个区域的采购小组相互竞争来保证最低价格;另一方面在同一采购区域内供应商之间的竞争来保证最低价格。

3. 全球的竞价系统

宜家集团采购最多的地区仍是欧洲,占67%,亚洲占30%(2009年),但在中国的采购排名第一,占20%,已成为宜家集团最大的采购国。

宜家在31个国家和地区,设立了45个地方贸易(采购)分部,采购部的重要职责之一即是鼓励供应商之间的竞争,以保证供应的商品"价低质优"。

4. 全局性的品牌策略

沃尔玛与家乐福仅是销售渠道品牌,而真正品牌的主角是销售的产品品牌,然而宜家则不然,宜家不仅要控制销售渠道的品牌,它还要控制产品品牌销售自己的专利产品,这在家居产业里是首创了"一体化品牌"模式,实现了制造商品牌与零售商品牌的融合。

## 二、研发设计环节特点

宜家将产品定位于具有情调和个性特点的"中产阶级"的需求,走平民化路线,在研发设计方面,瞄准消费时尚,提供一种不是最豪华但却是最炫的设计理念,满足消费者对新奇事物追逐的心态。

1. 自主品牌控制

宜家坚持自己设计所有产品并拥有其专利,其品牌标识象征了用品的可信任性、耐用性及简洁性特色。

2. 先定价后研发

宜家设立了一个产品策略委员会,由一群奔走在全球的资源经理人组成,他们随时监测消费者的消费习惯,为宜家产品开发团队制定产品开发方向。价格在产品未设计之前就由产品研发人员先决定,价格确定后才生产产品。

3. 优化设计策略

所谓"优化设计"是既要满足所有设计要求,又要满足支出最少的方案。把较贵的材料用于家具外部雕刻,抽屉内部用最便宜的材料,节省下来的成本用于高品质铰链与把手,不仅保证了产品低价要求,也使产品具有了高贵的品质。

4. 新技术、新材料

宜家不断采用新材料、新技术,提高产品性能并降低价格。

5. "模块"式设计法

宜家的家具都是可拆分的组装产品。模块化意味着可大规模生产和大规模物流,同时有些模块在不同家具间也可通用,不仅设计成本降低,产品总成本也降低了。

6. 组合产品模式

宜家不提供定型了的产品,而是提供一套未经组合的面板,将产品最后组装环节交给消费者来完成,这样降低了企业生产成本和管理成本,满足消费者个性化需求,使大规模生产成为可能。

### 三、销售宣传环节特点

#### 1. 体验营销

在消费者体验流程中有五个关键点,分别是参与环节、感受环节、设计环节、个性化环节、运输环节。

(1) 从入门开始宜家为消费者配发了尺子、铅笔、纸张等,让消费者参与到家居设计和规划过程中。这是参与环节。

(2) 在宜家店中,消费者可以亲身坐在沙发上,躺在床上,去体验去感受。这是感受环节。

(3) 消费者在决定购买家居产品时,既可以向卖方提出明确的需求,同时也可以自己将现有产品不同部件进行创意性组合,形成自己喜欢的产品。这是设计环节。

(4) 宜家家居可有无限种组合的可能性,为消费者提供了个性化创造的可能,使得家居完全雷同的概率大大降低。而且宜家销售的产品不仅限量而且是独供的产品,保证了消费者采购的产品极少能有与其他店的产品雷同的情况发生,使消费者心理得到满足。这是个性化环节。

(5) 宜家不承担运输费用,所有运输费用和运输过程由消费者承担这和国内的做法大相径庭,反而消费者都兴高采烈,其中道理颇令人深思。因为都是平板式构件,使得打包运输相当方便。这是运输环节。

#### 2. 目录展示

宜家不惜成本向锁定对象免费发放目录手册,在中国一年分发 200 万册。

#### 3. 卖场技巧

在宜家展示区中,有一个个展示单元,展示了不同家具如何搭配的独特效果。如果你累了,可以到宜家餐厅用餐。与众不同的是这些餐厅是由宜家亲自打理,据统计,宜家餐厅全球年收入 16 亿美元。购买家具与购买一般消费品不同,顾客购买决策会颇为慎重,而宜家餐厅提供了一个顾客思考、商量及决策的空间。

资料来源:陈佳盟.宜家价值链分析(2010—2011 年课程论文).豆丁网,docin.com.

**案例 4-3**

## 2014 年的宜家:一个标志性生活方式公司

2014 年宜家被 Millward Brown 评为全球 20 家最有价值品牌之一,品牌价值 193.67 亿美元,位列第四,仅次于亚马逊、沃尔玛、美国家得宝(The Home Depot),超过 eBay. Tesco 和家乐福。

2014 年共有 7.14 亿人走进宜家卖场,有 15 亿用户访问了 ikea.com 网站,过去宜家靠"低价"吸引更多人来到它的卖场,通过大规模采购和标准化生产降低成本获取利润。现在,宜家进入越来越多的城市,面对个性化消费者,它必须调整这条奉行 20 多年的价值链。过去宜家每 3 年推出一个新系列产品,而 2014 年 8 月,宜家推出了 10 个新系列产品。

宜家供应链正在作调整,要在宜家内部打造一个与汽车产业相类似的供应链,正在努力搭建一个共享技术和解决方案的公共界面,这样就可以快速迭代。2014年宜家在上海建立了产品研发中心,全球20%的供应商都集中在中国,这个研发中心要成为设计师与供应商之间交流互动的平台。

2014年宜家发布了首个智能家居产品系列Home Smart,其核心是将无线充电装置嵌入传统家具中,解决现代人生活中的"电线混乱"(cable mess)。宜家每年都会推出Home Smart系列的新产品。

宜家决定要进入新能源领域,LED是最先涉足的新能源领地,宜家宣布从2015年9月1日起,宜家只出售LED灯具,不再销售白炽灯。2014年宜家在美国、荷兰及瑞士推出了为顾客上门安装太阳能板的服务,每年这些太阳能板能为一个家庭节约800多欧元电费,7年后就能收回成本,而电池板的寿命为30年。美国TOP7太阳能消耗公司宜家居第五位(沃尔玛居第一位),2014年4月,宜家收购了美国Hoopeston风力发电站,7个月后,又宣布收购得克萨斯州的风力发电站,到2015年宜家在太阳能和风能上投入总计19亿美元,除此之外,宜家在加拿大、丹麦、法国、爱尔兰、波兰、英国等国家都有风力发电站。

"家"不仅仅是桌椅板凳的拼凑,它还代表更多无形的东西,比如安全感、个人和社会的关系。2014年宜家推出了保险服务,这是对"家"的本质思考。

截至2014年,宜家在全球开店总数345家,宜家在中国大陆门店总数达16家。目前,宜家全球最大的10个卖场中有8个位于中国。2015年宜家以一年开店3家的速度在中国开店。

2014年宜家提出"民主化"的理念,包括设计、功能、质量、可持续和低价这五个维度的统一,这是宜家价值链的指导准则。

资料来源:王清."2014"宜家:一个标志性的生活方式公司,你可以看到它蕴藏了多少能力.好奇心日报,2015-01-16. qdaily. cn.

# 第**五**章

# 企业利益相关者、社会责任及企业伦理分析

## 第一节 企业利益相关者分析

### 一、企业利益相关者的概念

谁是企业利益相关者？从 1963 年斯坦福大学的研究小组首次定义利益相关者算起，迄今关于利益相关者的定义已有 30 多种，至今没有一个统一的规范化的定义。本书采用 Freeman(1984) 的定义，企业利益相关者是指任何一个影响组织目标实现或者能够为组织目标实现所影响的个人或集团。企业内部与外部能够影响企业或被企业影响的个人和团体，包括员工、股东、供应商、社区等，这些个人和团体对企业做出专用性投资并享有对企业索取租金的权力。

利益相关者理论认为，企业的生存和发展并不只依赖于资本投入，同样依赖于企业管理者、雇员、消费者、供应商、社区等企业利益相关者的投入。企业运营过程中并非只有出资者承担风险，在企业投资的所有利益相关者都承担了风险。所以企业不能仅从股东利益出发，单纯追求企业利润最大化，企业应该考虑所有利益相关者整体的权益主张。[1]

企业利益相关者包括两部分，即企业内部利益相关者和企业外部利益相关者。

企业内部利益相关者大致包括员工、管理者、董事会成员、股东及其他投资者等。

企业外部利益相关者大致包括顾客、合作伙伴、政府、债权人、工会及其他社会团体、当地社区、一般公众、媒体、其他组织，甚至包括自然环境等。

以石油公司为例，油田附近的居民与石油公司没有任何确定的契约关系，但是石油公司开采油气造成的地下水污染、空气污染都会严重影响油田附近居民的身体健康，而潜在的井喷风险会威胁居民的生命安全及财产安全。政府虽不参与石油公司的运营，但为保护环境政府会出台空气和水污染的标准，这会影响石油公司的环保投入。政府为促进经济

---

[1] 江若玫,靳云汇.企业利益相关者理论与应用研究[M].北京:北京大学出版社,2009.

发展所制定的经济政策也会影响原油的需求和市场价格,因此石油公司决策也需要充分了解政府的目标和政策取向。

企业利益相关者认为企业是所有利益相关者实现其权益主张的组织,而不仅仅是为追求股东利益最大化的组织。因此,企业不仅仅承担着股东的责任,而是承担着所有利益相关者的责任,即企业承担着广泛的社会责任。

## 二、企业利益相关者的分析

对利益相关者的分析应当解决以下问题:

1. 谁是企业的利益相关者,这些利益相关者拥有哪些权益。
2. 利益相关者给企业带来哪些机遇和挑战。
3. 企业应采取什么管理策略来应对这些机遇和挑战。

### (一)谁是企业的利益相关者,这些利益相关者拥有哪些权益

企业在全球化环境中,许多工人和群体都是企业的利益相关者。因此,企业应绘制利益相关者图,并对利益相关者进行分类来确定。

利益相关者图可以清楚地描绘出谁是企业的利益相关者,他们代表哪些利益集团的利益,他们是否会阻碍企业的变革,他们的力量如何,企业应该怎样对待他们,他们同其他利益相关者关系如何,企业应识别在环境变化时对利益相关者的影响如何等,见图5-1。

**图 5-1　企业利益相关者基本构成分析**

### (二)利益相关者给企业带来的机遇与挑战分析

从利益相关者的视角认为,企业制定战略不仅要分析宏观环境、产业环境及企业内部状况,更应把利益相关者环境分析包括进去,更加关注利益相关者的权益主张及其实现,这对企业带来机遇也会带来挑战。利益相关者理论为企业战略的制定与实施提供了一个全新的思路,它将导致企业战略理念的变革和战略目标的重新定位,它将使企业更加注重企业利益相关者与企业股东利益的一致性,更加注重企业的长远与可持续发展。

利益相关者提供的机遇和挑战可能给企业带来合作的机会,也可能带来威胁,企业要实现持续发展,必须在战略上处理好与各种利益相关者的关系。应当思考企业对各种利益相关者负有哪些责任? 管理者对每一个利益相关者是否履行了经济、法律、伦理和慈善的责任。如果处理不当,就可能给企业带来严重威胁。

中国改革开放 30 多年来,企业的数量和规模急剧扩张,许多企业只把股东利益最大化作为唯一目标,为实现这一目标而不择手段,不顾及其他利益相关者的利益,带来一系列社会问题。如为了牟取暴利制售假冒伪劣产品,无视对劳动力资源保护,以不正当手段侵害竞争对手,污染破坏环境等,违背了社会公平和正义,导致市场竞争无序和混乱等。造成企业与利益相关者关系的僵化和对立,威胁到企业生存和发展。

### (三)企业利益相关者的管理策略

面对来自利益相关者的机会和挑战,应当采取什么策略呢? 不同的企业可能会给出不同答案,企业可以直接也可以间接与利益相关者打交道,可以主动出击,也可以进行防御。

萨维斯等人认为(Savage,Whitead and Blair,1991),任何具体管理行动都应建立在对利益相关者加以分类的基础上,对利益相关者进行分类是依据利益相关者与企业进行合作的可能性,以及利益相关者对企业形成威胁的可能性来进行分类,如果从合作与威胁的可能性这两个维度对利益相关者进行分类,就会出现四类利益相关者,企业相应对的有四种管理策略,见图 5-2。

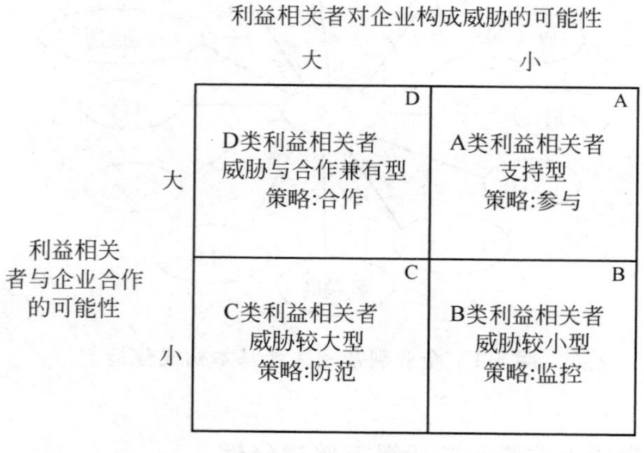

利益相关者对企业构成威胁的可能性

| | 大 | 小 |
|---|---|---|
| **大** | D<br>D类利益相关者<br>威胁与合作兼有型<br>策略:合作 | A<br>A类利益相关者<br>支持型<br>策略:参与 |
| **小** | C<br>C类利益相关者<br>威胁较大型<br>策略:防范 | B<br>B类利益相关者<br>威胁较小型<br>策略:监控 |

利益相关者与企业合作的可能性

**图 5-2　企业利益相关者的类别及策略** [1]

### 1. A 类利益相关者

A 类利益相关者对企业战略采取支持的态度,企业与这类利益相关者合作的可能性大,对企业构成威胁的可能性小,这是比较理想的利益相关者,例如企业董事会成员、企业

---

[1]　G. T. Savage, T. W. Nix, C. J. Whitehead, D. Blair. "Strategies for Assessing and Managing Organizational Stakeholders." Academy of Management Executive (Vol. V, No. 2, May 1991), 65. Reprinted with permission.

管理者、雇员等，有时顾客、供应商等也有可能采取与企业合作的态度。对 A 类利益相关者，应争取利益相关者参与企业战略管理的策略，要尽可能支持该类利益相关者的需要，努力保持利益相关者满意的程度。

2. B 类利益相关者

B 类利益相关者对企业战略制定及实施影响较小，即合作和威胁可能性均比较小的利益相关者，例如职工自发组织的文艺社团组织、消费者联谊群体以及个体股东等。企业应对这些利益相关者应采取监控策略。给以最低限度的满足即可，但企业也不可对这类利益相关者的利益要求完全轻视，发现问题要及时采取措施，以避免出现大的问题。

3. C 类利益相关者

C 类利益相关者对企业战略制定和实施影响很大，这是对企业构成威胁的可能性大而进行合作可能性又较小的利益相关者，例如竞争对手、工会组织、政府、媒体等。企业应对策略是防范型的，要保持与这类利益相关者的信息畅通，随时调整企业与这类利益相关者的关系。

4. D 类利益相关者

D 类利益相关者对企业战略的制定和实施影响很大，这是对企业构成威胁很大而进行合作的可能性也很大的利益相关者，例如顾客、经销商、代理商等。企业采取的应对策略是合作，尽力改善与他们合作的关系，尽可能满足这类利益相关者的需求，使得这类利益相关者支持企业的可能性增大，努力提高利益相关者的满意程度，从而使这类利益相关者的威胁减小到尽可能低的程度。

应当指出，上述利益相关者分类是动态的，当企业内外环境变化，或当企业战略转型时，企业所涉及的利益相关者是不同的。同时各利益相关者所处的地位也是变化的，有的看起来是无足轻重的利益相关者，由于环境变化可能变成对企业会造成很大威胁的利益相关者，因此企业应善于觉察或发现"隐蔽的利益相关者"，企业有时没有意识到，而这些隐蔽的利益相关者背后还可能包含有另外一些对企业战略有影响的利益相关者。

在当前网络经济条件下，从网络视角来看待企业与其利益相关者之间的关系，可以看到 Freeman(1984)最初给出的企业与利益相关者关系远非企业与利益相关者的现实状态。实际上，现实中企业未必总是处于社会网络中心，现实中企业只是嵌入在社会网络中的一个节点，它可能是，也可能不是网络的中心。同时利益相关者之间也存在着现实的维系，企业很多的利益相关者还有他们自己的利益相关者，这一层次的联系也可能与企业和利益相关者的关系存在交叉和重叠，这种拓展的结果之一就有可能使得企业不再处于网络的中心位置。而各利益相关者在网络中的形态，有些是以个体形态存在，有些是以群体形态存在，在网络中的群体形态（如消费者群体、职工群体、供应商群体等）本身就是一个网络，因此这一网络会对群体性存在的利益相关者的行动产生直接的影响，这是实施利益相关者管理必须要考虑的问题。这就要求企业管理者要有更宽阔的网络的观念和视野，不仅看到直接与企业联系的利益相关者，还要注意到利益相关者的利益相关者，有时也会给企业带来威胁或合作的机会。

## 第二节　企业社会责任分析

### 一、企业社会责任的概念

什么是企业社会责任？目前没有一个统一的规范化的定义，一般来讲，企业社会责任是指企业不能仅仅以最大限度地为股东们盈利作为企业存在的唯一目的，而应当在盈利的同时，最大限度地承担股东利益责任之外的其他利益相关者的利益责任。即企业不仅要对股东负责，也要对企业利益相关者负责，以增进社会的和谐和福祉。

企业社会责任概念是 1924 年美国学者希尔顿提出来的，1953 年波温(Bowen)《企业家责任》一书的出版，使得企业社会责任逐步为世人所熟悉。企业社会责任运动兴起于 20 世纪 80 年代的西方发达国家，从 20 世纪 90 年代至今，随着经济全球化进程不断深入，企业履行社会责任已成为企业经营管理中不可遏止的发展趋势。

企业经营当然要盈利，但这是在阳光下经得起道德检验的利润，这样才能给企业带来人格上的光辉，赢得人们对企业的尊敬。

### 二、企业社会责任的范围

2011 年 11 月 1 日，国际标准化组织(Intenational Organization for Standardization，ISO)在瑞士举办了题为"共担责任，实现可持续发展"的 ISO 26000(社会责任)发布仪式。ISO 26000 的开发是基于以下前提：20 世纪初企业社会责任的提出，21 世纪初社会责任标准化探索，全球性企业社会责任几十年的实践。其开发背景是基于全球化浪潮对组织、社会和环境影响日益深刻；组织面临各种挑战性局面及可持续发展的要求，组织利益相关方对组织的压力等[1]。ISO 26000 是统一的国际标准，但不用于第三方认证及商业合同目的，是适用于所有社会组织的指导性文件，而非管理体系标准。

ISO 26000 认为，组织应正确对待七项核心社会责任主题，即组织治理、人权、劳工实践、环境、公平运营实践、消费者问题和社区参与及发展。ISO 26000 开发出一个组织社会责任推进结构图，见图 5-3。

结构图由三个圆(两个小圆和一个大圆)构成。具体来看，上面的小圆包括社会责任组织、责任战略、行动计划、整合和沟通，这是内部责任管理的重要内容；下面的小圆是利益相关方，责任管理的整个过程需要由利益相关方来参与。从左向右，首先是识别社会责任，通过与利益相关方的充分沟通，确定核心议题；其次进入到责任战略、行动计划、整合、沟通这一个循环，最后为追求可持续发展的整个大的循环。外部的大圆是社会与环境，是社会责任的环境，是整个组织所处的包括社会的环境、内部员工等在内的一个体系[2]。

ISO 26000 提出将社会责任融入组织的经营过程需要经过六个步骤：[3]

① 赵斌，等.企业伦理与社会责任[M].北京：机械工业出版社，2011.
② 彭华岗，等.企业社会责任管理体系研究[M].北京：经济管理出版社，2011.
③ ISO 26000 对社会责任对象的界定是组织，包括政府、企业和非政府组织(NGO)。

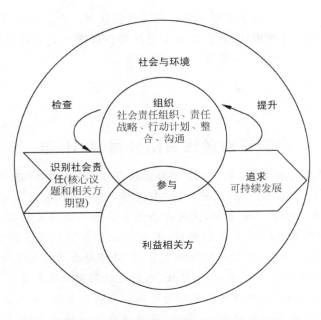

**图 5-3　ISO 26000 组织社会责任推进结构图**

1. 从社会责任角度理解组织的性质和特征。组织经营所在地区的法律、社会、环境和经济特征；组织的类型、目的、经营性质和规模；组织的职工或雇员的特点；组织参与的社会机构；内外利益相关方的期望和要求。

2. 理解组织的社会责任内涵。知晓组织核心议题；明确组织的影响范围；确定优先项目。

3. 将社会责任完全融入组织。将社会责任纳入组织体系和管理程序；确定组织的社会责任工作方向；提高社会责任意识和构建社会责任能力。

4. 社会责任的沟通。制订沟通计划；根据沟通对象的类型选择相应的沟通手段；利益相关方参与。

5. 提升社会责任绩效的可信度。组织可以通过利益相关方的参与、参加专门的认证、加入某些协会等方式来提升组织社会责任绩效的可信度。

6. 审查、改进组织的社会责任相关行动与实践。组织可用监督、审查、提高数据信息可靠性等技术手段来改进组织社会责任绩效。

## 三、企业社会责任与企业战略的关系

企业战略优势离不开企业的社会责任。企业社会责任是通过建立"双赢"的环境关系，既使企业获得经济价值，同时又使企业获得社会价值，进而企业在与利益相关者整体的活动中取得竞争优势。

1. 企业社会责任与企业愿景

企业的使命和愿景是对企业存在的意义及未来发展远景的陈述，除表明企业长期存在合法性及合理性外，还要与所有者和企业利益相关者的价值观或期望相一致，它应当对企业员工有很强感召力,同时还要得到利益相关者的认可。企业必须首先服从于、服务于社会,企业才能得以持续发展,因此企业不能把社会责任看成是企业战略之外附加责任,而是把社会责任融入企业使命和愿景中去,见案例 5-1。

**案例 5-1**

## 中国移动通信集团公司(2010 年)

中国移动通信集团公司 2006—2010 年战略设计中,明确了将"承担责任"和"追求卓越"作为公司持久而根本的信仰,明确提出"做世界一流企业,实现从优秀到卓越的新跨越"战略。企业将积极承担社会责任、做优秀企业公民作为公司发展战略核心内容之一。中国移动深刻认识到:承担企业社会责任,不仅仅来自利益相关方的客观要求,更重要的,必须发源于企业内在的、根本的信仰和追求,中国移动公司提出了中西融通的企业责任观:"以天下之至诚而尽己之性、尽人之性、尽物之性",秉承做优秀企业公民的诚意,以诚信实践承诺,以永不自满,不断创新超越的进取心态精益求精,追求企业、社会和环境的和谐发展。中国移动有限公司自 2008 年起,连续三年入选道琼斯可持续发展指数,是中国内地第一家入选企业。目前,中国移动是联合国全球契约(UN Global Compact)正式成员,该组织是目前全球企业社会责任领域规模最大的非政府组织,具有广泛影响力。此外,中国移动还获得过国家民政部颁发的"中华慈善奖"特别贡献奖,以及"最具公益心的中国企业"、"人民社会责任奖"、"公益典范教育人奖"等各项荣誉。

资料来源:彭华岗,等.企业社会责任管理体系研究[M].北京:经济管理出版社,2011.

2. 企业社会责任与企业战略目标

企业战略目标通常是与企业使命与愿景一致的,是对企业发展方向的具体陈述,企业社会责任管理是将企业社会责任目标与企业战略相结合的过程,是将企业社会责任目标落实到企业日常经营活动中去的重要举措,见案例 5-2。

**案例 5-2**

## 中国石油化工集团公司(2010 年)

2010 年,中国石油化工集团公司提出"每一滴油都是承诺"的社会责任理念,而且把这一社会责任理念落实到企业战略目标中去,在能源供应、服务客户、健康安全与环保、气候变化、员工发展和社会公益六个方面的社会责任工作目标。

1. 能源供应。能源的开发和供应是中石化长期社会责任所在。中石化积极扩大资源,增储上产和拓展市场,加快推进海外业务,充分发挥国内外一体化采购优势,坚持进口资源多元化,保证国内外资源稳定供应。同时中石化还坚持在新技术、新能源领域的不懈探索,履行一个大型能源化工公司为社会发展提供能源支撑的责任。

2. 服务客户。中石化提供天然气、油品及数千个品种牌号的石化产品,服务的客户包括汽车、纺织、电子电器、建材、包装、运输、农用等大型用户及每天1500多万顾客的加油站。中石化不断改进服务,致力于提供完善的产品;稳定快捷的服务体系和灵活贴心的服务方式,完善服务网络,在石油化工产品供应体系中做到客户满意。

3. 健康安全与环保。多年来中石化始终坚持"安全第一、预防为主、全员动手、综合治理、改善环境、保护健康、科学管理、持续发展"的方针,有效控制了重大灾害事故的发生率和人员伤亡率,降低了成本,节约了资源,树立了企业健康、安全和环保的良好形象,改善了企业和所在地政府,居民关系,实现了社会效益、生态效益和经济效益的提高。

4. 气候变化。中石化将应对气候变化作为自身不可推卸的责任和义务,正努力转变发展方式、发展低碳经济、优化能源结构,加强低碳能源开发利用,推进节能减排,加快二氧化碳回收利用工业试验研究,努力减少温室空气排放,加强应对气候变化的能力建设。

5. 员工发展。中石化认为员工成长历程就是企业发展的历程,企业为员工发展搭建平台,畅通人才成长的通道,促进全员素质的提高,企业不仅为员工工作生活关心方面提供了物质的保障和供应,更做好了精神层面的提升和锻炼,让员工在工作中,真正实现自我价值及人生目标,为国家和社会做出更大贡献。

6. 社会公益。2009年公司制定了《中国石化对外捐赠管理办法》,使公司更加规范、有序、及时有效地开展对外捐赠工作,同时中国石化积极支持、参与公益事业建设、关注社会整体利益,在海内外推动和谐社区建设、扶贫济困、捐资助学、赈灾济危以及发展全民体育事业、推动全民健身等方面都做出了自己的贡献。

资料来源:彭华岗,等.企业社会责任管理体系研究[M].北京:经济管理出版社,2011.

### 3. 企业社会责任与企业战略管理

对于大中型企业来讲,在公司战略指导下应当实行企业社会责任分战略管理。大致可分为五步:第一步,企业要全面分析自身业务对经济社会环境的影响,全面了解利益相关方范围、需求和期望。第二步,制定企业社会责任战略,形成一套企业社会责任战略管理体系,见图5-4。第三步,企业应建立必要的社会责任管理组织机构,建立相应的制度

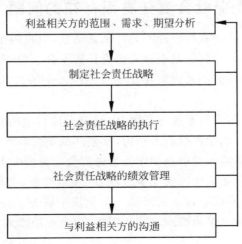

**图5-4　企业社会责任战略管理体系**

体系,保证社会责任战略目标及战略的贯彻执行。第四步,企业应实行社会责任绩效管理,构建企业社会责任指标考核评价体系,促使企业每年在社会责任工作方面取得绩效。第五步,要与利益相关方沟通,让股东、员工、客户、合作伙伴、政府和社会公众等利益相关方了解企业社会责任履行的情况,消除不必要的误解,同时也让企业内外利益相关方对企业各方面工作进行监督,有的企业在网站主页设立企业社会责任网络(CSR网络)及时披露社会责任信息,这是进行社会责任沟通的重要渠道。有的企业发布年度企业社会责任报告,这是与利益相关方沟通的重要平台,截至2011年9月已有65家中央国有企业发布了企业社会责任报告或可持续发展报告,占中央国有企业总数的54.2%。[①]

## 四、企业社会责任与企业生命周期的关系

一般来讲,企业承担社会责任往往经历四个阶段:第一阶段,企业生存阶段,这时企业主要是要建立稳定的市场地位,对社会的贡献主要表现为提供符合市场需求的产品与服务、购买原材料增加社会需求、安排员工就业、上缴利税等。第二阶段,企业成长阶段,这时企业在当地社会经济中已扮演十分重要的角色,企业已初步建立起稳定的价值链,企业要与这些价值链上的利益相关者共同生存、共同成长。第三阶段,企业成熟阶段,这时企业规模已经很大,已经建立起强大的价值体系,企业行为对某些重要行业及国家经济、政治、文化、社会起着重要作用,此时企业要与价值体系上的利益相关者共同生存、成长。第四阶段,企业走向国际化阶段,这时企业规模巨大,成为大型跨国公司,建立起全球价值网络,企业要参与全球合作,帮助解决全球性问题,要到全球各地去建立企业,要减少贸易赤字,安排东道国人民就业,促进东道国经济发展,保护东道国的环境等。由此看出,从企业承担社会责任范围来看,随着企业的发展阶段不同,企业承担社会责任的范围是逐渐扩大的,企业越发展,企业越应当承担更多的社会责任,而企业承担的社会责任越多,就越有利于企业发展。同时企业从弱小变为强大,企业由促进当地社会发展扩展到促进全球社会发展,企业承担社会责任越大,也越有利于全球公司发展。

## 五、当前中国企业社会责任方面存在的问题

在国际范围内,企业社会责任已经不是什么新话题,但我国企业社会责任问题起步较晚,到现在有的企业领导人对什么是企业社会责任还不甚了解,对企业社会责任的认识还较为模糊,对企业社会责任意识及理解存在不少差距。中国大多数企业尚未完全承担起相应的社会责任。

我国环境污染严重、生态资源破坏严重,中国有七成以上的江河湖海,九成左右的地下水受到不同程度污染。消费者权益受损害,某些产品质量堪忧,有毒、有害物质超标,食品药品不合格、不卫生,影响人民群众健康及生命安全。劳资关系失衡。职工职业病已成为公共卫生问题及社会问题。生产安全事故频发、违章作业、管理混乱、酿成事故。企业违反劳动合同法,职工基本权益得不到保障。企业信用缺失,某些企业做假账现象严重,合同违约问题突出。企业慈善捐赠理念和认识不够,企业捐赠能力还极为有限。

---

① 彭华岗,等.企业社会责任管理体系研究[M].北京:经济管理出版社,2011.

政府在推动企业社会责任工作中发挥作用不够，我国经济体制、社会体制不够完善，如我国价格体制、税收体制、金融体制等各方面仍存在许多不合理之处，造成企业承担社会责任积极性不高。

我国中介组织薄弱，在企业承担社会责任中作用甚微，由于历史传统影响，我国中介组织发展严重不足，大多仍处于半官方状态，其影响力很有限，在解决企业社会责任问题上发挥作用空间很有限。

中国企业承担社会责任的舆论环境仍不够理想，社会公民对企业承担社会责任仍有误解，有人认为有的民营企业起家时就有违法经营行为，偷税漏税，现在是他们"赎罪"的时候了，它们应该为社会做贡献，即使有些民营企业社会责任履行得很好，也不值得表扬。有人认为国有企业利用了国家廉价垄断资源，赚取了大量利润，它们应当为社会做贡献，即使有些国有企业社会责任履行得很好，也不值得表扬。甚至有人认为，企业家做慈善事业动机不纯，是伪善人，假慈善，是在作秀。

应当看到，的确有个别企业家一方面在毁坏天然林木；另一方面又在做慈善事业，但这类现象终归只占企业一小部分。虽然目前一部分国有企业中由于资源产权制度和资源开采付费制度不完善，导致价格扭曲，企业利润中有一块是由资源价格低而产生的。我国有些企业环保没有付费，企业利润中破坏环境的代价没有扣除。我国劳动力成本低，企业利润中员工社会保障的支出没有扣除。我国金融企业仍享受着国家保护，贷款利息和存款利息的差额，因此金融企业利润中有虚增的一块。尽管上述四块企业利润有虚高的部分，这都是体制不健全，政策不配套所造成的。有关这方面的政策国家正在完善中。应当使社会公众看到，我国大多数国有企业和民营企业承担的社会责任和慈善捐赠，其主要目的仍是以人为本，扶贫济困，义利兼顾，反哺社会。我国由于传统文化的积弊、传统价值观的影响，一部分人对企业承担社会责任尚缺乏正确认识，个别人仍戴着有色眼镜来观察企业的社会责任，这一社会环境也不利于企业更多地承担社会责任。

## 六、政府、企业、社会公众三方协同，共同落实企业社会责任[①]

现在中国企业社会责任同盟已经成立（2006年10月），我国第一部《中国企业社会责任评价准则》（2014年6月）发布，中国企业社会责任已处于起步阶段，企业社会责任在政府、企业、社会公众三方面现已基本取得共识。

要把企业社会责任问题视为具有全局性的社会问题，需要通过政府、企业、社会公众三方面互动、合作，实现共赢与和谐，没有企业的努力，企业社会责任就会成为空中楼阁；没有政府的监督和推动，企业社会责任的实现就缺乏有力的保障；没有社会公众的参与，就无法营造企业社会责任的舆论氛围和提供灵活多样的对话机制，只有三方协同才能使我国的企业社会责任落到实处，也才能促成我国社会和谐发展。

1. 从政府角度来看

政府行为要有利于企业社会责任的监督与引导，因此，政府要建立公平的市场竞争机制，健全的法律、法规，各项政策要合理配套。目前，企业税负较重会影响企业承担社会责

---

① 刘冀生.科学发展观与企业社会责任.2007年11月在中国阳光财富论坛上的发言.

任,应当说,企业是应当承担社会责任的,但决不是以牺牲企业发展为代价,而应量力而行,这方面政府对推动企业承担社会责任是有不可推卸的责任。因此笔者建议:

(1) 我国立法机构必须加快相关法律体系建设,引导企业积极履行社会责任,如修改劳动法、工会法、消费者权益保护法等,把加强立法作为全面建设和谐社会的目标之一,同时要加大企业社会责任相关法律、法规的执法力度。

(2) 政府官员要确立正确的政绩观,指导企业管理者正确处理企业自身发展和社会和谐发展的关系。

(3) 政府要积极为企业履行社会责任创造环境并提供服务,加快社会劳动保障体系建设,让履行社会责任的公司享受法定权益,同时又要指导和约束企业诚实守信,采取法律、行政、经济等手段,严厉打击各种违法行为。

(4) 政府要保护企业公平竞争与公正交易的应有秩序,应当达到若企业合法经营则如鱼得水;若放弃社会责任则寸步难行的境界。

(5) 政府对国民经济进行宏观调控,并通过税收、宣传等方式鼓励企业承担社会责任,建设良好的企业社会责任文化,政府运用舆论导向,让失责企业曝光且无藏身之地,促成更多的企业履行社会责任。

(6) 政府应创造条件,让履行社会责任的企业获得实质性利益,让那些不履行社会责任的企业得到社会应有的谴责,遭到实实在在的打击及损失。

(7) 政府应推进 ISO 26000 标准本土化进程,建立我国统一规范的社会责任认证体系,建立信息中心和数据库,为企业创造良好的出口环境。

2. 从企业角度看

应当看到,当前我国国有企业社会负担已经很沉重了,在改革开放前,企业承担了过量的社会责任,承担了许多政府应当承担的责任,改革开放后,国有企业打破三铁,买断工龄,突出主业、剥离辅助,市场经济体制初步建立,但现在企业仍承担着一部分政府应当承担的责任,当前的任务是要使政府承担责任的归政府承担,企业应当承担的社会责任应由企业承担,要让企业认识到:

(1) 企业发展取决于企业所处的综合社会契约,这种契约决定了企业社会责任是不可回避的,现在的问题不是企业要不要承担社会责任的问题,而是企业应如何更好地承担企业社会责任的问题,有关部门研究发现,最卓越公司的使命和企业文化都具有强烈的社会责任感,尽管承担社会责任会付出资源,甚至会丧失暂时的发展机会,但从长远来看,企业社会责任的付出实质上是一种投资,责任也可以转化为资本,会为企业赢得持续竞争优势。

(2) 社会倡导企业承担社会责任并不是要企业通过牺牲企业利益来补偿社会,而是希望企业转变观念,修正行为,找到一条不损害其他利益相关者的利益,同时又能提高自身持续竞争优势的发展道路,实现企业与社会共赢。事实上,负责任的企业完全可以通过信任机制、声誉机制、公平机制等得到回报。

(3) 中国企业走向国际化过程中,也要承担社会责任,首先企业要建立全球化视野的总体企业社会责任价值观。同时在进入市场选择上,既要为金字塔顶端高收入人群创造价值,也要为全世界金字塔底部低收入人群约 40 亿人口创造价值。在上下游供应商选择上应当按照社会责任要求,公平对待东道国企业与本国企业,一视同仁,给国内外企业相同的交易机会。同时扶持东道国社区公益事业,在东道国对教育、健康、灾难、扶贫方面进行慈善捐赠,国际化经营中要及时披露反馈社会责任信息,定期发布企业社会责任报告等。

总之,中国企业在承担社会责任中,要适应中国企业目前生产力发展阶段;要适应中华民族传统文化道德标准及风俗习惯;要适应中国企业走向国际化的要求,在全球经济一体化的过程中,逐渐与国际企业社会责任标准接轨,遵循国际企业社会责任的游戏规则。因此笔者建议:

(1)企业要把履行社会责任成为企业战略管理的一个重要组成部分,建立自己的社会责任体系,要有专职部门或专门人员负责,大中型企业要定期发布企业社会责任报告,全面、全员、全过程、全方位地履行社会责任,把社会责任的各项工作订入到企业日常规章制度中,成为企业的行动宪章及道德守则。企业不仅是"经济人",还要做"社会人"、"道德人"、"伦理人"。

(2)企业要在尊重人权、劳工标准、保护劳动者权益、保护环境、诚信商誉、提高就业水平、热心公益事业、促进社区稳定等方面努力尽到自己的责任。

(3)积极建设社会责任文化,以责任为动力,加快企业现代化管理,保障提供更安全、更经济、更清洁、更符合社会需求的、质量优秀的产品和服务,努力让社会更和谐。

(4)尽决通过 ISO 14000 认证,通过 OHSAS 1800/体系认证,关注企业利益相关者的利益,从企业自身能力出发积极参加慈善捐赠活动,为企业营造和谐的经营管理环境。

3. 从社会公众及中介组织角度来看

社会公众对企业社会责任建设也应起到促进作用。首先媒体等舆论监督机构应当发挥更加活跃和积极的作用,同时社会公众对促进企业社会责任建设也责无旁贷。世界上普遍认为,社会公众对企业社会责任的推动作用体现在三类运动上:①劳工运动;②消费者运动;③环境保护运动。中介组织参与企业社会责任运动的形式有两种:一是进行企业社会责任的第三方评价认证,近年来对我国影响较大的是国际社会责任组织(SAI)的 ISO 26000 认证;二是制定企业社会责任导则,为企业社会责任行为提供范本或参考。进入 21 世纪,全世界范围内的企业社会责任守则已经超过 400 种,其中相当部分是民间企业社会责任组织制定的。社会公众对企业社会责任十分重视。国际组织一项调查表明:84%的顾客对于努力让这个世界变得更加美好的企业有着更积极的印象,78%的顾客更愿意购买某种与自己关心的公益事业有关联的产品,66%的顾客会为了某项自己关心的公益事业而改换购买的品种。

总之,对中介组织来讲,笔者建议:

(1)政府应尽快出台统一的、有利于中介组织发展的法律、法规,给中介组织正确定位,以适应企业履行社会责任的需求。

(2)理顺各种中介组织的管理体制,加快推进政府与某些中介组织脱钩,改变中介组织的人事管理制度,规范各类中介组织机构,提高中介组织的权威性。

(3)政府要对中介组织提供必要的帮助,积极支持各类中介组织的建设。

中介组织在某种意义上讲是第三方治理机制,具有建立市场行为规范、监督和实施企业社会责任,减少冲突,促进企业遵纪守法,维护社会整体利益,促进政府部门与企业之间进行沟通,为企业提供服务,可起到十分重要的作用。

我国企业社会责任建设任务繁重而紧迫,企业社会责任是企业从关注产品质量到关注环境保护再到关注企业伦理的三次飞跃,中国一些企业仅完成了第一次飞跃,第二、第三次飞跃正等待中国企业跃过,我们的时代呼唤企业承担社会责任,呼唤我国企业社会责任的建设高潮的到来!

## 案例 5-3

### 力拓科力托铜业公司

力拓科力托铜业公司位于美国犹他州离盐湖城 20 多英里的奥奎山,该铜矿到 2011 年已经开采了 107 年,力拓公司在 1989 年收购了该露天铜矿。铜矿从上面看下去,科力托铜矿像一个巨大的碗,碗口宽度为 4 000 米。这里听不到现场作业的 70 辆拖车的轰鸣声。矿区面积 9 万公顷,相当于 4 万英亩,矿区长度 22 英里,100 多年开采产生的尾矿堆占地达 8 500 公顷,矿区员工 2 400 人,每年矿石开采量 50 万吨矿石中铜含量在 1‰ 以下。

为解决当地环境和社会问题,科力托铜矿专门成立了一家房地产公司,为员工及当地居民建设如同别墅般的住宅区,里面有学校和医院,有足球场,力拓希望与社区和谐共处。

公司与犹他州 1 000 家企业建立了业务联系,每年为犹他州创造 10 亿美元工资、税收、采购等方面的收入。

矿山爆破、开采、运输、冶炼均由远程控制系统控制。矿石爆破时,矿坑上空会自动喷水,防止扬尘,然后由远程操控的铲车及拖车将矿石运到地下管道,拖车走过的地方有雷达发射器进行监控,雷达的敏锐程度能够监控到观光台上掉下的一支笔,如发现异常,工人可操纵按钮,铲车和拖车会立即停下。矿山看上去空无一人,矿山每年人员伤亡率仅次于金融业。

力拓科力托铜矿完全颠覆了我们对矿山企业的印象,公司对安全环保方面投入巨大,已投入 3.5 亿美元对废石进行清理,又用 1 亿美元对地下水进行治理。

科力托铜业公司要求拖车在排队等候时,必须熄火,这样每年可节约几百万美元的运营成本,铜冶炼中能回收 99‰ 的二氧化硫,这是世界上最清洁的铜冶炼技术。

铜矿四周一片静谧,山脚被大片青草及树叶覆盖,天空在白天能看到月亮。

资料来源:张向东.力拓方式[N].经济观察报,2011-11-07.本书引用时作了摘录.

## 第三节　企业伦理分析

### 一、企业伦理的概念

在西方"伦理"一词,用来表示研究人类德行的科学。在中国,"伦"表示辈分、顺序、秩序的意思,"理"指有条理、道理的意思,总之,"伦理"就是处理人、群体、社会、自然之间利益关系的行为规范。

企业伦理（business ethics），有的学者称为商业伦理，经营伦理或管理伦理等，是指在企业经营管理活动中，处理企业内外关系所应遵循的道德规范的总和[①]。企业伦理表现为企业内部、外部两个方面，内部表现为企业管理伦理道德，主要用于调整管理者与员工、员工与员工之间的关系，表现为劳资伦理、工作伦理和内部经营伦理等。外部则表现为企业外部经营伦理道德，主要用于调整企业与外部利益相关者的关系，表现为客户伦理、社会伦理和公益伦理等。

道德，是一种社会意识形态，它是人们共同生活及其行为的准则和规范。是判断一个行为正当与否的观察标准，是调节人与人、个人与群体、个人与社会之间行为规范的总和。企业道德是指依靠社会舆论、传统习惯和内心信念来维持的，以善恶评价为标准的道德原则、道德规范和道德实践活动的综合。是社会道德原则在企业中的具体体现，是用来指导约束企业行为、调整企业与各方面的利益关系，从而形成企业道德。企业道德体系由三部分构成，即企业道德意识、企业道德规范和企业道德实践。

企业社会责任与企业伦理有密切的联系，在20世纪初，美国最先提出了企业社会责任的问题，它的提出先于企业伦理。企业社会责任观念的提出为企业伦理的兴起打下了基础，企业伦理源于企业社会责任问题的探究和思考。从内容上看，狭义的企业社会责任主要指道德责任，在这点上企业社会责任与企业伦理内容上是一致的，即要求企业讲伦理，实质上就是要求企业要履行社会责任，履行企业社会责任的思想基础就是企业要讲究伦理道德。

企业社会责任与企业伦理也有不同。企业伦理强调权利和义务两方面的平衡，而企业社会责任只注重责任；企业伦理是双向的，企业社会责任是单向的。企业伦理包括员工的职业道德规范，企业社会责任则不涉及个人责任。企业伦理重点在正确处理好企业与利益相关的关系，企业社会责任重点在回答企业在社会中应尽什么责任。

## 二、企业伦理理论及实践的发展

20世纪50、60年代，西方欧美经济进入高速增长期，企业经营中出现了背离伦理道德的社会经济问题，引起社会公众的不满，1962年美国政府发布了《对企业伦理及其相应行动的声明》，在此基础上，欧美大学工商学院提出了企业社会责任问题。20世纪70年代以后，欧美经济进入衰退期，企业经营中丑闻频出，引起社会公众极大愤慨，迫使政府不断完善制裁企业不道德行为的经济法规。这时期学术界也对企业伦理及社会责任进行了广泛的讨论。

20世纪80年代开始，企业伦理理论进入全面发展阶段。这时企业伦理理论成为企业管理专业的必修课程，涌现出一大批有影响力的专著，企业伦理规范在美国大企业中得到广泛应用，同时也向加拿大、澳大利亚、东南亚、西欧传播扩散。

## 三、企业伦理的原则

企业伦理原则是贯穿于企业经营管理活动中的基本准则，同时也是企业及其成员行

---

① 赵斌，陈玉保，等.企业伦理与社会责任[M].北京：机械工业出版社，2011.

为与品质的道德标准。学术界对企业伦理原则看法不同,本书提出企业伦理原则有诚实守信原则、义利统一原则、公正与效率兼顾原则、社会责任原则、以人为本原则。

### 1. 诚实守信原则

诚实守信是对企业行为和决策的最基本的品德要求。《说文解字》中讲:"诚,信也,从言从声","信,诚也,从人从言"。诚信的基本含义就是诚实守信,表里如一,恪守诺言,言行一致。"故以诚信为本者,谓之君子。以欺诈为本者,谓之小人。君子虽损,善名不减,小人虽贵,恶名不除。"

### 2. 义利统一原则

义利统一是指不以义取代利,也不以利取代义,是义利并重。义利统一是处理好利己和利他,经济责任和社会责任,经济效益和社会效益的基本原则。有的学者将义利统一划分为三种形态:义利共存、义利共溶和义利共生。[①]

### 3. 公平与效率兼顾原则

公正是人类社会的基本理念和基本行为准则,平等是公正的表现形式,是指一视同仁,这是最基本的道德,市场经济中的公平、公正、公开、公信规则是一种调节人们交往关系的行为准则,在经济领域表现为等价交换,在政治领域表现为权利平等,在道德领域表现为公正、平等。

企业公正可分为外部公正与内部公正,企业外部公正主要包括交易公正、守法公正和社会公正。内部公正主要包括用人公正及分配公正。企业平等主要包括地位平等、权利平等、机会平等、分配平等。

平等不等于平均主义,管理中的公正平等直接影响到员工的积极性,主动性和首创精神,直接影响到管理的绩效和效益。

效率是企业组织活动的出发点和衡量标准,它来源于生产要素提供者的积极性、主动性的发挥,效率实际上有两个基础,一个是物质技术基础,一个是道德基础,只具备物质技术基础只能产生常规效率,有了效率的道德基础,就能产生超常规的效率。[②]

为了体现公平与效率兼顾的原则,企业应该做到竞争与合作的协调统一、控制与自由的协调统一、权力与权威的协调统一。[③]

### 4. 社会责任原则

社会责任是指企业不能仅仅以利润最大化为自己唯一存在和追求的目的,还应当以最大限度地增进股东利益以外的其他利益相关者的利益。企业不仅要创造利润最大化,更要对自己的行为结果负道德责任。

### 5. 以人为本的原则

以人为本就是要尊重人,理解人,关心人,爱护人,促进人的自由全面发展,在企业经营中坚持以人为本的原则,要求企业不仅对内要尊重、理解、关心、爱护员工,同时对外也要尊重、理解、关心、爱护顾客、供应商、经销商、政府等外部利益相关者的合理要求。

---

① 欧阳润平.义利共生论——中国企业伦理研究[M].长沙:湖南教育出版社,2000.
② 厉以宁.道德是调节经济运行的第三种方式[N].新华日报,1999-05-06.
③ 叶陈刚.企业伦理与文化[M].第二版.北京:清华大学出版社,2007.

总之,上述五项企业伦理原则是我国企业必须引起重视的问题,依据企业伦理原则对企业行为和决策进行指导和修正,对企业逐利行为进行规劝和约束,正确处理好企业与利益相关者的关系,才能真正实现企业的价值。

## 四、企业伦理与企业战略的关系

应当认识到,企业伦理构建是市场经济正常发展的客观需求,同时企业伦理也通过其特殊机理对社会及经济等各方面产生深刻影响,企业竞争优势获取的关键要素之一是企业是否拥有优秀的伦理品质。

1. 推行社会认可的企业使命[①]

拥有卓越伦理的企业把企业看作是社会的一分子,从企业在社会中的职责出发来制定企业的使命,充分考虑企业、顾客及社会其他利益相关者的利益,"企业的目的必须在社会之中,因为工商企业是社会的一种器官"。(德鲁克)一个良好的使命表述应满足不同利益相关者的需要,从而得到用户、员工、社会各方面的认可,帮助企业实现与内外环境各方面利益相关者的良好的沟通,并赢得社会广泛的支持。

2. 树立社会认可的企业愿景

真正追求企业长远发展的企业必须明确企业应该如何为消费者、员工,为社会造福,如果企业把这些目标看得比利润更重要,企业就会有更多赚钱的机会,就会成为企业的竞争优势。因此构建企业伦理优势的目标应与企业长远目标相结合,不仅要为顾客创造价值,更应该为所有利益相关者创造价值,提高他们的满意度。

3. 将企业伦理建设目标与企业战略目标相结合

企业伦理目标是可以描述和度量的,如顾客忠诚度、员工忠诚度、股东忠诚度、融资资信度、供销稳定度、社会美誉度等,相应地从企业战略控制也可以从顾客回头率、争议率、员工离职率、企业品牌价值、企业公众形象等方面采取战略行动,要从战略高度将企业伦理目标落实到企业战略目标、战略规划和全体员工日常的生产经营活动中去,真正实现企业经济目标与伦理目标的相互支撑。

4. 将企业伦理融入企业文化

企业文化的核心是企业价值观,企业价值观是企业员工所拥有的共同信念、道德标准和行为准则,它决定了企业处理利益相关者关系的行为取向,所以将企业伦理及道德观念融入企业文化,使全体员工在理念上和核心价值观上达到认同,能消除管理上的摩擦成本,减少监督成本,降低沟通成本,减少决策失误,从而提高企业凝聚力及竞争力。

5. 企业伦理管理机制与企业战略管理机制相结合

企业伦理管理机制,通过这套机制使企业伦理观念转化为伦理道德行为。企业要将这些伦理道德行为与企业战略的实施措施紧密结合起来,统一对企业组织结构、制度、文化进行相应的调整,使企业战略实施的各项措施都能够满足专业利益相关者的需求。

6. 加强企业领导人的伦理道德建设

企业战略是企业领导人价值观念的反映,而企业领导人伦理道德素质决定了企业的

---

① 文红芳,郭福才.战略视角下的企业伦理竞争优势的构建[J].企业管理,2009-02-28.

道德水准，因此应当大力提高企业领导人伦理道德素质和伦理道德能力，企业领导人在战略执行中应当以身作则、品德高尚、严格要求自己，应当具有优良价值观，成为企业优良道德的倡导者、实践者和楷模。这样才能使企业战略具有人格的光辉及伦理的尊严。

最高人民法院新闻发言人孙军在 2013 年 5 月 3 日新闻发布会上表示，近 3 年来，人民法院审结危害食品安全刑事案件的数量呈逐年上升的趋势，从 2010 年至 2012 年，全国法院共审结生产、销售不符合安全(卫生)标准的食品刑事案件和生产、销售有毒、有害食品刑事案件 1 533 件，2011 年、2012 年审结上述两类刑事案件同比增长分别为 179.83% 和 224.62%。

### 案例 5-4

#### "病死猪"变香肠、排骨销售(2011 年)

2010 年 11 月起，被告人陈开梅至莆田收购病死猪，并以每月人民币 2 000 元的报酬雇用被告人张可把病死猪运输到被告人陈金顺租用的猪场，由被告人林彬霞进行屠宰后销售给被告人陈金顺，陈金顺收购病死猪肉后予以销售。被告人周勇、吴鸿夫妻从陈金顺处购买病死猪肉制成香肠等销售；被告人周建成从陈金顺处购买病死猪肉达 3 万余元转售；被告人孙沼然从陈金顺处购买病死猪排骨转售。2011 年 7 月 25 日，陈金顺租用的猪场被查获病死猪肉 4 060 斤。经鉴定，送检样品含猪繁殖与呼吸综合征病毒和猪圆环病毒 2 型，"挥发性盐基氮"超标。

判决：被告人陈金顺被判处有期徒刑 12 年，并处罚金人民币 100 万元；被告人陈开梅犯非法经营罪，判处有期徒刑 10 年，并处罚金人民币 30 万元；其余被告人也被依法判决。

资料来源：北京青年报，2013-05-04.

### 案例 5-5

#### "地沟油"流入工地食堂、夜排档(2009—2011 年)

2009 年 7 月至 2011 年 7 月，被告人程江萍明和柳立国(另案处理)经营的济南博江生物科技有限公司、济南格林生物能源有限公司生产的油脂是用餐厨废弃油加工而成的，仍向经营销售食用油的河南省郑州市庆丰粮油市场宏大粮油商行业主被告人袁一推销，多次为袁一和柳立国的交易牵线搭桥，从中赚取佣金。袁一明知上述情形，在程江萍介绍下大量购入上述两公司非法加工的油脂，为此支付货款共计人民币 300 余万元。袁一将其中价值 295 万余元的油脂灌装后零售给周边的工地食堂、夜排档、油条摊业主，或者加价销往新乡市、三门峡市等地的食用油经销企业。

判决：被告人程江萍、袁一犯数罪，依法应并罚。其中被告人袁一被判处有期徒刑 15 年，并处罚金人民币 43 万元。

资料来源：北京青年报，2013-05-04.

# 第六章

# 企业使命、愿景与战略目标的确定

## 第一节　企业使命与愿景的确定

### 一、企业使命的概念

企业使命(mission)的思想是彼得·德鲁克(Peter Drucker)在 20 世纪 70 年代提出的。德鲁克认为,问"我们的业务是什么?"就等于问"我们的任务是什么?",以此作为使一个企业区别于其他类似企业的对经营目标的叙述。使命是企业在较长一段时间内最基本的发展方向,反映了企业高层管理者对企业性质和活动特征的认识。使命陈述(mission statement)是对企业存在理由的宣言,它回答了"我们的业务是什么?"这一关键问题,明确的使命陈述对于有效地树立战略目标和制定战略具有重要意义。

企业使命是要说明企业的根本性质与存在的理由,说明企业的宗旨、哲学、信念、原则,根据企业服务对象的性质揭示企业长远发展的前景,为企业战略目标的确定与战略制定提供依据。

企业使命是指对自身和社会发展所作出了承诺,在社会进步和社会经济发展中应当担当的身份和角色。

企业使命不仅回答企业是做什么业务的,更重要的是企业为什么做这个业务,表明的是企业终极存在的意义和目标。崇高、明确、富有感染力的使命陈述,不仅为企业指明了方向,而且使每一个企业成员都明确了工作的真正意义,激发出内心深处的正能量。

由案例 6-1 可以看出,企业不单单是以营利为目的的,联想企业在作为全球个人电脑市场的领导者,从事开发、制造并销售最可靠的、安全易用的产品及优质、专业的服务,帮助全球客户和合作伙伴取得成功。而联想成功的基础就是要让客户实现他们的价值:工作高效、生活丰富多彩。

企业使命是企业存在的理由和价值,即回答为谁创造价值,以及创造什么样的价值。简单地说,使命就是企业必须做的大事,一定要完成的任务。由于企业的使命一般涉及多方利益,各方利益的主次轻重必须在使命陈述中明确。如果不明确,当各方利益发生冲突时就会无所适从。

使命陈述的基本内容要求：

1. 高度概括企业是做什么的；
2. 以客户为中心；
3. 反映社会政策；
4. 考虑各方利益群体的利益。

由上面的案例可以看到，使命陈述对每一个公司都很重要，它有助于公司确定方向和战略，有助于企业员工和管理者团结一致为公司的目标而努力。它向社会及所有利益相关者作出了承诺，表明了企业在社会进步和社会经济发展中担当的身份和角色及其所承担的社会责任。

## 案例 6-1

### 联想电脑公司的使命（2013 年）

- 为客户利益而努力创新。
- 创造世界最优秀、最具创新的产品。
- 像对待技术创新一样，致力于成本创新。
- 让更多的人获得更新更好的技术。
- 最低的总体拥有成本（TCO）、更高的工作效率。

为客户：联想将提供信息技术、工具和服务，使人们生活和工作更加简便、高效、丰富多彩。

为员工：创造发展空间，提升员工价值，提高工作生活质量。

为股东：回报股东长远利益。

为社会：服务社会文明进步。

资料来源：wenku. baidu. com/view/264c9183biqe8b8f6baa6. html. 2013-09-04.

## 二、企业使命的内容

企业使命陈述中应该包含企业存在的目的、企业经营哲学和企业的公众形象三个方面。

1. 企业存在目的。即要说明企业是为了"提供某种产品或服务"，或是为了"满足顾客某种需求"，或是为了"承担某个不可或缺的责任"而存在的。如果连自己存在的原因和理由都不明确，说明企业已没有存在的必要了。

为什么办企业？办企业的理由是什么？这就是每个企业的企业观，目前一些公司提出企业不仅仅为了实现长期利润最大化，还应当顾全股东、员工、供应商和社会公众利益的观点，即企业除了要为股东谋利，追求利润最大化以外，还要承担社会责任，肩负历史使命。

一些著名公司的企业使命举例：

美国微软公司：让每一张桌子上，每一个家庭中都有一台计算机，都使用微软的软件。

日本索尼公司：改变生活状况，引入新的娱乐方式，提供新时代的技术与数字概念，与国内产业携手合作，通过承诺优质服务拉近与客户的关系。

日本松下公司：我们的使命是制造像自来水一样丰富的价廉物美的产品。我们以此摆脱贫困，给人们的生活带来幸福，使世界变得更加美好。

2．企业经营哲学。企业经营哲学是指企业在经营管理过程中的世界观和方法论，是企业在处理人与人（如雇主与雇员、管理者与被管理者、生产者与消费者、企业利益与职工利益、企业利益与社会利益、当前利益与长远利益等）、人与物（如职工与产品质量和产品价值、职工与企业操作规范、职工与技术开发、标准化、定额、计量、信息、计划、成本、奖惩等方面）关系上形成的意识形态和文化的现象。处理这些关系中形成的哲学观念，一方面与我国民族文化传统有关；另一方面与特定时期的社会生产，特定的国家经济体制、经济形态有关。

企业经营哲学包括企业在长期经营过程中形成的为全体员工所认可的道德标准、行为准则和价值观念等。

3．企业的公众形象。企业公众形象是指社会公众对企业产品和服务的性价比，对产品和服务的可靠性、对企业承诺和社会责任的综合认知和总体反应。是公众对企业盈利能力、员工关系、公司治理、投资者关系、消费者关系、商务关系、品牌传播、危机管理、企业社会责任九个方面的直观感受而作出的全部看法和评价。形象不是事物本身，而是人们对事物的感觉和认知。

企业公众形象是企业文化的外部体现，作为一种无形资产，企业公众形象对提高企业经济效益和推动企业发展具有重要作用。

**案例 6-2**

### 可口可乐公司的使命和愿景（2010 年）

可口可乐公司使命是：令全球人民的身体、思想和精神更怡神畅快；让我们的品牌与行动不断激励人们更加乐观向上；让我们所触及的一切更具有价值。

可口可乐公司的愿景：在回报股东的时候不忘我们的责任；激发员工的自身潜能；提供推陈出新的产品，不断满足市场及消费者；建立双赢的合作模式，坚定合作伙伴关系；成为全球企业公民典范。

资料来源：可口可乐中国官方网站. 可口可乐公司企业形象调查与分析，2010.

## 三、企业愿景的概念

目前对企业愿景尚没有一个规范化的定义，笔者根据国内外许多学者的各种见解，综合归纳成以下定义：企业愿景是根据企业使命，在汇集企业每个员工个人心愿基础上形成的、全体员工共同心愿的美好远景，它能激发出强大的力量，使每个员工都渴望能够归属于一项重要的任务和事业,它是企业战略的重要组成部分。

## 四、企业愿景的作用

1. 明确企业的定位:知道自己是从哪里来的,将往何处去,从而给自己目前的状况定位。

2. 明确企业的发展方向:通往未来的道路上有许多路标,要决定选择走哪一条路。

3. 形成战略的依据:使企业各层管理者及员工都来考虑战略性问题,并取得一致。

4. 形成客户导向:企业愿景及价值观必须以顾客需求为导向。

5. 精神激励的作用:通过愿景,企业帮助每个员工辨别他是否适合在本企业工作,凡在企业工作的每位员工都会坚持这个愿景及价值观。拿破仑讲过,精神与身体的力量比是 3∶1,说明精神激励比物质激烈更重要。

6. 可以有效地分权:愿景为企业的行动及决策构建了总体框架,使企业能够将一部分工作授权给基层干部和员工,相信他们一定能把工作做好,从而也提高了干部及员工的工作满意度。

7. 能够把握变革的方向:愿景提供了企业持续变革的蓝图,战略会围绕着愿景来运转,当外界环境发生变化时,企业从上到下大家对环境变化的反映是一致的,从而使企业经营的各个环节对急剧变化的环境及时作出正确的回应,使企业立于不败之地。

由下面的案例可以看出,企业愿景是企业员工意愿的表达,它概括了企业未来长远的发展目标和核心价值观,愿景就像企业的灯塔为企业指明方向,它是企业的灵魂,是全体员工的精神归宿,是企业力量的源泉。

### 案例 6-3

### 联想公司的愿景及价值观

联想公司的愿景是:未来的联想应该是高科技的联想,服务的联想,国际化的联想。

联想公司的核心价值观是:

(1) 成就客户——我们致力于每位客户的满意和成功。

(2) 创业创新——我们追求对客户和公司都至关重要的创新,同时快速而高效地推动。

(3) 诚信正直——我们秉持信任、诚实和富有责任感,无论是对内部还是外部。

(4) 多元共赢——我们倡导相互理解、珍视多元性,以全球视野看待我们的文化。

资料来源:wenku. baidu. com/view/264c9183bceb/9e8b8f6baa6html.

## 五、企业使命与愿景的区别与联系

1. 企业使命回答的是"企业的业务是什么?"而企业愿景回答的是两个问题,其一是"未来企业会发展成什么样?"(即用长远眼光来看,企业想要实现的目标是什么?);其二是"引导企业行动的信念是什么?"(即企业的价值观是什么?)

2. 企业使命说明的是企业的根本性质和存在的理由,而企业愿景说明的是在这种企业使命下企业如何做才能做得更好,以及企业在追求经营成功过程中所推崇的基本信念和奉行的价值取向。

3. 企业使命决定了企业的愿景,而企业愿景又决定了企业战略。先有使命,才有愿景,再有战略。

4. 目前有的企业为简便起见,把企业使命也归并到企业愿景当中,即这种企业的企业愿景包括了三部分内容:一是企业使命;二是企业长远目标;三是企业的价值观。作者认为,只要在使命与愿景的区别及联系上搞清楚,把使命也包括在愿景之内也是可以的。

## 六、企业愿景的表述构成要素

企业使命与愿景的表述构成要素有 9 个,但在具体表述中只要选取其中 2~3 个要素即可,现将这 9 个要素简述如下:

1. 企业的用户。"谁是企业用户?"这是企业使命首先要表述的,弄清用户的需求,才能开发出满足用户需要的产品或服务。如美国电话电报公司的使命是"我们所致力的事业是要将人们联结在一起,使他们更容易地相互交流,并得到信息,我们要满足人们在任何时间、任何地点的需求,我们要在全世界做得最好"。

2. 企业的产品或服务。如:"英特尔公司为计算机行业提供芯片、主板、操作系统和软件,英特尔公司的产品总是被看成'建筑街区',被用来为个人电脑用户建立高级计算机系统,英特尔公司的使命就是要成为全世界计算机行业最重要的供应商"。

3. 企业的目标市场。如:"某公司近期要不断开拓国际市场,进一步扩大华南、华东、西南及西北市场,提高在这些地区的市场占有率,继续使产品保持在全国的领先地位;远期目标是要将产品打入国际市场,并在海外建立销售机构,逐步向跨国经营方向发展"。

4. 企业技术。如:"本公司是中国唯一研制、生产、经营各种信用卡及信用卡专用设备的企业,属于技术密集型企业,担负着印制各种有价证券的重要任务,拥有当今世界先进水平的制版与印刷设备,在技术力量、工艺装备、生产配套能力等方面居国内同行业前列。其服务范围为金融、教育、餐馆、交通、娱乐及贸易等行业"。

5. 企业生存与发展。如:"本出版公司要通过收集、评价、生产和营销有价值的信息而满足全球的需求,同时使我们的用户、雇员、作者、投资人及整个社会受益"。

6. 企业的价值观念及基本信念。如:"玫琳凯公司(Mary Kay Cosmetics)的全部宗旨都基于一条重要的原则,即分享与关怀,出于这种精神,人们将愉快地贡献他们的时间、知识与经验"。

7. 企业的自我意识。如:"本公司将通过释放其全体雇员的能量和利用他们的建设和创造力,在未来三年竞争中实现飞跃"。

8. 对企业员工的关心。如:"本公司坚持造物先造人,努力提高员工的素质,以良好的工作条件,有吸引力的福利待遇,个人成长的机会,高度的就业保障来招聘、培养、激励、回报和留住有能力、高品格、有奉献精神的人员"。

9. 企业的公众形象及社会责任。如:"本公司要为增强社会经济力量做贡献,在我们从事业务的所有国家及地方范围内，不仅要成为一个优秀的公司，而且要成社会的优秀的公民而发挥作用"。

由以上企业使命与愿景的陈述可以看出，企业使命与愿景的陈述是对企业态度和展望的宣言，而不是对具体细节的陈述。

一个好的企业使命与愿景的陈述要求：

1. 针对性。是针对本企业经营管理中存在的问题来讲的，即企业使命和愿景不具有一般性、普遍性，必须具有独特性，要反映企业的个性。

例如，作者曾主持国内某对外贸易公司使命与愿景的设计，该公司过去只作纺织品的进出口贸易，而不做服装的进出口贸易。但当时经过调研，发现该公司纺织品进出口贸易利润很薄，因此咨询组建议该公司除了做纺织品进出口贸易外，最好还能做服装进出口贸易，提出此建议后，公司各位领导不接受此建议，他们说："咨询组不要搞错了，面料和服装是两个产业，我们不懂服装，我们不能进入服装业。"后来，咨询组从全国请了 10 位纺织专家及服装专家到该公司做了一天的考察论证，最后专家们一致得出结论，认为根据该公司的实际情况，建议该公司最好进入服装领域。这样公司领导才接受了 10 位专家及咨询组的建议。因此在该公司愿景陈述中，加上了一句话："我们是一家立足于纺织品及服装领域快速发展的贸、工、技一体化的企业集团。"

2. 完整性。要对本企业的业务是什么？未来长远发展目标是什么？企业价值观是什么？这三个问题有明确地回答。

3. 可行性。提出的使命及愿景经过努力是可以做到的，不是不能做到的。

4. 陈述的文字清晰、简洁、激动人心。尽可能用优美的文字表述企业的使命和愿景。

5. 变革性。随着时间的推移，当企业外部环境及内部条件发生较大变化时，企业的使命及愿景也可以修改。

6. 企业高层领导要参与使命及愿景的设计，并亲自贯彻公司的使命与愿景。

## 七、确定企业使命及愿景时应避免误区

1. 视野狭窄，目光短浅

企业使命与愿景的陈述不要过于具体，若过于具体地确定企业只在某种产品进行经营，将限制未来企业活动的范围及企业发展的机会，因为任何产品或技术都是有一定生命周期的，都会随着时间的推移进入衰退阶段，而市场的需求是持久的。产品是短暂的，而人们的基本需求和顾客群是永恒的。马车公司在汽车问世后不久就会被淘汰，但如果明确规定公司的使命是为人们提供交通工具，它就会从马车生产转入汽车生产。

2. 靠幻想错觉，盲目发展

有的企业完全不顾自身所处实际环境及内部条件，盲目地提出超高目标使命及完全理想的愿景，由于所提使命及愿景脱离了企业现实条件，因而对企业战略制定就失去了指导意义，与企业战略完全脱节的使命及愿景，就没有任何价值。

# 第二节 企业战略目标的确定

## 一、企业战略目标的概念

企业战略目标是指企业在一定时期内沿其经营方向所预期达到的理想成果。目标体系的建立是将企业使命和愿景转化为具体的业绩目标,如果企业使命与愿景没有转化为具体业绩目标,那么企业使命与愿景的宣言也仅仅是一些美丽的词句。是不会取得任何好的结果的。如果企业管理者在每一个关键领域都建立目标体系,并为达到这些设定目标而采取适当的行动,这样的公司就有可能获得较好的结果。

## 二、企业战略目标的作用

1. 对企业形成重大挑战,使企业不满足于现状,从而确保企业实力不断壮大。
2. 鼓舞、凝聚人心,吸引人才,使员工觉得前景广阔。
3. 创造大量创新机会,为员工提供发展平台。
4. 形成以业绩为主要内容的企业文化,激励员工为实现共同理想而奋斗。
5. 有助于提升企业外界形象。

## 三、企业战略目标的要求

1. 要有挑战性。即要求制定的企业战略目标不能过高,根本达不到;也不能过低,不用经过太多努力就可以很轻松地达到。要有挑战性是指经过努力是能够达到这一战略目标的。

2. 要有可度量性。即企业战略目标要尽量数量化,数量化的战略目标有三个好处:

(1) 便于分解。未来的战略目标可以按年度分解为年度目标,然后再把年度目标分解为业务单元的目标及各职能部门、各车间、各班组的目标,这样战略任务才算落实了。

(2) 便于检查。数量化指标便于比较,便于检查,若没有完成,也便于查找原因。

(3) 便于动员全体员工为之奋斗。全体员工都明确每年的年度目标及自己每年应当完成的任务目标,因而激发起每个员工的创造性、积极性、主动性,为实现这一目标而努力奋斗。

3. 要有系统性。在大型企业中,总公司(或企业集团公司)的战略目标与下属各子公司的战略目标以及子公司内职能部门的目标必须要一致,不允许出现这个子公司随意制定战略目标,那个子公司也随意制定战略目标,它们各行其是,结果总公司的战略目标实现不了的情况。母子公司战略目标必须保持同步化、协调化,即要有系统性、层次性。

4. 要有相对稳定性及动态性。即不能因为企业内外环境有些变化,企业随时都在修改战略目标,这是不可以的,要保持相对稳定性。但如果企业内外环境确实发生重大变化时,企业战略目标也应相应作调整和修正。

一个好的企业战略目标应当达到以下四个标准:

1. 要有崇高的意义。

2. 要有比较明确的又是十分具有挑战性的目标。

3. 要简洁,容易对内对外沟通,尽可能做到人人皆知。

4. 战略目标是基于对今后 3～5 年及 10 年的市场分析、产业分析、公司发展方向等问题认真分析的基础上得出的,而不是靠企业领导人拍脑袋得出的。

## 四、企业战略目标的内容

这里列出以下 10 项战略目标的内容,但笔者认为从公司高层管理者来讲,公司的企业战略目标宜粗不宜细,抓住几个企业综合性指标就可以了,即不必把这 10 项内容全部变成战略目标,因为公司总的战略目标还要层层向下分解,只要找出对本企业发展最起关键作用的指标作为企业战略目标即可。

1. 盈利能力。企业经营的成效在很大程度上表现为具有一定的盈利水平,它通常以利润、资产报酬率、所有者权益报酬率、每股平均收益、销售利润率等指标来表示。

2. 生产效率。企业要不断地提高生产效率,它经常用投入产出比率、年产量、设备自动化水平等指标来表示,有时也会把产品成本降低率、产品质量、废品率等指标作为企业生产效率指标提出来分析。

3. 市场竞争地位。企业经营成效的表现之一是企业在市场上竞争地位的提高,特别是我国的一些大企业应当经常把在国际、国内的市场竞争地位列为一个目标,以测定其在竞争中的相对实力,通常以市场占有率、总销售收入、准时交货、增加售后服务项目、顾客满意度、比竞争对手有更好的企业形象等指标来表示。

4. 产品结构。反映产品结构的指标,常用的有产品线的宽度与深度、企业新产品产值占企业总产值比率、新产品销售额占总销售额的比例、新开发产品数、淘汰产品数等。

5. 财务状况。企业财务状况是企业经营实力的重要表现,尤其是我国有的大中型企业财务状况不佳、竞争力低、活力不强,因此应当把企业财务状况作为企业经营的一个重要目标,它通常以资本构成、流动资金、新增普通股、红利偿付、固定资产增值、总成本、收益增长、提高资本回报率、获得经济附加价值(EVA)、良好的证券和信用评价等指标来表示。

6. 企业的建设和发展。企业应适应内外环境变化的需要而不断发展,因此企业的建设和发展应成为企业战略目标中的一个重要内容。这方面的指标有年产量增加速度,经济效益提高速度,企业生产规模的扩大,生产用工作面积的扩大,生产能力的扩大,生产自动化、数控化、计算机化水平的提高,企业管理水平的提高等。

7. 企业的技术水平。企业在未来战略期内在技术上应达到什么水平,这往往也是企业战略目标中的重要内容,企业必须从现在行业中的实际技术水平出发,决定在未来战略期内的技术状态。这方面的指标有应完成的开发和创新项目,新产品开发费用占销售额的百分比,新产品开发速度、新产品获得的专利数等。

8. 人力资源的开发。企业的发展不仅依赖于职工、技术人员的数量增加,还依赖于企业内所有人员素质的提高,目前我国大多数企业内人员过多而人员素质不高,在这种情况下,在企业内实施战略是极为困难的。因此,应注意对企业人员的培训,为职工提供良好的发展机会,不仅可以提高职工积极性,而且有利于企业吸引优秀的人才,为此企业人力资源的开发应作为企业战略发展目标,这方面的指标有在未来几年内企业培训人数及培训费用,技术人员在全体职工中比例的增长,各种技术职称比例的增加,职工技术水平的提高,人员流动率、缺勤率及迟到率、淘汰率的降低等。

9. 职工福利。企业内职工的福利待遇满足状况对企业生产经营有直接的影响,这是企业的内在动力,是衡量企业经营效果的一个尺度,因此,改善企业内人群关系和提高职工福利待遇是企业战略目标的一个组成部分。这方面的指标有在未来几年内企业人均工资水平的提高、对有贡献的技术人员及其他人员的奖励水平的提高等。

10. 社会责任的目标。企业作为社会中的一个子系统,对社会需要承担一定责任,因此企业只履行自身的经济责任是远远不够的,它还要考虑到社区、消费者、相关企业、股东、社会整体以及国家的利益。因此,企业不仅应有经济观念,还应具有社会观念、公众利益观念及人类生存与发展观念。企业的社会责任包括两个层次:第一个层次是企业生产经营的直接关系,主要是指与企业直接发生的多种社会关系,主要包括企业与员工、企业与供应企业(能源、原材料、零部件、设备、技术、资金等供应企业)、企业与销售企业(批发与零售企业)、企业与消费者、企业与股东、企业与竞争企业的关系,等等。企业要实现自己的战略目标,要使自己的产品得到市场实现,就必须调整好与供应企业、销售企业、消费者、竞争企业以及股东、社会和员工的关系,并支持他们的工作;第二个层次是企业生产经营的间接关系,主要是指企业的社会影响或企业的非市场关系,主要包括企业与国家各级政府、企业与各种社会团体组织(妇联、工会、消费者协会、环境保护组织、宗教团体等)、企业与传播媒介(如报界、广播电台、电视台等)、企业与企业界赞助支持的组织(如体育界的各种组织、残疾人组织、教育组织等)、企业与所在社区、企业与国际上的各种企业团体组织的关系,等等。企业在力所能及的范围内也要支持政府及各种社会团体组织的各项工作。

以上这 10 项指标并没有把作为企业战略目标的全部内容都包括进来,每个企业仍可根据自己的具体情况列出适合于本企业的战略目标。也不是每个企业都需要按照上述 10 项指标列出自己的战略目标,而应该根据企业的具体情况有重点地突出几项对企业未来发展具有关键作用的战略目标,这样可以集中企业力量把要办的事情办好。

案例 6-4 列出某对外贸易公司的战略目标。

## 案例 6-4

### 某对外贸易公司的战略目标(2001—2006 年)

到 2006 年,某公司将成为一家以 B 产品内、外贸为主,业务组合健康,且在 B 产品设计及相关产品研发、销售网络管理等关键环节形成优势的、业务规模达 20 亿元人民币的贸工技一体化企业集团。

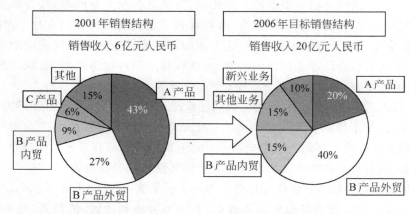

目前业务结构主要以 A 产品为主　　　　到 2006 年业务结构以 B 产品内、外贸为主

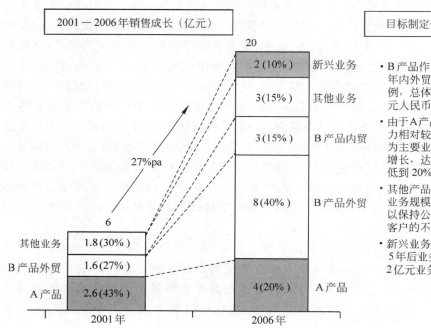

**目标制定依据**

- B 产品作为战略业务，到 2006 年内外贸应该达到 55% 的比例，总体销售收入达到 20 亿元人民币。

- 由于 A 产品业务在国际上竞争力相对较弱，成长性较低，作为主要业务，5 年后规模略有增长，达到 4 亿元，但比重降低到 20%。

- 其他产品业务比重降到 15%，业务规模达到 3 亿元人民币，以保持公司经营多样化，满足客户的不同需求。

- 新兴业务作为未来产业支柱，5 年后业务比重应达 10%，即 2 亿元业务规模。

资料来源：作者提供，应用时数字做了处理。

## 五、当前我国企业制定战略目标存在的问题

1. 战略目标求高、求大。我国有越来越多的企业把战略目标定为要成为世界级企业，要进入中国 500 强或世界 500 强，但企业现实客观环境及内部条件远未达到这一阶段，根据笔者多年来为企业作战略咨询的经验，在 5 年以后真正能达到原先制定战略目标者，尚属少数，大致估计在 30% 以下，大多数企业战略目标最后都因各种原因而未能达到预订指标。因此，笔者认为制定战略目标时要实事求是，从企业实际情况出发制定战略目

标,否则会挫伤企业员工的积极性。

2. 创新目标不突出。企业创新包括制度创新、技术创新、组织创新、管理创新。当前中国许多企业尚未把制度创新、技术创新目标及组织和管理创新目标作为企业战略目标之一,笔者认为目前中国企业核心竞争力不强,企业制度与管理仍比较落后,中国经济要转型,企业也必须转型,中国企业应当把制度、技术、管理创新作为企业重要战略之一。

3. 顾客满意度目标不明确。世界制造业正在走向服务业,中国经济也要从工业经济走向服务经济,各行各业都要把服务提到很高的位置来认识,不仅第三产业的企业要提高服务质量、提高顾客满意度,第一、第二产业的企业也要提高服务质量,也要提高顾客满意度。因此以顾客为中心,满足顾客需求、提高顾客满意度的相关指标应当成为企业重要战略指标之一。

4. 社会责任目标不清晰。现代企业要充分认识到自己对所有利益相关者的社会责任,企业要实现持续成长,必须在战略上处理好与各种利益相关者的关系,因此战略目标中必须强调企业发展与社会、经济、生态的可持续发展的协调统一,企业战略目标中应当既包含有企业经济效益目标,又包含有社会、生态效益目标,关注利益相关者利益要求及权益的实现。

# 第章

# 企业战略分类及企业业务层战略

## 第一节 企业战略的分类

企业战略的内容极其丰富多样，而且随着互联网、云计算、大数据等新技术出现，企业战略内容更加广泛而多样，正如孙子兵法所说："凡战者，以正合，以奇胜。故善出奇者，无穷如天地，不竭如江海……战势不过奇正，奇正之变，不可胜穷也，奇正相生，如循环之无端，孰能穷之哉？"如何对浩繁的企业战略进行分类仍是当前企业战略管理中尚未解决的重大理论问题之一，由于分类不同，对某些战略的地位，作用及研究的方向也不同，其研究的深度也不同。由于分类的不科学，甚至会阻碍战略管理理论的发展。笔者认为对企业战略这一复杂科学内容既要作分类研究，还要作整体研究，这是比较正确的研究方法。

目前大体上有以下几种企业战略分类方法：

### 一、按企业战略态势分类

按企业战略态势分类，可分为企业发展型战略、企业稳定型战略、企业紧缩型战略及企业复合型战略四种。

#### （一）企业发展型战略

企业发展型战略强调的是如何充分利用外界环境中的机会，避开威胁，充分发掘和运用企业内部的资源，以求得企业的发展。其特点是投入大量资源，扩大产销规模，提高竞争地位，提高现有产品的市场占有率，或用新产品开辟新市场，这是一种从战略起点向更高水平、更大规模发动进攻的战略态势。

#### （二）企业稳定型战略

企业稳定型战略强调的是投入少量或中等程度的资源，保持现有产销规模和市场占有率，稳定和巩固现有的竞争地位，这是一种偏离现有战略起点最小的战略态势。

### （三）企业紧缩型战略

企业紧缩型战略是指,当企业外部环境与内部条件的变化都对企业十分不利时,企业只有采取撤退措施,才能抵住对手的进攻,保住企业的生存,以便转移阵地或积蓄力量,准备东山再起的战略。

通俗地讲,发展型战略就是向前进攻的战略;稳定型战略是既不前进也不后退,是固守阵地的战略;而紧缩型战略就是向后撤退的战略。因此,发展型战略是个长期的战略,而稳定型及紧缩型战略是短期的调整型战略。长期执行稳定型战略,长期地固守阵地,企业就要萎缩。长期执行紧缩型战略,长期地向后撤退,企业就要破产。所以,执行稳定型及紧缩型战略只能在一定的战略期限之内。

### （四）企业复合型战略

所谓复合型战略是指上述三种战略的复合型战略,是指在大型企业中有较多战略业务单位,这些业务单位分布在不同的产业或产业群中,它们所面临的外部环境和所需的资源条件完全不同,因此不同的战略业务单位会采用不同的战略,以保证整个公司战略目标的实现。

## 二、按企业战略层次分类

按企业战略层次分类,可分为公司层战略、业务层战略及职能层战略。

### （一）公司层战略

一般大中型企业是由一些相对独立的业务单元组成的集合体。公司层战略就是要研究包含了若干业务单元在内的企业整体战略的总纲。公司层战略主要研究两方面问题,即:

1. 公司整体战略目标是什么?战略途径是什么?

2. 公司应该从事什么业务?应当如何去发展这些业务?如何使企业各种资源得以整合取得最大的战略绩效?

### （二）业务层战略

业务层战略是在公司层战略指导下,经营管理某一业务领域的战略规划,是公司战略下的子战略。从企业外部来看,业务层战略就是为了使企业在某一经营领域中取得竞争优势,研究该业务的市场定位,应当建立和巩固什么样的竞争优势才能战胜竞争对手,才能更好地满足顾客的需求等。从企业内部来看,业务层战略就是为了应对建立竞争优势的要求,企业对该项业务的研发、供应、生产、销售、服务等业务应如何安排,对人事、财务、采购等管理工作应如何加强作出指导和安排。

### （三）职能层战略

职能层战略是为贯彻公司层及业务层战略而在企业特定的职能管理领域制定的战

略。企业职能层战略的重点是为了提高企业资源利用效率，使企业内外资源利用效率最大化。在企业既定战略条件下，企业各职能部门制定相应的战略，支持和改进公司战略的实施，保证企业战略目标的实现。企业职能层战略要比公司层及业务层战略更具体、更详细、更具操作性。职能层战略一般可分为研究与开发战略、供应链战略、运作战略、服务战略、营销战略、人力资源管理战略、财务管理战略、知识管理战略、信息管理战略、金融战略等。

### 三、按企业规模分类

按企业规模分类，可分为中小型企业战略及大型企业战略。

#### （一）中小型企业战略

根据工信部、财政部于 2011 年 6 月 18 日联合印发的《关于印发中小企业划型标准规定的通知》，我国目前将中小企业划分为中型、小型、微型三种类型，具体标准根据企业从业人员、营业收入、资产总额等指标，结合行业特点，以统计部门的统计数据为依据对企业类型进行划分，见表 7-1。

表 7-1　中国中小型企业按行业划分标准表

| 行 业 名 称 | 指　　标 | 计量 | 中 型 企 业 | 小 型 企 业 | 微型企业 |
|---|---|---|---|---|---|
| 农、林、牧、渔业 | 营业收入（Y） | 万元 | 500≤Y<2 000 | 50≤Y<500 | Y<50 |
| 工业 * | 从业人员（X） | 人 | 300≤X<1 000 | 20≤X<300 | X<20 |
|  | 营业收入（Y） | 万元 | 2 000≤Y≤40 000 | 300≤Y<2 000 | Y<300 |
| 建筑业 | 营业收入（Y） | 万元 | 6 000≤Y<80 000 | 300≤Y<6 000 | Y<300 |
|  | 资产总额（Z） | 万元 | 5 000≤Z<80 000 | 300≤Z<5 000 | Z<300 |
| 批发业 | 从业人员（X） | 人 | 20≤X<200 | 5≤X<20 | X<5 |
|  | 营业收入（Y） | 万元 | 5 000≤Y<40 000 | 1 000≤Y<5 000 | Y<1 000 |
| 零售业 | 从业人员（X） | 人 | 50≤X<200 | 10≤X<50 | X<10 |
|  | 营业收入（Y） | 万元 | 500≤Y<2 000 | 100≤Y<500 | Y<100 |
| 交通运输业 | 从业人员（X） | 人 | 300≤X<1 000 | 20≤X<300 | X<20 |
|  | 营业收入（Y） | 万元 | 3 000≤Y<30 000 | 200≤Y<3 000 | Y<200 |
| 仓储业 | 从业人员（X） | 人 | 100≤X<200 | 20≤X<100 | X<20 |
|  | 营业收入（Y） | 万元 | 1 000≤Y<30 000 | 100≤Y<1 000 | Y<100 |
| 邮政业 | 从业人员（X） | 人 | 300≤X<1 000 | 20≤X<300 | X<20 |
|  | 营业收入（Y） | 万元 | 2 000≤Y<30 000 | 100≤Y<2 000 | Y<100 |
| 住宿业 | 从业人员（X） | 人 | 100≤X<300 | 10≤X<100 | X<10 |
|  | 营业收入（Y） | 万元 | 2 000≤Y<10 000 | 100≤Y<2 000 | Y<100 |
| 餐饮业 | 从业人员（X） | 人 | 100≤X<300 | 10≤X<100 | X<10 |
|  | 营业收入（Y） | 万元 | 2 000≤Y<10 000 | 100≤Y<1 000 | Y<100 |
| 信息传输业 | 从业人员（X） | 人 | 100≤X<2 000 | 10≤X<100 | X<10 |
|  | 营业收入（Y） | 万元 | 1 000≤Y<100 000 | 100≤Y<1 000 | Y<100 |
| 软件和信息服务业 | 从业人员（X） | 人 | 100≤X<300 | 10≤X<100 | X<10 |
|  | 营业收入（Y） | 万元 | 1 000≤Y<10 000 | 50≤Y<1 000 | Y<50 |

| 行业名称 | 指 标 | 计量 | 中型企业 | 小型企业 | 微型企业 |
|---|---|---|---|---|---|
| 房地产开发经营 | 营业收入(Y)<br>资产总额(Z) | 万元<br>万元 | $1\,000 \leqslant Y < 200\,000$<br>$5\,000 \leqslant Z < 10\,000$ | $100 \leqslant Y < 1\,000$<br>$2\,000 \leqslant Z < 5\,000$ | $Y < 100$<br>$Z < 2\,000$ |
| 物业管理 | 从业人员(X)<br>营业收入(Y) | 人<br>万元 | $300 \leqslant X < 1\,000$<br>$1\,000 \leqslant Y < 5\,000$ | $100 \leqslant X < 300$<br>$500 \leqslant Y < 1\,000$ | $X < 100$<br>$Y < 500$ |
| 租赁和商业服务业 | 从业人员(X)<br>资产总额(Z) | 人<br>万元 | $100 \leqslant X < 300$<br>$8\,000 < Z < 120\,000$ | $10 \leqslant X < 100$<br>$100 \leqslant Z < 8\,000$ | $X < 10$<br>$Z < 100$ |
| 其他未列明行业 | 从业人员 | 人 | $100 \leqslant X < 300$ | $10 < X < 100$ | $X < 10$ |

资料来源：工信部中小企业司,工信部联企业[2011]300号文件整理.

从统计上看,我国大型企业约占全部企业总数1％,中型企业约占4％,小型企业约占35％,微型企业约占60％,即中国中小微企业占全国企业数量99％。改革开放30多年来,中小微企业有了迅猛发展,截至2011年,我国中小微企业为中国新增就业岗位贡献占85％,占新产品的75％,发明专利的65％,对GDP贡献占60％,占税收贡献的50％。因此,中小微企业在我国社会经济发展中发挥作用巨大,是国民经济健康发展的重要基础,是稳定社会的重要保证,是社会主义市场经济体制的微观基础,是发展和建设小城镇的主体,是解决就业、改善社会稳定和谐的重要基础。因此,搞好中小微企业战略管理问题具有极重要的意义。但我国对中小微企业战略管理研究近年来刚刚引起专家学者的重视,而由于我国市场经济体制尚在逐步完善过程中,以及中小微企业内部诸多管理问题有待提高,中小微企业战略管理的理论与实践的研究迫在眉睫,我国大量中小微企业战略管理问题是当前中小微企业管理者急迫要解决的问题。

### (二)大型企业战略

在中小企业加速发展的同时,大公司的数目也在增加,大公司的规模在增大,行业集中度提高的趋势并没有停止。

2014年世界500强前10名企业见表7-2。沃尔玛公司居500强榜首,荷兰皇家壳牌石油公司居第二,中国石油化工集团公司居第三,中国石油天然气公司及国家电网公司分别居第四及第七位。2014年中国500强前10名企业见表7-3。

**表7-2 2014年世界企业500强前10名企业**

| 排 名 | 公司名称 | 营业收入(百万美元) | 利润(百万美元) | 国家 |
|---|---|---|---|---|
| 1 | 沃尔玛(Wal-Mart Stores) | 476 294.0 | 16 022.0 | 美国 |
| 2 | 荷兰皇家壳牌石油公司(Royal Dutch Sheel) | 459 599.0 | 16 371.0 | 荷兰 |
| 3 | 中国石油化工集团公司(Sinopec Group) | 457 201.1 | 8 932.1 | 中国 |
| 4 | 中国石油天然气集团公司(China National Petroleum) | 432 007.7 | 18 504.8 | 中国 |

续表

| 排名 | 公司名称 | 营业收入(百万美元) | 利润(百万美元) | 国家 |
|------|---------|------------------|---------------|------|
| 5 | 埃克森美孚(Exxon Mobil) | 407 666.0 | 32 580.0 | 美国 |
| 6 | 英国石油公司(BP) | 396 217.0 | 23 451.0 | 英国 |
| 7 | 国家电网公司(State Grid) | 333 386.5 | 7 982.8 | 中国 |
| 8 | 大众公司(Wolkswagen) | 261 539.1 | 12 071.5 | 德国 |
| 9 | 丰田汽车公司(Toyota Motor) | 256 454.8 | 18 198.2 | 日本 |
| 10 | 嘉能可(Glencore) | 232 694.0 | −7 402.0 | 瑞士 |

资料来源:《财富》杂志公布"2014 年世界 500 强排行榜"。

表 7-3　2014 年中国企业 500 强前 10 名企业

| 名次 | 企业名称 | 营业收入(万元) |
|------|---------|---------------|
| 1 | 中国石油化工集团公司 | 294 507 498 |
| 2 | 中国石油天然气集团公司 | 275 930 341 |
| 3 | 国家电网公司 | 204 980 014 |
| 4 | 中国工商银行股份有限公司 | 92 563 700 |
| 5 | 中国建设银行股份有限公司 | 77 099 800 |
| 6 | 中国农业银行股份有限公司 | 70 633 300 |
| 7 | 中国建筑股份有限公司 | 68 104 799 |
| 8 | 中国移动通信集团公司 | 66 186 053 |
| 9 | 中国银行股份有限公司 | 64 941 100 |
| 10 | 中国海洋石油总公司 | 59 007 283 |

资料来源:中国企业联合会,中国企业家协会.2014 中国企业 500 强.2014-09-02.

从表 7-2 中看出,中国(包括香港及台湾)在世界 500 强前 10 名企业中,中国企业已有 3 家,在 2014 年世界 500 强企业中中国上榜企业已达 100 家,其中:内地 91 家,香港地区 4 家,台湾地区 5 家。

从表 7-3 看出,进入中国企业 500 强的企业大多分布在钢铁、汽车、化工、能源、金融等行业,且公司主体大多是国有控股企业,其中多数处于国家垄断性行业中,完全市场化民营企业较少,存在严重结构失衡状态。同时,中国大陆企业总体杠杆倍数(以总资产除以总股东权益)仍较高,风险较大。

应当看到,大型企业是我国国民经济的重要支柱,是社会主义经济的重要载体,是国家财政收入的可靠来源,是我国社会主义制度的重要经济基础。因此,搞好大型企业战略管理对充分发挥大企业对整个产业及国民经济的带动作用,发挥其强大的经济功能,维护社会和经济稳定,保障国家安全,增强国家宏观调控能力,实现国家经济发展规划均具有十分重要的意义。

## 四、企业战略的其他分类方法

若按地理区域来分类,可分为国内企业战略及国际化战略(或称跨国公司战略)。

若按中国的所有制来分类,可分为国有企业战略、集体所有制企业及民营企业战略。若按营利性来分类,可分为营利性组织战略及非营利性组织战略。

## 五、本书采用的战略分类体系

本书采用的战略分类体系见图 7-1。

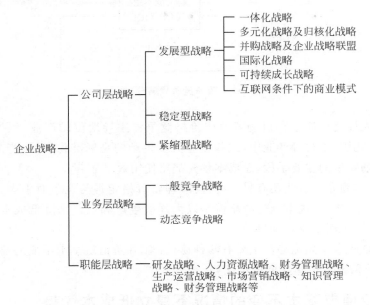

**图 7-1  企业战略分类体系**

本书将先讲业务层战略,然后再讲公司层战略。职能层战略在有关管理教科书中已有介绍,本书不再介绍。

# 第二节  总成本领先战略

## 一、企业竞争战略的分类

美国学者迈克尔·波特于 1980 年在其出版的《竞争战略》一书中提出三种竞争战略,即总成本领先战略、差异化战略和集中化战略。

随着科技及信息化的迅猛发展,企业之间竞争更加激烈,在上述三种基本竞争战略基础上又衍生出第四种竞争战略,即综合成本领先/差异化战略,该战略整合成本领先和差异化战略的各自优点,从而取得更加综合的竞争优势,以适应当前日益复杂的竞争形势。

上述四种竞争战略分类见图 7-2。

## 二、总成本领先战略的概念

所谓"总成本领先"是指将企业的总成本降低到低于绝大多数竞争对手,甚至低于同产业所有竞争对手的成本,从而获得同产业平均水平以上的利润。

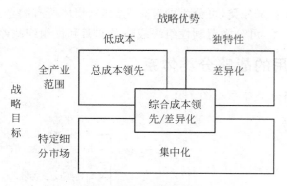

**图 7-2　四种竞争战略分类**

　　总成本领先战略适应于在市场竞争中价格竞争占主导地位的产业,例如在钢铁、煤炭、石油、水泥、化肥、木材等产业中,这些企业大多生产的是标准化产品,产品差异小,价格竞争成为市场竞争的主要手段,总成本领先战略使用效果显著。

　　当然,总成本领先的企业还有另一种选择,即将价格定得与竞争对手大致相同,以提高企业总利润。总之,总成本领先战略就是以大规模生产和经营来降低成本又以低价格来扩大市场,最终实现企业盈利目的。

　　如何建立总成本领先优势? 主要有两种途径:①在价值链基本不变的情况下建立低成本优势;②价值链再造建立低成本优势。

## 三、在价值链基本不变的情况下建立低成本优势

　　本节将从价值链基本活动的内部物流、运营、外部物流、市场营销、服务等环节如何建立低成本优势以提高企业竞争力,作一简单介绍。

### (一) 低成本内部物流

　　物流是指按用户要求,将物质资料的实物形态从供给地向需要地转移的过程。从企业物流功能来分类,企业物流包括供应物流、销售物流、生产物流、回收物流、废弃物流五种。从企业物流的作业范围来分类,可分为企业内部物流和企业外部物流。企业内部物流主要指企业生产物流,其范围局限在企业内部。企业外部物流涉及企业供应物流、销售物流、回收物流及废弃物流。即企业外部物流存在于企业及其上下游企业(或最终用户)之间,即存在于供应链当中,其活动的范围不再局限于企业内部,而是在企业的外部,大量的物流构成了社会物流。

　　企业内部物流主要是企业的生产物流,是在企业内为了进行生产加工而进行的物资的搬运、装卸、存储、保管等活动,其范围局限在企业内部。其运行过程属于企业生产管理范畴内,是生产过程管理的组成部分,即与企业工艺状况、设施布置、生产方式等方面有关。

　　生产物流区别于其他物流系统的最显著特点是它与企业生产紧密结合在一起,只有合理进行生产物流管理,才有可能使生产过程始终处于最佳状态。

合理生产物流的基本要求是生产物流要有连续性、平行性、节奏性及适应性。连续性，即要求物料能顺畅地、最快最省地走完每个工序。平行性，企业通常生产多种产品，每种产品又包含多种零件，组织生产时，要求各个零件在每个分支流动中能够平行流动，如果某个分支流动发生问题，整个物流都会受到影响。节奏性，要求生产物流能均衡地有节奏地完成生产任务。适应性，当产品更新换代时，生产物流要有较强应变能力。

目前我国企业生产物流或缺乏先进的一体化生产线，或物流管理理念落后，或缺乏专业性人才，导致物流设施短缺，物流运作不具标准性，物流技术落后，或盲目追求高技术加大了物流成本，物流活动之间协作性差。同时企业物流管理结构与机制不完善，物流成本费用控制不利等因素都加大了物流成本，削弱了企业竞争力。

加强生产物流成本管理的措施是应根据企业自身特点引进物流技术与物流管理复合型人才；实施物流规划，通过设计产品物流流程图，合理选择物流方案，建立物流信息平台追踪管理；运用先进技术如线性规划、非线性规划、系统分析技术、储存理论等实现运输优化、配送优化、储存优化；将资金流与信息流、物流综合成价值链，将自己的资源计划（ERP）和供应链管理系统与上下游客户的 ERP 系统进行集成，建立物流信息化网络。建立适宜物流成本财务核算制度。企业必须组建一个多功能的物流管理团队，该团队帮助构建和执行企业的物流策略。引导企业整合参与物流运作的内部物流组织，使产品能快速到达客户手中。企业应建立物流成本费用业务的岗位责任制，加强制约和监督，着力物流成本费用控制，即材料费用控制、人工费用控制、机械设备费用及活动经费控制等。

### （二）低成本生产运营

企业运营管理就是要对企业运营过程的计划、组织、实施和控制，即对企业提供的产品和服务系统进行设计、运行、维护和优化，把人员、设备、资金、材料、信息、时间等有限资源合理组织起来，最大限度地发挥它们的作用，以达成高质、高效、低耗、灵活、准时地生产合格产品，提供满意服务的目标，从而创造出可持续的竞争优势。

1. 设计。包括产品和服务的选择和设计、运营设施的定点选择、运营设施的布置、服务交付系统设计和工作设计等。

2. 运行。在现行系统中，企业如何适应市场变化，按用户需要生产合格产品或提供满意服务。要做到生产运营低成本优势，产量要达到规模经济，产能利用率的提高，学习曲线的利用，都是十分重要的。

3. 维护。企业如何保证运营系统的正常运行。

4. 优化。企业应不断分析运营过程的不足和对变化的环境的不适应，如何改进优化，以保持运营系统的协调性和先进性。

企业低成本生产运营就是要做好企业内部的成本控制和风险控制管理。就是要适当延长供应商的付款周期，努力减少原材料仓储库存，通过有效生产计划，控制生产过程资金的积淀，准确的客户交货期，努力减少成品库存，科学的授权手段，快速收回客户付款等。

在物料采购中，要建立物料价格信息系统，精准把握物料市场价格，在采购过程中注意控制 6 个方面，即价格、交货时间、质量、入库数量、交货地点及付款条件等。

在生产制造中，要画出每个产品制造价值流程图，即用精益生产的技术和工具帮助企业理解精益生产流程，价值流程图的目的是为了辨识和减少生产过程的浪费。浪费，在这里被定义为不能够为终端产品提供增值的任何活动，即消耗了资源而不创造任何价值的一切活动。产品制造价值流程图可分为两种：一种是产品信息流程图，即从市场接到客户订单或市场部预测的客户需求开始，到使之成采购计划及生产计划的信息过程图。另一种是产品实物流程图，是从供应商供应原材料入库开始，到原材料出库制造，成品入库，直至产品出库的过程图。分析上述的产品信息流程图及产品实物流程图，就能够发现企业运营存在的浪费现象，从而采取降低和消灭浪费现象的措施，做到低成本运营。

价值流程图分析应关注八大方面的浪费：设备不良/修理浪费、过分加工浪费、动作浪费、搬运浪费、库存浪费、制造过多/过早浪费、等待浪费及管理浪费。

采购管理在运营管理中是十分重要的问题，采购管理的好坏直接影响到运营成本，其中要注意几个问题：一是对不同物料要采取不同的最经济的管理策略；二是与供应商的关系，过去与供应是"0-1"对策，一方赢则是另一方所失。而现在与供应商是合作模式，买方与卖方是合作伙伴，双方保持长期互惠关系。因此，买方与卖方在一种确定目标价格下，共同分析成本，共享利润；共同保证和提高质量，信息共享，JIT 式交货（即只在需要的时候按需要的量供应所需的物品），买方将供应商分层，尽可能将完整部件的生产甚至设计交给第一层供应商，这样买方企业的零件设计总量大大减少，有利于缩短新产品开发周期，降低采购管理费用，买方只持有较少数目的供应商，一般一种物料只有 1~2 个供应商，这样供应商获得规模优势，从而实现大批量、低成本的生产。

企业运营管理中另一个核心问题是库存控制，对不同的库存对象，需要选择不同的库存控制系统，最基本是定量控制系统和定期控制系统，此处不再赘述。

20 世纪 80 年代，有日美欧各国 80 多位专家参加的一个研究小组，对日本 JIT 生产方式作了全面、详尽的实证考察和理论研究，提出精益生产方式，包括了产品研发，物料采购、加工制造，直至产品的分销配送、售后服务及人力资源管理等企业一系列活动。从整体上追求高效率、低成本、高质量，同时也必须在企业组织、人力资源利用、调动人的积极性等企业行为中追求经营效率的提高，这是一个综合的系统工程，如果企业在各方面都做得很好，就会从精益生产走向精益企业，从多方面塑造企业持久的竞争优势。

### （三）低成本服务运营

如何做到低成本又能提供卓越服务呢？新加坡航空公司认为应当做到以下 5 点：[①]

1. 明确企业自身定位，明确目标客户。

2. 企业领导者从整个工作体系和商业模式去思考，在什么地方可以削减成本而应把投资投向关键领域。

3. 培养执行业务模式所需的专业能力。如医疗机构将心脏外科专家在其核心业务相关的不同岗位轮转，使专家与相关专业人员在其业务模式中配合协调一致，因而使服务成本降至最低。

---

① 艾莉森·艾宁. 如何低成本提供卓越服务[J]. 商学院，2014-09.

4. 超越客户满意度。要深入了解对客户而言什么是最重要的,工作流程设计始终要考虑满足客户需求,即领导者要从整个服务系统上来清楚了解采取低于竞争对手的成本,却仍能提供使顾客满意的服务的措施是什么?

5. 要从大处着眼,小处着手。技术是获得低成本卓越服务的利器,但技术从一开始就要有明确的目的,最初从小规模开始逐步推广。不断地以更低成本提高客户体验需要,建立学习型文化。

低成本航空,这是近年来兴起并盛行的一种航空运输经营模式。以低成本理念运营,以低票价参与市场竞争,坚持单一机型,二线机场起降,点对点飞行,只提供必需的服务,机票直销和高运营效率法则,其显著特征是"低成本+低票价"。

目前全球低成本航空公司超过170家,我国低成本航空起步晚,发展慢,市场份额不到5%,目前仅春秋航空公司等少数几个航空公司低成本运营模式较为成功。[1]

### (四)低成本外部物流

企业外部物流涉及企业供应物流、销售物流、回收物流及废弃物流。企业外部物流存在于企业及其上下游的企业(或最终用户)之间,即存在于供应链当中。企业外部物流服务有三种方式进行,即企业自营物流、协作物流及第三方物流。其中协作物流及第三方物流属于外包物流方式,在实际运作中第三方物流占绝大多数。根据中国仓储协会物流调查报告显示,生产企业原材料物流的执行主体供货方占71%,第三方物流占21%;产品销售物流中,企业自营物流占43%,第三方物流占21%,两种形式都用,占36%。

据测算,我国产品平均直接成本所占比例不到总成本的10%,而物流成本却占到40%,我国企业物流费用所占比例过高。如何降低外部物流成本,关键是物流供应商选择,选择物流供应商要考虑以下因素:

1. 要选择信誉好、经营状况良好,客户相对满意的物流供应商。

2. 控制外部物流成本。物流供应商的成本有完成作业的基本成本和提供附加服务的附加成本。企业要从提供的附加服务中挑选企业所需要的作业,去除不必要的服务项目,以降低成本。

3. 外部物流通常是多个物流供应商共同完成的,因此存在物流供应商作业衔接的情况,也会产生衔接成本,发生在物资交接过程中的联络、指挥、协调、租赁特殊工具等费用,这些费用是企业要承担的。企业应尽量选择长期合作的物流供应商,或者用同一家物流供应商完成物流业务,这样可降低成本及管理难度。

4. 企业要提高物流的效率,效率比成本更重要。物流供应商要保证物流作业速度快,有快速的响应能力,在企业希望的时间完成其服务的能力。同时要保证作业不发生差错,保证运送过程中尽量减少物资的损坏、流失、变质的能力。

5. 外部物流供应商要具有协作能力、紧急配送能力、故障排除能力、提供信息能力、持续改善能力等。

---

[1] 低成本航空可适当简化服务[N].北京青年报,2014-02-28.

### （五）低成本市场营销

低成本市场营销是指面对激烈的市场竞争,不靠大肆宣传和花费,而是充分利用有限的资源和财源,最大限度发挥其作用,实现产品创新、渠道创新、促销创新等。抓住每一个机会,让成本有利,营销给力,从而达到拓展市场,扩大销售业绩的目的。

1. 处理好投入与效益的关系。要把有限的资金用在更能取得实效的事情上,实现有效营销。

2. 代理商的选择与网络嫁接。要选择有实力,有信誉,有网络的代理商,实行网络嫁接,可以与自己没有竞争利害关系的公司结盟,充分利用外部资源,开展合作。

3. 选择市场制高点进行产品展示。选择重要场合、重要地点让产品与消费者见面,扩大产品影响,这是效果最好、最为节约的广告方法。

4. 开展多样化免费活动。如开展免费品尝、免费试用、免费上网等活动,达到促销目的。

5. 礼品促销与激励。向购买者提供奖励和回报,能加深消费者对产品认知度,增强美誉度,易于培养忠实消费者,增强黏性。

6. 敢于营销模式创新,出奇制胜。现在互联网和社交平台给低成本营销创造了无限可能性。如开展互联网电子商务,O2O 模式促销等。营销要掀起高潮要做到触点一次记住,共鸣要一见钟情,超值要一键购买,参与一起分享。触点即受众与品牌接触(徽标、广告语、包装、招牌、命名等)要让顾客一次性记住,共鸣即顾客受品牌感染产生情感共鸣。超值购买,当顾客感知产品超值,价格超值,赠品超值,心理超值,没理由不一键购买。参与,顾客可参与产品、价格、渠道、宣传等,参与分享。

7. 强化售后服务,加强厂商间业务沟通,强化业务人员对市场的服务,是实现低成本营销的最佳手段,为商家、消费者做好全方位服务。确保商家和消费者满意是低成本营销的根本目的。

### （六）低成本售后服务

产品售后服务成本是指产品销售后为消费者提供的一定服务所发生的费用。一般包括产品安装、调试费、顾客培训费和介绍费、产品售后一定时期的维修费和损失费等。

产品售后服务成本按成本性态来分,可分为固定费用和变动费用、培训费、介绍费等,基本上不随业务量而变动属于固定费用。产品安装、调试费和维修损失费等基本上属于变动成本,它是随业务量增大而增大的。

产品售后服务成本大小也取决于产品质量好坏。产品质量高,售后服务成本就相应低。同时产品售后服务成本大小也取决于产品发展时间的长短。一般来讲,产品质量是随着产品发展时间增加而提高,即单位产品售后服务成本是随着产品发展时间的增加而减少,随着产品质量提高而减少。

产品售后服务如何做到低成本? 有些企业的经验有 5 条：①在产品覆盖密集区(通常是一二线城市)要自建售后服务网、树立形象口碑,在其他城市可采用外包制；②制定一定的奖惩制度、回访制度来监控外包代理商；③重视第一线与客户直接接触的服务人员培训,形成"服务客户"的企业文化,做到客户满意和及时响应。售后服务质量高,就降低了成本;④建立售后服务信息系统,对整个售后服务进行监控;⑤企业建立售后服务网站。网上售后服务具有便捷性、低廉性、直接性及一对一个性化服务等特点,开展网上售后服务归纳起来有三种形式:销售过程的售后服务;网上产品支持和技术服务;推销型售后服务。企业在互联网上建立自己网站后,要多途径地为网络用户提供十分便捷的免费的服务,以吸引顾客,提高商品销售额。网上产品问题的解决和技术支持的信息要丰富全面。有时网上服务也要和人工服务相结合,如产品维修,大多数仍必须通过传统方式来解决。

## 四、价值链再造情况下,建立低成本优势

对价值链再造一般称为流程再造,即从顾客价值最大化出发,重新设计企业价值链,削减不合理的附加的无用之物,改造原来的活动和业务流程,更经济地为顾客提供基本的产品和服务,可带来巨大的成本优势。对现有价值链再造的主要方式有:

1. 利用互联网和电子商务。互联网和电子商务创造了新的商业模式,彻底冲垮了原有的价值链,是互联网把客户订单、生产过程和原材料、零部件供应链连接起来,提高了采购速度,降低了存货成本,减少生产时间,节省了交易时间和成本,节省了管理费用,减少了人员配置,加快了信息处理速度和对顾客的响应速度,满足了顾客个性化需求。

2. 采用对最终客户直销方式。电子商务使产品直接到达最终用户,减少了支付给批发商、经销商、零售商的高额成本和利润。

3. 个性化产品设计。利用计算机辅助设计技术,采用模块化生产并请顾客参与到产品设计中来,采用大规模定制生产,既节约了成本又满足了顾客个性化需求。

4. 削减产品和服务附加。只提供基本的无附加的产品和服务,如廉价航空。

5. 在互联网时代采用开放式技术创新、企业物流管理新模式、企业运作柔性化管理模式、网络市场营销模式等(请参见本书第十二章),都使企业价值链再造成为当前企业竞争的焦点。

## 五、成本领先战略的优缺点

### (一)成本领先战略的优点

运用表现力分析法来说明成本领先战略竞争优势的来源[①]。

1. 与现有竞争对手的竞争

处于低成本的位置可以减轻来自对手的竞争压力。对手知道自己无法与成本领先企业比拼价格,他们可能会考虑采用其他竞争对段,如采用差异化战略与成本领先的企业开展竞争。这样企业可以避开与竞争对手的价格战。

成本领先企业在定价策略上有很大的选择权:①将价格定的低于竞争对手,这样可以从对手那里抢夺市场份额,靠低成本、高销量仍可获得利润。不过,这种办法会降低企

---

① 孟卫东.战略管理——创建持续竞争优势[M].第二版.北京:科学出版社,2014.

业毛利，也会泄露成本信息，引发对手模仿；②将价格定得与竞争对手相同，这样企业会牺牲一部分销量和市场份额，但可以获得较高的毛利，能较好地隐瞒企业成本优势信息，减少模仿者。

例如沃尔玛以其控制和削减成本的能力而出名，凯玛特曾试图与沃尔玛在成本方面展开竞争，由于凯玛特配送系统效率低下，成本高昂，不能建立起有竞争力的成本结构，最后导致凯玛特竞争失败而破产。

2. 买方（顾客）的议价能力

购买者可能索要低价或要求更高的质量，从而对企业形成威胁。但是成本领先企业在价格被压低之后，虽然收入会减少但仍能盈利，也能消化由于质量提高所带来的成本增加。而议价能力强大的购买者此时并不太愿意把购买价格压得过低，因为在极低的价格下，产业内若只剩下成本领先的一家企业，其他企业都纷纷倒闭，就会使成本领先企业的地位变得更强，对购买者反而不利。

3. 卖方（供应商）的议价能力

成本领先企业往往是大批量生产，需大批量购买原材料，因此要求供应商降低原材料价格，即对供应商有很强的议价能力，成本领先企业可以比其他竞争对手赚到更多毛利。即使产业内原材料价格上涨，成本领先企业也比其他企业具有更大的空间去消化高的供应成本而仍能盈利，特别是当成本领先企业的成本优势主要来源于内部效率提高的时候。或者，强有力的成本领先者也可以迫使供应商维持原价，从而使供应商的毛利降低，但由于采购量巨大，而使供应商仍能维持一定的利润水平。

4. 潜在进入者的威胁

通过不断地降低成本的努力，成本领先企业积累了丰富的降低成本的经验，因而就筑起了很高的进入壁垒，新进入者很难在成本上与成本领先企业开展竞争，一般新进入者初始产量规模不可能达到成本领先企业的规模，其在价值链上降低成本的经验也没有成本领先企业那么丰富，因此新进入者要达到成本领先企业的成本水平，必须进行大量投资，要花费很长的时间，通常新进入者会采用另外的战略，如产品差异化战略或战略联盟等方式进入，而不是在成本和价格上与成本领先企业开展竞争。

5. 替代品的威胁

与行业内其他竞争对手相比，成本领先企业在替代品威胁方面也占有比较有利的竞争地位。当替代品出现对该产业中的企业形成威胁时，成本领先企业要比其他竞争者更加灵活机动，为留住顾客，成本领先者可以再次降低产品或服务的价格，在低价格下成本领先企业仍能生存并维持一定的盈利水平。

**（二）成本领先战略的缺点**

1. 企业投资较大，因为企业必须具有先进的生产设备，才能高效率地进行生产，以保持较高的劳动生产率。

2. 社会技术变化导致产品生产工艺有了新的突破，使企业过去大量投资和由此产生的高效率一下子丧失了优势，使竞争对手比较容易以更低成本进入该行业，造成对原有企业的威胁。

3. 企业高层领导把过多的注意力集中于企业内部挖潜，降低成本，可能忽视外界环境变化给企业提供的发展机遇，可能导致企业忽视顾客需求特性和需求趋势的变化，忽视顾客对产品差异的兴趣，忽视顾客对价格敏感性的降低，企业拘泥于现有战略的选择，就很有可能被采用产品差异化战略的竞争对手所击败。

4. 由于企业集中大量投资于现有技术及现有设备，因而对新技术的采用及技术创新反应迟钝。同时，由于使用专用设备，因而资产专用性很强，退出壁垒很高，原设备的巨额投资成了企业战略调整的巨大而顽固的障碍，使企业不愿为战略调整而付出巨大代价，企业由此陷入被动。

## 六、我国企业应用成本领先战略要注意的问题

日本丰田公司采用成本领先战略，其经营思想是要用"干毛巾也要拧一把"的精神节约一切成本，认为"浪费是最大的犯罪"，在这种 JIT 生产方式生产的丰田节油型小轿车在20 世纪 50、60 年代打入美国汽车市场，曾占据美国乘用车 1/4 的市场占有率。

我国改革开放 30 多年来，经济迅猛发展，大多数企业均采用成本领先战略，但应注意以下问题：

### （一）企业应是在保证产品质量的前提下努力降低成本

在改革开放初期我国一部分企业为了使产品占领市场，大量生产粗制滥造的低质低价产品，但这种企业是自毁了品牌，致使我国一部分产品在国际上形成低质低价的坏声誉。ISO 9000 标准是国际标准化组织（ISO）总结各工业发达国家质量管理经验而制定的，是在考虑利益、成本和风险基础上，使质量最佳化以及对质量加以控制的动态增值的管理资源。我国已于 1992 年将 ISO 9000 等同采用为国家标准，国家标准号为GB/T 19000，在政府大力推行下，我国已有 32 万多家企业通过 ISO 9001 质量管理体系的认证（截至 2014 年 3 月），这不仅将极大地提高中国企业质量管理水平，也必将提高中国企业在国际市场中的地位。

### （二）企业应在促进环境保护前提下努力降低成本

在改革开放初期，我国一部分企业，为降低成本，而不顾环境保护，致使空气、土壤、水等资源被严重污染，致使我国一部分产品因造成生态破坏国际声誉很坏。ISO 14000 标准是对企业控制环境污染，提高资源利润率，保护生态平衡，给人类创造一个绿色世界具有巨大作用。在发展经济的同时，重视环境保护，使经济效益、环境效益和社会效益协调统一是 ISO 14000 系列标准的最终目标。截止到 2014 年 3 月，我国共有 10 万多家企业通过了环境管理体系认证。

### （三）企业应在重视职工健康安全前提下努力降低成本

在改革开放初期，我国一部分企业为降低成本，而不顾职工身体健康安全，经常发生煤矿瓦斯爆炸或造成职业病等，目前我国职工健康安全现状不容乐观，职工健康安全工作远远滞后，特别是加入 WTO 后，这种状况不很好解决，作为技术壁垒的存在，必将影响我

国企业竞争力,甚至影响我国经济管理体系运行。

为了有效推动我国职业安全卫生管理工作,国家质量监督检验检疫总局于 2001 年发布了等同采用 OHSAS 18001 的 GB/T 28001—2001《职工健康安全管理体系规范》。截至 2014 年 3 月底,我国已有 6.5 万家企业通过了 GB/T 28001—2001 体系认证。

一个现代化的企业除了它的技术能力和经济实力外,还应具有强烈的社会关注力和责任感,优秀的环境保护业绩和保证职工安全与健康的良好记录,这三方面的品质正是优秀的现代化企业与普通企业的主要区别。

现代企业竞争不仅是资本、技术、成本的竞争,也是品质和形象的竞争,因此实施成本领先战略,是在保证职工健康安全、保证质量、保证环境生态三大管理体系前提下的成本领先,职工健康安全、质量、环境三者有机融合已成为现代优秀企业的显著标志。

### (四) 应注意服务企业成本领先战略

笔者要提醒读者注意,服务企业成本领先战略也是非常重要的战略内容,服务业企业成本领先战略,要求企业要具有一定规模的设备,严格控制成本及费用,要有不断创新的技术,在保证顾客安全,服务质量及环保的前提下,努力降低服务成本。服务企业可采用以下方法取得低成本领导者的地位。

1. 以低成本顾客为目标。例如经济型酒店,其目标客户是对着一般商务人士,工薪阶层,普通自费旅游者和学生群体等,它剥离了星级酒店的大量非核心功能,只为消费者提供安全、卫生的客房服务,从而使顾客花较少的钱,就能享受沐浴、休息、睡眠等服务。填补了星级酒店与低级社会招待所(卫生、服务没有保障)之间的巨大市场空间。它是以大众旅行者和中小商务者为主要服务对象,以客房为唯一或核心产品,价格低廉(目前一般在 300 元/天以下),服务标准,环境舒适,硬件上乘,性价比高的现代酒店业态。

2. 将服务标准化。如许多专业性法律服务、健康体检服务、快餐服务等都是将常规服务标准化,以维持低成本。也只有常规服务才适合服务标准化。

3. 提高服务的自动化水平。例如银行采用 ATM 机后,可以为顾客提供便捷服务,减少了服务过程中顾客与服务人员之间的接触,从而降低了银行的营业成本。

4. 非现场作业服务。许多服务具有现场化特点,例如理发,乘客运输等只有在顾客在场的情况下,才能完成这一服务。但对于有些顾客不必在场的服务,服务过程就可以分解,使服务成本降低使服务运营非现场化,如网上购物、网络预订,电话预订等。

服务企业的成本领先战略见案例 7-1。

### 案例 7-1

## 美国假日酒店集团(2007 年)

凯蒙斯·威尔逊于 1952 年创建了第一个假日酒店,不到 20 年时间,他就把假日酒店开到 1 000 家,遍布全美高速公路可以通达的每个地方,并且走向世界,从而使假日酒店集团成为世界上第一家达到 10 亿美元规模的酒店集团。

威尔逊引入特许经营机制，使酒店快速扩张，到 1964 年酒店数目达到 500 家，1968 年酒店突破 1 000 家，1968 年欧洲第一家假日酒店开张，1973 年亚洲第一家假日酒店迎客，70 年代酒店超速发展，平均每两天半就有一家假日酒店在世界某个地方开业。

假日酒店使用了电脑联网预订系统——Holidex，每天有超过 437 000 间假日酒店客房通过 Holidex 系统来预订。

1988 年 8 月 BASS 集团公司与假日酒店集团公司签署协议，于 1990 年完成了对假日酒店的收购。时至今日，国际假日酒店集团在世界 90 多个国家和地区经营 2 700 多家酒店，其中美洲有 1 600 多家，欧洲、中东、非洲有 150 多家，亚太地区有超过 80 家。假日酒店已成为世界上最大的连锁式经营的酒店。1984 年国际假日酒店集团开始进入中国，30 多年来在中国 19 个城市开设了 20 多家酒店。

假日酒店集团成功之道主要表现在以下 6 个方面：

(1) 面对大众市场，以规模效益、控制成本、标准化服务盈利。

(2) 服务标准化，严格按统一标准服务，建立严格的检查制度，对不合标准者实施严惩，取消连锁资格。

(3) 严格控制成本，使用较廉价的床单、地毯，但及时更换、淘汰，搜集碎肥皂头作为洗涤剂，使用钥匙牌电源开关，钥匙牌一拔，立即切断所有电源，空调自动调至最低挡，这样既节约能源又能延长电器使用寿命。

(4) 多种经营与品牌延伸，开始注重市场细分，从传统假日酒店延伸出皇冠型、庭院型、博彩型、度假村型、阳光度假型、快捷型、精选型、假日套房型等旅馆，以适应不同市场的需求。

(5) 促销有道，作为汽车旅馆的假日旅馆买断了几家电台从深夜至凌晨 5 点的时间段的播音权，专门用于播放假日旅馆的广告宣传，这一时段广告成本低，但恰恰是对汽车旅游者最佳的促销时间。

(6) 培养假日酒店的文化，即"假日精神"，"朴实无华、诚实可靠、坚持不懈、乐观大度、激情洋溢"，正是这种精神造就了一批快乐的员工，也造就了满意的顾客。

资料来源：王大悟.酒店管理 180 个案例品析[M].北京：中国旅游出版社，2007.

# 第三节　差异化战略

## 一、差异化战略的概念

差异化战略的指导思想是：在价值链的某些环节上，企业提供的产品或服务在全产业中具有独特性，即具有与众不同的特色，这些特色可以表现在产品设计、技术特性、产品品牌、产品形象、服务方式、销售方式、促销手段等某一方面，也可以同时表现在几个方面。这种产品由于具有与众不同的特色，因而赢得一部分用户的信任，使同产业内的其他企业一时难以与之竞争，其替代品也很难在这个特定的领域与之抗衡。

总之，差异化使同一产业内不同企业的产品或服务减少了可替代性，这意味着产业市场垄断因素的增强。

## 二、选择差异化战略的条件

选择差异化战略有三个条件：

1. 企业要有很强的研究开发能力，企业要具备一定数量的研发人员，要求这些研发人员要有强烈的市场意识和创新眼光，及时了解客户需求，不断地在产品及服务中创造出独特性。

2. 企业在产品或服务上要具有领先的声望，企业或品牌要具有较高的知名度和美誉度。

3. 企业要有很强的市场营销能力。要使企业内部的研究开发、生产制造、市场营销等职能部门之间有很好的协调性。

## 三、实现制造企业差异化战略的途径

形成产品差异化的方法有两种。

1. 产品内在因素的差异化。是指企业在产品性能、设计、质量及附加功能等方面为顾客创造价值，并创造与竞争对手相区别的独特性。即应当认清购买者是谁，然后要认清购买者所看重的价值是什么？要在客户看重的价值链环节中为客户创造与众不同的价值，见案例7-2。

**案例 7-2**

### 重庆市涪陵榨菜集团股份有限公司（2012 年）

重庆市涪陵榨菜集团股份有限公司是一家以榨菜为根本，立足于在佐餐开胃菜领域快速发展的农业产业化企业集团，注册资本1.15亿元。"乌江"牌榨菜先后获得"中国名牌产品"、"中国驰名商标"、"绿色食品 A 级标准认定证书"等荣誉。通过了 ISO 9001—2000 国际质量认证、HACCP 和 QS 认证、美国"FDA 认证"。乌江牌榨菜畅销全国，并远销欧盟、美国、日本以及中国的香港、台湾等多个国家和地区。

乌江牌榨菜享誉全国，吃起来又香又脆，日本人曾经想日本能不能制造出涪陵榨菜，曾把涪陵种榨菜的土拿回日本进行了化验，但最后他们得出结论：日本做不出涪陵榨菜，因为重庆涪陵榨菜公司做榨菜时有一道关键工艺，即当把榨菜头收获以后，要把榨菜切成大片，用麻绳串起来，晾在涪陵长江边上，在涪陵长江边上有一种潮湿的风，吹这些榨菜片，吹过 4～5 天以后，把榨菜片吹蔫了，将其洗净切碎，放到坛子里放上辣椒等调料即成涪陵榨菜。日本人说，我们国家没有你们涪陵长江边上潮湿的风，因此做不出涪陵榨菜。

重庆涪陵榨菜公司的领导说，浙江省榨菜厂很多，但绝大多数榨菜厂并不是开在浙江，而是建在涪陵，就是因为涪陵长江边上有那种潮湿的风，才能把榨菜做得好，这是其他地方不能模仿的。

重庆涪陵榨菜公司的领导风趣地说："刘教授，你知道吗？这种潮湿风哪里都没有，就是我们涪陵有，这种风就是我们企业的核心能力！"

资料来源：重庆市涪陵榨菜集团网站，重庆市涪陵榨菜集团股份有限公司总经理介绍。

2．产品外在因素的差异化。是指企业要利用产品的包装、定价、商标、销售渠道及促销手段，使其与竞争对手在营销组合方面形成差异化，因而开创独特的市场。为此：

（1）企业可采用定价、改进包装、树立名牌的方法实现产品差异化。即高价显示高贵，精美包装显示优质，借此树立企业产品的形象。

（2）通过宣传，利用广告形成产品的差异化。通过各种传播媒体和传播手段，将有关产品特征的信息传达到国际国内市场，使顾客感到产品差异，从而在顾客心目中树立与众不同的形象。

（3）通过优质服务来实现产品差异化。如采用免费送货、分期付款、一定时间内实行保修等方法，使产品形成差异化。

（4）通过分销渠道来实现产品差异化。如采用零售或上门推销等方法，使产品直接与顾客接触，使产品形象在顾客心目中产生差异。

产品外在因素差异化有时与能否满足消费者的物质需求没有多大关系，但它却能够使消费者心理上得到满足，感到实现了某种愿望，形成粉丝群，使粉丝愿意为其所喜欢的商品支付更高的价格，从而建立起公司的信誉和顾客对企业产品的忠诚，使竞争对手难以与之竞争。

例如，美国泰麦克斯手表（Timex）的推销方式很特别，推销员在表店里表演给消费者看，拿起手表就往墙上摔，手表撞到墙上再掉到地上，捡起来，该手表走得很正常；把这种表绑在冲浪板上，绑在飞奔的马尾巴上，电视特写镜头照出来，手表走得很正常；把这种表从飞机上扔到大海里，再从海里捞出来，这种表走得很正常。因此，把这种手表放到欧洲市场去销售，欧洲其他手表的销量就急剧下降；把这种表放到非洲市场去销售，非洲其他手表的销售也急剧下降。这种"马戏团式"的促销方式很特别，因而取得了一定的成功。

例如，日本西铁城手表为了打开澳大利亚的市场，日本西铁城手表公司就在澳大利亚报纸上登广告，声称该公司在某月、某日在澳大利亚的某城市飞机场准备举行手表表演，从飞机上扔下西铁城手表，谁捡着就送给谁。到扔手表的那天，澳大利亚人纷纷去飞机场，看到西铁城手表从天而降，手表掉到地上，捡起来，手表仍运转正常，也在一定程度上做了广告，得到顾客的偏爱。

例如，1915 年，中国茅台酒厂派了两位评酒员带着茅台酒去参加美国旧金山举行的"巴拿马万国博览会"，当时我国茅台酒都是装在陶制罐中，而外国酒装在玻璃瓶子里，许多国家评酒员都去看玻璃瓶子装的外国酒，没有人来看我国的茅台酒，我国两位评酒员非常着急，其中一位评酒员急中生智，特意将一罐茅台酒打碎，于是茅台酒的香气开始弥漫在展览大厅中，这样茅台酒才被评为世界名酒，从此蜚声中外。

## 四、实现服务企业差异化战略的途径

服务企业面对竞争对手在服务的环境、物品、显性服务及隐性服务等要素及其组合方面，形成了与众不同的特色，使顾客感受到接受的服务是独一无二的，从而创建了顾客忠诚度,满足顾客体验需求的战略。

实现服务差异化的途径很多,其实现方法主要有以下 6 种:

1. 使无形服务有形化。如医疗服务是无形的,但如果在医疗服务过程中能给患者及家属留下一些有形提示物,会使患者及家属得到更深的感受,也会在患者及家属心目中树立医院形象。

2. 使标准化服务个性化。服务公司可通过让顾客接触服务过程而强化对服务的印象,有的甚至不需要花费任何成本。例如美国汉堡王快餐店提供现场制作的汉堡,顾客可根据自己的爱好决定汉堡包中的馅料,从而使自己的服务与麦当劳区别开来。

3. 努力降低顾客的不安全感。如果顾客缺乏对所消费服务的知识,将会有一种担心或风险的感觉,影响顾客对企业的忠诚度。例如患者到医院看病总感觉要冒很大风险,因此医生要向患者详细提供某种疾病的发展过程、引起疾病的原因、治疗过程及其可能产生的风险、治疗效果等信息,同时有的医院让已经过治疗的患者向未经过治疗患者讲述治疗过程的体验,促使患者及家属对医疗机构建立起信任关系,患者及家属愿意为这种治疗过程付费。因此,使患者感到安全的医疗机构更能赢得竞争优势。

4. 使服务具有外在特色。如品牌特色、环境特色、地点特色、物品特色、服务人员特色、显性服务特色等。例如北京松堂关怀医院,集医院、福利院、敬老院及临终关怀为一体,该医院认为一个成熟的民族应该对优生与优死同样关注。该医院努力为临终者创造一个全社会温暖关爱的环境,患者在社会关爱中幸福地走完生命旅程。人诞生是节日,人死亡也是一个节日,该医院自 1987 年成立至今已送走 16 000 名生命末期的病人,受到老年人的称赞。

5. 使服务具有内在特色。例如医疗机构有专科特色、专家特色、医疗技术特色、医疗服务流程特色、药物特色、护理特色等。我国国医唐由之教授是中医眼科专家,他继承发扬了中医眼科金针拨障术,发明了白内障针拨套出术,在眼科临床手术学研究方面作出可贵贡献,为海内外眼科学者所重视。柬埔寨宾努亲王双眼患老年白内障,一眼已失明,需手术治疗,但他年事已高,头部不停地颤动,一分钟颤动 60 次,曾往国外求医,未能如愿。1973 年秋,周恩来总理亲点由唐由之教授为他做手术,效果很好,术后 10 余年,宾努亲王过着幸福的晚年生活,直至最后去世。1974 年毛主席患白内障失明,在周恩来、邓小平主持下由唐由之为首的医疗小组为毛主席做手术,手术完成当晚,毛主席在床上小睡后,精神兴奋,听到唐由之又进来看他,揣测其名"由之"的出处,背诵了一首诗,"岂有豪情似旧时,花开花落两由之,何其泪洒江南雨,又为斯民哭健儿。"在唐由之要求下,毛主席当即挥毫,录下这首鲁迅悼念杨杏佛的诗,并签名,赠予唐由之。[①]

6. 重视服务中顾客的独特的体验。什么是体验?是指人们深刻的感知所形成的记忆,即体验到的东西使人们在大脑记忆中留下深刻印象。差异化战略就是使顾客接受服务后有独特的感受和记忆。

从服务体验来看:

(1)服务过程不是目的,而是达到顾客独特体验的手段和工具,服务人员与顾客的关

---

① 北京青年报,C6 版,2013-03-29.

系要从主动被动型转为指导合作型。

（2）顾客是创造服务体验过程的主体，而不仅仅是服务的被动接受者。

（3）企业要关注顾客的全面需求，尤其是自我实现的需求。

所谓企业体验服务模式是企业以服务为舞台，以服务环境和服务技术为道具，以顾客需求为中心，创造出能够使顾客参与、值得顾客回忆的独特的服务体验。

目前世界经济发展分四个阶段：从产品经济时代进入商品经济时代，即从农业社会进入工业社会，现在又从商品经济时代进入服务经济时代，即从工业社会进入服务社会，发达国家又从服务经济时代进入体验经济时代。体验经济是更高、更新的经济形态。产品是可加工的，商品是有实体的，服务是无形的，而体验是难忘的。在移动互联网、云计算、大数据、物联网快速发展的当代，体验是有价值的，是企业利润新的生长点。体验经济是服务经济之后又一新价值的源泉，要以体验为导向制定企业战略。

咖啡当货物产品卖，一磅咖啡卖 300 美元；咖啡当商品卖，一小瓶咖啡卖 20 美元；咖啡当服务卖，一杯咖啡饮料卖几十美元；咖啡当体验卖，一杯咖啡饮料卖上百美元。

美国学者认为"All Business is Show Business"，企业卖的就是两个字"体验"。好的用户体验要做到三点：[①]

（1）要超出顾客预期，能给顾客带来惊喜。例如汉庭经济酒店为用户准备了 5 种枕头。

（2）好的顾客体验要能够让顾客有所感知，并有深刻印象。例如某电信公司卖的手机为绿色手机无辐射，但消费者一时无法判断，无法感知。

（3）好的用户体验是从细节开始，贯穿于体验过程的每个细节。

例如，一位企业家要到某城市去演讲，但他的旅行箱被航空公司塞进另一个航班，他打电话让一家男装品牌店根据他的尺寸准备西装，该品牌店迅速反应，同时提供藏青色及灰黑色两套西装，质地相当好，而且装备了领带、衬衫、皮鞋等。这是体验细节的魅力。

## 案例 7-3

### 广州复大肿瘤医院医疗服务差异化战略（2010 年）

广州复大肿瘤医院是一所小型民营肿瘤专科医院，每年住院病人以 20％速度递增。半数以上病人来自亚、美、欧等 19 个国家。该医院差异化战略表现在 5 个方面：

**一、差异化目标——专科特色**

该医院认为肿瘤在未来 10 年会成为人类第一死因，近 20 年来中国癌症死亡率上升近 20％，医院以中晚期恶性肿瘤作为主要治疗对象，以延长患者生命并有较好的生活质量为主要目标。该院决定开设一家集特色诊疗、心理康复、健康指导、生活照护为一体的肿瘤专科医院，治疗了几例各大医院拒收的巨大癌症患者，震动了国内外学术界，并先后救助了 20 名贫困患者近百万元。

---

① 顾桥，梁东，刘泉宏.体验营销的理论与实践[M].北京：中国地质大学出版社，2012.

## 二、差异化定位——比较优势

该院采用新技术强化患者自身免疫,坚持与肿瘤和平共处,肿瘤仍存在让它"休眠",人处于相对健康状态。该院发挥肿瘤冷冻消融技术特色专长,与联合免疫疗法相结合,与微创技术相结合,与常规肿瘤治疗手段相结合,与中医复元养生疗法相结合。通过以上四个结合,使不能手术的、晚期的、转移性的无特殊治疗手段的癌症患者获得较长期的较好质量的生存,成为该院差异化战略的选择。

## 三、差异化技术——创造精品

除常规治疗外,主要开展冷冻疗法、射频消融、化学消融、放射性粒子消融、光动力疗法、体外热疗、血管介入治疗、联合免疫治疗、基因疗法等,逐步形成了自己的治疗模式。冷冻消融已达 5 000 例,为世界第一。

## 四、差异化服务——立体延伸服务

1. 拓展服务。将服务半径向院外、省外、国外辐射,深入病人家中诊视,亲自接患者来院治疗。

2. 深度服务。外籍病人多,尊重各国习俗,安排有各种需要的病房,设中西餐,为伊斯兰教、基督教病人等各安排有做礼拜的场所。

3. 延伸服务。建立客户服务中心,出院后与患者保持联系,在亚洲国家建国际服务站,在加拿大、英国、丹麦等国建办事处等。

## 五、差异化市场——辐射海外市场

该院专业人员走出去,进行学术交流,请进来,外国专家来院实地考察,来院培训外国医生 30 多人次。联手协作,与美、日、丹麦等国医院联手协作,与 7 个国外科研机构建立协作关系等。

资料来源:徐克成,左建生,牛立志,等.复大医院医疗服务差异化战略[J].现代医院,2010(1),10(1).引用时笔者作了删节.

# 五、差异化战略的优缺点

## (一)差异化战略的优点

运用五力分析法来说明差异化战略竞争优势的来源。

1. 与现有竞争对手的竞争

由于企业采用差异化战略,即企业所卖的产品是名牌产品,在产业内树立良好的品牌形象和极高的声誉,因此在产业内就筑起了很高的壁垒,产业内竞争对手很难从品牌上与差异化企业开展竞争,例如,瑞士手表百达翡丽(Patek Philippe)在世界享有盛誉,其他手表企业就不能再用此品牌,只能另创立一个其他手表品牌,与之开展竞争。因此,良好的品牌和声誉是差异化战略公司的竞争优势。

2. 买方(顾客)的议价能力

由于差异化产品和服务为买方(顾客)提供了独特的价值,使顾客对该品牌的产品和服务忠诚度提高,而对其产品和服务的价格敏感度降低。例如许多旅游者到了美国就要买路易威登(Louis Vuitton)的女士手袋及其他配饰品,到了法国要去买法国名牌香水,到了意大利要去买名牌皮鞋等。尽管这些名牌产品与同样用途的普通大众用品价格上要贵5~10倍,但中产阶级及其他顾客仍趋之若鹜。这就是差异化战略的魅力。

3. 供应商的议价能力

由于差异化战略为顾客提供的是名牌产品和服务,要求供应商所提供的原材料和零部件必须是高质量的,当然所提供的原材料和零部件的价格要比普通的原材料和零部件价格要高,但实行差异化战略的企业要求供应商开出的价格要合理,价格不能过高,因为供应商是为名牌企业提供原材料和零部件,客观上也提高了供应商在其产业内的品牌地位和身价。这是供应商为名牌企业供应原材料和零部件而获得的无形资本。如果该供应商开出的价格过高,企业将去寻求其他供应商供货(如果同类供应商较多的话)。

一般来讲,实行差异化战略的企业是会用自己的利润来承受较高价格的原材料及零部件的,因为维持原材料和零部件的高质量是企业实施差异化战略、维持企业名牌及声誉的基础。

4. 潜在进入者威胁

实行差异化战略的企业对新进入者具有较高的竞争优势。因为企业在产业内已经建立了优良品牌及声誉,建立了较高的顾客忠诚度,新进入者一时难以与企业开展竞争。

5. 替代品威胁

实行差异化战略的企业也要提高警惕,不断创新是应对替代品威胁最有力武器。也要不断地在名牌产品和服务基础上不断创新,如上文所提美国路易威登的女士手袋及其他配饰品、法国名牌香水、意大利名牌皮鞋等名牌产品都不断地在用料、款式、花色等各方面推陈出新,引领潮流,这样才能在产业中使优良品牌及声誉长盛不衰。

### (二)差异化战略的缺点

1. 要保持产品的差异化,往往要以成本的提高为代价,因为实行这种战略要增加设计及研究开发费用,要用高档的原材料,企业是把保持产品经营特色放在第一位,成本降低放在第二位,因此,企业产品差异化所取得利润的一部分或大部分要被产品成本的提高所抵消。

2. 顾客对差异化所支付的额外费用是有一定支付极限的,若超过顾客的支付极限,低成本、低价格产品对顾客的吸引力与高价格差异化产品对顾客的吸引力相比就显示出较高的竞争力。

3. 由于产品价格较高,很难拥有很大的销售量,因此差异化产品或服务市场占有率较低。

4. 一般来讲,对生活消费资料企业容易实现差异化,对生产资料企业较难实现差异化,因其产品不存在多少差异,有些材料产品均已标准化,没有多少创造差异的余地,购买者对所购生产资料性能都有充分的了解,供货人口头宣传效果不大,因此该战略对生产资料企业不太重要。

5. 产品差异化使同一产业内的不同企业产品之间减少了可替代性。

# 第四节  集 中 战 略

## 一、集中战略的概念

美国迈克尔·波特提出了第三种企业基本竞争战略,即集中战略。该战略通过满足特定消费者群体的特殊需要,或者集中服务于某一有限的区域市场,来建立企业的竞争优势及其市场地位,中小型企业比较适合采用此战略。集中战略的最突出特征是专门服务于总体市场的一部分,即对某一类型的顾客或某一地区性市场做密集型的经营。这种战略的优点在于企业能够控制一定的产品势力范围,在此势力范围内其他竞争者不易与之竞争,故其竞争优势地位较为稳定。这样可以避免广而弱的分散投资局面,容易形成企业的核心竞争力。

成本领先战略与差异化战略是面向全产业的,是在整个产业的范围内进行活动。而集中战略是围绕一个特定的较为狭窄的目标市场进行密集型的生产经营活动,要求能够比竞争对手提供更为有效的服务。公司一旦选择了这一狭窄的目标市场,便可以通过差异化或成本领先的方法形成集中战略。

## 二、选择集中战略的条件

1. 在产业中有特殊需求的顾客存在,或在某一地区有特殊需求的顾客存在。

2. 产品或服务在细分市场的规模、成长速度、获利能力、竞争强度等方面有较大差别,因而使部分细分市场有一定的空白,没有其他竞争对手试图在上述目标细分市场中采取集中战略。

3. 企业经营实力较弱,资源稀缺,不足以追求广泛的市场目标。但是在所选择的重点市场企业必须具备足够的能力,因此在选择集中性经营重点时,也存在一个比较和优选的问题。

## 三、集中战略的优缺点

### (一)集中战略的优点

1. 经营目标集中,管理简单方便,可以集中使用企业的人、财、物等资源。

2. 有条件深入钻研以至于精通有关的专门技术,熟悉产品的市场、用户及同产业竞争方面的情况,因此有可能提高企业的实力,争得产品及市场优势。

3. 由于生产高度专业化,可以达到规模经济效益,降低成本,增加收益。这种战略适用于中小企业。

这种战略能使高度集中的专业化中小企业对国民经济作出重要贡献,成为"小型巨人",即小企业采用单一产品市场战略可以以小补大、以专补缺、以精取胜,成为受大公司欢迎为其提供配套产品的友好伙伴。

### （二）集中战略的缺点

1. 当市场发生变化、技术创新或新的替代品出现时，该产品需求量下降，企业就会受到严重的冲击。

2. 这种企业对环境的适应能力差、经营风险大，应当看到市场上大多数产品或迟或早终究要退出市场的。因此，采用此战略应当有应变的准备，做好产品的更新改造工作。

企业选用集中战略要注意防止来自三方面的威胁，并采取相应措施维护企业的竞争优势。

1. 以广泛市场为目标的竞争对手，很可能将该目标细分市场纳入其竞争范围，甚至已经在该目标细分市场中竞争，它也可能成为该细分市场的潜在进入者，造成了对企业的威胁。这时选用集中战略的企业要在产品及市场营销等各方面保持和加大其差异性，产品的差异性越大，集中战略的维持力越强。需求者差异性越大，集中战略的维持力也越强。应当指出，正由于集中战略的维持力是建立在差异性基础上，因此，随着差异性的变化，选用集中战略的企业的目标细分市场也应该随之做出相应的调整。

2. 该产业的其他企业也采用集中战略，或者以更小的细分市场为目标，造成了对企业的威胁。这时选用集中战略的企业要建立防止模仿的障碍壁垒，当然其障碍壁垒的高低取决于特定的市场细分结构。另外，目标细分市场的规模也会造成对集中战略的威胁，如果目标细分市场较小，企业发展会受到限制。但如果是在一个新兴的、利润不断增长的较大的目标细分市场上采用集中战略，就有可能被其他企业在更为狭窄的目标细分市场上也采用集中战略，开发出更为专业化的产品，从而剥夺了原选用集中战略的企业的竞争优势。

3. 集中战略的细分市场中，由于有替代品出现或消费者偏好发生变化，价值观念更新，社会政治、经济、法律、文化等环境的变化、技术的突破和创新等方面的原因引起目标细分市场的替代，导致市场结构性变化，此时集中战略的优势也将随之消失。

## 案例 7-4

## 马鞍山金姿纺织装饰品有限公司（2013 年）

马鞍山金姿纺织装饰品有限公司（以下简称金姿公司）创建于 1987 年，为民营企业，拥有员工 156 人，固定资产 1 800 多万元，年销售收入 4 000 万元，自营出口创汇 300 多万美元，其主要产品是"金姿牌"提花台布、餐巾等装饰用品。

金姿公司要创建世界品牌遇到的困难是，员工素质低，品牌意识差，生产规模小，所有员工都是当地人，大多数只有初中文化程度，金姿公司采用集中差异化战略，即"科技、品牌、国际化"战略，转变发展观念，创新发展模式，要使提花台布成为有竞争力世界品牌的产品。几年来，金姿公司主要采取以下措施：

1. 动员干部员工认清差距和责任。加强对干部员工培训，开展"我为名牌做努力"活动，鼓励干部、员工学技术，学文化，争先锋，赶先进，比成绩，比贡献，使干部员工转变思想观念，提高质量意识及名牌意识。

2. 加大设计研发。公司设立设计研发部，注重品牌建设及新产品开发，开发生产出国内唯一的 3.2 米特宽幅总统宴会桌用大提花台布，同时花型活泼，具有丝绸般风格，满足了国际国内高端市场需求，同时设立前沿信息小组，随时掌握国内外市场、技术、产业竞争情报等。

3. 加强质量管理。公司明确了"创造优质名牌，追求顾客满意，坚持信誉至上，实现持续改进"的质量方针，为认真贯彻 ISO 9001：2008 质量体系标准，公司重新改组有关部门，使各道工序都能按照质量标准严格把关。

4. 加强市场营销。公司立足高端市场，坚持"人无我有、人有我精"的原则以及"专、精、特、新"发展战略。

金姿公司的提花台布 20％产品为高星级宾馆饭店使用，80％的产品远销几十个国家和地区，现在产品正向多规格、多花型、多色彩方向发展。

资料来源：中国企业联合会管理现代化工作委员会，全国企业管理现代化创新成果审定委员会.19 届国家级企业管理创新成果（2013）（下）［M］.北京：企业管理出版社，2013.引用时笔者进行了改写.

## 案例 7-5

## 小型现代物流公司一体化管理服务（2003 年）

上海东昌西泰克现代物流管理有限公司（简称东昌西泰克公司）是由东昌集团公司与美国专业物流管理公司——西泰克公司合资，由东昌集团公司控股，公司注册资金 200 万美元，总投资 5 000 万人民币，员工 300 多人，其中专业技术人员 94 人。

自 1999 年以来公司为上海通用汽车公司、沈阳金杯通用汽车公司、烟台车身制造公司、上海克虏伯汽车公司、京瓷电子公司等企业提供物料、设施、化学品等一体化物流管理服务，支持了这些大型企业的精益生产、精益运行、流程优化，大幅度地提高了管理效率。公司开辟了一个新型的物流管理服务模式。

公司开展的现代物流一体化管理服务，是以提高客户管理效率、降低物流成本为目标，通过整合供应链，构筑供应链联盟，建立信息化的物流管理服务平台，优化、对接供应链各企业的流程，从而实现供应链各企业的双赢与多赢。

公司确定了独特性的物流服务两个原则：第一，物料与管理服务成本以"平进平出，实报实销"同客户结算；第二，本公司的收益按合同与客户分享降低的物流成本获得。

按上述原则，物流管理服务费用，如仓库租金，计算机设备硬件及软件的投入摊销，员工工资等管理成本、财务成本等由合同约定，实报实销。所有间接物料，从采购计划、网上询价、定价，通过供应链各环节整合，实现供应，都平进平出，不赚取买卖差价，价格由客户审定、批准，从经济利益上切断了与物料领用量之间的关系，使物流管理服务供应商不会有盲目采购、重复采购、加价采购的利益驱动。

物料采购账目向客户公开，同客户联网，确保平进平出，从源头上在每个环节的第一时间抵制与消除采购中回扣等行业腐败。降低物流成本的分享比例按合同约定，根据服务的内容与降低成本的难度，分别按各 50％，或东昌西泰克公司方分享 20％～30％不等。

物流每个环节所涉及的价格,由东昌西泰克公司从专业角度提出建议,客户拥有批准权,保证客户的利益。

东昌西泰克公司整合供应链,构筑供应链联盟,建立信息化的物流管理服务平台,建设了安全、成本、质量、组织、响应五个方面的业务流程,开创了一个新型物流管理服务模式,取得了双赢或多赢的效果。例如上海通用汽车公司假设完全由企业自己负责物流管理业务,需增加700名工作人员,而上海通用汽车正式员工总数也只有2 000多名。通用汽车在澳大利亚的相当规模的整车厂,因自己负责物流管理与运作业务,却有6 000多名员工。

全球第三方物流管理服务中,每年的间接物料采购量达上千亿美元,其中有一部分是我国企业有能力生产的,通过与国际上的一体化管理商合作,进入他们的采购网络,可以拉动间接物料产品的出口,第三方物流与管理服务的发展,被称为"第三利润的源泉",是"最后的金矿",是我国中小物流企业发展方向之一。

资料来源:中国企业联合会管理现代化工作委员会,全国企业管理现代化创新成果审定委员会。第九届国家级企业管理创新成果[M].北京:企业管理出版社,2003.

## 四、三种基本竞争战略之间的区别

上述三种基本竞争战略在战略目标及竞争优势上各有其特点,见图7-2。

由图7-2可见,三种基本战略在组织安排、控制程度及创新体制上的差异,各基本战略还需要有不同的领导风格、不同的企业文化及不同类型的人才,才能实施不同的基本战略。三种基本竞争战略需要的技能和资源以及对组织的基本要求见表7-4。

表7-4 对三种基本竞争战略的要求

| 基本战略 | 通常需要的基本技能和资源 | 对组织的基本要求 |
|---|---|---|
| 成本领先战略 | • 持续的资本投资和良好的融资能力<br>• 工艺加工技能<br>• 对工人严格监督<br>• 所设计的产品易于制造<br>• 低成本的分销系统 | • 结构分明的组织和责任<br>• 以满足严格的定量目标为基础的激励<br>• 严格的成本控制<br>• 经常、详细的控制报告 |
| 差异化战略 | • 强大的生产营销能力<br>• 很强的产品加工能力<br>• 对创新的鉴别能力<br>• 很强的研发能力<br>• 有很高的公司声誉<br>• 在产业中有悠久的传统或具有从其他业务中得到的独特技能组合<br>• 得到销售渠道的高度合作 | • 在研究与开发、产品开发和市场营销部门之间的密切协作<br>• 重视定性评价和激励,而不完全是定量评价<br>• 有轻松愉快的气氛,以吸引高技能工人、科学家和创造性人才 |
| 集中战略 | • 善于发现在产业中有特殊需求的顾客<br>• 特殊产品专业化加工能力<br>• 产品要达到一定批量<br>• 做好市场营销<br>• 要把资源集中投入到狭窄目标市场领域中去 | • 组织结构简单,一般为直线职能制<br>• 严格控制成本<br>• 加强人力资源的管理,加强激励 |

企业成本领先战略及产品差异化战略在成本与创造价值的关系见图7-3。

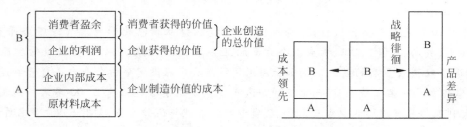

**图7-3　企业成本领先战略及产品差异化战略在成本与创造价值的关系**

由图7-3中看出，成本领先战略及产品差异化战略在成本、价格、利润关系上的区别，因此，企业要努力避免在两种基本战略中徘徊，即企业要有自己鲜明的战略特色。

## 五、当前竞争战略的发展趋势——成本领先与差异化相结合的战略

一般认为，一个实行成本领先战略的企业，迫于竞争对手的压力，会进一步削减成本，而不可避免地牺牲差异化。而实行差异化战略，就意味着企业在资源上必须增加投入，因此差异化必然带来成本增加。所以就导致成本领先与差异化两种战略不能兼容。应当看到三种基本竞争战略是以企业静态竞争为前提的，企业在制定竞争战略时很少考虑和预测竞争对手的反应和行为。但在当前动态竞争环境下成本领先战略与差异化战略不仅不互相排斥，而且要更紧密地耦合、融合，才能形成新的竞争优势，其融合点表现在以下三个方面：

1. 信息技术的发展，使成本领先战略与差异化战略融合成为可能，因此大规模定制、柔性制造系统、模块化及数字化生产系统、虚拟经营、电子商务等都达到了成本领先与差异化的有效融合。

2. 消费者中心化是成本领先战略和差异化战略融合的必然要求。

在当前全球化竞争中，企业以营销为中心的年代已经过时了，随着信息化时代的到来，企业做什么已经不重要了，重要的是顾客需要什么，市场从供给方向需求方转变，将顾客置于企业的中心，企业要想获得竞争优势，就必须让顾客满意，要让顾客满意就必须让顾客获得超值的价值，而要让顾客获得超值的价值就必须满足两个条件：一是满足网络经济出现后顾客海量的个性化需求；二是价格必须比竞争对手更低。只有物美价廉才能赢得较为持久的竞争优势。这使得两种战略融合成为必然。

3. 价值链整合使成本领先战略与差异化战略的融合成为可能。

在当前经济全球化及全球信息化环境下，企业在价格链的不同环节上分别追求成本领先和差异化，即在某些环节上，企业追求成本领先；在另一些环节上，企业追求差异化。整条价值链各环节之间的联系和整合本身也要求既成本领先又能差异化。这使得两种战略融合成为可能。

因此在企业竞争战略选择上有三种模式：一是在成本领先战略基础上突出特色，培育差异化，提升自己的品牌。例如格兰仕的微波炉产品以低成本、低价格打天下，争得"世界第一"的微波炉产销量，市场占有率不断提高，其品牌知名度也在不断提升，这就是品牌

差异化效应。从而实现两种战略的融合；二在差异化战略基础上寻求成本领先，世界上许多知名跨国公司在中国投资建厂，充分利用中国廉价劳动力和原材料，努力降低其成本，同时它们在品牌、技术、质量等方面的差异化仍可得到保持和强化，实现两种战略的融合；三是既要成本领先的同时还要差异化。这主要要靠技术创新来实现，如电子表代替机械式手表，数码相机代替感光胶卷式相机等。

## 武汉钢铁（集团）公司（2009 年）

武汉钢铁（集团）公司是新中国兴建的第一个特大型钢铁联合企业，拥有矿山采掘、炼焦、炼铁、炼钢、轧钢及配套设施等一整套先进的钢铁生产工艺设备，是我国重要的优质板材生产基地，2007 年粗钢产量居世界钢铁企业第 10 位。但我国粗钢生产能力已经过剩，竞争过于激烈，而随着我国国民经济发展，硅钢片需求猛增，但国内冷轧硅钢片供需缺口大，武钢在 1978 年建立了我国首家硅钢片厂，但产量不能满足需求，仍需大量从国外进口。

冷轧硅钢片在变压器、电动机、发电机、家用电器、航空航天及国防有广泛的用途，由于制造技术和工艺复杂，西方国家对我国企业实行严格技术封锁。冷轧硅钢片的短缺与高昂的价格严重制约了我国相关产业的发展。在这样的背景下，武钢决定从一般钢铁产品战略向技术含量更高的硅钢产品战略转型，从成本领先战略向成本领先与差异化战略融合转型。武钢制定和实施了"建设最具竞争力硅钢基地"的发展战略，要把武钢打造成为国内冷轧硅钢片品种最齐全、规模最大、技术最先进的生产基地，从根本上解决我国重要产业发展自主创新能力的瓶颈。为实施战略转型，武钢建立了硅钢产品技术创新体系及生产管理体系，建立了顾客满意的营销体系，保障战略转型执行力不断增强。

通过战略转型有效提升了武钢的国际竞争力，实现了硅钢产量名列世界第一，实物质量达到国内一流水平的战略目标。促进了我国机电产品的更新换代及相关产业的节能降耗，推动了我国钢铁产业结构调整，取得很好的经济效益、社会效益和生态效益。

资料来源：中国企业联合会管理现代化工作委员会，全国企业管理现代化创新成果审定委员会.第 15 届国家级企业管理创新成果[M].北京：企业管理出版社，2009.

## 第五节　企业动态竞争战略

由于全球经济一体化，全球信息化以及互联网、大数据、云计算的发展，当前的企业竞争已进入了动态竞争阶段。

### 一、企业动态竞争的概念及主要特征

什么是动态竞争？目前没有统一的、规范化的定义。根据 Hitt 等人（Michael A. Hitt,et al.，1999）的定义，动态竞争是指在特定产业内，某个（或某些）企业采取了一系列

竞争行动,引起竞争对手的一系列反应,这些反应又会影响到原先行动的企业,这是一种竞争互动的过程。

动态竞争具有 5 方面特征:

1. 动态竞争的高强度性。每个竞争企业都在不间断地建立自己的竞争优势,并努力削弱对手的竞争优势。

2. 动态竞争互动的高速度性。竞争对手战略互动速度在加快,即竞争的频率在加快。

3. 动态竞争优势的暂时性。这种竞争优势暂时性表现在两个方面:任何先动企业的优势都是暂时的,随时都有可能被竞争对手的反击行动所击倒;所以有时被动挨打的企业还没被打倒时,首先发起进攻的企业却先倒了。任何企业的竞争优势都是暂时的,都不可能长期保持。

4. 动态竞争的有效性取决于企业的竞争能力。即动态竞争战略有效性不仅取决于时间在先,还要取决于企业预测竞争对手的反应能力、企业改变产业市场结构的能力及改变竞争规则的能力。

5. 动态竞争的产业特性。各产业在产品、技术、市场结构及竞争结构方面是有差异的,因而各产业在动态竞争激烈程度上有差异,如家电产业就与信息产业不同。

由于各产业内企业的规模、实力、创新能力等方面的差异,因而在动态竞争激烈程度上就有差异,例如,产业内中小企业多、实力相当、创新能力强的产业动态竞争水平就较高;反之,则较低。又如,高新技术产业内动态竞争就比较激烈。

## 二、动态竞争与静态竞争的区别

1. 静态竞争不考虑或很少考虑竞争对手的反应,但动态竞争条件下制定战略时要依赖于预测竞争对手的反应能力。

在动态竞争条件下要考虑以下问题:

(1) 企业应选择谁为竞争对手?(如果只有一颗子弹,你打谁?)

(2) 竞争对手会不会作出反应以及会作出什么样的反应?

(3) 企业应采取先动的策略还是采取跟进策略? 先动有什么优劣势? 跟进(等着人家进攻再反击)有什么优劣势?

(4) 竞争对手反应会给企业造成什么影响?

(5) 竞争行为对产业市场及竞争结构会造成什么影响?

2. 静态竞争出发点是扬长避短,以自己的竞争优势打击对手的弱点,这种观点只有在竞争对手没有学习能力和竞争互动只有一次的情况下才是对的而在动态竞争条件下就不对了。

在动态竞争条件下会发生:

(1) 先动企业的优势有可能越来越不起作用,而竞争对手的抵抗力有可能越来越大,它会逐渐克服了自己的弱点,原先的竞争态势正在发生变化。

(2) 当竞争对手在现有竞争战场上没有优势时,竞争对手会想办法改变竞争规则或在其他领域重新创造新优势,使自己变得强大起来。

(3) 先动企业会由于过分依赖原有优势或固守原有优势,而没有及时建立新优势,例如长虹彩电降价,在第一回合中长虹赢得了优势,而长虹公司的竞争对手在产品质量及营销上又创造了新的优势,因此在第二回合中,长虹彩电再降价,长虹反而竞争失败了。

3. 在静态竞争中,企业制定战略的目的是要保持长期的竞争优势,在动态竞争条件下制定战略的目的是要创造新的竞争优势。

任何竞争优势都是暂时的,一旦竞争优势变得没有意义就很可能会成为企业的负担。动态竞争的条件就是要主动放弃原有的优势,创造新的竞争优势,或使竞争对手的竞争优势变为过时。所以,动态竞争战略目的就是要获得高于平均水平的投资收益,同时要在互动的竞争中不断地建立起新的竞争优势。为实现上述目的,企业就必须具有远见卓识、迅速行动及改变竞争规则的能力。

4. 在静态竞争中,已经有了许多对环境、产业、竞争对手的静态分析方法,如 SWOT 分析、波士顿矩阵、波特五种竞争力量分析等,这种分析方法是立足于优势是可以长期保持下去的假设。动态竞争条件要从竞争互动出发,而且不只是考虑一个竞争回合,而是要考虑多个竞争回合,因此,应当将博弈论方法、战争游戏法、情景描述法等方法运用于竞争战略中。

5. 在静态竞争中,管理者把主要精力放在对客观环境、市场结构和产业竞争结构的分析上。而动态竞争中,管理者相信客观环境、市场结构和产业竞争是可以通过企业的战略行为而改变的,产业中的主要企业可以通过自己的战略行为改变产业竞争的关键制胜因素,提高或降低产业动态竞争的水平,缩短或者延长产品生命周期。因此,在动态竞争中管理者把主要精力放在企业本身的战略行动上。

动态竞争与静态竞争的区别见表 7-5。

表 7-5  动态竞争与静态竞争的区别

| 静态竞争条件下 | 动态竞争条件下 |
| --- | --- |
| 1. 不考虑或很少考虑竞争对手的反应。 | 1. 要预测竞争对手的反应能力。 |
| 2. 扬长避短,以自己的优势打击对手弱点。 | 2. 先动企业优势有可能越来越弱,对手抵抗力有可能越来越弱。 |
| 3. 制定战略的目的是要保持长期竞争优势。 | 3. 制定战略的目的是要创造新的竞争优势。 |
| 4. 管理者的主要精力是放在对企业外部环境的分析上。 | 4. 管理者的主要精力是放在企业本身的战略行动上。 |
| 5. 分析环境的方法有 SWOT 分析、波士顿矩阵、波特五种竞争力量分析等。 | 5. 分析环境的方法有博弈论方法、战争游戏法、情景描述法等。 |

## 三、动态竞争战略模型

对动态竞争战略的研究兴起于 20 世纪 80 年代,其基本思路是:战略是动态的,企业的竞争行为会引起其他竞争者的回应行为,动态竞争战略就是要研究企业之间竞争行为的规律。动态竞争战略研究者主张从企业竞争行动的视角来探讨竞争战略。正如战略管理学家明茨伯格所说,战略是由一串已经事先谋划好的行动构成,这些行动包括并购、进入新市场、新产业、合作联盟、降低价格、提高价格、推出新产品等。这种视角与此前研究企业战略的思路有很大的不同。海特(Michael A. Hitt)、爱兰德(R. Duane Ireland)和霍斯凯森(Robert E. Hoskisson)提出的企业间动态竞争模型被公认是最经典的动态竞争战略模型,成为动态竞争战略的有效分析工具。

企业间动态竞争战略模型见图7-4。

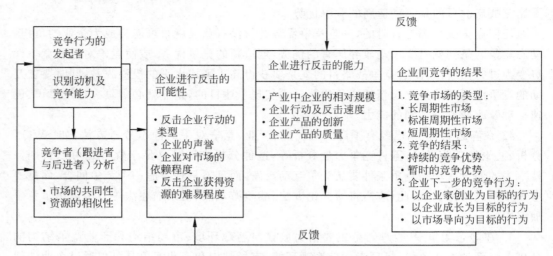

**图7-4 企业间动态竞争战略模型**

资料来源:Michael A. Hitt,R. Duane Ireland, Robert E. Hoskisson. Strategic Management:Competitiveness and Globalization. South-West College Publising,1999.

### (一)识别竞争行为发起者的动机及竞争能力

在绝大多数产业中,一个企业采取竞争行动会对其他企业造成可观的影响。

例如,1998年年初,法国雷诺汽车公司宣布从今以后直到2002年,公司每年增加50万辆汽车产量,以努力降低汽车成本,这一决策是为了回应丰田汽车公司的挑战,丰田汽车公司以前宣布要在法国新建一个轿车制造厂,因此要首先识别作为先动企业的竞争动机是什么?

先动者即是指最先采取行动的企业。先动者可以获得一定竞争优势,它可以在对手尚未采取反击行动之前为企业赢得超额回报,可以拥有建立顾客忠诚的机会,从而占有一定的市场份额,使后来者难以赢得顾客。先动者核心能力越强,则后来者模仿成本越高,先动者获得好处越多。

先动者也有一定劣势,一是风险很大;二是它要付出很高的开发成本。

### (二)竞争者(跟进者与后进者)分析

1. 分析竞争者要了解竞争市场的特点,了解本企业与竞争对手之间市场的共同性和资源的相似性,其次要了解企业采取进攻措施或反击措施的动力(能力)如何?

2. 所谓市场的共同性,即几家企业同时在几种产品或几个地域展开竞争,如中国彩电业,几个厂家市场是共同的,发生竞争互动的可能性较大,通常都保持着竞争上的平衡,只有当一家企业采取竞争行动时,这种平衡才会被打破,接下来竞争的反应也会很迅速。

3. 所谓资源的相似性,是指当竞争对手拥有与本企业相似的战略资源时,本企业不会随便去惹怒竞争对手,若企业间在资源方面差异越大(包括能力、核心能力),则企业对竞争对手的竞争行为作出反应的时间越短。

4. 作为对先动者竞争行动作出反应的企业,通常采用模仿或某种反击的做法。若跟进者能迅速地对先动者的竞争行动作出反应,它就能赢得一定的优势,建立顾客忠诚,又不必承担先动者风险。要成为一名成功的跟进者,就要正确地评估顾客对先动者的反应,分析市场,找出关键性的问题。

5. 后进者是指在先动者和跟进者作出行动之后相当长的时间内才作出反应的企业,后进者通常已难以取得竞争优势,而常常处于劣势。

### (三)企业进行反击的可能性

回应先动者,反击企业行动的可能性取决于四个方面:反击企业行动的类型,企业声誉,企业对市场的依赖程度及反击企业获得资源的难易程度。

1. 反击企业行动的类型。反击行动分为两种类型,即战略性反击行动和战术性反击行动。

(1)战略性反击行动:如推出一个新产品或并购一家企业等,为此企业要投入大量资源,这种战略性反击行动短期内实施困难,企业往往难以反击。

(2)战术性反击行动:如产品降价,投入资源少,这种战术性反击行动实施容易,企业短时间内容易进行反击。

由此可看出,反击企业对战略行动作出反应较为困难,对战术性行动作出反应较为容易。

2. 企业的声誉。市场领先者声誉很高,这种企业采取比较简单的竞争行动后,通常会招致大量迅速的反应及模仿,跟进企业及后进企业会愿意模仿先动者成功的做法(如商品的送货到家、免费安装、终生保修、降价等),但若先动者采用比较复杂的并且难以模仿的行动,那么跟进及后进企业就不太可能模仿,其他企业也不大可能会做出什么反应(如海尔推出小小神童洗衣机后,不会立即有其他企业跟进)。

3. 企业对市场的依赖程度。如果企业对某一市场依赖程度很高,那么一旦有人采取什么行动,反击企业就可能及时作出反应(如我国各空调企业竞相降价);反之,反击企业就不一定会及时作出反应。

4. 反击企业获得资源的难易程度。反击企业资源易获得,就可能对竞争行动及时作出反应,反击企业资源难获得就很难对先动者作出反应。

### (四)企业进行反击的能力

企业要对竞争对手的行动作出反应,会受到企业本身资源和能力方面的限制,主要受以下四方面因素的限制:

1. 产业中企业的相对规模。大企业其市场势力越强,就越有竞争优势,如波音(占世界商用飞机市场65%)对空中客车(占世界商用飞机市场33%)有很强的市场优势,但大企业有大企业病,其反应速度和创新精神不足。而小企业虽然规模小,但机动灵活,反应速度快,创新精神很强。

2. 企业行动及反击速度。时间是竞争优势的重要来源,战略决策的快慢取决于管理人员的认知能力、直觉、对风险的态度及行为偏好。集权式组织机构,由于其决策环节少,也能较快地作出决策。

3. 企业产品的创新。创新要取得成功,取决于对创新的投入,同时要把创新战略与其他战略结合起来,而且要有高素质、高技术的员工。

4. 企业产品的质量。没有高质量产品和服务,就没有战略竞争力,目前实行 ISO 9001质量管理体系认证,采用标杆管理(benchmarking)并强调组织学习,都对产品质量的提高起着重要的作用。

上述规模、速度、创新、质量四个因素相互作用,会影响企业竞争能力及其结果。

**(五)企业间竞争的结果**

1. 竞争市场的类型

企业能否获得持续性竞争优势,取决于企业的产品是否容易被模仿,为此就要研究不同的市场类型,根据产品模仿性的不同,可以把市场分为三种类型:长周期性市场、标准周期性市场和短周期性市场。

(1)在长周期性市场中,产品在市场中具有垄断性,如 IBM 的计算机主机市场、微软的操作系统市场。在长周期性市场中,竞争行动的持续性很长,见图 7-5。

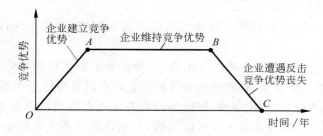

**图 7-5 长周期市场中竞争行动**

由图 7-5 中看出,建立竞争优势需要一段时间(即 $OA$ 段),建立竞争优势后,企业会采取各种措施,包括不断修正其战略、努力维持其竞争优势(即 $AB$ 段),最后企业遭到了竞争对手的进攻,企业竞争优势被削弱(即 $BC$ 段)。

显然,企业维持竞争优势的持续时间是至关重要的,在长周期性市场中,因为企业产品在市场中具有垄断性,因此企业维持竞争优势的持续时间是比较长的,即 $AB$ 段较长,如中石化集团及中石油集团,在中国都能维持很长时间的竞争优势。

(2)在标准周期性市场中,企业竞争优势维持的时间与波特五种竞争力量的分析有很大关系,因为这些企业的产品往往是大批量的,面向大众市场,这些企业通过持续性投资和学习,可以保持世界级产品(如可口可乐)的地位。与长周期性市场不同的是,由于进入壁垒较低,会有大量潜在进入者进入这一领域,企业面临激烈的竞争,大多数服务业和制造业企业处于这种市场中,见图 7-6。由图 7-6 中看出 $AB$、$A_1B_1$、$A_2B_2$ 等企业维持竞争优势的时间较图 7-5 中的 AB 段短,在这种标准周期性市场中,企业是靠不断地创造竞争优势来取得竞争胜利的。

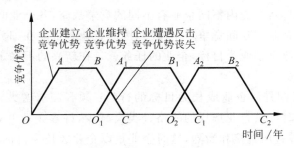

图 7-6　标准周期性市场中竞争行动

(3) 在短周期性市场中(见图 7-7)。先动者的行动不见得能产生持续性竞争优势,不断创新和较短的产品生命周期是这种市场的特点(如计算机芯片市场,内存 1 兆的芯片,1998 年是 378 美元,三年后市场价格降到 35 美元)。在短周期性市场中,企业的持续性竞争优势在于主动地在一个产品的市场优势未遭到攻击之前就要不断地创造出新的优势,不断地频繁地用新产品来代替旧产品,甚至会把竞争带入到另外一个层次上,如速度竞争、技术诀窍竞争及创新竞争,等等。企业进入另一个层次的竞争一般通过三种办法:

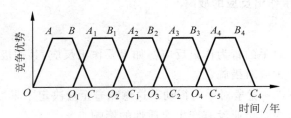

图 7-7　短周期性市场中竞争行动

① 改变现状:发现并满足了顾客新的需求,或改变了竞争规则。

② 建立暂时的竞争优势:如降价有可能会取得较好竞争优势,但是这种竞争优势是短暂的。

③ 永葆企业创新活力:企业要永葆创新活力,才能不断创造出新竞争优势。

从图 7-7 看出,$AB$,$A_1B_1$,$A_2B_2$,$A_3B_3$,$A_4B_4$ 等企业维持竞争优势的时间更短了,企业必须频繁地、极快地创造竞争优势,才能取得竞争胜利。

2. 动态竞争结果

(1) 在长周期性市场,企业在市场中形成了垄断势力,行业中市场竞争不激烈,因此垄断型企业建立了持续的竞争优势。

(2) 在标准周期性及短周期性市场中,市场是高度动态的,先动企业的优势是很难保持长久的,企业必须不断地、频繁地创新,才能维持持久的竞争优势,否则难以维持持久的竞争优势。

3. 企业下一步的竞争行为

(1)在产业导入期是以企业家创业为目标的行为：企业进入新兴产业,这时可供企业选择的战略种类很多,产业内不同企业有不同的竞争战略,各企业间战略的不同会避免企业间的直接冲突,企业相互间竞争并不激烈,因而企业有可能在细分市场上取得领先地位。这时,企业以企业家创业为目标,企业的任务就是在新兴的不确定性竞争市场中努力占有领先的市场地位。

(2)在产业成长期是以企业成长为目标的行为：顾客需求增大,创造了一个极具潜力的增长型市场,这时可供企业选择的战略种类会减少,许多企业开始采用相似的战略,企业之间的竞争变得更加直接和激烈,这时企业是以企业成长为目标,企业的任务就是企业产品的标准化,扩大企业规模。

(3)在产业成熟期是以市场导向为目标的行为：产业中只剩下少数竞争者,每个竞争者都有较大的市场占有率,竞争焦点就在于市场的份额,产品创新及企业家对市场机会的把握显得不是很重要,企业更关心的是产品成本、质量及工艺创新,有的企业会开辟国际市场,试图延长产业生命周期,这时企业是以市场导向占领更大市场份额为目标,企业的任务就是降低产品成本,提高产品质量及工艺创新。

## 四、制定企业动态竞争战略

### (一)对竞争对手作出反应的战略[①]

1. 反应态度

企业是否对竞争对手的行为作出反应? 如果要作出反应,其积极性应达到什么程度? 企业可以选择以下四种应对措施：

(1)忽视。企业忽视竞争对手的行动。这意味着企业决定不采取任何行动。这种应对策略表示该竞争行为对企业没有产生实质性的影响。

(2)接纳。企业可以对竞争对手的行为发出一种友好、愿意合作的信号,希望能够共同分享市场或共同开发一个更大的市场。其风险在于,竞争者认为是示弱的信号,引起竞争者更疯狂地进攻,从而产生更大的麻烦。

(3)放弃。企业采取消极态度,决定放弃这个市场,以回避与竞争对手的冲突,往往在与竞争对手实力悬殊时采取这种做法。

(4)报复。企业对竞争对手宣战,采取针锋相对的斗争。这可能不是最好的战略,由此会使企业利润大幅度下降。但报复可以表达强烈的信号,防止竞争者未来进一步的侵犯行为。

2. 反应程度

(1)对抗战略。企业决定给予进攻者一定的打击,表达了不愿意让进攻者赢得任何优势的意愿。

---

① 乔治·S. 戴伊,戴维·J. 雷布斯坦因,罗伯特·E. 冈特,动态竞争战略[M].孟立慧,顾勇,尤炼,译.上海：上海交通大学出版社,2003.

（2）超越战略。出乎进攻者的意料，以足够的强度努力反击，将竞争对手彻底清除出市场。

3. 反应速度

（1）立即反应。这是为了尽快减少进攻者行为的潜在影响，若等待或观察一段时间损失可能已经发生了。

（2）延迟反应。这是为了避免对进攻者行为的过度反应，而这种过度反应很可能会浪费资源或将企业拖入一场严酷的战争。

（3）抢先行动。根据对进攻者行为的预测，在进攻者进攻之前提前作出反应，有利于封堵进攻者的进入，避免其产生进攻成功的幻想。

4. 反应领域

（1）在受攻击的市场上作出反应。即对进攻者的进攻采取正面的竞争，以击败其进攻。

（2）在进攻者的市场上作出反应。即在另一市场上的交叉躲闪，可能是最适合的战略，如果能在对手的一个核心市场上作出反击，将会特别有效。

（3）在中立的市场上作出反应。公司完全避开进攻者，避其锋芒，在一个进攻者不存在或势力较弱的细分市场开展业务。当进攻者过于强大时，往往采取这种战略。

**（二）应对竞争对手的手段的战略**

企业往往使用与进攻者相同的手段来对付进攻者，如对手采用降价行为，企业也以降价行为作出反应，尽管这种方法经常是管理者的第一本能，但它经常不是最佳行动。企业可以使用以下应对手段，或几种手段组合，如价格、广告、分销渠道、销售力量、促销、现有产品的重新定位、投入新产品等。

在选择应对手段时，企业要考虑以下三方面问题：

1. 进攻者行动所造成的威胁。分析进攻者的优劣势及本企业的优劣势，最好的手段应当是用本企业的优势手段针对进攻者劣势来实施攻击。

2. 业务的重要性。在作出反应前企业需要确定受攻击业务的重要性，需注意以下问题：

（1）市场的成长性。如果市场的成长潜力非常大，企业应该对攻击迅速作出反应，以确保企业在原有市场份额基础上能够赢得更高的市场份额。

（2）客户的转换成本。如果客户的转换成本很高，企业对进攻者无须采取过多的反应。

（3）企业的市场份额。如果企业在某一市场中拥有大的市场份额，说明这一市场对企业来说具有重要的战略地位，企业应采取更有力、更快速的行动，以悍卫其市场地位。

（4）市场集中度。在一个高度集中的市场上，进攻者会对企业盈利性造成严重威胁，企业会作出快速、积极的反应，一般会采取扩大销售队伍的手段进行反击，不可能采用价格反击。

3. 企业组织能力。企业组织能力会对反击的效果产生影响。如果企业不是快速反应式的，企业就难于对进攻者行动作出迅速的反应。有些手段可以迅速作出反应，如价格战略、促销战略等,但有些手段则需要较长时间,如新的广告攻势、新产品的推出、新的销售渠道的构建等。

### （三）应对的竞争战略

#### 1. 直接和竞争对手斗争的战略

企业在构思这种类型战略时,要明确谁是竞争对手,因为竞争对手有直接竞争对手、间接竞争对手、现实竞争对手和潜在竞争对手,"今天"的竞争对手和"明天"的竞争对手之分,因此必须明确地选择谁是本企业的竞争对手。

直接和竞争对手斗争战略类型主要有三种,即成本领先战略、差异化战略及集中战略,本书前已述及不再赘述。

#### 2. 使竞争对手难于反击的战略

在难于反击战略中主要是要缩小竞争对手反击的欲望,即使竞争对手有反击的欲望,也要制造障碍使竞争对手难于反击,或没有能力反击。

(1) 使竞争对手自身陷入被动而不能反击。这种情况是指竞争对手一有反击行动,则该反击行动给对手自身带来波及效果,使其自身陷入被动、自己掐住了自己的脖子,因而反击欲被大大削弱。

例如流通网点遍布全国的企业,在受到地方企业游击或低价格战略挑战时,如果全国性企业立即在该地区也采取降价策略,那么这种反击(降价)难免不波及全国范围的顾客和批发商,他们会产生"你那里降价,我这里也降价"的要求,一出现这种情况,全国性企业就会陷入被动局面。因此,具有全国网点的企业,对于只在一定范围的地区游击式降价竞争,最好采取其他应对策略(如宣传本企业产品质量好),而不能采取直接降价的对抗方式。

(2) 先发制人战略。这种战略的目的是在竞争对手采取行动之前就进行攻击,攻击的对象是具有潜在攻击意图的竞争对手。

先下手为强,主要是指抢先抓住企业经营必不可少、但却有限的资源,使竞争对手的资源供给受到限制。例如:抢先招聘到熟练的工人及优秀的技术人才,抢先与稀有原材料企业签订长期供应合同,抢先获得技术专利,抢先获得一笔投资等。谁先下手取得这些资源谁就能得到发展,同时也给竞争对手制造了障碍。

另外,企业先下手所做的事,必须使对手认识到反击会造成更大的浪费,从而减弱反击的欲望,造成对手难于反击的局面。

(3) 发布信号战略。通过信息发布来影响顾客或竞争对手的行为。向竞争对手显示本企业有再反击的充分准备和能力,使竞争对手难于反击。

发布信息的目的有:

① 影响消费者的行为。通过信息发布,使消费者购买行为发生变化,从而达到竞争战略目的。

② 阻止竞争对手的进攻。即发布信息,使竞争对手丧失或削弱其进攻意图。例如企业宣布对某产品进行大规模投资的信息,使竞争对手望而生畏,迫使竞争者自动放弃对同一产品投资的打算。

③ 阻挡竞争对手的进入。即发布信息，证明企业在某一领域具有强大实力，以阻止竞争对手进入同一领域。

④ 惩戒出格的竞争对手。即发布一个对竞争对手不利的信息，进而对竞争对手违背产业规范的行为进行惩戒。

⑤ 建立产业规范。旨在建立一个良好的产业秩序，提高整个产业营利性。

⑥ 市场分割。发布这类信息的目的是划分出本企业的市场领域，使市场分割行为得到其他竞争对手的承认。

⑦ 反应测试。发布这类信息目的是试探竞争对手的态度和反应，以便采取进一步的行动。

⑧ 发布干扰信息。这类信息发布仅仅是为了干扰竞争对手的视线，发出烟幕弹，可能企业根本就不计划实施。

（4）承诺战略。是指企业通过减少战略选择余地来增强企业的竞争地位。如某企业表示要进军一个新的业务领域，决心把其他业务领域全部出售，集中精力投入新的市场，这种做法表现出企业在某一领域全力以赴地进行竞争的决心，使竞争对手感受到了这种决心，从而动摇竞争对手的信心。

承诺分刚性承诺和柔性承诺两种：刚性承诺在于直接打击竞争对手，如企业抢先建立过剩的生产能力，从而使竞争对手重新考虑扩大产能的计划，以及在品牌和广告方面的投入；柔性承诺在于提高整个产业的盈利水平，包括竞争对手的盈利水平，如最惠顾客协议、迎合竞争协议。

3. 不战而胜战略

这是竞争战略的最佳形式，企业在可能的条件下应首先考虑到采取这种战略，把竞争对手不树为敌手，这种情况在现实经营中是存在的。不战而胜战略可分为以下两种类型：

（1）分居共处。产业市场较宽广，竞争对手之间各自选择不同的细分市场，相互避开争执纠缠而实现"你走你的阳关道，我走我的独木桥""井水不犯河水"，一般情况下大企业与实力相对单薄的中小型企业能够保持共存的局面。实现这一战略的方法有：

① 向未开拓的领域投资。一个成功的企业能够开发潜在的顾客需求，发现潜在的细分市场。

② 谋取竞争对手的薄弱的部分。在一个产业市场中利用每个细分市场竞争状况的差别，在竞争较薄弱之处巧妙地发挥自己的产品和市场机制的作用，也是一种重要的竞争手段。

以上两种手段如果能取得成功，则新企业加入的可能性就越大，因此分居共处的企业获得成功后，自我保护的一个手段就是要尽量延长分居共处的时间，同时也要认识到分居共处战略是早晚不得不瓦解的一种适应性手段，企业在采取这种战略时要做好几手准备。

（2）协调行动。企业之间竞争的时候一定不要带仇恨，带仇恨的竞争一定会失败，一定要争得你死我活的商战是最愚蠢的，眼睛中如果全是敌人，那企业外面真就全是敌人了，竞争的乐趣就像玩游戏，就像下棋，你输了，我们再来过一盘，两个棋手不能打架。真正做企业的人是没有仇人的，心中无敌，则天下无敌（马云语）。竞争不是目的，开拓新市场,满足客户新的需求才是企业生存之道。因此在一定条件下,企业对竞争对手要包容、协调、共生、共赢,企业家要有宽阔的胸怀。

协调行动可以在价值链的任何环节上建立战略联盟,如在研发、生产、营销、人才、资金、原材料等多方面都可以开展协作,最后取得双赢或多赢的效果。

## 案例 7-7

### 我国手机市场的动态竞争(2010—2011 年)

截至 2011 年年底,我国手机普及率已超过 70%,达到 73.6 部/百人,中国智能手机由 2010 年的 12% 的用户市场占比,到 2011 年第四季度达 24% 的用户市场比,增长速度猛烈,企业间竞争空间激烈,行为互动十分频繁,显现出明显的动态竞争特征,见表 7-6。

表 7-6    2011 年中国手机市场品牌关注度 %

| 排名 | 2010 年 | | 2011 年 | |
|---|---|---|---|---|
| | 品牌 | 关注度比例 | 品牌 | 关注度比例 |
| 1 | 诺基亚 | 45.1 | 诺基亚 | 27.8 |
| 2 | 三星 | 11.0 | 三星 | 14.8 |
| 3 | HTC | 6.6 | HTC | 11.6 |
| 4 | 索尼爱立信 | 5.9 | 摩托罗拉 | 10.2 |
| 5 | 摩托罗拉 | 5.0 | 苹果 | 7.0 |
| 6 | LG | 4.1 | 索尼爱立信 | 5.8 |
| 7 | 苹果 | 3.8 | 联想 | 2.4 |
| 8 | 联想 | 3.3 | LG | 2.3 |
| 9 | 黑莓 | 2.3 | 黑莓 | 2.2 |
| 10 | 多普达 | 2.1 | 华为 | 2.0 |
| | 其他 | 10.8 | 其他 | 13.9 |

将各手机厂商竞争行为归纳为 9 类,见表 7-7。

表 7-7    竞争行为分类表

| 编号 | 行为类型 | 分类标准 | 备注 |
|---|---|---|---|
| 1 | 推出新产品 | 发布与推广新款智能机,包括全新机型及原有机型的升级版 | |
| 2 | 重要促销 | 包括重大节假日促销活动、挂名赞助、明星代言、推广活动等 | 促销与降价二者在范围上有交叉,但其根本区别是促销是阶段性的,但降价后不会再有价格回升 |
| 3 | 降低价格 | 直接的降价行为 | |
| 4 | 合作联盟 | 与其他单位或机构进行具体的合作,或结成同盟关系 | |
| 5 | 收购兼并 | 相关的收购与兼并行为 | |
| 6 | 扩大生产 | 包括开设新工厂和增加生产规模 | |

| 编号 | 行为类型 | 分类标准 | 备　注 |
|------|---------|---------|--------|
| 7 | 进入新市场 | 进入未开发的市场,包括进入新的地域或产品市场 | |
| 8 | 改进服务 | 包括发布新的操作系统,应用软件升级和推出新功能等与改善服务相关的行为 | 有人认为发布新操作系统升级应用软件应归为推出新产品,有人认为是一种营销手段,有人认为是服务创新,本研究认为是"改进服务" |
| 9 | 其他行为 | 包括公益活动及少部分被实施但难以确定类型的行为 | 本研究将有关慈善行为都归为"其他行为" |

本研究选取了苹果、诺基亚、三星、HTC、摩托罗拉、索尼爱立信、联想、华为 8 个国内外手机制造企业,选择了从 2010 年 1 月 1 日至 2011 年 12 月 31 日的国内新闻报道中获得有关这 8 个国内外企业竞争行为的信息共 653 条,将这些信息按照表 7-7 企业竞争行业类型进行汇总,结果见表 7-8。

表 7-8 中看出,"降低价格"、"推出新产品"和"重要促销"三类竞争行为,由于更易于引起消费者关注产生即时效果,受到企业的特别青睐,这三类竞争行为被实施的概率分别为 32.95%,29.84% 和 10.16%。共占到总竞争行为量 72.95%。

企业竞争行为的频率我们用竞争行为密度来表示,竞争行为密度是指单位时间内企业平均实施竞争行为的次数。竞争行为密度越大,说明单位时间内竞争行为发生的频率越高。竞争行为密度时间分布见图 7-8。

**表 7-8　样本企业竞争行为的基本情况(2010-01-01 至 2011-12-31)**

| 企业名称 | 推出新产品 | 重要促销 | 降低价格 | 合作联盟 | 收购兼并 | 扩大生产 | 进入新市场 | 改进服务 | 其他行为 | 合计 |
|---------|-----------|---------|---------|---------|---------|---------|-----------|---------|---------|------|
| 1. 苹果 | 4 | 3 | 6 | 2 | 0 | 0 | 1 | 17 | 0 | 33 |
| 2. 三星 | 55 | 13 | 45 | 5 | 0 | 2 | 0 | 5 | 4 | 129 |
| 3. 诺基亚 | 18 | 9 | 48 | 14 | 2 | 3 | 1 | 12 | 16 | 123 |
| 4. HTC | 45 | 2 | 28 | 10 | 8 | 1 | 3 | 3 | 1 | 101 |
| 5. 摩托罗拉 | 38 | 1 | 28 | 4 | 4 | 0 | 1 | 1 | 2 | 79 |
| 6. 索尼爱立信 | 15 | 22 | 27 | 12 | 6 | 1 | 1 | 9 | 1 | 94 |
| 7. 华为 | 7 | 12 | 19 | 6 | 0 | 0 | 2 | 5 | 0 | 51 |
| 8. 联想 | 6 | 15 | 5 | 6 | 1 | 2 | 1 | 6 | 1 | 43 |
| 合计 | 188 | 77 | 206 | 59 | 21 | 9 | 10 | 58 | 25 | 653 |

由图 7-8 中看出,智能手机企业竞争行为密度在总体上呈现上升趋势,说明企业间竞争日趋激烈。图 7-8 中比较突出的峰值分别出现在两个年份的第三季度,这可能与 9 月开学消费热潮有关。资料显示,智能手机用户群体集中于 18～35 岁之间,占总量的 60% 左右,其中很大一部分是学生群体,许多商家抓住开学时机,推出新产品及一系列促销活动。研究表明,手机行业内竞争行为之间还存在着较大程度的相关性,体现了企业竞争互

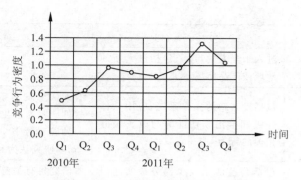

**图 7-8　企业竞争行为密度时间分布**

动的强度和广度特征。竞争行为可分为战略性行为和战术性行为。战略性行为是指固定资产、人员、组织结构有重大调整或重大变革的竞争行为，需要有重大资源支持。而战术性行为通常是短时间的或小规模的例行性改变，不必对固定资产作出重大调整，但却能产生即时效果，一般企业的竞争既会采用战略性行为，也会同时采用战术性行为。另外，企业竞争行为与企业规模、市场份额、品牌认知度、市场依赖度有关。一般来讲，规模大的企业更多地会实施战略性竞争行为，竞争行为的冲击力强（冲击强度用竞争行为的数量和行动速度来度量），反应速度快。规模小的企业更多地会实施战术性竞争行为，尝试更广泛的竞争行为，竞争冲击的广度大（冲击广度用竞争行为的多样性和行为的差异性来度量）。另外，品牌认知度高的企业更愿意采取战略性竞争行为，且竞争行为冲击力较强，品牌认知度低的企业更愿意采取冲击广度大的竞争行为，采用非典型的竞争行为组合，企图出奇制胜，赢得更多品牌关注。

　　从行为实施主体来看，手机厂商更加关注与其产品同质化现象严重且目标市场一致的竞争对手，一方实施竞争行为极易在短时间内招致另一方的回答，竞争互动及冲击力极强，如女性手机市场上联想与索尼爱立信的正面竞争交锋，反映出激烈的竞争行为互动。

　　资料来源：叶颖涵.动态竞争环境下企业竞争对手反应行为的实证研究——以我国智能手机行业为例[J].中山大学硕士论文,2012.笔者引用时作了摘编。

# 第八章

# 企业一体化战略

## 第一节　企业一体化战略的概念及类型

### 一、一体化战略的概念

有的学者认为，一体化是指企业充分利用自己的产品、技术、市场上的优势，根据物资流动的方向，使企业不断地向深度和广度发展的一种战略（王方华、吕巍，2011）。有的学者认为，一体化战略是指企业获得对销售商、供应商及竞争者的所有权或对其加强控制的战略（Fred R. David，1997）。

综合归纳以上见解，本书采用以下定义：一体化战略是指，通过资产纽带或契约方式，企业与其价值链的输入端或输出端的企业联合，或与相同的企业联合，形成一个统一的经济组织，从而达到降低交易费用及其他成本、提高资源综合利用效率及经济效益目的的战略。

### 二、一体化战略的类型

一体化战略分为两种类型，即纵向一体化战略和横向一体化战略。

#### （一）纵向一体化战略又分为两种，即后向一体化战略和前向一体化战略

1. 后向一体化战略

后向一体化（backward integration）战略是指通过资产纽带或契约方式企业与价值链输入端企业联合形成一个统一的经济组织，从而达到降低交易费用及其他成本、提高经济效益目的的战略。

企业产品在市场上有明显优势，希望扩大生产规模、扩大销售，但由于原材料或零配件供应跟不上，或其成本过高，影响企业发展，这时企业可以考虑依靠自己的力量扩大经营范围，由自己来生产原材料或零配件，也可以兼并原材料或零配件供应商，或与供应商合资办企业，形成统一的经济组织，统一规划产品的生产和销售。

例如,葡萄酒厂自己还要有葡萄园,企业自己种葡萄,为保证葡萄酒的质量,要求亩产葡萄不得超过 350 公斤,不得用农药和化肥。如果让农民去种葡萄,亩产要达到 500 公斤,农民又用农药又用化肥,这样葡萄酒的原料就达不到质量要求。葡萄酒厂建立葡萄园,企业不仅从事第二产业,而且还从事种植业,这就是后向一体化战略。

应当指出,目前采用后向一体化战略的企业正在减少,与拥有供应商的做法相反,现在采用企业与数家供应商进行采购谈判,福特汽车公司与克莱斯勒汽车公司所需要的零部件中有半数以上购自外部供应商。通过全球采购,企业可利用供方间的竞争以得到最优惠的价格,这种做法正在广泛地被采用。

同时还应当看到,现在企业要认真分析自己的价值链,把资源和人力投入到企业最有优势的关键价值链环节上去,而对于企业没有优势、甚至有劣势的价值链环节要外包给其他企业(即 OEM 方式),这样可能更加节省成本。

## 案例 8-1

### 天合光能,后向一体化战略的胜利(2008 年)

1997 年 12 月,高纪凡与几位科研人员共同成立了天合光能有限公司,2006 年 12 月天合光能在纽约证券交易所上市。2008 年 8 月公司成功建成了中国首个太阳能光伏建筑。公司在中国、美国、欧洲各主要国家都开有分公司,公司拥有一支来自数十个国家的人才队伍,他们拥有丰富的光伏产业经验,公司也取得较大的经济效益与社会效益。

光伏产业的垂直链条组成是:硅材料—硅棒—硅片—电池—组件—系统安装。天合光能最初涉足的业务是链条末端,即组件及系统安装。由于太阳能发电系统成本较高,一台能满足家庭日常用电需要的 200W 的光伏系统,其发电成本是燃煤发电成本的 11~18 倍,竞争力明显较弱。这意味着,在这个行业谁能做到低成本,谁就具备了较强的竞争优势,而后向一体化战略是低成本的必然要求。

从 2004 年开始,天合光能开始实施后向一体化战略。建成并扩大了组件安装和单晶硅生产基地,到 2007 年正式完成了涵盖硅棒、硅片、电池、组件生产和系统集成,协同优化了从硅棒到组件整个生产工艺,进一步降低了成本,这一模式在业内被认为是目前最有竞争优势的产业模式,得到了挪威再生能源公司(REC)及德国的 Solarworld 公司的验证。

光伏产业的成本构成中,70%的成本是硅料,为突破这一瓶颈,天合光能将上市募集的 9 800 多万美元用于收购原材料和工厂建设,准备建成 1 万吨太阳能级多晶硅生产基地。

天合光能连续三年平均年增速达 470%,上市后,其市值增加了 200%,超过 10 亿美元,天合光能的快速发展,其成功的后向一体化战略的实施功不可没。

资料来源:吴金希,彭锐.企业战略管理——理论、模型与案例[M].上海:华东师范大学出版社,2010.

2. 前向一体化战略

前向一体化(forward integration)战略是指:通过资产纽带或契约方式企业与其价值链的输出端企业联合,形成一个统一的经济组织,从而达到降低交易费用及其他成本、提高经济效益目的的战略。

　　企业在原材料及半成品方面在市场上有优势,为获取更大的经济效益,企业决定由自己制造成品或与制造成品的企业联合,形成统一的经济组织,促进企业有更高速的成长和更快发展。

　　例如,可口可乐公司不断地收购本国及外国的分装商,并不断地提高这些分装商的生产与销售效率。目前可口可乐(中国)公司,其浓缩液在上海生产,它收购了中国几十个瓶装厂,分布在哈尔滨、北京、上海、广州、西安等地,这些瓶装厂中相当一部分是可口可乐公司与中国粮油进出口总公司合资建立的股份制企业。

　　实施前向一体化战略的有效方式之一就是特许经营,采用特许经营的形式,授权其他厂商经销自己的产品并提供售后服务。在美国,在约 50 个不同产业中约 2 000 家公司以特许经营方式销售其产品或服务,美国每年以特许经营方式实现的销售额大约为 1 万亿美元。

　　越来越多的制造商借助互联网和直销队伍,直接销售自己的产品,这也是一种前向一体化。

### (二) 横向一体化战略

　　横向一体化(horizontal integration)战略是指:通过资产纽带或契约方式,企业与同行业的企业联合,形成一个统一的经济组织,从而达到降低交易费用及其他成本、提高经济效益目的的战略。

　　当今战略管理的一个最显著趋势是将横向一体化作为促进企业发展的战略,在很多产业中已成为最受管理者重视的战略。从 20 世纪 90 年代后半期开始是美国第五次并购浪潮,其特点是同行业并购。1996 年美国共有 31 起金额超过 30 亿美元的企业兼并,例如,美国波音公司与麦道公司合并,并购额为 133 亿美元;世界电信巨头 MCI 电话公司与英国电话公司合并,并购额为 220 亿美元;太平洋贝尔电话公司与纽约-新英格电话公司合并,并购额为 230 亿美元;1999 年 MCI 和 Sprint 公司达成了超 1 200 亿美元的并购协议。

### 案例 8-2

## 中粮集团的全产业链战略(2010 年)

　　中粮集团是中央管理的 53 家国有重要骨干企业之一。在 2009 年以前,中粮集团的业务主要集中在传统的粮食贸易、农产品加工领域和部分品牌食品业务。2009 年中粮集团针对我国粮食安全问题日益严峻、食品安全事故多发、粮油食品产业安全受到威胁、国际粮商在我国粮油行业迅速扩张等问题,中粮集团提出全产业链整合战略。即以产业链上各个客户需求为导向,涵盖从田间到餐桌,从农产品原料到终端消费品,包括种植、收储物流、贸易、加工、养殖、屠宰、食品制造与营销等多个产业,通过产业链上下游贯通、同产业的组合、产业之间相匹配,各产业在客户、品牌、渠道、研发、加工、物流、原料获取等环节战略协同,实现了集团业务纵向和横向一体化整合,打造了全产业链的核心竞争力,用 3

年时间构建了全产业链条，实现了集团协调发展。在构建全产业链过程中，中粮集团优化资源配置，完成了收储物流、海外战略、加工设施、综合产业园及营销网络的布局，形成了全产业链的业务布局，建立了全产业链的质量管理体系，确保了食品安全。

中粮集团的全产业链整合战略转型实现了业务与资产的组合，是企业纵向一体化和横向一体化交叉组合的商业模式创新，打造了研发、成本控制、大宗农产品风险管控及客户服务的核心竞争力。保障了我国粮食安全及产业安全，有效控制了食品安全，取得了显著的经济效益、社会效益及生态效益。2010年总资产达2 326亿元，较2008年增长78%，利润总额91亿元，较2008增长20%。保障了国内粮油供给和粮食安全，引领了社会整体食品安全水平的提升，推动了绿色有机农业的发展。

国际上四大粮商：ADM、Bunge、Cargill、Louis Dreyfus并未采用全产业链整合战略，它们的商业模式是以仓储为基础、工业为支柱、贸易为龙头、物流为延伸的大型粮食跨国公司，凭借对仓储物流的优势，控制了谷物生产者和贸易流量，通过期货市场套期保值掌控定价权。同时建立加工厂，在原料采购权的基础上强化产业链，通过贸易获取利润。在国际上这四大粮商垄断了世界粮食交易量的80%，它们是国际粮食贸易商，核心业务是大宗粮食贸易物流，收购仓储、物流装备、加工销售等等都围绕贸易物流这一核心业务来配置资源，掌握"大宗"进而掌握定价权，但国际粮商的模式并不适合中粮。

中粮的全产业链整合战略是在我国农牧产业并不成熟的时候，由产业的龙头企业来整合这些产业链条，形成大托拉斯，效率是最高的，效益是最大的，而当产业处于成熟期，企业就只应该抓住自己的核心业务，把利润较小相关环节外包出去。

从成本分布的角度来看，农业受自然环境因素影响，利润较薄，由企业来掌控农牧业纵向一体化全产业链条，可使成本和利润在价值链上发生转移，由于我国目前社会环境及市场经济环境不成熟，这是企业为国家粮食安全也为自身利润考虑必然的战略选择，全产业链整合战略是在中国市场经济转型体制下的中粮集团战略管理的重大创新。

中国农业正处于农业工业化初期，处于低水平建设时期，食品安全等问题突出，要扩大规模提高效益，保障粮食及食品安全，最好的方法就是将产业链中所有环节全部归自己掌控，做纵向一体化经营。

资料来源：1. 中粮集团有限公司.保障国家粮油食品安全的全产业链战略决策与实施.国家级企业管理创新成果（第18届）[M].北京：企业管理出版社，2012.
2. 刘冀生.打造竞争优势的战略转型.为国资委写的报告，2013.

# 第二节　一体化战略的优缺点

## 一、纵向一体化战略的优缺点

### （一）纵向一体化战略的优点

1. 纵向一体化提高了企业经济效益。纵向一体化的经济效益最主要的是实现了采购、生产制造、销售等各方面的联合实现的经济性。

（1）联合经营提高了经济效益。通过把生产的上下游工序放在一起可以降低成本，如把炼铁、炼钢、轧钢联合在一起,当铸铁炼好了以后铁水温度尚未降低就紧接着炼钢,钢水炼好以后紧接着就轧钢,工序紧凑连接,节省了加热费用,也减少了运输费用。

（2）加强了企业内部控制及协调。如果企业是纵向一体化的,则企业从供、产、销、人、财、物统一安排调度,提高了管理效率及运作经营效率,降低了成本。

（3）加强了信息的搜集及处理,做到及时准确。纵向一体化经营后,联合企业统一收集及处理信息,要比过去每个企业单独、重复收集信息节约了费用。有一个专门的信息部门进行收集整理加工,使企业的每个部门能得到及时准确的信息,为更科学决策创造了条件。

（4）节约了交易费用。纵向一体化企业可以节约谈判、营销、订合同等交易费用,尽管企业内部交易过程中也有许多问题要协商解决,但其费用要低得多。

（5）稳定的供应链管理。纵向一体化使企业上下游紧密衔接、配合,建立了长期稳定的专业化供应链关系,因而大大提高了企业整体效率及效益。

（6）可以合理避税。跨国公司在全球实行纵向一体化战略,如果在某个国家要缴很高的所得税,该国企业可以通过高价购买国外零部件、低价向国外卖出产品的方法来转移利润,合理避税。

2．有利于开发新技术。企业纵向一体化,企业上下游紧密衔接,使联合企业对市场需求有更深入的了解,对企业的技术系统更加熟悉,从而有助于开发出新的技术。许多零部件生产企业与整机企业联合,进一步了解了整机对零部件的技术要求,从而开发出新技术,取得了提高整机技术质量、降低整机成本的效果。

3．提高了进入壁垒。由于纵向一体化降低了成本,降低了风险,提高了经济效益,因此要比未纵向一体化之前占有战略优势,因而提高了行业进入壁垒,迫使其他竞争对手也要实行纵向一体化战略。

**（二）纵向一体化战略的缺点**

1．纵向一体化会提高企业在产业中的投资,从而增加商业风险（如果产业低迷的时候怎么办?）,有时甚至还会使得公司不可能将资源调往更有价值的部分。另外,由于投资的设施成本高,所以全产业一体化的企业对新技术的采用更保守一些,比部分一体化企业或非一体化企业要慢一些。

2．纵向一体化依赖更多的是企业内部资源而不是外部的资源,这样做所付出的代价可能随着时间的推移而变得比外部资源要昂贵,同时纵向一体化也降低了公司满足客户需求的灵活性。

3．纵向一体化经常会出现在价值链各阶段生产能力不平衡,价值链上各环节最有效的生产规模可能大不一样,在每一个环节的交接处都能完全达到自给自足也是很少见的。对某项活动来说,如果它的内部能力不足以供应下一阶段需要的话,差值部分就需要到外部去购买。如果内部能力过剩,就必须为过剩的部分寻找顾客,如果产生了副产品,还必须进行处理。

4．价值链上各环节业务需要完全不同的技能和业务能力,零配件的生产、装配、批发、分销、零售都是不同的业务,需要不同的关键成功因素。需要管理者谨慎地考虑这样做是否具有很大的商业意义？因为无论是前向一体化还是后向一体化都会带来不少棘手的问题，和管理者原来擅长做的事情很不相符，并不像他们想象的那样都能够给企业的核心业务增加价值。

5. 后向一体化可能会降低企业经营的灵活性，延长设计和模型更新的时间，延长新产品推向市场的时间，从外部购买零部件通常比自己制造要便宜、更简单，这使得公司可以更加灵活、敏捷地调整公司的产品，以满足客户需求偏好。世界上大多数汽车制造商虽然拥有自动化的生产技术，但它们还是认为从质量、成本、设计灵活性来讲，还是从专业制造商那里买零部件而不是自己生产可获得更大利益。

综上所述，纵向一体化有明显的优点，也有明显的缺点，关键取决于以下三方面的问题：

1. 实行纵向一体化能否提高企业的效益？

2. 实行纵向一体化后，对投资成本、企业灵活性、反应时间及管理成本的影响应作何评价？

3. 实行纵向一体化是否能给企业创造竞争优势？

所以纵向一体化的核心问题是：公司要想取得成功，尤其在互联网条件下，哪些能力和活动应当在企业内部展开？哪些可以转给外部供应商和营销商？如果不能获得巨大的利益，那么纵向一体化就不可能成为企业战略的选择。

## 二、横向一体化战略的优缺点

### （一）横向一体化战略的优点

1. 实现了规模经济。通过兼并收购同类企业，使企业规模扩大，使企业成本降低，并可获得竞争对手的技术专利、品牌等无形资产。

2. 减少了竞争对手。通过兼并收购，减少了竞争对手数量，降低了产业内竞争强度，为企业发展创造了一个良好环境。

3. 巩固了市场地位，提高了竞争优势。通过兼并收购使企业规模扩大，如果运作得好，就可以巩固企业在产业中的竞争地位，甚至成为产业内数一数二的企业，成为产业的"领头羊"，可提高企业的竞争优势。

### （二）横向一体化战略的缺点

1. 协调工作量大，使管理成本增加。一般来讲，兼并收购一个企业后，两个企业在历史背景、人员组成、业务风格、管理思想、管理理念、管理体制、企业文化等各方面协调工作量相当大，企业融合需要相当长的时间。

2. 质量难于保证。兼并收购后，尽管由兼并企业派干部及员工到被兼并企业去参与管理及生产经营工作，但由于上述原因使产品质量一下子难以达到兼并企业的要求，因此造成成本增加。

3. 法律的限制。横向一体化有可能造成产业内的垄断，因此有的国家法律对此做出了限制；如美国和中国都有反垄断法。

综上所述，"大就是好，更大就更好"已不再是真理，人们现在已意识到，卓越企业之所以卓越，不在于企业规模的大小，而在于要不断创新。多数研究已表明，兼并收购企业的成功率并不高，美国麦肯锡咨询公司曾对 1972—1983 年之间世界上 200 家最大的公营公司的并购作过研究，发现企业并购成功率只有 23%，同时大企业的管理效率降低，并购并不能真正获得竞争优势。

# 第三节　纵向一体化与供应链管理和价值链管理的比较

## 一、供应链管理简介

20 世纪 80 年代后，发达国家有近 80% 的企业放弃了纵向一体化，开始应用供应链管理模式。

供应链是指围绕核心企业，通过对信息流、物流、资金流的控制，从采购原材料开始，经过生产制造，最后由销售网络把产品送到消费者手中，从中将供应商、制造商、分销商、零售商直至最终用户连成一个整体的功能网链结构。

供应链管理是指在满足一定的客户服务水平条件下，为使整个供应链系统成本达到最小、总价值达到最大，对供应链系统中的物流、信息流和资金流进行的计划、组织、协调、控制和优化的管理过程。供应链管理体现了系统、协调、合作、服务的理念。供应链管理的目标就是总成本最小化，客户服务最优化，总库存最少化，总周期最短化，物流质量最优化，以上目标之间虽有矛盾，但在供应链一体化系统中可以寻找到最佳平衡点以实现供应链绩效最大化。

供应链强调核心竞争力的思想，即企业要集中发展核心业务，把非核心业务直接外包给外部企业完成，充分利用外部资源，实行外包战略，而外包企业只有具备自己的核心竞争力，供应链中的合作伙伴关系才会持久。

例如，本迪纳尔（Bendiner）[①] 和其同事在 1996—1998 年对供应链管理的应用效果进行了为期 2 年的调查研究，共调查了 90 家分散型产业的企业和 75 家流程型产业的企业，调查研究成果表明：供应链管理的应用使整个供应链总成本下降了 10%；供应链系统中企业的按时交货率提高了 15% 以上；订货-生产周期缩短了 25%～35%；供应链中的企业生产率提高了 10% 以上；核心企业的资产增长率为 15%～20%。

## 二、纵向一体化与供应链管理的比较

应当看到，纵向一体化的理论基础是技术决定论、垄断因素决定论及交易费用理论。技术决定论是指一个产品由多道工序来完成，为使技术上更加可行，经济上更加节约，因而把属于不同企业的上下工序归入一个企业。如钢铁企业把冶炼厂与轧钢厂合并即为代表。垄断因素决定论是指，如果某种原料是由某垄断厂商提供的，为应对垄断势力，避免企业可能遭受损失，加工企业可实行纵向一体化，通过新建、收购、兼并原料生产企业，将

---

① Bendiner J. Understanding Supply Chain Optimization [M]. APICS -the Performance Advantage, 1998, 1：34-40.

原料生产置于企业内部控制之中。交易费用理论是指企业通过市场交易来保持其与上下游生产过程联系时,会产生较高的交易成本,甚至有的企业还会利用信息不对称进行欺骗,此时企业会实施纵向一体化将与厂商之间的买卖关系变为企业内部各部门之间的协作关系。

供应链管理的理论基础是在供应链的网络结构中各节点企业之间是介于管理与市场交易之间的状态,其中能够起到配置资源作用的有三种力量:市场、管理与网络。

供应链网络化,要求网络中各方共同依存于相互控制的资源中,只有当所有资源由各方一致使用时,才会获得最好的收益。而供应链企业的纽带是长期契约,其中核心企业具有核心竞争力,非核心企业处于从属地位并有依赖性,因此供应链管理对资源配置兼有市场和管理的特征。

纵向一体化可降低交易成本,但企业靠的是官僚主义的低效率刺激,因此纵向一体化的效率损失是显著的,而供应链管理既可利用官僚主义刺激交易成本的降低,又可获得有效的市场刺激。

当环境处于静态、资产专用性强、交易频繁、信息不确定性的情况下,企业适合采用纵向一体化战略。而当处于动态环境中,纵向一体化降低了整个系统的柔性,对动态环境的不适应性表现得很突出,而供应链管理是动态的网络结构,企业会根据需求、技术、竞争等因素的变化重新选择合作伙伴,这种调整是容易实现的,同时供应链中每个企业专门从事某一项业务活动,因此自身对环境变化也有快速响应能力。

当业务系统偏向稳定时,宜采用纵向一体化,如钢铁、化工等产业的技术、品种、需求等因素变化不大时,经常发生并购活动。而当业务系统变化激烈,如服装、电子等产业更适合采用供应链管理。

如果某个国家法律上对败德行为规定严格,制裁严厉,社会的监督与约束比较有力,网络结构能稳定有效地进行协作,则供应链管理可行;否则只有将上下游业务纳入企业内部进行管理。丰田汽车业务外包量达到销售额的80%,而欧美汽车公司业务外包量却只有销售额的40%,因为日本企业文化强调自我约束,自我反省,对交易过程中的机会主义败德行为有所限制,交易成本的降低促使其业务大量外包。

## 案例 8-3

### 香港利丰集团的供应链管理(2002 年)

香港利丰集团(以下简称利丰集团)是一家以香港为基地的大型跨国商贸集团,利丰集团旗下有利丰贸易、利丰经销和利丰零售三大核心业务,覆盖供应链上、中、下游各环节,其商务模式是贸易、电子商务、物流配送和终端零售等多元化经营,利用信息技术提高整个供应链的经营效率。集团 2002 年营业额为 58 亿美元,雇员 18 000 名。利丰集团1906 年成立于广州,是中国当年首批从事对外贸易的华资公司,打破了当时外国洋行对中国对外贸易的垄断。

利丰集团至今已发展成为一个全球商贸供应链的治理者,集团与供应链各环节企业保持非常良好的合作关系,使供应商、零售商、消费者实现多赢,实现了价值网管理的不断创新和逐步优化,利丰集团已成为价值网协调者。

供应链上游

从1906年到2002年期间,利丰贸易经历了采购代理→采购公司→无疆界生产→虚拟生产→整体供应链管理等多个阶段,转型成为一个供应链的协调者。如利丰要生产一件衣服,很可能纺纱是在韩国购买的,纺织漂染是在台湾进行的,然后运到人力成本较低的泰国进行缝制,并用日本生产的优质拉链。利丰在供应链上游从事的工作体现了价值网理论中"与客户保持一致"(customer-digned)、"合作与系统化"(collaborative and systemic)的特点,为每一份订单定制个性化、高效率的供应链方案。

供应链中游

利丰经销的核心业务是代表供应链接触并组织当地的零售商和分销商,为产品打通销售渠道。主要的服务包括市场推广、品牌建立、品类管理以及销售渠道的拓展和管理。需要说明的是利丰并不是自己建立一个市场和经营部门,因为利丰擅长的核心业务是国际贸易而非市场推广,要靠自己的力量进军当地市场是相当困难的,因此要在经销代理领域占有一席之地,利丰的策略依然是兼并收购。这是比较明智的举措。

供应链下游

利丰集团先后获得OK便利店和玩具反斗城在中国香港、中国内地及其他亚太地区的特许专营权,其门店经营已在香港地区获得很大成功。利用信息化管理,为众多零售终端收集到瞬息万变的市场需求,为供应链上游提供了信息。

基于利丰集团长期实践,归纳为供应链管理的6个理念:①以顾客为中心,以市场需求为原动力;②建立核心竞争力,在供应链上明确定位,将非核心业务外包;③供应链各企业紧密合作,共担风险,共享利益;④对工作流程、实物流程、信息流程和资金流程利用信息化进行优化,提升供应链整体效率;⑤缩短产品完成时间,使生产尽量贴近实时需求;⑥努力减少采购、库存、运输等环节的成本。

资料来源:wenku. baidu. com/link? url=JvYR13CSYc_9cZXVWganGcr7HM5gyNAhm.

供应链管理的内部风险在于:

1. 供应链管理要比单个企业管理复杂,企业数目众多、结构繁杂,要使供应链能够担负起对最终用户需求快速及时的反应,管理极为复杂。

2. 信息流的不确定性。从供应链上游到下游,节点多,有些信息个别企业不愿意让其他企业共享,结果导致供应链信息不通畅,容易产生"牛鞭效应"。

3. 经营管理的不确定性。供应链是动态的,应当随着科学技术的发展,顾客需求的变化,供应链的核心能力也应及时更新,否则就满足不了客户的要求。但供应链形成之后,容易产生惰性,会限制供应链对市场需求变换的反应速度。

4. 制度方面的不确定性。一系列健全的管理制度是供应链取得成功的关键因素之一。例如,若库存制度不规范、需求预测不准确、采购过程控制不科学、财务制度有缺陷等都会给供应链运行带来伤害。

5. 运输方面的不确定性。现今的供应链具有全球化特征,许多供应链是全球采购、全球生产、全球销售,由于运输方面的问题而增加了供应链的风险。

6. 利益分配方面的不确定性。供应链上的企业都有各自不同背景和利益要求,各企业之间的合作是靠协议安排来实现的,其战略联盟也缺乏监督和惩罚机制,各企业之间的相互信任及获利是否平衡决定着供应链的稳定与成败。

7. 企业文化差异的不确定性。各企业的文化不同,会导致对问题的看法不同,处理手段不同,职工素质、敬业精神、诚实守信等都有差别,因而会给供应链的运行带来风险。

## 三、供应链管理与价值链管理的区别与联系

所谓价值链是指一个企业在一个特定产业内的各种活动的组合,它反映企业所从事的各种活动的方式、经营战略的途径以及企业各项活动本身的根本经济效益。所谓供应链,是指在生产和流通过程中,涉及将产品或服务提供给最终用户的上游及下游各企业所形成的网络结构。

由上述定义可见,价值链主要是相对于一个企业而言,是针对企业经营状况开展的价值分析,其目的是要弄清楚企业的价值生成机制,剖析企业的价值链条的构成并尽可能加以优化,价值链关心的重点是如何有效地为企业创造价值,从而促进企业竞争优势的形成。企业不同,其价值生成机制也不同,有的在生产环节,有的在研发环节,有的则在营销或管理环节上,如果企业某一节点上的价值创造能力在同行业中遥遥领先,我们可以说这个企业在这方面具有了核心竞争力。

供应链往往是相对多个企业而言的,除非是大型企业集团,否则很难构建企业自身的供应链,即便是大企业集团,有时也难免向集团外部延伸。因此,供应链可以说是企业之间的链条连接。供应链关心的重点是如何有效地降低供应成本,供应链来自于物流范畴,一般指的是跨企业的物流管理,但随着电子商务的发展,许多企业与其他企业的连接已超出物流范畴增加了商流的内容,由于互联网的发展,推动了供应链的发展,因此供应链管理的目的,一方面是为了降低成本,另一方面也是为了提高反应速度,其本质也是为了构筑企业核心竞争力。

但是,价值链也并不孤立地存在于企业内部,它也可以延伸或连接到企业外部,如果几个企业之间形成了价值链的同步流程管理,那么我们可以认为这些企业的价值链已实现了一体化连接,只不过此时的价值链已不再是价值链条,而变成了价值网络。

因此,供应链与价值链的共同点在于:供应链也是一条价值链,即二者涉及的活动范围相同,价值链是实施供应链管理的前提,供应链与价值链共同存在于任何一个产业和企业中,价值链与供应链都强调以客户为中心,以市场为导向,降低成本,提高市场反应速度,为顾客创造价值等。但价值链是由顾客需求拉动的,不是制造商对需求预测和希望的构想。一个价值链是经营一个产品从供应到制造、营销及售后服务等的整个经营过程,而不管哪个企业拥有什么特殊的增值步骤。供应链是企业价值系统的子系统,在这个子系统中,生产商和供应商通过网络不断地交流关于原材料需求、生产、计划和库存的信息。价值链和供应链涉及的活动范围相同,但价值链集中在价值创造,供应链注重产品供应。现代的观点是:竞争是价值链之间的竞争,也是供应链之间的竞争,而不仅仅是企业之间

的竞争。两条链都有资金流、物流、信息流、工艺流，都是依托于价值增值过程，客观研究对象是相同的，只是各自研究的重点不同，因此在一些组织里，"价值链"与"供应链"几乎可互换使用。随着经济、技术及信息的不断发展，两者将在更多方面交叉重合，互为补充借鉴，相辅相成，为企业创造竞争优势作出贡献。[①]

供应链与价值链的区别在于：

(1) 价值链管理是一种战略管理方法，强调协调价值链上诸多联系。价值链管理不仅局限于传统的客户与供应商的联系，目前已发展到包括分享计划、库存、人力资源、信息系统、公司文化等，形成多渠道价值的网络管理，在价值网管理中使其成员能够交换信息和知识，响应并达到理想成果。而供应链管理是包含在价值链管理内容中的，它们为价值链管理增加了有用的维数，为价值链提供了整体空间。[②]

(2) 价值链管理与供应链管理的重点目标不同。供应链管理目标是效率，致力于降低成本，提高生产率。价值链管理目标是效益，致力于为顾客创造价值。[③]

(3) 价值链管理的基本问题为价值是如何创造的？生产过程中的非核心部分是否可以外包，如何加强其核心部分与顾客需求的联系，如何增大核心部分成员的价值贡献？而供应链管理的基本问题仍是较多地从物流畅通的角度来考虑降低库存、降低成本，而且更多偏向于制造业。

(4) 价值链管理的本质是一种战略决策的方法，最初提出时主要是用于企业竞争优势的研究，着眼点是企业的价值增值过程分析。目标是企业如何从价值链各环节中找出自己的关键环节，从而寻找出企业竞争优势的根源，形成企业的成本领先，差异化或目标集聚的竞争战略。而供应链管理本质是要为用户提高服务质量和降低物流成本，并为决策人员提供四方面服务：①确定最优库存和服务水平的对应关系；②分析预测供应链中的不确定因素，确定安全库存和订货策略，优化投资；③进行 What If 分析，评估各种方案并选择其中最有利的方案；④进行面向供应链管理的设计，通过协调提高整体效益。[④]

应当看到，价值链研究在近 20 多年来获得了很大发展，已经成为研究竞争优势的有效工具。波特的价值链通常被认为是传统意义上的价值链，较偏重于以单个企业观点来分析企业的价值活动。由于数字化时代的到来，许多学者(如 Jeffery F. Rayport 和 John J. Sviokla 等，1995)提出了开发虚拟价值链的观点，互联网的出现使实物价值链与虚拟价值链并行，而电子商务的出现，使得价值链的边界变得模糊，改变了企业的生产方式、传统的采购、营销及售后服务活动的方式，缩短了价值链的环节，给产业商业模式带来了一场革命；同时由于互联网的发展一些学者又提出价值网概念，认为在价值网中，每一个虚拟企业本身，就是一个小网络，包含了我们习惯称作价值链的所有元素，而价值网以电子方式联系和推动所有企业成员，使各成员按要求进行合作，达到共享

①　迟晓英，宣国良. 正确理解供应链与价值链的关系[J]. 工业工程与管理，2000(4).

②　Sheridan J. H.. Managing the Value Chain for Growth[J]. IW. 1999，Sept. 6：50-54.

③　Booth R.. Appreciating the Value Before Counting the Cost[J]. Management Accounting，1997，(Jan)：54.

④　Graves S. C.，Kletter D. B.，et al. A Dynamic for Requirements Planning.

资产、互补优势和资源,一起为顾客创造价值。即形成价值网络管理,它把价值链概念提升到更高的战略高度。

综上所述,企业在研究一体化战略时,应当结合企业具体情况,深入研究和比较适合企业自身的价值链管理或供应链管理具体战略形式,以期更好地利用企业内外一切可以利用的资源,更好地营造自己的竞争优势,为顾客创造价值。

# 第九章

# 企业多元化战略

## 第一节　企业多元化战略的概念及其演变过程

### 一、企业多元化战略的概念

多元化又叫多角化、多样化，中国又有叫多种经营、跨行业经营。本书采用"多元化"的称谓。

多元化战略是指一个企业同时在两个以上行业从事经营活动，同时生产或提供两种以上基本经济用途不同的产品和服务的战略。这是相对于单一化战略而言的。

多元化战略的特点是企业的经营业务已经超出其所在的某一个产业，而是在多个产业中谋求企业的快速发展，避免了单一产业经营的投资风险和产业周期风险。

应当指出，只有当多元化战略能够增加股东的价值，而且所创造的价值高于在不同行业直接投资或购买股票所获得价值的情况下，多元化战略才是一个明智的选择。而企业多元化战略是否能为股东增加价值，取决于多元化战略能否通过以下三方面的检验：[①]

1. 行业吸引力检验。在企业所选择的产业必须具有足够的预期利润前景，企业进入该产业能持续地产生比较高的投资回报。

2. 成本检验。即进入新产业的成本不能太高，不能高于这个产业以后的预期效益。

3. 协同性检验。多元化发展的公司准备进入的新产业必须与其现有的产业在资源、能力等要素存在某种程度的相关性，因此在总公司的多元化经营组合中，从事新产业的子公司应该比其单独运营效益更好，协同效益显著。

如果企业准备进入的新产业能够通过上述三项检验，就说明这种进入新产业有可能增加股东价值。如果准备进入的新产业只能通过上述三项检验中其中一两项检验，那么这种进入战略应三思而后行。

---

① ［美］小阿瑟·A.汤普森，约翰·E.甘布尔，A.J.斯特里克兰.战略管理：获取竞争优势［M］.蓝海林，李卫宁，黄嫚丽，等译.北京：机械工业出版社，2006.

## 二、企业多元化战略的演变过程

### （一）20 世纪 50 年代：多业务公司的出现

当时多业务公司是采取事业部组织结构，实行分权化管理。公司事业部管理多个业务层面，这一阶段一直延续到第二次世界大战之后，在财富 500 强中采用事业部结构的公司从 1949 年的 24％上升到 1959 年的 51％，进而到 1969 年的 80％。在许多公司事业部化与该公司向多元化迈进相伴随。

### （二）20 世纪 60 年代：一般管理技能及协同效应

这一时期许多学者（如德鲁克）提出好的管理者应当掌握某些可以适用于任何业务的一般管理原理，即职业经理人可以将其管理技能应用于多个业务领域。认为这些职业经理人可以从一个产业转到另一个产业，而其有效性并不因此受到多少损失（罗伯特·卡茨，Robert Katz，1955）。这样由于事业部组织结构及经理人的一般管理技能，使多元化公司在美国及欧洲大大兴盛起来。

多元化公司兴盛的原因还在于，它既可以作为实现公司增长目标的手段，也可以把风险分散于不同的产业部门，同时还能够使公司的基本业务与其他业务产生或多或少的协同效应。因此在 1966 年，财富 500 强中开展相关多元化的企业大约有 44％，而开展不相关多元化公司仅为 12％。

### （三）20 世纪 70 年代：业务组合规划

这一时期许多多元化公司受到了经济环境低增长、高通胀及更激烈竞争的威胁，一般的管理技能受到了严峻的考验，对多元化的各个业务进行资源分配已经不是一种容易做到的事情，面临资源分配难题的公司开始求助于波士顿咨询集团（BCG）于 20 世纪 70 年代引入的业务组合规划新技术。业务组合规划为公司管理者提供了比较不同业务的共同框架。通用电气公司开发的产业吸引力—业务地位矩阵，波士顿咨询集团开发的业务成长—市场份额矩阵等工具，被用来根据其战略定位和机会对多元化业务加以分类管理。由此使经理人追求战略平衡使业务组合能够在利润率，成长性和现金流方面具有互补性，并对其加以完善，使公司能够达到令人满意的整体业绩。到 1979 年，财富 500 强有 45％的公司采用了业务组合规划技术。

### （四）20 世纪 80 年代：业务重组

20 世纪 80 年代公司并购活动兴起，促使人们对大型公司总部的作用及多元化公司战略产生了怀疑。指出许多公司的多元化战略未能创造价值，迈克尔·波特指出，他所研究的 33 家美国大型公司在 1950—1986 年间多元化记录，发现大多数公司将其并购的业务进行再剥离的比例高于保留下来的比例。大多数公司的战略是毁坏了而不是创造了股东的价值。

由于受到收购者们的威胁及学者们的批评，CEO 们越来越多地将公司投入重组，减少公司层次,对不再具有吸引力的业务进行剥离,规模缩编、降低成本等做法流行开来。彼得斯和沃特曼(Peters,T. and Waterman,R)在《追求卓越》一书中指出,成功的公司不进行广泛的多元化,它们倾向于在特定的产业进行专业化经营,并有意识地将主要精力放在它们最擅长领域的知识和技能改进上。

财富 500 强多元化状况的研究发现,多元化公司的比例从 1974 年的 63% 下降到 1987 年的 41%,扭转了此前 20 年多元化战略蓬勃发展的趋势。业务重组被广泛认为是对过度多元化战略的纠正。

### (五)20 世纪 90 年代:建立核心业务

20 世纪 90 年代普拉哈拉德和哈梅尔提出核心竞争力的概念,认为公司战略需要建立在核心竞争力共享基础之上。在管理多业务公司时管理者应确保各业务均来源于其核心竞争力,公司应对核心竞争力的建立和利用有所贡献。围绕核心竞争力的多元化业务才是公司挑选核心业务的依据。

### (六)20 世纪 90 年代以后:建立母合优势

过去 50 年关于多元化战略曾涌现出多种思潮,不同时期有不同的概念和方法,但均流行一时,最终证明它们都是不完全的。现在人们对持续成长战略的兴趣被再度点燃,而母合优势的概念可以满足这一需要,母合优势的概念与以往任何思潮不同,母合优势已成为贯穿上述各种多元思潮的内在主题。(关于母合优势的概念可参看本章第四节)

# 第二节　企业多元化战略的类型与跨行业的程度

## 一、企业多元化战略的类型

简单地区分,可将多元化战略分为两种类型:相关多元化战略与非相关多元化战略。

### (一)相关多元化战略

相关多元化战略是指企业进入与现有业务价值链相关的新业务。即新业务与企业现有业务之间在研发、技术、供应原材料、生产运营、市场营销、服务、人力资源等方面能够实现资源和能力方面的共享,从而构建起公司竞争优势。例如海尔最开始由只生产冰箱起家然后实施相关多角化战略经营冰柜,然后再经营空调、洗衣机,然后由白色家电又扩展到黑色家电,如电视机、热水器、微波炉、吸油烟机、燃气灶、洗碗机、消毒柜等。

### (二)非相关多元化战略

非相关多元化战略是指企业进入与现有业务价值链不相关的新业务。即新业务与企业现有业务之间在研发、技术、供应原材料、生产经营、市场营销、服务、人力资源等各个方面都不相关,企业在一个完全新的领域中寻找公司发展的机会。例如中国华润集团从事七大业务单元,华润创业(HK291)、华润电力(HK836)、华润置地(HK1109)、华润燃气

（HK1193）、华润水泥（HK01313）、华润医药和华润金融控股。企业认为电力及燃气业务的主要功能是为多元化集团提供相对稳定现金流来支撑其他业务的成长，而地产、医药、金融可以贡献较高的利润率。华润集团经历了两次战略转型，即从贸易到实业，从实业到金融。金融业务已深入到银行、证券、基金、信托、保险等业务在内的全链条的金融服务，金融平台的构建，使集团总部成为新业务的孵化器，会不断地将新业务注入各个业务单元，是金融平台使分布在各业务的客户资源协同化变成具有商业价值的资源。集团总部是多元化运作，每个公司是专业化运作。专业化公司发展是稳定的，而集团多元化经营是动态的，不断地建立新业务退出旧业务。

## 二、按行业分类标准分析多元化战略类型

相关与非相关要看如何划分行业，即行业分类标准如何。严格地讲，行业分类方法应当按照我国国民经济行业分类标准来进行分类，因为该标准是国家行业的分类标准，是对全社会经济活动进行的标准分类，是政府统计和企业统计主要标准分类之一，在统计数据的采集、处理、分析以及国际比较上都具有重要地位。国民经济行业分类标准也应该是我们进行多元化战略分析的主要根据之一。

### （一）跨行业门类的多元化战略

中国于 2011 年第三次修订的《国民经济行业分类》国家标准（GB/T 4754—2011），主要依据我国近年来经济发展状况和趋势对 2002 年版作了修订。该标准采用经济活动的同性质原则划分国民经济行业，即每一个行业类别都按照同一种经济活动的性质划分，而不是依据编制、会计制度或部门管理等原则划分。该标准采用线分类法和分层次编码方法，将经济活动分为门类、大类、中类和小类四级。门类用英文字母编码表示，大、中、小类采用二、三、四位阿拉伯数字分类。门类行业共分 20 个行业，见表 9-1。

表 9-1  国民经济行业门类表

| 门类 | 名　　称 | 门类 | 名　　称 |
|---|---|---|---|
| A | 农、林、牧、渔业 | K | 房地产业 |
| B | 采矿业 | L | 租赁和商务服务业 |
| C | 制造业 | M | 科学研究和技术服务业 |
| D | 电力、热力、燃气及水生产和供应业 | N | 水利、环境和公共设施服务业 |
| E | 建筑业 | O | 居民服务、修理和其他服务业 |
| F | 批发和零售业 | P | 教育 |
| G | 交通运输、仓储和邮政业 | Q | 卫生和社会工作 |
| H | 住宿、餐饮业 | R | 文化、体育和娱乐业 |
| I | 信息传输、软件和信息技术服务业 | S | 公共管理、社会保障和社会组织 |
| J | 金融业 | T | 国际组织 |

由表 9-1 看出企业跨门类行业的多元化战略是最大跨度的非相关多元化战略，请看案例 9-1。

## 万达集团的跨界多元化战略(2012 年)

万达集团成立于 1988 年,到 2012 年,万达集团已形成商业地产、高级酒店、旅游产业、文化娱乐产业及连锁百货五大核心产业,在全国已拥有 68 座万达广场、38 座五星级酒店、6 000 块电影银幕、57 家百货店、63 家量贩 KTV。跨界竞争已经成了现代商业竞争的一种重要商业模式。从国民经济行业分类来看,房地产是属于 K 门类;酒店属于 H 门类;旅游投资是属于 J 门类;文化娱乐属于 R 门类;连锁百货属于 F 门类。即万达集团非相关多元化经营横跨国民经济行业分类的 K、H、J、R、F 五大门类的经营。

万达商业地产主要是在全国各地建设万达广场,这是一个城市综合体,内容包括大型商业中心、城市步行街、五星级酒店、商务酒店、写字楼、高级公寓等,集购物、餐饮、文化、娱乐等多功能为一体,形成独立的大型商圈,万达广场就是城市中心。

万达集团计划到 2015 年开业 70 家五星级和超五星级酒店,万达酒店建设公司能独立完成五星级酒店的设计、建造、装饰、机电等全部工程,万达集团还与雅高、喜达屋、希尔顿、凯悦、洲际等一批世界顶级酒店管理集团建立战略合作关系。

由万达集团牵头联合中国泛海、联想控股、一方集团、亿利资源等五家民营企业正在长白山、西双版纳、大连金石、海南等地打造国际一流的旅游度假区,分别建有亚洲最大的滑雪场、大型主题公园、世界最大的影视文化产业园、国际顶尖水平的大型舞台秀、50 多家高端旅游度假酒店。

万达集团 2007 年成立万千百货后改名为万达百货,目前已在北京、上海、南京、成都、武汉等地开业 40 多家百货店,计划到 2015 年开业 110 家店,成为中国最大的连锁百货企业。

万达集团同时进军大型舞台演艺、电影放映制作、连锁文化娱乐、中国字画收藏四个行业。

王健林认为,现在看来,只有多元化跨界发展企业才有资格谈生存、谈发展,跨界经营已成为企业重要的商业模式。

资料来源:http://www.fccs.com.2012-03-17.

### (二)跨行业大类的多元化战略

从国民经济行业分类标准来看,在每一个门类下面都可以分为若干个大类(两位阿拉伯数字代码),例如在 C 制造业门类下分为 31 个大类,见表 9-2。

表 9-2 大类行业编码表(以 C 类制造业为例)

| C 类制造业 | | | |
| --- | --- | --- | --- |
| 13 | 农副食品加工业 | 29 | 橡胶和塑料制品业 |
| 14 | 食品制造业 | 30 | 非金属矿物制品业 |
| 15 | 酒、饮料和精制茶制造业 | 31 | 黑色金属冶炼和压延加工业 |
| 16 | 烟草制造业 | 32 | 有色金属冶炼和压延加工业 |
| 17 | 纺织业 | 33 | 金属制品业 |

续表

| | C类制造业 | | |
|---|---|---|---|
| 18 | 纺织服装、服饰业 | 34 | 通用设备制造业 |
| 19 | 皮革、毛皮、羽毛及其制品和制鞋业 | 35 | 专业设备制造业 |
| 20 | 木材加工和木、竹、藤、棕、草制品业 | 36 | 汽车制造业 |
| 21 | 家具制造业 | 37 | 铁路、船舶、航空航天和其他运输设备制造业 |
| 22 | 造纸和纸制品业 | 38 | 电气机械和器材制造业 |
| 23 | 印刷和记录媒介复制业 | 39 | 计算机、通信和其他电子设备制造业 |
| 24 | 文教、工美、体育和娱乐用品制造业 | 40 | 仪器仪表制造业 |
| 25 | 石油加工、炼焦和核燃料加工业 | 41 | 其他制造业 |
| 26 | 化学原料和化学制品制造业 | 42 | 废弃资源综合利用业 |
| 27 | 医药制造业 | 43 | 金属制品、机械和设备修理业 |
| 28 | 化学纤维制造业 | | |

由表 9-2 中看出，在跨大类行业进行多元化经营，也是非相关多元化战略重点，当然，其多元化跨度要比门类之间的跨度要小，终究都是在一个门类内的跨行业经营。

## 案例 9-2

### 内蒙古第一机械制造集团公司（2006 年）

内蒙古第一机械制造（集团）有限公司是中国兵器工业集团公司的龙头企业，是国家军品特种车辆研究生产大型军工企业，企业的核心业务是履带式车辆和轮式车辆，为贯彻军民融合的方针，该企业从军工企业开始向军民融合企业战略转型，企业以履带和轮式两大系列军品核心技术为中心，使核心技术跃迁转移至六大民品系列，即重型汽车、铁路车辆、专用汽车、工程机械、重型车辆发动机系统及变速器系统、精密铸造件和锻件等零部件。公司为这一战略转型优化了内部资源配置，加强了外部资源整合，销售收入由 2003 年的 30 亿元增长至 2006 年的 82.5 亿元，增长 1.75 倍，实现利润由 2003 年的 247 万元增长到 2006 年的 7 717 万元，增长 2.12 倍，取得了明显的经济效益。

资料来源：内蒙古第一机械制造（集团）有限公司. 大型军工企业以市场为导向的产业与产品结构调整. 国家级企业管理创新成果（第 13 届）[M]. 北京：企业管理出版社，2007.

从国民经济行业分类来看，内蒙古第一机械制造集团公司主业都是在 C 制造业门类内，其中重型汽车及专用汽车属于 36 汽车制造业，铁路车辆属第 37 铁路、船舶、航空航天和其他运输设备制造业，工程机械属第 35 专用设备制造业，发动机及变速器属第 34 通用设备制造业，精密铸造及锻造属第 31 黑色金属冶炼和压延加工业。由此看来，内蒙古第一机械制造集团公司多元化战略是在 C 门类制造业内横跨了代码大类第 31、34、35、36、37 五个大类的多元化经营。

### （三）跨行业中类的多元化战略

从国民经济行业分类标准来看在每个大类行业下面，又可以分为许多中类行业（三位阿拉伯数字代码），例如在 38 电气机械和器材制造业下面又分为 8 个中类行业，见表 9-3。

表 9-3　中类行业编码表（以 38 电气机械和器材制造业为例）

| 38 | 电气机械和器材制造业 |
|---|---|
| 381 | 电机制造业 |
| 382 | 输配电及控制设备制造 |
| 383 | 电线、电缆、光缆及电工器材制造 |
| 384 | 电池制造 |
| 385 | 家用电力器具制造 |
| 386 | 非电力家用器具制造 |
| 387 | 照明器具制造 |
| 388 | 其他电气机械及器材制造 |

由表 9-3 中看出，尽管都是在 38 大类电气机械和器材制造业内，各中类行业在技术上及市场上跨度仍然比较大，当然这种行业跨度要比门类及大类行业跨度要小一些。

### （四）跨行业小类的多元化战略

从国民经济行业分类标准来看，在每个中类行业下面，又可分为许多小类行业（四位阿拉伯数字代码），例如在中类 385 家用电力器具制造下面又可分为 8 个小类行业，见表 9-4。

表 9-4　小类行业编码表（以 385 家用电力器具制造为例）

| 385 | 家用电力器具制造 |
|---|---|
| 3851 | 家用制冷电器具制造 |
| 3852 | 家用空气调节器制造 |
| 3853 | 家用通风电器具制造 |
| 3854 | 家用厨房电器具制造 |
| 3855 | 家用清洁卫生电器具制造 |
| 3856 | 家用美容、保健电器具制造 |
| 3857 | 家用电力器具专用配件制造 |
| 3858 | 其他家用电力器具制造 |

由表 9-4 看出，小类行业间无论是在核心技术上还是在市场上，行业间跨度均较小，企业如果能跨小类行业多元化经营应当属于相关多元化战略。正如前述，海尔在多元化战略初期就是在白色家电行业内首先进行相关多元化战略，然后才扩展到黑色家电行业的相关多元化战略。在小类行业间进行多元化经营可见案例 9-3。

### 案例 9-3

## 娃哈哈集团公司（2010 年）

杭州娃哈哈集团公司创建于 1987 年，目前已成为中国最大的食品饮料生产企业，全球第四大饮料生产企业，仅次于可口可乐、百事可乐、吉百利这 3 家跨国公司。在中国

29个省市建有100余家合资控股、参股公司，在全国除台湾外的所有省、自治区、直辖市均建立了销售分支机构，拥有员工近3万名，总资产达268亿元，主要生产含乳饮料、瓶装水、碳酸饮料、茶饮料、果汁饮料、罐头食品、医药保健品、休闲食品八大类近100个品种的产品，其中瓶装水、含乳饮料、八宝粥罐头多年来产销量位居全国第一。2010年集团营业收入550亿元，纳税45亿元，利润60多亿元，成为目前中国最大、效益最好、最具发展潜力的食品饮料企业。

资料来源：杭州娃哈哈集团有限公司，baike.baidu.com.

由表9-1～表9-4可以看出，从门类、大类、中类至小类，行业在技术，市场等方面的关联或相似度依次增强。客观上看，只有在小类行业间（如表9-4中3851～3858行业之间）才有某些技术及市场营销方面相近的关联度，在中类行业之间（如表9-3中381～388）已有较为显著的非关联度，在大类行业中（如表9-2中13～43）更可以看到已有非常显著的非关联度，在门类行业中（如表9-1中A～T）却有极为显著的非关联度。如果一个企业仅在小类行业间跨行业经营，我们可以称为相关多元化战略，若在中类之间、大类之间及门类之间跨行业经营，我们就可以称为非相关多元战略。

# 第三节　企业选择多元化战略原因分析

自从我国实行市场经济体制以来，相当多的企业都采用了多元化战略，从而提高了企业的竞争能力和经济效益。

## 一、企业外部原因分析

1. 宏观环境的原因。社会生产力的发展促进了人们消费范围的扩大和消费欲望的增长，消费需求呈现出多层次、多方位、多元化的特点，这为企业的发展提供了众多的市场机会，促使一批企业进行多元化经营，以适应人们社会物质、文化生活不断增长的需要。如最近几年许多房地产公司又兴办了搬家公司、物业管理公司、清洁公司等各种服务性公司，以满足人们物质、文化生活的需要。

另外，由于新技术革命的影响，导致了新材料、新工艺、新能源及新产品层出不穷，因而导致了一批新产业的出现，这为企业多元化经营提供了丰富的物质、技术基础，使企业有可能从原有的产品技术逐渐向新兴产业扩展，这样既可以减轻企业在原有产品市场上的竞争压力，又可以使企业从增长较慢、收益率较低的行业逐步向增长较快、附加值较高、收益率较高的新兴行业转移，例如目前有些企业开始涉足高科技，创办了高科技公司。

2. 产业环境的原因。在高集中度产业内，企业要求更高的成长性和收益性时要采用多元化战略，因为处于高集中度产业内的企业要得到更高的成长率，就必须要挤占其他企业的市场，这种挤占通常是靠降低价格、扩大供应能力、开发新产品、支出较多的广告费及研究开发费用等手段来实现的，而高集中度产业内企业之间相互依存关系也很强，某企业如果采取了上述手段，立即就会遭到竞争企业相同手段的反击，这种反击往往使前者取得的暂时优势化为乌有，因此，竞争企业之间市场挤占不但代价高，而且风险大，出路只有一个,即在高集中度产业内的企业为了追求更高的成长性、收益性,不能只在原产业内打主意,而要在原产业以外的新领域想办法,挤进去站住脚,这才是上策。

在高集中度的产业中,当其中一个企业开辟了新的领域并取得相当成功时,其他企业出于竞争战略的考虑,也会群起仿效。因此,越是属于高集中度的企业,则其多元化经营的诱发因素越强。

3. 微观环境因素。由于市场扩大化和竞争复杂化,企业采用单一产品、单一市场的集中经营的风险加大,只有采用多元化战略,企业生产的各种产品的用途不同,产品生命周期也不同,使企业的生命与产品的生命周期相脱离,如果搞得好,就可以使企业在任何时候都有处于成长期的产品,这样才能较长时期保持企业经营的有利地位,分散了经营的风险,增加了企业经营的安全性,实现稳定地经营。即使已实行多元化经营的企业,当存在较大风险时,为减少风险,也可考虑进一步多元化经营的问题。

## 二、企业内部原因分析

1. 企业要充分地利用富余的经营资源时,要考虑采用多元化战略。企业的资金、人力、技术、设备加工能力、厂地、原材料、本厂的废料等有形资源及企业的信誉、形象、信息、商标等无形资源,都是促使企业考虑采用多元化战略的因素。企业的经营资源越有富余,多元化经营的刺激因素就越强,企业就越具备采用多元化战略的内部条件。

2. 当企业的主导产品销售额增长缓慢,甚至出现负增长而企业又有余力时,企业要考虑采用多元化战略。

当企业原有的主导产品已到达产品生命周期成熟期的后部分时,企业要想再延长产品的寿命,就必须在产品质量上下功夫,进行产品差异化,加强广告宣传,以达到保持社会需求量及扩大销售额的目的,但有时这种产品差异化战略只能取得短期效益,要想取得较长期的效益及稳定的发展,就必须向新产品及新市场进军,这时企业应当考虑是否需要采用多元化战略,进行产品结构的调整,向新兴的经营领域开拓。

3. 当企业达不到经营目标或者在原有的经营领域中收益性较差时,企业要考虑采用多元化战略。

这时企业有一个很大的不满足状态存在,这是该企业下决心用多元化战略来改变企业面貌的必要条件。作为一般规律,一个企业如果不了解或没有认识到自己与经营目标存在着较大的差距时,总是不愿意推行新的战略行动。即使打算采取新的战略行动,也总是尽可能从已有的、常用的、自己熟悉的行动模式中选择一种,以便更容易地解决问题。只有当企业领导人发现本企业状态与其经营目标存在很大差距、意识到非采取革新行动不可,而这一革新行动又不是其他常规方案所能代替的时候,企业才会考虑选择多元化战略。因此可以说,企业状态与经营目标值差距越大,诱发企业采用多元化战略的因素越强。

4. 资源性企业为增加其收益性,也要考虑采用多元化经营战略。

我国有相当一批大中型资源性企业(如煤炭、石油、有色金属等企业),其产品销售价格由国家限定,这些企业盈利较少,相当一部分主业处于亏损状态,有的资源性企业已面临资源枯竭、产量下降,因此,为使企业保持一定的收益性,提高其经济效益,要采用多元化战略。

### 三、我国企业采用多元化战略的其他原因

1. 为解决企业多余人员就业问题而采用多元化战略。我国大多数大中型国有企业职工人数较多,为了社会稳定,不能让多余员工都下岗,于是企业开始进入新的业务领域,开始多元化经营。

2. 由于经济体制等原因,迫使企业采用多元化战略。如国家机关进行改革,国家向国有大中型企业安排精减下来的干部,迫使企业开展多元化经营。例如,复转军人安排就业,一部分残疾人要安排就业,也迫使企业开展多元化经营。

又如目前中国内地还不是一个统一开放的大市场,行业壁垒、地方保护主义仍很严重,企业要扩大规模,而主业发展受到了限制,只能向其他业务领域发展。

上市公司有了剩余资金,但主业扩大规模较为困难,或利润率较低,也诱发企业采用多元化战略。由于多年的资金短缺,一旦有了资金,选择产业往往带有盲目性,又没有长远的战略规划,结果因投资不当而招致失败者为数不少。

3. 当前我国采用多元化战略的企业相当多,就作者最近所做的咨询企业,无论是国有大中型企业,还是民营中小型企业,普遍都采用多元化战略,甚至相当一部分企业采用了非相关多元化战略。笔者认为,除了上述中国体制原因以外,很重要的原因就是因为中国实行市场经济体制刚刚30多年,为企业发展提供了众多市场机会,为中国企业多元化战略实施创造了很好的条件,同时中国相当一部分企业核心竞争力尚未形成,因此中国企业多元化战略还没有像发达国家那样进入"归核化"阶段。

# 第四节　企业的母合优势

## 一、企业母合优势的概念

母合优势(parenting advantage)模型是一个用来描述、分析母公司如何帮助子公司创造价值的管理架构。即母公司不只能为其业务子公司创造价值,还要努力创造其竞争对手(其他的母公司)做不到的更多的价值,此即称为"母合优势"。[①]

"母合优势"这一术语来自将总公司与其业务分支机构的关系比作家庭中的父母与子女间的关系。它暗示在集团中母公司(父母)与子公司(即孩子们)扮演着不同的角色。母公司(父母)对子公司(或孩子们)有较大影响。母公司(父母)要用劝说和鼓励与控制和惩罚的方式来管控子公司(孩子们)。当然,母公司(父母)也认识到子公司(孩子们)会随时间长大成人,因而早期适合双方的关系也会随着孩子们的成长有所变化。子公司(孩子们)会知道自己在什么场合应当站在父母一边,什么行为是好的,什么行为是不好的。虽然各子公司之间(孩子们之间)可以彼此学习,但他们之间也会互相竞争,同时还要与外部世界竞争。父母有责任创造家庭氛围、维护孩子们之间的友好关系,并将某些敌对情绪化

---

① [美]迈克尔·古尔德,安德鲁·坎贝尔,马库斯·亚历山大.公司层面战略:多业务公司的管理与价值创造[M].黄一义,谭晓青,冀书鹏,颜晓东,译.北京:人民邮电出版社,2004.

解。对子公司(孩子们)管束过于严格的父母到头来可能会遭到拒斥,面对子公司(孩子们)放任不管的母公司(父母)则是放弃了帮助子公司实现价值最大化的责任。

上述比喻并非完美。公司中的父母不过是业务子公司与外部世界的中介,这与家庭中父母与子女的关系完全不同。母合优势是动态的。当外部环境发生变化,通过拍卖某些子公司可以完全脱离母公司,成为一个独立的公司,或者投靠其他的母公司,成为其他母公司下的子公司。而母公司也会随着环境的变化,通过兼并收购的方法,把其他公司收为自己的下属子公司(接收新的孩子们)。母合优势是检验多业务公司战略合理性的标准和基础。

## 二、母合优势来源

母合优势来源于以下三个方面。

1. 价值创造的洞察力。价值创造洞察力不仅可以辨别母公司能为哪些业务创造价值,而且也可以确定实现价值创造的方式。价值创造洞察力可以从三方面来理解:(1)价值创造洞察力来源于对母合机会的把握。(2)母公司特征与母合机会的高度契合。母公司在多元化业务选择与管理过程中,存在着如下 10 个方面的母合优势:规模和历史、管理水平、业务界定、可预见的错误、业务单位联系、共享的竞争力、特殊技能、外部关系、重要决策、主要变化。这 10 种母合机会只是母公司价值创造的必要条件,而不是充分条件。(3)母公司拥有一定的技能、资源及其他特征,从中挖掘出价值创造的机会。

2. 独特的母合特征。母合特征提供了价值创造洞察力所需的手段。总体来讲,公司母合特征由以下 5 方面构成:(1)母公司的心智模式。(2)母公司的结构、系统与过程。这是母公司创造价值的机制。(3)母公司的职能部门、服务部门和资源。(4)母公司的人员和技能。(5)母公司的分权程度,分权程度决定了母公司集权及授权的事项。

3. 核心区业务选择与界定。母公司在选择业务组合时都是基于对母合特征深刻的理解来确定自己核心区的标准,从而确定其核心区的业务。这些业务或具有技术上的母合优势,或具有管理上的母合优势,或兼具有技术与管理上的母合优势,使得这些业务既具有合理的利润率、良好的市场地位,又有一定的扩展提升空间。

母公司管理人员对哪些业务属于核心区业务要有非常清楚的认识,在这些领域的公司战略能够创造巨大价值。随着时间推移,母公司能够对母合特征进行调整,使之与核心区业务的需要和机会越来越吻合,把握母合优势及核心区的业务标准,将公司业务组合集中到核心区是多业务公司战略至关重要的任务。

## 三、母公司价值创造的类型

母公司价值创造有四种类型:

1. 业务影响。每一个业务子公司被视作独立的利润中心,通过设立基本的业绩目标,母公司对独立子公司进行控制和监督,母合价值来源于母公司对子公司的战略决策、人事任命、预算控制及资本投资干预及影响。

2. 子公司之间联结影响。母合价值产生于子公司之间更加密切地合作与协同效应。

3. 母公司职能部门与服务部门的影响。母公司设有一系列职能部门和服务部门,这些部门能够为子公司提供指导及有偿服务,从而能对公司收益有所贡献。显然,它给业务单位带来的收益要能补偿它自身的维持成本而有余。

4. 公司发展活动的影响。母公司对现有业务组合中的业务单位施加影响的同时,母公司还可以收购或出售其业务,可以创建新业务,可以通过业务单位的合并或分立重新定义其业务,重新构成最契合母合特征的新的业务组合。从而避免可能导致价值毁损,避免造成母合特征的错配。

## 四、多业务公司层面战略

多业务公司层面战略旨在使母公司特征和业务层面特征相配合,使公司能够具有目前及未来的竞争优势。

多业务公司层战略开发过程应包括以下五方面内容:

1. 评价母公司的特征。即通过母公司的心智模式,母公司结构、系统和过程,职能部门、服务部门和资源,人员和技能,分权合约五个方面可以了解母公司的特征。

2. 评价业务层面的特征。即通过对该业务的定义,业务规模,业务性质和管理,该业务与公司其他业务的联结,该业务与其他业务的共有能力,该业务的技术专长,该业务与外部的关系,该业务面临的重要决策和变革八个方面来了解母合机会的来源和特征。

3. 评价竞争对手优劣势。即要列出拥有类似规模和业务组合的母公司,对组合中的每一项业务,都要列出可能与本公司该业务具有竞争关系的公司,注意这些公司的母公司,更要注意拥有类似业务的外围公司,要了解上述各母公司的经营状况及发展趋势,列出其优劣势,评估其竞争激烈的程度。

4. 判断上述所有因素在未来的变化趋势,未来 10 年会有哪些机会及威胁。

5. 多元化公司战略的选择。把母合优势的评估置于一个矩阵之内,该矩阵用来衡量各业务单位价值创造的潜力(见图 9-1)。这种矩阵是麦肯锡咨询公司于 20 世纪 80 年代末提出来的。这种方法在把握母合机会的性质及形成母公司战略有一定参考价值。

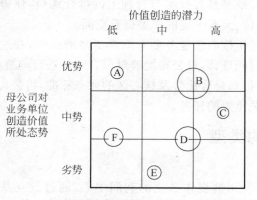

注: 每一圆圈代表业务组合中的一项业务,圆圈大小与该业务的当前价值
所占的比例相对应

**图 9-1 母合优势矩阵**

## 第五节 多元化企业集团的类型及其管控模式

### 一、多元化企业集团的类型

#### （一）相互持股型企业集团

相互持股型企业集团，也称为财团型企业集团或环形企业集团。这种模式的企业集团的特点是：集团内成员企业间相互持股从而形成成员企业相对平等的关系。从整个集团来看，呈环形相互持股状态，故又名环形企业集团。相互持股型企业集团一般不存在集团母公司，只存在在企业集团内发挥较大作用的核心层成员企业，通常是银行、综合商社等在集团中居于核心地位，故又名财团型企业集团。

#### （二）单方持股型企业集团

单方持股型企业集团是企业集团母公司对下属成员企业单方持股的企业集团。它按照企业集团母公司的形式不同又细分为两种模式：

1. 纯粹控股型企业集团

纯粹控股型企业集团的母公司为纯粹控股型公司，只掌握子公司的股份，母公司自身不直接从事生产经营活动，又称为控股公司型企业集团。

2. 混合控股型企业集团

混合控股型企业集团的母公司为混合型控股公司，母公司不仅持有子公司的股份、控制子公司的活动，而且自身也直接进行生产经营活动，其参股、控股往往更多的是出于其自身经营活动发展的需要。这种模式的企业集团也就是一般所说的、最常见的母子关系型企业集团。在日本，它又被称为系列型企业集团或独立型企业集团。

### 二、多元化企业集团的组织模式

#### （一）U 型结构

U 型结构（unitary structure）类似于单个企业的直线职能制结构，集团有一个庞大的集团总部，包括最高经营者领导下的执行委员会和若干职能部门，将总部对各个业务成员企业的垂直指挥和职能部门的专业指导结合起来。总部对下属业务单位实行高度集中管理，履行投资中心和利润中心的职责，子公司或生产经营单位是成本中心。集团总部不仅将成员企业之间的交易内部化，实行统一经营、集中管理，而且对职能部门和生产经营单位的运营、绩效也进行集中评估与监控。

U 型结构在本质上是一种高度集权的结构类型，企业集团单纯采用这种组织模式尽管也有许多优点，但由于集团统的过多、管的过死，成员企业及下属单位缺乏自主权和积极性，总体上已不太适应当今快速多变的内外部环境条件。

### （二）M 型结构

M 型结构（multidivisional structure）也称事业部制，是指以产品、地区或市场为依据，将企业内相关的采购、研发、生产、销售等活动集中组合成相对独立的事业部，每个事业部再在内部建立自己的 U 型结构，实行总部集中指导下的各事业部分散经营的一种组织形式。这种组织模式由于将市场机制成功地引入了企业内部，通过政策管制集权化和业务运营分权化，较好地解决了企业总部与事业部的集、分权关系，既保证了企业总部的集中统一管理，又能有效调动事业部经营的积极性，从而把首创精神和资源的配置、规模和效益有机结合起来，被誉为"创造企业家的公司"，现已成为世界各国许多大公司和企业集团的主导组织模式。

事业部制在本质上是一种分权型的结构类型，集团总部下设职能部门和一些参谋部门，以保证其决策的科学性与有效性。在集团最高决策机构下，事业部统一领导并完整的负责所管辖的业务活动，并可获得集团总部各职能部门的协助，事业部自主经营，独立核算。在最高决策机构的授权下还享有一定的投资权限，同时对自己的经营成果负责，是集团的利润中心。各事业部间的经济往来遵循等价交换的市场原则，内部核算。事业部内设职能部门，按照 U 型结构进行集中管理，其下的子公司、孙公司则是集团的成本中心。

这种组织模式把集权与分权、统一性与灵活性有机地结合起来，既有利于集团总部、母公司领导从繁杂的日常事务中解放出来，集中精力于战略活动，又有利于事业部紧密联系市场、增强适应性和应变力，激发员工的主观能动性和创新精神。当然，事业部制也并非完美无缺，在实践中逐渐暴露出容易滋长本位主义、分权化运作难度大、上下机构重叠等弊端。

### （三）H 型结构

H 型结构（holding structure）也叫控股公司制，是指在公司总部下设若干个子公司，公司总部以母公司的身份对子公司进行控股，承担有限责任的一种相对松散的组织形式。在这种组织模式中，集团内各成员企业都是独立的法人，也是投资中心，具有很大的决策权限，母公司主要是通过控制性股权进行直接管理或通过子公司董事会以及增减子公司股份的方式对其实施控制。控股公司制因其既能发挥母公司的战略优势，又有利于调动子公司的积极性，具有灵活性与效率性而被广泛采用。

控股公司制在本质上也是一种分权型的结构类型，而且这种模式中的成员企业享有更大的经营自主权。

这种组织模式可以实现集团用少量资本控制大量社会资本，最大限度地分散其投资和经营风险的目的，既可对成员企业的采购与销售等经营活动实行统一控制，避免过度竞争和价格战，发挥规模效应，形成企业的整体系列化发展，又不致侵犯成员企业的自主权和抑制其积极性。但由于集团总部受到自身时间和精力的约束，加之缺乏必要的信息，往往难以客观评价、有效协调和合理规划成员企业的生产经营活动，更难以实现统一集中管理和控制、统一配置资源，因而很容易导致整个集团形不成合力，集而不团。

综上所述，直线职能制、事业部制和控股公司制作为企业的基本组织模式，由于各有利弊,现代企业集团在实践中为了扬其长避其短,大多采用这三种模式的混合形态。

## 三、多元化企业集团管控模式

### (一) 我国企业集团管理中存在的问题

企业集团管理的核心问题就是要解决好集团总部和成员企业的集权与分权关系,这主要包括两个方面的内容:一是以产品或服务为基础的生产和市场经营管理中的集、分权;二是以产权为基础的企业组织管理中的集、分权。企业集团管理与一般的公司管理的主要不同之处正在于后者,即企业集团总部对其成员企业以产权为依据的管控,其最基本的原则是:既有利于调动每个业务成员企业的主动性、积极性和创造性,充分发挥每个业务成员企业的作用,又能使企业集团充分发挥出其整体的"1+1>2"的功效。从国际企业集团组织建设和管控的实践经验来看,有的强调集权,有的强调分权,而且即使是同一企业集团在其发展的不同阶段强调的重点也不尽相同,没有绝对统一的标准。但有一个明显的共同特征便是大多遵循"有控制的分权"这一原则,且分权程度越大,要求管理者的素质也越高,控制能力越强。我国企业集团与国际大企业集团相比,在处理这一关系上目前最突出的问题就是管理和控制的失效,管控中存在严重的随意性、不规范和混乱。具体表现在如下两个方面:

1. 集团总部功能建设落后

我国企业集团管控存在的问题之一就是总部的功能定位模糊、建设严重滞后,有的甚至处于空白状态。表现为:企业集团管理体制陈旧、战略管理功能弱化、决策水平低;缺乏科学统一的战略和规划,核心竞争优势不明显;集团章程、规章制度以及分配方式不完善;运营、管控机构与机制不健全;市场开拓功能不够突出,营销网络建设比较滞后、营销方式单调陈旧;科技开发功能普遍偏弱;体制创新功能尚未建立健全等。

2. 集团内部关系没有理顺

企业集团总部对成员企业要么集权过度,统得过多过死,成员企业缺少自主权和积极性,要么分权过度,放的过多、过活,成员企业各自为政,集团缺乏凝聚力。业务成员企业之间也缺少自觉的协调、协同,产生不了整体效益,形不成强大合力。

### (二) 企业集团管控模式

1. 企业集团的功能定位

企业集团总部的功能定位是整个企业集团内各层次功能定位的基础,许多企业集团管控的混乱大多是由于总部的功能定位不清造成的。因此,企业集团总部功能的准确定位对于企业集团的管控和有效运行就至关重要。一般来说,集团总部具有如下八大功能:战略管理、规章制定、投资与资产管理、绩效管理、财务管理、人力资源管理、协调与资源共享。

2. 企业集团管控模式

在明确企业集团功能定位的基础上,集团总部对成员企业的管控模式,按集、分权程度和管控侧重点的不同可划分为如下三种类型:

（1）战略管控型。特点是：企业集团总部作为战略和投资决策中心，通过制定集团战略来指导成员企业的运行，并审核下属单位的战略和重大投资项目，相应地分配资源且对其使用情况实施严格监控，以实现企业集团的总体战略和协同效应。管控方式主要是凭借战略规划和业务计划体系的实施，侧重于进行综合平衡和提高企业集团的整体效益。总部的规模一般不大，是一种集、分权程度中等的管控模式。

（2）财务管控型。特点是：企业集团总部作为投资决策中心，以收购、兼并、投资或撤资决策和行为为主，通过为下属单位制定严格的财务指标并予以考核和监控，但基本不介入其具体的经营管理，目标是实现资本价值的最大化。管控方式以财务指标的制定、考核和监控为主，侧重于进行资产经营与运作、财务管理和提高企业集团的资本投资回报率，而不是成员企业的经营管理与长远发展。总部的职能人员一般不多，且多为财务人员，是一种分权程度高的管控模式。典型案例如和记黄埔集团在全球 45 个国家经营多项业务，雇员 18 万人。集团总部主要负责资产运作，总部职能人员不多，主要是财务管理人员。

（3）运营管控型。特点是：企业集团总部作为生产经营管理和投资、经营决策中心，以对企业资源的绝对集中控制和管理，全面负责战略规划、投资和经营计划以及各项经营目标、财务指标的制定和考核，并直接介入和管理下属企业的具体生产经营活动，下属成员企业只是具体执行，目标是追求企业生产经营活动的统一化和优化。管控方式以深入各项业务的决策和具体运营过程并监督、定期不定期的考核下属单位执行情况为主，侧重于参与企业的实际经营和提高集团的财务和经营绩效。总部的职能人员往往会很多，规模会很大，是一种集权程度高的管控模式。

运营管控型和财务管控型是分处集权和分权管理的两个极端，战略管理型则处于集、分权的中间状态。上述三种管控模式各有利弊，也有其相适应的范围。为叙述方便，我们把集团内各业务经营项目和集团自身总体战略相一致的程度大小分为四类：

（1）核心业务：指该业务与集团战略完全一致，一般处于母子公司体系核心位置。

（2）主营业务：指该业务与集团战略相关度较高，起到重要利润支撑点或掌控关键资源的业务。

（3）衍生业务：指该业务是处于集团核心或主营业务上下游衍生拓展的业务板块，业务相关度较低。

（4）非相关业务：指该业务与集团核心或主营业务没有关联性，独立存在或自成体系的业务板块。

总部若采用运营管控型，其下属业务层面公司通常具备以下特点：①各业务间相关度较高，处于集团的核心业务和主营业务板块；②业务对总部的重要性较高，是集团的核心利润或重要利润支撑点；③业务的成熟度较低，处于起步或成长初期阶段。

总部若采用战略管理型，其下属业务层面公司通常具备以下特点：①业务经营已步入高速成长期或成熟期，其管理体制日趋成熟，业务运营系统已较完善，自我管控能力逐步增强，则集团总部可适当放权分责，以激发下属公司经营自主性；②对业务重要度和成熟度均处于较低水平的核心业务和主营业务板块，由于下属公司成立时间短，尚未形成完整行业链条，尚没有利润贡献，总部较多地利用战略管控型；③对于业务重要度较高但业务成熟度较低的业务，或者由于总部在该业务中股权比例较大，或该业务对集团利润贡献、市场地位较高,很可能是集团战略性新兴业务,因此总部多采用战略管控型。

总部若采用财务管控型,其管控对象通常具备以下特点:①衍生业务板块业务相关度较低;②业务成熟度较高的衍生业务;③业务重要性较低的衍生业务;④主营业务板块中业务重要性较低,业务成熟度较高的下属企业。

总之,管控模式及管控体系的选择是以完成集团整体战略及战略目标为目的的,对每个业务层面公司的管控模式及管控体系要看具体的竞争环境、公司战略、业务组合、行业特点、企业规模、管理文化、政府政策、法律法规、业务发展阶段及经营风格等诸因素影响而决定。实际应用的管控的具体模式是上述三种模式的综合,随着全球信息化、互联网、大数据时代的到来,集团总部功能定位越来越从以"管控"为导向角色向"提供指导和服务、提供附加价值"为导向的角色转变。

# 第六节　企业多元化战略的优缺点

## 一、企业多元化战略的优点

实施多元化战略所带来的战略利益有以下几个方面:

1. 协同效应

协同效应一般是指两个或更多个活动或过程相互补充,从而其联合作用的效果大于两个或多个活动效果的简单叠加。相关多元化将协同作用根植于产品(如生产过程)或市场(如分销分部)之中。而对非相关多元化来讲,协同作用则表现在财务指标(如一个企业的正现金流被用来满足另一企业资金的需要)或管理能力上(如一个公司将生产管理能力或财务管理能力转移到发展缓慢的业务领域中)。

企业协同效应表现在:[1]

(1)技术协同。企业在实行多元化经营时,可以充分利用贯穿于这些产品之间的核心技术、技术知识、诀窍等,这样可大大减少新产品研究开发费用,并提高新产品成功的效率和概率。

(2)生产协同。如果新老产品在生产技术、生产设备、原材料以及零部件的利用上具有共同性或类似性,那么在产品生产上就会获得协同性。

(3)市场营销的协同。老产品的营销能够带动新产品的销售渠道和顾客时,往往新老产品市场营销方面会产生协同效应,从而会增加总的销售额。同时,由于面对共同市场,因而企业不需为新产品额外再增加更多的营销费用,从而使单位产品的营销费用降低。另外,品牌、商标、企业信誉的协同效应也是十分明显的。

(4)管理协同。如果企业老业务与新业务在管理的方法、经营技能及手段方面比较一致,就会取得管理协同效应。企业新老业务之间在管理上是否具有共享性是决定企业多元化战略是否取得成功的重要因素。如果新老业务在管理上差距很大,一方面,管理人员要花许多精力去熟悉新业务;另一方面,企业管理人员往往习惯于将原有的一套管理

---

① 　MBA 必修核心课程编译组.经营战略[M].北京:中国国际广播出版社,2002.

经验和方法不自觉地应用于新业务上,往往造成管理上的失误,这是需要倍加注意的。

2. 分散风险

企业多元化战略分散了投资风险、分散了员工就业风险。

多元化战略一个重要的优点就在于减少企业利润的波动,因此,应当力争做到使企业风险最小、收益最大的产品组合,企业应选择在价格波动上是负相关的产品组合,这将有利于分散风险,而高度相关的产品组合不利于分散风险。这种高度相关包括:所有产品的产品生命周期都处于同一阶段,所有产品都是风险产品或滞销产品,所有产品都存在对某一种资源的严重依赖等。

企业多元化战略的实施,可使在某一领域内多余的员工转移到其他业务领域去工作,而不至于下岗。

3. 增强市场竞争力

一般来讲,企业多元化战略的实施可以通过三种机制来增强市场竞争力。

(1)掠夺性的价格。实施多元化战略,使企业凭借其在不同业务领域经营的优势,在某一业务领域可实行低价竞争,甚至可以将价格定在竞争对手的成本以下,利用其他业务领域的利润对这一定价行动的损失进行交叉补贴,从而在这一时期挤垮竞争对手,迫使其退出此行业,从而为企业在此行业的长期发展创造一个良好环境。

(2)互利销售。互利销售是指一个多元化经营的企业可以与其主要客户签订长期互相购买协议,本企业将产品卖给长期客户,长期客户也把它的产品卖给本企业下属子公司,以实现双方利益的最大化。企业实施多元化战略可以实现互利销售,从而扩大企业的市场份额。

(3)相互制约。两个实施多元化战略的企业有可能在多个市场上开展竞争,竞争接触面很大,这种在多个市场上竞争会对每个企业都产生不利影响。因为如果一个企业在一个市场上采取进攻行为(如降价),很可能招致另一个企业在其他市场上采取报复行动,因此,通过相互制约,采取共存双赢的策略,双方都可以在一个相对比较缓和的竞争环境中生存。

4. 市场内部化效应

企业实施多元化战略,可以形成资本及人力资源的内部市场,从而对企业发展有利。

企业在外部资本市场上筹集资金的成本较高,因此,实行多元化战略的企业可以在其内部建立资本市场,通过资金在不同业务领域之间的流动来满足各业务领域的资金需求,根据不同投资项目的盈利前景,将资金进行合理分配,如有的公司,可为其下属子公司提供日常金融业务、调剂余缺等,大大降低了资本成本。

企业在外部人才市场招聘费用较高,而且不易招到合格的人才,而多元化公司的人才可在内部各业务部门之间流动,则不仅可节省费用,还可更充分地掌握应聘者的信息,应聘者对公司文化也已有相当深入了解,公司容易做出其是否能胜任所聘职务的正确决策,这样不仅节省费用,也提高了工作效率。

5. 有利于企业持续增长

当企业面临一个已经成熟的业务领域时,甚至正在衰退的业务领域时,企业继续在这样的产业中经营显然是不明智的,因此,为脱离现有业务,就必须要进入一个新的产业。

实施多元化战略的企业，当一项业务衰退时还有许多新业务已经成长起来，一般情况下，如果多元化战略实施成功，可以保证企业较长时期的持续增长。

## 二、企业多元化战略的缺点

### 1. 管理冲突

由于企业在不同的业务领域经营，因而企业的管理、协调工作大大复杂化了。例如，企业在一个业务领域实行成本领先战略，这就要求企业在研发、生产制造、市场营销等各方面节约一切成本开支，甚至在企业文化上也提倡厉行节约的风气，而企业另一个业务领域实行差异化战略，这就要求要用较好的原材料，要突出产品的内在特色或外在特色，其经营理念是把突出差异化放在第一位，节约成本放在第二位。因此，企业在这两个业务领域内同时经营就会造成管理理念的冲突，使管理效率大大降低。

企业在单一业务经营时，企业管理者的精力集中于一个业务领域的经营，而企业现在实施多元化战略，企业管理者要兼顾到多个业务领域的经营，精力分散，管理效率也会下降。

实施多元化战略的企业管理复杂化，还表现在对不同业务单位的业绩评价、集权与分权的界定、不同业务领域的文化、不同业务单位间的协作等。

### 2. 进入新的业务领域，面临新的风险

进入一个完全陌生的业务领域，对其行业特性完全不了解，往往不具备在该业务领域经营的经验，缺乏必要的人才、技术资源，很难在开始就取得企业竞争优势。总的来看，实施多元化战略成功的少，失败的多，其中非相关多元化成功的少，相关多元化成功的多。多元化战略需要克服产业进入壁垒，有些产业进入壁垒较高，这就必须付出成本，如额外的广告促销费，等等。

### 3. 分散企业资源

一个企业的资源是有限的，包括企业有形资源及无形资源在内，实施多元化战略必然要分散企业资源，从而对企业主业发展产生不利影响。如果企业主业并未获得真正的竞争优势就急于进入新的业务领域，不仅在新业务领域很难立即建立起竞争优势，也使主业由于得不到充足资源的支持而陷入困境，造成经营的失败。

### 4. 对企业管理者素质要求较高

对实施多元化战略的企业管理者素质要求较高，他们要比单一业务经营者具有更前瞻性的战略眼光，更灵敏的市场嗅觉，有很强的组织、计划、协调能力等，有些企业选择的新业务很有市场发展前景，业务选择很正确，企业的资源也足以支持新业务的发展，但由于企业管理者素质较差，没有足够的能力应付比较复杂的经营局面，致使多元化经营失败。另外，也不宜过分强调和夸大多元化的协同效应，因为协同效应的实现要对企业资源进行协调，对生产组织及经营进行精心安排，这不仅对企业管理者素质提出了更高的要求，而且还会带来管理成本的提高。因此，企业多元化度主要以企业管理者的经营能力来决定，而不是由其他客观因素来决定的。

### 5. 对多元化战略分散风险的作用不能估计过高

主要原因有：

（1）当多元化的某项业务处于初创时期时，该项业务尚未形成利润流或利润流太小，

此时该项业务没有对投资的风险起到分散的作用,不要期望一项初创业务立即会产生分散风险的作用。

(2) 当企业各业务密切相关时,企业多元化分散风险的作用就会降低或不明显。

① 当多元化依赖于同一核心技术,而这一技术已被新技术所替代时;

② 当多元化各业务依赖于同一主要原材料,而这一原材料的供应已被垄断或供应不稳定时;

③ 当多元化各业务依赖于同一顾客群,而这一顾客群因该企业的某项业务商誉降低而丢失时。

在上述三种情况下,多元化分散风险的作用就会大大降低。

(3) 主业亏损严重,多元化业务规模小,不具有规模经济性,其多元化业务的盈利远不足以弥补主业的亏损,此时分散风险效应不显著。

(4) 企业不能及时退出盈利差的业务,不能通过快速进入和退出,使多元化各业务经常保持较好的竞技状态。

从理论上分析,实施企业多元化战略后企业绩效会有所提高,但实际情况并没有得出一致的结论,甚至有的企业实施了多元化战略后企业绩效反而下降。有的企业实施多元化战略后,企业绩效的提高可能不仅仅是由于实施多元化战略引起的,行业因素在其中也发挥了很大的作用。从理论上分析,认为相关多元化的企业绩效要比非相关多元化企业绩效高,但有些研究却认为非相关多元化要比相关多元化的业绩更好。

美国企业多元化的历程也说明,到了 20 世纪 80、90 年代,企业回归到核心业务,企业绩效反而提高,多元化经营的公司一旦宣布进行业务调整,股票价格马上就会上涨。

综上所述,由于相关研究没能得出明确的结论,有关协同效应的争论也就很难做出明确的判断,但有两点是可以明确的:

(1) 多元化战略有可能提高企业盈利能力,但同时也为企业带来复杂的管理问题。

(2) 多元化战略可能取得协同效应,可以获得范围经济效应,但这种协同效应也需要管理,而管理也是需要成本的。

## 三、企业采用多元化战略应当注意的问题

1. 在企业规模较小而产品及市场都在不断增长的情况下,不宜采用多元化战略。采用多角化战略要以一定的人力、物力、财力为基础,企业规模小,资本有限,在原有产品及市场都在增长的情况下,企业应当集中资本扩大生产原有产品,这时去搞多元化战略是不明智的。

2. 企业领导者必须深入研究对本企业到底应当采用哪种多元化战略,应当多元化到什么程度才能最大限度地发挥企业潜力,并使资源达到最充分的运用。多元化程度低,管理比较简单;多元化程度越高,管理越复杂,超过一定限度便无法控制,好事就会变成坏事。企业领导者要研究,为了达到本企业经营目标所需的最小程度的多元化是什么? 企业能够控制的最大的多元化程度又是什么? 作为企业领导者要高瞻远瞩,坚决抵制某些经营领域的诱惑。美国企业家雅克卡在克莱斯勒汽车公司陷入困境之后,为挽救公司,毅然将每年实际有 5 000 万美元收益的坦克工厂卖了出去,这是一项痛苦的决策,但他认为

建造坦克不是克莱斯勒汽车公司的主要经营领域,如果公司要想有发展前途的话,还是必须在汽车工业上求得发展。

企业领导者必须集中精力于本企业正确的经营领域或产业上,有时即便不采用多元化战略也能取得较好的经营效果。世界上成功的企业,既有高度集中经营的单一产品、单一市场及单一技术的公司,也有多元化经营的公司,而经营失败的企业中,两种战略的企业也都存在,关键是企业领导者不能迷信任何一种战略,应因时因事因人制宜,如果不采用多元化经营战略仍能达到经营目标,则以不进行多元化经营为宜,因为多元化经营需要较大的投资,也要冒较大的风险。

3. 要处理好多元化经营与专业化生产的关系。一般大型企业集团大多都是采用多元化战略,这种多元化经营是从企业集团整体来看它同时生产经营着多种产品,活动于多个领域,但企业集团中的每一个成员企业都应有一定的专业分工,从事专业化生产经营,这样,把企业集团的多元化经营与各成员企业的专业化生产经营有机结合起来,既能使整个企业集团减少经营风险,提高市场适应能力和竞争能力,又能使整个企业集团及各成员企业提高生产效率和技术水平,改进产品质量,扩大生产规模,降低产品成本。例如,意大利的伊里、埃尼、埃菲姆这三大国家参股的企业集团,都是实行多元化经营的企业集团,但每个企业集团所属的各公司都有一定的专业领域,进行专业化生产。以伊里集团为例,该集团的组织可分为三个层次,即控股公司(伊里公司)、次级控股公司和直接生产企业。伊里集团主要经营领域有钢铁、能源工程、铁路与地铁系统、宇航、内燃机、电子、造船、食品、通信、广播、电视、海运、空运、数据处理(软件)、土地开发、环境保护、培训和金融业,等等。由伊里公司直接控制的银行有 4 家,次级控股公司有 13 个,每一个次级控股公司与所属企业实际构成一个次于伊里集团的小集团,每一个小集团都有一定的专业领域,如史泰特公司从事电话业,劳马莱公司从事海运业,劳西德公司从事钢铁业。至于次级控股公司以下的直接生产经营企业,其分工专业化程度更高。

4. 并不是每个企业都应当实行多元化战略,或者说实行了多元化战略并不必然能提高经济效益。在实际经营中,多元化经营失败的事例也不少见,分析其失败的原因有:

(1) 对新进入的经营领域预测有错误。本来这一经营领域已经进入成熟期,不会有太大的市场机会了,决策者却将其预测成该领域尚处于发展期,误认为市场前景远大,造成多元化的失败。多元化经营可以起到协同的效果(即 $1+1>2$ 的效果),企业实行多元化战略应当使新的经营领域与原有的经营领域在生产技术、市场营销及管理等方面形成正面效应,取得事半功倍的效果。但有时由于预测错误,也会产生负面效应,不仅企业在新的经营领域内无法成长,而且对企业原有的经营领域有干扰,这就使多元化战略的失败。一般说来,在某一领域的市场上,当原有企业一旦发现有新企业加入时,它们立即会采取降价、推出新产品等手段与其竞争,如果新进入的企业对此没有思想准备,难免败北而被迫退出,或者对进入某一经营领域内的企业很多,对竞争激烈程度估计不足,也容易陷入被动。

(2) 盲目自信本企业的能力,多元化程度过高。某些企业盲目自信本企业所具有的经营能力和资源足以应付新的经营业务的需要,但当企业一旦打入新的经营领域,发现事情远非原先预想的那么简单,新的经营领域所需要的经营能力及水平和经营资源远高于本企业,感到力不从心,或根本不能应付,因而宣告失败。有的企业多元化程度过高,从而使企业资源及领导者精力被迫分散,以致顾此失彼,遭到失败。

# 第十章

# 企业并购战略与企业战略联盟

## 第一节　企业并购战略

### 一、企业并购的概念

所谓"并购"是合并与收购的合称,国外学者通常将合并与收购结合在一起研究,缩写为 M&A,即 merger and acquisition,我们将其翻译为并购。企业并购是一种企业产权的交易行为,通过产权交易,达到增强企业竞争优势、实现企业战略目标的目的。

我国公司法规定了合并有两种形式,即吸收合并和新设合并。

吸收合并是指一个公司吸收另一家公司,被吸收公司解散,并依法办理注销登记,丧失法人资格,被吸收公司的债权、债务由吸收公司承继,吸收公司的登记事项发生了变更,也应当依法办理变更登记。企业的吸收合并即狭义的企业兼并。

新设合并是指两个以上的公司合并设立一个新的公司,原合并各方公司解散,合并各方的债权、债务由合并后新设公司承继,合并各方依法办理公司注销登记,合并各方同时放弃法人资格,并依法办理新设公司的登记,成立一个新的公司。

收购是指一家公司通过收买另一家企业部分或全部股份,从而取得另一家企业部分或全部资产所有权的产权交易行为。收购中被收购公司的法人地位并不消失。收购有两种形式:资产收购和股权收购。在股权收购的情况下,收购方成为被收购公司的股东。在资产收购的情况下,收购方不成为被收购公司的股东。

在股权收购的情况下,由收购方所购得的股权数量决定其收购结果,主要有以下三种情况:

1. 参股,即部分收购,收购方仅购得被收购公司的部分股权,在这种情况下,收购方通常仅以进入被收购公司的董事会为目的,而在股权的持有上不要求达到控股。

2. 控股,收购方购买被收购公司股权较多,收购方以收购一定数量的股份成为被收购公司的控股股东为目的。这种形式可以比较小的资金管理较大规模的企业,如香港李嘉诚家族以 98.2 亿港元资金控制了市值达 900 亿港元的长江实业集团。

3. 全面收购，即收购方以全面控制被收购方为目的，收购对方公司的全部股份，被收购方即转化为收购公司的全资子公司。

## 二、股权收购与兼并(吸收合并)的区别

1. 在企业兼并中，被兼并企业的整体财产已并入兼并企业；而在企业收购中，除全面收购以外，一般是收购企业通过购买被收购企业的部分股票而实现参股或控股，是部分财产被收购。

2. 在企业兼并中，被兼并企业的法人地位已不复存在；而在企业收购中，若是部分财产被收购，则被收购企业的法人地位仍然存在。

3. 在企业兼并中，被兼并企业的资产、债权、债务一并要转移至兼并企业；而在企业收购中，收购企业仅以所占被收购企业股份份额承担有限责任，对被收购企业债务不负连带责任。

4. 在企业兼并中，被兼并企业经营状况已经恶化，甚至已经停产，兼并企业往往对被兼并企业的资产重新进行调整；而在企业收购中，被收购企业一般仍照常运行，只是其经营方向、经营决策要按新的董事会的决议方向来执行。

## 三、企业并购的类型

企业并购有多种分类方法，下面仅从并购双方所处产业、并购方式、并购动机、并购支付方式等方面进行分类。

### (一)从产业角度划分

从并购双方所处的产业情况，企业并购可分为横向并购、纵向并购和混合并购。

1. 横向并购。是指并购双方处于同一产业，生产同类产品或生产工艺相近的企业之间的并购，这种并购实质上是提高了产业集中度。这种并购可以扩大生产规模、节约共同费用，取得规模经济效益，提高设备使用效率，便于采用先进技术设备和工艺，便于统一技术标准、加强技术管理和技术改造，可以提高市场份额，增强企业竞争能力及盈利能力。

2. 纵向并购。是指处于同一产品、不同生产阶段的企业之间的并购，从而实现纵向一体化的战略目标。这种并购除了可以扩大生产规模、节约共同费用外，还可以使生产环节密切配合，保证原材料、零配件供应，加速生产流程连续化，缩短生产周期，减少运输、仓储损失、节约能源和其他资源，取得规模效益及协同效应，同时也分散了风险。

纵向并购又分为三种：

(1) 前向并购，即向下游企业的并购，向本产品的下游加工企业、向本产品的运输及贸易企业的并购。

(2) 后向并购，即向上游企业的并购，向本产品的原材料、零部件的企业并购。

(3) 前后向双向并购，即向上下游企业的并购，既向本产品的原材料、零部件的企业并购，又向本产品的下游加工、运输或贸易企业并购。

3. 混合并购。是指对在产品和市场上与本企业没有直接联系的企业的并购，以达到多元化战略的目标。这种并购能够促进本企业业绩的迅速增长，实现多元化经营，分

散经营风险,使企业的技术、人力等各种资源得到充分利用,达到稳定地获得较高利润的目的。

### (二) 从并购动机划分

从并购公司的动机划分,可分为善意并购与恶意并购。

1. 善意并购。当收购公司提出并购条件后,如果被并购公司(目标公司)接受并购条件,这种并购称为"善意并购"。在善意并购下,并购条件、价格、方式等可以由双方高层管理者协商,并经董事会批准。由于双方都有合并的愿望,双方是在自愿、合作、公开的前提下进行的,因此,这种并购成功率较高。

2. 恶意并购。又称"敌意并购",即如果收购公司提出收购条件后被收购公司(目标公司)不接受,则收购公司只有在证券市场上强行收购,或者在未与目标公司的经营管理者商议的情况下提出公开收购要约,实现目标公司控制权的转移,这种方式叫"恶意并购"。在恶意并购条件下,目标公司通常会采取各种措施进行反收购,此时证券市场也会迅速作出反应,股价迅速升高,因此,除非收购方有雄厚的实力,否则很难成功。

### (三) 从收购的融资方式划分

从收购的融资方式划分可分,为杠杆收购和管理层收购。

1. 杠杆收购(leveraged buy out),也称 LBO。指收购方以部分目标公司资产作抵押,通过大规模的融资借款(银行抵押借款、机构借款和发行债务)对目标公司进行收购。其中这些负债大部分由收购方发行的高利率高风险债券组成,由于这种债券使发行企业负债增加、信用降低、风险加大,故称为"垃圾债券"。收购成功后,收购者再用被收购公司的收益或依靠出售其资产来偿还债券本息。这种以目标公司资产和收益作为有保证的融资,标志着债务观念的转变。"蛇吞大象"式的杠杆收购的威力主要源于这种创新的债务观。因此,杠杆收购的本质就是举债收购。组织杠杆收购的投资者有以下几类:①专业并购公司或专门从事并购业务的投资基金公司;②对并购业务有兴趣的机构投资者;③由私人控制的非上市公司或个人;④能通过借债融资收购目标企业的内部管理人员。

2. 管理层收购(management buy out),也称 MBO。指由管理层本身对自己的企业进行收购,通常必须采用杠杆收购方式才能成功。管理层收购经常被作为对抗恶意收购的一种手段。有时管理层也会采用该方式取得控制权,再选择时机将公司以更高价格卖出。随着 MBO 在实践中的发展,除了目标企业管理者为唯一投资收购者外,又出现了另外两种 MBO:一是由目标企业管理者与外来投资者或并购专家组成投资团来实施并购;二是管理者收购与员工持股计划(ESOP)或职工控股收购(EBO)相结合,通过向目标企业员工发售股权融资,从而免交税收,降低收购成本来实施并购。

### (四) 从被并购后企业能否留有法人地位划分

从被并购后企业能否留有法人地位划分,可分为吸收并购和新设并购。

1. 吸收并购,是指一个企业通过吸收其他企业的形式进行并购,并购后,被吸收的目标企业解散并失去原有的法人资格,存续企业要进行变更登记。

2. 新设并购,是指两个或两个以上的企业通过并购成立一个新的企业,并购各方均需解散并失去原有的法人资格,新设企业要重新进行企业设立登记。

### (五) 按收购的支付方式划分

按收购过程支付方式的不同,收购可以分为现金收购、股票收购、综合证券收购。

1. 现金收购。现金收购是收购公司通过向目标公司的股东支付一定数量的现金而获得目标公司的所有权。现金收购在西方国家存在资本所得税的问题,这会增加收购公司的成本,因此在采用这一方式时,必须考虑这项收购是否免税。另外现金收购会对收购公司的资产流动性、资产结构、负债等产生影响,所以应该进行综合权衡。

2. 股票收购。股票收购是指收购公司通过增发股票的方式获取目标公司的所有权。采用这种方式,公司不需要对外付出现金,因此不至于对财务状况产生很大的影响,但是增发股票会影响公司的股权结构,原有股东的控制权会受到冲击。

3. 综合证券收购。综合证券收购指在收购过程中,收购公司支付的不仅仅有现金、股票,而且还有认股权证、可转换证券等多种形式的混合。这种方式兼具有现金收购和股票收购的优点,收购公司既可以避免支付过多的现金,保持良好的财务状况,又可以防止控制权的转移。

## 案例 10-1

# 双汇收购美国史密斯菲尔德食品公司(2013 年)

2013 年 12 月,中国知名肉类生产商双汇集团以 71 亿美元收购美国史密斯菲尔德食品公司,重组后的双汇国际成为全球最大的猪肉加工企业。2013 年 12 月 11 日在北京举行的 2013 年央视财经论坛上,双汇集团董事长万隆表示,中国企业借助并购重组获得外延式扩张已成为中国企业进一步发展壮大的必经之路。万隆表示,重组对企业有利,对经济转型和产业升级都非常有利,万隆称,双汇收购案是至今为止中美企业收购历史上最大的并购案,重组后的双汇由上市之初的 10 多亿元人民币到 2013 年已突破 1 000 亿元人民币。

中国并购公会会长王巍评价道,双汇收购的方式是完全跟国际接轨的,不是靠内部补贴和国家政策支持,完全走的是市场化道路,给中国民营企业并购提供了非常好的样本。双汇的收购在中国并购史和金融史上有独特意义。

早期中国企业海外并购,主要目的是市场。通过收购外国公司品牌和海外销售渠道打开国际市场,可概括为"资本走出去,商品走出去"。另一类常见的中国企业海外收购的目的是资源,即可概括为"资本走出去,资源买回来"。现在出现了第三种海外并购类型是"资本走出去,东西买回来",双汇收购史密斯菲尔德就属此种类型。双汇的收购的目的不是(或不仅是)为了获得国外市场,亦不是(或不仅是)为了获得国外资源,而是通过收购获得国外公司的品牌、产品、技术和管理经验,最终目的是发展中国的市场。双汇在并购后能够通过从美国进口高质量的肉产品来满足中国市场对猪肉不断攀升的需求,还能够继续服务于美国和全球市场。中国从 2008 年以来就已经是猪肉净进口国,而美国猪肉市场已呈现饱和态势,美国猪肉消费已连续四年萎缩(2009 年至 2012 年),史密斯菲尔德近几年亦增长停滞。中国每年消费猪肉量约 5 000 万吨左右,是全球最大的猪肉消费市场,占全球消费量一半左右,因此史密斯菲尔德出口猪肉中约 25% 销往中国,双汇收购史密斯菲尔德后,有助于进一步提高史密斯菲尔德对中国猪肉出口量,对中国猪肉供应有战略意义。因此这次收购不是将中国猪肉卖到美国,而是将美国猪肉卖到中国市场,以及在中国市场卖更多的猪肉。

资料来源:双汇收购史密斯菲尔德案例.百度文库.wenku.baidu.com.

## 四、国际企业并购的发展历史

企业并购作为市场经济的伴生物,是随着市场经济的产生而产生,随着市场经济的发展而发展的。本书以美国企业并购历史为代表来观察国际并购演变的特点。

美国第一次企业并购浪潮产生于 1897—1904 年,历时 8 年,以同行业企业并购为特点,共经历 2943 起并购案,对美国企业产权领域乃至整个经济体系形成全面冲击,出现了一些垄断巨头企业。

第二次企业并购浪潮产生于 1916—1929 年,历时 13 年,共经历 12 000 起并购案,以纵向并购为特点,涉及公用事业、银行、制造业和采矿业。

第三次企业并购浪潮产生于 1948—1964 年,历时 16 年,共经历 25 598 起并购案,其中工业企业并购占一半多一点,以跨行业并购为特点。即以多元化经营来分散风险。

第四次企业并购浪潮产生于 1981 年,到 1989 年达到高潮,仅 1985 年就有 3 000 起并购案,这一时期的并购是以杠杆并购,以同行业内的并购为主,用发行高风险、高利率债券向社会集资,用小企业把经营不善的大企业吞掉,其收购的目的是为了将来(一般是 5~7 年)以更高的价格出售。

第五次企业并购浪潮发生在 1992—2000 年,并购交易迅猛增长的年份是 1996—2000 年,在 1992—2000 年期间美国共发生 52 045 起并购案,仅 1996—2000 年就发生了 40 301 起并购案,这期间并购浪潮的特征是企业跨国并购,全球经济一体化及欧洲的一体化都推动了跨国并购的发展,国际市场竞争更加激烈,在提高了发达国家对世界经济影响力的同时使发展中国家在世界经济体系中的地位作用也更加突出。例如:1996 年美国波音公司与麦道公司并购,交易额 133 亿美元;世界电信巨头 MCI 电话公司与英国电话公司合并,交易额 220 亿美元;1999 年 MCI 电话公司又和 Sprint 公司达成超过 1 200 亿美元的并购协议。

第六次企业并购浪潮有学者认为是发生在 2000—2008 年,其并购主角仍是欧美发达国家,见表 10-1,其高潮发生在 2007 年。[1]

---

[1] 宋璇.海外并购的第六次浪潮[N].国际金融报,2014-05-19.

表 10-1　全球企业并购交易额(2000—2008 年)　　　　　　　　　亿美元

| 年份 | 全球并购交易额 | 年份 | 全球并购交易额 |
|---|---|---|---|
| 2000 | 1.143 8 万 | 2007 | 4.3 万 |
| 2005 | 2.9 万 | 2008 | 3.28 万 |
| 2006 | 3.9 万 | | |

资料来源:作者资料收集。

这一时期以网络技术和生物技术为核心的新经济兴起。2000 年 1 月 10 日美国在线 AOL 公司以"蛇吞象"的方式与传统媒体帝国时代华纳公司合并,美国在线是当时全球最大的互联网服务商,时代华纳是当时全球最大的传媒集团之一,两公司合并其市值达 3 500 亿美元。2000—2007 年全球并购交易额增长迅速,直至 2008 年美国金融危机发生其并购交易额才迅速下降。

第七次企业并购浪潮有学者认为(孙立坚,2011)是 2011 年纽约泛欧交易所和德意志证券交易所达成业务并购协议,这是否意味着全球第七次并购浪潮的到来。金融危机后欧美各国政府加强了对金融机构的监管,本次跨境并购,既能规避本土监管制度的约束,同时也能增加各国政府对跨境金融业务监管的成本,从而达到证券交易商利润最大化的目的。

有学者认为,第七次企业并购浪潮是从 2008 年至今,其主要特征是在这一并购浪潮中是以发展中国家占据主导地位,其中以中国和印度等地企业跨国并购数量最多,其并购交易额见表 10-2。

表 10-2　全球企业并购交易额(2008—2013 年)　　　　　　　　　亿美元

| 年份 | 全球并购交易额 | 年份 | 全球并购交易额 |
|---|---|---|---|
| 2008 | 3.28 万 | 2011 | 2.26 万 |
| 2009 | 2.4 万. | 2012 | 2.58 万 |
| 2010 | 2.25 万 | 2013 | 2.81 万 |

资料来源:作者资料收集。

从表中看出,2013 年全球并购交易额创 2009 年以来新高,从并购行业上看是以房地产、电信、医疗行业及金融业并购最多。

欧洲企业成为本次并购浪潮的主战场,2013 年以来香港李嘉诚长和系已成为英国最大的单一海外投资者,近年来累计投资 3 720 亿港元,英国房地产、电信业、基础建设、能源、零售业等都有李嘉诚投资的足迹。同时中国三一重工以 3.24 亿欧元收购世界混凝土巨头德国普茨迈斯特,山东重工以 3.74 亿欧元控股意大利豪华游艇制造企业法拉蒂集团,以 7.38 亿欧元入股欧洲第一大叉车企业德国凯傲集团,光明食品以 7 亿英镑入股英国最大早餐谷物品牌维他麦。

金融业收购成为本次并购特点,2013 年 7 月广发证券以 4 000 万美元收购 NCM 期货 100%股权;2013 年 11 月中国建设银行以 44.3 亿收购巴西工商银行 72%股权;中国复兴国际收购葡储总行保险业务的 80%股权;中国工商银行在 2014 年 1 月收购英国标准银行公众有限公司 60%的股份。中国企业在并购中金融杠杆发挥作用明显,并购估值也更趋于理性化。

## 五、我国企业并购的发展历史

1. 探索阶段,1984—1987 年。[①] 我国企业并购开始于 1984 年,河北省保定市经委为扭转保定市企业长期亏损局面,萌发了用大企业带动小企业,用优势企业"吃掉"劣势企业的思路,1984 年 7 月河北保定纺织机械厂和保定市锅炉厂以承担全部债权债务的形式分别兼并了处于亏损的保定市针织器材厂和保定市鼓风机厂,开创了国有企业并购的先河。随后,并购在中国各大城市展开,探索阶段特点是:(1)并购数量少,规模小,基本上都在同一地区、同一行业内进行。(2)政府以所有者身份主导并购,其目的是为了消灭亏损企业,减少财政包袱。(3)并购方式主要是承担债务的出资购买。

2. 第一次并购浪潮,1987—1989 年。1987 年以后中国出台了一系列鼓励企业并购重组政策,促成了第一次并购高潮。此次高潮的特点:(1)出现了跨地区跨行业并购;(2)出现了控股等新的并购方式;(3)并购动因由单纯消灭亏损企业向提高企业经营活力,优化经济结构转变;(4)局部产权交易市场开始出现。

3. 第二次并购浪潮,1992—2001 年。1992 年邓小平南行讲话,促进了我国企业并购重组高潮。此次高潮的特点:(1)企业并购规模进一步扩大;(2)产权交易市场普遍兴起;(3)上市公司股权收购成为企业并购主要方式;(4)混合并购有所发展,涌现了一批企业集团;(5)民营企业和外资企业纷纷参与并购。

4. 第三次并购浪潮,2002 年至今。2002 年中国加入 WTO,经济全球化趋势进一步增强,中国政府制定了一系列企业并购法规,引发新一轮并购高潮涌现。

1998—2010 年 13 年间国内并购 3.46 万起,2007—2008 年每年有约 4 000 多起,2009—2010 年每年约有 5 000 多起。近年同行业并购占 25%,非同行业并购占 75%。

2007—2013 年中国并购市场宣布交易趋势分析见表 10-3。2013 年中国并购市场完成重大交易见表 10-4。

表 10-3  2007—2013 年中国并购市场宣布交易趋势表

| 年份 | 并购案例数量(起) | 披露并购金额(亿美元) | 披露金额案例数量(起) |
|---|---|---|---|
| 2007 | 4 392 | 105.07 | 3 842 |
| 2008 | 4 242 | 138.08 | 3 623 |
| 2009 | 4 335 | 200.42 | 3 736 |
| 2010 | 4 821 | 223.89 | 4 057 |
| 2011 | 4 733 | 224.17 | 3 887 |
| 2012 | 4 467 | 314.85 | 3 705 |
| 2013 | 5 233 | 332.85 | 4 496 |

资料来源:www.china venture.com.cn.

---

① zhidao.baidu.com.

由表 10-3 看出，根据 CVSource 投中数据终端显示，2007—2013 年中国并购市场宣布交易规模呈平稳上升趋势。

表 10-4  2013 年中国并购市场完成重大交易表

| 标 的 企 业 | 标 的 企 业 | 买方企业 | 交易金额 | 交易股权 |
|---|---|---|---|---|
| 尼克森 | 能源及矿业 | 中海油 | 151 亿美元 | 100% |
| 史密斯菲尔德 | 食品 | 双汇国际 | 41 亿美元 | 100% |
| 阿伯奇埃及油气资产 | 能源开采 | 中石化 | 31 亿美元 | 33.33% |
| 91 无线 | 手机游戏 | 百度 | 19 亿美元 | 100% |
| 布劳斯 LNG 项目 | 能源开采 | 中石油 | 16.30 亿美元 | 10.20% |
| 雅士利 | 食品 | 蒙牛乳业 | 111.89 亿港元 | 89.82% |
| 搜狗 | 互联网 | 腾讯 | 4.48 亿美元 | 36.5% |
| PPS | 网络视频 | 爱奇艺 | 3.70 亿美元 | N/A |
| PPTV | 网络视频 | 苏宁云商 | 2.50 亿美元 | 44% |
| 金威啤酒 | 饮料 | 华润创业 | 53.84 亿美元 | N/A |
| 壹人壹本 | 硬件产业 | 同方股份 | 14.05 亿元 | 100% |
| 现代牧业 | 畜牧及加工 | 蒙牛乳业 | 31.75 亿港元 | 26.92% |
| 浩方在线 | 网络游戏 | 浙报传媒 | 2.92 亿元 | 100% |
| 友盟 | IT 服务 | 阿里巴巴 | 8 000 万美元 | N/A |

资料来源：www.china venture.com.cn.

由表 10-3 看出，2013 年达到了近 7 年中国并购市场宣布交易规模最大值，说明中国企业并购又进入了一个高潮，另据同花顺提取 2011—2014 年上半年 A 股上市公司共完成并购 2 805 家，其中 2013 年为 640 家，2014 年上半年即达到 701 家，目前虽然 A 股市场并购重组动作频繁，但统计在 2 805 家企业并购后竟有 1 424 家企业股价下跌，占比 50.77%。[①] 此次并购高潮特点：(1)企业并购规模进一步扩大。(2)并购中以制造业、能源及矿业、金融、食品饮料交易规模居前，而目标企业所处行业却以信息、环保、医疗、文化传媒等高科技，高附加值行业所占比重非常明显。(3)在 2013 年中国企业跨境交易规模在全部并购总量中已超过 3 成，说明中国企业跨境并购已成为国际第七次并购高潮的主力之一。(4)中国已进入产业结构调整阶段，2013 年 1 月 23 日经济参考报载，2013 年 1 月 22 日，工信部联合发改委等 12 个部门联合印发《关于加快推进重点行业企业兼并重组的指导意见》，对汽车、钢铁、水泥、船舶、电解铝、稀土、电子信息、医药和农业产业化九大行业和领域兼并重组提出了主要目标和重点任务，其中特别明确了 2015 年要达到的产业集中度要求。到 2015 年，中国汽车行业前 10 家企业行业集中度要达到 90%，钢铁行业要达到 60%，水泥行业要达到 35%，船舶行业要达到 70%，电解铝要达到 90%，医药行业前 100 家企业行业集中度要达到 50%，基本药物前 20 家企业行业集中度要达到 80%。[②]《指导意见》强调要充分发挥市场在资源配置中决定性作用，遵循经济规律和市场准则，尊重企业意愿，由企业自愿自主地开展兼并重组。

---

① 经济观察报，2014-07-07.

② 经济参考报，2013-01-23.

## 六、企业并购的动因

许多学者对企业并购的动因作过广泛深入的研究，但至今并未形成系统的理论，提供让人信服的解释。企业并购动因本身具有复杂多变性，现实企业战略中，企业并购本身就是一个多种因素综合平衡的过程。

### （一）为求得企业发展而并购

在通常情况下，企业可通过内部投资发展，也可通过并购而获得发展，但通过并购获得企业发展比通过内部投资发展具有以下特点：

1. 扩大企业对市场的控制能力。通过并购，尤其是横向并购，可以减少竞争对手，扩大市场占有率，提高企业在市场上的垄断程度，有利于产业稳定发展。并购并没有给产业增添新的生产能力，短期内产业竞争结构保持不变，引起价格战或报复的可能性会大大减少。

2. 使企业实现多元化经营。企业在决定开拓新的产业和市场时，若重新建立一个企业，需要经过筹备、组建、投资等相当漫长的周期，企业若通过并购，就能迅速地进入一个新的产业，同时还可以利用原企业的生产经营的经验及原有的市场优势，不仅争取了时间，同时还大大节约了管理费用，降低了成本。企业要进入新的经营领域，在这些领域中，经验往往是有效进入障碍，尤其是对要进入高技术领域的企业，通过并购可以获得"时间差"，赢得先机，获取竞争优势。

3. 并购可以降低进入壁垒和企业发展的风险。企业进入一个新的产业会遇到各种各样的壁垒，包括资金、技术、渠道、顾客、经验等，这些壁垒不但增加了企业进入这一产业的难度，而且加大了进入成本和风险。如果企业采用并购方式，可以利用原有企业的原材料来源渠道、原有人才、销售渠道、已占有的市场、资金来源渠道等。可以绕开一系列壁垒，使企业以低的成本和风险迅速进入这一行业，比投资新建方式大大降低其不确定性。

4. 并购可以促进企业的跨国经营。目前，经济全球化格局已基本形成，跨国公司已基本上占领了国际市场。企业要进入国外市场，面临着比进入国内新市场更多的困难，采用与境外企业合作方式进入国际市场，不但可以加快进入国际市场速度，而且可以利用国外企业原有运作系统、管理资源等，使企业能够在国外并购后顺利发展。同时，被并购企业与东道国能够融为一体，并购不会对该国经济产生太大冲击，因此东道国政府限制较少，这些都有助于企业跨国经营取得成功。

### （二）为求得经营协同效应而并购

所谓"经营协同效应"是指通过并购能给企业生产经营活动带来效率和效益，使并购后两企业的总体效益大于两个独立企业效益的算术和。其主要表现为：

1. 生产协同。通过并购对企业资产进行补充调整，使之达到最佳经济规模，保证企业保持尽可能低的生产成本。通过并购，使企业在保持整体产品结构优化情况下各工厂实现专业化生产，提高生产效率，保证产品质量。通过并购，使各生产流程之间紧密配合，减少生产环节间隔,降低操作成本及运输成本,充分利用生产能力。

2. 经营协同。通过并购实现规模经济,可节省管理费用,单位产品的管理费用大大减少。多厂企业可对不同顾客或市场面进行专门化的生产和服务,更好地满足不同顾客的不同需要,可以得到市场相关、技术相关的效益。并购后企业规模变大,可以集中足够的经费用于研究、开发,用于设计及生产工艺的改进,从而可以迅速采用新技术,推出新产品。

3. 财务协同。通过并购企业可以对资金统一调度,增强企业资金的利用效果。通过并购企业实力增强了,企业筹资贷款能力也提高了。同时通过并购,企业可以在会计上作统一处理,可以在企业中互相弥补亏损,达到避税效果。

4. 人才和技术的协同。通过并购可以控制及获得目标企业的高级技术人才及管理人才,这是用其他高薪聘请方式所代替不了的。同时,通过并购还能取得目标企业的专利和技术秘密,有利于企业的发展。

### (三)为获得竞争优势而并购

并购增强了企业竞争优势。通过并购企业可快速地占领市场。并购有利于实现经验的共享和互补,这里的经验还不仅仅是指经验曲线上的经验,还包括企业文化、企业形象、管理、技术、市场、专利等各方面的经验。通过并购可以加强企业的核心能力,使企业的竞争优势得以增强。

由于并购,从而减少了市场上的竞争对手,可以增加企业的垄断能力,增强了对供应商和顾客的讨价还价能力,因而企业可以获得较低价格的原材料,可以更高价格出售商品,从而提高企业盈利水平。

### (四)为获得价值被低估的公司而并购

并购企业以低于目标企业经营价值的价格获得目标企业,以便从中获利,这是企业并购深层次动因之一。采用此方法的前提是目标企业的价值被低估了,目标企业可能拥有有价值的资源,如地产或其他资源,而这些资源在会计账簿上却以折旧的历史成本反映;或者目标企业经营管理人才的作用未能充分发挥;当并购企业对目标企业的资产评估值比目标企业对自己的评估值更高时,前者可能投标收购后者。

### (五)为合理避税而并购

税收对企业的财务决策有重大影响,企业并购可以进行一定的税收筹划。许多国家的税法与会计制度可以使那些具有不同纳税义务的企业,通过并购便可以获利。因为不同类型的资产所征收的税率是不同的,如股息收入不同于利息收入,营业收益也不同于资本收益,所以企业利用并购可进行一定的税收筹划。例如,当企业有过多账面盈余时,通过并购另一家企业,不用现金支付,而是由一定的股权比例转换股票,只要该国政府未规定该项目应税,则该企业可实现资产的转移或流转,资产所有者可实现追加投资和资产多样化的目的。

### （六）企业并购的宏观经济原因

1. 有利于社会资源的有效配置。市场可以有效调节资源配置，不仅是对资金、劳务、技术、信息、房地产等单一生产要素的有效配置，而且也包括企业这一多种生产要素的复合体的有效配置。企业进入买卖市场，是企业产权明晰化，资产证券化后，市场经济的最高级形态。企业在买卖市场中流动，使生产要素实现最佳组合，发挥出最大的效率和效益，同时通过企业并购，使企业重新选择经营方式，使企业得以通过市场进行改组、改造、改革，使企业获得新生，提高了企业的经济效益。

2. 有利于我国产业结构调整。我国许多产业的一个普遍现象是分散程度高，集中度低，2013年国务院下属12个部委发布《关于加快推进重点行业企业兼并重组的指导意见》，要求汽车、钢铁、水泥、船舶、电解铝、稀土、电子信息、医药、农业产业化九大行业兼并重组的目标和任务，这9大行业共涉及900家上市公司，占到2013年A股上市公司近一半，总市值超过4万亿元。中国企业并购带有浓厚的政府色彩。

3. 有利于做大做强中国的大企业。大企业、大集团是我国国民经济的主干，是参与国际竞争的主力，是改革和发展的"领头羊"。因此发展世界级大企业对增强我国经济实力具有重大战略意义。作者预计在未来10～20年是中国企业并购重组的高潮，跨国并购会成为我国企业并购重组的主流。

## 七、我国企业并购程序

按非上市公司并购和上市公司并购两种情况加以说明。

### （一）非上市公司的并购程序

非上市公司的并购是指并购双方通过协商方式就并购事宜达成一致，签订收购股份协议，达到收购企业、控制被购企业的目的。

1. 准备阶段

（1）并购决策。即企业要选择适当时机进入一个适当的行业。根据产业演进规律，产业演进分四个阶段，即初创阶段、规模化阶段、集聚阶段、平衡与联盟阶段。①初创阶段：市场完全分散或者集中度极低，第一批兼并者开始出现，产业整合开始了。②规模化阶段：企业规模开始越来越大，产业领导者开始出现并领导着产业整合。产业领导者规模扩大，兼并达到效果，集中度可能达45％。③集聚阶段：成功的企业扩展他们的核心产业，开始剥离非核心业务，出售或关闭附属部门，并持续地积极加强竞争，并购交易规模持续扩大。④平衡与联盟阶段：只存在很少的几个在产业整合中获胜的大公司，大公司会与其他巨头建立联盟，因为这一阶段增长已经非常困难。

企业应根据产业演进规律和逻辑做出自己并购决策。企业要根据本身发展阶段、企业所处产业状况、资产负债情况、经营状况和发展战略等多方面进行并购需求分析，确定并购目标的特征，选择并购方式，安排并购资金及对并购后企业的政治、社会、经济、文化和生产经营做出客观分析与评估。

（2）聘请外部中介机构。聘请的外部中介机构或外部专家包括专业投资咨询公司、投资银行专家、会计师事务所、律师事务所等。中介机构和外部专家是并购成功的重要保证，他们可以提供潜在的、合适的、高质量的并购对象，也可以参与并购谈判，拟订并购方案，指导和协助办理股权转让手续等，以确保并购的成功。

（3）目标公司的尽职调查。尽职调查的目的是要确保被并购企业各项指标的真实可靠，以便确定被并购企业的价值，并购方式和支付方式，判定初步的整合计划，同时发现潜在的问题，避免并购风险，确保并购顺利实施。

2. 并购实施阶段

（1）并购意向与资产评估。收购方准备工作完成后，就进入接触谈判阶段。谈判要明确并购交易方式，补偿数额与支付方式，买方所提供的特许条款和税收抵免的范围。并购双方就并购事宜若达成一致意见，即可签订并购意向书，防止出现意外。并购意向书只表明双方的并购诚意，并不具备法律效力，但其中涉及保密或禁止寻求与第三方再进行并购交易方面的规定，有时被写明具有法律效力。

双方经过洽谈达成产权交易的初步意向后，委托经政府认可的资产评估机构对目标企业进行资产评估，资产评估的结果可作为产权交易的底价。

（2）董事会批准与政府部门批准。并购双方中的国有企业，并购前必须经职工代表大会审议，并报相应的国有资产管理部门认可。并购双方中的集体所有制企业，并购前必须经过所有者讨论，职工代表会议同意，报有关部门备案。并购双方中的股份制企业和中外合资企业，并购前必须经董事会（或股东大会）讨论通过，并征求职工代表意见，报有关部门备案。

（3）并购谈判。并购双方都同意并购，且被并购方的情况均已核查清楚，接下来就是并购双方的谈判。谈判主要涉及并购的形式、交易价格、支付方式和期限，交接时间与方式，人员的处理，有关手续的办理与配合，整个并购活动进程安排，各方应做的工作与义务等重大问题。最后形成待批准签订的合同文本。

（4）签订并购协议。合同文本已拟出，并购双方需召开董事会，形成决议。最后由并购双方法人代表或法人代表授权的人员签订企业并购合同，并购合同签订后，虽然交易可能要到约定的将来某个日期完成，但并购合同签订生效后，买方即成为目标企业所有者，自此准备接管目标企业。在交换合同时，双方都必须作出承诺，从交换合同之日起，收购方已成了目标企业的受益所有者，因为收购方此时仍有风险，出于保险的考虑，收购方必须投入足够的保险金以保护企业。

（5）并购双方报请政府授权部门审批并到工商行政管理部门登记。

（6）产权交接与正式手续。

在国有资产管理部门或银行等有关部门监督下，并购双方办理产权移交手续，经过验收、造册、双方签证后，会计据此入账。并购后必须在限定时间范围内到政府指定部门登记，只有在政府指定部门登记注册后并购才正式生效。

（7）发布并购公告。

**（二）上市公司的并购程序**

1. 选择目标公司。并购前，公司根据自己需要选择出目标公司，收集目标公司有关信息资料,研究分析目标公司股本结构与主要股东构成情况,确定实施并购的可能性。研究分析目标公司财务状况,了解其资产质量,估算公司实际价值与并购成本。研究分析目标公司产业结构,收益构成与经营业绩,估计并购后实施资产整合与重组的可能性和难度。探讨目标公司二级市场维护与运作可能性。与目标公司股权持有单位接触,了解其出让股权的意向和目的。

2. 聘请专业投资咨询公司,收购专家或投资银行参与策划,有助于审慎地考虑并购时机和分析目标公司,处理可能产生的股权转让及法律、行政事务。

3. 在前期准备阶段,在开价宣布收购之前,所有参与并购工作的人士均应保守秘密,避免由于消息泄露而造成损失,要明确知情人范围,签订保密合同,明确各自的保密责任和义务。

4. 收购目标公司不超过 5% 的发行在外的股票。

5. 继续收购股票。当收购公司直接或间接持有目标公司发行在外的普通股达到 5% 时,在该事实发生之日起 3 个工作日内,收购公司要向目标公司,证交所、证监会做出书面报告并公告。

6. 发出收购要约。当收购方持有目标公司发行在外的普通股达到 30% 时,在该事实发生的 45 个工作日内要向证监会做出有关收购意向的书面报告。然后向目标公司所有股票持有人发出要约,并以货币支付方式收购股票。购买价格取在收购要约发出前的 12 个月内收购要约人购买该种股票所支付的最高价格,和在收购要约发出前 30 个工作日内该种股票的平均市场价格之中的较高的一种价格。在收购要约发出前,不能再行购买这种股票。

在发生收购要约的同时,向受要约人、证交所提供自身情况的说明与该要约的全部信息,要保证材料真实、准确、完善、不产生误导。收购要约的有效期不得少于 30 个工作日,并不得超过 60 日。自收购要约约定的承诺期限内,收购要约人不得撤销其收购要约。不得卖出被收购公司的股票,但出现竞争要约的除外。而且,收购要约的全部条件适用于持有同种股票的所有人。

7. 收购要约人在要约期满后 30 个工作日内,不得以要约规定以外的任何条件购买该种股票。预受收购要约的受要约人有权在收购要约失效前撤回对该要约的预受。

8. 收购要约期满,收购要约人持有的普通股未达到目标公司发行在外普通股总数的 50% 时,为收购失败。

9. 收购要约期满,收购要约人持有的普通股达到该目标公司发行在外普通股总数的 75% 以上时,该公司应当在证券交易所终止上市。

10. 收购要约期满,收购要约人持有的普通股达到该目标公司发行在外普通股总数的 90% 时,其余股东有权以同等条件向收购要约人强制出售其股票。

11. 收购后的管理。收购行为完成后,双方要完成各种必需的手续,并报工商行政管理部门变更登记。至此,收购行为基本完成。

收购人对所持有的被收购的上市公司股票,在收购行为完成后的 6 个月内不得转让。

收购行为结束后,收购人应在 15 日内将收购情况向证交所及证监会报告并公告。

## 八、并购目标企业的选择

### （一）选择目标企业

20 世纪 90 年代,随着世界并购浪潮的兴起,在世界各地逐渐形成了一个买卖企业的市场。企业的买卖与一般商品买卖不同,对商品的价值判断是根据个人对商品消费的效用,而企业的效用不是消费的效用而是其盈利能力。对同一个企业,不同的人,不同的企业家有着不同的价值判断。同时一个想出售企业的管理者对企业价值的判断往往是根据企业现有的盈利能力,而一个想购买企业的管理者则更看重的是该企业预期未来的盈利能力。对企业盈利能力的判断是把企业看成活的组织机构而不是死的资产,企业不是个别物质如土地、厂房、机器等所组成的资产,而是由人及各种资源组成的运转着的组织,企业有组织机构,有营销网络,是能自主经营、自负盈亏、独立核算、具有法人资格、能从事商品生产和经营的经济组织。企业这一活的组织的价值要远远高于组成企业资源的个别价值的总和。因此企业并购,企业购买的不是一般的商品而是企业,购买的不是资产而是产权。

有些目标企业会积极主动地寻找被并购的机会,有目的地搜寻有实力,肯出大价钱的并购企业,被并购企业掌握并购企业的信息越多越详细,想并购自己的并购企业越多,目标企业就越有周旋余地,谈判地位也越高。有时,为了卖出大价钱,目标企业往往将自己精心包装,有意隐瞒一些关键信息,掩盖经营黑洞,设置并购陷阱等。这是企业并购要注意的。

一般在选择目标企业时要注意以下几点:

1. 必须与本企业战略发展相符合。
2. 要与本企业价值观和企业文化相近。
3. 不要去并购信用拙劣的、管理不好的企业。
4. 一般来讲,友好的并购,各方面都同意的并购活动才容易取得成功。
5. 要较多地进行实业投资,少做风险投资。

### （二）目标企业外部环境分析

1. 目标企业宏观环境分析:包括目标企业所处的政治法律环境、经济环境、技术环境、社会文化环境、自然环境、人口环境等。

2. 目标企业产业环境分析:包括产业在国民经济中的地位及作用、产业内企业及产品结构、生产能力分布、国家法规、对产业的基本政策、产业市场结构分析、产业与经济周期关系、产业技术特性、产业发展现状及演化分析、产业内竞争状况分析等。

3. 并购企业与目标企业匹配性分析:包括潜在的目标企业经营范围与并购企业的相关程度分析、目标企业负债比率与并购企业的匹配程度,根据并购方并购资金筹集方式确定目标企业财务状况的约束条件,根据并购成本和并购风险大小设定目标企业资产运营规模及盈利水平、并购企业现金流量分布状况与目标企业现金流量的稳定性、目标企业市盈率及市场价值评估、目标企业出售的动机分析等。

4. 目标企业经营状况分析：包括目标企业资源状况、运营状况、管理状况的分析，同时应对公司组织状况、公司债务、对外书面合约、诉讼案件等法律状况进行分析。

### （三）目标企业的价值评估

在并购过程中，收购方必须对目标企业价值进行估算，这是并购方出价的基础工作。由于企业是市场中的一个特殊商品，其价值是由多种要素构成，企业盈利能力是它的使用价值，因此企业价值评估是一个比较复杂的问题。

目前国际上通用的评估方法主要有收益法、成本法和市场法三大类。

1. 收益法。收益法是通过被评估企业预期收益资本化或折现至某特定日期以确定评估企业的价值。该方法涉及三个基本要求：①被评估资产的预期收益；②折现率或资本化率；③被评估资产取得预期收益的持续时间。

收益法能较真实地和较准确地反映企业本金化的价值，与投资决策相结合，易为买卖双方所接受。但预期收益额预测难度较大，受较强主观判断和未来不可预测因素影响较大。这种方法在评估中适应范围小，一般适用企业整体资产和可预测未来收益的单项资产评估。

2. 成本法。成本法是指首先估测被评估资产的重置成本，然后估测被评估资产业已存在的各种贬损因素，并将其从重置成本中予以扣除，从而得到被评估资产价值的各种评估方法的总称。

成本法作为一种独立评估思路，是从资产的重置成本来反映资产的交换价值。只有当被评估资产处于继续使用状态下，取得被评估资产的全部费用才能构成其交换价值的内容。只有当资产能够继续使用中能为潜在所有者和控制者带来经济利益，资产重置成本才能为投资者所承认和接受。

成本法涉及四个基本要素：①资产的重置成本；②资产的有形损耗；③资产功能性陈旧贬值；④资产经济性陈旧贬值。

成本法充分考虑了资产的损耗，评估结果更趋于公平合理，有利于单项资产和特定用途资产评估，有利于资产保值增值，在不易计算资产未来收益或难以取得市场参照物的条件下可广泛应用。但成本法，工作量大，这种方法要以取得历史资料为依据确定目前价值，必须充分分析这种方法可行性，另外经济贬值也不易全面准确计算。

3. 市场法。市场法是利用市场上同样或类似公司的近期交易价格，经过直接比较或类比分析以估测资产价值的各种评估技术方法的总称。

运用市场法要求充分利用类似公司成交价格信息，并以此为基础判断和评估目标企业价值。运用已被市场检验了的结论来评估目标企业，显然容易被并购双方所接受，因此市场法是企业评估价值较为最直接的，较有说服力的评估途径之一。

市场法进行评估有两个前提条件：一是要有一个充分发育的企业市场；二是参照企业及其与被评估企业可比较的指标、技术参数等信息是可以搜集到的。在营运上和财务上有相似的特征。

（1）选择可比企业，所选取的企业应在运营上和财务上与被评企业具有相似特征，如规模、企业提供的产品或服务范围、所服务的市场及财务表现要有一定相似性，所选取的可比企业与被评估企业越接近,评估结果可靠性就越好。

（2）选择及计算乘数,乘数一般有两类:

① 基于市场价格的乘数:常见乘数有市盈率(P/E)、价格对收入比(P/R)、价格对净现金流比率(P/CF)和价格对有形资产账面价值的比率(P/BV),其中最重要的是市盈率。

② 基于企业价值的乘数:常用的估值乘数有 EV/EBIT,EV/EBITDA,EV/FCF 等,其中 EV 为企业价值,EBIT 为息税前利润,EBITDA 为息税折旧和摊销前利润,FCF 为企业自由现金流。

（3）计算被评估企业的价值:选定某一乘数后,将该乘数与被评估企业经调整后对应的财务数据相乘,就可以得出被评估企业的市场价值。

市场法是企业价值评估中最简单、最有效的方法,它能客观反映企业目前的市场情况,其评估参数指标直接从市场获得,评估值能反映市场现实价格,评估结果易于被并购双方所接受。但市场法需要有公开活跃企业并购市场作为基础,有时因缺少可比企业而难以应用。这种方法由于很难找到经营的业务、财务业绩、规模等十分相似的企业作参考,因此对目标企业价值评估也很难合理确定。

## 九、并购资金筹措

### （一）筹资渠道选择

从资金筹措的来源看,筹资渠道可分为企业内部渠道和外部渠道。

1. 内部筹资渠道:企业内部筹资的来源主要包括企业自有资金、企业应付税利和利息、企业未使用或未分配的专项基金。在企业并购中,企业应尽可能选择内部筹资渠道,因为这种方式保密性好,企业不必向外支付借款成本,因而风险很小。

2. 外部筹资渠道:主要包括专业银行信贷资金、非金融机构资金、其他企业资金、民间资金和外资。从外部筹资具有速度快、弹性大、资金量大的优点,其缺点是保密性差、企业需负担高额资金成本,会产生较高的风险,在使用过程中应当注意。

### （二）筹集方式选择

在并购中,企业应根据自身实际情况选择合适的方式。

1. 借款。企业可以向银行、非金融机构借款,以满足并购的需要。此方式简便、保密性好,但企业需负担固定利息,到期必须还本付息。

2. 发行债券。债券是按法定程序发行并承担在指定时间内支付一定利息和偿还本金义务的有价证券。这一方式与借款有很多共同点,但债券融资的来源比借款更广,筹集资金的余地更大。

3. 普通股融资。普通股是股份公司资本构成中最基本、最主要的部分,普通股不需要还本股息,也不需要像借款和债券一样需要定期支付,因此风险低,但采取此方式筹资会引起原有股东控制权的分散。

4. 优先股融资。优先股综合了债券和普通股的优点,既无到期还本的压力,也不必担心原有股东控制权分散。但这一方式税后资金成本要高于负债的税后资本成本,且优先股股东虽负担了相当比例的风险,却只能取得固定的报酬,所以发行效果上不如债券。

5. 可转换证券融资。可转换证券是指可以被持有人转换为普通股的债券或优先股可转换债券,由于具有转换成普通股的利益,因此其成本一般较低,且可转换债券到期转换成普通股后,企业就不必还本而获得长期使用的资本。但这一方式可能会引起公司控制权的分散,且如到期后股市大涨而高于转换价格时,会使公司蒙受财务损失。

6. 认股权证融资。认股权证是授予持有人一项权利,在到期日前以行使价购买公司发行的股票的权利售证,是一种由公司发行的,能够按特定的价格、在特定的时间、购买一定数量该公司股票的权利凭证。认股权证是一种融资促进工具,它能促使公司在规定期限内完成股票发行计划,顺利实现融资。同时认股权证有助于改善上市公司的治理结构,将有效约束上市公司的败德行为,激励他们更加努力地提升上市公司的市场价值。认股权证是金融市场中公司法人融通资金的一项重要商品,已有 90 年以上的历史,管理法规与交易制度日趋完善,认股权证交易在一些成熟资本市场已非常活跃。

### (三)筹资成本分析

筹资成本是指公司为取得并使用资金而付出的代价,其中包括支付给股东的股息和债权人的利息等。公司必须权衡筹资风险与筹资成本,努力使并购筹资成本最低,风险最小,以使公司保持一个合理的资本结构,保障公司的良好运营。

## 十、并购后的企业整合

企业并购的目的就是要考虑两家企业并购后如何能为股东和利益相关者创造更大的价值。许多研究结果表明,企业并购的失败,在很大程度上会出现在并购后的整合阶段。应当说通过企业并购来实现战略目标,确实是一种行之有效的途径,但综观中外企业并购案例,成功者少,失败者多,难道这些失败的案例都是当初企业"看走了眼",选错了"对象"? 不是,大多数失败者都是因为企业在并购后整合不力所致。可以说,并购后的整合是企业并购成败的关键。

并购后的整合内容主要包括战略整合、业务整合、制度整合、组织及人力资源整合和企业文化整合等。

### (一)战略整合

并购后的首要任务就是要对目标企业的战略进行整合,使其发展符合并购企业的发展战略,使两者之间发挥出战略协同效应,促进整个企业的发展。

实际上在并购前选择目标企业时,未来的并购后战略协同作用的发挥就是目标企业选择的重要条件之一。并购本身就是并购企业战略实现的重要举措,因此对并购后战略愿景及战略目标的调整,对两企业的战略融合协同,重大战略措施的调整早已在并购企业高层领导的计划之中。

因此,要分析并购以后所带来的企业外部环境的变化、企业机遇及威胁的变化,重新分析企业的内部条件的变化、企业优劣势的变化,由此对企业愿景、战略目标及战略作出相应调整。对目标企业来讲,可能要推行完全新的战略,是重大的战略转型。如果充分发挥目标企业战略转型积极性及母公司对它的有效的战略控制之间进行平衡,加强并购双方战略沟通,是至关重要的。

## (二)业务整合

业务整合是指在对目标企业进行战略整合基础上对目标企业的业务进行整合。根据其在整个业务体系中的作用及与其他业务的相互关系,重新设置其经营业务,将目标企业某些业务剥离给并购企业的业务单位,目标企业的某些业务与整个战略不符就将其彻底卖掉,并购企业中某些业务划到目标企业的业务单位中,通过整个运作体系的重新划分调整,提高其分工合作协同效果,发挥规模效应和协作优势。相应地,对其资产也应重新进行配置,以适应业务整合后生产运营的需要。

## (三)制度整合

并购后对目标企业的制度进行整合十分必要。如果目标企业原有管理制度十分好,收购方就不必加以改变,可以直接利用目标企业原有的管理制度,甚至可以将目标企业的管理制度引进到并购企业之中,对并购企业制度加以改进。如果目标企业的管理制度与并购企业的要求不符,则并购企业可以将自己的一些优良的管理制度引入到目标企业中去。通过制度输出,对目标企业原有制度进行调整修正,将目标企业各项制度纳入到并购企业制度控制之下,使目标企业能发挥出更好的效益。

## (四)组织及人力资源整合

并购后对目标企业的组织结构和人力资源进行整合也是十分重要的。根据战略需要对目标企业的机构设置、人员安排均应进行重新布置,并购双方应在研发、财务、法律等方面人员进行合并,以降低这方面的费用,发挥规模优势。并购后如果营销网络可以共享,则营销部门和人员也可以合并。总之,组织机构的设置及人力资源的整合目的应使整个企业实现人、财、物、产、供、销能高效运作,降低成本费用,提高企业整体效率。

组织结构变化还涉及企业高层管理人员、中层管理人员及职员几个层次的相应变动,还涉及若干董事的保留与更换。若目标企业在并购后仍须保持较强的独立性,其分权程度较高,则目标企业大多数高层管理人员应予以保留,更换较多的一般是财务经理和执行经理。即使目标企业在并购后完全融入并购企业,也应对目标企业原高层管理人员及中层管理人员作出恰当的安排,择其优秀者应发挥其特长,以充分调动工作积极性,对表现不佳者,亦应做好处理工作,以实现企业并购后的稳定和团结。

在人力资源整合方面应采取三方面措施:

1. 并购后企业应成立敏感问题处理临时机构

企业并购过程是一个震荡激烈、各种矛盾激化的非常时期,许多问题不是一开始就能够完全预料到的,双方管理层容易出现恶意、出现敏感问题,企业需建立一个敏感问题处理临时机构,全面策划组织和领导人力资源整合。敏感问题处理临时机构成员由并购企业选派的主持其工作的管理人员、被并购企业员工代表及聘请社会上的管理专家共同组成,该机构主要负责并购中人力资源政策的解释、制定人力资源整合战略及处理突发事件,为企业的顺利并购扫清障碍。当人力资源整合完成后,此临时机构即可解散。

2. 加强员工培训工作

并购后对全体员工的培训非常重要,通过培训增强并购双方人员的融合、企业文化整合,促进双方的融合,意义重大。企业员工主要进行三方面培训,即思想观念培训、企业文化培训及岗位技能培训。

3. 并购后人力资源的重新整合工作

并购后要引导企业内各成员的目标朝向企业发展战略目标靠近,从而改善各成员,尤其是目标企业成员的行为规范,提高企业绩效。经验证明,并购后,迅速展开员工选聘工作,并对目标企业员工进行良好的沟通交流,可以将目标企业人才的流失率降到最低限度,有利于促进并购成功。

并购企业应该尽量选聘目标企业原有的员工及管理人员,以避免并购可能对人力资源带来的过大冲击和震动。当然,人力资源整合要与企业并购的目的相匹配,相适应。

### （五）企业文化整合

企业文化整合是指:有意识地对企业内不同文化倾向和文化因素,通过有效的整理整顿,将其结合为一个有机整体的过程,是文化一体化的过程。企业文化是隐性地根植于员工头脑中,实现其整合是比较困难的工作。但企业文化整合是企业并购实施阶段中极为重要的环节,一定程度上决定了企业并购的成败。

企业文化整合模式主要有以下四种:[①]

1. 吸纳式文化整合模式

目标企业完全放弃原有的价值理念和行为假设,全盘接受并购企业的企业文化,使并购企业获得完全的企业控制权。这种模式只适用于并购企业文化非常强势且极为优秀,能赢得被并购企业员工的一致认可,同时被并购企业原有文化又很弱的情况。

2. 渗透式文化整合模式

并购双方在文化上互相渗透,都进行不同程度的调整。这种模式适合于并购双方企业文化强度相似,且彼此都欣赏对方的企业文化,愿意调整原有文化中的一些弊端的情况。

3. 分离式文化整合模式

被并购的原有企业文化基本无改动,在文化上保持独立。这种模式适用于并购双方都具有较强的优质的企业文化,被并购企业员工不愿意放弃原有的企业文化。同时,并购后并购双方接触机会不多,不会因文化的不一致而产生大的矛盾冲突。

4. 文化消亡整合模式

被并购企业既不接受并购企业的文化,又放弃了自己原有的文化,从而处于文化迷茫的状态,这种模式有时是并购方有意选择的,其目的是为了将目标企业变成一盘散沙以便于控制,这种情况有可能是并购企业或被并购企业有很弱的劣质文化,致使文化整合失败导致的结果。

---

① 庞守林,邱明,林光.企业并购管理[M].北京:清华大学出版社,2008.

总之,在企业文化整合中并购双方在企业文化上要加强沟通,求同存异是非常重要的原则。

## 十一、企业并购战略的优缺点

### (一)企业并购战略的优点

1. 当速度非常重要时,企业并购是比内部创业更为迅速有利地进入某产业的模式。

2. 企业并购比内部创业包含的不确定性少,因为被并购的企业是已有确定的盈利能力、销售收入和市场地位,是一种比内部创业风险更小的方法。

3. 企业并购可以使资源得以优化配置,可以扩大企业对市场的控制能力,可以实现规模经营;可以实现多元化经营;可以降低进入壁垒;降低企业发展的风险;有利于发挥效同效应;有利于培养企业核心竞争力;有利于实现企业跨国经营战略。

### (二)企业并购战略的缺点

1. 企业并购后的整合是个复杂的管理过程,要对业务流程重组、人员重组、资产重组、市场营销重组、组织机构重组、企业文化重组等,并购后会造成被并购企业管理层的变革,若处理不好,会造成被并购企业管理骨干及技术骨干流失,对企业未来运营会造成损害。

2. 已被并购企业员工心理变化巨大,并购对员工而言是一个特殊而强大的刺激源,员工会产生不同寻常的应激反应,如若员工没有足够能力应付如此强大的压力,将会带来一系列生理、心理、行为上的不适,这样的员工必将对企业被并购产生消极影响。有调查表明有65%以上的员工感觉工作压力较大或很大,半数以上的员工出现失落、焦虑、孤独、职业枯竭状态,员工有一种身体、情绪及心理上消耗殆尽的状态,对工作失去兴趣和热情,员工压力来源于被并购后的组织结构的调整,原来的部门、上下级以及同事关系都发生了变化,员工需要重新建立新的人际关系,此时员工缺乏安全和信心感,由此带来巨大心理压力。员工尚不能理解和认识新的工作要求、期待和范围时,会出现工作角色模糊、不知何去何从、进而导致紧张和疲惫感。并购后对员工的能力及职业发展可谓挑战和机遇并存,但员工更多关注的是挑战,他们会看到期望与现实的落差,感到个人事业受阻和实现成就的失败感,对自己的未来越加担心。

员工在以上压力下会导致对工作的不满,对组织的不满,有一部分干部和员工最终会离开组织,感到工作压力越大的员工离职的意愿及行为越强烈。研究发现五年内被并购企业的管理者约有60%离职。实践证明,被并购企业中层管理者在并购中会发挥重要作用,当其中层管理者愈早参与并购整合过程,并购整合就愈顺利、速度也愈快,使并购目标得以实现。

达尔文曾讲过:"能够生存下来的,既不是最健壮的,也不是最聪明的,而是最能够适应变化的物种。"在企业并购中,要关注被并购企业员工的压力状态及反应,要通过各种手段,如建立职工发展保障计划、改善员工对变革的参与感和控制感、提高员工应对压力的能力等,帮助员工摆脱压力困扰,以健康的心态面对变革。

3. 由于高层管理者对自己的能力过分自信甚至狂妄,因此往往高估了并购所产生的战略优势,缺乏对并购的政治、资金、法律、安全、财务、人才等方面风险的防范,甚至最终导致并购的失败。

并购前对目标企业审查不充分,并购完成后才发现目标企业在财务、运营、技术等方面仍存在重大缺陷和黑洞,甚至会导致并购的失败。

4. 并购成本往往较高,如果被并购公司是个上市公司,被并购公司的股东会要求并购价格显著地高于当前股票市场价格,一般要高出 20%～50%,这样就可能抵消并购后创造价值的前景,导致并购的失败。

5. 在我国跨地区、跨行业、跨所有制、跨国并购都有相当的难度。并购企业要处理好中央、地方、企业各方面关系。

国有企业之间的并购仍存在体制障碍。一般来讲,企业内一级公司可直接任命二级公司的领导成员,但有时被任命的二级公司(被并购企业)领导成员仍要由省委组织部门及省国资委任命,华菱钢铁公司兼并湖南三大钢铁企业(湘钢、涟钢、衡钢),集团母公司及子公司领导成员都要省委组织部任命,企业内部人事决策没法执行。若被并购企业是央企(副部级单位),其领导成员要由中央组织部任命,目前政府宏观指导仍不适应企业发展,相关法律、法规不健全。

国有企业并购民营企业后,企业工资和收入要上报国资委,使民企原有活力受到国资委相关规定限制,若并购后按民营企业体制运行,要犯政治错误。同样,若民营企业并购国有企业后,两种体制冲突更为激烈。

## 案例 10-2

## 吉利收购沃尔沃(2010 年)

### 一、并购概述

2010 年 3 月 28 日,在瑞典哥德曼,中国浙江吉利控股集团有限公司与美国福特汽车公司正式签署收购沃尔沃汽车公司的协议,获得沃尔沃轿车公司 100% 的股权及相关资产。吉利用 18 亿美元换回的不仅有沃尔沃轿车的 9 个系列产品,3 个最新平台的知识产权,增外 T 厂和员工,还有福特公司提供的支持,研发人才和全球经销商网络和供应商体系。吉利收购沃尔沃,创下了中国收购海外整车资产的最高金额纪录,是国内汽车企业首次完全收购一家具有百年历史的全球性著名汽车品牌,并首次实现了一家中国企业对一家外国企业的全股权收购、全品牌收购和全体系收购,吉利收购沃尔沃被视为中国汽车产业海外并购最具有标志性的事件。作为中国汽车业最大规模的海外并购案,吉利上演了中国车企"蛇吞象"的完美大戏。

### 二、并购背景

1. 吉利汽车

浙江吉利控股集团有限公司总部设在浙江省省会城市杭州,在临海、宁波、台州、上海建有四个专门从事汽车整车和汽车零部件生产的制造基地,现已拥有年产 35 万辆整车、30 万台发动机和 20 万台变速箱的生产能力;随着宁波、台州、上海等新建项目陆续竣工投产,集团的整车生产能力将提升到年产 50 万辆,发动机生产能力将提升到年产 30 万台。2009 年营业收入达 42.89 亿元,2010 年前 9 个月公司累计销售汽车 27.49 万辆,同比增长 26.5%,已经完成全年目标销量的 68.7%。

### 2. 沃尔沃

沃尔沃汽车公司是北欧最大的汽车企业,也是瑞典最大的工业企业集团,世界 20 大汽车公司之一。创立于 1927 年,创造人是古斯塔夫·拉尔松和阿萨尔·加布里尔松。吉利与福特在瑞典哥德堡正式签署协议,吉利联合大庆国资以 18 亿美元的价格收购沃尔沃公司 100% 的股权。按照规划,吉利收购沃尔沃后将在中国建立年产能力达 30 万辆的新工厂,使沃尔沃汽车的全球年产量提高近一倍,并力争在 2011 年前实现沃尔沃轿车公司扭亏为盈的目标。

### 三、并购动因

#### 1. 从吉利控股集团公司来看并购沃尔沃汽车公司的动因

(1) 吉利战略转型对技术和品牌的诉求。吉利从 2007 年开始就提出了战略转型:不打价格战,而是将核心竞争力从成本优势重新定位为技术优势和品质服务。

渴望技术。在 3 月 10 日北京召开的并购沃尔沃轿车协议签署媒体见面会上,吉利总裁李书福指出:"在知识产权的内容上,我们是斤斤计较的。"一语道破吉利垂涎沃尔沃技术的天机。作为国际化的品牌,沃尔沃的知识产权和先进技术是毋庸置疑的,收购沃尔沃会得到一大笔技术财富,它的先进技术和安全性能、节能环保特点正是吉利实现战略转型最需要的。

提升品牌。一直以来吉利汽车在价格和品牌上都给人以"草根"的印象,成本和价格一方面为吉利带来丰厚利润,另一方面又使吉利的品牌无法更上一层楼,没有可以打出去的牌子的却是个棘手的问题。依目前的形势看,吉利虽有三大品牌,但尚缺乏一锤定音的顶级豪华品牌,这个空缺沃尔沃正好可以补上,有了沃尔沃,吉利在行业内的品牌竞争地位无疑会大大提升。

(2) 民营企业走出去的一种方式。吉利是民营企业,打入国际市场更困难,但是只有进入了欧美发达国家市场,才能够越做越强。吉利需要打入国际市场的"通行证",而收购品牌无疑是捷径,所以代表品牌市场的沃尔沃就毫无疑问地成了吉利走出中国的桥梁。

(3) 学习先进的市场营销模式。沃尔沃通过体育营销等营销模式让自己的品牌和"绅士精神、挑战极限、高尚生活"的理念紧密地联系在一起,锁定了追求生活质量、关注安全和环境并且又不爱张扬的用户群体。能够近距离学习外资品牌的营销策略,对吉利以及中国自主品牌的车企来说,都是未来走向世界的前提。

(4) 李书福个人性格因素。英特尔公司的拯救者格鲁夫曾经有句著名格言:"只有偏执狂才能生存。"在诸多方面,李书福就有点像这所谓的"偏执狂"。收购沃尔沃难度不言而喻,但对敢于挑战的李书福来说,这是值得冒险的。

#### 2. 从美国福特汽车公司来看卖出沃尔沃汽车公司的动因

(1) 战略性出售:发展福特品牌。为应对 2006 年福特创下有史以来最严重亏损(约127 亿美元),福特决定缩减规模,主要发展福特品牌,并提出口号"一个福特,一个团队"。

2007 年,福特以 8.5 亿美元的价格将阿斯顿·马丁出售给英国的一个投资集团。

2008年，福特以23亿美元的价格将捷豹、路虎打包出售给印度的塔塔集团，同年，福特将其持有的20%的马自达股份出售，持股降低至13.4%。可见出售沃尔沃是迟早的事。

（2）经济压力：沃尔沃成为烫手的山芋。沃尔沃轿车在被福特收购后销售额在过去数年来一直下滑，自2005年至今（2010年），更是连续5年亏损，每年的亏损额均在10亿美元以上，2008年金融危机使沃尔沃亏损加剧。同时，福特汽车出现巨额亏损，身处险境，沃尔沃亏损加剧，继续出售以求自保。

（3）继续持有风险更高。国际上，金融风暴尚未走远，主要汽车市场近年来都呈萎缩态势，未来即使企稳可期，但是回升乏力，在这样的国际环境中福特确实没必要增加风险继续持有沃尔沃。

（4）沃尔沃历史使命已完成。沃尔沃最大的卖点是安全技术和环保技术。现在，沃尔沃的平台已经和福特的平台完全融合在一起，对福特而言，沃尔沃的历史使命已经完成，没必要再保留。

### 四、并购挑战

（1）盈利能力挑战。沃尔沃盈利能力差，最主要的问题出在成本控制方面。在收购后的短期内，吉利无法改变北欧工厂高成本的问题，但是可以通过提高产量和生产效率来缩短单位生产成本。奔驰、宝马的年销量都早已超越100万辆，奥迪2009年销量也达到95万辆，相比之下，沃尔沃一年只有三四十万辆的销售规模，要实现持续的盈利是不太可能的。因此使沃尔沃最终达成60万辆以上的年销售规模，成为衡量吉利运营下的沃尔沃是否取得最终成功的一项硬指标。在国际上，主要汽车市场近年来都呈萎缩态势，未来回升余地也不会太大。加之，吉利在国际市场也缺乏运营的经验和能力，因此沃尔沃要具有持续盈利的能力还是有挑战性的。

（2）文化鸿沟挑战。一个企业进行海外收购后，跨国文化很难兼容。80多年的沃尔沃有着一套适应本国的成熟企业文化和管理机制，却也隐藏了许多痼疾；而吉利虽然历史发展比较短，但是其依靠的中国历史文化却很悠久，其依靠的市场更庞大，其具有的创新精神和创业精神仍然虎虎生风，合并之后，是吉利顺从沃尔沃，还是让沃尔沃就范中国文化，其实应该是两种文化相互融合，实现增值，实现创新，实现发展，是吉利和沃尔沃共同面临的挑战。

（3）战略发展融合挑战。福特公司从2006年起就连续亏损，到2008年年底汽车业务债务为258亿美元，为了回笼资金它不得不卖掉沃尔沃。福特全球总裁兼CEO穆拉利曾表示，福特卖掉沃尔沃并非沃尔沃发展的不好，而是福特要集中资源发展福特品牌所致。对于吉利来说，收购沃尔沃就是要打造中国式最安全最环保的车，让中国汽车走向世界，提升民族品牌，有利于中国的消费者。当前新能源是世界汽车工业的未来，吉利生产的所有车都是油电混合动力车，仅凭中国的研发远远赶不上发达国家，而沃尔沃拥有82年的历史，被称作"世界上最安全的汽车"，在汽车的安全和环保方面有独家的技术与专利。因此，对两个企业来说这次收购都是各自战略发展的需要，双方能否实现其战略目标，达到互利双赢，也将面临挑战。

由于目前的海外并购以价值型并购为主，挑战随之而来。该种类型的并购要想取得成功，一定要在通过整合买卖双方资源、扭亏为盈的方面，打造核心能力。另外，在并购的准备(如专业的尽职调查)、并购对象的比较、并购方案的策划与决策上要彰显专业的力量,一个根本的转变是,中国企业家要彻底摒弃以海外并购来贴金的心态(比如腾中对收购悍马的炒作),应把并购作为自身发展的一个台阶,而不是一个花架子。

资料来源:环球网,http://www.huanqiu.com/2009-06-27.

# 第二节　企业战略联盟

## 一、企业战略联盟的概念

战略联盟(strategic alliance)最早是由美国 DEC 公司总裁简·霍兰德(J. Hopland)和管理学家罗杰·奈格尔(R. Nigel)提出,随即在实业界和理论界引起巨大反响。从 20 世纪 80 年代以来,战略联盟这种组织形式在西方和日本企业界得到迅速发展,尤其是在跨国公司之间在全球市场竞争中纷纷采取这种合作方式。

但战略联盟的概念提出后,并没有在理论上对其进行严格的定义。目前在研究企业组织间合作问题时,使用的概念除战略联盟外,还有"战略伙伴"(美国、欧洲在用)、"虚拟企业"(美国、日本在用)、"战略提携"(日本在用)、"强强联合"(中国在用)等称谓,这些概念在内涵和外延上都有一定差别。西方学者对战略联盟各作了不同的解释,综合归纳各位学者的见解,笔者认为:企业战略联盟是指两个或两个以上具有一定优势的企业为了实现资源共享、风险和成本共担、优势互补等特定战略目标,在保持自身独立性的同时,通过股权参与或契约联结的方式,建立较为长期的、动态的、网络式的经营联合体。

由上述的定义,可以看出:

1. 战略联盟是具有一定优势的企业之间的合作,这种合作包括互补性公司之间的合作与实力相当的企业之间的合作。没有任何竞争优势的企业是没有企业愿意与之合作的。

2. 战略联盟是为了实现某种战略目的而组建的。一般公司之间的日常交往中的互助协作不是战略联盟,与其他企业的非正式合作也不是战略联盟,例如一家公司为使后勤服务社会化,该公司与一家快餐公司达成供应本公司员工午餐的协议,这种合作就不是战略联盟。企业之间的互相帮助、互相访问、互相交流信息也不是战略联盟。战略联盟必须是联盟双方站在本公司整体战略高度为实现本公司某种战略目标,与合作企业达成的战略意义的联盟。

3. 战略联盟是一种长期的合作,短则 3～5 年,长则几十年。几个月就结束的合作不是战略联盟。

4. 战略联盟是一个动态的经营联合体,它不同于一体化的企业联合体,各个合作公司仍是独立的,具备法人资格的经营实体,也不同于企业之间的市场交易关系,而是在相互信任、资源共享、优势互补、风险共担的基础上结成的一种平等关系,是一种动态的经营联合体。

5. 战略联盟是一种组织安排,同时,它也是一种经营战略,在这一点上,人们经常容易混淆。在组织安排上,它具有不同的组织形式,如合资、合作、联合研究开发、供应商合约、交互许可等。而战略联盟作为一种经营战略则是企业为达到各自战略目标进行长期合作,从而各自取得竞争优势。简而言之,企业之间出于战略目的而进行的合作就是战略联盟。

6. 战略联盟是一个网络组织。在全球经济一体化和全球信息化条件下,当前企业战略联盟占主导地位的仍是大的跨国公司集结的全球战略联盟网络,如巴雷特和戈沙尔(Barlett and Ghoshal,1989)曾对飞利浦公司内部联盟网络结构作分析,统计指出,总部位于荷兰的飞利浦公司在世界范围内有 800 个战略联盟,350 个全资或部分所有的分部,有几千个许可、技术服务合约以及下包合同等(见图 10-1)。图 10-1 仅仅给出的是位于各个国家的分部网络,如果再给出各个国家、各地区的网络图,则可见这是一张多么复杂的网络结构图。

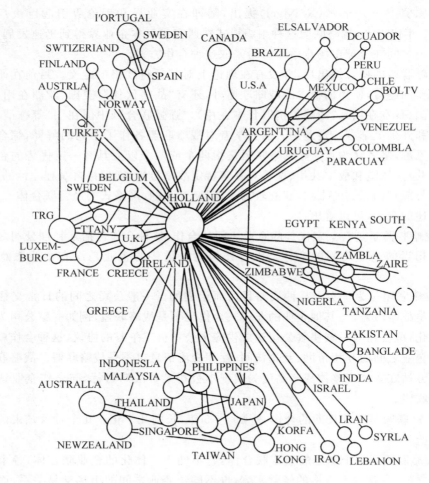

图 10-1　Philips 网络组织结构

资料来源:Ghoshal and Barlett,1990,p. 695.

这张全球战略联盟网络图不仅跨越了企业组织的边界,而且跨越了地区及国民经济的边界。联盟网络内部形成了一个利益共同体,而且随着国际竞争环境和技术、信息等环境的变化而发展。从图 10-1 中看出，在欧洲、亚洲、美洲、非洲形成了如同不同的"太阳系"一样的"地区网络"，而这些"太阳系"一起集结成了一个"银河系"。

国际战略联盟已从制造业拓展到服务业，从传统产业发展到高新技术产业，据统计，在世界 150 多家大型跨国公司中，结成战略联盟的已达 90％，《经济学家》资料表明，仅在 20 世纪 80 年代，全球战略联盟达 5 842 个。战略联盟涉及信息技术、生物技术、化学、汽车、航空、医疗器械、消费电气等各个领域。国际战略联盟越来越向全球推进，未来国际竞争将从企业与企业之间的竞争转向战略联盟与战略联盟的竞争，有学者认为，21 世纪在很大程度上是企业战略联盟之间竞争的世纪。

### （一）战略联盟与企业并购的关系

1. 战略联盟与企业并购不同，表现在：

（1）战略联盟强调的是合作，联盟成员彼此是相对独立、平等的，即使结盟过程中伴随着股权参与，也不会发生控制权的转移。而并购则不同，并购强调的是企业的合并，其初衷就是想取得另一家企业的控制权，它是以产权有偿转让为基本特征的。

（2）并购后的管理主要通过公司治理结构及内部行政管理机构实现的，而联盟更依赖于沟通和事先的协议。

（3）并购的高低潮往往与宏观经济周期相吻合，而战略联盟不明显具有这一特征。

（4）并购后的整合是决定并购成败的关键，而联盟尽管也需要联盟双方的相互理解，但主要根据协议办事，双方仍可保持相对独立性。

（5）并购主要是在证券市场上进行操作，要求要有较完善的金融市场和更多的金融工具，而联盟是靠契约来维系，对金融环境没有太多的要求。

（6）世界各国对战略联盟没有什么法律限制，甚至会受到法律保护。而并购被看成垄断或者导致垄断产生的原因，各国都对并购有明文规定，限制较为严格。

2. 战略联盟与并购之间也有联系

（1）两种战略都是企业向外扩张的方式，都是为了追求竞争优势，以便在市场竞争中立于不败之地，如果选择目标公司准确，两种战略都能取得预期的战略效果。

（2）战略联盟最终发展趋势基本上是并购，美国学者乔尔·布利克（Joel Bleeke）和戴维·厄恩斯特（David Ernst）的研究表明[①]，联盟的平均寿命只有 7 年，合资是最常见的战略联盟形式，有超过 20％以上的合资企业都是被合作伙伴所购买。

### （二）战略联盟与竞争的关系

1. 战略联盟是竞争的一种特殊方式，但完全不同于传统的竞争方式。

传统的竞争方式就是采取一切可能的手段，击败竞争对手，把他们逐出市场，是"你死我活，势不两立"的传统的竞争规则。当前全球经济一体化、信息化的互联网时代，消费者需求越来越个性化，对企业的商业模式、服务水平提出了更高、更严格的要求，在这种条件

---

① ［美］乔尔·布利克，等.协作性竞争：全球市场的战略联营与收购［M］.林燕，等译.北京：中国大百科全书出版社，1998.

下，企业只有与其他企业合作，通过各种战略联盟，通过优势互补，实现技术、信息共享，形成同类型的、不同类型的、供应关系的、研发关系的、生产关系的、销售关系的联合，甚至和死对头的竞争对手都可以携起手来，以团体的力量参与市场竞争，合作的目的是为了在竞争中取胜。合作是为了竞争的合作，是在竞争中寻求合作。战略联盟就是通过结成联盟体与其他联盟体展开竞争的一种合作方式。

2. 合作与竞争并不必然是冲突的，它们的目的都是为了获取更大的优势和更多的市场份额。企业之间的合作并没有消灭竞争，反而使竞争更加激烈，而恰恰是激烈的竞争，促进了联盟的产生，而战略联盟的出现又使竞争更加激烈。在现代社会中，企业不结盟，仅凭自己一个企业的力量参与市场竞争是注定要失败的。

从战略联盟网络组织的角度来看，网络组织的重要意义在于提高网络效应及提高每一个联盟成员（即网络成员）的竞争优势。网络效应，即网络外部性取决于需求方的规模经济性及范围经济性。每一个成员企业的竞争优势取决于企业个体在网络中的地位。网络效应与网络地位的结合是集体竞争（collective competition）的基本特征。每一个成员的竞争优势依赖于所选择的合作伙伴和联盟结构。每一个成员的利得（benefit）则随着整个的网络效应以及每一个企业的谈判能力而变化。

一般来讲，网络成员内部之间适度的竞争是有益于组织的灵活性、创新及效率的，但过度竞争对联盟网络可能是破坏性的，会使网络效应下降或消失。因此处理好联盟网络内部竞争与合作的关系是战略联盟的一项核心任务。

### （三）战略联盟与虚拟企业的关系

战略联盟与虚拟企业的关系，理论界对此认识不统一。一般认为虚拟企业是当市场出现新机遇时，具有不同资源与优势的企业为了共同开拓市场，共同对付其他竞争者而组织的、建立在信息网络基础上的、共享技术和信息、分担费用、联合开发的、互利的企业联盟体。笔者认为，虚拟企业就是企业战略联盟的一种形式。

信息网络、知识网络、物流网络、契约网络等平台构成了虚拟企业运作的整体平台。在信息化时代可以在价值链的任何环节进行虚拟化如在生产、开发、销售、管理等环节均可虚拟化。往往是核心企业通过它所掌握的独特生产技术或制作技巧来实现对其他企业的控制，将实际生产交给其他专业企业来完成并对其他企业生产活动进行指导和规范，在这里虚拟企业就是生产战略联盟。实际上业务外包也是战略联盟的一种。

## 二、企业战略联盟的特征

### （一）战略性

战略联盟是各企业出于战略目的而采取的一种长期合作形式，它不同企业平时的互帮互动，也不同于企业为了某种目的而进行的短期合作，战略联盟是企业站在战略性的、整体性的、长远的发展高度，与合作伙伴达成的长期的合作联盟。战略联盟带给联盟各方一种信仰，即相信联合起来的力量要大于各自为战，实践也证明，通过战略联盟，聚集了各方面的资源和优势，避免了重复的研究和开发，减少了沉没成本，加快了研发速度，降低开发风险,通过联盟可以在生产运作、市场营销及服务、人力资源、企业管理等各方面补充各方的不足,使各方都能借助伙伴的力量,使自己竞争力迅速增强,使战略目标得以实现。例如,20 世纪 70 年代通用、福特和克莱斯勒不愿意合作开发催化转化器,结果各公司都花了巨资开发了相同的产品,而现在它们认识到了合作的必要性,三家公司加入了联合组织(美国汽车研究联合体 United States consortium for Automotive Research,USCAR),对从汽车的结构塑料到电子控制的所有技术、材料、部件都进行联合开发。

### （二）平等性

战略联盟是合作各方都是独立的法人,实体地位平等,实力相当,经济上互惠互利,合作关系才会和谐一致,各方才会相互信赖、相互依存、相互承诺,才有可能建立起长期稳固的关系。若合作各方,地位悬殊,实力差别过大,他们就不能提供各方都能满意的需求,即强弱联盟很少能取得成功,即使一时能够存在也不会长久。

### （三）竞合性

战略联盟内企业之间是合作与竞争并存的竞争(co-petition)关系,这种竞合性表现在以下三个方面:

1. 联盟成员通常是在合作的范围内合作,而在合作范围以外的领域,则可能是竞争对手,从而展开竞争。

2. 联盟是为了获得更大的竞争优势而进行合作,而合作又可能出现新的竞争。

3. 联盟成员通过相互合作进行价值创造,获得价值增值、财富增加的协同效应,而在价值分配、财富分割时展开竞争。

### （四）灵活性

战略联盟是一种形式多样、动态开放、结构松散的企业之间相互合作的组织形式,联盟成员为了能够达到一定的战略目标而迅速结盟,协同会战。一旦该目标达成后,各成员为了完成其他目标又与其他企业组建新的战略联盟。合则聚,不合则散。由于联盟成员之间不存在控制和被控制的隶属关系,它们都是独立的法人,各自拥有独立的决策权,它们之间是一种平等的合作伙伴关系,因此战略联盟有较强的可退出性和较低的进入壁垒性。

## 三、企业战略联盟的分类

### （一）按股权与非股权形式划分,可分为股权式联盟和契约式联盟

1. 股权式联盟

股权式联盟是指合作方相互持有对方一定的股份,这是一种比较深入的合作方式,这种合作方式对联盟成员的责、权、利都有明确的规定,一旦违约要承担相应的法律责任。一般股权式联盟发展比较稳固、长久,常见的如合资企业或相互持股企业。

股权式联盟要求组成有法人地位的经济实体,对资源配置,出资比例,管理结构和利

益分配有严格规定。

股权式联盟依各方出资多少有主次之分,且对各方的资金、技术水平、市场规模、人员配备等有明确规定,股权多少决定着发言权的大小。

股权式联盟有利于扩大企业资金实力,通过合资或部分拥有对方股份,增强双方的信任感和责任感,因而有利于长期合作。但初始投资大,撤资难度大,灵活性差,风险大,政府的政策限制也较严格。

2. 契约式联盟

契约式联盟是合作各方通过协议而组建的联盟。在这种联盟中,合作方不参股,各自保持独立性,只在利益结合点(如合作开发)有紧密的合作甚至在协议规定的领域之外仍是竞争关系。具体联盟形式有:技术合作研发联盟、采购联盟、生产联盟(合作生产、特许经营、OEM 等)、营销联盟、技术交易联盟等。不同的联盟形式,其联盟强度不同,一般来讲,原材料供应协议联盟强度较低,许可证协议联盟强度中等,研发协议联盟强度较高。总之契约式联盟是一种比较松散的合作形式,这种联盟经过一段时间的磨合随着合作各方的了解和信任的不断加深,契约式联盟很可能向股权式联盟方向发展。

契约式联盟并不会使联盟各成员企业的资产规模、组织结构和管理方式发生变化,各成员企业仅完成协议所规定的任务,成员企业间仍保持各自独立性,甚至在协议规定的领域之外相互仍是竞争关系。

契约式联盟无须组成经济实体,也无须设常设机构,结构比较松散,只靠协议来执行。

相对于股权式联盟而言,契约式联盟更强调各成员企业的协调和默契,因而更具有战略联盟的本质特征,在经营的灵活性,自主权和经济效益方面比股权式联盟具有更大的优越性。

契约式联盟具有较好的灵活性,但企业对联盟控制能力差,松散的组织缺乏稳定性及长远利益考虑,联盟内成员企业间沟通不充分,组织效率低下。

**(二) 按价值链横向合作的领域划分,可分为知识与技术联盟,生产联盟,营销联盟等**

1. 知识与技术联盟。知识与技术联盟是指合作企业以知识或技术为纽带共同开发新知识、共同研发新技术,并将新技术推向市场,企业合作中是以知识,技术等因素作为一切活动的出发点及核心。这里的知识,包括信息技术、专利、技能等智力因素,技术因素主要指企业的核心技术,技术积累、技术创新和技术的引进、消化、改进能力等。在市场竞争日趋激烈的形势下,以技术创新为核心的知识与技术联盟成为企业取胜的有力武器。

2. 生产联盟。生产联盟是指联盟各成员共同制造某种产品以实现单个企业无法达到的规模经济。其具体形式有日本的"分包制"企业联盟、业务外包、特许生产经营联盟和合作生产联盟等。

3. 营销联盟。营销联盟是指通过各企业占有市场的研究和预测,分析市场动态,通过对联盟企业营销网络的管理,充分利用合作企业的营销渠道,突破各国或各地区的市场障碍,扩大了市场范围,提高了市场占有率。其具体形式有营销联盟,连锁经营,价格联盟等。

**(三) 按价值链纵向合作领域划分,可分为与科研机构联盟,与供应企业联盟,与营销企业联盟**

1. 与科研机构联盟。科研机构一般具有人才、技术优势,但由于受资金及生产条件限制,其技术成果往往很难转化为现实生产力。而企业非常需要不断地进行技术创新来维持其生存和发展,促使企业与科研机构建立战略联盟,科研机构可按照企业的要求开发新产品,满足企业的技术创新需求,同时也使科研机构将技术转化为生产力。如中国的产学研联盟,美国的硅谷及128号公路都是企业与大学和科研机构联盟的实例。

2. 与供应企业联盟,即与资源供应商、原料供应商建立战略联盟,这样可使企业建立起资源供应或原材料供应的稳固渠道,减少中间环节,降低供应成本,加速生产流程,提高劳动生产率。如日本丰田汽车公司本身虽然只有8个厂,但与其有直接协作关系的中小企业却有450多家,其中有的企业还有自己的分包企业,这样共有1 200多家企业为其提供零部件。[①]

3. 与营销企业联盟,即与营销商建立战略联盟,这将有利于企业及时、准确地捕捉市场信息,也有利于维护企业与顾客良好的关系,降低营销成本。如美国宝洁公司与沃尔玛结成联盟,现在沃尔玛的年需求量占宝洁年业务总量的13%,沃尔玛已成为宝洁公司最大的客户,它们已成为生产商与零售商合作的典范。

**(四) 按合作伙伴所在产业是否与本企业相同来划分,可分为非竞争者之间的联盟和竞争者之间的联盟**

1. 非竞争者之间的联盟,是指来自不同产业的企业建立的联盟。这种联盟又可分为三种类型:合资企业、纵向战略联盟、跨产业合作战略联盟。[②]

(1) 合资企业,是指企业与目标企业共同组建合资企业。这种方式常常是跨国公司进入东道国市场的理想选择,由于存在东道国进口限制的情况,有时单纯产品出口变得非常困难,要想进入东道国市场,最好的办法之一就是与东道国企业合作,建立合资企业。例如,德国大众汽车公司为了进入中国市场,与上海汽车工业总公司共同组建了合资企业——上海大众汽车公司。

(2) 与价值链纵向合作伙伴建立战略联盟,已如前所述。

(3) 跨产业合作的战略联盟。这是由不同产业的企业之间建立的战略联盟,是通过相互利用对方的互补性资源和能力来寻求开展新的业务活动的合作关系。例如阿里巴巴与民生银行签署战略合作框架协议,民生银行将推出针对淘宝用户的专属理财产品,并在淘宝平台上建立淘宝店铺,实现专属理财产品的展示和线上销售功能。同时民生银行推出直销银行业务,这将是国内第一个没有牌照的电子直销银行。这次两家企业联盟使得在理财业务、直销银行业务、互联网终端金融、IT科技业务等方面出现了新的合作业务,成为战略联盟合作的重点。[③]

2. 竞争者之间的联盟,是指竞争者之间一方面在市场上展开竞争;另一方面又可以展开合作。相关实证研究显示,在全部战略联盟合作协定中,大约有70%属于竞争者之间的联盟,即伙伴企业之间同时存在着竞争与合作的双重关系。竞争者之间的联盟存在三种类型:供应共享型联盟、集中型联盟和互补型联盟。

① 张小兰. 企业战略联盟论[M]. 成都:西南财经大学出版社,2008.

② [法]皮埃尔·杜尚哲,贝尔纳·加雷特,[中]李东红. 战略联盟[M]. 北京:中国人民大学出版社,2006.

③ hznews.hangzhou.com.cn.

（1）供应共享型联盟。是指竞争者之间合作开发或制造在各自的最终产品中都需要使用的某一两个中间产品（如零部件等）的战略联盟。例如大众汽车公司与雷诺汽车公司一度合作生产汽车变速箱，使其变速箱生产达到经济规模，提高了生产效率，降低了变速箱成本，并将变速箱用于各自的汽车产品中。供应共享型联盟在汽车、电子、数据处理等产业中非常流行。

（2）集中型联盟。是指竞争者之间共同开发、生产和销售对所有合作伙伴都无差异，供市场销售的产品的联盟。联盟追求的目标是从整个产品经济规模的扩大中受益。例如，英国宇航公司、德国航空工业公司、意大利阿莱尼亚宇航公司共同开展研发、生产和销售旋风战斗机（Tornado），于 1969 年 3 月由三家企业共同建立"帕那维亚飞机公司"，1970 年开始设计，1974 年 8 月第一架原型机首飞，1976 年开始批量生产，正式定名为"旋风"，1984 年 11 月开始交付部队使用。集中型联盟主要出现在航空工业及国际工业中，在这些产业中，近 90% 的企业间联盟属于这一类型。

（3）互补型联盟。是指将提供性质不同的资产和技能的企业联合在一起共同开展项目合作的联盟。如一个企业将自己开发的产品借助另一个企业的渠道销售。在制药行业内，德国赫斯特公司在欧洲市场分销日本武田公司生产的头孢菌素。同样，福特公司在美国市场销售日本马自达轿车，中国东风汽车公司在中国市场销售日本尼桑轿车等。

## 四、全球跨国战略联盟发展状况[①]

### （一）全球跨国战略联盟总体发展概况

当今发达国家已经进入到战略联盟时代，20 世纪 90 年代末，邓宁曾惊呼"联盟资本主义"的到来，预测 21 世纪将是企业联盟之间的竞争，是一种集团、群体之间的作战。[②]

1970—1982 年全球共有跨国战略联盟 1 546 个，1980—1989 年升至 4 182 个，1995 年除战略研究与开发联盟外的其他跨国结盟协议就达 4 600 个。[③] 2004 年，跨国公司在世界各地建立的战略联盟超过 3 万个。全球 500 强企业平均每家约有 60 个主要的战略联盟。[④] 据初步统计，2004 年全球发达国家市场与跨国战略联盟有关的生产和服务产出的价值达到25 万亿～40 万亿美元。[⑤]

观察跨国战略联盟的产业分布，大多集中在高技术产业。根据赫格特和莫里斯（Hergert and Morris）1998 年对全球 839 个合作联盟的研究，其中汽车业联盟比重最高，占 23.7%；其次是航空航天业，占 19%；其后三个产业分别为通信、计算机和电器，分别占 17.3%、14% 和 13%（见表 10-5）。显然，跨国战略联盟具有较明显的产业倾向。

① 林珏.跨国公司并购和跨国战略联盟研究[M].上海：上海财经大学出版社,2011.

② Dunning, J. H.. Globalization and the theory of MNE activity. In N. Hood and S. Young(eds), The Globalization of Multinational Enterprise Activity. London：Macmillan,1999,pp. 21-54.

③ 陈建南.经济全球化中跨国公司战略联盟新趋势及启示[J].经济前沿,2001(1).

④ 姚建农.跨国公司组织结构网络化研究[D].浙江大学博士论文,2005.

⑤ 邹文杰.企业战略联盟研究——基于企业能力理论视角的分析[D].厦门大学博士论文,2007.

表 10-5　20 世纪 90 年代全球跨国战略联盟的行业分布

| 行　业 | 汽车业 | 航空航天业 | 通信 | 计算机业 | 其他电器业 | 其他 |
|---|---|---|---|---|---|---|
| 所占比重(%) | 23.7 | 19.0 | 17.3 | 14.0 | 13.0 | 13.0 |

资料来源：Hergert，M. and D. Morris，1998. *Trends in International Collaboralive Business*. In F. J. Contractor and P. Lorange(eds)，*Cooperative Strategies in International Business*. Lexington Books.

此外，跨国战略联盟还具有较强的经营阶段性特征。根据统计资料显示，最多的联盟协议首先是联合产品开发(37.7%)，其次是联合生产(23.3%)，最后是联合营销(7.9%)。联合开发及生产占 16.8%，联合开发及营销占 2.9%，联合生产及营销占 5%，联合开发、生产、营销占 6.4%，根据布兹—艾伦—汉密尔顿咨询公司对 500 多家企业所作的调查，参与跨国战略联盟的企业的收益要比没有参与这类联盟的企业收益平均高出约 40%之多，许多跨国公司有 50%以上的业务都是通过跨国战略联盟获取利润的。正因为有着这种利好的回报，跨国战略联盟每年以 30%的速度增长。

从全球情况看，进入 21 世纪以来，在世界 150 多家大型跨国公司中，以不同形式结成战略联盟达到 90%，涉及几乎所有行业。下面仅就航空业及汽车业为案例(见案例 10-3)，对跨国公司战略联盟发展状况作一简述。

## 案例 10-3

### 世界航空业的跨国战略联盟(2010 年)

2000 年世界航空客运量排名前 41 位的航空公司中，有 35 家已成为跨国战略联盟成员，成员公司占据 80%的市场份额。表 10-6 反映了 20 世纪 90 年代航空业跨国战略联盟迅速增长的情况。从表 10-6 中可见，2000 年航空业跨国联盟数量比 1994 年增加了 1.07 倍，年均增长 17.8%，大大高于同时期世界 GDP 增长的速度。跨国战略联盟的地理范围由最初主要是北美与欧洲之间，扩展到亚洲与世界各地。

表 10-6　1994—2000 年全球航空业跨国联盟数量的增长情况

| 年　份 | 1994 | 1995 | 1996 | 1998 | 1999 | 2000 | 年均增长率/% |
|---|---|---|---|---|---|---|---|
| 联盟数量/家 | 280 | 324 | 389 | 502 | 513 | 579 | 17.8 |
| 参与联盟的航空公司数量/家 | 136 | 153 | 171 | 195 | 204 | 220 | 10.3 |

资料来源：Airline Business(1994—2000)，来自 Oum，Tae Hoon，2001. Key Aspects of Global Strategic Alliances and the Impacts on the Future of Air Canada and other Canadian Air Carriers，Canada Transportation Act Review，May. p. 2.

进入 21 世纪，航空业跨国战略联盟呈现出集聚的态势并向网络化方向发展，最大的三家跨国战略联盟逐渐稳定并不断壮大。星空联盟(STAR)、寰宇一家(OneWorld)、天合联盟(SkyTeam)成为当前成员数量最多、所占市场份额最大的三个跨国战略联盟[①](见表 10-7)。

---

① [美]雷费克·卡尔潘. 全球企业战略联盟：模式与案例[M].北京：冶金工业出版社，2003：180.

**表 10-7 2000 年航空业三大跨国联盟市场份额情况**

| 名 称 | 旅客运输周转量(RPK) | | 旅 客 数 量 | | 集 团 收 入 | |
|---|---|---|---|---|---|---|
| | 数量(10亿) | 世界份额(%) | 人数(百万) | 世界份额(%) | 数量(10亿) | 世界份额(%) |
| 星空联盟 | 594 | 21.3 | 293 | 18.8 | 69.6 | 20.9 |
| 寰宇一家 | 456 | 16.4 | 199 | 12.8 | 50.0 | 15.0 |
| 天合联盟 | 265 | 9.5 | 151 | 9.7 | 26.1 | 7.8 |
| 总 计 | 1 315 | 47.2 | 643 | 41.3 | 145.7 | 43.7 |

资料来源：Airline Business，July 2000. 出处同表 10-6，p.5.

"星空联盟"(Star Alliance)成立于 1997 年,以德国汉莎航空公司为首,联盟伙伴包括美国联合航空公司、全日空、新加坡航空公司、北欧航空公司等航空业巨人。目前,该联盟覆盖了全球 124 个国家的 729 个机场,每天的航班数超过 11 000 个。2010 年,星空联盟成员已发展到 28 个,成为全球规模最大的航空联盟。联盟成员航空公司涵盖全球五大洲的航线,其航线网涵盖 181 多个国家的 1 172 个机场,拥有超过 990 个贵宾候机室。

"寰宇一家"成立于 1999 年,到 2008 年,其飞行航线网已涵盖 150 个国家(地区)的 700 多个机场,2009 年其飞行航线扩展到 170 个国家(地区)的 750 个机场。

"天合联盟"是由法国航空公司、达美航空公司、墨西哥航空公司、韩国航空公司共同组成的。截止到 2010 年,天合联盟航线网络共通往 169 个国家(地区)的 898 个机场。

图 10-2 为这三家联盟航空业跨国战略联盟网络,其中各联盟公司为创始成员。

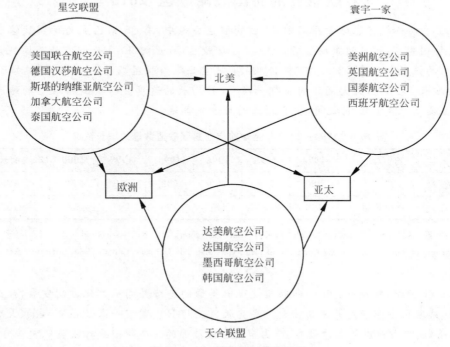

**图 10-2 全球航空业联盟网络**

航空公司通过结盟共享软硬件资源和航线网,不仅强化了联盟各成员的竞争力,而且也为旅客提供了更多的班机选择、更理想的接转机时间、更简单化的订票手续以及更妥善的地勤服务。但同时也使得联盟之间的竞争变得激烈,增加了非联盟成员和乘客的成本。

## 案例 10-4

### 世界汽车业跨国战略联盟(2000 年)

世界汽车业经过一系列全球范围的并购和联盟,逐步形成了"六加三"格局,就是通用集团、福特集团、大众集团、丰田集团、戴姆勒—克莱斯勒集团、雷诺—日产集团六大集团和宝马公司、本田公司、标致—雪铁龙公司三家相对独立的汽车公司。[①] 这些集团和公司通过资本参与、咨询、技术帮助、开发或许可证合作、共同生产或组装、共同推销等不同的合作形式结成了复杂的联盟关系(见图 10-3)。

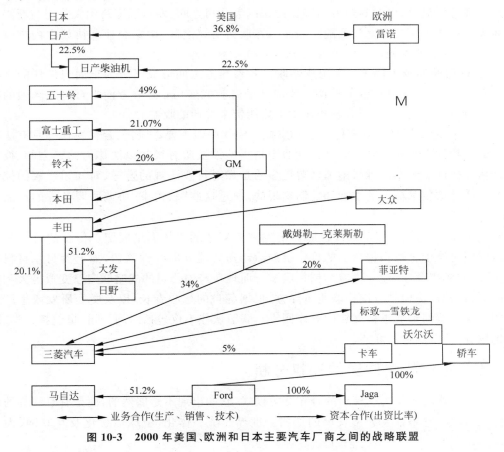

**图 10-3  2000 年美国、欧洲和日本主要汽车厂商之间的战略联盟**

---

① 张仁琪,高汉初.世界汽车工业——发展趋势、矛盾、对策[M].北京:中国经济出版社,2001.

### （二）21 世纪初以来跨国战略联盟的特点[①]

21 世纪初以来，跨国战略联盟出现如下新特点：

1. 单个企业参与多个联盟。据统计，2000 年战略联盟的数量超过 10.2 万个，2005 年在世界 500 强企业中平均每个企业参与的联盟就有 60 个。[②]

2. 联盟的内容从以产品为主发展到以技术和知识为主。20 世纪八九十年代跨国公司战略联盟主要围绕产品进行，目的是制造新产品和占领新市场。21 世纪初以来跨国公司的战略联盟更多表现为以新技术开发和研究成果共享为特征的技术联盟，其首要目标确定在保持技术创新的能力和技术领先的地位。

3. 联盟的对象从强弱互补型发展成为强强合作型。20 世纪 80 年代的跨国战略联盟，大多为发达国家企业与发展中国家企业的强弱联合的互补型联盟，这种跨国战略联盟方便了发达国家企业进入发展中国家市场，以及发展中国家企业获得生产技术，从结盟企业的技术水平看，互补性强。进入 21 世纪后，全球化导致竞争的加剧以及技术创新费用的增加，为了降低研发的难度和风险，发达国家的企业必须寻找一个实力相当的企业来降低难度和分担风险，由此导致发达国家的跨国大公司之间、发达国家跨国大公司与新兴经济体大公司或国家公司之间的战略联盟。在联盟协议之间，两家企业在协议之内进行合作，但在协议之外的领域仍保持着竞争对手的关系。

4. 联盟时间较为持久。跨国战略联盟各参与方之间形成了更为牢固与信任的企业间关系，这一方面来自借鉴了早期合作成功的经验或经历；另一方面来自更加激烈的市场竞争，使联盟的各方认识到合作比单干更能带来长期的收益。

5. 联盟的组织形式从实体发展到虚拟。实体联盟主要靠股权、合作协议等具有法律效力的契约约束组成联盟。而虚拟联盟则是指不涉及所有权和以法律为约束力的、彼此相互依存的联盟关系。维系虚拟联盟更多的是靠对行业法规的遵守、对知识产权的控制以及对产品或技术标准的掌握和控制实现的，通过这些"软约束"协调联盟各方的产品和服务。

6. 联盟的构成从简单的线性联盟链发展为复杂的立体网络联盟。传统的跨国公司战略联盟是跨国公司根据自己的价值链的活动需要建立的线性联盟，如上游与原材料厂商、下游与销售商家，建立供应和销售联盟。而现在跨国公司的战略联盟已变成庞大和复杂的网络联盟，联盟各方围绕联盟主导方，根据各自的核心专长，以及所处研发或生产经营的不同环节而形成纵横交错的立体网络。联盟伙伴不仅包括跨国公司，也包括大学、研究机构等，乃至其他的联盟。

## 五、企业战略联盟的动机分析

企业战略联盟作为一种新的合作竞争模式，它的出现不是偶然的，而是有着深刻的政治、经济背景，它是社会经济发展的产物。世界经济一体化，全球信息化及互联网、大数

---

① 林珏.跨国公司并购和跨国战略联盟研究[M].上海：上海财经大学出版社,2011.

② 黄志伟.浅谈跨国战略联盟与我国汽车产业的发展[J].学术交流,2005(3).

据、云计算的发展,区域经济集团化,国际分工深化和科学技术迅猛发展等因素,构成了企业战略联盟的宏观背景。

联盟是一种市场的中间组织形式,它超出了一个普通公司正常的市场交易范围,但却没有达到企业间兼并的程度。联盟是与其他企业长期联盟,但不是完全的合并。联盟是与伙伴企业一起协调或合用价值链,以扩展企业价值链的有效范围。[①]

一般来讲,企业战略联盟动机有以下四个方面:

### (一)充分利用资源,追求规模经济和范围经济的效应,增强竞争力

企业战略联盟形成的目的就是使企业间资源互补,发挥异质性资源的优势,从而形成单个企业无法达到的一种新的竞争优势,获得规模经济及范围经济的效应。如日本丰田汽车与各国汽车企业建立战略联盟,把汽车厂配置在美、日及欧洲各地,丰田公司可利用各地经济波动周期不同步及各地区行业需求热潮不同步进行全球资源配置,提升了全球综合资产运作能力。

战略联盟之所以在全球盛行,主要是它能减少工作的重复与浪费,充分利用外部资源,利用联盟伙伴的技术、信息、资金、供应渠道和营销网络等资源提高的竞争力,即"合作就是力量"。

### (二)克服贸易壁垒,利用销售渠道

21 世纪以来,经济全球化一体化盛行的同时,世界经济又趋集团化、区域化,尤其在2008 年世界金融危机以后,贸易保护主义兴起,一个区域以外的企业很难把产品打入北美、欧盟或其他区域市场,这时通过与不同区域、不同国家的企业建立战略联盟,不仅可以绕过贸易和非贸易壁垒,改变一个企业势单力薄的状况,而且可以达到迅速掌握市场信息、分散市场风险、扩大企业市场覆盖率的目的。

### (三)发挥技术创新的联盟效应,降低技术开发风险

技术集群效应是指当某项基本技术被发现后,在此基本技术基础上可以引发或促成一系列与之关联技术的创新。这些相关创新既包括对这项基本技术创新的改进,又包括利用这项创新所产生的新技术。通过战略联盟,企业之间可以共同进行基本技术创新开发,又可以在基本技术创新基础上进行相关联技术的创新开发,就可以大大提高创新效率,共享创新成果。

当今,许多尖端技术很难由一家企业或研发机构独立创新,只有通过企业间、企业与大学和科研机构结盟,可以聚集各方面的技术和人才,才能加快研发创新速度,降低研发成本及风险;同时当前技术创新费用巨大,而新技术或新产品寿命周期越来越短,市场需求变化越来越快,巨大的费用及风险单个企业是无力承担的,只有依靠联盟才能实现。日本大前研一指出:"在这个充满不确定因素和危险敌手的复杂世界上,最好不要单独行

---

① Porter,M. E. ,Competitive Advantage. Free Press,New York.

事。……通过理解达成联盟是所有杰出战略家的保留节目。"[1]

强生医药公司创新中心于 2014 年 6 月 19 宣布与遍布全球的生命科学公司和科研机构达成 12 个新的战略联盟[2]，在广泛的治疗领域及横跨制药、医疗设备、诊断、消费者保健领域探索新方式的创新。合作研发用新方法治疗癌症，3D 打印用于患者骨科需求，推进老年痴呆症的研究，寻求新方法治疗糖尿病和心血管疾病等。

### （四）提高企业的学习能力，培养企业核心竞争力

战略联盟可以为伙伴提供独特学习机会，不同的伙伴有不同的学习目标、学习意图及学习能力。联盟企业间的相互学习过程就是知识转移过程，通过联盟使知识有效地移植到联盟各方，进而增强、扩充乃至更新企业核心竞争能力，才能真正达到企业间联盟的目的。

## 六、企业战略联盟取得成功的关键因素

一个战略联盟的管理活力取决于合作伙伴如何看待对方，联盟伙伴的任何一方都有义务去建立一个基本的相互理解、相互尊重的关系，这种义务所发挥的作用是任何管理条文或管理技巧所无法替代的。根据一些高级经理人员的经验，若想建立牢固、坚实的合作基础，就必须重视三条简单而又重要的原则，即：平等相待；主管领导支持；求同存异，避免对抗。

许多研究者都注意到，信任是合作成功和稳定发展的关键因素，信任是"相信而敢于托付"的意思。在社会科学中，信任被认为是一种依赖关系。"说我信任你，意味着关于该事情我有理由期望你为了我的利益行事，……你的利益暗含我的利益"（Niklas Lahmann）。信任分为良好意愿信任（goodwill trust）和胜任力信任（competence trust）（Das TK，Teng B.，2001），在现实中胜任力信任的建立较为容易，而良好意愿信任的建立却很困难。信任涉及可靠性，即事前相信合作伙伴是诚实的、可靠的，是会遵守诺言的。信任关系与不信任关系之间的真正差别在于双方是否彼此相信对方会关心自己的利益，不会在没有考虑对对方影响之前采取行动，因此信任除了对对方可靠性的预期之外，还应包括互相替对方着想的因素。信任是一种依赖关系，是一种社会心理现象。换言之，信任是对对方不会以自私自利方式行动的可能性的理解，是对彼此会互助互利的相信。

创造信任的五大要素是：

1. 交流。交流是培养信任的一个重要手段。

2. 减少交往对象的数量。许多公司为成功地建立同合作伙伴的信任关系，往往首先从减少或限制伙伴关系的数量开始（克莱斯勒汽车公司从 1989 年开始把供应商数目从 2 500 家减少到 1 140 家）。

3. 公平。在联盟运作过程中要注意分配公平，即合作结果是公平的；还要注意程序

① 乔尔·布利克，等.协作性竞争：全球市场的战略联营与收购[M].林燕，等译.北京：中国大百科全书出版社，1998.

② bioon.com.

公平,即管理合作关系的程序是公平的。

4. 保持长期关系。保持长期关系有助于信任的发展。

5. 灵活性与非正式性。信任能使关系充满灵活性和非正式性,信任的基础可以使联盟只需要最低限度的合同,甚至完全没有合同。灵活性与非正式性在环境充满不确定性时具有特别重要的意义。在不确定性环境下,合同不可能订得很严密,合同执行中需要有一定的灵活性,这时信任因素能使双方相信对方不会采取机会主义行为。在绩效难以度量的情况下,信任关系尤为重要,因为在相互信任、利益一致情况下,可以不要求对绩效进行直接的测量。

## 七、企业联盟战略的优缺点

### (一)企业联盟战略的优点

根据近年来企业战略联盟的实践和发展,可把企业联盟战略的优点归结为五个方面:

1. 促进科技创新

企业战略联盟可以承担巨额科技开发经费,这是单个企业难以承担的,例如,美国通用电气公司(GE)与法国斯奈克马公司(SNECMA)合作开发一种新型飞机引擎,此项研究约需 10 年时间,耗资约 10 亿~20 亿美元;又如波音公司与日本富士、三菱、川崎重工等企业共同投资 40 亿美元联合开发波音 777 喷气客机,同时还耗资 60 亿美元同法、德、英、西班牙四国共同研制一种载客量达 700 人的新型客机,这些巨额研发投入是单个企业无力承担的。

目前科学技术的发展正朝向综合化、集成化、边缘化的方向发展,战略联盟可以开发尖端综合复杂的技术。一项复杂的高新技术、新产品的研制涉及越来越多领域的科技知识和技术,必须是多方协作才能完成,如半导体、生物工程等新技术、新产品的研制等都是众多企业、众多学科、众多专家及工程师集体智慧的结晶,需要许多企业形成网络式联盟才能完成的庞大复杂的系统工程。

2. 避免经营风险

跨国战略联盟的形成可以避免企业的经营风险。目前企业外部环境变化速度加快并且日益复杂,风险变得越来越大,对单个跨国公司来讲是难以应对这一复杂环境变化的,这就决定了企业新产品、新市场的开拓具有很高的风险,这时企业自然要建立战略联盟,加强各企业的合作,使其做到利益共享,分担风险。环境变化的不确定性,就要求企业建立高度灵活的经营结构和组织结构,而战略联盟是适应这一环境要求、降低竞争压力的较好的组织形式。

3. 避免过度竞争

建立战略联盟,可以理顺市场上的竞争秩序,减少因应付激烈竞争而付出的高昂成本,形成有序的合作竞争。

传统的企业竞争方式是要么让竞争对手失败,要么让竞争对手消失,形成"你死我活"的对立竞争关系,而实际上企业之间的竞争是相互作用的,企业在相互竞争中也产生了一定依赖关系。企业之间虽然存在分歧和对立,但同时也存在共同利益,竞争企业在某一方面双方利益和目标达成一致时,就拥有进行局部合作的基础,因而企业竞争关系从完全对立走向部分对立、部分合作,从对立竞争转变为合作竞争。企业与竞争对手之间不仅是"分馅饼"的竞争,不仅仅是"此消彼长"的关系,而是通过合作创造一个更大的馅饼,双方都努力把馅饼做大,开拓新的市场空间。从博弈论的角度来看,从势不两立的圈子中跳出来,实现从"零和博弈"到"正和博弈",达到双赢的效果。战略联盟并不否认竞争的存在,而是使竞争以新的形式在新的层次上出现,即从原有的价格竞争向非价格竞争转变,从恶性竞争向比较优势竞争转变。

企业双方合作是竞争中的合作,合作的目的也是为了增强各自的竞争优势。例如,美国威斯汀豪斯公司(Westinghouse)和三菱重工曾宣布在核电站方面的合作投资项目,签署了为印度尼西亚、中国大陆、中国台湾等地建造核电站的合作协议,但这两家公司在日本市场上公开地进行着针锋相对的竞争,由此在国际竞争版图上就形成了三种重要的竞争形态,即:(1)合作圈与圈外公司的竞争及合作圈与其他合作圈的竞争;(2)合作圈内的公司在合作领域之外的竞争;(3)合作圈内公司先合作后竞争。

因此,企业之间合作与竞争是同时进行的,形成了"左手挥拳、右手握手"的格局。

4. 实现资源互补

建立战略联盟可以使各企业做到资源互补。客观竞争环境要求企业取得战略绩效的目标与企业自身所具有的资源和能力所能够达到的目标之间存在着巨大差距,因而也就限制了企业走一切依靠自身资源和能力的自我发展的道路,客观上要求企业走战略联盟的道路,通过战略联盟可达到资源共享、优势互补的效果。例如,联想集团和香港导远电脑公司"瞎子背瘸子"式的战略联盟就充分嫁接了两者的优势,联想集团有资金、技术优势,香港导远电脑公司有市场信息优势,二者优势相结合,很快就使它们有了开拓海外市场的能力。

5. 开拓新市场

建立战略联盟是迅速进入新市场、进入其他行业领域的捷径,可以大大降低市场风险。例如,丰田公司与美国通用汽车公司建立战略联盟就顺利地突破了美国对日本汽车的进口限制,丰田公司在此联盟中投入 1 亿美元,就获得了在美国从事汽车制造所需要的全部信息,获得了如何与地方政府、工会及经销商打交道的经验。又例如,日本尼桑汽车公司和德国大众汽车公司结成战略联盟,由尼桑公司在日本销售大众公司的汽车,大众公司在欧洲销售尼桑的四轮双驱动小轿车。目前,90％以上的美国电子公司参与了一个或多个国内战略联盟,60％以上的公司参与了与外国公司的联盟。

## (二)企业联盟战略的缺点

企业战略联盟是一个十分复杂的组织,许多研究发现,要使战略联盟取得成功,需要有成功的组织和出色的管理,如果组织管理不当,就会招致失败。据统计,2/3 的战略联盟在开始的前两年都存在比较严重的合作问题,70％的企业战略联盟均以失败而告终。这些研究的基本结论是:单独从事研究开发活动比同一个合作伙伴共同研究开发活动要容易得多,协调一个独立的供应商的交易关系比协调一组股权交叉的复杂供应商或客户关系要容易得多,在自己的公司作决策比在合作伙伴中共同作决策要快得多,在一个企业内实施决议比在战略联盟中实施决议要容易得多,因此,如何管理战略联盟是非常关键的,如何利用其优点避免其弱点始终是一个值得研究的问题。

1. 联盟各方的利益结构不对称导致联盟失败

战略联盟双方(或多方)利益结构有一部分是共享的,其他部分不能共享,共享部分可能实现联合收益的最佳化,其他部分则不能,这时,一方企业或双方企业便有牺牲共同利益而让自己的企业其他部分利润最大化的动机,从而造成双方关系紧张。例如,广州汽车集团和法国标致公司在广州办合资企业,1985年广州标致公司成立,法国标致公司在向合资企业提供零部件时面临两种选择:或者把转移价格定得很高,从而单独在法国获利;或者把价格定的较低,同广州汽车集团在合资企业中共享利润,结果法国标致公司选择了前者,造成合作关系紧张,到1997年,当年销售汽车不足1 000辆,公司累计亏损29亿元,只能宣布联盟破产。

2. 联盟各方面临的竞争条件不同,合作的目的不同,导致各自优先考虑的问题不同

例如,欧洲空中客车的联盟中,合作各方在自己国内市场面临的竞争强度不一样,因此,对联盟发展方向存在意见分歧。一些企业参与战略联盟的目的不是为了获取联盟所产生的共同利益,而是为了利用合作方的核心技术或其他独特的竞争优势为己所用,因此联盟一建立,这种目的冲突就会表现出来,而且愈演愈烈,最终导致联盟失败。这种联盟容易产生机会主义行为,企业总想尽可能多地从伙伴那里学习知识和技术,尽可能少地泄露自己的知识和技术,最终导致信任瓦解,联盟以失败告终。因此联盟关系资本的营建会使冲突缓解,建立关系资本的关键是培养联盟伙伴间的信任。

3. 联盟在各企业战略中所起的作用不同

由于联盟在各企业战略中所起的作用不同,因此联盟在各企业经营中就有不同的重要性,从而导致各方希望对合作企业行使的战略控制程度不一致,从而导致意见分歧。

在战略联盟形成的各个阶段,联盟形成的动机和目的及在各企业战略中的作用都在发生变化。在战略联盟伙伴的选择阶段、联盟在建立的初期阶段、联盟持续发展阶段及联盟的后期阶段,各企业联盟的动机在变化,需要根据每一阶段企业对联盟的要求,对联盟的运行及时进行调整,以达到联盟合作效果的目的。其中也要求企业建立承诺信任机制,不断地随着联盟发展而自我调整,不断地进行文化融合、不断地自组织,以维持竞争力、维持各企业在联盟中的地位及作用,这样才能使联盟持续平稳发展下去。

例如,1998年戴姆勒—奔驰和克莱斯勒达成"平等合并"的合资协议,制造了世界汽车工业史上最大的一宗联盟案例。但由于戴姆勒与克莱斯勒在产品线方面缺乏互补性,双方技术共享程度较低,财务经营与企业文化无法融合,直接导致这一联盟在2006年亏损6.18亿美元,2007年亏损16亿美元,于是在2007年戴姆勒—克莱斯勒集团宣布出售克莱斯勒。联盟的失败反映了伙伴间缺乏充分的沟通渠道,双方合作的动机没有进行恰当的评估和调整,如果联盟各方共同受益、共享合作伙伴的资源的主要目的达不到,必然引起联盟的失败。[①]

---

① 林珏.跨国并购和跨国战略联盟研究[M].北京:上海财经大学出版社,2011.

4. 联盟各方对联盟的资源的投入不对等

在很多情况下，有资源的一方不太看重联盟，因此在资源投入上不是很积极，而十分重视联盟合作的一方则可能对对方资源形成依赖，因此造成联盟各方关系紧张。

5. 竞争地位的变化导致联盟的解体

企业竞争地位随着联盟双方技术、管理能力的交换而发生变化，如一方在联盟中技术及管理能力不断加强，另一方则相对削弱，联盟中竞争地位的平衡就逐渐丧失，联盟便面临分手的危险。

6. 联盟各方管理风格及企业文化的差异

因每个企业都有各自独特的历史、观点及价值观，有自己独特的文化，因此，在战略联盟中如何使不同的企业文化兼容是相当困难的，有时就因为联盟各方认识不同而归于失败。

许多大公司的总经理对成功地实施战略联盟总结出四条经验：兼容的战略与文化；各方大致相当的贡献；各方大致相当的实力；没有利益冲突。其中最重要的是各方企业的决心和努力，各方企业决心越大，越努力，战略联盟就越能取得成功。除了要有可行的战略思想、现实的总体战略之外，战略联盟还需要各方的相互信任和合作，这是组建战略联盟的必要条件。联盟各方需要创造一种信任气氛，要求各方都了解为什么要参与战略联盟？应当组织什么样的联盟最恰当？联盟的活动如何同母公司的战略配合？联盟的协同效果是什么？联盟对每一个企业有什么好处？怎样处理合同中的敏感问题？对以上这些问题可能联盟各方都有不同看法和不同意见，但联盟各方必须从一开始就对上述问题有一个基本统一的认识，建立起一个基本信任关系，并保持这种关系，才有可能把战略联盟搞好。

7. 内外环境发生变化，使联盟破裂

（1）企业战略发生变化。这是出现问题的根本原因，联盟中一方的业务发生重大变化，现在的联盟对某些成员企业在经济上已没有意义，联盟便失去了存在的必要。

（2）所有者或管理者发生变化。如果新老所有者或管理层的利益关系不一致，联盟运行的连续性就受到影响，甚至会使联盟破裂。

（3）市场预期不能实现。在联盟之初，对市场发展有一个预测，但后来因为市场条件变化多端，当初的预测很难变为现实，促使联盟破裂。

（4）财务困难迫使联盟解体。因为某一个或某几个合作者资金不能到位，有的企业为了自己内部的投资而不顾联盟的资金需要，使联盟走向解体。

## 第三节　企业并购与联盟战略的比较和选择

### 一、并购与联盟两种战略的比较

企业有三种基本成长方式，任何企业都必须从这三种成长战略中做出适当选择。这三种基本成长方式是：企业内部扩张、并购和战略联盟。

在这里，我们重点介绍并购与战略联盟这两种战略的比较。应当看到这两种战略比较也是两种为实现战略的组织方式的比较,是两种战略的推进方式的比较。

(1)从博弈理论的角度来分析,势均力敌的两个企业组织使自身利益最大化的竞争结果应该是合作而非不合作。从囚徒困境的模型出发,当两企业实力比较均衡时,只有合作,才是双赢的模式,彼此的现实收益最大化,两方收益之和也最大,即势均力敌的两企业应当由竞争走向竞合,即战略联盟是这种合作的具体形式。当竞争力不均等的两个企业在博弈中,强势企业的最佳选择不是合作,其理想的自身利益最大化的方式是并购。

(2)从交易费用理论的角度来分析,当不确定性、交易频率和资产专用性较高时,交易费用大于生产费用[①],企业应选择内部化治理结构如内部生产、纵向一体化等。当不确定性、交易频率和资产专用性较低时,交易费用小于生产费用,企业应选择外部化治理结构,如市场购买。当不确定性、交易频率和资产专业性处于中间状态,交易费用是中度高的,并且没有高到足以实施内部垂直整合时,此时企业选择准组织方式,即战略联盟,它是市场契约与企业契约相结合的混合治理结构[②]。战略联盟是交易费用约等于生产费用条件下的网络化组织治理的一种具体形式。而并购则属内部化治理结构,它将两个或多个企业组织内化为一个企业组织。

(3)从资源基础理论的角度来分析,战略联盟能够在不断变化的环境中迅速整合或获取所需的其他组织的资源,从而更有利于获得竞争优势,而并购却往往获取所需资源的同时也获取了多余的或不需要的资源。战略联盟可同时与多个企业建立联盟,进而获得多种资源,而并购为获得多种资源而同时成功地并购多个企业的可能性很小。但战略联盟要求联盟中的双方或多方必须构建关系资本,而并购却并不一定要构建关系资本。另外通过联盟获取的资源具有不稳定性,其风险要大于并购所获取的资源。

## 二、并购与联盟两种战略的选择

### (一)环境特性

1. 环境的不确定性

环境的不确定性包括市场需求,技术、市场竞争程度及产业政策的不确定性,如果企业对产业未来发展方向不明确,企业可考虑战略联盟来降低这种不确定性,这会给企业未来提供更多合作的机会和灵活的战略选择。同时企业对战略联盟的投资要比并购小,必要时仍可撤回投资。而并购只能使企业掌握某一发展方向的进程,而丧失其他可能的发展机会,在复杂多变的环境下,有时并购并不能降低不确定性的风险。

2. 知识的分散化

在技术和知识迅速变化的高科技产业中,知识分散化趋势加剧,此时战略联盟出现较多,其原因是新技术和新知识不断涌现,并且这些新技术和新知识并不是由少数几家企业所独有,知识分布较为分散,企业战略联盟能帮助企业在一定时间内迅速获得为实现一项新业务所需的知识,而无须通过并购将其长期纳入企业经营活动体系内。

---

① 交易费用是指企业与外部进行交换活动所产生的费用。生产费用是指企业内部协作各种活动、学习、组织和管理生产而产生的费用。

② 颜士梅,王重鸣.战略联盟与并购:两种企业组织方式的比较分析[J].科学学研究,2002,20(3).

### （二）交易特性

**1. 企业行为的不确定性**

当交易双方的互补利益很小，且行为不确定性很高时，则并购能发挥其作用，相对这时若采用战略联盟反而对交易不利。当行为不确定性得到有效控制时，比如战略上的一致性和彼此间信任增强时，则可以考虑采用联盟战略。[①]

**2. 企业间协同效应的持久性**

若企业之间协同效应越持久，企业就越应倾向于选择并购战略以实现企业规模及实力的扩张。当然协同效应的持久性也会受到环境不确定性的影响，环境的动荡要求企业战略保持灵活性，对协同效应的持久性预期企业要有所警惕。

如果具有互补性资源只有短期协同效应，而这种短期协同效应也不足以弥补通过并购来获得资源的交易成本，那么联盟战略的选择则更为适宜。

**3. 目标企业的资源特性**

若目标企业资源可分割性强，可以采用并购战略；若目标企业资源难以分割，这样不仅使收购成本很高，而且收购方也难以消化其余不需要的资源，则应采用联盟战略。

若目标企业资源不确定性程度非常高时，公司应尽量避免收购，而应通过谈判达成联盟，但如果目标企业的资源是稀缺资源，而且又有好几家买家竞争这种资源，又是对本企业非常紧要的资源，即资源稀缺性很高，则本企业大多应采用并购战略。并购战略比联盟战略速度快。

**4. 管理成本**

如果交易双方在企业文化、地域、产业之间差异较大时，则并购的管理成本较高，此时企业应该考虑联盟战略，战略联盟相对较容易避开双方之间存在的差异，从而在特定的领域达成共识，发挥协同效应。

### （三）企业特性

**1. 企业资源储备**

研究表明，企业并购成功率与企业实力成正比例，企业实力强大，内部资源储备充足，能够抵抗并购带来的财务以及其他方面的风险，企业可采用并购战略。反之，企业应考虑联盟战略。

**2. 企业学习能力**

若本企业学习能力很强，甚至超过了合作企业，一般来讲，应考虑联盟战略。相反，若目标企业学习能力比本企业更强，则战略联盟将失去意义，本企业应考虑并购战略。

因此，在不确定环境下，较为分散的知识分布，有限的资源储备，非持久的协同效用；企业学习能力较强等因素，企业应考虑联盟战略。反之，则应考虑并购战略。

**3. 双方企业合作的能力及经验**

企业并购或联盟的能力及经验会驱使企业做出自己熟悉的决策，即企业先前并购成

---

① 闻雪.企业外部成长战略之战略联盟与并购的选择[J].商场现代化,2006年9月(中旬刊).总第47期.

功经验丰富时,企业会更多地采用并购战略;企业在联盟成功经验丰富时,则企业更愿意采用联盟战略。

## 三、并购与联盟战略的动态选择

上述研究是在一个假设前提下进行的,即并购战略与联盟战略是平等地出现在企业面前,企业在做出选择之前是没有一个最终战略预期的,即并购战略与联盟战略适用边界是在静态条件下进行选择。而企业实际经营中是处于动态条件下,即企业还有两种战略选择:企业先建立战略联盟然后再并购联盟企业;企业实行剥离或收缩战略,将企业一部分资产卖出,被剥离部分成立公司,企业再与被剥离的公司建立战略联盟。

1. 企业与目标企业先建立战略联盟,然后再并购目标企业

如果企业在并购目标企业时遇到诸多不利因素,可以考虑先联盟后并购的模式,这样做好处有三点:

(1) 联盟期间企业可充分了解目标企业内外环境及相关情况,可最大限度地获取目标企业的信息,包括目标企业的市场信息,企业文化及企业惯例等。

(2) 可以对目标企业得出一个更准确的评价,以便决定是否对目标企业进行并购做准备,在并购竞争中处于有利地位,有利于判断竞争形势,规避投资风险。

(3) 可以使目标企业获取更多本企业信息,增加双方信任度,通过事先磨合,减少敌意情绪,避免并购后整合重组过程中过分激烈的人文冲突及文化冲突,避免人才流失,缩短整合重组振动期,使企业更快进入稳定发展期。

2. 企业通过并购活动剥离一部分资产,被剥离资产独立成立公司,企业再与该公司建立战略联盟。我国大型国有企业剥离辅助企业,国有企业与辅助企业建立业务外包关系,最终建立主辅业战略联盟。这是我国大型国企向市场经济转变的重要经验之一。

开放式创新组织中,本企业有一部分研究项目,在当时并不是企业的主营方向,或不会立即推向市场,此时开放式创新组织会允许一部分技术人员带着他们的项目流出本企业,或被其他公司业务部门加以开发,若干年后,本企业发现流出去的项目发展很好,则本企业再与之建立战略联盟进行合作开发,如果需要,甚至再将其收购回本企业,这也是开放式创新的本义之一。

# 第十一章

# 企业国际化战略

## 第一节　企业国际化及跨国公司概念及相关理论

### 一、企业国际化及跨国公司的概念

#### （一）什么是企业国际化？

它是指一个企业的生产经营活动不局限于一个国家，即跨过本国边界从事生产经营活动的战略现象和行为过程，其主要目的是通过国际市场重组资源要素，以获取更大的企业收益。

企业国际化可分为内向国际化和外向国际化两个层次。内向国际化是指以国内市场为基地，通过引进产品、技术、资金、人员、管理经验等提升企业整体技术水平和竞争能力，俗称"引进来"战略。外向国际化是指企业向国际市场提供产品、技术、资金、人员、管理经验等资源要素，以实现生产经营过程的国际化，它是企业国际化的高级阶段。俗称"走出去"战略，但在今天互联网时代，很多企业国际化用了完全不同的一种方式，已经不是过去一个国家、一个地区去拓展市场，公司刚一成立上互联网的第一天就是全球化的，用互联网，我们可以踩到世界最先进的技术的肩膀上，更快速地、低成本地覆盖到全球市场，可以一步走到全球市场上去，不再区别是内向国际化还是外向国际化，互联网带给企业走向国际化一种全新的思维，互联网基本的特征就是：即时性、全球性、零距离、去中心化，分布式等，因此，企业的地理位置已经不重要了。企业的客户是全球的。甚至企业人力资源也是全球的，在中国照样可以雇佣智利的、美国的员工为企业服务，我们不能再沿再用老的概念来看待企业走向国际化的方式。

#### （二）跨国公司的概念

跨国公司作为一种复杂的经济形态，由于对其标准界定不同对跨国公司的定义的标

准也不同,大体上可以概括为三种标准:[①]

1. 结构标准,是指以企业从事生产经营活动跨越的地理区域和企业资产所有权作为划分跨国经营的标准尺度。有的学者指出,跨国公司一般应有相当广泛地理分布,对于那些只在本国基地以外一个或两个国家拥有子公司的企业,一般不能称为跨国公司。目前普遍使用的权威性标准是国际货币基金组织提出的,跨国公司控制境外企业所有权的合理标准不得低于25%。

2. 经营业绩标准,是指企业在海外的资产、利润、销售额、产值和雇员人数等必须在整个企业业务中达到一定百分比以上才能称为跨国公司。西方学者普遍认可25%的海外业务份额。对于其中常用的销售额指标,一种观点认为营业额要超过1亿美元才能称之为跨国公司。另一种观点是联合国贸发会议1993年的一份文件认为,年销售额要在10亿美元以上才能称作跨国公司。

3. 行为特征标准,是指跨国公司应实行全球化经营战略,公司要从整体利益出发,以全球范围利益最大化为目标,而不是局限于某个地区市场的盈亏得失,认为只有那些实现了全球取向的战略决策的企业,才能称得上是真正的跨国公司。

为此,联合国曾指定知名人士小组给跨国公司下一个权威性定义,知名人士小组认为,跨国公司"就是在它们的基地所在国之外拥有或控制着生产或服务设施的企业,这样的企业并不总是股份公司或私人企业,它们也可能是合作社或国有实体"。1986年,联合国制定的《跨国公司行为条例》对跨国公司作了全面规范的界定,"本守则中使用的跨国公司一词是指:在两个以上国家的实体所组成的公营、私营或混合所有制形式的企业,不论这些实体的法律形式和经营活动的领域如何;在一个决策体系中运营,通过一个或一个以上的决策中心实施其相吻合的政策和共同的战略;各实体通过所有权或其他形式相联结,从而其中一个或更多的实体可以对其他实体的活动施加有效的影响,特别是与其实体分享知识、资源和责任。"[②]

为进一步澄清跨国公司的基本内涵,联合国跨国公司研究中心发表的《世界发展中的跨国公司》报告中,明确指出跨国公司应包括三个基本要素:

(1) 包括设在两个或两个以上国家的实体,不管这些实体的法律形式和领域如何;

(2) 在一个决策体系内经营,能通过一个或几个决策中心采取一致对策和共同战略;

(3) 各个实体通过股权或其他方式维系起来,其中一个或多个实体有可能对别的实体施加重大影响,特别是与其他实体分享知识、资源和责任。

目前国际社会对于联合国提出的跨国公司定义的三大要素基本取得了共识。本书采用上述跨国公司的定义。

联合国跨国公司与投资公司确定了跨国化指数的计算方法:

跨国化指数=(国外资产/总资产+国外销售额/总销售额+国外雇员数/总雇员数)/3×100%。

---

① 上海财经大学精品课程:国际贸易(电子课本).第九章.eourse.shufe.edu.cn.

② The United Nations Code of Transnational Corporations, UNCTAD Current Studies, Series A No.4. 1986, New York.

跨国化指数反映了跨国公司海外经营活动的强度，是衡量海外业务在公司整体业务中地位的重要指标。综合评价了企业国际化程度，即跨国化指数越高，企业的国际化程度就越高。

2014 年中国 100 大跨国公司平均跨国化指数 13.6%，不仅远远低于 2014 年世界 100 大跨国公司的平均跨国指数 64.55%，而且也远低于 2014 年发展中国家 100 大跨国公司的平均跨国指数 54.22%。2014 年中国 100 大跨国公司中跨国化指数在 30% 以上的只有 11 家，达到 2014 年世界 100 大跨国公司平均跨国指数的企业只有 1 家，有 22 家企业的跨国化指数没有超过 5%。[①]

世界跨国公司自 20 世纪 80 年代以后有了很大发展。按照联合国贸发会议《2009 年世界投资报告》的统计，目前全球有跨国公司 63 459 家，其中发达国家有跨国公司 47 850 家，占 75.4%，发展中国家及转轨国家有跨国公司 15 609 家，占 24.6%。这些跨国公司拥有 80 万个国外子公司。跨国公司国外子公司产值占当年世界总产值 1/3 以上。其内部相互间贸易已占世界贸易的 60% 以上。对外直接投资已占全球跨国直接投资 40% 左右。一批最大的跨国公司富可敌国，其当年创造的增加值超过了许多国家的国内生产总值，如埃克森美孚石油公司以 630 亿美元的增加值，排名位于全球第 45 大经济实体，其排名高于巴基斯坦。

截止到 2012 年，我国有 1.6 万家企业设立境外企业近 2.2 万家，分布在全球 179 个国家（地区）。[②] 2012 年我国对外直接投资 878 亿美元，为世界第三大对外投资国。截止到 2012 年年底，中国对外投资累计净额（存量）5 319 亿美元居全球第 13 位，仅相当于美国的 10.2%，英国的 29.4%，德国的 34.4%，法国的 35.5%，日本的 50.4%。

## 二、企业国际化的历程

发达国家企业国际化进程大体经历了三个阶段。

第一阶段，在 20 世纪最初几十年里是初级的国际化形态是出口，包括间接出口和直接出口，企业在母国设立国际业务的职能部门来处理出口事务。当出口销售进一步发展，企业开始在东道国建立合资或独资工厂，海外业务的发展，企业在海外建立子公司，给海外子公司赋予高度的经营自主权，这主要是因为当时国际交通不便，通信速度比较慢、价格昂贵而且可靠性不高，各国市场存在较大差异性所造成的，母公司将海外业务视为相对独立业务，通过子公司高级经理人员任命，重大资本支出授权制度和子公司向母公司的股利上缴指标等途径对子公司进行控制和协调。

第二阶段是在第二次世界大战以后，即 20 世纪 50、60 年代是国际公司的时代，这时发达国家跨国公司已成了各行业的领导者，跨国公司的母公司首要任务是将知识和技术专长转移到海外市场，因此海外子公司在新产品、新工艺和新观念上对母公司有很强依赖性。这种模式到 20 世纪 70、80 年代又有了进一步的发展，海外子公司的任务就是生产、销售和服务，子公司缺少创新产品及战略的自由，这时母公司加强了对海外子公司的控

---

① 中国大企业国际化存五大差距. 瞭望，2014-09-02. http://blog.sina.com.cn/liao wang zhou kan.

② 商务部，国家统计局，国家外汇管理局. 2012 年度中国对外直接投资统计公报，2012-09-09.

制。这时跨国公司更加注重海外业务,认为全球市场可以被看成是一个相似性的市场,整个世界市场才是战略分析的基本单位。例如 20 世纪 70、80 年代日本在钢铁、造船、电子、汽车等制造业中建立起全球规模的标准化工厂,将产品发往子公司,海外子公司努力扩大销售,以便能达到全球规模。

第三阶段是在 20 世纪 90 年代以后,经济全球化,贸易和投资自由化,全球信息化,移动互联网,云计算、大数据及物联网的发展。世界经济结构调整速度加快,多国跨国公司向全球公司战略转型。所谓全球公司或全球经营网络是指跨国公司分布于世界各地区、内部相互协调结合的、具有分享、节约等机制及动态反应能力的生态系统。跨国公司总部的区位概念淡化,对全球经营网络来讲,总部设在哪里并不重要,它只是作为一个联络各子公司的通信中心。子公司及跨国公司职能部门可以安排在世界上任何一个靠近资源的地方,用一体化的办法为整个跨国公司网络体系服务。全球公司要成为东道国的"好公民",在决定投资时,他们优先考虑的是能否有效利用全球网络中的人才、技术、资本和自然资源,而不是狭隘的地域观念,在人事决策上,首先考虑的是整体利益,一般不分人员的国籍,只要能胜任工作,符合公司用人标准就起用。跨国公司管理上国家属地模糊化趋势愈来愈明显。例如:20 世纪 90 年代初期以通用电气、国际商用机器(IBM)、惠普(HP)、杜邦(DU PONT)等公司为代表的美国跨国公司;90 年代中期,以戴姆勒—奔驰(DBAG)、大众汽车(VW)、赫斯特(Hearst)等为代表的欧洲跨国公司;90 年代末、21 世纪初,以日本东芝、索尼及韩国三星、现代为代表的日、韩跨国公司都纷纷向全球公司转型。

## 三、企业国际化的相关理论

企业国际化的重要方式之一是国际贸易,企业国际化理论也是从国际贸易理论开始发展起来的。但从第二次世界大战后,企业对外直接投资及跨国公司迅速发展由此引起了许多学者的关注,因此对外直接投资理论及跨国公司理论大量兴起,因此人们对企业国际化的认识及其理论发展有一个不断深入和认识过程。目前对企业国际化理论研究基本上沿着两条路线进行。

1. 以国际贸易理论为基础,以完全竞争为条件的研究路线,有关理论有绝对优势理论、比较优势理论、生产要素禀赋理论、新贸易理论、新新贸易理论、小岛清理论等。

2. 以对外直接投资理论为基础,以不完全竞争为条件的研究路线,有关理论有垄断优势理论、产品生命周期理论、内部化理论、国际生产折衷理论、寡占反应理论等。

由于本书篇幅所限,本书仅对上述有关理论作一简单介绍,并没有对这些理论进行评价。

### (一)企业国际贸易的相关理论

1. 绝对优势理论。又称为绝对成本理论或地域分工理论。该理论的主要内容是在国际分工基础上开展国际贸易,对各国都会产生良好效果。亚当·斯密(1723—1790 年)由家庭分工推及国家分工,论证了国际分工和国际贸易的必要性,他主张:如果外国的产品比自己国内生产的要便宜,那么最好是输出在本国有利的生产条件下生产的产品,去交换外国的产品,而不是自己去生产。如果每个国家都按照其绝对有利的生产条件(即生产成本绝对低)去进行专业化生产,然后彼此交换,则对所有国家都是有利的。世界财富也会因此而增加,有利的生产条件来源于有利的自然禀赋和后天有利的条件。自然禀赋和后天的条件因国家而不同,这就是国际分工的基础,这将会使各国资源、劳动力和资本得到最有效的利用,将会大大提高劳动生产率和增加物质财富。

2. 比较优势理论。按照绝对优势理论,如果一个国家在任何商品生产上都没有绝对优势,那么这个国家是否可以参与国际分工呢?李嘉图比较优势理论回答了这个问题。

李嘉图在 1817 年出版的《政治经济学及赋税原理》一书中提出了比较优势原理,该原理是在绝对优势理论基础上发展起来的,如果一国在两种商品生产上较之另一国均处于绝对劣势,但只要处于劣势的国家在两种商品生产上劣势的程度不同,处于优势的国家在两种商品生产上优势的程度不同,则处于劣势的国家在劣势较轻的商品生产方面具有比较优势,处于优势的国家则在优势较大的商品生产方面具有比较优势,两个国家分工专业化生产和出口具有比较优势的商品,进口其比较劣势的商品,则两国都能从贸易中得到利益,即两国都按比较优势参与国际贸易,通过"两利取重,两害取轻"的原则,两国都可以提升福利水平。这一理论为自由贸易政策提供了理论基础,推动了当时英国的资本积累和经济的发展。

3. 生产要素禀赋理论。1919 年瑞典学者赫克歇尔发表《对外贸易对收入分配的影响》的论文中,认为两个国家在各个生产部门技术水平相同时,两个国家生产要素禀赋的差异也会形成不同的比较优势,只要生产不同产品所使用的要素比例不同,就存在着国际分工及国际贸易的基础。这一观点经其学生、瑞典学者伯蒂尔·俄林在 1933 年发表的《地区间贸易与国际贸易》一书中阐释和发展,创立了生产要素禀赋理论、理论界称其为 H-O 原理。H-O 原理的基本思想是,各国生产要素丰裕程度的差异和各种产品所需要素比例的差异,使各国在不同产品上具有比较优势或成本优势。该理论为资源小国积极参与国际分工和贸易提供了理论依据。

4. 新贸易理论。是指 20 世纪 80 年代初以来,以克鲁格曼为代表的一批经济学家提出的一系列关于国际贸易的产生原因、国际分工的决定因素、贸易保护主义的效果以及最优贸易政策的思想和观点。[①]

新贸易理论从供给、需求、技术差距等不同角度分析了国际贸易动因与基础。从供给角度来看,1977 年迪克西特(A. K. Dixit)和斯蒂格利茨(J. Stiglitz)发表了一篇文章,他们发现在不完全竞争市场结构下,消费者需求多样化和企业生产的规模经济性是矛盾的,在具有规模经济条件下,企业倾向于扩大生产规模,产品差异越少越好,而消费者则要求产品要具有多样性,即产品差异越多越好。而国际贸易可以解决这一矛盾,各国可以专业化大规模生产具有某一方面差异的同种产品并进行国际贸易,既利用了规模经济性获得成本优势,又满足了消费者对差异化产品的需求。

从需求角度来看,企业只有专门生产代表一国大多数人收入水平的商品,才有可能达到规模经济,满足本国大多数人的需求并出口该产品,并从与本国收入水平相似的其他国

---

① [美]保罗·克鲁格曼,茅瑞斯·奥斯法尔德. 国际经济学[M]. 4 版. 北京:中国人民大学出版社,1998.

家进口其他相似产品,以满足本国大多数人其他消费需求。因此,收入水平越相似,国家之间的产业内贸易越多。

从技术差距角度来看,不仅发达国家与发展中国家有技术差距,即使两个发达国家之间在技术开发方面有相同的能力,其所开发出技术与产品仍会有差异,从而促成国际贸易的产生。

新贸易理论引入了规模经济、不完全竞争市场结构、产品异质性、生产要素国际流动及技术变革等因素,扩展了国际贸易理论的研究空间,增强了对国际贸易现实的解释力。

5. 新新贸易理论。新新贸易理论的概念最先由鲍德温(Badwin)于 2004 年提出的,而最早研究新新贸易理论的学者是梅里兹(Melitz)、安特拉(Antras)和伯纳德(Bernad)等人。[①] 该理论以企业为研究对象,研究企业的全球生产组织行为和贸易、投资行为,开拓了国际贸易理论以实证研究的新方向。

新新贸易理论有两个分支:一个分支以梅里兹为代表,提出异质企业贸易模型,主要解释为什么有的企业会从事出口贸易,而有的企业却不从事出口贸易;另一个分支以安特拉为代表,提出企业内生边界模型,主要解释是什么因素决定了企业是选择公司内贸易,还是市场交易,还是外包。

梅里兹在 2003 年提出异质企业贸易模型。指出生产率较高的企业进入出口市场,生产率较低的企业只能为本土市场生产甚至退出市场。因此,国际贸易使得资源得以重新配置,并流向生产率较高的企业。进一步 Helpman、Melitz 和 Yeaple(2004)研究认为引入企业异质性特性后,可以将同一产业内不同企业区分开来,认为只有生产率最高的企业才会进行对外直接投资成为跨国公司,生产率处于中等水平的企业出口,而生产率较低的企业只能在国内市场销售。上述研究表明,企业选择出口还是对外直接投资是由企业生产率高低预先决定的,从而提高了模型的预测能力。

以安特拉为代表的学者建立了企业内生边界模型。一个在企业内部生产中间投入品的企业,可以选择在本国内生产,则该企业就是纵向一体化;如果选择在国外生产则该企业进行的就是对外直接投资或公司内部贸易。若一个选择中间投入品外包的企业,它可以选择在国内外包,即在国内购买中间投入品;它也可以选择在国外外包或国际贸易即在国外采购投入品。是外包还是一体化,是国内外包还是国外外包都是企业内生性决策。

6. 小岛清理论。20 世纪 70 年代后期,日本经济学家小岛清以日本企业对外直接投资为研究对象,利用国际分工的比较成本原理,详细分析与比较了日本对外直接投资与美国对外直接投资的不同,提出了解释日本对外直接投资的小岛清模型。[②] 该理论的核心

---

① Baldwin R E, Nicoud F R. The Impact of Trade on Intra-industry Reallocations and Aggregate Industry Productivity: A Comment [A]. Working Paper, 2004 (7); Baldwin R E, Forslid R. Trade Liberlization with Hterogenous Firms[A]. CEPR, Discussion Paper Series, 2004(12); Bernard A B, Eaton J, Jensen J B, Kortum S. Plants and Productivity in International Trade[J]. American Economic Review. 2003. 93(4).

② 卢进勇. "走出去"战略与中国跨国公司崛起:迈向经济强国的必由之路[M]. 北京:首都经济贸易大学出版社,2012.

是对外直接投资应该是本国已经丧失或即将丧失比较优势的产业,投资的目的是为了获得东道国原材料和中间产品,这样可以发挥投资母国和东道国的比较优势,使双方获得利益。即一个国家的某些产品在本国即将失去发展空间(即处于或即将处于劣势地位),成为该国边际产业,而同一产业在另一些国家正处于优势地位(或潜在优势地位),这样一国就应从本国已处于或即将处于劣势地位的边际产业开始依次进行海外直接投资。

### (二)企业对外直接投资的相关理论

1. 垄断优势理论。1960 年海默(Stephen H. Hymer)在麻省理工学院的博士论文中将传统产业组织理论中的垄断理论应用于分析跨国公司对外直接投资,提出"垄断优势理论"。这一理论的提出,标志跨国公司理论的诞生,因此海默被西方学者誉为"跨国公司理论之父"。海默认为,垄断优势是企业对外直接投资的根本原因,一个企业之所以要对外直接投资,是因为它拥有比东道国同类企业有利的垄断优势,其收益不仅高于国内的最佳投资机会,同时也高于东道国同类企业的最佳投资机会。企业的垄断优势可分为两类:一是企业所有无形资产在内的知识资产优势;二是企业的规模经济优势。

2. 产品生命周期理论。由哈佛大学教授弗农(Raymord Vernon)于 1966 年 5 月在《经济学季刊》上发表的《产品生命周期中的国际投资和国际贸易》一文首次提出的。弗农从产品和技术垄断的角度分析了产生对外直接投资的原因,发现企业对外直接投资状况与产品在生命周期各阶段特性有相关性。该理论分析了产品在开发期、成熟期及标准化期各阶段企业对外直接投资的规律。这基本上反映了 20 世纪 50、60 年代美国制造业的对外直接投资状况,为跨国公司理论发展作出一定的贡献。[①]

3. 内部化理论。1836 年英国里丁大学学者巴克莱(Peter J. Buckley)和卡森(Mark C. Casson)合著《多国公司的未来》和《国际经营论》等书。内部化理论认为只要企业能在内部组织交易,并且其费用低于在市场上交易的成本,企业就应将各项交易纳入企业内部进行,即以企业内部行政管理取代市场机制。企业内部化经营不仅使各子公司能分享母公司的资产优势,而且整个企业可以利用全球子公司网络开发生产资源和收集市场信息,通过企业内部交易达到生产要素的优化配置。内部化决策是有条件的,即内部化收益要大于内部化成本。内部化成本主要包括资源成本、通信成本、国家风险成本及管理成本等。内部化理论从企业利益和成本的角度解释了企业对外直接投资的动因。[①]

4. 国际生产折衷理论。英国经济学家里丁大学邓宁(John H. Dunning)教授于 1977 年在一篇题为《贸易、经济活动的区位和多国公司:折衷方法探索》的论文中提出了国际生产折衷理论。1981 年邓宁又出版了《国际生产与多国公司》一书,全面阐述了这一理论。

折衷理论的核心在于强调跨国公司从事对外直接投资是同时受到所有权优势、内部化优势和区位优势三种优势的影响,是这三种优势整合的结果。所有权优势是指一国企业拥有或能够获得的国外企业所没有或无法获得的资产及其所有权,企业要对外投资就

① 卢进勇."走出去"战略与中国跨国公司崛起:迈向经济强国的必由之路[M].北京:首都经济大学出版社,2012.

必须拥有所有权优势,这一优势要足以补偿在国外生产经营的附加成本。内部化优势是指跨国公司内部交易的收益大于外部市场交易的收益,此时企业对外直接投资才会发生。区位优势属于东道国所有,是指跨国公司在选择投资地点和国别时,必须充分考虑东道国的资源要素优势。

该理论认为,上述三组优势的不同组合决定了跨国公司在出口贸易、直接投资与许可证安排之间的选择,也决定了跨国公司生产的类型、行业及地理分布。[①]

5. 寡占反应理论。1973 年尼克博克(Frederik T. Knickerbocker)出版了《垄断性反应与跨国公司》一书,尼克博克发现,外国直接投资很大程度上取决于竞者之间相互行为约束和反应。即产业中寡头企业采取任何一次行动,其他企业都会效仿,以力求缩小差距,降低风险,这是寡占反应原理,在领头企业对外直接投资的刺激下,其他企业也模仿其战略,相继到同一市场上进行直接投资,比如可口可乐在某国投资后不久,百事可乐就随后跟进,因此它们的投资会在同一时期成批地发生。他还研究了成批性投资相关关系的种种因素。[②]

6. 国家竞争优势理论。1990 年美国学者迈克尔·波特出版了《国家竞争优势》一书[③],书中提出了"国家竞争优势"理论,这是国际贸易理论出现的新成果,说明在国际贸易中为什么有的国家成功,而有的国家却失败。波特认为,一个国家的竞争优势,就是企业、产业的竞争优势,一国竞争力的高低取决于其产业发展和创新能力的高低,创新是国家竞争力的源泉。波特提出了国家竞争优势的"钻石"模型,波特认为国家整体竞争优势取决于四个基本要素和两个辅助因素的整合。四个基本要素是:一是生产要素,包括人力资源、天然资源、知识资源、资本资源、基础设施;二是需求条件,主要是本国市场的需求;三是相关产业和支持产业的表现;四是企业的战略、结构及竞争状况。波特认为,这四个要素具有双向作用,形成"钻石"体系。在四大要素之外,还有两个辅助因素:第一个是政府所起的作用,政府决策的影响是不能忽视的;第二个是国家发展的机会,机会有时是无法控制的。波特以日本为例对两个辅助因素做了解释,第二次世界大战后欧美国家经济复苏,为日本的战后发展提供了充足的资本、技术和市场,而日本政府抓住了机会又采取了相应的产业结构调整的政策及相应的技术政策等,使日本的国际竞争力得以形成和发展,使日本的国际贸易及对外直接投资迅速发展。

波特认为,一国具备国际竞争优势的企业越多,就越可能在国际分工中更多地整合别国的资源。激烈竞争既可促使企业向国外直接投资又可造成国内市场的差异化产品和精致化服务,为企业在国际竞争中创造条件,波特提出产业投资应遵循"先内后外"的顺序。

### (三)发展中国家企业对外投资相关理论

1. 小规模技术理论。美国哈佛大学教授刘易斯·威尔斯(Louis T. Wells)1983 年出

① 谢文杰.当代跨国公司发展研究:兼论中国跨国公司全球战略[M].北京:知识产权出版社,2012.
② 卢进勇."走出去"战略与中国跨国公司崛起:迈向经济强国的必由之路[M].北京:首都经济贸易大学出版社,2012.
③ [美]迈克尔·波特.国家竞争优势[M].李明轩,邱如美,译.北京:中信出版社,2007.

版了《第三世界跨国企业》一书，威尔斯从三方面分析了发展中国家对外直接投资的相对比较优势[①]：

（1）拥有为小市场需要提供服务的劳动密集型小规模生产技术。低收入国家制成品市场的普遍特征是需求量有限，大规模生产技术无法从这种小市场需求中获得规模效益，许多发展中国家企业正是利用这一点开发了满足小市场需求的生产技术而获得竞争优势。

（2）当地采购和特色产品优势。发展中国家对外直接投资往往服务于东道国某种民族特色需要，带有民族文化特色的商品在投资中占有一定比例。

（3）物美价廉优势。与发达国家跨国公司相比，发展中国家生产成本低，物美价廉是发展中国家跨国公司的竞争优势。

小规模技术理论被理论界认为是发展中国家跨国公司研究中早期代表性成果，这对于分析经济落后国家企业在国际化初期阶段怎样在国际竞争中争得一席之地具有启发意义。

2. 技术地方化理论。英国学者拉奥（Sanjaya Lall）在 1983 年出版了《跨国公司：第三世界企业的发展》一书，提出用"技术地方化理论"来解释发展中国家对外直接投资[②]。所谓技术地方化是指发展中国家对发达国家的技术引进不是被动地模仿和复制，而是在消化吸收基础上的创新，这种创新使引进的技术更加适合发展中国家的经济条件和需求，并与发展中国家的生产要素的价格和质量相适应，使发展中国家企业在当地及邻国市场具有竞争优势。

拉奥的技术地方化理论更强调企业技术引进的再生创新过程，它把发展中国家跨国公司研究引向微观层次，证明了发展中国家以比较优势参与国际生产经营活动的可能性。

3. 技术创新产业升级理论。英国学者坎特韦尔（John A. Cantwell）和托伦蒂洛（Paz Estrella Tolentino）在 20 世纪 90 年代初提出了"技术创新产业升级理论"，用以解释 20 世纪 80 年代以来发展中国家和地区对发达国家的直接投资加速增长的趋势[③]。

坎特韦尔和托伦蒂洛认为发展中国家和地区对外直接投资的产业分布和地理分布是随着时间的推移而逐渐变化的。在产业分布上，首先是从自然资源开发为主的纵向一体化生产活动投资开始，然后转向以进口替代和出口导向为主的横向一体化生产活动的投资。从地理分布上，是遵循从周边国家到发展中国家，最后再到发达国家直接投资。

该理论解释了 20 世纪 80 年代以来发展中国家，尤其是新兴工业化国家和地区对外投资的结构由发展中国家向发达国家、由传统产业向高技术产业流动的轨迹，对发展中国家加强技术创新、提升产业结构、加强国际竞争力具有指导意义。

4. 投资发展周期理论。20 世纪 80 年代初，邓宁（Dunning）提出了从动态角度解释一国经济发展水平与国际直接投资地位的关系。[④] 邓宁把经济发展水平分为四个阶段：

---

① 马亚明，张岩贵. 技术优势与对外直接投资：一个关于技术扩散的分析框架[J]. 南开经济研究,2003(4).

② 马亚明，张岩贵. 技术优势与对外直接投资：一个关于技术扩散的分析框架[J]. 南开经济研究,2003(4).

③ 冼国明，杨锐. 技术积累、竞争策略与发展中国家对外直接投资[J]. 经济研究,1998(11).

④ 王恕立，卢平. 发展中国家 FDI 理论的发展与对中国的启示[J]. 武汉理工大学学报（信息与管理工程版）,2009(3).

第一阶段,人均 GNP 低于 400 美元,此为世界上最贫穷的国家,对外直接投资处于空白阶段,国外直接投资也处于很低水平;第二阶段,人均 GNP 处于 400～1 500 美元之间,此时投资环境有较大改善,国外直接投资流入增加,对外直接投资仍处于较低水平;第三阶段,人均 GNP 在 2 000～4 750 美元之间,大多数新兴工业化国家处于这一阶段,此时对外直接投资迅速增长,国外直接投资也达到较大规模,但对外净投资仍然为负;第四阶段人均 GNP 在 4 750 美元以上,这主要是发达国家,其对外直接投资达到了相当大的规模,对外直接投资超过外资流入。

由此可见,一个国家的经济发展水平决定了它所拥有的所有权优势、内部化优势和区位优势的强弱,三个优势的动态组合及其消长变化决定了一国的对外直接投资地位。

5. 动态比较优势投资理论。日本学者小泽辉智(Terutomo Ozawa)1992 年提出动态比较优势投资理论[1],该理论认为发展中国家跨国投资模式必须与该国工业化战略结合起来,将国家经济发展、比较优势和跨国直接投资三种因素结合起来进行分析。小泽辉智把这一过程分为四阶段:第一阶段为单纯吸引外国直接投资;第二阶段是外资流入并向国际对外直接投资转型;第三阶段是从劳动力导向型、贸易支持型的对外直接投资向技术支持型的对外直接投资转型;第四阶段是资本密集型的资金流入和资本导向型对外投资交叉发展阶段。该理论强调了发展中国家在不同发展阶段以不同模式参与跨国投资的必要性,提出了具体选择原则和实现步骤。

6. 投资诱发要素组合理论。国际经济学者在 20 世纪 80 年代提出"投资诱发要素组合理论"[2]。其核心观点是:任何形式的对外直接投资都是在投资的直接诱发要素和间接诱发要素的组合作用下发生的。所谓直接诱发要素主要是指各类生产要素,包括劳动力、资本、资源、技术、管理及信息知识等。直接诱发因素既可存在于投资国,也可存在于东道国。如果投资国有相对优势,可以诱发其对外直接投资。反之,如果投资国没有相对优势,而东道国却有这种要素优势,那么投资国可以通过对外直接投资方式利用东道国的这种要素,如发展中国家通过向技术先进的国家投资,在当地建立技术公司或研发机构,将其作为引进技术的前沿阵地或与东道国合资办企业,直接学习别国的先进技术和管理经验,可见,东道国的直接诱发要素也能诱发投资国对外直接投资。

间接诱发要素是指直接诱发要素以外的其他诱发对外直接投资的因素,主要包括:

(1) 投资国政府政策诱发对外直接投资的因素,为鼓励性投资政策,政府与东道国的合作关系等。

(2) 东道国诱发和影响对外直接投资的因素,如东道国政局稳定、吸收外资政策、基础设施完善、涉外法律健全等。

(3) 全球性诱发和影响对外直接投资的因素,如经济一体化、区域化、集团化发展、科技革命的影响、国际金融市场利率和汇率波动等。

一国的对外直接投资往往是建立在直接和间接诱发因素共同作用之上的,两类因素

① 卢勇.西方 FDI 理论评述及其借鉴意义[J].国际经贸,2014(24).
② 陈本昌.中国企业海外并购的动因——基于投资诱发要素组合理论的一种解释[J].东北财经大学学报,2009(2).

的大小与投资者自身状况及其投资目的紧密相关。该理论创新之处在于强调了间接诱发要素在对外直接投资中起着十分重要的作用。

## 四、经济全球化条件下的企业国际化动因及其特点

1. 传统跨国公司理论有一个重要前提是：企业跨国经营与纯在国内经营相比，要面临更高的交易成本，因此企业跨国经营必须要具备某种竞争者所没有的优势。而当今，经济全球化和信息化的发展，使资源及生产要素跨国流动障碍越来越小，尤其是互联网的出现，极大地降低了各种经济活动的交易成本，与此同时市场的全球化，使得企业只有在全球范围内配置资源及其他生产要素，才能得以正常的生存和发展。

1994 年美国国会对上千家企业进行长达 10 年的调查发现，跨国企业的各项经营指标一般都要好于纯国内经营的企业（见表 11-1）。

**表 11-1　1994 年美国企业跨国经营与本土经营效益状况比较**

| 公司类型 | 公司数量（个） | 5 年销售额增长率（%） | 3 年资本回收率（ROC，%） | 3 年资产收益率（ROA，%） |
|---|---|---|---|---|
| 总计 | 1250 | 15.9 | 21.6 | 8.4 |
| 跨国公司 | 155 | 10.9 | 29.6 | 12.3 |
| 公司有国际投资 | 548 | 15.9 | 20.0 | 8.4 |
| 公司有国际化倾向 | 384 | 19.8 | 20.7 | 7.5 |
| 公司在国内经营 | 94 | 8.2 | 21.4 | 7.3 |

资料来源：美国经济咨询局（The Conference Board）.全球市场中的美国制造商.1994.

由表 11-1 可以看出，今后企业国际化将成为企业成长的一般方式。

另外，传统跨国公司理论大多探讨的是纵向一体化的企业。而当前经济全球化和信息化之后，对跨国公司最大的影响之一是企业价值链的解构，即一个企业的垄断优势不是来自于整个价值链，而是来自于价值链某个或几个特定核心环节的优势，掌握了这些关键环节，就能在产业中形成竞争优势。而对非核心环节进行虚拟化，以 OEM 等方式外包生产，扩大了企业规模。

2. 天生国际化企业的出现完全颠覆了传统的企业国际化理论

天生国际企业的研究起源于 Oviatt 在 1994 年发表的论文《天生国际企业综述》，指出随着现代通信技术发展及运输成本的降低，中小企业也可以在不同国家抓住商机，取得竞争优势。所谓天生，是指天生国际企业成立不久，甚至就在成立之日，就走上国际化经营道路，它们可能在多国筹集资金，利用多国资源在多国生产产品，在多国销售产品。[①]

Knight 和 Gavusgil 在 1996 年对天生全球化企业的定义是：企业在它们建立开始或不久（3 年以内）就采取全球化或国际化发展，并且企业的国外营业额占其全部营业额的比重超过 25%。

天生国际企业所处的行业，既可以是高新技术行业，也可以是传统产业，如新西兰的

---

① 邵奋先，门成奎."天生全球化"理论综述[J].商业时代，2009(4).

海鲜行业、我国浙江一些中小企业等都是天生国际企业。

天生国际企业形成的动因,大部分学者基本认可了以下五个因素:利基新市场的出现、物流及通信技术进步、国际业务的经验、灵敏的国际化反应及企业家能力、产品的差异化特色及营销能力。

中小企业天生国际化进入人们视野至今不过 20 年的时间,尚有许多相关问题值得天生国际化企业去研究,中小企业天生国际化理论完全颠覆了传统的企业国际化理论,如垄断优势理论、内部化理论、国际产品周期理论、寡头反应理论等,这些理论完全不适用中小企业天生全球化现象,而随着物流成本的降低及互联网技术的发展,大批中小企业已走向国际化,因此研究中小企业国际化或天生全球化具有重要的理论及实际意义。[①]

3. 企业国际化向第三产业转移

传统的对外直接投资理论大多是以第二产业或第一产业为对象的对外直接投资的理论,尤其是对工业企业为对象的跨国公司的理论。但从 20 世纪 70 年代开始发达国家相互之间的投资主要向第三产业发展,对制造业投资呈下降趋势。特别是 20 世纪 80 年代以来,跨国公司对外直接投资重点开始由原料工业向加工工业,由初级产品工业向高附加值工业,由传统工业向新兴产业,由制造业向服务业转移,贸易服务业、金融保险业逐渐成为对外直接投资重点。尤其在进入 21 世纪这种格局得到了进一步发展,许多发达国家及发展中国家开始调整吸收外资的政策,允许外资进入商业、基础产业、金融、保险、房地产等行业,促进了对外直接投资向第三产业转移。

西方发达国家海外直接投资中富有竞争力的强势产业既是出口的主导产业,也是投资的主导产业。中国则不同,中国对外直接投资最集中的是中国并不太发达的租赁和商务服务业。我国服务业对外直接投资近年增长迅速,位居三大产业之首。2003 年我国服务业对外直接投资额为 7.26 亿美元,占当年对外直接投资总额的 25%,2010 年其投资额增至 552.64 美元占当年总投资额的 80.3%,成为中国对外直接投资的主要产业[②]。投资的行业主要集中在租赁和商务服务业、金融业、批发和零售业、交通运输、仓储业五大行业,说明中国服务业投资仍是为中国第二产业海外扩张提供服务,而中国的最强势产业制造业在海外投资中仅占 6%。[③] 表明尽管中国劳动力等综合成本优势加速下滑,传统制造业并未进入大量外迁的阶段。中国不会轻易放弃世界工厂的角色,正是"中国制造"的商品构成了中国的核心竞争力,当然中国"世界工厂"的角色也要优化升级,表现在四个方面:即技术及质量升级、改善运营管理、品牌塑造和产业链与经营模式创新。中国今后要做世界工厂3.0,还要做世界工厂4.0?

4. 国际贸易的"有无原则"替代了"资源禀赋"理论[④]

传统国际贸易是物质产品的贸易,传统国际贸易理论依据的是物质产品的"比较优

---

① 周海军,邹奕杰,史敏."天生全球化"研究文献综述[J].科学管理研究,2010(2).

② 2010 年度中国对外直接投资统计公报.

③ 2010 年度中国对外直接投资统计公报.

④ 黄江南,朱嘉明.传统经济理论的缺失——观念经济学原理及其现实意义[N].经济观察报,2014-08-18,第46 版.

势"和"资源禀赋"理论。随着知识经济、知识资源和知识产品①在国际贸易中的比重急剧增长,知识产品作为国际贸易的对象不再是效率优势和资源优势的比较,而是有与无的优势比较,亦即"有无原则"。"有无原则"是基于知识产品的本质:唯一性、不同程度的不可替代性、专属权利、我有你无。只要一个国家的消费者对另一个国家的知识产品产生了价值认同,构成消费需求,满足这种需求的唯一手段就是从外国进口该知识产品。例如,中国进口美国好莱坞大片的原因并不是美国电影制作具有生产效率上的比较优势,而是中国观众对美国大片有着特定的认同和需求。苹果手机是物质产品和知识产品的复合产品,美国开发和生产了其中的知识产品部分,中国生产了物质产品部分,美国向中国出口苹果手机的知识部分,苹果手机在美国销售的则是中国向美国出口的苹果手机的物质部分。苹果手机的物质部分,可以根据物质产品的比较优势原则从中国转移到印度,但是却不能将其知识部分从美国转移到中国。因为一个是受"有无原则"支配;一个是受"比较优势原则"支配。因此在当前的国际贸易中知识产品的贸易的"有无原则"理论,与以物质产品贸易的"比较优势"理论并存。

5. 中国企业的国际化与垄断优势无关,中国进行国际化的企业并不具备西方跨国公司的垄断优势,中国是个发展中的大国,是个制造业大国,其优势表现为大规模低成本制造,资源价格低廉,环境成本更低,因此产品成本极其低廉,企业国际竞争力极强。由于其他国家的劳工政策,环境保护政策及资源政策的严格执行。中国这种国际化竞争优势是其他国家无法复制的,离开了中国的社会经济环境,这种优势将会变成劣势。

中国制造业对外直接投资一直保持增长趋势,但近年来增速有所放缓,2004 年中国制造业对外投资存量为 45.38 亿美元,2010 年升至 178.02 亿美元,增长了近 3 倍,但从占比看,制造业对外直接投资存量占投资总存量的比例呈下降趋势。从 2004 年的 10%降至 2010 年的 6%左右,这主要是因为服务业对外直接投资增长速度快于制造业。但 2006~2008 年整个世界制造业对外直接投资占投资总量 23.2%,发达国家制造业对外直接投资占比为 24%,发展中国家为 15.0%,中国为 4.7%。(Wang and Huang,2011)

与其他行业的对外直接投资不同,中国制造业对外直接投资主要是民营企业主导的在发达国家的投资,中国的跨国企业也不同于发达国家的跨国企业,它们缺乏核心技术、管理能力和品牌等特属于企业的所有权优势,区位优势及内部化优势,民营企业虽然富有企业家精神,但其在全球的竞争能力还有限,而国有企业仍然在很多方面受制于政府的行政性制约。尽管如此,中国制造业企业拥有特属于母国的优势,中国有大规模的成本低廉的技术含量不高的制造业,如机械制造业、金属冶炼业、家用电器制造业、纺织业等,在这些制造业中中国具有并不是最先进的但却是成熟的技术,这些技术符合中国及一些发展中国家和欠发达国家的需要。中国国内市场强大,中国企业若在海外市场亏损,可以用国内市场利润来弥补。中国政府制定优惠政策支持企业"走出去"战略等。因此尽管中国企业缺乏传统跨国企业所具备的优势,但中国企业对外投资仍具有优势,2013 年,我国境内投资者共对全球 156 个国家和地区的 5 090 家境外企业进行了直接投资,累计实现非金融

---

① 知识经济学研究的对象是知识经济,知识经济的主体是知识资源转换的产品。知识产品主要不是以物质和物理形式,而是以信息和知识形式存在的产品,如文学作品、软件、设计、广告、艺术等。

类直接投资 901.7 亿美元,同比增长 16.8%,在流量上居全球第三位。2013 年中国制造业企业对外直接投资 86.8 亿美元,占投资总额 9.6%(其中,商务服务业投资 294.5 亿美元,占投资总额 32.7%,采矿业投资 201.6 亿美元,占 22.4%;批发零售业 136.7 亿美元,占 15.2%;建筑业 65.3 亿美元,占 7.2%;交通运输业 25 亿美元,占 2.8%)。[①]

# 第二节　企业国际化经营的环境分析

由于本书第二章及第三章已就企业外部环境分析作了阐述,本节仅对与企业实行国际化战略有关的外部环境作一简略讲解。本节包含三部分内容。一、对企业国际化经营国际环境,重点对经济全球化迅速发展作一简介。二、对企业国际化经营东道国环境进行分析,由于篇幅所限。这部分内容仅列出了标题,详细内容请读者参考有关教材阅读。三、对企业国际化经营产业选择,产业全球驱动力作一简介。

## 一、企业国际化经营国际环境分析

### (一)全球化的含义及其利弊

21 世纪以来经济全球化迅猛发展,今日人类经济活动早已超越国界,通过资本、技术、劳动力、贸易、服务等的统一配置与重组而形成涵盖全球的有机经济整体。[②]

全球化,按照布林克·林德塞(Brink Lindsey)在《反抗旧势力》一文中给出的定义,所谓全球化包含三个层面的含义。第一是市场活动超越政治边界,一体化程度加深的经济现象(不管是政治上还是技术上的原因所致);第二是特定的政治现象,政府对于商品、服务和资本的国际流动设置的限制减少;第三是更广泛的政治现象,国际国内的政策越来越表现出市场导向的特点。第一层含义的全球化主要是由第二层含义的全球化带来的,而第二层含义的全球化主要是来自第三层含义全球化的推动。[③]

当然,全球化还具有非经济方面的含义,波士顿大学的彼得·伯格(Peter Berger)指出了四个方面的文化全球化:即商业价值观的普及、知识价值观的影响,大众商业文化以及宗教运动的扩张(据称全球有 2.5 亿信众的福音会基督教派)。[④] 诚然,推动经济全球化的力量还包含社会、心理、思想、道德等,它们都深深地影响了今日经济全球化各个方面。虽然这些方面都对企业国际化战略产生不可忽视的影响,但本书仍重点研究全球化环境对企业战略制定和实施的影响,全球化是企业国际化战略重要环境背景。

目前,市场导向的改革已经席卷全球,市场经济国家(市场社会)范围不断扩大。国际贸易和投资在全球经济活动中的比重不断提高。国际金融呈爆炸性增长。总之,经济全球化已经成为一个不争的事实,其对不同国家、不同时期影响的方向和程度不一。

---

① 中国 2013 年对外直接投资情况. http://www.chinanews.com/gn/2014/01-16/5744707.shtml.
② 杨蕙馨,等. 经济全球化条件下产业组织研究[M]. 北京:中国人民大学出版社,2012.
③ Brink Lindsey. 2002. Against the Dead Hand:The Uncertain Struggle for Global Capitalism. Washington DC:John Wiley,275.
④ Peter Berger. 1997. "Four Faces of Global Culture",National Interest,49:23-29.

经济全球化可能带来的正面影响有：全球意识兴起，即将世界视为整体的全球意识，经济全球化是以贸易、技术、研发、生产、营销、服务、投资等全方位将全球联为一体，经济全球化带来市场的扩大，运输成本持续降低（据世界银行数据，21世纪初船运成本不到1950年的一半）。由于互联网的发展，信息成本亦大幅度降低，致使全球市场扩张。同时生产全球化，全球产业链及价值链已经形成，分工的细化和深化，使得专业经济发展迅速。

经济全球化也可能带来负面影响：某些国家将面临巨大的贸易逆差和外债。经济全球化使外资进入各国，跨国并购及对外贸易对一国经济会构成挑战，甚至会造成"以邻为壑"的政策取向，各国之间冲突日益增多，此时全球协调就十分必要，合作竞争成为新时期必须遵守的竞争规则。同时，国家主权可能被部分削弱，经济全球化，越来越多的企业跨国经营，企业要追求在全球市场上利益最大化，其自身利益不再与任何国家的利益相一致。另外全球协调需要相应的国际治理机构，如世界贸易组织（WTO）、国际货币基金组织（IMF）和世界银行等，为全球协调的需要，部分国家利益和主权将被削弱。[①]

### （二）经济全球化条件下一体化市场已经形成

经济全球化不仅使市场超越了国界，从一国扩大到全球，而且各国市场越于一体化。面对着几乎所有市场领域，一国的有限市场已日益融入全球市场之中。

1. 世界一体的劳动力市场的形成

1985年参与全球经济市场的南北美洲、西欧、日本及亚洲和非洲部分国家的总人口约25亿，但是到2000年，除了古巴和朝鲜之外，世界60亿人口几乎全部被融入全球资本生产市场。[②]

当前，就业移民在世界移民中占据重要地位，从美国数据来看，自2000年后，国际移民人口占总人口比重已超过10％，而国际移民就业人口在2003年超过1900万，占美国就业人口比重高达14.14％[③]。

离岸外包成为一种趋势。麦肯锡的一份研究报告认为，2008年全世界总计离岸外包就业机会相当于发达国家服务性工作总数的1％左右。

2. 世界一体的资本市场的形成

世界一体的国际资本市场早已成型，根据《OECD国际资本市场统计（1950—1995）》的数据，国际资本市场融资额在1988年为3 694亿美元，1995年达到8 322亿美元，在2000年之前早就超过万亿美元，2007年世界上市公司数已接近5万家，世界各国股票交易额占世界各国国内生产总值比重高达187.4％。当然，世界一体的资本市场的形成也带来了金融市场与股市的全球震荡。

3. 世界一体的能源市场形成

全球经济一体化使得全球统一的能源市场形成，特别是原油已实现全球定价，形成了世界三大能源市场：纽约商业交易所、伦敦国际石油交易所、新加坡燃料油市场等。

---

① 杨蕙馨，等.经济全球化条件下产业组织研究[M].北京：中国人民大学出版社，2012.
② 路虎.一体化进程发挥强大整合推动作用，全球劳动力市场格局渐变[N].中华工商时报，2004-11-16.
③ 国际劳工组织数据库。

由于石化能源消费会产生温室效应,因此国际能源合作与协调显得更为重要。要控制全球与能源相关的二氧化碳排放量,但到目前为止,世界气候会议并没有达成有效的减排方案。

4. 世界一体的粮油市场形成

在经济一体化条件下,世界粮油市场已经成型,如芝加哥期货交易市场是当前世界上最具代表性的农产品交易所,其玉米、大豆、小麦等品种的期货价格已成为国际农产品贸易中的权威价格。另外泰国大米市场的大米价格也是全球米价的基准。

5. 世界一体的工业基础原材料市场形成

工业基础原材料已经形成全球性谈判交易市场。如 2004 年全球铁矿石价格是根据国际三大铁矿石生产商(澳大利亚必和必拓、力拓和巴西淡水河谷)和三大钢铁生产商(中国中钢协、日本新铁和欧洲钢厂)商定的合同价格确定的。中国进口铁矿石价格一直受外国铁矿石生产商操纵,直至 2011 年 9 月中国钢铁工业协会在北京推出"中国铁矿石价格指数",打破了国际三大铁矿石巨头的垄断格局。

6. 世界一体的商品货物市场形成

当前世界主要国家和地区货物进出口总额由 1990 年不到 7 万亿美元增加到 2007 年的 28 万亿美元,贸易中制成品已超过初级产品而占据主导地位,新产品层出不穷。

7. 世界一体的服务市场形成

如金融服务市场,网络通信服务市场,各类生产服务、生活服务的全球供给已经变成现实。世界主要国家和地区服务贸易进出口总额从 1990 年的 1.6 万亿美元增加到 2007 年的 6.3 万亿美元。

### (三)经济全球化使国际合作效率提高

经济全球化条件下,交通运输条件不断完善,铁路、空运、海运量不断增加。使运输成本下降,使世界旅游业有很大发展。互联网的普及使信息搜集成本降低。企业的法律制度环境有所改善。传统关税和非关税贸易壁垒逐步消融。全球产业链及价值链的协调加强等。以上这些因素都使得经济全球化条件下国际合作和交易效率得以提高。

### (四)经济全球化使国际经济技术协调加强

国际分工深化和细化,使全球产业链及价值链加长加宽,因而其组织协调成本也会随之增加,因此专业分工的收益与组织协调成本增加两者要取得平衡。

全球产业链及全球价值链的深度分解不仅影响到产业领导型企业战略资源的构成,还带动了新型国际分工体系的形成和发展,即国际分工方式正由产业间分工向产品内部分工延伸,呈现出产业间分工、产业内分工、产品内分工并存的国际分工新格局。

经济全球化使国际分工的基础由比较优势(自然分工)向竞争优势转变。分工形式从基于产品密集度的产业内分工向基于价值链的产品内分工转变。由要素禀赋向地理因素演进,从以国家边界的分工发展为区域边界的分工。目前区域经济一体化趋势越来越明显,将来有可能使每一个成员国丧失了国民经济体系的独立性和完整性,成员国之间的许多产业部门有可能实现完全的专业化分工,从而在更大的国际市场空间内实现资源优化配置和生产效率的提高。跨国公司已成为国际分工深化的主导力量,跨国公司分支机构所在国别归属已不再重要,重要的是各分支机构在全球价值链的位置。跨国公司已经取代各国政府成为国际分工的主体。[①]

目前,全球主要国家的国际分工变化如下:发达国家在国际市场中的份额逐年下降,新兴经济体和发展中国家呈现稳步上升趋势。从商品出口来看,发达国家在国际市场中的份额依然呈现逐年下降趋势,新兴经济体和发展中国家则稳步上升。从服务业出口来看,发达国家在国际市场中的份额占有很大比重,新兴经济体和发展中国家所占份额较小。

### (五)经济全球化使跨国公司成为国际分工的重要载体

产品内国际分工为跨国公司提供了崭新的全球化经营环境,使跨国公司突破了单一或分散区域资源限制,形成了高度专业化国际分工和全球一体化的国际生产网络,使其最大限度地获取全球资源的整合效率。

日本丰田汽车公司近 30 年的发展见表 11-2。

**表 11-2　日本丰田公司的发展**

| 年份 | 生产厂数量(家) | 生产厂所在国家数量(个) |
| --- | --- | --- |
| 1980 | 11 | 9 |
| 1990 | 20 | 14 |
| 2003 | 46 | 26 |
| 2007 | 52 | 26 |

资料来源:张毅.全球产业结构调整与国际分工变化[M].北京:人民出版社,2012.

截至 2007 年年底丰田在全球 170 多个国家销售。

1988—2007 年丰田汽车全球总产量增长了 390 多万辆,总增长率为 84.2%,其中海外增长率为 193.5%,同期,丰田全球销售量增长 378.8 万辆,总增长率为 81.6%,其中海外销售量增长率为 133.5%,日本本土增长率为负。

目前跨国公司已控制了全世界生产总值的 50%,国际贸易的 60%,国际技术贸易的 70%,国际直接投资的 90%,而且国际技术转让的 80%,技术研发的 90% 都是在跨国公司之间进行的[②]跨国公司主宰了国际贸易,而且几乎能达到左右整个世界经济发展的地步。

## 二、企业国际化经营东道国环境分析

对从事国际化经营的企业来讲,面对东道国的环境是复杂的,企业主要应从东道国的政治、法律环境、经济环境、技术环境及社会文化环境等四个方面进行分析。由于本书篇幅所限,这里仅举出一个案例,说明跨文化管理的重要性。其他内容请读者参考有关教材

---

① 张毅.全球产业结构调整与国际分工变化[M].北京:人民出版社,2012.
② 张毅.跨国公司在华直接投资的战略演进[M].武汉:华中科技大学出版社,2008.

阅读,此处不再详述。

## 不可忽视的文化差异

日本精工公司近年来推出了一种"穆斯林"手表,该表除设计新颖、构思巧妙外,最打动穆斯林教徒的是这种手表能把世界上 114 个城市的当地时间转换成"穆斯林的'圣地'麦加的时间",并且每天定时鸣响五次,提醒教徒们按时祈祷。因此,这种表在阿拉伯国家的消费者中非常受欢迎。

而风靡全球的可口可乐包装,在世界其他地区销售采用的都是红白相间的色彩搭配,而在阿拉伯地区,却变成了绿色包装,因为那里的人们酷爱绿色,对于他们,绿色意味着生命和绿洲。

再如,红色在中国人的观念里象征着热烈、吉祥、美好,但西方有些国家却有不同的理解,他们认为红色是一种危险、令人不安、恐惧的颜色,易使人联想到流血、事故和赤字。由于这种观念上的差异,我国出口到德国的鞭炮曾被要求换成灰色的外包装才被接受。

资料来源:苗莉.企业战略管理[M].北京:清华大学出版社,北京交通大学出版社,2010:70~71.

## 三、企业国际化经营产业全球化潜力分析

是不是所有企业所从事的业务都适宜国际化经营?是不是所有产业都适宜国际化经营?回答是不一定的。这要看企业所从事产业的特点,具体来讲,这是由企业所从事产业的全球化经营潜力所决定的,不同的产业全球化经营驱动力不同,如信息技术行业,全球化经营驱动力就很强,很适合实施全球化战略。而某些食品行业,由于民族不同,生活习惯不同,就不适宜推行全球战略,而应当实行多国战略。(当然,如可口可乐和百事可乐已成为世界性食品,可推行全球战略),企业为获得国际竞争优势,在选择国际化战略时,应当仔细分析和评价所在产业的全球化经营潜力,从而决定其国际化战略的选择。

英国伦敦商学院战略与国际管理教授乔治·S.伊普(George S. Yip)发表《全球战略》第二版(*Total Global Strategy* Ⅱ:*Updated for the Internet and Service Era*)提出判断产业全球化战略潜力分析模型。所谓产业全球化战略潜力是指全球化战略在一个产业内实施所能够达到的有效性与效率。若在这个产业的大多数企业实施全球化战略能够实现较高的绩效和效率,则这个产业的全球化战略驱动力相对较强。反之,若这个产业的大多数企业实施全球化战略实现的绩效和效率较差,则这个产业的全球化战略驱动力就相对较弱。

乔治·S.伊普教授提出产业全球化战略潜力模型见图 11-1。他认为产业全球化战略驱动力来自于四个方面:即市场全球化驱动力因素、成本全球化驱动力因素、竞争全球化驱动力因素和政府全球化驱动力因素。[①]

---

① [英]乔治·S.伊普.全球战略[M].程卫平,译.北京:中国人民大学出版社,2005.

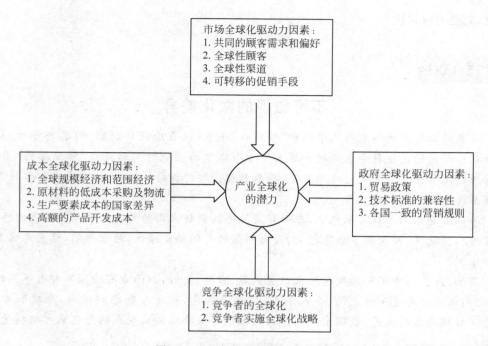

图 11-1　产业全球化战略潜力模型

### （一）市场全球化驱动力因素

市场全球化驱动力因素又包括四个方面：世界各地顾客偏好的一致性程度，顾客是否是全球化的，渠道的全球化程度，营销策略从一个国家到另外一个家的可转移性。

1．共同的顾客需求和偏好

共同的顾客需求和偏好，反映不同国家的客户需要某个产业生产相同的产品和服务的程度。共同的顾客偏好使产品制造商可以在产业内销售全球标准化产品。客户需求共性使产品打入各国市场非常容易，企业只需生产具有需求共性的少数产品就能进入全球各国市场，就能取得较大的战略绩效。日本丰田、尼桑、本田等汽车公司在初次进入世界汽车市场时，就抓住汽车可靠性和经济性这两项所有国家顾客的共同基本需求方面，其生产高度标准化全球性产品在多数国家被广泛接受。

当然，客户需求共性也容易使企业间竞争更加激烈，但进入 21 世纪以后，许多服务业也更加标准化了，一般来讲，服务业中顾客参与的越少，企业运用全球战略的机会越多。如航空业和快餐业就有较大的实现全球标准化的可能性。互联网提高了客户需求和偏好的全球共性，互联网向客户展示了各种全球性产品和其他生活方式，如今人们可以在网上旅行、在网上学习等，人们更多地迎合最大众化的全球标准化服务。

2．全球性顾客

全球性顾客可分为两类：一类是指在全球范围内寻找产品供应商，只在一国使用的全球性顾客，如国防部门是很好的案例。另一类是指在全球范围内寻找产品供应商，在许多国家里使用的全球性顾客。如世界卫生组织对医药产品的购买和使用，就是很好的案例。

全球性顾客一般经常出现在工业领域,如照相机、手表和名贵手袋等奢侈品也有全球性顾客存在。而互联网使公司很容易找到全球性客户。

3. 全球性渠道

与全球性客户一样,全球标准化产品也要求有全球性的营销渠道以及全球协调一致的营销组合。由于互联网使那些有形渠道很容易建成它们的网络体系。因此网络正在加速全球分销渠道的成长。例如亚马逊公司已经一跃而成为全球性渠道。

4. 可转移的营销策略

如果客户购买行为主要取决于品牌、广告等市场促销元素,而这些元素很少要求特别定制以适应不同地区的要求,那么这种促销手段就具有可转移性,企业就可以应用全球统一的促销手段进入不同的国家和地区。如假日旅店集团(Holiday Inns)就是强调全球服务及标识统一化,而且运用全球一致的广告策略,取得了较大的成功。

### (二)成本全球化驱动力因素

成本全球化驱动力因素包括四个方面:全球的规模经济和范围经济,原材料的低成本采购与物流,生产要素成本的国家差异,高额的产品研发成本。

1. 全球规模经济和范围经济

一个国家(或地区)的市场容量并不可能获得企业希望达到的规模经济和范围经济的效应,因此企业必须寻求进入更多国家(或地区)的市场,甚至是全球性市场,以达到全球规模经济和范围经济的效应。而且在许多情况下范围经济会比规模经济更能推进业务的全球化进程,如洗衣粉、牙膏等这类家用消费品产业中,已被少数跨国公司所控制如联合利华、宝洁、高露洁等。

互联网会降低全球规模经济和范围经济,许多实体活动被网络所取代,因此许多阻碍全球扩张的规模和壁垒都可跨越,这种经济规模扩大和成本降低特别有利于小企业进入市场。

### 案例 11-1

## 高露洁公司(2010 年)

公司建立于 1806 年,在纽约布鲁克林,一个叫威廉·高露洁的美国人以自己的名字注册了这家公司,以生产牙膏开始了毕生为之奋斗的事业。1890 年,高露洁走出美国本土拓展全球业务。1953 年,在与棕榄公司合并后,正式使用高露洁棕榄公司名称。如今经过 200 多年的风雨历程,它生产的个人护理品已销售到世界 200 多个国家和地区,成为达到全球规模经济和范围经济的年销售额达 94 亿美元的拥有 4 万多员工的全球消费品公司。

资料来源:http://baike.baidu.com/view/28156.htm.

2. 原材料的低成本采购及物流

原材料集中采购可降低成本,一个产业的原材料供应如果很容易在全球运输调配,如果产业的物流成本较低,使采购的原材料及物品很容易从一国转移至另一国,这将有利于企业的全球化经营及竞争。同时，互联网也加快了物流的全球化。

3. 生产要素成本的国家差异

各国的要素成本不同，因此国家之间在某些产业中成本差异较大，因而能够有力地促进产业全球化。同时全球性产业随生产要素的变化在国家间移动。例如，20 世纪七八十年代以前，世界制造业中把劳动密集型产业（如服装、鞋帽制造业）由亚洲四小龙转移到成本更低的中国及东盟国家。把世界制造业中部分技术密集型产业（如计算机硬件和家用电器制造业），由美国、日本转移至亚洲小小龙国家和地区。

4. 高额的产品研发成本

随着科学技术发展，自 20 世纪 50 年代以来，产品研发成本越来越高，而新产品的生命周期却越来越短，因此促使企业集中精力开发少量的全球产品，以降低开发成本。同时为节约人力成本，跨国公司将淡化母国为基地的研发中心的传统观念，不断地实现 R&D 活动的全球化网络体系，以实现研发活动的全球化。

### （三）竞争全球化驱动力因素

如果某产业内的主要竞争者都是全球化的，或者都采用了全球化战略，那么就使得该产业全球化潜力大大增加。

1. 竞争者的全球化

随着经济全球化的深入，跨国公司越来越全球化。进入 21 世纪以来大型跨国公司并购已形成高潮，跨国并购又进一步加速了产业的全球化过程。

2. 竞争者实施全球化战略

越来越多的竞争者采用全球化战略，即若一个企业在产业内实施全球化战略，这就要求产业内其他竞争者也必须适应这种变化，也要采用全球化战略与之竞争。

### （四）政府全球化驱动力因素

政府全球化驱动力因素主要包括三个方面：政府的贸易政策、技术标准的兼容性、各国一致的营销规则。

1. 贸易政策

东道国政府通过关税壁垒、非关税壁垒、出口补贴、国产化要求、对外汇和资本流动的限制、对技术转移的要求等政策和规则影响着产业的全球化进程。例如，由于美国政府的一些政策，使得一些日本汽车制造商放弃了在日本集中生产汽车的计划，被迫在美国开设工厂，它为美国制造的本田汽车首批运往日本销售起到了很好的宣传效果。

政府限制政策的放松可能引起扩大市场参与的热潮。欧盟对银行业和金融服务业的管制政策到 1992 年进行了调整，允许资本在欧盟成员国之间自由流动，这使得欧洲金融机构纷纷进入欧盟市场，如德意志银行通过收购美洲银行在意大利的 100 家分行而进入了意大利市场。又例如美国的摩根大通银行、瑞士银行和英国华宝银行等都通过收购扩大了它们在欧洲的市场份额。

2. 技术标准的兼容性

国家间不同的技术标准会影响产品的标准化程度，对任何产业的全球化都是一个障碍。例如摩托罗拉公司发现,其许多产品不能进入日本市场,原因是这些产品的工作频率比日本国家规定的频率高,因而被限制在日本市场之外,摩托罗拉经过多年奋斗,在取得了一些显著成功之后迫使日本政府改变了它的标准。

航空产业为实现其全球运营的目的,必须有与各国高度配合的技术标准。例如,所有国际机场都有相同长度的跑道以供各国大型客机起降,全世界飞机座舱和控制塔台使用的通用语言是英语。

兼容的技术标准有利于产业全球化,而互联网更可以促进全球性技术标准的形成。

3. 各国一致的营销规则

各国的营销规则不同,会影响企业能否使用全球统一的营销手段,会影响产业全球化。例如英国电视当局规定禁止播放令人不快行为的画面,禁止播放儿童缠住父母买东西的场景,等等。因此一致的营销规则会促使产业全球化经营,使竞争者更容易地深入到竞争对手的每个市场,会增加竞争激烈的程度。英国航空公司一直在使用全球统一的广告策略,以提高在世界各国的市场占有率。

乔治·S.伊普的《全球战略》书中,作者还列举了航空、计算机、汽车、化工、处方药及非处方药、电器制造、牙膏、软饮料、银行、信用卡、图书出版等 12 个行业,分别从市场、成本、竞争及政府政策四个方面的驱动因素对上述 12 个行业的全球化的影响作了分析。考察了全球化驱动因素对服务业的影响,以及互联网对全球化驱动因素的影响。

# 第三节　企业国际化战略选择

企业国际化战略可以分为两个层级:一是企业国际业务层战略;二是企业国际公司层战略。国际业务层战略主要研究国际公司中某一项业务在国际市场上的竞争战略,包括市场定位、商业模式、竞争策略等。包括在多个国家甚至在全球范围内实现价值链成本最低,如何在全球实现研发、采购、生产、营销、服务及投融资的配置资源达到全球成本最低及价值最高。国际化公司层战略,从 20 世纪初至今,跨国公司经历了三次战略转型:即从多国化战略转向全球化战略,又从全球战略转向跨国化战略。与此同时跨国公司的特许经营战略、并购战略、联盟战略在国际上盛行。

## 一、企业国际化战略之业务层战略

企业国际业务层战略包括国际业务成本领先战略、国际业务差异化战略及国际业务聚焦战略。

### (一)国际业务成本领先战略

国际业务成本领先战略往往以取得规模经济效益为主要目标,即如何在全球原材料资源丰富地区进行采购,如何在低劳动力成本地区进行生产,如何在全球各地满足顾客需求进行整合式营销等,以取得国际业务成本最低、利润较高的效果。美国沃尔玛公司就是推行的国际成本领先战略,见案例 11-2。

**案例 11-2**

# 沃尔玛国际成本领先战略（2012 年）

沃尔玛公司是一家美国的世界性连锁企业，以营业额计算是全球最大的公司（2014 年居世界 500 强第一位，营业收入为 4 762.94 亿美元，利润 160.22 亿美元），其控股人为沃尔顿家族，总部位于美国阿肯色州的本顿维尔。

沃尔玛发展的重要原因之一是成功地运用了国际成本领先战略。沃尔玛的经营策略是"天天低价，始终如一"。即所有商品（非一种或若干种商品）、在所有地区（非一个或一些地区）、常年（非一时或一段时间）以最低价格销售。为做到这点，沃尔玛在采购、存货、销售和运输等各个商品流通环节，采取各种措施将流通成本降到行业最低，把商品价格保持在最低价格上。降低成本的具体措施如下：

1. 将全球供应链作为成本领先实施的载体。

（1）直接向当地工厂购货、统一购货和协助供应商降低成本，三者结合的方式实现了全球化适销品类的大批量采购，据沃尔玛自己统计，向当地工厂直接购货可使采购成本降低 2%～6%。

（2）建立高效运转的物流配送中心，保持低成本存货。

沃尔玛配送中心内部实行自动化运作管理，其库存成本比正常情况下降低 50%。

（3）建立当地自有运输车队，有效降低运输成本。

沃尔玛用运筹学的方法详细计算好每辆运输车队行走的路线，保证车队处在一种准确、高效、快速、满负荷的运作状态，将货等车、店等货等现象控制在最低限度，把流通成本控制在最低限度。

2. 利用先进的信息系统来处理物流链的各环节，使物流各环节衔接成本保持低水平。

3. 对日常经费进行严格控制，在行业平均行政费用占销售额 5% 的情况下，沃尔玛为 2%，这 2% 用于支付公司的采购费用、一般管理成本、上至董事长下至普通员工工资。董事长办公室是 3 米×3 米的一个小房间，没有窗户。总裁与经理们出差，经常是几人同住一间房，平时开一辆二手车，坐飞机只坐经济舱。使沃尔玛的日常管理费用获得竞争对手无法抗衡的低成本优势。

资料来源：沃尔玛的成本领先战略.时代光华管理培训网,hztbc.com,2012-08-01.

## （二）国际业务差异化战略

国际业务差异化战略是企业在国际化经营中要把自己与众不同的经营特色展示在国际市场上，企业要以顾客的独特体验取得其一定的经济效益的战略。西班牙的 ZARA 公司就是推行的国际差异化战略，见案例 11-3。

## ZARA 公司的国际差异化战略（2013 年）

ZARA 公司是西班牙 Inditex 集团旗下的一个子公司，它是服装品牌也是专营 ZARA 品牌服务连锁零售店的品牌。

Inditex 是西班牙排名第一，超越了美国的 GAP、瑞典的 H&M 成为全球排名第一的服装零售集团。截至 2013 年 10 月 31 日它在世界 86 个国家和地区开设了 6 249 家专卖店，旗下有 8 个服装零售品牌，ZARA 是其中最有名的品牌，2013 年 ZARA 在全球 86 个国家拥有 1 808 家专卖店（自营专卖店占 90%，其余为合资和特许专卖店），尽管 ZARA 品牌专卖店只占 Inditex 公司所有专卖店的 1/3，但其销售额却占总销售额的 66% 左右。

ZARA 成立于 1975 年，2004 年全球营业收入 46 亿欧元，利润 4.4 亿欧元，获利率 9.7%，ZARA 之所以取得成功，重要因素之一是其国际差异化战略的实施。

1. 定位差异化

ZARA 市场定位是"中低价位却拥有中高级质量"的国际流行服饰品牌，以中高消费者为主要客户族群，让低价服装也可以像高价服装一样入时好看，以满足消费者不需要花大钱，又能穿上国际最流行款式服装的心理需求。

2. 运营差异化

中国服装企业的前导时间（从服装设计到把成衣摆上柜台出售的时间）一般要 6～9 个月，国际名牌服装企业一般也要 120 天。而 ZARA 最短时只有 7 天，一般为 12 天。为什么 ZARA 运营速度快？主要是 ZARA 花巨资建设了一体化的灵敏供应链。ZARA 设立了 20 个高度自动化的染色、剪裁中心，将这 20 个染色、剪裁中心与 500 家代工的小工厂相连接，形成方圆 200 英里的 ZARA 生产基地。ZARA 投资几十亿欧元把这 200 英里的地下全部挖空，架设了地下传送带网络，ZARA 每天根据订单，通过地下传送带，及时把最时兴的布料准时送达终端加工厂，大大保证了 ZARA 对前导时间的要求。成品服装在欧洲用卡车 48 小时内可以送达连锁店，对美国、日本及东欧市场用空运方式送达。

3. 品牌差异化

ZARA 有近 200 名专业设计师，设计师平均年龄只有 25 岁，敢于尝试新锐设计，他们随时穿梭于米兰、东京、纽约、巴黎等时尚重地观看服装秀，以撷取设计理念与最新潮流趋势，进而仿真仿效推出高时髦感的时尚服装，其速度之快令人震惊。ZARA 每年设计出来服装新款有近 5 万种，真正投入市场新商品超过 12 000 种，其新品数量是一般服装企业的 5 倍。

与此同时，ZARA 设计师也实时与全球各地 ZARA 店长进行电话会议，了解各地销售状况与顾客反应，灵活变通商品设计方向，因应顾客的百变口味。在顾客购买服装的同时，店员已将商品特征及顾客资料输入电脑，由网际传输将数据送至 ZARA 总部，设计师随时掌握各种精确销售数据分析与顾客喜好，再加上设计师对专业的敏感度来决定下一批商品的设计走向与数量。因此 ZARA 在传统顶级服饰品牌和大众服饰品牌中间独辟蹊径开创了精准时尚（Precise Fashion）模式，成为时尚服饰行业一大主流品牌。

### 4. 营销差异化

ZARA 的零售只设专卖店，不搞特许经营，不接受任何形式的加盟或代理，都是自开的直营店。这样可以对全球的品牌和市场营销直接管控。

每个 ZARA 专卖店每周两次补充新款服装上架，每隔三周整个专卖店要全面性地淘汰旧款式换成新款式，全球各个 ZARA 店在两周内可同步更新完毕，因此极高的商品汰换率，加快了顾客上门的回店率。

同时 ZARA 专卖店每月有将近 1 000 种新的服装款式进行销售，不仅非常符合世界服装潮流而且风格变换频繁。每款服装均实行限量销售，某款服装售完就不再补货。因此诱导顾客有动力经常光顾 ZARA 专卖店，据统计每个女士平均每年去 17 次，相对于美国盖普（Gap）服装店来说女士平均每年只有 4～5 次。

资料来源：baike. baidu. com. ZARA.

### （三）国际业务聚焦战略

企业将自己的业务聚焦于较为狭窄的国际目标市场，采用的就是国际业务聚焦战略。当然，国际业务聚焦战略也可分为国际业务低成本聚焦战略和国际业务差异化聚焦战略，见案例 11-4。

## 案例 11-4

# 日本 YKK 的国际化聚焦战略（2002 年）

YKK 是日本吉田工业株式会社的英文名称 Yoshida Kogyo Kabushiki Kaisba 的缩写，也是其产品的注册商标，1994 年起正式启用"YKK"为该集团名称。

YKK 集团由吉田忠雄（Yoshida Tadao）于 1934 年在日本东京创立。从生产一个小小的拉链成长为在全世界 20 个国家或地区拥有 122 家子公司，年营业额超过 50 亿美元的跨国公司。

从 1934 年创办到 1958 年的 24 年间，YKK 从创业开始成长为日本最大的拉链生产企业，YKK 率先采用铝合金拉链代替铜拉链，大大降低了产品成本，又在日本率先实现了拉链的机械化生产，到 1958 年 YKK 已占据了日本拉链市场第一位。

1959 年 YKK 改变了原来依靠出口的战略，开始到海外建厂，到 2005 年，YKK 集团在海外建立了 88 家拉链制造厂，遍布 71 个国家和地区。目前 YKK 拉链在日本市场占有率一直保持在 95％左右，在全球市场占有率保持在 50％左右。

世界上拉链是美国人最早生产的，YKK1934 年创业时是个弱小的后发企业，YKK 从 1934 年到 1958 年 24 年间一直集中全部资源和能力专注于拉链的研发生产和营销。1958 年以后 YKK 才开始多元化经营，开展了铝合金门窗建材、树脂、尼龙、氯乙烯、棉纱、化学纤维等原材料，以及拉链机等各种机械，在南美洲还拥有铜、铝矿山等业务。YKK 已成为从原料、加工机械、产品生产、营销垂直一体化的"拉链王国"。

YKK 集团在 1992 年在上海投资建立了中国大陆第一个拉链生产基地——上海吉田拉链有限公司。1993 年又在上海设立了上海 YKK 国际贸易公司,实现产销一体化。21世纪初 YKK 还在大连、苏州、深圳均有生产基地[①]。

资料来源:康荣平,柯银斌,许惠龙.冠军之道:利基战略设计与实施[M].北京:中国对外翻译出版公司,2006.

## 二、企业国际化战略之公司层战略

跨国公司战略取决于世界经济环境及东道国的社会、经济环境以及跨国公司总部及其东道国子公司之间的关系。从跨国公司发展来看,大致可将跨国公司战略分为四种类型,即多国战略、国际化战略、全球化战略及网络化全球战略。

### (一)多国化战略

多国化战略也称为国际本土战略,是在 20 世纪的最初几十年里,诸如联合利华、荷兰皇家壳牌、飞利浦等欧洲跨国公司在当时均采用多国化战略。那时跨国公司的海外子公司都有高度的经营自主权,每个海外子公司负责自己的产品开发、生产和销售,母公司之所以对子公司采取放手发展的战略,主要是因为当时的国际交通和通信速度慢,价格昂贵,而且可靠性又不高,各国的市场也存在相当大的差异性。母公司对海外子公司的控制与协调主要通过人际交流和信息沟通来实现,例如通过子公司高级经理人员的任命、重大资本支出授权制度和子公司向母公司的股利上交指标等途径来进行。多国公司有三个特点:一是对资产和责任都实行分权的联盟;二是在非正式人际协调基础上对财务系统进行控制的管理方式;三是将海外经营视为相互独立业务所构成的投资组合。

多国化战略的好处在于地区响应能力强,有利于取得较高的顾客满意度,政治、贸易和汇率风险小。但这种战略资源配置分散,难以发挥规模经济和范围经济的效应,同时也难以利用其他国家的知识和能力,难以发挥协同效应,容易造成重复研发和重复投资。

### (二)国际化战略

采用国际化战略时,跨国公司把在母国开发出的产品和技术转移到海外市场创造价值。

第二次世界大战后美国成了主导世界的工业化国家,20 世纪 50、60 年代美国通用汽车、福特汽车、国际商用机器公司(IBM)、可口可乐、吉列、宝洁等公司均采用国际化战略。国际化战略的首要任务就是要将知识与专长转移到技术与市场都相对落后的海外市场,虽然这些跨国公司的海外子公司在产品开发、生产和销售方面仍有较大自主权,但海外子公司在新产品、新工艺和新观念上对母公司有很强的依赖性,因为美国在当时世界范围内是一个规模最大、购买力最强的市场,所以跨国公司总部仍是新产品及新工艺开发的基地,而海外子公司的主要优势则是利用美国本土发展起来的新产品、新工艺技术、营销技术和生产工艺能力,这时母公司可以对子公司加以控制并为他们指出方向,母公司与子公

---

[①] 名企巡礼——日本 YKK 集团.中华纺织网,http://www.texindex.com.cn.2006-10-22.

司的联系更多地运用了正式的系统与控制。

如果企业具有较强的核心竞争力，使企业在海外市场拥有较强的竞争优势，企业采用国际化战略是非常有利的。但是，如果地区市场要求企业能够根据当地的情况提供产品和服务，企业就不宜于采用此战略。同时此战略仍要求海外各个生产基地配有厂房设备，也会形成重复建设，从而加大经营成本，这对企业也不利。

### （三）全球化战略

全球化战略是向世界市场推广标准化的产品与服务，并在较有利的东道国集中进行生产经营活动，由此形成规模经济效益，获取高额利润。

在 20 世纪 70 年代，这种战略是福特公司及洛克菲勒公司最早采用的，后来才在日本的钢铁、造船、电子产品、汽车等一大批制造业中推广，日本以全球竞争者的面貌迅速崛起。全球组织的基础就是财富、资源和责任都集中在母公司，建造生产标准化的全球规模工厂并将产品发到各子公司，海外子公司努力扩大销量以便能达到全球规模，海外子公司的任务就是销售和服务，子公司缺少创新产品或战略的自由，海外子公司依赖于母公司的资源和指示，母公司牢牢地对子公司的经营进行控制，商品知识和支持的流动都是单方向的，全球组织的管理者比多国和国际组织中的管理者更注重国际市场，其主导的管理观点是全球市场应当被看成一个相似性的市场，整个世界市场才是分析的基本单位。

在成本压力大而当地对产品和服务的特殊性要求较少的情况下，企业适合采用全球化战略，但是这种战略容易忽视当地市场的发展机遇，对企业管理水平要求高，管理资金投入大。

### （四）全球网络化战略

在 20 世纪 90 年代以后，随着经济全球化、贸易和投资自由化、全球信息化，移动互联网、云计算及物联网的发展，跨国公司既要获得全球一体化的效应，又要获得地区适应性效应，即：一方面要通过技术开发和制造的全球一体化来获得低成本和高效率；另一方面还要较为迅速地获得地区市场环境的响应。这时就要求跨国公司实行全球网络化战略。目前全球领先的跨国公司正在向全球网络化战略转型。

20 世纪 90 年代以来，各国跨国公司已经出现了三次向全球网络化战略转型高潮，第一次在 20 世纪 90 年代初期，以通用电气、国际商用机器、惠普（HP）、杜邦（DU PONT）为代表的美国大企业纷纷实施向全球网络化战略转型，第二次是在 20 世纪 90 年代中期，以戴姆勒—奔驰（DBAG）、大众汽车（VW）、赫斯特（Hearst）等为代表的欧洲跨国公司向全球网络化战略转型；第三次是以日本东芝、索尼及韩国三星、现代为代表的日韩跨国公司向全球网络化战略转型。

所谓全球网络，是指跨国公司分布于世界各地的、内部相互协调结合的、具有分享、节约等机制及动态反应能力的经营系统。随着科学技术的发展，全球信息化及经济全球化的到来，目前跨国公司全球网络已经基本形成。跨国公司全球网络具有以下特征：

1. 地理上全球布点。世界上凡是有基本条件的地方，不管是现在有利可图还是将来有利可图，都要去设点，各子公司紧密协调结合，并服从跨国公司全球整体战略，其跨国指数超过 50%。

2．具有分享和节约机制。在跨国公司内部各种资源可在子公司之间灵活转移,各子公司有很强的学习能力,可充分利用网上的资源,利用通信网络可获得规模经济效益与范围经济效益。

3．跨国公司总部的区位概念淡化。对全球网络来讲,总部设在哪里并不重要,它可以设在一个合适的国家,甚至可以设在某国际机场附近的一幢写字楼内,它只是作为一个联络各子公司的通信中心。

4．虽然子公司分布在世界各地,但跨国公司必须要有统一的企业文化,共同的道德标准、价值观念及行为准则。

5．子公司及跨国公司职能部门可以安排到世界上任何一个靠近资源的地方,用一体化的办法为整个跨国公司网络体系服务,因此一个跨国公司可以有若干个世界性总部。

6．跨国公司全球网络具有动态组合及开放性特征。跨国公司都有很强的动态反应和重组能力,随着竞争条件、市场环境的变化,网络会随时进行调整,它可以跨越公司和国家的界限,不仅把不同公司业务往来连接在一起,并且在所有制方面也正在跨越国界,它可以收购或兼并其他全球网络公司,或是通过其他方式结成跨国战略联盟,这种跨国战略联盟是全球网络公司以最快的速度、最低的代价实现自己全球战略的一条途径。

7．全球网络公司向"世界公民"战略转型。当前全球网络公司都不断摆脱狭隘的"民族观念",培育全球网络公司宽阔胸怀及视野,竭力使本公司融入东道国里去,要成为当地的"好公民"。在决定投资时,他们优先考虑的是能否有效利用全球网络中的人才、资本、技术和自然资源,而不是狭隘的地域观念;在人事决策上,首先考虑的是全球利益,一般不分人员的国籍,只要能胜任工作,符合公司用人标准就起用,这种人力资源管理上国家属地模糊化趋势越来越明显。

当前跨国公司向全球网络战略转型有两种基本类型:规模经济型及市场导向型。

规模经济型全球网络战略是跨国公司垂直分布其产业链,即依据跨国公司整体战略将产业链进行拆分,将产业链的各个环节分布在离最优资源最近的国家或地区,它的特点是纵向一体化,集中每一个加工过程以形成规模经济,并减少生产设备的重复配置。如美国的某品牌汽车,在德国进行设计,在澳大利亚制造发动机,在加拿大制造变速器,轮胎和电气配线来自韩国,汽车用钢板是日本生产的,无线电设备在新加坡制造,燃油泵及转向系统零件出自美国,汽车组装在韩国。

市场导向型全球网络战略是将整条产业链放在每一个子公司内,它的特点是横向协调,每个网络系统接近各国市场,响应不同市场的特殊需求,同时各网络系统拥有共同的统一的产品技术管理平台,从而具有极强的复制和学习能力,获得了范围经济的效应。

市场导向型全球经营网络之所以形成是因为:各国传统的生活方式和习惯不同,对产品和服务的需求和偏好不同,同时产品的生产规模也受到一定限制,因而采取每个子公司都有完整的具有当地市场特点的产业链,子公司之间靠共同的产品技术管理平台进行协调。这种网络适用于食品工业、日用品工业等,如德国汉高公司(Hemkel)在世界上 9个国家有 214 个子公司,生产洗涤剂、化妆品、粘胶剂、化学品及金属化学品等,汉高公司在中国有十几家公司,它们的研发、技术、生产、销售、售后服务等都由汉高公司亚太有限公司负责提供,而跨国公司的某些技术及管理经验为各国子公司所共享。

当前跨国公司向全球网络化战略转型已成为企业经营的常态。

战略调整特点之一是打造全球产业链,不仅在制造组装全球化方面,而且在营销服务全球化,研发全球化,资本运作全球化等方面都在全面展开,全球网络公司的现代市场竞争已经从单一企业间点对点的竞争上升到产业链和产业系统的竞争。[①]

战略调整特点之二是通过外包整合全球资源,不仅是制造业外包,还有服务业外包,现在包括财务管理、人力资源管理、产品研发等过去完全由企业自己完成的服务业务也都开始外包给其他企业。

战略调整特点之三是通过并购及战略联盟快速增长,从 20 世纪 90 年代以来,全球企业间并购规模越来越大,2000 年全球跨国并购规模达 11 000 亿美元,占当年跨国投资总量 80% 以上,2006 年全球跨国并购规模达 8 800 亿美元,占当年跨国投资总量 70%,并购已成为向全球公司战略转移的最有效的途径之一。例如,思科公司 1984 年成立之初,当年销售收入仅几十万美元,经过 110 次并购,现已成为年销售收入达 300 亿美元世界级网络设备和服务公司。

在世界 150 多家大型跨国公司中,结成战略联盟的高达 90%,世界 500 强企业中平均约有 60 个主要的战略联盟。[②]

战略调整特点之四是跨国公司管理结构的全球调整,包括股权全球化、公司治理全球化、管理结构全球化及形成全球企业的理念和文化,淡化国籍,强化公司的全球性,承担全球责任,做好世界公民,强调"去母国化"实现跨国公司当地化。[③]

当然,国际网络化战略的实施是十分困难的,因为企业需要有强有力的中央集权和协同能力,达到跨国公司的高效率,又必须适当分权以使产品和服务能够对当地市场特点及时响应,这种投资、资源和能力的复杂组合,要求企业必须具有极高水平的管理能力及丰富的海外经营的经验。

## 案例 11-5

## 华为技术有限公司的国际化战略(2013 年)

### 一、公司概况

华为技术有限公司成立于 1987 年,经过 26 年的艰苦创业,该公司已经发展成为中国通信业的杰出代表,2012 年公司的销售收入 2 202 亿元人民币;成为全球第二大电信设备供应企业,成为中国最为优秀的跨国公司之一。

华为的产品和解决方案已经应用于全球 150 多个国家,服务全球运营商 50 强中的 45 家及全球 1/3 的人口。

---

① 王志乐.静悄悄的革命——从跨国公司走向全球公司[M].北京:中国经济出版社,2008.
② 林珏.跨国并购和跨国战略联盟研究[M].上海:上海财经大学出版社,2011.
③ 康荣平.无母国型跨国公司的产生[J].环球企业家,2005(11).

2012 年年底该公司共拥有来自 156 个国家和地区的超过 15 万名员工,其中研发人员占总员工人数的 45.36%,外籍员工人数接近 3 万;华为海外中高层管理人员本地化比例达 22%,全部管理岗位管理者本地化比例达 29%。

2013 年《财富》世界 500 强中,华为排行全球第 315 位,与上年相比上升 36 位。

## 二、实施"走出去"的战略,实现了"活下去"和"走上去"的经营目标

军人出身的华为领导人任正非 1987 年创办了华为公司,如今已经成为中国最成功、最杰出的民营企业家之一。华为公司在最初的国际化过程中,走了不少弯路,吃了不少亏之后总结出了一条经验,公司的跨国营销战略——要跟着中国外交路线走,目标就是要让华为成为一个国际化的跨国公司;后来在《华为公司基本法》第一章第一条,又将华为最终成长为世界级领先级企业作为公司的最高理想。

目前,华为的全球化发展战略目标是:"我们在全球范围内进行本地化的运作和经营,积极融入当地社区和文化,发展当地人才和商业合作伙伴,为当地客户提供最佳的产品与服务。"

的确,诚如哲人云:思路决定出路,眼光决定财富!华为在由一个小型民营企业成长为中国跨国公司的征程中,一步一步地实施"走出去",不仅求得了生存——"活下去"的目标,而且还实现了"走上去"的经营目标。

## 三、跨国经营的特点

英国《经济学家》杂志有过这样一段话:华为这样的中国跨国公司的崛起将是外国跨国公司的灾难;也许从现在的眼光来看这句话有些夸大其辞;但是我们认定,华为技术有限公司今后的大发展大繁荣将会彻底印证这句经典的预言。

1. 组织机构的国际化。目前,华为公司在全球近 100 个左右的国家和地区设立了代表处,获得了入网证,解决了华为在国外的市场准入问题。

2. 供应链的国际化。目前,华为公司 70% 的销售额来自国际市场。截至 2008 年年底,华为在国际市场上覆盖 100 多个国家和地区,全球排名前 50 名的电信运营商中,已有 45 家使用华为的产品和服务。

3. 资产和资本的国际化。2012 年华为公司在全球市场的销售收入 2 202 亿元人民币,净利润 153.5 亿元人民币。

4. 人才的国际化和本土化。企业之间的竞争,最根本的是人才的竞争,没有人才就没有企业的未来。华为员工总数为 15 万人左右,海外员工占 20.19%,中国员工占 79.81%,海外员工本地化比例为 72%;其中亚洲其他国家占比 7.56%,欧洲占比 4.92%,南美洲占比 2.93%,非洲占比 2.85,北美洲占比 1.72%。

与 2011 年相比,2012 年华为中国员工的人数占总员工人数的百分比降低了 7.72% 至 72.09%,海外员工本地化比例正逐年上升,从 2010 年的 69%、2011 年的 72% 增至 2012 年的 73%。同时,2012 年华为海外中高层管理人员本地化比例达 22%,全部管理岗位管理者本地化比例达 29%。大量高素质外籍员工不断加盟华为公司是其成功的秘密法宝。

5. 品牌的国际化。华为公司的品牌是中国跨国公司在国际市场上营销和推广最成功的品牌之一。华为已经成为全球第二大电信设备商,且与爱立信的收入差距在进一步缩小。

6. 研发的国际化。华为公司在瑞典斯德哥尔摩、美国达拉斯和硅谷、印度班加罗尔

等地设立了近20个研发中心；每年专利合作条约申请数大约在2 000件，已经成为全球最大的国际专利申请公司之一。

### 四、实施跨国经营战略的启示

1. 拥有领先全球的专利是华为成功的一个重要因素。专利是国际市场的入场券；没有它，高科技产品就很难卖到国际市场上去！华为就是这样走国际化与专业化相结合之路，使其成为中国跨国公司的优秀代表。

华为技术有限公司2011年的中国发明专利授权量达2 751件，位居众多创新型科技企业的前列。在华为公司，企业十分注重自主创新，以及实施知识产权战略。它们在核心技术领域不断积累自主知识产权，并进行全球专利布局，以保持参与市场竞争所必需的知识产权能力；同时积极参与国际标准的制定，推动自有技术方案纳入标准，积累基本专利；还始终以开放的态度学习、遵守和运用国际知识产权规则，按照国际通行的规则来处理知识产权事务，通过转让许可、研发合作等多种途径解决了跨国经营的知识产权问题。

华为公司持续重点投入，长期坚持开放式的研发创新，每年将不低于销售收入的10％用于产品研发和技术创新，以保持参与市场竞争所必需的知识产权能力的提升。华为公司一直争取以积极友好的态度，通过协商、谈判、产品合作、合资合作，多途径解决各种知识产权问题。在过去数年中，华为曾遭遇到一些重大的国际纠纷或诉讼，但华为不畏惧、不退缩，而是遵守当地的法律规则，有理有据地积极进行抗争，在各方面的帮助指导下，圆满解决了如美国思科诉讼案、摩托罗拉诉讼案、欧盟三反诉讼、美国337调查等重大国际纠纷，为公司和国家避免了数十亿美元的经济损失。

在知识产权竞争激烈的通信行业，华为公司以自主研发为主，在相关领域率先取得技术领先地位。从最初被动挨打的"模仿和借鉴"阶段，到拥有一定反击武器的"竞争和抗衡"阶段，再到目前在一些领域的"创新和主动出击"阶段，其优秀的表现为我国企业在全球赢得了荣誉，也为中国跨国公司的发展树立了榜样。

2. 华为公司已经成为中国具有全球竞争力的企业代表。华为公司是中国具有全球竞争力的企业代表，这个充分肯定和高度评价的结论是中国总理李克强在2013年11月27日出访罗马尼亚参观华为公司时讲的。

2013年11月27日，正在罗马尼亚访问的中国总理李克强当地时间下午参观了华为在罗马尼亚的分公司。参观当中，李克强总理除了询问华为在中东欧地区的发展情况，还与公司的当地员工亲切交谈。参观期间，华为公司向李克强总理展示先进的用于远程视频对话的智真系统。李克强总理通过这套视频系统与华为公司分布在中东欧地区9个国家的员工进行了现场对话。

资料来源：www.huawei.com.cn.

## 第四节　国际市场进入方式的选择

根据企业的发展目标、资源条件和对国际市场的了解，企业可以选择不同层次和介入水平的国际市场进入模式，包括商品出口、技术转让、合同安排、直接投资以及国际战略联盟等。

# 一、出口进入模式

这是国际经营活动的初级形式,商品出口可分为间接出口和直接出口。

## (一)间接出口

间接出口是企业将产品卖给国内的中间商或国外中间商委托的出口代理机构,由它们负责企业产品的出口,这是一种开拓海外市场、增加产品销售量最简单的方式。间接出口方式的优点是:风险最低,资金、人力等资源投入较少,但企业对海外市场控制程度低,不能直接掌握国际市场信息,一般适用于中小型企业,但有时大企业也采用间接出口方式进入到某些次要市场。

在国际市场上,出口代理商常见的有以下四种:

1. 综合出口经理商(Combination Export Manager),综合出口经理商为出口企业提供全面的出口管理服务,如海外广告、接洽客户、销售计划、商业情报等,它以生产企业的名义从事业务活动,实际上起到生产企业出口部的作用。

2. 出口代理商(Manufacturer's Export Agent),又称制造商出口代理,他们接受生产企业委托为其代理出口业务,但他们所提供的服务少于综合出口经理商,通常不负责出口资金、信贷风险、运输、出口单证方面的业务。

3. 出口经营公司(Export Manager Company),出口经营公司行使类似制造商出口部的功能,它提供的服务范围广,包括寻找客户促销、市场调研、货物运输等。

4. 出口经纪人(Export Brokers),这种代理商只负责给买卖双方牵线搭桥,既不拥有商品所有权,也不持有商品和代办货物运输。出口经纪人与买卖双方一般没有长期固定的关系,一般只专营一种或几种产品的出口。

## (二)直接出口

直接出口是指通过公司内部的出口部门将自己的产品直接卖给国外的顾客(中间机构或最终用户),企业要独立完成出口业务,要进行海外市场调研、与国外顾客谈判、产品实体分销、出口产品定价及办理各种出口单证等。直接出口的优点是:企业直接参与市场营销,可按企业自身意图实施出口战略,有利于积累国际营销经验,培养国际营销人才。

直接出口有四种主要途径:

1. 设立国内出口部,负责企业所有有关出口的业务。

2. 国外经销商,国外经销商直接购买企业产品,拥有产品所有权。

3. 设立驻外办事处,直接将企业产品销往国外,甚至办事处可从事生产、销售、服务一条龙服务。

4. 建立国外营销子公司,其职能与驻外办事处类似,所不同的是子公司是独立法人,说明企业已深入地介入了国际营销活动。

### （三）出口进入模式优缺点

出口进入模式的优点：

1. 资本投入少，风险较小。
2. 可以发挥企业实现规模经济的优势。
3. 有利于企业积累海外市场经验，为将来直接对外投资做准备。

出口进入模式的缺点：

1. 关税和非关税壁垒可能导致出口产品失去与当地产品竞争的优势。
2. 出口需要承担高额的运输成本，而且产品到达目标市场的时间比较长。
3. 对营销活动的控制比较差，难以对目标市场的变动作出迅速反应。

## 二、契约（合同）进入模式

契约进入模式是公司通过与目标国的法人实体签订长期的非股权性合同，企业在东道国的企业中没有股份投资。

### （一）许可证模式

许可证模式是指企业（许可方）与另一国外企业（被许可方）签订许可证协议，授权国外企业使用属于本企业的专利、专有技术、设备、工艺、商标或其他知识的使用权，由国外企业进行生产或销售，企业按被授权者的销售额收取一定比例的费用和报酬，许可的方式有独占许可、排他许可、普通许可、可转售许可等。技术转让一般比较适合于中小企业，但大公司也有用此类方式进行市场测试或占领次要市场的。

### （二）特许经营

特许经营是指企业同意收取一定的费用允许其他企业使用本企业的商标、企业标志、专利、产品配方以及经营方式的权利。利用特许经营方式，发出特许的企业可以在特许期内获得一定的固定收入，同时也利用了别人的钱提高了企业的声誉，例如麦当劳、肯德基、假日酒店等企业就是通过特许经营方式进入了许多国家。

特许经营的核心特征是知识产权的转让，特许经营是经营权集中、所有权分散。被特许方都是独立法人，对自己投资的加盟店拥有所有权，而经营权集中在特许方手中，由总部统一制定企业标识、企业形象、管理制度、经营模式等。

### （三）管理合同

管理合同又称"经营合同"，在拉美国家称"风险合同"，是指东道国的企业由于缺乏技术、专门人才和管理经验，通过签订合同交由另一个国家的国际企业经营管理，这种经营管理权只限于企业日常的经营管理，而企业的重大问题仍由董事会决定。这种方式风险较小，但企业的直接收益也较小，而且占用稀缺的管理人才。

### （四）国际分包合同

国际分包合同是指某个国家的总承包商向其他国家的分包商订货,通常是发达国家的总承包商向发展中国家的分包商订货,由分包商负责生产部件或者组装成产品,由总承包商负责出售最终产品。这种方式类似于来料加工、来样加工、来件组装等加工贸易形式,即 OEM 定牌加工、委托加工的形式,分包商企业一般不用承担风险,而总承包商可以低于市场价格购买分包商的部件或者组装产品。

### （五）工程承包合同

工程承包合同是指企业按照合同要求在东道国从事水利、交通、通信等基础设施建设,或为东道国政府和企业提供成套设备、大型主机设备及其设计、安装、调试及管理,工程完成后由东道国政府或者企业验收接管。

工程承包合同分为单项合同和整体项目合同两种。单项合同是指承包商只承接整个工程项目的部分内容。整体项目合同又叫交钥匙合同,是指整体建设项目在建成后一次性移交给东道国或企业管理。交钥匙合同对资本、技术、施工管理等各方面要求较高,承包商要具备较强实力才能获得,但这种合同利润丰厚并且有利于带动成套设备出口,例如,中国成套设备进出口公司为非洲某国建立纺织厂,为中东某国建立蔗糖厂等。

### （六）契约（合同）进入模式的优缺点

契约进入模式的优点:

1. 资本投入低,风险较低。
2. 可以绕过进口限制和投资环境的障碍,可以避免高额运输成本。
3. 不受目标市场国家对国外投资的限制,可以从工艺技术上获得收益。

契约进入模式的缺点:

1. 这种进入方式只有当企业具备先进技术或者有突出的品牌时才会有效。
2. 缺乏对技术上有效监控,有可能将合作方培养成自己的竞争对手。
3. 如果无法保证质量标准,将损害企业全球声誉。
4. 因合同期限导致灵活性较差,利润回报率较低。

## 三、直接投资进入模式

直接投资进入模式是指用股份控制的办法直接参与东道国企业的生产经营,并对该企业经营管理有一定控制权的投资活动。直接投资是跨国经营活动的高级形式,也是企业跨国经营成熟的标志,但直接投资风险大、灵活性差、管理难度大。

直接投资经营主要有以下三种方式:

### （一）合资经营

合资经营是指母公司在东道国的企业中拥有非全部股权的子公司,母公司在该子公司中可能占多数股权(控股),也可能占少数股权(不控股),合资双方按照股权比例共负盈亏,共担风险。

### (二)合作经营

合作经营是指母公司在东道国的企业有投资,但双方不按股权比例分享盈亏,而是通过契约来规定双方的权利和义务。

### (三)独资经营

独资经营是母公司用新建或并购的方式在东道国的企业中至少持有 90% 以上的股权,甚至是 100% 的股权,它是直接投资中母公司介入程度最深、控制最强的一种方式。独资经营能保护技术秘密、保证产品质量,有利于贯彻母公司的文化。

## 四、国际投资进入模式优缺点

国际投资进入模式的优点:

1. 母公司有更大的控制权。

2. 可以密切接触当地市场,能有效提高产品对当地市场偏好的适用性,对市场渗透的程度更深。

3. 能节省运输成本及关税成本等。

国际投资进入模式的缺点:

1. 对国际市场、财务、企业管理经验,以及人才等方面资源投入较多。

2. 初期投资量较大、投资回报期较长。

3. 可能遇到较大的政治与经济风险,如战争和政局不稳定风险、货币贬值、外汇管制的风险、政府没收和国有化行为风险以及对企业生产、营销及财务方面的限制等。

## 五、国际战略联盟(略,见本书第十章)

# 第五节　中国企业进入全球价值链战略

## 一、全球价值链的形成

1985 年,波特在《竞争优势》一书中指出,每一个企业都是在设计、生产、销售、服务和辅助其产品形成过程中进行各种活动的价值链来表示。

1995 年,格里芬(Gereffi,1994)曾提出全球商品链(global commodity chain,CCC)认为在经济全球化背景下,商品生产过程被分解为不同阶段,围绕某种商品的生产形成一种跨国生产体系,把分布在世界各地不同规模的企业、机构组织在一个一体化的生产网络中,从而形成了全球商品链。

2001 年,格里芬和该领域研究者在 *IDS Bulletin* 杂志上推出了一期关于全球价值链特刊:《价值链的价值》(*The Value of Value Chains*),从价值链的角度分析了全球化过程。这份特刊在全球价值链研究中起到了里程碑式的作用。在特刊中许多学者从多个角度对全球价值链进行了系统的探讨和分析,由此建立起了全球价值链的基本概念及其基本理论框架。

联合国工业发展组织(UNIDO,2002)在2002—2003年度工业发展报告《通过创新和学习来参与竞争》(*Competing Through Innovation and Learning*)中指出:全球价值链是指在全球范围内为实现商品或服务价值而连接生产、销售和回收处理等过程的全球性跨企业网络组织,涉及从原料采集和运输、半成品和成品的生产和分销,直至最终消费和回收处理的过程。它包括所有参与者和生产销售等活动的组织及其价值利润分配,并且通过自动化的业务流程和供应商,合作伙伴以及客户的链接,以支持机构的能力与效率。[①] 该定义强调了全球价值链不仅由大量互补的企业组成,而且是通过各种经济活动联结在一起的企业网络的组织集,不仅关注企业,也关注契约关系和不断变化的联结方式。

全球价值链的形成对国际的生产及国际贸易投资产生了深远影响[②]。

1. 全球价值链对全球的贸易规模发生了改变,世界生产日益扁平化,产品的制造工序越发成熟,使传统的货物贸易转变为任务贸易,由某国制造转变为世界制造。比如苹果手机是哪个国家制造的?已经没法回答了。

2. 国际资本流动更趋复杂。跨国公司根据各个国家需求的成本状态,协调生产和分配任务,从公司及产业内部进行生产的组装活动中诞生了离岸生产和生产地的转移。

3. 世界各地的依存度进一步加深,国与国之间的贸易关系由单一的竞争排斥转变为分工合作与竞争并存,由集中的顺差与逆差矛盾转变为对贸易投资自由化、便利化政策选择的推崇。

4. 国际分段式的生产带来分工格局的变动,形成了新型的国际分工体系,当然这个过程的变化也和科学技术进步有关,如全球信息网络的形成、大数据、云计算等,都会推进全球价值链更加细化,更加碎片化,更加扁平化。[②]

## 二、全球价值链的动力机制

全球价值链的动力机制研究,基本延续了格里芬在全球商品链研究中给出的两种动力机制,即生产者驱动机制和采购者驱动机制两种模式。

生产者驱动是指由生产者投资来推动市场需求,形成全球生产供应链的垂直分工体系,在该全球价值链中,跨国公司通过全球生产网络和市场网络来组织商品或服务生产、销售、外包等产业前向与后向联系,最终形成生产者主导的全球价值链网络体系,一般这种价值链都是资本和技术密集型产业的全球价值链,如汽车、飞机制造、计算机、半导体和装备制造等,如波音公司、美国通用机械制造公司等。

采购者驱动是指拥有强大品牌优势和国内销售渠道的跨国公司通过全球采购和贴牌加工(OEM)等生产方式组织起来的跨国商品流通网络,能够形成强大的市场需求、拉动那些出口导向战略的发展中国家的工业化。一般这种价值链都是传统的劳动密集型产业

---

① 陈柳钦.有关全球价值链理论的研究综述.光明网,http://guancha.gmw.cn.2009-05-08.

② 全球价值链时代的产业升级与南北经贸关系.新浪财经,http://finance.sina.com.cn/emba/tsinghuasem/201306026/180015926786.shtml.

的全球价值链,如服装、鞋类、玩具、自行车、农产品、家具、食品、陶瓷等。

生产者与采购者驱动型全球价值链比较见表 11-3。

**表 11-3　生产者与采购者驱动型全球价值链比较**

|  | 生产者驱动型价值链 | 采购者驱动型价值链 |
|---|---|---|
| 动力根源 | 产业资本 | 商业资本 |
| 核心能力 | 研究与发展(R&D)、生产能力 | 设计、市场营销 |
| 进入门槛 | 规模经济 | 范围经济 |
| 产业分类 | 耐用消费品、中间品、资本品 | 非耐用消费品、日用品等 |
| 典型产业部门 | 汽车、计算机、航空器 | 服装、鞋类、玩具等 |
| 企业的业主 | 跨国企业,主要位于发达国家 | 地方企业,主要在发展中国家 |
| 主要产业联系 | 以投资为主线 | 以贸易为主线 |
| 主要产业结构 | 垂直一体化 | 水平一体化 |
| 辅助支撑体系 | 重硬件、轻软件 | 重软件、轻硬件 |
| 典型案例 | 英特尔、波音、丰田、海尔、格兰仕等 | 沃尔玛、国美、耐克、苏宁等 |

资料来源:陈柳钦.有关全球价值链理论的研究综述.光明网,http://guanch.gmw.cn.2009-05-08.

由表 11-3 可以看出,由于驱动力不同,导致全球价值链核心能力不同,其分布的产业也不同。全球价值链大致可分为三大环节:技术环节、生产环节及营销环节。技术环节包括研发、创新设计,生产技术及技术培训等;生产环节包括采购、系统生产、终端加工组装、测试、质量控制、包装、库存管理等;营销环节包括销售、后勤、批发、零售、品牌推广、售后服务等。以上三个环节其增值能力是不同的,由技术环节到生产环节再到营销环节,体现出其增值能力由高到低再到高的过程,即施振荣所画出的"微笑曲线",见图 11-2。即价值链不同环节所创造的附加价值是不同的,因而所获得的利润也是不一样的。靠近 U 形曲线的中间环节,即生产环节创造出较低附加值,获利较少,靠近 U 形曲线两端,即技术环节及营销环节创造较高的附加值,获利较高。

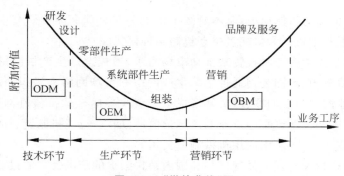

**图 11-2　"微笑曲线"图**

## 三、全球价值链的国际分工

全球价值链与区位选择有密切关系,在技术环节要求的是技术密集型的,要具有专业技术和首创精神的科技人员、宽松的组织环境、鼓励创新、提倡独立思考的企业文化。而在生产环节则需要有大量的普通工人、严格的劳动纪律、严格的质量控制等。在营销环节企业要求要有全球营销观念,勇于开拓全球市场的、实施全球营销战略的人才,适应全球营销的组织与控制等。由于世界各国要素拥有程度不同,各自的要素相对成本不同,这就给分解价值链的各个环节到使用要素比例大而要素成本低的国家提供了可能性,即为全球价值链的国际分工提供了可能性。一般来讲,把研发等技术环节放在发达国家,把生产环节放在发展中国家,营销环节放在全世界最有利的国家中进行。

例如,美国的研发与市场营销;新加坡和荷兰为高附加值基地;意大利为设计基地;印度、菲律宾和中欧为软件基地;中国、东亚、墨西哥为制造基地等。

例如,一个美国服装公司可以在意大利完成服装设计,在印度采购天然面料,在韩国采购化纤辅料,在我国台湾采购拉链和纽扣,在我国缝制成衣,然后在香港检验,包装再出口到美国销售。一件衣服的生产被分解为诸多生产加工环节,并放在不同的国家和地区完成,构成全球价值链的创造过程。

由于全球价值链的国际分工的出现,因此就有了 OEM、ODM 及 OBM 商业模式的出现。

所谓 OEM(original equipment manufacturer)即原始设备生产商,是指拥有优势品牌的企业委托其他企业进行加工生产,它通过向委托企业提供产品的设计参数和技术设备支持,来满足自己对产品质量、规格和型号的要求,加工后的产品贴上自己的商标出售。

OEM 对跨国公司来讲就是企业寻找外部资源、整合价值链的过程。跨国公司把非核心业务或某些管理职能外包,这样跨国公司可以省去巨额生产费用,将资金投入到核心技术、生产设备、品牌塑造、营销渠道等关键环节上去,取得规模经济、降低成本的效果。OEM 是跨国公司全球战略的重要手段。

OEM 对加工企业来讲,企业只获得加工费用,自己无权营销产品,委托方始终控制着核心技术、品牌、营销系统等无形资产和关键的有形资产。因此委托方则获得从产品研发、设计、到销售的整个过程中产生的所有回报。但 OEM 对于发展中国家经济整体贡献和企业自身发展的积极作用是十分显著的。我国改革开放初期经济发展动力之一就是靠"三来一补"模式,三来是指来料加工、来件装配、来样加工,一补是指补偿贸易。到 20 世纪 90 年代后期,我国加工贸易已经占到出口额的 50% 以上,至今我国服装、玩具、鞋类、家电等许多产业基本都是以 OEM 为主。发展中国家企业通过 OEM 实现了规模经济,发挥了低成本优势,促使企业提高了技术水平,产品达到了国际标准,改进了工艺,规范了生产。通过与跨国公司合作,提高了企业管理水平。

当然,OEM 模式也有缺点,即 OEM 企业的技术和品牌长期依赖委托方,企业将成为跨国公司的车间或加工中心,企业长期缺乏核心竞争力是非常危险的。同时 OEM 企业利润微薄,生产企业间为获得订单竞争十分激烈,导致全产业利润被压低,使委托方获利更丰。另外,劳动力成本上升,也使 OEM 企业利润变薄。于是有的 OEM 企业就想产业升级至 ODM。

所谓 ODM(Original Design Manufacturer)即原始设计制造商,是指 ODM 企业根据跨国公司委托,按照其要求的规格、款式来设计产品并生产产品。委托方会列明产品的外观要求、主要的内部细节,或者委托方要求对原产品做较大改进如对产品的机械、电器结构、软件功能等部分作出重大改进，但委托方并不提供图样及工艺流程，要求受委托企业按要求作出产品设计并进行加工。甚至委托方只提出产品构思，就可以将产品的设想变为现实。即要求受委托企业不仅具有生产能力，还要具有设计能力。当然，产品加工后仍贴委托企业商标，由委托方负责产品营销。

OEM 与 ODM 的主要区别在于，被委托企业能不能为第三方生产同样的产品，取决于委托方是否买断该产品的设计版权。OEM 产品是为品牌厂商度身订造的，生产后只能使用该品牌名称，绝对不能冠上生产者企业的名称再进行生产。而 ODM 企业则要看委托方有没有买断该产品的版权，如果没有买断该产品的版权，被委托方有权自己组织生产，只要没有委托方公司的标识即可。OEM 的设计是由委托方提供的，而 ODM 则是被委托方自主设计的产品。

所谓 OBM(Original Brand Manufacturer)即原始品牌制造商，是指 OBM 企业经营自己的品牌，建立了自己的销售渠道，以自己的品牌在市场上销售。

A 方自行创立 A 品牌，生产、销售拥有 A 品牌的产品，称为 OBM；A 方自带要求，让 B 方负责设计和生产，或者 A 看上 B 的产品，用 A 品牌生产 B 的产品，叫 ODM；A 方自带技术和设计，让 B 方加工，这叫 OEM，对 B 方来说，只负责生产加工别人的产品，然后贴上别人的商标，这叫 OEM。

## 四、由 OEM 到 ODM 再到 OBM 的发展路径

### 1. OEM/ODM/OBM 是企业不断技术创新的过程

由上述可以看出企业由 OEM 发展到 ODM 再发展到 OBM 的路径其实就是引进、消化、吸收、模仿到自主创新的过程。新技术几乎都是在以前的学习和知识（包括隐性知识）积累基础上产生的，即企业的竞争优势大部分取决于它的隐性能力而不是专利知识，企业的技术的成长表现在既有技能基础上企业技术的长期积累、渐进和连续性创新的特征。也是企业引进技术积累和技术学习的过程。

对于新兴经济国家的企业来讲其技术能力成长的一般模式是：引进成熟技术——消化吸收——产品创新，呈现出技术不断累进提高的过程，而 OEM—ODM—OBM 过程能使企业逐步学习，逐步积累技术和经验，这是企业技术进步的重要途径。

### 案例 11-6

## 韩国三星微波炉与我国格兰仕微波炉发展路径的比较[①]

自 1989 年以来，三星已经成为世界上两大微波炉生产商之一。在 1985 年，人们最有可能买的是韩国三星生产的微波炉，但它的许多设计来自美国通用电气公司。到 1990 年，产品品牌虽然还是通用电气，但其新的设计却是由三星提供的。而后来，三星品牌的微波

---

① 毛蕴诗，戴勇. OEM、ODM 到 OBM：新兴经济的企业自主创新路径研究[J]. 经济管理·新管理，2006(20)（总 404 期）.

炉开始占领了大部分国际和国内市场。

而我国广东的格兰仕集团,从早期的羽绒行业转向毫不相关的微波炉行业,在短短十几年间便发展成我国最大的微波炉厂商,并成为国际上微波炉的知名品牌。1996年,格兰仕利用OEM形式把海外很多知名厂商的先进生产线搬到了国内,生产规模迅速扩大,海外的销售大幅提升,形成了规模化的生产制造能力,构建起了规模最大、配套最齐的全球微波炉制造中心。1997年,格兰仕集团设立研究与开发部门,1998年又在美国设立技术开发机构,并与全球200多家跨国公司建立了合作关系,开始走向自主开发和自主品牌的新阶段。1997年开始,在产品出口总量中其自主品牌与OEM之比已从1:9到3:7,再到2004年的4:6。从表11-4中我们可以看出,三星微波炉和格兰仕微波炉的产品升级和自主创新路径非常相似。

表11-4 三星微波炉和格兰仕微波炉的成长和升级路径比较

| 三星微波炉 | | 格兰仕微波炉 | |
|---|---|---|---|
| 时间 | 成长和升级路径 | 时间 | 成长和升级路径 |
| 1979年 | 开始生产微波炉 | 1992年 | 从羽绒服装业转向微波炉制造行业 |
| 1980年 | 第一笔出口订单(贴国外品牌) | 1995年 | 以25.1%的市场占有率登上中国市场第一位,逐步积累生产制造经验 |
| 1983年 | 与通用电气签订OEM协议 | 1997年前 | 与美、法、日、韩等国企业进行高级OEM的合作① |
| 1985年 | 通用电气所有微波炉由三星生产 | 1997—1998年 | 设立R&D部门,1998年又在美国设立技术开发机构,向ODM转型 |
| 1987年 | 通用电气所有微波炉由三星设计 | 2001年 | 研制并批量生产数码光波微波炉;同年入选首批"中国名牌" |
| 1990年 | 成为世界上最大的微波炉生产商——但没有自主品牌 | 2002年 | 销量已占欧洲市场的40%,南美市场的60%,非洲市场的70%,东南亚市场的60%,全球市场占有率突破35% |
| 1991年 | 在韩国以外使用自己的品牌 | 2004年 | 连续10年蝉联了中国微波炉市场销量及占有率第一的双项桂冠,在国际上也成为知名品牌 |
| 1999年 | 三星微波炉品牌在世界上数一数二,在12个国家拥有12家工厂 | 2005年 | 推出第一批应用了简约智能控制技术的"一键通"光波炉新品,这组包括欧美流的OTR式、航天全不锈钢嵌入式、悬挂式等20多个品种 |

　　资料来源:根据1.纳谢德·福布斯,戴维·韦尔德.从追随者到领先者——管理新兴工业化经济的技术与创新[M].沈瑶,叶莉蓓,等译.北京:高等教育出版社,2005:108;2.毛蕴诗,欧阳桃花,魏国政.中国家电企业的竞争优势——格兰仕的案例研究[J].管理世界,2004(6)的资料整理。

　　2. 实现OEM/ODM/OBM有多条途径

国内部分学者发现,OEM企业升级并不局限于单一路径。OEM企业在转型升级过程中会根据自身实际情况选取混合路径。很多学者认为中国企业应坚持OEM/ODM和OBM并举的发展战略。毛蕴诗、吴瑶(2009)提出了由OEM到ODM再到OBM有多种方式组合路径[①]第一条路径是由 OEM—ODM—OBM;第二条路径是由 OEM—ODM—OBM 的变形与扩展,见图 11-3。

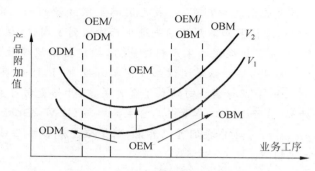

**图 11-3　OEM 企业转型升级的路径**

资料来源:毛蕴诗,吴瑶.企业升级路径与分析模式研究[J].中山大学学报.2009(1)

如图 11-3 所示,在 OEM—ODM—OBM 的变形与扩展路径中有四种发展途径:

(1) OEM—ODM 走技术路线转型的途径。

(2) OEM—OBM 走品牌路线转型的途径。

上述两种途径都是价值链内部的价值提升,谋求高附加值。

(3) OEM 企业多元化经营,它是价值链的横向跨越,即由 $V_1$—$V_2$,这一方面是为了获取高附加值;另一方面也是出于分散风险的考虑。

(4) 混合路径,即从 OEM 向 ODM 及 OBM 转型过程中还有很多 OEM/ODM、OEM/OBM 并存的过渡现象。

因此,企业面临的市场环境、行业条件、企业能力及资源状况、企业内部条件等具体情况不同,所采取的转型升级路径各有不同。

3. 全球价值链产业升级的一般途径

Humbrey、Schmitz(2000)提出了全球价值链中产业升级的四种模式:[②]

(1) **工艺流程升级**:改进流程和品质控制,重新构建生产体系,引进先进技术更高效地将投入转化为产出。生产效率提高,产品质量提高。比如在制造业中计算机技术的使用促进了流程升级。

(2) **产品升级**:企业扩张设计和市场部门,拓展产品的范围和宽度,更快推出新产品,产品技术含量及功能增加,产品附加值提高。比如服装业从衬衫到西服的升级。

(3) **功能升级**:企业重新组合价值链,放弃低附加值环节,专注高附加值环节,如从生产环节向设计环节和营销环节跨越,生产环节外包,改变企业自身在价值链所处位置。

(4) **价值链升级**:从一条价值链跨越到一条新的、价值更高的相关产业的价值链。企业把在一个产业获得的能力应用到另一个新的产业,或转向一个新的全球价值链中。比如从自行车价值链向摩托车价值链的升级,从摩托车全球价值链向汽车全球价值链的升级。

---

① 毛蕴诗,吴瑶.企业升级路径与分析模式研究[J].中山大学学报,2009(1).

② Humphrey,J and Schmitz,H. Governance and Upgrading:Linking Industrial Cluster and Global Value Chain[R]. IDS Working Paper 120,Brighton,2000.

全球价值链产业升级的一般途径见表 11-5。

表 11-5　全球价值链产业升级的一般途径

| 发展轨迹 | 工艺流程升级 | 产品升级 | 功能升级 | 价值链升级 |
| --- | --- | --- | --- | --- |
| 实证 | 委托组装（OEA）委托加工（OEM） | 自主设计和加工（ODM） | 自主品牌生产（OBM） | 链条转换（例如从收音机到计算机） |
| 经济活动中非实体性程度 | 随着附加价值不断提升,经济活动非实体性或产业空心化也不断提升 | | | |

资料来源：Kaplinsky R & Morris M.A Handbook for Value Chain Research[M]. Prepared for the IDRC,2002.

总之,就产业升级的四个层次而言,无论哪个层次,都意味着从劳动密集型环节向资本和技术密集型环节的转变,其过程都伴随着资本深化,也是资源配置效率的提高及企业比较优势的提高循序渐进变化的过程。

## 五、中国需要构建自己的全球价值链

2008 年国际金融危机之后,当前全球价值链进入新的大调整时期,发达国家不约而同地将制造业升级作为新一轮工业革命的首要任务,美国的"再工业化"风潮,德国的"工业 4.0"和"互联工厂"战略以及日韩等国制造业转型都不是简单的传统制造业回归,而是价值链的革命,是互联网、物联网、机器人技术、人工智能、3D 打印、新型材料等多点突破,将推动新产业、新业态、新模式的兴起,发达国家已敏锐意识到全球价值链发展的大趋势,这对于长期处于价值链低端的中国企业而言,具有强烈的警示意义。我国制造业产出在 2012 年已成为全球第一制造大国,但我国制造业"大而不强"的情况十分突出,我国制造业增加值率只有 26.5%,远低于发达国家 35%～40%的水平[①],我国制造业单位增加值能耗是日本的 9 倍、德国的 6 倍、美国的 4 倍。中国工信部等四部委联合提出了中国工业强国的战略规划——"中国制造 2025",未来中国企业要从 OEM 到 ODM 再到 OBM,即由参与和适应外国跨国公司主导的全球价值链,向中国建立自己主导的全球价值链和全球生产服务网络转变,以提高中国在全球价值链上的竞争优势,并推动国内产业转型升级。因此要研究提出我国参与全球价值链的总体战略,重新构建国内价值链,并实现与全球价值链的高效对接,引导我国重要产业优化全球价值链布局,推动产业升级和外贸发展方式转型,促进由"中国制造"向"中国智造""中国创造""中国服务"的转型升级。支持中心城市和重要经济区域率先实现向全球价值链高端攀升,支持各类企业积极参与全球价值链重塑,探索构建自己的全球价值链。只有重塑全球价值链,才能进一步拓展我国经贸发展空间,提高高端价值链占比和贸易增加值,进一步改善价值链分工格局,缓解当前全球经济失衡和贸易摩擦,有利于控制原材料供应环节,促进对外贸易可持续发展,有利于控制技术研发环节,缩短企业技术进步周期。

---

① 张茉楠.全球制造业革命下中国须加快"两化"深度融合[N].每日经济新闻,2014-08-19.

# 第六节　企业国际化战略的风险及控制

企业国际化战略面临两方面风险,即企业外部风险和企业内部风险。

## 一、企业国际化战略的外部风险

### (一)政治风险

政治风险是指:企业在国际经济活动中,由于东道国的政治制度、政党和政党制度、政治性团体、国家的方针政策、政治局势等发生变化对外资企业所造成的损失。政治风险是海外投资最大、最不可预期的风险。

政治风险表现为以下六种类型:[①]

1. 战争与动乱。这是指东道国发生了革命、战争或动乱,致使外国投资者遭受重大损失,甚至导致企业不能继续经营。在发展中国家,主要集中表现为宗教冲突、领土纷争、族群矛盾、主权独立等战争与内乱风险。在发达国家,虽然不会遭遇大动乱,但极右势力以及当地竞争失利者也会对外国投资者构成暴力冲击的风险。中国企业近年来加大了"走出去",开发国外石油、矿产等自然资源步伐,也容易引起东道国及有关国家的冲突。

2. 国有化与征收。这是指东道国政府为其自身利益考虑,对外资企业进行突击检查、高额罚款、额外征税、没收财产等,使外资企业遭受重大损失。

3. 政策变化和政府违约。这是指东道国主要政党轮流执政、政权被推翻、政策缺乏连贯性等所带来的风险。新政府上台往往对上一届政府执政期间签署的合同多方刁难。这对外资企业带来较大风险。

4. 外汇管制。东道国由于国际收支困难而实行外汇管制,从而对外资企业构成风险。中国投资企业在拉美、非洲地区经常要面对外汇管制风险。

5. 禁止、限制外资准入与并购。这种风险在发达国家尤为常见。西方国家普遍认为我国企业对外投资经常是在执行国家意志,会给东道国自身安全带来威胁,西方国家许多政治势力总是对我国企业投资并购进行政治阻挠,导致我国企业在欧美国家遭遇较大风险。

6. 第三国干预。这种风险目前主要来自美国。美国不希望其他国家的企业与伊朗、苏丹等美国称为"无赖国家"开展经贸往来。若与这些国家开展了经贸往来,则企业所面临的风险是企业将无法进入美国市场、企业高层管理人员不得进入美国等。

### (二)法律风险

法律风险是指企业在海外投资经营不合规情况而遭受惩罚的风险。这种风险的存在有部分原因是外资企业和商人确实违规操作,也有的原因是外资企业不了解东道国法律

---

[①]　卢进勇.“走出去”战略与中国跨国公司崛起——迈向经济强国的必由之路[M].北京:首都经济贸易大学出版社,2012.

而误犯,也有少部分原因是东道国执法不当或故意刁难企业而导致的。企业面临的法律风险举例如下:

1. 市场需求萎缩,资金链断裂引发违约风险。

2. 行业整合,企业并购中尽职调查不周密,并购后出现技术、财务、运营等方面存在重大缺陷和黑洞,致使整合、并购失败的风险。

3. 有关国家贸易保护主义抬头,滥用世界贸易组织规则的风险。

4. 合同违约,如工程拖欠、迟发工资等风险。

5. 企业的产品和人员受到东道国环境、技术、卫生、劳工等法规标准限制。在欧盟、非关税壁垒几乎涉及所有出口产品,从工业制成品到农产品,已成为制约出口国产品出口的障碍。

### (三) 经济风险

东道国的宏观经济风险包括东道国社会经济状况、经济发展水平、经济发展规模、发展速度及所达到的水准、经济体制及经济政策等方面的变化给外资企业带来的风险。

金融风险,即企业在从事投资活动时,由于汇率、利率和证券价格等金融变量在一定时期内发生非预期变化,从而蒙受经济损失的风险。除汇率风险、利率风险外,企业还要注意金融投机风险、国家主权债务危机风险及筹资风险等。

### (四) 社会风险

社会风险是指来自东道国的社会因素对外资企业形成风险。其表现形式多种多样,如东道国议员的恶意诋毁、当地媒体的煽动、东道国民族主义排挤、当地民众反对抗议、工会和非政府组织主导的劳资对抗、苛刻的社会责任标准等。

## 二、企业国际化战略的内部风险

### (一) 跨文化管理的风险

#### 1. 跨文化差异

跨国经营的国别障碍主要表现为文化的差异性。在引起环境差异的众多因素中,物质形态的因素容易测度、政策和法律透明度也日益提高,唯有文化因素难以捉摸又无处不在,无时不在。文化因素最为根深蒂固,不是短时间内可以改变的。美国学者戴维·A.利克斯(David A. Ricks)曾指出:“大凡跨国公司大的失败,几乎都是仅仅因为忽视了文化差异这一基本的或微妙的理解所招致的结果。这种对文化漠视的态度已经不符合时代的要求了。”[①]

文化因素对跨国经营企业的影响是全方位、全系统和全过程的。不同的文化背景影响着人们的消费方式、需求与欲望的顺序以及工作的价值观和努力程度,决定了供应者、竞争者、顾客与跨国企业发生业务往来的方式和偏好。文化差异为跨国企业筑起了一道

---

① 薛求知.无国界经营[M].上海:上海译文出版社,1997.

无形的进入壁垒。因此文化的迟钝以及缺乏跨文化背景知识，是导致跨国公司在新文化环境中失败的主要原因之一。

产生文化差异的一个重要因素是地理环境的差异，并且由于历史传统、法律制度、教育方式、宗教等文化要素的积淀，形成了以地域划分的不同文化体系，如西方的欧美文化圈、东方的中华文化圈、佛教文化圈还有阿拉伯文化圈、拉美文化圈，等等。每种文化都有其内在价值，当一种文化超越了不同的价值观、宗教、信仰、精神、原则、沟通模式和规章典范等文化时，我们称其为跨文化。

2. 跨文化差异的层次

跨文化差异分为三个层次：

（1）国家（民族）文化差异。跨文化管理研究通常以一国为单位，以合资企业和跨国企业为研究主体，西姆夏·娄内（Simcha Ronen）和奥地得·山卡（Oded Shenkar）曾根据行为准则和价值观异同性将世界各国和地区分为九类：①远东国家；②阿拉伯国家；③近东国家；④北欧国家；⑤日耳曼国家；⑥盎格鲁国家；⑦拉丁欧洲国家；⑧拉丁美洲国家；⑨不归于以上八类的独立国家。这种方法值得借鉴。当然这种宏观层面上的划分仍比较粗糙。跨文化差异还应包括双方母地区、母城市的文化背景差异，最典型的如港资企业、台资企业、中资企业，这些企业中的员工都来自中华民族，但由于历史原因，其间的文化内涵已大有不同。

（2）企业文化差异。企业文化是指在一定历史条件下，企业及其员工在生产经营实践中逐渐形成的共同思想、作风、价值观念及行为准则等。当两种不同的企业文化整合时，由于管理层及员工之间在价值观和行为方式的巨大差异就会引起冲突。

（3）个体文化差异。现实生活中年长者与年轻者，男性与女性，上级与下级，不同部门员工之间等，任何不同的两个人身上都可能存在跨文化差异。

3. 跨文化冲突的表现及成因

冲突是指不同事物、不同因素之间的相互对立和相互排斥。跨文化冲突是指不同形态的文化或者其文化因素之间相互对立，相互排斥的过程。

跨文化冲突产生的原因有以下八个方面：

（1）异域知识和文化敏感性差。对异域文化差异视而不见，在触及异域文化"禁区"时还浑然不知，文化差异意识淡薄，这往往引起冲突。

（2）以自身文化为参照标准去理解、评价或选择吸收他人的文化。这种做法的结果是很难全面客观地理解其他民族和社会的文化模式，导致交际失败甚至导致冲突。

（3）定型的观念和成见，而不去分析某一个人的沟通特征。例如认为法国人浪漫、德国人严格、美国人随便、日本人勤奋等，这种成见使人们只注意那些与自己的定型观念相吻合的现象，而不去注意每个人的独特的文化特征，常常会导致错误的估计和判断，甚至引起冲突。

（4）对等期待。即误以为对方的思维方式、价值判断与自己的没有什么两样，一旦发现对方的行为与自己的预期相差甚远，就会感到困惑、失望、甚至引起冲突。

（5）沟通误会。由于语言、文字的深层内涵及其表达方式的不同，容易造成沟通上的误会，甚至引起文化冲突。

（6）感性认识的个体差异。个体独特的感性认识是在特殊文化背景中通过亲身经历获得并发展起来的，存在某种惯性，其变化速度往往不及环境变化速度快，一旦进入异域文化，这种惯性常常导致错误的估计和判断。

（7）管理方式不当。跨文化管理是一门艺术，而不是一种教条。在一国被证明是最好的管理方法，在另一国不一定也是最好的。真正有效的管理应与当地具体情况相适应，如果死守教条，不知变通，必将导致管理的失败。

（8）缺乏共鸣。共鸣是指设身处地体会别人的苦乐和际遇，从而产生情感上的共同的感受，缺乏产生这种共鸣的能力，不能完全了解、评价、接受他人的文化差异，必然导致管理的失败。

4. 文化冲突的负面影响

文化冲突若长期存在，势必对跨国企业经营与发展带来严重的负面影响，主要表现在：

（1）沟通中断。双方管理者与员工互不理解，彼此对沟通采取回避态度。

（2）无协同效应。文化冲突影响了跨国经理与当地员工之间的和谐关系，经理也许会按照呆板的规章制度控制企业的运营，从而更加疏远职工，而职工对工作不思进取，没有工作积极性，工作计划实施极为困难。

（3）怀恨心理。如果冲突双方一味地抱怨对方的鲁莽和保守，结果只会造成怀恨心理。

（4）非理性反应。经理人员如不能正确对待文化冲突，就会凭感情用事，这种非理性态度很容易引起员工非理性报复，结果误会越多，矛盾越深，对立和冲突更趋激烈，工作生活失调，海外公司管理甚至会陷入困境，跨国公司甚至会作出撤资的决策。

国际交流工商协会的统计结果表明：一个没有经过交叉文化训练和准备的跨国经营者在国外失败的比率高达 66%。与此相反，经过交叉文化训练的人失败的比率仅占 2%。

### （二）跨国公司的管控风险

传统跨国公司理论将跨国公司定义为拥有多个生产机构的复合性组织，其在各国的子公司只是母公司的附属物或生产网络的节点，因此早期的跨国公司母子管控实践中比较提倡采用正式管控方式。但随着海外业务的发展，知识来源多元化，跨国公司中的子公司不仅需要母公司的知识，子公司所拥有的知识也将会对母公司的发展起到重要促进作用，这时就需要母公司更多地采取灵活、非正式的母子管控方法。

除控制方式外，控制程度或授权程度也是跨国公司管控模式选择的一个重要内容，随着子公司知识互补性程度提高，外部环境动态性的加剧，其机会主义行为对母公司竞争优势的负面影响较大，因此母公司需要逐渐降低子公司的决策自主权，此外母公司文化与东道国文化差异的增加，也会提高相应的代理成本，这也驱使母公司降低子公司的决策权力。①

---

① 商务部跨国经营管理人才培训教材编写组.中外企业跨国战略与管理比较［M］.北京：中国商务出版社，2009.

母子公司管控包含了三个层次的含义：①母公司对子公司的管控，这是最常见的母子公司管控形式。②母公司对分公司的管控，这种形式也很多见，分公司不具备独立法人资格，在法律上可以分享更多母公司的资源。③母公司对供应链、战略联盟的管控，这种形式不多见，一般是实力超群的跨国集团公司才具备这样的能力，比如沃尔玛对供应链的管控。

母子公司管控是一个系统工程，其管控体系包括五个方面，也可以称为五个步骤：

（1）管控平台。母子公司管控系统工程的实施从搭建母子公司管控平台开始，管控平台包括公司治理、集团战略、组织架构，以及由此形成的管控模式。这是母子公司管控的第一步。

（2）职能管控。包括战略管控、财务管控以及人力资源管控等。

（3）业务管控。包括研发、营销、供应链以及品牌等方面的管控，当然，业务管控不是母子公司管控的必控环节，但想要做大、做强的企业都需要认真实施。

（4）管控机制。在完成了前三步之后，集团公司可将一些制度、方法固化形成管控机制。其管控机制展开来讲是 7＋2 机制，即战略规划、经营计划、预算体系、业务评价、管理报告系统、绩效管理、审计监察，另外再加上业务管理系统和横向管理系统。

（5）管控环境。管控环境是母子公司管控的最高层次，管控环境包括管理职能和流程的协同性促进、信息管理、风险管理以及企业文化管理。

## 三、企业国际化经营风险的管理与控制

### （一）西方西家政府的应对措施

西方国家尽管强调自由市场和企业自主，但西方国家政府在历史上最早与企业的国际扩张结合在一起，为企业进行外交谈判和出兵保护等服务，尤其在第二次世界大战之后，为扶持企业海外扩张，不惜动用国家外交、军事力量进行保护，为本国企业国际经营保驾护航。

1. 投资保障

（1）建立海外投资保险制度。

海外投资保险制度是资本输出国对本国海外投资者在国外可能遇到的政治风险提供保证或保险。这种海外投资保险制度是资本输出国保护与鼓励本国私人海外投资的国内法律制度，也是国际投资保护的重要法律制度。

海外投资保险制度的特点是：

① 海外投资保险制度是政府以国家财政作为理赔的后盾，是以国家名义向东道国行使代位求偿权的一种官方保险制度。它具有明显的国家性质。

② 海外投资保险制度是一国实施国际战略目标的工具和手段，而有别于一般保险公司的营利性的商业目的。

③ 海外投资保险承保条件都要求必须是"合格的投资者"（即真正的法人代表）"合格的投资"以及"合格的东道国"。

④ 海外投资保险承保范围一般限于政治风险范围，包括外汇险、征用险及战乱险等。在事故发生后，保险公司一般承担被保险人损失的大部分（有时会达到 90％），另一部分

则由投保人承担(约 10％)。

从国际法关系看,海外投资保险制度的模式有三种:美国模式、日本模式、德国模式。

(2) 国际多边投资担保机制。

世界银行为国际投资提供国家风险担保跨国经营风险最早可追溯到 1948 年,1985 年 10 月世界银行重新制定了《多边投资担保机构公约》,于汉城(现已改为"首尔")年会上通过,简称《汉城公约》,又称《MIGA 公约》,中国于 1988 年 4 月签署了该公约。目前《MIGA 公约》缔约方已达154 个,至今《MIGA 公约》已提供了超过 77 亿美元投资担保,覆盖了在 70 个发展中国家的投资项目。当然,对全球管理具有决定意义的应该说是《关税及贸易总协定》,它是迄今为止国际社会为对国际投资关系进行全球管理而制定并实施的第一个全球性和约束性协议。

2. 海外安全保护

各国政府对海外侨民保护都非常重视,全球化发展带来人员大流动使这一问题变得越加突出。

西方国家以人本主义关怀为原则,十分重视公民海外生命安全。美国政府甚至动用政治、外交及军事力量对美国海外公民进行保护。

建立专门机构负责海外企业保护。美国国务院设立"海外安全顾问委员会"专门负责保护美国海外企业。

督促企业建立危机处理机制。建立政府、企业和个人的合作联动机制,并注意做好风险前期的预警工作。

**(二) 西方国家跨国公司的应对措施**

1. 跨国公司风险管理的新发展

(1) 风险的联盟化。

随着高科技的发展及全球经济一体化,使海外投资者单凭自身力量深感力不从心,与其冒巨大风险孤军奋战,不如与同行竞争对手结成风险与成本共担,收益共享的战略联盟,更能增强风险防范能力,拓展生存空间。联盟主要集中于国际竞争极为激烈的行业领域,如电子信息、医药、汽车、航运、银行等行业。

(2) 风险防范当地化。

为防范东道国政治、法律等风险,跨国公司注意使其经营活动与东道国政治、社会、法律、经济、文化环境相融合,采取合资经营、合作经营等方式,推行跨国公司当地化政策。

(3) 风险管理网络化。

跨国公司在组织结构上正逐步成立全球网络公司,网络管理的形成是跨国公司内部风险管理组织结构的一大创新。它是通过人力资源,软技术和信息等资源在跨国公司全球系统内的自由流动,开发新型的风险管理关系,网络化结构大大增强了跨国公司抵御风险的整体实力。

(4) 风险分散多元化。

通过投资多元化,分散投资风险。通过融资来源多元化,分散融资风险。从创办新企业战略("绿地投资")转向并购战略,转变投资形式,来降低管理风险。

（5）建立中小型跨国公司,降低风险。

全球化时代,经营风险的发生具有了新的特点,其爆发的突然性和传递的迅速性已令许多西方大型跨国公司不适应,而中小型跨国公司的轻便、灵活却可以适应这样的变化。在跨国经营中,中小型跨国公司越来越活跃,如美国宾州阿美特克公司在意大利生产真空吸尘器,加州的应用材料公司在日本装配制造电脑芯片机器。这些中小型公司又称"小巨人公司",这些中小型跨国公司可能会重新塑造21世纪及未来的全球性公司。西方国家积极支持中小企业开展跨国经营,并提供各种形式的风险保障。

2. 跨国公司建立风险管理组织

跨国公司发展到一定阶段后,都将风险管理事务规范化、制度化,一般在跨国公司董事会下设风险管理委员会,在该委员会下企业专门设有首席风险官,首席风险官运用风险组合分析技术帮助各部门明确检查各种风险问题,包括战略、经营、财务等风险的综合,资源配置和协调的风险,新产品及新业务开展的风险等的管控。

3. 跨国公司内部风险管控途径

跨国公司对海外子公司或其他分支机构的控制可以通过所有权控制、计划控制、人员控制、财务控制等多种途径实现。

（1）所有权控制。

所有权控制是指跨国公司通过掌握海外子公司或其他分支机构的股权而实行的控制。若跨国公司在海外子公司或其他分支机构总投资占的比重越大,其控制能力就越强。根据具体情况不同可以选择完全拥有、绝对控股、相对控股或参股等不同控制方式。

（2）计划控制。

计划控制是指跨国公司对海外子公司或其他分支机构内部的生产和营销活动进行统一计划安排,以保证跨国公司总体战略目标的实现,同时也能充分发挥各子公司自身的技术与管理优势以及在世界各地的资源条件,以实现跨国公司全面协同、稳定地发展。

（3）人员控制。

人员控制是指跨国公司通过对其子公司或其他分支机构人员,特别是主要管理人员的控制,使各分支机构的生产经营活动纳入跨国公司的总体经营战略之中,从而实现跨国公司总体战略目标的一种重要手段。人员控制的方式多种多样,其中决策参与和寻访控制是较为重要的两种形式。

（4）财务控制。

一般情况下,跨国公司对其海外公司或其分支机构的财务活动都实行统一管理,由总公司财务主管部门制订财务计划,确定统一财务准则和财务报告,并对子公司的财务活动进行监督,子公司或其他分支机构只能在总公司划定的财务权限内行使自主权。

4. 跨国公司内部管控模式

跨国公司对子公司或其他海外分支机构管控模式有三种,即财务管控型、战略管控型及运营管控型。

（1）财务控制型。

跨国公司的母公司只是作为一个投资决策中心,母公司的注意力更多地集中于财务管理、财务决策及财务监控上,关注的是子公司或其他海外分支机构的盈利情况和自身投资回报、资金的收益上,而对子公司生产经营状况不予过问。如香港和记黄埔集团,员工超过 18 万人,在全世界 45 个国家经营港口及相关服务、地产、酒店、零售、制造业及能源等行业,李嘉诚采用财务为主的管控模式。

(2) 战略控制型。

跨国公司的母公司对子公司或海外分支机构进行资产管理和战略协调功能。母公司与海外子公司的关系主要通过战略协调、控制和服务而建立,但母公司很少干预海外子公司日常经营活动,皇家荷兰/壳牌公司集团成立于 1907 年,皇家荷兰石油公司占 60% 的股份,壳牌运输和贸易公司(英国)占 40% 的股份。该公司主要从事石油上下游及化工业务,在世界 100 多个国家和地区有 300 多家子公司,员工 10.1 万人。其特点是集团总部很小,主要集中在进行战略的综合平衡、全球性开发和优化配置资源及市场,发挥各经营公司的主动性,提高对国际市场的反应速度,把握时机,保持集团的稳定发展。

(3) 运营控制型。

跨国公司通过母公司的业务管理部门对控股子公司的日常经营运作进行直接管理,强调公司经营行为的统一、公司整体协调成长和对行业成功因素的集中控制与管理。美国 IBM 公司可以说是这种管控方式的典型,为保证其全球"随需应变"的战略实施,各子公司都由 IBM 总部进行集权管理,计划均由总部制订,下属单位则只负责保障实施。

以上三种模式各有特点,运营控制型和财务控制型是集权和分权的两个极端,战略控制型处于中间状态。这三种模式各有优缺点,现实中跨国公司往往以一种模式为主导的多种模式的综合。

### 案例 11-7

## 中航油制度缺陷导致巨亏的教训(2006 年)[①]

2004 年年底,曾被奉为"走出去"战略棋盘上过河尖兵的中国航油新加坡股份有限公司(其 60% 的股权属于大型国有企业中国航油总公司),因总经理 C 在石油期权和期货投机中判断失误,累积超过 5.5 亿美元的亏损,于 2004 年 11 月 30 日向新加坡高等法院申请破产保护。为什么中航油会出现这样大的风险事件? 事情究竟是怎样酿成的?

2003 年,经有关部门批准,中航油新加坡公司(以下简称新加坡公司)在取得中航油集团公司授权后,开始做油品套期保值业务。在此期间,总经理 C 擅自扩大业务范围,从事石油衍生品期权交易,这是一种像"押大押小"一样的金融赌注行为。C 和日本三井银行、法国兴业银行、英国巴克莱银行、新加坡发展银行和新加坡麦戈利银行等在期货交易场外,签订了合同。C 买了"看跌"期权,赌注每桶 38 美元。没想到国际油价一路攀升,C"押了小点开盘后却是大点"。

2004 年 10 月以来,新加坡公司所持石油衍生品盘位已远远超过预期价格。根据其

① 商务部跨国经营管理人才培训教材编写组.中外企业跨国经营风险管理比较[M].北京:中国商务出版社,2009.

合同，需向交易对方（银行和金融机构）支付保证金。每桶油价每上涨1美元，新加坡公司要向银行支付5 000万美元的保证金，导致新加坡公司现金流量枯竭，最后，账面实际损失和潜在损失总计约5.54亿美元。

新加坡公司违规之处有三点：一是做了国家明令禁止不许做的事；二是场外交易；三是超过了现货交易总量。这是表面上很容易看出的事情，但是却在一年多的时间里都未得到禁止处罚。新加坡公司从事以上交易历时一年多，从最初的200万桶发展到出事时的5 200万桶，一直未向中国航油集团公司报告，中国航油集团公司也没有发现。直到保证金支付问题难以解决、经营难以为继时，新加坡公司才向集团公司紧急报告，但仍没有说明实情。

中航油新加坡公司闯下如此大祸，偶然之中有必然因素，它反映出是中航油的监控制度存在一些重要的漏洞：

第一，中国航油集团公司的危机处理机制存在沟通不畅、不及时的问题。最初的账面亏损为8 000万美元，如果那时集团决定斩仓，整个盘位的实际亏损可能不会超过1亿美元。

第二，中国航油集团公司和新加坡公司的风险管理细则也有许多疏漏之处。中航油集团总公司控制不了"人"。新加坡公司基本上是总经理一个人说了算。新加坡公司在已经在石油期货交易上出现3 580万美元的潜在亏损后，仍追加了错误方向"做空"的资金。由于C在场外进行交易，集团公司通过正常的财务报表没有发现问题。新加坡当地的监督机构也没有发现，中国航油集团新加坡公司还被评为2004年新加坡最具透明度的上市公司。

第三，该公司制定的《风险管理手册》的内容让人引起歧义的地方很多，没有体现中国关于限制期货操作的规定。尽管提出了最高风险的数额限制，却并没有制定超过限额和仓位的有效应急机制。手册明确规定，损失超过500万美元，必须报告董事会。但C从来不报，集团公司也没有制衡的办法。

新加坡事件发生后，中国航油集团公司立即开始了全面深刻的反思，积极探索在新形势下建立风险管理的长效机制。

集团公司首先在全系统开展了"我从新加坡公司事件中吸取什么教训"的大讨论，增强了干部职工的风险意识。通过讨论和反思，集团公司领导班子清醒地认识到，中国航油在防范重大经营风险过程中还存在较多问题：一是对中国企业走出去的市场运作规则和法律环境缺乏全面了解，对新加坡公司的风险管理着力点不全面，风险意识不足，管理经验和知识不够，对从事国际油品交易的经营风险估计不足。二是对境外上市的子公司疏于监管与控制。集团公司对境外上市子公司在管理理念、管控方式和手段上未能适应新加坡公司经营环境和业务特点的需要。三是对新加坡公司风险控制机制的缺陷没有清醒的认识；新加坡公司虽然建立了风险管理机构和三级风险防御机制，但该机制最大的缺陷是，风险控制归口到总经理一个人来把握，而非由经营层和董事会两条线进行监控，导致新加坡公司管理层过度集权，承担了执行和监督职能，既当运动员又当裁判员。四是对新加坡公司的权力制衡机制未能有效发挥作用。

在经历了新加坡事件危机、国际油价屡创历史新高、国内外油价持续倒挂、航油资源频繁告急、航油市场开放和价格改革提速等不利因素的影响后,2005年中国航油集团建立了有中国航油特色的风险管理体系,各项工作都取得历史最高水平,在国资委业绩考核评比中获得优良成绩。2005年供应油品975.2万吨,其中航油929.5万吨,比2004年的789.1万吨增长17.8%,实现销售收入344亿元,比2004年的238亿元增长44.5%。

同时,国内航油业务供应范围增至122个机场,首都机场航油扩建工程、浦东成品油码头工程、广州联邦快递亚太转运中心供油工程等一批重点工程陆续开工建设。目前,中国航油排名为全球华商企业第104位。

风雨过后见彩虹。中国航油新加坡公司的阴影即将成为过去,教训将成为经验。在经历这场灾难后,中国航油集团已经在新的起点上稳步前进,走向更加灿烂的明天。

资料来源:商务部跨国经营管理人才培训教材编写组.中外企业跨国经营风险管理比较[M].北京:中国商务出版社,2009.

第十一章 企业国际化战略

# 第十二章

# 企业战略态势的选择

由于发展型战略已在本书第八、九、十、十一四章中分别进行了详述,因此本章仅就企业稳定型战略、紧缩型战略及复合型战略作一介绍。

## 第一节 企业稳定型战略

### 一、企业稳定型战略的概念

稳定型战略是指在企业内外部环境约束下,企业遵循与过去相同的战略目标,保持一贯的成长速度,基本保持目前的资源分配和经营业绩水平的战略。按照稳定型战略,企业目前的经营方向、核心能力、产品及市场领域、企业规模及市场地位等都大致不变或以较小的幅度增长或减少,是以安全经营为宗旨、不冒较大风险的一种战略。

从企业经营风险的角度来讲,稳定型战略的风险是比较小的;从企业发展速度上来讲,稳定型战略发展速度是比较缓慢的,甚至还会有萎缩;从企业的战略思想上来讲,稳定型战略追求的是与企业过去大体相同的业绩,是要保持在过去经营状况基础上的稳定。

### 二、企业稳定型战略的类型

美国的一些管理学家将稳定型战略分为四类:即不变战略、维持利润战略、暂停战略、谨慎前进战略。

1. 不变战略

采用这种战略可能有两种原因,即一种原因是企业内外环境没有发生重大变化,基本稳定,而高层领导者认为企业过去经营相当成功,因此,没有必要对战略作出调整;另外一种原因是企业经营不存在什么大的问题,而外部环境又比较稳定,如果此时对战略作出重大调整反而会使企业受损,企业效益反而有可能下降,因此企业高层领导不愿意对战略作重大调整。

随着通货膨胀等因素的变化企业也只能作些微调,对战略不作根本性改变。

在当前企业竞争十分激烈的情况下,这种战略实际上是十分危险的,一旦企业内外环境发生较大变化,如果此时企业仍死守阵地,则有可能完全被竞争对手所挤垮。

2. 维持利润战略

企业以追求目前利润为目标,甚至不顾牺牲企业未来长远利益来维持目前利润水平,追求短期效益而忽略企业长期发展。例如,企业采用减少研发经费开支,停止设备维修,减少广告费等支出,尽量提高企业当前短期利润水平,新上任的企业领导人尽管还没有采取什么战略措施,但到了年底却要企业财务主管把账上的利润做得很高,以显示新上任的领导人就是比前任企业领导人强。如果企业较长期采用这种战略,将使企业丧失长期发展后劲,企业不可能得到持续发展。

3. 暂停战略

暂停战略通常被认为是企业内部休整的临时战略。经营中往往会出现这样的情况,企业经过一段时间的快速发展后,可能会发现企业在某些方面显得力量不足或资源紧张,或管理跟不上企业外界环境的变化,这时就可采取暂停战略,即在一段较短时间内放慢企业发展速度,临时性地降低增长目标的要求,腾出精力加强企业内部管理,以改善缓解资源供应紧张的状况。暂停战略可以达到积蓄企业能量,为今后发展做好各方面的准备。

4. 谨慎前进战略

采用这种战略主要是由于企业外部环境中某些重要因素发生了显著变化,而企业对环境变化的未来发展趋势难以预测,把握不住。例如,企业的原材料供应突然变得紧张起来,或政府颁布了对企业经营有重大影响的新法规,或宏观经济形势变得捉摸不定,此时企业必须谨慎行事,很有必要采用稳定型战略,重新审视企业内外环境变化,使企业稳步地向前发展。

## 三、企业稳定型战略的优缺点

1. 优点

(1) 企业经营风险较小,企业基本上维持了原有的产品和市场领域,避免了开发新产品的巨大资金投入及风险。

(2) 能够避免因改变战略而改变资源分配的困难,由于经营领域未有大的变化,因而资源配置也基本未有大的变化,这种战略执行起来比较容易。

(3) 采用稳定型战略可以提高企业内部管理水平,苦练内功,增产挖潜,增产节约,增收节支,加强企业技术改造与革新,努力降低成本,提高产品质量,培育核心能力,实现科学管理,在市场上赢得信誉,提高产品竞争力。

(4) 能给企业一个较好的休整期,企业可以休养生息,保存实力,集聚能量,等待时机,以便在今后东山再起。从这一点来看,稳定型战略是企业发展必然要经历的战略阶段。

2. 缺点

(1) 长期采用稳定型战略,企业发展速度缓慢,在企业竞争非常激烈、企业外部环境变化十分迅速的情况下,企业仍维持原先的战略是十分危险的。

(2) 从稳定型战略向其他战略过渡,需要打破原来的资源分配的平衡,建立新的平衡,这往往需要较长的启动时间,在稳定型战略实施过程中,企业高层领导往往把眼光放在企业内部管理模式、组织机构调整上,而对于企业外部环境变化及提供的机遇容易忽略,有时会错过企业发展的机遇,这是值得注意的。

(3)稳定型战略是建立在对外部环境基本稳定的预测前提条件下的,如果预测不准确,稳定型战略就面临巨大风险。

## 四、企业稳定型战略的适用条件

### 1. 外部环境方面

(1)宏观经济环境会影响到企业战略的选择。如果宏经济环境处于总量不增长或低速增长,会使得某些产业增长速度降低,会使得该产业内的企业倾向于采用稳定型战略。

(2)产业技术创新速度放缓。如果企业所在产业技术相对成熟,技术更新速度变缓,因而产品系列更新速度也变缓,市场需求变化较小,促使企业采用稳定型战略。

(3)消费者需求偏好变化较慢。某些产品在一段时间内消费者需求偏好变化较慢,企业在一段时间内可以采用稳定性战略。

(4)产品生命周期处于成熟期的企业。由于处于产品生命周期的成熟期,此时产品需求及市场需求相对较为稳定,这时市场竞争结构也比较稳定,提高企业市场占有率,改变市场地位的机会也较少,此时大多数企业会采用稳定型战略。

### 2. 企业内部条件方面

(1)企业执行一段时间的发展型战略之后,一般要经历稳定型战略的阶段,该阶段时间长短是由企业外部环境及内部条件所决定的。即企业经过一段快速发展之后,必然在企业内部资源配置、组织机构、人力资源及企业文化等各方面显现出不适应、不协调,企业必须转入稳定型战略,在企业内部管理各方面进行调整是必要的。因此企业稳定型战略是企业执行发展型战略后的必然阶段,对企业来讲稳定型战略既是对前一阶段执行发展型战略后的调整,也是为下一阶段新的发展型战略作为资源、组织、文化等各方面准备的一个十分重要的阶段。

(2)企业高层领导者对过去的经营业绩感到满意,希望保持和追求与过去大体相同的业绩和目标,希望在市场占有率、产销规模、总体利润等方面保持现状或略有增加,从而稳定和巩固企业现有的竞争地位。

(3)企业不愿意贸然改变现行战略而带来的风险,因为企业如果采用新的发展战略会使企业经营者感到对新的产品或新的市场缺乏足够的认识和必要的准备。对于新上任不久的领导者来讲,采用稳定型战略使他感到更加保险。

(4)企业外部环境相对比较稳定,无论企业资源充足或资源相对比较紧缺,都应采用稳定战略,例如,企业宏观经济环境保持低速增长,或者行业发展速度较低,行业技术相对较成熟,技术进步速度较慢,消费者需求增长较慢,消费者偏好较为稳定,或产品生命周期处于成熟期,市场规模变化不大,因此,无论企业资源充足或企业资源相对比较紧缺,都应采用稳定型战略,当然,若企业资源充足可以在较宽的市场领域进行经营,若企业资源相对比较紧缺,可以在较窄的市场领域内经营。

(5)根据企业内部实力状况决定采用稳定型战略,例如,当企业外部环境较好,为企业发展提供了进一步发展的机遇,但企业实力不足,如企业资金不足、研发力量薄弱,企业素质及管理落后等原因无法采取发展型战略,在这种情况下,企业只能采用稳定型战略,使企业有限的资源集中投入到自己最有优势的环节上去。

企业外部环境恶劣不利企业发展,但企业资源丰富,实力较强,则企业也只能在这一业务单元采取稳定战略,以静观外部环境的发展。

(6)寡头垄断行业内竞争格局已经形成,一般要采用稳定型战略。某个行业内被少数几家厂商所垄断,控制了这一行业的供给,这就是寡头垄断行业。寡头垄断行业在国民经济中占有十分重要的地位,例如,在美国钢铁、汽车、炼铝、石油、飞机制造、香烟等重要行业都是寡头垄断行业,这些行业中大都是几家公司的产量占全行业产量的 70% 以上,在日本、欧洲等发达国家也存在同样的现象。这种寡头垄断行业最重要的特征是规模经济效应十分显著,而其市场结构的重要特征是几家寡头企业之间相互依存性很大,即每家厂商在作出价格与产量决策时,不仅要考虑其本身的成本和收益,而且还要考虑这一决策对行业市场的影响,以及其他厂商可能作出的反应。

这种行业进入壁垒非常高,行业竞争格局比较稳定,竞争对手之间很难有较大的业绩改变,因此,这种行业的企业有可能采用稳定型战略,以期保持稳定的收益。

## 案例 12-1

### 丽岛酒店的稳定型战略

丽岛实业是香港的一家餐饮企业集团,已在香港经营餐饮业 30 余年。丽岛实业在香港开设有 20 多家以"丽岛大酒楼"、"丽岛皇宫"等命名的传统粤菜酒楼,这些酒楼主要面向中、高档消费者,虽然菜品价格高于一般粤菜酒楼,但其菜式以高质量取胜,生意门庭若市,已经形成了一批忠实的老客户,"丽岛"品牌酒楼已经成为香港传统粤菜的著名品牌,占有较高的市场份额。

除了粤菜酒楼外,丽岛实业还在香港各地区开设了 100 多家丽岛快餐店,虽然是快餐生意,但其经营模式仍以高质量为主,因此"丽岛"品牌的快餐店在中式快餐行业取得了领导地位。在香港餐饮业,"丽岛"就是品质的标志。加之丽岛实业大股东蔡大福已临近退休年龄,因此公司当时选择了稳定型战略。顾客群以中老年忠实熟客为主。

后来,蔡大福任命女儿蔡家伦为丽岛实业的总经理,蔡家伦上任后,分析了丽岛实业餐饮业务现状及市场情况。香港年轻人及中产阶层更喜欢新鲜事物,不再迷恋传统菜。同时快餐业务价格竞争十分激烈。蔡家伦认为,为保持并提高盈利能力,丽岛实业必须改变企业战略和经营方式,蔡家伦将其方案一直采用的稳定型战略变革为成长型战略,并采取了一系列变革措施。

资料来源:稳定型战略案例丽岛酒店,分析+答案. wenku. baidu. com.

## 第二节　企业紧缩型战略

### 一、企业紧缩型战略的概念

紧缩型战略是指企业从目前的战略经营领域收缩或撤退,是偏离原战略起点较大的一种战略,是相对比较消极的战略。

一般来讲，企业实行紧缩型战略是短期的，其根本目的是从某一经营领域撤出后，再进入到其他对企业发展更为有利的领域中去，是以退为进的战略。从企业经营风险的角度来讲，紧缩型战略是企业从风险较大、有可能使企业遭受更大损失的经营领域退出来，是企业躲避风险的战略。从企业发展来讲，可能因外部环境恶化迫使企业采取紧缩型战略，是保全企业生存被迫向后撤退的战略。

## 二、企业紧缩型战略的类型

紧缩型战略共有三种类型，即转向战略、撤退战略和清理战略。

### （一）转向战略

转向战略的实施对象是陷入危机境地而又值得挽救的企业，实现经营转变有三种措施可供选择：

1. 修订现行战略。如果企业诊断的结论是原有战略已不适应当前企业的外部环境及内部条件的要求，则应当修改现行战略。要重新对行业、竞争对手、企业竞争地位及其经营资源、经营能力的状态进行分析，甚至企业经营主业都要发生转移，基本的经营宗旨及价值观念都要发生变化。

2. 提高收入。收入提高的战略目标自然是要增加现金流量，为此有以下方法可供选择：产品降价销售；改进促销手段；催收应收账款；出售与企业基本经营活动关系不大的土地、设备、房屋，出售某些资产等，努力增加现金收入。

3. 降低成本。尽量压缩日常开支，减少培训、广告、研究开发、促销费用开支，压缩编制，降低管理费用，加强库存控制等。

### （二）撤退战略

战略撤退的主要目的是要保存企业实力，等待时机再发起进攻。当企业现金流量日趋紧张时，企业从整体战略出发选择撤退战略，其方法有：卖掉一些生产线，卖掉某些子公司，撤出一些市场，将企业资源集中到企业的主导产品、核心市场上。企业资产的削减不仅仅是为了增加现金来源、摆脱亏损的经营领域，更是为了通过资金的筹集来加强和巩固保留下来的业务的优势。

撤退战略包括两种类型，即放弃战略和分离战略。

1. 放弃战略。当企业遇到很大困难、预计难以通过转向战略扭转局面或当采用转向战略失败后，企业可以采用放弃战略，将经营资源从这一经营领域中抽出，即以现金回收为出发点，企业暂时还留在夕阳产品的市场中，但不再进行任何新的投资，停止一切设备的维修，中止广告和研究开发，尽量减少产品的规格和种类，缩减产品的营销渠道等。总之，这种战略是从企业的现状出发，以尽快回收现金为目的，最后放弃这一业务领域。

2. 分离战略。分离战略有两种形式：将某一业务单位从公司中分离出去，此业务单位在财务和管理上有其独立性，母公司只保存部分所有权或者完全没有所有权；另一种情况就是找到愿意进入该经营领域的买主，将这一业务单元出卖。企业分离的原因多种多样：首先，可能是业务单元的经营内容或经营状况与公司整体经营的内容状况不协调，不适合企业战略发展的需求，尽管这些业务单元的经营还能盈利；其次，可能是公司财务的需要，如筹集资金，保证公司财务稳定和主导产品经营的优势，因而牺牲某个经营领域以便增加公司的现金流量。例如归核化战略，即为企业分离战略的一种形式，将在本章第三节中予以介绍。

当然，采取撤退战略对经营者来说是个困难的决策，它会遇到经济上和管理上的阻力，例如，存在经济上的阻力，企业技术性很强的资产，其资产专用性很强，退出壁垒很高，固定资产很难出售；会遇到公司管理上的阻力，企业内部人员（特别是管理人员）会持反对意见。同时，如果准备放弃的业务与企业其他业务有较强的联系，由于实行撤退战略，使企业其他业务单元受到影响，也会受到企业中其他干部员工的反对。因此，实施撤退战略是十分复杂的，企业高层领导应审时度势，果断决策。

### （三）清算战略

企业由于无力清偿债务，通过出售或转让企业的全部资产，以偿还债务或停止全部经营业务而结束企业的生命。清算分自动清算和强制清算，前者一般由股东决定，后者须由法庭决定。清算战略是所有战略选择中最为痛苦的决策，对于单一经营的企业，它意味着结束了公司组织的存在；对于多样化经营的企业，它意味着一定数量的工厂关闭和员工解雇。通常情况下这是所有战略全部失灵时采用的一个战略，当企业资产不足以清偿债务时，则只有宣告破产。在企业毫无希望再恢复经营时，早期清算比被迫破产更有利于股东的利益，否则，一味地在该领域内继续煎熬，只能耗尽企业的资源，而不会有任何好处。

## 三、企业紧缩型战略的重要性

紧缩型战略是企业战略的重要内容。任何企业的发展都不是直线成长的，而是螺旋式上升，波浪式前进的。应根据市场变化、企业自身实力以及竞争对手情况采取不同的战略，有进攻、有撤退、有扩张、有收缩，经常地、自觉地调整自身的产业结构和产品结构，以保证企业内部资源配置的最优化，所以企业的退出与企业进入一样也是构成企业战略的重要组成部分。

把握进入机遇、选择进入领域是企业成功的因素；而把握退出时机、选择退出方式，同样也是企业立于不败之地的关键。对企业高层领导人来讲，选择不做什么有时比选择做什么还困难。有的学者认为"自我毁灭"是知识经济时代企业取得成功的重要法则，企业必须在已取得成功之际甘愿自我毁灭，才能继续成为成功的新企业。如果它们不自我毁灭，别人就会把它们毁灭。这种所谓"自我毁灭"实际上是企业自觉的调整性退出，特别是企业面临经济技术巨大变化、经济系统的原有均衡被打破而出现新的非均衡时，这种"自我毁灭"的调整性退出显得尤为突出。

在市场瞬息万变的今天，应当坚信一个哲理，生女终有嫁女时，当你开始倾注心血创业时，就应该想好自己的退路，因为它能够让你心中清楚自己的创业征途有一个怎样的终点和底线，让你明确自己努力的焦点。即使你创立的公司有一天卖给了别人，你仍然会希望这个公司能一路走好，继续成为创造财富的机器。

世界上有一种胜利叫撤退，也有一种失败叫占领。

紧缩型战略对企业来说具有十分重要的意义,已成为企业发展的重要环节,其原因是:

1. 与市场进入相比,市场退出的难度更大。它除与市场进入同样存在的结构性壁垒之外,还存在着一些进入壁垒所不曾有的特殊障碍。

(1) 心理障碍。一般说来,市场进入是企业业务扩张,而这种扩张又是与企业决策者的地位、权力、声誉、利益相联系的,由于利益驱动的结果,企业本身就具有自我扩张的欲望。而市场退出却是自我毁灭,特别是一些进入决策原先就是企业在位决策者决定的,现在要退出,就意味着决策者要自我否定,在其思想感情上难以接受。

(2) 识别障碍。与市场进入的机遇相比,市场退出的征兆信号更隐蔽,常常是在企业表面运行情况正常,甚至是企业最繁荣,企业领导层还在自我陶醉的时候,实际上已经潜伏着危机萌芽,这就要求领导层不仅要有急流勇退的决心和魄力,还要有明察秋毫的眼光和智慧,及时作出市场退出的决策。

(3) 制度障碍。在市场经济中,由于存在着结构性的壁垒,因此无论市场进入还是市场退出都是有一定难度的,在我国国有企业现有制度下,常常会人为地降低进入壁垒,形成市场进入壁垒的制度性失效;同时又会人为地增加市场退出壁垒,形成市场退出壁垒的制度失效。因此,对于国有企业来讲,市场退出比市场进入要困难得多。

2. 与市场进入相比,退出决策失误对企业发展的危害性更大。

一般来讲,没有及时抓住市场进入机遇,企业还可以等待下一次机遇,一般只会造成企业资源的闲置或浪费。但如果市场退出机遇没及时捕捉住,该退出时犹豫不决,贻误战机,就会造成企业的重大损失,甚至酿成倒闭破产。

市场退出作为一种企业战略并不是简单的退出行为,它具有以下特征:

(1) 自觉性与主动性。即企业的退出不是等到企业完全陷入困境之后,被迫采取的应急措施,而是一种有计划、有目的的自觉行为,其目的是为了优化企业的产业结构和产品结构,是为了企业的长远发展。

(2) 全局性。企业紧缩型战略是以企业的全局为对象的,是根据企业总体发展的需要而制定的,市场退出虽然只是企业的局部经营活动,但是它是作为总体行动的有机组成部分在战略中出现的,因此,市场退出不能计较一城一地的得失,而是追求战略的总体效果,使紧缩型战略具有系统性、综合性。

(3) 竞争性。企业在采取紧缩型战略时不能单考虑企业业务的现状、经济效益和管理水平,还要考虑到来自外部的竞争与挑战,企业战略选择应主要着眼于培育企业核心能力,取得竞争优势,并以此为基准实行有进有退,有所为有所不为。

## 四、采用紧缩型战略的时机

企业的业务与产品的衰退不是一个时点,而是一个很长的过程,期间可能几起几落以至最后消亡,因而这部分产品退出不是一哄而散。每个企业都应该根据自身实力特点,根据市场竞争态势,选择最佳退出时点,以取得退出效益最大化。如果过早退出,无疑等于把自己的市场份额拱手让给竞争对手,使自己丧失继续盈利的机会,相反,如果明知胜利无望却迟迟不退出,继续留在行业内挣扎,最后只能导致全军覆没,血本无归。

当然,有些时候企业衰退也可能具有突发性,如自然灾害、战争、重大经济纠纷、外部重大技术发明等都可能给企业带来重大冲击,使其偏离正常轨道,甚至造成企业失败。为了避免企业在突发性失败面前惊慌失措,企业应有市场退出应变计划,这一计划应当包括两项内容,一是应采取何种对策来抵消事件所带来的不利影响,使企业摆脱突发性事件冲击所造成的困境;二是当不利影响是不可避免并导致企业经营活动发生重大困难时,企业应采取何种措施退出市场,使损失减少到最低程度。

要克服企业行为惯性。不少企业都有往日辉煌的历史,从而就有了一套曾经使企业获得巨大成功的战略构架、行为模式和价值取向等,特别是我国市场经济刚刚实行 30 多年,企业刚刚在市场经济中成长起来,市场进入和规模扩张成为企业行为的主要取向,通过经验积累逐步形成一种沿袭以往的行为模式的组织定势及思维定势,即行为惯性主要表现在公司领导层只是习惯于面对过去,而不习惯于面向未来;只习惯于进攻而不善于防御;只善于一味扩张,不善于适当收缩;只善于市场进入,不善于市场退出。正是这些行为惯性蒙住了高层管理者的视线,使他们无法对环境变化作出适当而正确的反应。因此,一旦企业市场环境发生变化,按照以往成功模式办事反而导致失败。要看到,只有伸缩有度、刚柔相济,才能推动企业波浪式前进、螺旋式上升。

## 五、企业紧缩型战略的优缺点

1. 采用紧缩型战略的优点

(1)采用紧缩型战略,及时而果断地采用转变或撤退战略,才能挽救企业生命,使企业能够转危为安,渡过难关,提高企业经济效益。

(2)采用紧缩型战略,可能使企业经受磨炼和考验,总结了经营失败的教训,取得了经验,危难而不死,企业素质因而大大提高,企业应变能力得以加强,这就使企业在今后的市场竞争中活力更强。

(3)从宏观角度来看,有些企业因经营不善或其他原因而破产是好事而不是坏事,有利于产业组织结构及产品结构的调整,提高了资产流动性,提高了资产的利用效率。

2. 采用紧缩型战略的缺点

(1)采用紧缩型战略,企业即陷入消极经营的状态,职工士气低落,这种状态的本身就威胁到企业的生存,更加剧了企业经营的困难。

(2)对于要采取放弃和分离战略的企业来说,企业经营者在作出放弃或分离决策时,方法措施要得当,要及时而果断,若在决策时犹豫不决,优柔寡断,该放弃和分离的经营单位而不能及时地放弃和分离,则可能会把整个公司自身拖垮,以致带来整个公司的倒闭或破产。

## 六、企业选择紧缩型战略的原因

企业采用紧缩型战略可能有四个原因:

1. 国际或国内宏观经济衰退,银根收紧,或宏观经济存在潜在危机,企业的制造成本和销售成本均面临日益增高的通货膨胀压力,企业处境困难,企业不得不采用紧缩战略。

2. 企业产品处于衰退期,市场竞争过度,产品不盈利,甚至产生亏损,企业又没有新产品上市,企业被迫采用紧缩战略。

3. 企业重大投资失败,企业在战略决策上有重大失误,财务上遇到严重困难,企业处于危难之中,不得不采用紧缩战略。

4. 企业为谋求更大的发展,主动调整战略。企业主动从某些经营领域撤出,企业要将有限的资源投入到更有市场前景、收益更高的业务领域,这时企业要在某些经营领域采用紧缩型战略。

## 七、采用紧缩型战略的企业应当采取的措施

1. 人员方面:要采用少而精的方法,自然减员时不再补充,自愿辞职离职的也不再补充,以减少固定职工;控制管理人员的工资,控制提级,以减少人事费用;推行在厂进修学习、提高职工的工作能力的政策,以发挥人的潜力;做好政治思想工作,使广大职工认清企业的形势,增强凝聚力,增强与企业共同克服困难、渡过难关的信心。

2. 物资方面:要彻底清理库存,加强管理,修旧利废,有效利用闲置设备,清理残损商品等。

3. 财务方面:要压缩一切费用开支,设法加速资金周转,努力回收货款,积极用好手头现有的资金。

4. 技术方面:削减研究开发经费,积极提高研究开发效率,慎重考虑和推迟设备投资。

5. 组织制度方面:精简组织机构,提高办事效率,领导决策时要迅速、机动、灵活,同时要警惕企业整顿工作做过头会降低职工的士气。

6. 事业方面:对于亏损的事业部门要缩小经营规模或放弃,对亏损的子公司要清理整顿。

## 案例 12-2

### 万科公司的紧缩型战略(1993—2003 年)

万科企业股份有限公司(以下简称万科)成立于 1984 年 5 月,是目前中国最大的专业住宅开发企业。至 2009 年,已在中国 20 多个城市设立分公司,2010 年实现销售面积 897.7 万平方米,销售额 1 081.6 亿元,营业收入 507.1 亿元,净利润 72.8 亿元。万科成为全国第一个销售额超千亿的房地产公司。

万科认为,坚守价值底线,拒绝利润诱惑,实现以专业能力从市场获取公平回报,是万科获得成功的基石。

万科 1988 年进入住宅行业,1993 年将大众住宅开发确定为公司核心业务。

目前业务覆盖到以珠三角、长三角、环渤海三大城市经济圈为重点的几十个城市,跻身全球最大住宅企业行列。

1988 年,万科成为中国第一批上市企业,从 1988 年至 1991 年年底万科业务除进

入房地产外,还进入了进出口、零售、投资、影视、广告、饮料、印刷、机加工、电气工程等13大类,战线一度广布38个城市,参股30多家企业,公司资源迅速分散。1992年,王石把多元化经营时期所有亏损的钱和赚的钱相加后,发现结果竟然是赤字。痛苦反思之后,万科放弃了多元化经营,选择走专业化道路,1993年王石带领万科开始做"减法":

一是整体业务方面收缩,退出了与住宅无关的产业。

二是投资区域的集中,收缩住宅战线,从13个城市收缩到深、沪、京、津4个城市。

三是提出了以城市中挡住宅为主,减少房地产的产业品种。

四是资金集中,万科把全国30多家企业持有股份,开始转让。

经历10年的减法,从涉及13个大类,19个行业,减至1个行业。万科终于走上了专业化发展房地产的道路。例如,万科在1997年协议转让出去扬声器厂,当时扬声器厂生产的电话机喇叭占国内市场占有率的40%,其生产的电话机和电视机配件已遥遥领先于竞争对手。又如怡宝蒸馏水是万科转让出去的另一个产品,1991年万科买进怡宝时,产量非常小,年产仅3 000吨,万科买下后从德国买进了蒸馏水生产设备,3年时间,万科把怡宝蒸馏水年产量达10万吨,是当时国内最大的蒸馏水厂,在广东水饮料市场占有率第一,但为适应万科整个集团发展的长远需要,万科还是把它卖了。

这些措施都是为了万科集团的长远利差,从而使万科获得了持续的核心竞争力,最终成就了万科20年的持续增长的传奇。

从上述案例分析中,我们可以看出万科实行紧缩型战略中具体实施了两个战略。

1. 转向战略:万科收缩住宅战线,减少房地产品种投资,其中以中档住宅为主,更加走向以住宅房地产为专业的发展道路。

2. 放弃战略:万科卖掉了怡宝和扬声器厂为代表的13大类、19个行业的非房地产企业,精简了部分结构,加快了资金融通。

资料来源:作者从百度网:万科集团、zhidao.baidu.com;紧缩型战略案例材料综合而成。

# 第三节　企业归核化战略

## 一、企业归核化战略的概念及其兴起

1990年美国战略管理学家马凯兹(C. C. Markides)提出了归核化的概念。1992年马凯兹发表了《归核化》的论文。

归核化战略是指多元化经营的企业,通过剥离非核心业务,将其业务集中到资源和能力具有优势的领域,围绕核心竞争力所开展的适度相关多元化战略。

美国大企业在20世纪50年代起实施多元化战略,在70年代达到高峰,80年代进入战略转型期,90年代美国多数大企业开始向归核化战略转型,归核化战略是西方发达国家企业多元化战略发展到一定阶段的产物。美国通用电气公司向归核化战略转型取得了惊人的效果。1980年,GE多元化经营曾经有64个事业部,向归核化战略转型后,公司提出"数一数二"原则,即如果某项业务的业绩不能在同行业中居于第一名或第二名,则公司将不再经营该项业务。1987年将64个事业部合并为13个事业部,获得极好效益。1991年GE销售额达602亿美元是1980年的2.4倍,利润44亿美元是1980年的2.9倍,员工为28万人,是1988年的70%。

1995年9月20日美国电报电话公司宣布将公司"一分为三",当天该公司股票市值上升近百亿美元,使企业归核化达到高潮。1978年美国纽约股票交易所上市公司中采用多元化经营的企业达63.8%,全部企业的平均经营方向达4.17个,而到1989年这些企业中实施多元化战略的仅占36.1%,全部企业的平均经营方向也下降到1.72个。

全球大企业在1980~2000年间,多元化企业数量减少了一半多,而归核化企业数量则增加了一倍(见表12-1)。

表 12-1　全球各行业排名前 12 位的工业企业中多元化和归核化的企业数量及比例

| 时　　间 | 1980 年 | | 1990 年 | | 2000 年 | |
|---|---|---|---|---|---|---|
| | 美国 | 全球 | 美国 | 全球 | 美国 | 全球 |
| 多元化企业数量(比例) | 29(36%) | 71(40%) | 15(20%) | 62(31%) | 8(10%) | 34(17%) |
| 归核化企业数量(比例) | 39(46%) | 72(41%) | 51(68%) | 99(49%) | 67(84%) | 142(71%) |
| 排行前 12 位的企业总数/家 | 84 | 177 | 75 | 201 | 80 | 201 |

资料来源:1. Franko, L. G. (2004). The death of diversification? The focusing of the world's industrial firms, 1980—2000. Business Horizons,47(4),July—August:41~50.

2. World Market Share database.

3. Wright Investors Services(www. corporateinformation. com).

## 二、世界各国企业采用归核化战略的原因分析

### (一)企业管理层更加重视股东的价值,即更加重视企业盈利而不是企业的增长

这是因为在20世纪80年代以后世界市场竞争更加激烈,许多多元化经营的公司利润率过低。企业股东对管理层施加更大压力,甚至有些职业经理人被解聘,因此评价一个公司管理团队能力时,越来越看重他们提高股票价值的能力,而一般公司多元化战略回报率较低,而归核化战略回报率较高。

### (二)环境变化加剧和交易费用增加

20世纪90年代以来,企业经营环境波动加剧,使多元化经营公司在资源配置方面效率较低,对市场变化反应迟缓,行动不灵活,难以应付环境的频繁变动,这时许多多元化经营的大公司都进行了分拆,如美国 AT&T 公司拆分出 NCB 公司和朗讯公司。这种归核化在北美及西欧等国表现比较明显。

### （三）以资源和能力为基础的管理思想兴起

一套共同的管理原理和管理技能应用于许多不同业务领域中很难取得很好的绩效。而资源和能力才是创造企业竞争优势的基础,这种观念上的变化鼓励企业要专注于自己的核心资源和核心竞争力,因此企业开始走向归核化战略。20 世纪 90 年代以来世界企业发展趋势表明,归核化战略是许多世界领先企业获得成功的重要因素之一,归核化是企业战略的一个重要选择。其范围经济和规模经济的效应依然存在。

## 三、我国企业实施归核化战略的必要性

总体上来讲,由于市场经济发展阶段不同,中国大多数企业目前仍处于多元化战略高潮,尚未进入到归核化战略高潮。但随着我国产业升级我国部分企业已开始向归核化战略转型,说明归核化战略已成为我国企业重要的战略模式之一。

20 世纪 90 年代中期,我国有一些企业就已开始在多元化战略基础上实施向归核化战略转型,中国卫通在国资委 2005 年为其确定了主营业务范围之后,明确提出了 2007 年实施归核化战略转型目标,取得了明显效果。

国资委从 2004 年 11 月到 2007 年 6 月,共分 7 批公布了 153 家央企的主营业务,明确要求央企应集中力量做好主业,央企主营业务以外的资产要通过拍卖、改制、无偿划转等方式陆续剥离,说明央企从 21 世纪初期即开始从多元化战略向归核化战略转型。

案例 12-3

## 中国中化集团（2011 年）

中国中化集团原来是一家专门从事外贸业务的国有企业,过去依赖国家政策资源,经营粗放,模式单一,市场化经营能力缺失。改革开放后,我国外贸体制发生深刻变革,曾一度使企业陷入危机。因此在改革开放初期,中化集团实行第一次战略转型,大力开展非相关多元化战略,经营业务曾涉及国民经济 20 个大类当中的 13 个大类,几十个小类,国内外下属机构多达 500 多家,管理层级达到六级,以至企业管理混乱,队伍涣散,使企业再次陷入危机。在企业生死存亡关键时刻,中化集团认真吸取过去盲目扩张、粗放经营的教训,积极进行企业第二次战略转型,重新明确了战略转型基本方向,重塑了"做受人尊敬的伟大公司"的愿景,将资源聚焦到能源、农业、化工、地产、金融五大业务板块上来,调整了企业管理架构,重塑核心价值观,加强了过程控制,走出了一条大型国有外贸企业战略转型成功之路。2010 年年底,资产总额达 2 114 亿元,销售收入达 3 343 亿元,利润总额90.7 亿元,员工 4 万多名,有 4 个控股上市公司,2011 年名列《财富》世界500 强企业第168 位,战略转型效果显著。

案例来源:中国中化集团公司.大型国有外贸企业战略转型.国家级企业管理创新成果(第18届)[M].北京:企业管理出版社,2012.作者引用时进行了缩编。

**案例 12-4**

## 沈阳黎明航空发动机(集团)公司(2004 年)

沈阳黎明航空发动机(集团)公司,为贯彻军民结合的方针,1984 年实行多元化战略,开发了 200 多种产品,建立了 70 多个工厂,曾取得过一定的经济效益,但进入 20 世纪 90 年代,市场竞争激烈,大多数产品由于缺乏竞争力,1997 年企业陷入破产边缘。1998 年新一届领导班子上任后,决心由多元化战略向归核化战略转型,认为企业的核心竞争力在于透平机械制造技术。20 多年来,黎明公司曾开发了 200 多种产品,大部分产品是脱离了核心专业或专长去寻求发展,没有集中搞自己熟悉的产品领域,因此竞争力不强,成效甚微。只有紧紧围绕透平机械制造技术才能开发出有竞争力的高新技术产品,才能使企业从一般产品竞争领域走向高端产品竞争领域。该企业向归核化战略转型,从三个方面实施:培育核心竞争力、优化产品价值链、重新明确产品的市场定位。战略转型后,企业经济效益明显改善,2004 年销售收入比 2000 年增长一倍多,而盈利增长 19 倍,企业竞争力大大提高。

案例来源:沈阳黎明航空发动机(集团)有限公司."军工企业"归核"发展战略及实施".国家级企业管理创新成果(第 12 届)[M].北京:企业管理出版社,2006.作者引用时进行了缩编.

我国企业实施归核化战略的必要性:第一,为我国某些盲目扩张,盲目实施多元化战略的企业敲响了警钟,即我国企业应围绕企业核心竞争力开展适度相关多元化战略;第二,实施归核化战略有利于企业培育核心竞争力;第三,实施归核化战略有利于企业产业结构及产品结构调整及升级。

实施归核化战略的主要经验及关键步骤是:第一,选择和确定企业核心业务;第二,将非核心业务进行剥离;第三,将企业的资源和能力集中配置到相关的核心业务上去,强化企业核心业务。

## 四、企业归核化战略的优缺点

### (一)归核化战略的优点

1. 竞争优势明显。由于企业归核化战略集中于核心竞争力,从而筑起了较高的进入壁垒,使企业具有明显的竞争优势,取得较好的绩效。

2. 企业会同时取得范围经济和规模经济的效应。企业集中在少数核心业务上经营,每个业务都能获得规模经济的效应,而同时通过适度多角化也能实现范围经济的效应。

3. 企业同样会取得分散风险、增强市场竞争力及持续增长的效应。

### (二)归核化战略的缺点

1. 核心竞争力有动态性,企业要不断抛弃陈旧的、不断培育新的核心竞争力,因此核心业务也要跟随核心竞争力的变化而不断地变更。

2. 归核化战略同样存在管理冲突、分散企业资源、面临新风险及对企业管理者素质要求较高的缺点。

# 第四节　企业复合型战略

## 一、企业复合型战略的概念

所谓复合型战略是指稳定型战略、发展型战略和紧缩型战略三种战略态势的一种组合,其中组成该战略各业务单元分别采用了稳定型战略、发展型战略或紧缩型战略。一般是较大型的企业采用较多,大型企业拥有较多的业务单元,这些业务单元可能分布在完全不同的产业中,每个业务单元所面临的外部环境、其所需要的资源条件不完全相同。可能某个业务单元采用稳定型战略,另一业务单元可能采用发展型战略,还有的业务单元可能采用紧缩型战略。因此,复合型战略是大企业发展的必然选择。

## 二、企业复合型战略的类型

复合型战略可以有不同分类方法,本节将按各子战略构成的不同和战略组合时间顺序不同进行分类。

### (一)同时性战略组合

这是指不同态势的战略被同时应用在不同的业务单元中而组合在一起的复合型战略,如对 A 业务部门要求实行紧缩型战略,同时要求 B 业务部门实行发展型战略,要求 C 业务部门实行稳定型战略。这在战略管理上变得更复杂,对战略领导者要求更高。

也许 A 业务单元的经营状况并未恶化到应该放弃或清算的地步,甚至 A 业务单元仍具有一定发展潜力,但从企业战略全局出发,为了其他业务单元发展提供资源的需要,对 A 业务单元只有实行紧缩型战略。当这种情况出现时,A 业务单元经理人员当然会出现抵触反抗情绪,这要求高层战略管理者要有高超的领导艺术,去说服 A 业务单元经理人员识大体,顾大局,服从战略全局的需要,公司也会采取一定措施对 A 业务单元的损失进行一定补偿。

### (二)顺序性战略组合

这是指企业根据生存和发展的需要先后采取不同的战略方案,从而形成复合型战略。这是一种在时间顺序上的战略组合。

严格来讲,每个企业从时间顺序来讲都实行的是复合型战略,最常见到是:"发展→稳定→再发展→再稳定"式复合型战略。当然,根据企业内外环境的不同,发展、稳定、紧缩三种战略可有不同的顺序组合。顺序性战略组合是一个企业发展的必然选择。一般来讲,大企业可能既要采用同时性战略组合,又采用顺序性战略组合,这就要求企业高层管理者要能够高瞻远瞩,具有高超的战略智慧、科学的形势判断、精妙的战略谋划,可以演出许多威武雄壮、美轮美奂的战略活剧来。

### 三、四种企业态势战略的使用频率

根据企业内外环境的不同,这四种态势战略都是合适的、明智的战略选择方案。当然,在企业战略实践中这四种战略并不是被同等程度地采纳。

美国管理学家威廉·格鲁克(William F. Gluck)曾对 358 位大公司经理的战略选择进行了长达 15 年的研究,发现上述四种战略使用的频率,见表 12-2。

表 12-2　四种类型战略使用频率

| 战略类型 | 使用频率(%) | 战略类型 | 使用频率(%) |
|---|---|---|---|
| 稳定型战略 | 9.2 | 发展型战略 | 54.4 |
| 紧缩型战略 | 7.5 | 复合型战略 | 27.7 |

根据美国《幸福》杂志所列美国大公司的资料,这四种战略使用情况与经济周期联系起来可得到以下分析结果:

1. 紧缩战略是最不受欢迎的战略,紧缩型战略与发展型战略的使用频率比例见表 12-3。

表 12-3　经济周期的不同阶段紧缩型战略与发展型战略使用频率比例

| 时　　期 | 紧缩型∶发展型 | 时　　期 | 紧缩型∶发展型 |
|---|---|---|---|
| 经济萧条时期 | 1∶1 | 经济繁荣时期 | 1∶4 |
| 经济衰退时期 | 1∶2 | 经济恢复时期 | 1∶3 |

2. 稳定型战略其不受欢迎的程度仅次于紧缩型战略,稳定型战略与发展型战略的使用频率的比例见表 12-4。

表 12-4　经济周期的不同阶段稳定型战略与发展型战略使用频率比例

| 时　　期 | 稳定型∶发展型 | 时　　期 | 稳定型∶发展型 |
|---|---|---|---|
| 经济萧条时期 | 1∶2 | 经济繁荣时期 | 1∶2 |
| 经济衰退时期 | 2∶3 | 经济恢复时期 | 1∶3 |

3. 发展型战略在经济繁荣时期是最受欢迎的战略,其使用频率达到 50%,在经济衰退时期及经济恢复时期也经常使用,在经济萧条时期使用频率为 30%。

4. 复合型战略在经济繁荣时期是受欢迎的战略,其使用频率等于发展战略的 1/3。在其他时期,该战略并不太受欢迎。

# 第十三章

## 互联网条件下的商业模式

## 第一节　互联网及网络经济的特征

### 一、互联网及其特性

互联网（Internet），又称网际网络，或译因特网、英特网，是网络与网络之间所串连成的庞大网络，这些网络以一组通用的协议相连，形成逻辑上的单一巨大国际网络。这种将计算机网络互联在一起的方法可称作"网络互联"，在此基础上发展出覆盖全世界的全球性互联网络称互联网，即互相连接在一起的网络结构。

当前的互联网主要具有十方面特性：（Afual et al.，2005）

1. 开放性。它是世界上最开放的计算机网络。

2. 自由性。它是一个无国界、虚拟自由王国，信息流动自由，言论自由，使用自由。

3. 平等性。在互联网上无论男女老少、无论职位高低、无论什么职业、什么组织，一律是平等的，无等级的，你是怎样的人仅仅取决于你通过键盘操作而表现出来的你。

4. 免费性。在互联网上绝大多数服务都是免费提供的（除少数需要付款的服务以外）。

5. 合作性。它是一个没有中心的自主式的开放组织，它强调资源共享、合作共赢的发展模式。

6. 交互性。它强调信息流通是交互平等的双向式的进行。

7. 虚拟性。互联网对信息作数字化处理，通过信息流动代替实物流动，通过虚拟技术具有许多传统现实中才具有的功能。

8. 个性化。互联网作为一个新的沟通虚拟社区，它可以突出个人的特色，只有有特色的信息和服务，才可能在互联网上不被信息海洋所淹没，它引导了个性化时代。

9. 全球性。它一诞生就是全球性产物，表现出无国界性，当然全球化并不排斥本地化，互联网的主流语言是英语，但中国人仍习惯用汉语。

10. 持续性。它的发展是持续的，它的发展给用户带来价值，推动用户寻求进一步的发展带来更多价值。

正是由于全球互联网的这些特性,改变了基本产业规则,改变了游戏规则,甚至开创了新的产业,同时也改变了人们的日常行为活动,一批基于互联网的新型公司形态和战略应运而生。例如:亚马逊等电子商务的兴起,对大量传统企业产生深刻影响。

## 二、网络经济及其特性

网络经济就是基于网络尤其是互联网所产生的经济活动的总和。它是在信息网络化时代产生的一种崭新经济现象,表现为经济主体的生产、交换、分配、消费等经济活动,以及金融机构和政府职能部门等主体的经济行为,都越来越多地依赖信息网络,不仅要从网络上获取大量经济信息,依靠网络进行预测和决策,而且许多交易行为直接在信息网络上进行。网络经济是以信息产业为基础的经济,它以知识为核心,以网络信息为依托,采用最直接的方式,拉近服务提供者与服务目标的距离。在网络经济形态下,传统经济行为的网络化趋势日益明显,网络成为企业价值链上各环节的主要媒介和实现场所。(约翰·弗劳尔)

中国互联网信息中心2015年2月3日发布报告称,截止到2014年12月,中国网电规模达6.49亿人,手机网民规模5.57亿人,中国互联网普及率47.9%。埃森哲调查报告称,2014年中国网购市场达3 000亿美元,网购金额占社会消费品零售额7.9%。网络经济作为建立在互联网基础上的一种新型经济有别于传统经济,其主要特性是:

1. 网络经济是创新推动型经济,它是由技术、组织、市场、制度创新等共同推进的创新型经济。

2. 网络经济是直接经济,改变了传统中间商在产品价值链上的地位,使商品提供者与消费者直接面对面,减少了中间环节,节约了交易成本。

3. 网络经济是速度型经济,它迅速地满足了顾客需求,从而带来超额利润。同时,对客户需求能及时快速灵活响应,也是一种敏捷经济。

4. 网络经济是标准与信用经济,即网络中不同主体的有序联合,需要建立各种规则和标准,需要有高信用程度作出信息传递和联合协作的基础。

5. 网络经济是虚拟经济,网络经济中消除了地理的距离是全球化经济是在虚拟空间中进行的,它与网络外的物理空间的现实经济并存,是相互促进的。

6. 网络经济具有高渗透性,信息技术、网络技术具有极高渗透功能,使得信息业迅速地向第一、第二及第三产业扩张,使三大产业之间界限模糊。

7. 边际效益递增性,即信息网络的平均成本随入网人数的增加而明显递减,其边际成本则随之递减,但网络收益却随入网人数的增加而同比例增加。网络规模越大,总收益和边际收益就越大。

8. 网络经济具有自我膨胀性,网络经济自我膨胀性表现在符合四大定律上:①摩尔定律(Moore's Law),英特尔公司创始人之一戈登·摩尔1965年认为硅芯片的运算能力,每18个月就会翻一番,与此同时,其价格却减半。30多年来,这一预测一直比较准确,预计未来仍有一定适用性;②梅特卡夫法则(Metcalf Law),即网络经济的价值等于网络节点数的平方,这说明网络效益随用户的增加而呈指数形式增长;③马太效应

（Matthews Effect）即在网络经济中，由于人们的心理反应和行为惯性，在一定条件下，优势与劣势一旦达到一定程度，就会导致不断地自行强化，出现强者更强、弱者更弱的垄断局面；④吉尔德定律（Gilder's Law），美国技术理论家乔治·吉尔德预测，在可预见未年（未来 10 年）通信系统的总带宽将以每年 3 倍的速度增长，随着通信能力不断提高，每比特传输价格朝着免费的方向下跌，呈现渐进曲线下跌，价格点无限接近于零。

# 第二节　互联网对企业宏观环境及产业环境的影响

## 一、互联网对企业宏观环境的影响

### （一）互联网对企业政治法律环境的影响

由于互联网突破了地域界限，使得企业自一成立所面临的政治法律环境就是全球化的，是互联网将全世界的所有企业带进了一个全新的互联网世界，这使得各国的传统的法律、法规建设较为滞后，传统商业世界的地域性特征明显，使得网络安全难以保障，互联网上知识产权保护难度加大，避税问题突出。

互联网从根本性上改变了公众（包括政党、团体、企业、个人）政治参与的方式、结果和目的。与工业文明时代国家集权形成鲜明对比的是，网络民主能够克服传统民主政治中单向式、集权控制自上而下的模式，网络民主使公民能针对即时政治事件直接阐述自己的观点。

互联网提高了公众（包括政党、团体、企业、个人）民主参与政治的能力，由于网络不受时空限制，无论身处何地何时，只要能够上网，就能发表言论，从而激发了民众政治参与的兴趣，提高了民众政治参与的能力。网络民主公众参与的低成本，大大加速了网络民主化的进程。同时网络也使政府能及时对公民的政治参与进行数字化、信息化、科学化处理，政府能及时对公众建议作出迅速回应。

互联网通过传播政府的方针、政策、法律、法规使广大人民群众获知政治知识及法律常识，政府官员直接在网上回答民众提出的问题。这成为构建社会主义法制社会的重要内容之一。

因此，网络民主对社会各种情绪有调节功能，是公开政务、参政议政的平台，是民主决策的有效管道，具有强大的社会监督功能。

互联网也会对政治法律带来负面影响，不良信息会影响政府公信力，对国家安全、国家权力等形成威胁，因此政府要加快制定和完善与网络有关的法律法规，规范网络媒体，加强执法力度，维护网络安全。加强政府数字化建设，拓宽网络平台，畅通网络举报监督渠道，在线交流平台，使政府的方针政策、法律法规信息得以更广泛地传播，规范网络程序，维护网络安全，发挥网络优势，为政府、企业和民众服务，最终能推动政治社会的和谐发展。这是互联网企业得以发展的根本保证。

### （二）互联网对企业宏观经济环境的影响

波士顿咨询公司发布的《网络连接世界》报告指出，2010年互联网经济对英国整体GDP贡献率最大，其互联网经济规模已达1 210亿英镑，在英国GDP中所占比重达8.3％，已成为英国第五大产业。排名第二为韩国，韩国互联网经济规模占到GDP的7.3％。排名第三为中国，中国互联网经济规模占到GDP的5.5％。互联网经济在韩国和中国已成为第六大产业。互联网经济在美国GDP中占比为4.7％，略高于发达国家市场的平均水平（4.3％）。

调查发现，在中国高度网络化企业（使用互联网进行营销，并与客户和供应商开展互动）在过去三年中（2008—2010）收入增长达25％，而互联网水平较低或无互联网的电子企业在过去三年中收入增长仅为9％。过去5年中，互联网对经济增长的贡献率超过20％，该比例还在增加，互联网每摧毁一个就业岗位，便新创造2.6个就业岗位。

互联网对传统经济周期理论形成了挑战。从19世纪70年代开始，尤格拉、基钦、康德拉捷夫、熊彼特等经济学家对经济周期作了不同的解释，并且界定了经济周期的长短和类型。但从20世纪90年代初开始，直至21世纪初（金融危机以前）美国经济已连续保持长期增长，20世纪90年代美国GDP平均增长率达4.3％，通货膨胀率下降到2.1％，经济保持了长时期持久增长，其主要原因是美国信息产业在20世纪90年代开始获得了迅速发展，信息技术已全面渗透到国民经济各个产业，标志美国社会进入信息社会。

互联网对菲利普斯曲线理论形成了挑战。菲利普斯曲线是一条从左上方向右下方倾斜的关系，见图13-1，即失业率和通货膨胀率呈此消彼长的动态性交替关系。该理论在说明19世纪50年代到20世纪80年代世界经济现象，解释失业与通货通胀并存的滞胀现象，具有丰富的解释力。但美国在20世纪90年代到21世纪初，网络经济发展为社会创造财富、刺激经济增长的同时，也创造了大量就业机会，使美国失业率降低到历史最低位，与通货膨胀并不呈任何对应或替代关系，即经济持续增长，低通货膨胀率及低失业率并存，使菲利普斯曲线理论失去了存在的前提和环境。[①]

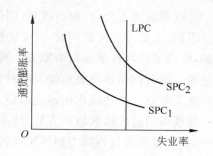

图13-1　菲利普斯曲线

互联网经济促进了信息流通，促进了产业结构的调整及转型，刺激了顾客需求，促进了国民经济发展，促进了经济全球化，节约了交易成本，产业内合作竞争将成为各经济主体之间的主流。

互联网经济使人们处在不断被颠覆的时代，产业的界限、企业的界限、货币的形态、资产的升值、创新的定义、企业生命周期等都在发生变化，传统经济学、管理学、货币学、金融学、会计学、产业经济学等学科的定义、概念和基础理论框架都需要重新审视，传统的管理

---

① 李立威.网络经济与菲利普斯曲线的有效性[J].合作经济与科技,2004(19).

范式也需要用互联网战略思维重新获得生命力。

### （三）互联网对科技环境的影响

互联网的普及和发展对社会生产和生活都产生了巨大影响。网络经济推动了社会生产力的更快速度发展。当前科技分工越来越细,科技上的难题并不是一个人甚至也不是一个国家就能独立完成的,必须通过网络合作完成。在生命科学领域,美国投资 30 亿美元,集中了中、日、英、法、意、俄各国 2 000 多名科学家,尝试对人类 2 万多个 DNA 当中近 30 亿个核甘酸碱基对的序列进行测序。目前,通过网络延伸的产品已经在各产业中占据了重要地位,已成为国家调整产业结构、推动经济发展的重要力量。网络使人类生产方式和生产能力得到了极大发展。

因此,互联网促使社会科技水平大大提高,可以协调全球科技人才和研究开发的力量,因而也促进了我国科技体制的改革,使国家科技政策和科技立法更有利于互联网经济的发展。

2015 年政府工作报告中首次提出制订"互联网＋"行动计划,把互联网上升为国家发展战略。2015 年 6 月 24 日国务院常务会议部署推进互联网行动,促进形成经济新动能。[1] 会议通过《"互联网"行动指导意见》,明确了推进"互联网",促进创业创新、协同制造、现代农业、智慧能源、普惠金融、公共服务、高效物流、电子商务、便捷交通、绿色生态、人工智能等若干能形成新产业模式的重点领域发展目标任务,并确定了相关支持措施:①清理阻碍"互联网"发展的不合理制度政策,让产业融合发展拥有广阔空间;②实施支持"互联网"新硬件工程,加快核心芯片、高端服务器等研发和云计算、大数据等应用;③搭建"互联网"开放共享平台,加强公共服务,开展政务等公共数据开放试点;④适应"互联网"特点,加大政府部门采购云计算服务力度,创新信贷产品和服务,开展股权众筹等试点,支持互联网企业上市;⑤注重安全规范,加强风险监测,完善市场监管和社会管理,保障网络和信息安全,保护公平竞争。

### （四）互联网对社会文化的影响

网络技术迅速发展深刻地改变着人类社会生产、生活和交往方式,深刻地改变着人们的思想、观念和内心精神世界,网络文化除具有一般文化特征外,还具有其独有的三个特点:

1. 以高科技为基础的、传授空间是虚拟的,信息交流突破了单向式模式,表现出多方向、大范围、深层次的特征。

2. 开放性和全球性。任何一件事情只要在网络上公布,立即传遍全球。

3. 个体自主性的充分表达,网络文化的创造、发展和运作完全是在自愿和自我管理基础上进行的,无人控制和管理。因此,人的创造性被高度激发,个性得到尽情发挥,从而推动网络文化创造性地发展。

由以上三个特点,网络为全球不同形态、模式的文化提供了更广阔的交流和发展空

---

[1] 中国政府网.cpc.people.com.cn.2015-06-24.20:47.

间,超越空间及地域的限制,为建立"环球文化"提供了技术手段和物质载体。

当然,网络文化的负面影响亦不可低估。有许多不良内容的文化进入网络,使网民受到伤害,尤其青少年已成为网络文化接受的主体,对青少年思想的影响不可忽视。美国盖洛普调查机构研究发现,18岁至24岁青年人热衷于在网上聊天、交友和游戏,29%的青年人有结交虚拟情人的体验,75%的青年人常光顾娱乐站点,因而使现实中的亲情及友情受到影响,容易使某些职工精神孤僻、冷漠、缺乏责任感,没有明确价值观,没有人生目标,也不利于企业团队精神的形成,更不利于优秀企业文化的形成。这是互联网企业文化建设需要解决的问题。

## 二、互联网对产业竞争格局的影响

1. 产业要重新界定。传统经济模式下,通常是先要确定生产者、生产场所、生产要素、生产流程,在这之后的产品形态也就相对确定了。但是,互联网产业难以在事前确定其形态和边界。一个通信软件可以演化为社交平台、多边交易平台,甚至是投融资服务平台,平台的顾客可能是使用者、消费者,也可能是生产者、供应者。微信的使用者可以做出怎样的超出初衷的创新应用? 连微信的开发者都不知道。工商局出具的营业执照都有"经营范围"一栏,但互联网时代已经不太容易确知企业的经营范围在哪里,产品的形态与定义是什么,所以不宜简单地套用传统产业的划分标准。同时互联网企业跨产业经营已成为常态,如在BAT(百度、阿里巴巴、腾讯)中跨产业经营非常普遍。

2. 产业竞争格局未来不确定性很强。互联网在过去10年已经形成了BAT(百度、阿里巴巴、腾讯)的行业巨头,但是互联网产业特点是一项新技术往往会带来颠覆性的改变。许多互联网企业正在引领产业变革,过去看到的大多数是单个的局部的企业衰变或产业周期性调整,而如今呈现的一个大产业整体性速变。因此,现在进行投资和产业抉择要做两方面分析:①互联网会给这个产业带来怎样的商业模式变革和创新? ②即将出现或者已经出现的颠覆性技术,会给产业带来怎样的冲击?

对"颠覆"一词要有三点基本认识[①],①颠覆将贯穿未来数十年全球特别是中国产业变革、企业变革的始终;②今天的颠覆者,明天可能被新的颠覆者所颠覆;③颠覆不一定意味着一个产业的彻底被摧毁,但一定会从根本上改变众多产业的现状、结构与基因,部分产业里相当一部分传统企业与职业也会快速消失。所以,是时候重新审视传统产业中那些耳熟能详的基础框架和概念了。

例如,诺基亚在2007年手机市场份额已占全球40%,并在模拟机转2G手机的破坏性技术创新中超越摩托罗拉。然而,随着互联网迅速发展,进入3G智能手机时代,消费者不仅需要功能手机更需要娱乐与互联网应用的智能手机,而诺基亚却未能及时进行产品开发与市场推进,忽视了颠覆者的创新,忽视了苹果所代表的移动互联网的革新,诺基亚从行业领袖沦为市场布局中的附属者。

3. 好企业的标准要重新界定。工业经济时代,好企业的标准就是企业规模大,资产量大,员工人数多,资源利用效率高,研发投入占销售额比例高就是好企业。现在互联网

---

① 陈鸿桥. 颠覆性创新与管理变革[N]. 经济观察报,第46版,2015-03-09.

时代看好企业的标准大致有三个：①用户为王，体验为王；②速度。急用户所急，想用户所想，对用户需求同步作出第一时间反应；③创新。对人们的习惯行为及心理有强大的捕捉、挖掘、塑造能力（如春节抢红包），互联网好企业价值的关键要素除财务指标外，用户数、活跃情况、滞留时间、访问量、用户黏性、用户转化率等都是关键要素。信息货币化、数据货币化将成为企业新的估值方式。但互联网企业估值难，存在大量不确定性，存在非财务指标多、波动大、发展快、衰退快等特点。所以，什么是大企业？其标准也要重新界定，中国电信员工数量是腾讯的 12 倍，但中国电信市值不到腾讯的 1/3。因此，不能仅仅用总资产、销售收入、员工人数等指标来衡量企业大小，市值也是衡量企业的重要指标。

4. 什么是用户的标准要重新界定。工业经济时代，用户是使用产品或服务的客户，在互联网时代，是指网络服务的应用者，是科技创新的参与者，以用户为中心被认为是互联网经济条件下创新的重要特征。在这一意义上，什么是用户，用户就是资产。当今，实体商场零售额不断下降，连沃尔玛零售连锁巨头也出现了关店潮，而电子商务却继续保持高增长势头。2013 年移动终端用户消费规模增速同比达 165%，2014 年同比增速又高达250.9%，由此用户就是资产这一理念正在被企业所接受。根据亚马逊的统计，0.1 秒的网页延迟会直接导致客户活跃度下降 1%。圣诞节期间亚马逊 99.99% 的产品准点到货率，在亚马逊 CEO 贝索斯看来，只要没有做到 100% 准点，那亚马逊就不会满意。

5. 互联网对产业竞争格局影响的特点，产业领导者企业更替很快，过往的竞争优势消失更快；市场的主动权已从生产者转移至消费者，二流产品和服务越来越缺乏生存空间；企业发展很快，战略管理的生命周期在缩短，商业模式的生命周期也在缩短；新进入者以超低成本、免费策略不断地侵蚀现有企业的地盘，产业进入门槛降低，但能持续生存和成长的企业并不多；来自底层大众的力量在左右着企业的发展局势，每个个体都可以发出声音，都可以自我决策，企业要重视来自底层大众的力量。管理良好的企业在互联网面前未必就能取胜，诺基亚的 CEO 说："我们没有做错什么，但不知为什么我们输了。"管理良好的成熟企业在遇到破坏性创新时容易遭到失败，日本松下、索尼、夏普这些管理良好的企业为什么会集体沦陷？动辄亏损几十亿美元，究其原因，不是因为它们管理的不好，而是对于互联网时代给产业带来的变革、创新和战略没有把握好。[①]

## 第三节　互联网企业商业模式创新

### 一、互联网企业的竞争优势

互联网企业要取得竞争优势，必须做到以下三点：

1. 企业需要在战略方面及商业模式方面创新，打破同行之间同质化竞争。

2. 锁住忠诚客户群是企业竞争的关键。客户群的喜好决定了互联网产品及服务提供商的成败。企业要适应用户群从"70 后"、"80 后"及"90 后"的转换。过去门户网站的成败是由"70 后"的兴趣所决定，QQ 及淘宝的成功是抢占了并培养了"80 后"的用户习

①　陈鸿桥. 颠覆性创新与管理变革［N］. 经济观察报，第 46 版，2015-03-09.

惯,用户参与并提供主要内容成为互联网新型企业获得成功的关键,是"90 后"用户成为市场引领者,他们的兴趣决定了企业的成败。

3. 要建立自己的平台生态圈,未来商业竞争是平台与平台、生态圈与生态圈之间的竞争,谁能把握当前利益相关方的需求以及需求的发展趋势,谁能有更好的平台生态圈,谁就能取得更大的竞争优势。①

## 二、商业模式创新

### (一)商业模式的概念

"商业模式"(business model)一词作为专业术语最早出现在 Bellman 和 Clack 的论文《论多阶段、多局中人商业博弈的构建》,该论文发表在 1957 年《运营管理》(*Operation Research* [1957.5(4)])杂志上。② 实际上,商业模式并不是商业世界出现的新现象,现实中每一家企业都有自己的商业模式,但"商业模式"一词得以广泛流行是在 20 世纪 80 年代,首先在 IT 行业开始广泛流行起来。进入 20 世纪 90 年代中期,全球互联网在商业领域中普及应用,互联网的出现改变了商业竞争环境和规则。

什么是商业模式? 目前尚没有一个统一的规范化的定义。笔者认为,商业模式是以创造客户价值最大化为目标,以平台企业为中心,整合企业内外资源,建立起一个完整的、高效率的、具有独特核心竞争力的生态系统,以促使平台企业及生态系统各方持续盈利的经营模式。

这里要解释两个名词,即商业生态系统和平台企业。

生态系统的概念是英国生态专家坦斯利(A. G. Tansley,1871—1955)在 1935 年提出来的,是指在一定的空间和时间范围内,在各种生物之间以及生物群落与其环境之间,通过能量流动和物质循环而相互作用的一个统一整体。

所谓商业生态系统,是 1993 年美国经济学家穆尔(Moore)首次提出的,是指组织与个人(商业世界中的有机体)的相互作用为基础的经济联合体。是供应商、生产商、销售商、市场中介、投资商、政府、消费者等以生产商品和提供服务为中心组成的群体。它们在一个商业生态系统中担当着不同的功能,各司其职,形成互利共存、资源共享,注重社会、环境、经济综合效益的互助、互依、共建的生态系统。

所谓平台企业(也有叫生态基石型企业),它占据着生态体系中心位置,它提供了一个稳定的、可持续发展的、各成员赖以生存的平台,它能够调整生态体系成员之间的各种联系,并努力增进体系的多样性和效率。所谓平台,是指能帮助生态体系各成员企业通过一系列接口或界面解决问题的一整套方案,由平台作为整个生态体系基石功能的载体,借助一套共同的界面将相关功能打包并提供给生产体系中的各成员,这些成员就可以以这些界面为工具构造他们自己的产品,并把这些界面看成是创造其价值的起点。平台企业之所以这样做,并不是出于利他的动因,而是因为这是一种对其自身有效收益的战略,即只

---

① 中国互联网产业的竞争现状及展望. wenku. baidu. com. 2010-02.

② 乔为国. 商业模式创新[M]. 上海:上海远东出版社,2009.

有改善了生态体系整体生态环境,平台企业才能取得可持续的收益。

因此平台企业战略的基本特征是:注重外部资源整合,努力构建并维护生态体系功效,提高生态体系的健康水平,注重生态体系的不断创新。

### (二)商业模式创新的概念

应当看到,传统的商业模式已经过时,旧的商业模式有时不仅不会给企业带来盈利,反而会对企业竞争力提升起着阻碍作用,因此商业模式也有生命周期,企业要不断抛弃过时的、陈旧的商业模式,不断创造新的商业模式。每一次商业模式创新都能给公司带来一定时间内的竞争优势,但随着时间的推移竞争优势会随之减弱,而顾客的价值取向也会随着技术进步及生活的提高而改变,公司必须不断地思考、改变它的商业模式。

所谓商业模式创新是指:在环境复杂性增加和对创新不断激励的条件下,企业必须不断地寻找新的价值增值机会,为企业获得新的利润,同时也能给客户及生态系统中的合作者带来新价值。[①] 是企业价值创造基本逻辑的创新变化,即企业在生态系统的每一个环节上的创新,都可能成为一种成功的商业模式,这就是商业模式的创新。每一种新的商业模式的出现,都是对原有模式的重组或创新,甚至是对整个产业游戏规则的颠覆,也都意味着新的产业机会和新的游戏规则的出现。但成功却往往是不可复制的,因此要强调商业模式的创新性及独创性。当大家都在搞互联网时,只有搜狐、新浪等门户网站取得成功,等大家都去搞门户网络时,互联网却遭遇寒冬,反而是阿里巴巴做电子商务 B2B 取得了成功,等大家都去做电子商务时,却是陈天桥搞游戏软件取得了成功。因此,成功的商业模式往往是不可复制的。不仅在 IT 行业,其他行业也出现了新的商业模式,如首旅集团如家连锁酒店改变了传统的酒店商业模式,创造了连锁和简化酒店功能的新型酒店商业模式。分众传媒改变了传统广告的商业模式,创造了楼宇广告及户外媒介传播新方式。在网上直销服装的 PPG 公司改变了传统的商场卖服装的商业模式,创造了网络直销服装的新商业模式。相信在日益激烈的市场竞争中,在互联网条件下创新的商业模式会层出不穷,这也是互联网经济的魅力所在。

## 三、商业模式与企业战略的关系

### (一)商业模式的三要素

由上述商业模式及商业模式创新的分析中我们可以看出,商业模式是从价值三维度角度开展研究的,即价值主张、价值创造及价值实现及获取。

1. 价值主张反映了核心企业商业模式设计的总体方案,包括:商业模式如何为客户群体创造价值,如何为生态系统各利益相关者(伙伴)创造价值,如何为本企业创造价值,要综合考虑企业内外资源、能力、组织结构、成本、收益等因素与价值主张的相互关系。成功的商业模式其价值主张是清晰的、独特的、一致的。

2. 价值创造包括构建合理的价值网络及价值维护两个方面。

构建合理的价值网络,保证价值主张向目标客户高效率地传递价值内容,要很好地确

---

① 徐迪. 商务模式创新复杂性研究[M]. 北京:经济管理出版社,2005.

定价值网络的形态及业务定位两个要素。

在设计出价值网络后还要进行价值维护,即必须对顾客价值、伙伴价值及企业价值进行维护。大量案例说明,许多商业模式的失败都是因为没有建立有效的价值维护,以至于价格创造活动无法维持。价值维护要抓住伙伴关系维护、管理模式维护及隔绝机制(为价值主张和价值网络免受侵害而做出的机制安排)的维护三个方面。

3. 价值实现及获取。价值实现及获取,这是商业模式的最终极的目标,要注意收入及成本管理等要素。只有完成了价值获取的商业模式才是有效的商业模式,才能为企业带来持续价值,保持竞争优势。

**(二)商业模式创新的类型**

商业模式创新主要包含三种主要类型:产业商业模式创新、企业商业模式创新及业务商业模式创新。

1. 产业商业模式创新,这里又包括三种形式:①对产业链进行重新界定,如网络出版物将原来图书出版产业链完全被打碎;②互联网企业跨界经营,开展多元化经营,如百度、阿里巴巴、腾讯均已进入很多产业,促使这些传统产业创新;③建立一个全新的产业,开拓了一个新的细分市场,如搜索引擎、微信等。

2. 企业商业模式创新有两种方式:第一种方式是对企业价值链重新组合、引入新的价格模式,从而创造新的企业盈利模式;第二种是对价值定位的创新,因为产品的利润较低,企业不仅提供产品还提供与产品相关的服务,增加了顾客价值,也提高了企业价值。

3. 业务商业模式创新,包括企业的组织架构重新组合重新定义企业边界提高企业在价值链中地位和价值。如服装零售商 ZARA 对整个供应链进行集成化管理,每月能提供给零售店 1 000 种服装款式,每年可提供 12 000 种服装款式,满足了顾客个性化、时尚化、潮流化的要求。

**(三)商业模式与企业战略的关系**

多数学者认为商业模式与企业战略不同[①]。Zott 等(2011)认为,两者的联系与区别在以下七个方面:

1. 竞争战略强调竞争、价值获取和竞争优势,而商业模式更多强调竞合、伙伴关系和共同价值创造。

2. 商业模式更多强调价值主张和顾客的作用,而竞争战略中较少出现这些概念,即商业模式创造竞争优势的机理与竞争战略创造竞争优势源泉是不同的。Shafer 等(2005)把商业模式看作是企业实现了的战略,而 Richardson(2008)将商业模式看作是诠释企业战略活动中企业与外界如何互动,如何将战略付诸实施的行动。

3. 战略是企业整体的、外部导向的,是企业如何实现其目标的总体谋划,而商业模式被认为是企业战略的精华部分,是实现企业战略的重要手段。

4. 战略构建战略目标,而商业模式则具体描述推动组织实现该目标的机制,即战略

---

① 江积海.国外商业模式创新中价值创造研究的文献评述及展望[J].经济管理,2014(8):187~199.

描述企业如何与竞争对手进行竞争,以实现其竞争优势,它聚焦于企业如何在产品市场中的定位。商业模式专注于如何以某种方式创造和分配价值,以实现企业战略(Teece,2010)。因此,商业模式在把内部相互依赖组织系统置于伙伴、供应商、顾客等构成的外部网络的过程中扮演着重要的角色。

在某一给定的战略下,可以有不同的商业模式,正如"不同的路径可以到达相同的目的地"。当然,新战略往往意味着依赖新的商业模式,但商业模式的变化却可以在同一现有战略框架内。例如,成本领先战略,可以用价值链各环节努力降低成本的模式,也可以用外包模式,但用不着对战略作显著修改。又例如,亚马逊已经多次更新它的商业模式了,如创造优先会员(即顾客可免费或支付年费获取快递服务等),但是亚马逊并没有偏离成为终端网店的战略定位(Ritala 等,2014)。

5. 战略和商业模式在细节方面也有不同。商业模式是以战略作为指导,它指导经理人把战略更加具体化编码成为特定的、互相依赖的机制,调整他们的行动,以实现竞争优势。例如,在战略层面美国 American Birl 公司努力成为儿童洋娃娃的卓越供应商。在商业模式层面,经理人专注于如何提升交易对顾客和企业的自身价值性,通过请顾客共同创造、增加互补品、增加服务等措施来提高顾客及企业的价值(Zott 等,2011)。

6. 也有相反的观点,即商业模式也会反过来影响企业战略。Bock 等(2012)对 107家跨国公司 CEO 问卷调查,发现商业模式也会影响企业战略,即商业模式中伙伴相互依赖性降低了战略柔性,影响了战略的柔性格局。

7. 总之,笔者认为,战略是企业全面地、整体地对企业未来发展的总体谋划,而商业模式是实现企业战略及企业竞争优势的重要手段。战略仅是对一个企业或企业集团(或跨国公司)的发展战略,但在互联网、大数据、云计算朝代,商业模式已超越了产业及企业边界,而是追求所有利益相关者组成的生态圈的总体价值创造。传统企业战略理论重视核心竞争力塑造,互联网条件下企业竞争优势的来源不是一个企业的核心竞争力,而是商业模式创新。因此,今后在互联网条件下企业战略管理应当把商业模式创新研究作为研究的重点。商业模式创新是互联网条件下企业战略的重要内容。

### (四)当前商业模式研究中的不足

1. 研究视角上存在不足[1]。分析单元较多关注企业,较少关注跨界的网络。移动互联网时代,企业商业模式已超越价值链整合、熊彼得创新或者核心能力等,企业商业模式创新已成为竞争优势的本源,分析商业模式创新的价值创造的基本单元已跨越企业和产业边界,而是利益相关者构成的价值网络或者平台,原有用于单个企业的分析框架已难以解释平台上总体价值创造。

同时,商业模式价值创造不是从供应商到企业再到顾客的线性过程,而是建立在多个伙伴构建的价值网络中、多种交易关系和活动体系的非线性的、复杂交互过程。企业成长的推动力由规模经济、范围经济转向平台经济,因而企业绩效或竞争优势的源泉由企业拥有核心资源或能力转向商业模式。

---

① 江积海.国外商业模式创新中价值创造研究的文献评述及展望[J].经济管理,2014(8):187～199.

因此,未来研究分析单元的重点应当转向核心企业所构建的价值网络或平台,分析对象应当除关注商业模式构成要素所产生的价值外,还要强调要素间的关系及其特征属性一,注重平台中企业间的相互关系所创造的关系价值与网络效应。

2. 现有文献较多沿用传统理论对商业模式进行分析,比如价值链分析、企业资源观、交易成本理论等。较少借用动态能力观、社会资本理论、平台经济学、关系学、社会网络理论等理论方法。总之,商业模式价值创造理论的整体推进缓慢。

3. 今后要进一步研究:商业模式与企业战略是如何互动的;商业模式与内外部权变因素共同作用对价值创造或竞争优势的影响;探讨产业类型、竞争态势、政府管制等权变因素如何影响商业模式设计的产生和演化;在不同技术和市场环境下商业模式与竞争优势和企业绩效的相互关系等。

# 第四节　互联网企业商业模式的思维

## 一、什么是互联网企业商业模式思维

在互联网时代,每个企业(包括每个企业领导人)都要有互联网商业模式思维。什么是互联网企业商业模式思维?是指在移动互联网、大数据、云计算等科技不断发展背景下企业对市场、对用户、对产品、对企业价值链及企业生态系统的重新审视的思考方式。[1]

在互联网时代,所有传统企业或迟或早最终都要成为互联网企业,因为互联网是当今商业社会的基础设施,它如我们生活中的自来水、电力、公路一样,它是构建未来社会生产、生活方式的基础设施。当前谁能理解互联网企业商业模式的商务本质,利用好互联网工具去优化价值链条,谁就将赢得未来的商业竞争。

## 二、传统企业的互联网化

传统企业要互联网化(即"互联网＋"),是指互联网与传统企业相结合,促进各企业发展。它代表一种新经济形态,即充分发挥互联网在生产要素配置中的优化和集成作用。要注意"互联网＋"与"＋互联网"的区别,"互联网＋"是互联网与某企业的化学反应,而"＋互联网"是某企业与互联网的物理反应。传统企业的互联网化(即互联网＋)大致要经历以下四个阶段:

第一阶段:网络营销,即传播的互联网化。

第二阶段:电子商务,即渠道互联网化。

第三阶段:供应链环节的互联网化,这就是 C2B 模式,是消费者参与企业的产品设计、创新及营销活动,是消费者驱动模式。

第四阶段:用互联网逻辑去重构新的商业模式。苏宁电器股份有限公司就是从传统零售企业转型为一家互联网零售商,它的转型是骨子里的转型,从组织结构体系、股权激励、研发投入、人才引进、打造开放平台、在硅谷设立研发中心,以及企业文化建设等都用

---

① 赵大伟.互联网思维——独孤九剑[M].北京:机械工业出版社,2014.

互联网思维去打造，目前线下实体店有 1 600 多家，线上有苏宁易购网，位居国内 B2C 第三名，2014 年 10 月苏宁以 2 798 亿元的销售收入和综合实力，位居中国民营企业 500 强第一名。

但也有不少传统企业在向互联网企业转型中失败，例如：千寻网上线不足两月最终被京东商城收购；大货栈网在运营一年以后，因资金断流而终止运营；邮礼网仅运营一年零一个月也以失败告终。诸多案例说明，传统企业在互联网环境中商业模式转型发展面临种种坎坷，其失败的原因主要有：

1. 专业人才和经验缺失。互联网模式下需要物流、营销、采购、网络和电商技术紧密结合，需要有理解互联网生存环境的专业团队及运作经验，需要有掌握网络市场环境特性和营销模式的管理人才，但目前传统企业都面临人才缺乏和运营经验不足的状况。

2. 互联网特性给企业造成巨大竞争压力。互联网具有互动性强、信息无限延伸、实时性强、成本低、传播广等特性，传统企业在进入互联网初期要在互联网环境中发挥出优势是不容易的，会面临巨大压力。

3. 线上线下相结合的商业模式矛盾较多。互联网环境下的商业模式与传统企业经营有很大不同，互联网条件下的商业模式打破了传统企业的价值链条，减少了许多中间环节，使产品的生产、价格、渠道、促销等策略发生根本变化，使初期涉入互联网的传统企业难以适应，线上线下矛盾难以融合。

4. 传统企业对互联网环境有天生的排异反应。从传统企业进入互联网环境下的经营管理要求员工及管理人员从理念、价值观、企业文化、惯例都要发生根本性转变，完成这一转型需要一个学习适应过程，需要建立互联网条件下商业模式的思维。

## 三、建立互联网企业商业模式思维

最早提出互联网企业商业模式思维的是百度公司总裁李彦宏，他说企业家今后要有互联网企业商业模式思维。可能你做的事情不是互联网，但处在互联网时代就要用互联网思维方式去思考商业模式问题。互联网时代经过了 Web 1.0 门户时代、Web 2.0 搜索/社交时代，现在是 Web 3.0 大互联时代，是基于物联网、大数据和云计算的智能生活时代，实现了"每个个体、时刻联网，各取所需、实时互动"的状态，也是一个以人为本的新商业文明的时代。不是因为有了互联网，才有了这些商业模式思维，应当看到，这些商业模式思维很早就有，只是因为互联网的出现和发展，才使得这些商业模式思维得以系统集中爆发。

### (一) 用户至上思维[①]

在中国有 5 亿到 6 亿的草根人群，这些人群喜欢什么，需要什么，这是企业关注的重点。事业要做大，就要抓住大多数人群的需求才能成就事业。用户就是资产。

用户至上的思维有三个要点：

1. 要善于倾听粉丝的声音。要鼓励粉丝表达他们自己的想法，了解他们的需求，倾

---

① 赵大伟.互联网思维——独孤九剑[M].北京：机械工业出版社，2014.

听草根人群的需求应成为企业的一种习惯、一种责任、一种态度和一种追求。

2. 消费者需求的是参与感。消费者希望参与到供应链采购、设计、制造等活动的决策中来,因此企业每次新产品上市前要把新产品的设计款式放到粉丝群里,让粉丝投票来决定潮流的趋势,这就是 C2B。应当看到,C2B 是中国未来商业模式的主流之一。

3. 建立粉丝经济。粉丝不是一般的用户,而是品牌狂热的痴迷者,因此企业要善于培养粉丝、善于和粉丝互动。要让粉丝感到企业形象很亲切而走近你,原来你的产品有那么好的品质,你做事的态度是那么的认真,因而成为你的粉丝。顾客一旦注入了感情因素,即使企业后来出现了有缺陷的产品,也会被粉丝所接受。粉丝指向性消费能创造出极高的经济效益。价格带不来用户的忠诚,积分也留不住会员,最有效的办法就是打造品牌粉丝的自组织,谁掌握了粉丝,谁就找到了致富的金矿。

### (二)简约思维

互联网时代,消费者选择太多,选择时间太短,消费者耐心不足,转移成本又太低(只需点击一下鼠标),商家要在短时间内抓住消费者,所以简约成为互联网时代企业的重要商业逻辑。简约包括三要素:看起来简洁,用起来简化,说起来简单。因为消费者碎片化选购时间很短,企业不能在 3～5 分钟时间抓住顾客注意力,企业就会错过这个顾客,因此企业要在抓住顾客方面多下功夫,做到简洁、简化、简单,这是非常重要的。

### (三)极致思维

在当前互联网时代,用户时间有限,如何在短时间内抓住用户的心?除了做到简约之外还要做到极致。什么是极致?就是达到顶点,达到极限,尽善尽美,达到最高程度。为了抓住用户的心,我们要把各方面做到极致,从产品到服务,从流程到用户体验,从关键需求到核心功能,一定要做到极致。极致就是把产品和服务做到超越用户的预期,打造让用户尖叫的产品和服务。为此,企业要做到四点:

1. 企业要对用户需求抓得准。要抓住用户的痛点(即用户的刚需)和兴奋点(给用户带来惊喜和刺激之处)。

2. 企业要对自己逼得紧。小米科技创始人之一王川有一句话:"极致就是把自己逼疯,把别人逼死。"只有把自己逼疯,才能为用户提供超出预期的产品和服务。

3. 企业管理要盯得紧。

4. 要有颠覆陈旧惯性的思维。企业要比用户自己更懂得用户的需求,要发掘用户的隐性需求。利用大数据要看懂消费者,听懂消费者,洞察消费者,认识消费者,把消费者碎片时间产生的点滴信息收集起来,整合起来,还原出一个消费者的真实需求,为每一位顾客推出个性化的、私人定制的货架商品,就能让用户尖叫。

### (四)迭代创新思维

互联网时代有一种企业技术创新典型方法:敏捷开发,快速迭代创新。先在市场中投入一个简单初级的原型产品,然后通过不断地学习和搜集用户反馈,对原型产品进行快速迭代优化,满足用户需求。这种渐进式开发方法,允许在开始时有所不足,不断试错,在持续迭代中完善产品和服务。Zynga 游戏公司，每周对游戏软件进行数次更新，都有一批粉丝的需求被考虑和解决。小米手机操作系统 MIUI 系统，曾坚持每周必更新一个版本。

这种"边开枪，边瞄准"快速迭代创新要做到两点：

1. 小处着眼的微创新。微创新即渐进式创新，微创新多了就促进了大的创新，靠积累小胜达到大胜，甚至会有突破式创新。

2. 速度要快，快速迭代创新，快才能赢得胜利，互联网时代速度就是市场，就是规模，就是优势。过去开发新产品是按年来计算的，互联网时代的创新是按周来计算的。

### （五）用户规模思维

互联网时代用户流量要达到规模，包括注册用户数量，活跃用户数量，用户访问频率等都要达到规模。流量规模的背后就是对用户注意力的占有要达到规模，企业如何在几乎是无限量的信息中抓取有限的注意力，是互联网企业的核心命题。

目前互联网企业的思维是：

1. 先免费，后收费。免费是获取用户流量规模的首要策略，而免费是为了将来更好地收费。用免费去争取用户、锁定用户；用户对你的产品和网站产生了黏性，用户就会在网站或产品上进行内容创造，而用户所创造的内容更容易吸引新的用户，这就是 Web 2.0 的商业模式，也是 Facebook 的核心竞争力。

2. 在别人收费的地方你免费，你再用其他产品的收费来弥补。纯粹的免费是不存在的。

3. 将免费的费用进行承担者转移。即"羊毛出在狗身上"，如消费者免费、广告商付费。或者用部分用户收费来支撑大部分用户免费，即交叉补贴模式。

4. 免费是最昂贵的，首先需要有巨量资金，否则企业无法正常运转。经营者要有前瞻性，要明确这里免费到底在哪里可以赚到钱？目前互联网企业做免费的很多，真正取得成功的很少。

5. 坚持流量规模量变到质变的临界点。互联网产品只要用户规模大到一定程度，就会开始产生质变，即成本下降，从而带来商机。QQ 没有当年的坚持，也不可能有今天的企业帝国。注意力经济，要先把流量规模做上去，才有机会考虑后面的问题，否则连生存的机会都没有。

### （六）平台思维

平台是指：在平等基础上，由多个主体共建的（也可能是跨产业的主体）、资源共享的、能够实现共赢的、开放的一种商业生态系统（又叫生态圈）。这里强调了五个关键词：共建、共享、共赢、开放和平等。所谓共建是指多主体自组织的共建机制。所谓共享就是对生产资料、资产、资本等资源的共同开发和使用。所谓共赢是指平台上多主体的共赢，而要各方都能盈利就要使商业生态系统达到一定规模。所谓开放，你越开放，你和别人的连接就越多、越广，你的价值就越大，这是信息社会的基本特征，你的信息量决定了你的价值，开放是平台的生存条件。所谓平等，即开放的平台必须是平等的平台。平台依托于互联网，互联网是没有中心节点的，因此平台不是一个层级结构，它是网状结构，是去中心化的、分布式的、是平等互动的商业生态系统，因此平等是平台生存的本质特征。

　　未来商业竞争不再是企业与企业之间的竞争，而是平台与平台、生态圈与生态圈之间的竞争。构建平台是一种战略选择，构建平台生态圈是更大的战略布局。谁更能把握当前时代的利益相关各方需求以及需求发展趋势，谁就能设计出更好的平台，并有机会逐步打造成更有价值的平台生态圈。

### （七）跨界颠覆思维

　　互联网的发展，使得原有产业间界限变得模糊，互联网触角无孔不入，现已伸入到零售、制造、图书、金融、电信、娱乐、交通、媒体，等等。互联网企业的跨界颠覆，本质是用互联网的高效率整合原产业的低效率，包括结构效率和运营效率。

　　这些互联网企业为什么能够参与跨界经营并赢得跨界竞争胜利呢？答案就是互联网企业拥有大量用户。互联网企业一方面掌握大量用户数据，另一方面又具备用户思维，自然就能够取得跨界竞争的胜利。例如：阿里巴巴、腾讯相继办银行，小米做手机、做电视，都是这样的道理。未来几年是中国商业领域互联网企业大规模打劫的时代。

　　互联网和传统企业正在加速融合，互联网产业最大的机会就在于发挥自身的网络优势、技术优势、管理优势等，提升改造线下传统企业的价值链，建立新的游戏规则，这是跨界颠覆思维的本质。能够真正用互联网商业模式思维重构企业价值链，才可能真正赢得未来。未来一定属于既能深刻理解传统商业本质又具有互联网企业商业模式思维的人。

# 第五节　互联网平台商业模式

## 一、互联网平台商业模式简介

　　平台商业模式是指平台企业连接两个或两个以上的特定群体，为他们提供互动机制，满足他们的需求，并巧妙地从中盈利的商业模式。[①] 例如：淘宝网连接了商品卖家和买家，让他们满足彼此需求，淘宝从中盈利。平台商业模式是网络营销的新模式，已深入到群众的生活的各个方面。

　　目前，全球 100 家企业里已有 60 多家企业主要收入来源于平台商业模式，其中包括苹果、思科、花旗、谷歌、微软、日本电报电话、时代华纳、UPS 快递等企业，在中国有淘宝、百度、腾讯、人人网、上海证券交易所、盛大网游等企业。

　　平台商业模式，精髓在于打造一个完善的、成长潜能强大的生态系统（或称生态圈）。它拥有独树一帜的精密规范和机制，能有效地激励生态系统中的多方群体之间的互动，达成平台企业的战略目标。

　　平台商业模式它具有颠覆以往商业模式的能力，它推翻了原有的产业架购，分拆重组了产业价值链，改变了社会陈旧的商业行为。互联网尤其是移动互联网扩大了平台商业模式的影响力和范围，它横扫了每一个产业、每一个市场，目前有些产业已被平台商业模

---

① 陈威如，余卓轩.平台战略——正在席卷全球的商业模式革命[M].北京：中信出版社，2013.

式彻底改变,那些尚未被波及的产业领域,早晚也会受到平台商业模式的洗礼。

## 二、互联网平台商业模式的特点

1. 摆脱了传统思维模式,即要从原有产业链单向上下游的垂直流向的观念转向平台观念。从平台商业模式看来,产业价值链不分上下游,即网民与广告商都是平台企业百度的使用者和顾客,百度建立了自己的生态系统并实现了盈利。

2. 改变了盈利的着眼点,即由产品的制造到营销之中盈利,转向找到产业供给与需求的连接点,从中盈利。如苹果公司的盈利点已从早期硬件产品的贩卖转向搭建平台生态系统(如 iTunes,App Store)来赚取佣金。

3. 挖掘网络效应是盈利的关键,平台企业的核心效益是建立起一个完善网络生态系统。达到"1+1＞10,2+2＞100"的效果,淘宝网连接了零售商和买方,并通过这种方式促使双方频繁互动,自 2003 年进入市场,仅两年时间淘宝总交易额达 80.2 亿元,增长率超过 700％,2006 年交易额达 150 亿元,2012 年达 1 万亿元,2013 年"双 11"仅一天淘宝交易额就达 350.19 亿元,成为全球最大网络购物节。

平台企业是分拆重组价值链的整合者,是多边群体的连接者,是生态系统的设计者及领导者。生态系统是通过多方群体数据挖掘来拟定多方群体的价值主张,进行设定平台企业盈利关键点,进而推动盈利。Groupon、世纪佳缘、携程网等电子商务平台均是因有效进行双向数据挖掘而盈利的。

## 三、互联网平台生态系统的设计

### (一) 以时间为平台内核模式

时间在平台生态系统中扮演着关键角色,如"中国达人秀"、"快乐女声"、"中国好声音"等都是通过多重淘汰,最终进入冠亚军争夺赛高潮,戏剧效果十足,收视率暴增。该平台连接了想要成名的人们和充满好奇心的观众两群人,同时也吸引了广告商第三方群体,表演者及观众并不付费,广告商付费,平台收入惊人。

这种模式还有一个特点是以时间压缩出来的激情氛围能在以后转化为利润。主办单位、唱片公司等合作方为脱颖而出的新人进行包装,推出专辑或代言项目,此时当初的粉丝中有一部分又会成为付费方,购买这些新星唱片或代言商品。

过去的商业模式是先发掘新人,然后制作光盘,再销售光盘或专辑。现在的商业模式是通过比赛这一商业平台,使明日之星的发掘与其销售同时发生,而原来位于中间的唱片制作环节,却被推向日后才会发行。

由此看出,若将"时间"元素融入生态系统,可以有效地引发网络效应,这是生态系统设计及实施的关键因素。

### (二) 以地理为平台的内核模式

"地理"元素也是平台生态系统中的重要角色。

同城网是个线上分类广告平台,主要针对招聘、房产、征婚交友、二手买卖等信息发布广告,人们在上面刊登简短的信息,有需求的人们则直接与其联系,这些信息都具有高度地域化特征。进入同城网,就可以看到它是以城市作为划分依据、供人点选。同城网服务地区达 376 个城市,同城网将每个地理区域打造成一个生态系统,让同一城市的人们能够便捷地刊登和获取各种信息。2010 年同城网浏览量达 2.3 亿,实现了 1 亿元人民币的利润。

前程无忧、智联招聘、中华英才网以及百合网、珍爱网等全是建立在以地理区域划分的互联网生态系统。美国纽约的 Foursquare 也是通过锁定某用户手机的所在地就能告诉他附近区域有什么样的餐厅、加油站、电影院、咖啡厅、购物商城、博物馆等,让其随时随地都能知道身边环境的信息。Foursquare 创建了虚实俱全的生态系统。

通过地理位置追踪,Foursquare 可捕捉到用户行为的消费习惯,促使平台企业与商家合作分享利润,而这些累积的数据极为珍贵,是平台企业提供给商家的最大价值,是平台企业精准定位营销的盈利来源。

### 四、互联网平台商业模式的竞争

网络营销的竞争并不是企业与企业之间的竞争,而是商业模式的竞争,是平台生态系统与生态系统的竞争。

平台商业模式竞争集中表面在两个方面:

1. 赢家通吃现象。是指:在同性质平台企业之间,在相同的盈利模式,争取相同群体之间的竞争中,经常发生领先者的市场占有率与第二名的市场占有率有相当大的差距的现象。例如:PC 操作系统市场微软占 95% 市场占有率,在线出版市场起点中文网占 71%,在线购物市场淘宝占 70% 以上,旅游市场携程占 50% 以上等。

2. "颠覆"现象。颠覆是指:平台企业商业模式对跨行业既有商业模式所构成威胁,捣毁对方的利润池(指企业盈利管道),进而吸收对方的市场客源。例如亚马逊公司已经促使美国读者购买电子版图书多于纸质图书,但是平板电脑却大量"覆盖"了电子书的功效,除了给予读者阅读方面的享乐,更提供了媒体互动娱乐的价值,如游戏、视频、音乐,等等,这就是跨行业商业颠覆行为。威胁者可能从任何方向包围过来,这是企业战略制定者面临的严峻挑战。

目前,安卓系统击垮了昔日手机大佬诺基亚,苹果的 iPad 融合 App Store,iTunes 等生态系统,完全扼杀了各大手提电脑制造商的生存空间。谁能打造出具有覆盖力的生态系统,谁就有机会达到"赢家通吃",腾讯的通信信息、百度的搜索、阿里巴巴的电子商务,这些巨型生态系统几乎覆盖了任何与它们相关甚至无关的产业领域、视频产业、在线阅读、电子贸易、口碑点评、创意设计、新闻百科等现代生活的各个领域,均被"颠覆"阴影所笼罩。

## 第六节　互联网时代企业开放式技术创新模式

### 一、企业开放式技术创新模式

开放式创新模式最早是由美国创新管理专家切斯布鲁夫(chesbrough)教授在 2003 年提出,开放式创新模式意味着有价值的创意可以从公司外部和内部同时获得,其商业化路径可以从公司内部或外部进行。开放本质是外部创新资源的获取和利用,强调企业内外创新资源的整合。开放式创新能广泛吸收所有人的新鲜创意,加快企业的创新步伐,更好地抓住稍纵即逝的市场机会。在开放式创新体系下,技术创新将不再是一个封闭的、简单线性的过程,而是一个复杂的具有反馈机制、必须能与其他组织(用户、供应商、竞争者、非相关企业、大学、研究机构、咨询公司、政府等)的相互作用和相互影响中进行创新。在创新过程中,企业还要密切注视外部市场、知识与技术的瞬时变化,并迅速作出反应,有效地利用和整合外部知识。企业可以通过合作研发、众包、购买外部技术许可、技术并购等多种方式,经济、有效地获得适合本企业经营业务的技术,降低技术创新的成本和风险。领先使用新产品的用户及富有创新精神与创新能力的供应商将是技术创新的重要源泉和参与者。新的大规模协作形式正在全球范围内改变着发明、生产和创新方式。

国际上许多著名企业都采用开放式创新模式成功地实现创新,取得了持续的竞争优势,苹果公司、IBM公司、英特尔公司、默克制药公司、杜邦公司、宝洁公司及我国海尔公司等,尽管他们的研发能力很强,但他们都充分利用外部创新力量,有效整合内外创新资源进行创新。

在开放式创新模式下,企业边界是可渗透的。通过合作,让企业内部与外部的所有聪明人都为我们工作,外部研发可以创造巨大价值,我们应当分享。我们并非仅仅靠自己的研究才能获利,建立一个能利用世界上一切研究成果的创新模式,比仅仅把自己的产品推向市场更重要。如果我们能充分利用企业内外部所有好的创意,就一定会取得更大的成果。我们可以把企业内部创新思想通过人员流动、知识流动或专利权转让扩散到企业外部,公司不再锁住其知识财产,把不适合企业当前经营业务的研究项目通过外部途径使之商业化,通过许可协议短期合伙和其他安排,设法让其他公司利用这一技术,自己从中获利,同时我们也可以购买别人的知识产权。因此,开放式创新是企业在创新链的各个阶段与多种合作伙伴多角度的动态合作的创新模式。①

与封闭式创新模式相比较,开放式创新模式有以下基本原则,见表13-1。

表13-1　封闭式创新和开放式创新基本原则的比较

| 基 本 原 则 | 封闭式创新 | 开放式创新 |
| --- | --- | --- |
| 公司精神(理念) | 成功源于企业内部的发明,我们能创造出行业中最多最好的创意和产品 | 最佳的创意可能来自于企业外部 |
| 创新空间范围 | 重视企业内部资源,如果我们自己进行研究,就能最先把产品推向市场 | 我们不是非要自己进行研究才能从中受益,整合全球资源实现创新 |
| 核心能力 | 产品和服务设计的垂直一体化 | 外部资源的搜寻、识别、获取和利用,内外资源的整合能力 |
| 研发的功能和运作 | 设计、开发和商业化内部的发明,从研发中获利 | 整合内外创新资源使公司的资产产生最佳绩效;为识别和分享外部研发的价值,必须进行足够的内部研发 |
| 员工的职责 | 完成自上而下的工作任务 | 企业创新的主体 |

①　陈钰芬,陈劲.开放式创新:机理与模式[M].北京:科学出版社,2008.

续表

| 基 本 原 则 | 封闭式创新 | 开放式创新 |
|---|---|---|
| 用户的角色 | 被动接受我们的产品 | 主动的合作创新者 |
| 创新成功的测度 | 增加的利润、销售收入、减少进入市场的时间,市场份额 | 研发的投资回报率,突破性的创新产品或商业模式 |
| 对知识产权的态度 | 拥有和严格控制知识产权 | 购买别人的知识产权,出售我们的知识产权从中获利 |

例如:谷歌一位雇员辞职,自己开一家气象公司,从美国气象局公开数据库中获得几十年气象数据,他把美国各地的降雨、气温、土壤、历年农作物产量做成一个软件,从而可预测出美国任何地方的农场明年的产量,用这个预测向用户出售个性化保险,如果没有实现预测公司赔付,结果绝大部分预测是基本准确的,因为他是靠大数据统计作基础,概率很大,公司大获成功。谷歌公司眼馋了,后用 11 亿美元收购了气象公司,谷歌把此技术注入上市公司,然后销售股票又收回了 12 亿美元,谷歌因此也赚了 1 亿美元,这就是开放式创新。

## 二、众包是开放式创新模式之一

众包指的是一个公司或机构把某些创新任务通过互联网以自由自愿的形式外包给非特定的大众网络的做法。众包就是集思广益,就是由社会网络来解决研发难题,即公司把由内部员工或外部承包商所做的工作任务外包给社会网络来做,是从外部吸引人才参与,使他们参与到公司创新与合作的过程。众包含有与用户共同创造价值的理念。外包强调的是高度专业化,而众包是跨专业的创新。一项研发项目可以成功调动世界上各地成千上万台个人电脑的闲置计算能力,调动世界上成千上万的网民闲置的脑力使其知识、智慧得到充分运用。

在一个名为"创新中心"(Lnno Centive)的网站上,聚集了 11 万多名科研人才,他们共同的名字叫"解决者"(Solver),与此对应的是"寻求者"(Seeker),其成员包括波音公司、杜邦公司、宝洁公司等世界著名跨国公司,他们把各自最头疼的研发难题放到"创新中心"上,等待"创新中心"网络的高手来破解。该网站成立于 2001 年,已成为化学和生物领域重要的研发供求网络平台。一般情况下,"创新中心"的难题破解率为 30%,这要比传统的雇佣研发人员的做法效率高出 30%,成本也大大降低。

"创新中心"力量的源泉在于"解决者"们多元化的知识背景,美国麻省理工学院一位讲师在追踪调查了 26 家公司张贴出来的 166 个问题后发现,"解决者"往往并不是该难题领域的专家,甚至觉得越是对某个领域不熟悉,越是容易出成果。"解决者"来自四面八方,背景也五花八门,在车库里做实验的大有人在,还有在校的学生,破解化学难题的高手里面也不乏律师,即有些非专业人士从另外一个角度去分析问题,会提出一些创新见解,可供专业人士参考。

海尔搭建了全球研发资源平台,这个平台整合了全球 10 万个知名高校、专家学者、科研机构,涉及电子、生物、动力、信息等诸多领域,海尔只要把自己的研究需求放到这个平台上,就可以坐等科研资源上门了。海尔超前创新中心方案总监张立臣介绍,把这个难题放到资源平台上之后，大概用一周的时间就有世界上最领先的资源能跟我们来交互，来提供相应的解决方案。"空调出风口这一块其实是中科院和中国空气动力研究院给我们设计的，这里头有一个智能模块，这个模块是一个美国的资源给我们设计的。"海尔立式空调企划总监雷永锋介绍道。采用专利授权或者委托开发的模式，海尔与世界顶尖研发团队结成了利益共同体。因此，海尔张瑞敏表示："现在全世界都是我的资源，世界就是我的研发部，世界就是我的人力资源部，这样你的眼界就宽了，你可以整合全球的资源。"

## 宝洁公司的开放式创新

始创于 1837 年的宝洁公司，是世界上最大的日用消费品公司之一。在全球 80 多个国家和地区有雇员 14 万人，所经营的 300 多个品牌的产品畅销 160 多个国家和地区。

宝洁公司是一个创新型的现代化企业，一贯重视科学研究、技术开发和人才培养，在遍布全球 12 个国家的 22 个研究中心里，科研人员超过 7 500 名，公司每年研发费用在 17 亿美元以上。在全球范围内，宝洁拥有超 2.9 万项专利，并以每年新增 3 800 项的速度递增，成为美国乃至全球拥有专利权最多的企业之一。

宝洁公司认为，人才到处都有，到处都有发明家，在车库里找到发明的可能性和实验室里一样大，当前创新速度已是十年前的两倍，为什么不在世界整个人才库里寻求创意和技术呢？

宝洁有正式的战略与外部世界保持联系，有 50 多名"技术企业家"，借助复杂的搜索工具查看上亿网页、全球专利数据库和科学文献，以大海捞针的方式找到对公司有利的重大技术突破。

九西格玛（Nine Sigma）公司是一家专门为客户获取外部技术牵线搭桥的公司。2001年 8 月，宝洁与该公司合作，该公司的网站 nine sigma.com 帮助宝洁同全球 50 多万名研究人员联结在一起，一些独立发明家因此成为宝洁创新服务提供商，当他们有某些重大创新时，会优先卖给宝洁。Spit Brush 电动牙刷技术是宝洁 2001 年从发明家约翰·奥谢尔（John Osber）手中买来的，宝洁无须花很多时间和金钱开发，就能快速向市场推出一个高级口腔护理品牌。佳洁士"电动牙刷"的刷头在电池驱动下可以旋转，销售额达 1.6 亿美元，成为美国最畅销的牙刷。

宝洁公司加入的第二个网络是 inno centive.com，该网站是美国礼来制药公司（Eli Lilly）的下属公司，Inno Centive 吸引了全球 175 个国家的 11 万名生物学家、化学家、工程师及其他专业人士，这些专业人士争相帮助宝洁这样的大公司解决遇到的问题。

在开放式创新模式下，宝洁公司 2000—2006 年销售收入年均增长 14%，平均每股利润增长 33%，2006 年销售收入达 682 亿美元，利润达到 86.8 亿美元，为 6 年来最高，开放式创新是宝洁增长的主要驱动器。

资料来源：宝洁创新管理分析. wenku. baidu. com.

### 三、开放式创新的风险管理

应该指出，开放式创新过程中仍存在四个方面的不确性[①]，因此创新风险较大。即：①企业能力不确定性。创新参与者的能力状况如何？企业是否具备广泛搜集、整合、协调创新资源的能力？是否具备将创新资源转化为现实产品的能力？②技术不确定性。创新产品的技术领先程度如何？技术的复杂性如何？技术更新换代的速度如何？互补性技术与替代性技术发展情况如何？③项目不确定性。哪些是有价值的项目？哪些是无价值的项目？对项目价值如何作出科学评价？④市场不确定性。创新产品的客户是谁？哪些客户最重要？市场容量有多大？

上述不确定性有时不仅会单一出现，甚至会同时出现，其风险表现在以下方面：

1. 开放式创新消除了地理上、产业上、技术上和企业本身的边界，从而增加了企业创新外部环境的风险性，带来了更多的市场风险、政策风险、技术风险和财务风险等，导致企业对创新过程难以管理和控制。合作的企业越多，创新的不确定性越大，企业的风险就越大。

2. 在企业开放式创新模式下，高素质人才频繁流动，因而频繁的新创意流出与流入，将导致对这些创意的监控与管理难度增加。又由于风险投资机构对人才有极大诱惑性，促使某些高素质人才离职，创建新企业，并与老企业形成竞争局面。

3. 由于项目研发早期对其商业潜力评估错误而出现"假阳性"（在早期项目评估中，一些看起来很有商业潜力而事实上并没多大价值的项目）和"假阴性"（在早期项目评估中，一些看起来毫无价值，但其实是非常有开发价值的项目）现象，即为没有价值的项目过度投入或者错失极有价值的项目，从而为企业带来巨大的损失。

4. 开放式创新促进了知识的快速扩散，从而有可能导致企业失去对知识的所有权而蒙受巨大损失。

因此，加强开放式创新的风险管理十分重要，即要在以下六个方面加强风险管理：

1. 要从能力、责任、制度、技术、财务等多方面对创新合作伙伴进行风险考核，选择发展稳健的合作者，努力降低合作创新的风险。在合作者的数量上，以精简为原则尽量缩短创新合作链条，以减少合作创新的不确定性。

2. 加强对研发成果商业潜力的早期评估能力，或与专业评估机构合作，充分评价"流入"和"流出"企业的创意的潜在的商业价值，努力避免造成损失。

3. 建立二元性组织模式，即一个企业内存在两种组织，在主流研发组织外另成立一个创新组织，例如新事业发展部、创新小组、新产品开发委员会、虚拟创新组织等。这种另成立的创新组织是独立于原主流研发组织，在组织机构、组织文化、资源获取、能力获得、激励机制、评价标准等方面都具有与主流研发组织不同的特征，即在企业内部成立"小特区"，以保证其能有宽松的内部环境，勇于探索，容忍失败的氛围，人员能具有强烈的进取心，研发流程更加灵活而具有弹性，有一定的物质及精神激励及职业生涯的承诺，以提高创新者积极性等，从而避免企业核心研发人员过多离职出走，以避免企业内部创意

---

[①] 《管理学家》开放式创新中的风险管理. http://www.sina.com.cn. 2009-04-16.

流失。

4. 为企业创意流入与流出建立缓冲地带，即在企业内部建立风险投资部门，为新创意流入与流出进行投资与管理，避免那些真正具有商业潜力的新创意流出而有利于竞争对手的局面。

5. 企业要强化知识产权管理，要增强对企业核心技术泄露风险的控制能力，也可以通过技术转让、产权保护等手段获取一定的报酬和利润。

6. 不断更新商业模式。一项普通的技术配以非常先进的商业模式可能比非常先进的创意或技术配以普通的商业模式更能创造价值，即"怎么卖要胜过卖什么"，是商业模式把技术与经济联结了起来。

综上所述，互联网条件下企业研发的竞争主要体现在以下四个方面：

1. 人才竞争。没有专业人才，很难在技术上取得优势地位。

2. 速度竞争。互联网条件下，与传统技术与市场有很大不同，技术及市场瞬息万变，要不断地简化、提升、协调、优化研发流程，使其在短时间内就能快速地取得研发成果。

3. 技术竞争情报服务的竞争。要跟踪、监测本产业、相关产业及竞争对手技术发展动态及技术发展趋势，它是开放式创新取得成功的根本保证。

4. 商业模式竞争。在互联网条件下，不同的产品应有相应的商业模式相配合，才能在市场上占据优势。

## 四、企业应注重突破性技术创新

由于我国复兴中华成为世界大国的需要，由于我国从技术后发优势向技术先发优势转变的需要，以及我国企业参与国际竞争的需要，我国企业及相关科研机构、高等院校亟需提高对突破性创新的重视和研究。

什么是突破性创新？突破性创新又叫颠覆式创新，它是相对于渐进式创新而言的，是导致产品性能主要指标发生巨大跃进，或者对市场规则、竞争态势、产业版图产生重大影响，甚至导致新产业的产生的一类创新。[①] 例如：电子管被晶体管所代替，机械手表被电子表所代替等。

世界上第一个人工心脏已经做出来了，人工心脏有望在 10 年以后用于临床，你有心脏病家族史，你出生时把心脏干细胞留在医院里，如果你 40 多岁心脏不好了，等 9 个月你的又一个心脏就发育好了，给你移植上去，就是你的心脏，它可以再为你工作40 多年。

由图 13-2 可以看出，当一种区别于技术Ⅰ的新技术Ⅱ的新思想提出以后，首先要进行突破性的创新，尽管这种突破性创新的产品可能在早期阶段要比前一代技术差，产品性能也不如前一代产品，例如，最初发明的火车其速度不如马车跑得快，但当解决了主要技术难题之后，技术Ⅱ将经历一个技术水平与产品性能急剧上升的过程，直到产品的主要技术性能指标稳定下来。这时，企业就进到渐进性创新阶段，直至出现新的技术轨道Ⅲ，当技术轨道Ⅲ所带来的产品在市场上超过了技术轨道Ⅱ时，技术Ⅱ的渐进性创新便以衰败告终。如果一个企业同时开展技术轨道Ⅱ的渐进性创新和技术轨道Ⅲ的突破性创新的研

---

① 张洪石.突破式创新及其组织[M].北京：知识产权出版社，2013.

究工作,该企业可以保持持续的竞争优势。如果在技术轨道Ⅱ上的企业没有从事技术轨道Ⅲ的研究工作,则它将受到从事技术轨道Ⅲ企业的挑战,市场格局可能将重新洗牌。

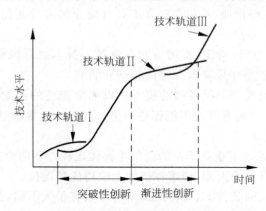

**图 13-2  突破性与渐进性创新的技术轨道比较**

统计研究发现,突破性创新多发生于中小型企业,而大型公司多从事渐进性创新。有时,成熟型大公司往往被小公司突破性创新淘汰出局,即前一代技术轨道建立起来的组织制度、企业文化、激励机制、经营策略等都与前一代渐进性创新相适应,因此前一代技术轨道积累的成功经验、核心能力和竞争优势恰恰会成为新一轮竞争的障碍,这是企业在技术创新应该注意的。

突破性创新最大的难点就是它面临着四方面的不确定性,即技术、市场、资源和组织不确定性。面对这四方面高度的不确定性,所以对突破性创新、管理要完全不同于渐进式创新的管理。

许多企业的经验是在主流研发组织(主要进行渐进性创新)以外再独立建立突破性创新组织,这种突破性创新组织要求要有宽松的内部环境、勇于探索及容忍失败的氛围,有强烈的进取心及异性化的队伍,即在企业内部实现组织的二元性,这样有助于与渐进性创新组织的隔离。企业文化的二元性,既在主流研发组织有渐进性创新文化,又在突破性创新组织有突破性创新文化。资源获取的二元性,即突破性创新组织可以另获得政府基金及风险资本的支持。能力获取二元性,即将内生与外生融为一体,内生是以自主研发能力为主,外生能力是指技术转移、吸纳人才、兼并其他创新企业等。激励机制二元性,即突破性创新组织要重视物质及精神激励,更加重视职业生涯的承诺,有助于提高创新者积极性。评价指标二元性,既注重企业内部绩效评价,更注重企业外部绩效评价,即政府对基金项目成果评价及其他企业及客户对创新成果的评价(技术、财务、市场及机会窗口等),这将增加资源获取的途径。例如清华同方,以集装箱检查突破性创新项目为中心,成立了独立于原有研发中心的新研发组织,当研发成功后,为将产品推向市场,成立了清华同方核技术公司,以内企业运作方式对项目进行了商业开发。

因此,突破性创新是引领产业技术发展方向的,其形成是一个长时间不断积累学习的过程,是多渠道开放式网络化合作的产物。在企业管理上要注意以下四点。

1. 技术战略上要实施自主开发与开放式技术创新相结合,自主并不排斥开放,开放是实现自主的重要条件,只有了解国际规则,才能融入国际规则,也才能利用规则,创造规则,这是一个资源全球化的时代,主动整合资源,嵌入全球新兴技术研发网络,才能提升自身竞争力。

2. 要高度重视产业基础研究的投入,我国过去强调应用研究为主,对基础研究投入不够,只占总研发投入 5%,实际上基础研究很重要,要提高产学研合作层次,只有从科学源头学习才能真正提升原始创新能力。

3. 企业要抓住新兴产业大规模市场化之前的"时间差",积极参与国际知识产权布局。

4. 后发企业更应高度重视通过挖掘潜在市场需求,来引领突破性技术的开发。

# 第七节　互联网时代的企业物流管理模式

## 一、互联网物流管理特点

互联网彻底颠覆了空间的限制,互联网企业从诞生那一天起就有一种革命的精神,它不像万科、海尔那样强调对空间资源的占有,而是像苹果那样强调对客户时间资源的占有。像阿里巴巴、谷歌这样的公司是对客户时间的占有。客户因节省时间而使用这些公司的产品,阿里巴巴节省了消费者购物的时间,而且消费者可以随时随地地使用。特别是移动互联网,商家可以零时间、零成本接触客户,瞬间可以连接地球上任何人。

通过网上采购和配销,简化了传统物流烦琐的环节和手续,使企业更准确全面地把握消费者的需要,实现基于顾客订货的生产方式的同时减少库存,降低沟通成本和顾客支持成本。因此,互联网条件下的物流已经从 toB 到 toC。

一个互联网的物流公司要做好三件事:

1. 用信息把各种物流环节衔接起来。

2. 做仓储基地,集中整合每个地区的产品转运和产品处理。

3. 做投资,帮助物流企业发展。

三件事一起构成完整的物流平台,即信息是神经、仓库是心脏、服务伙伴体系是四肢。

因此,物流公司的互联网化就是业务范围的互联网化,物流企业要进入电子商务服务领域。物流公司营销的互联网化,即物流公司的发展不是依赖于公司的直销人员队伍,而是靠平台型公司输送的电子订单。物流公司运作及服务的互联网化,要求物流公司的每辆货车、每个配送员、每一件货物都要在互联网上,使上下游用户、管理及操作人员随时随地能够做到信息共享、相互协同。

## 案例 13-2

### 1 号店的数据驱动供应链模式(2013 年)

1 号店是国内首家网上超市,由世界 500 强 Dell 前高管于刚和刘峻岭联合在上海张江高科技园区创立,是 B2C 网上购物平台企业。

1 号店注重利用信息技术对供应链进行整合,1 号店将供应商平台、结算系统、仓储管理系统、运输管理系统、数据分析系统及客服系统集成于 1 号店 SBY(Service By YHD Yihaodian)平台,从而实现数据统一管理。

王女士在 1 号店网站订购了一套咖啡壶,就在王女士将商品放入购物车的瞬间,1 号店信息系统已将该商品"冻结"了,当王女士付款完成后,该商品已形成一个订单,以每秒 10G 的速度迅速传到仓储管理系统,该系统收到订单就形成了一个"拣货"任务,安排员工以最佳路径进行拣货、打包并发货。次日,王女士收到包裹,等确认商品完好,王女士签收快递,这一信息又被回传到 1 号店信息系统。

实际上王女士作为 1 号店老顾客,王女士购物习惯已被 1 号店信息系统记录并分析,因此当王女士登录自己的账号时,她之前的浏览记录、她经常购买的商品及她可能喜欢的商品都会被推荐到页面上,从而能更精准地预测订单,使供应链更加快捷。

2013 年 6 月统计,1 号店会员 3 000 万人,其中每天都有 500 万人在 1 号网店进行浏览,大量会员产生的大量信息,使 1 号店叩开了大数据时代的大门。

比如,系统发现某顾客喜欢用某品牌矿泉水,他上个月买了一箱,估计现在快喝完了,又该买水了,公司会提前预存该品牌矿泉水。

1 号店在 SBY 平台投入很大,因为它有大量顾客的数据,1 号店利用这些规律进行数据挖掘,把顾客过去的购买、搜索、收藏及商品浏览的路径信息全部记录下来,用这些记录做成顾客行为模型,从而预测顾客会有什么样的需求,为顾客开展个性化服务,这是电子商务的优势。

拣货是数据与实物交互的过程,通过波次分配(把具有相同属性的订单归结为一个波次,如同样的商品可算一个波次,或同一个地址的商品也可算一个波次)及路径优化,使拣货效率提高,一个拣货员从 4 个仓库(每个仓库有 3 万平方米)的 30 万件商品中拣出 16.7 件产品(16.7 件是 1 号店平均每单的数量)需时间不超过 80 秒。

1 号店把 70%的配送订单自己配送,剩下 30%则交由 40 多家第三方快递公司来完成,对这 40 多家快递公司进行 KPI 考核机制,每月进行打分及排名,排名靠前的进行奖励,排名在最后三位的实行末位淘汰制,进行替换。

资料来源:赵向阳.1 号店:大数据时代的电商供应链变革[N].中国经营报,2013-06-10.C7 版.引用时作了删节.

由以上案例看出,供应链管理是电子商务的核心竞争力,因为这直接关系到顾客体验,关系到公司能否把成本降低,做到数据实时、透明、共享,以做到持续改进。

## 二、互联网条件下供应链竞争

当前,电商行业物流竞争加剧,已进入供应链布局竞争。未来物流竞争还会进一步加剧。目前电商行业已经从早期的前端资源如流量、产品丰富度的争夺,进入到整个供应链布局的竞争,在此过程中物流扮演着越来越重要的角色,目前京东、苏宁、易讯等电商在物流领域有较大优势,最近阿里巴巴集团对海尔电器集团有限公司进行总额为 28.22 亿港元(约合人民币 22.13 亿元)的投资,重点扶持海尔电器旗下日日顺物流。双方联手打造家电及大件商品物流配送、安装服务等整套体系及标准。此次阿里在物流方面的布局会使电商行业竞争更加激烈,新一轮电商物流大战即将兴起。

## 阿里巴巴入股海尔电器补充物流领域短板(2013 年)

2013 年 12 月 9 日,阿里巴巴集团和海尔集团有限公司联手打造家电及大件商品物流配送、安装服务等整套体系及标准,该体系将对全社会开放。目前京东、苏宁、易迅等公司在物流领域已有较大优势,此次阿里在物流方面的布局将使电商行业竞争更加激烈。

2013 年 12 月 6 日,马云第一次来到青岛海尔集团总部,与张瑞敏谈战略合作。马云说,电商若没有实体经济的参与,互联网就是个大泡沫。没有海尔这样的企业打下的基础,中国电子商务不可能发展这么快。张瑞敏说,如果传统经济不颠覆,就会走到山穷水尽的境地。互联网的驱动力是平台,所谓平台就是快速配置资源的框架,平台就是生态圈,因此阿里不是帝国,是生态系统,帝国是封闭的,生态系统是开放的,我们和阿里合作,就是要把自己做成开放。

马云说,新经济不是大家今天讲的数字经济,真正的新经济是实体经济和数字经济的完美结合,是虚与实的完美结合,我们与海尔一起打造虚实结合的平台,让中国制造业能通过好的平台遍布到全国各地,乃至世界各地。

据中国电子商务研究中心监测数据显示,海尔电器旗下的日日顺物流主要布局在国内三、四级市场,日日顺的定位是"互联网时代用户体验的开放性平台",是一家在国内三、四级市场较为出名的第三方家电销售商,在全国拥有 9 个发运基地,90 个物流配送中心,仓储面积在 200 万平方米以上,日日顺已建立 2 600 多家县级专卖店,约 26 000 多个乡镇专卖店,19 万个村级联络站,并在全国 2 800 多个县建立了物流配送站和 17 000 多家服务商网点。已在全国形成了一张家电及大件商品的仓储、物流、配送、安装、售后服务为一体的服务网络。

阿里目前在物流上的布局主要有三部分:一是第三方物流,主要是天猫、淘宝的卖家通过申通、圆通、顺丰等民营快递寄收商品;二是自建仓储,由阿里巴巴集团、银泰集团、申通、圆通、中通、韵达等组建菜鸟网络,主要经营小件商品配送;三是大件商品物流,这是阿里的短板,近年来大件商品在网上热销,但大件物流配送却饱受诟病,而海尔的日日顺大件物流配送口碑不错,此次阿里与海尔集团合作,使阿里能够承担大件商品的配送。补齐大件商品配送到三、四线城市及乡镇农村市场。阿里和海尔合作不排除未来阿里推出自己品牌产品,交由海尔生产的可能。因为有些互联网企业正在酝酿推出自己品牌的产品,因此不排除阿里与海尔有更多深层次合作的可能。阿里与海尔合作是四赢的结果,除了对海尔与阿里合作双方有利以外,对消费者及厂商也是利好。

海尔联盟阿里将借助阿里大数据优势,加快海尔互联网转型步伐。张瑞敏认为海尔卖的不是产品,而是买用户的资源。日日顺定位并不是一个简单"送货的",可通过物流为用户服务，第一现场接近用户，挖掘需求，采集数据，海尔想做到，凡是买了海尔的产品，海尔的服务人员就有机会让这个家庭的整个家居由海尔提供解决方案。2012年海尔渠道服务对应商品规模 508 亿元，自有产品占比估计为 80% 左右，引入阿里巴巴，切入其社会化电子商务生态体系，可以充分利用天猫已有 7 万品牌商家资源，打造覆盖各级市场领先的家电及大件物品的物流及服务网络。双方通过打造日日顺物流，共同建立行业领先的端到端的大件物流服务标准，将在家电及大件商品领域建立一整套的购买、仓储、物流、运输、配送、上门安装服务的行业新标准。阿里和海尔都希望由此树立行业标杆。

此次阿里巴巴对日日顺投资 18.57 亿港元，其中包括以 5.41 亿港元认购日日顺物流 9.9% 的股权，同时还以 13.16 亿港元认购海尔电器发行的可转换债券，该可转换债券未来可转换成日日顺物流 24.1% 的股份。除上述投资外，阿里巴巴还将以认购新股的方式对海尔电器投资 9.65 亿港元，获得海尔电器 2% 的股份。

随着城镇化的兴起，尤其是三、四线城市消费正在崛起，大家电、家具等商品的需求猛增背景下，阿里与海尔合作，形成对大家电及大件商品配送、安装及售后服务一体化服务网络，让天猫商家及消费者选择，同时也给以家电销售配送为主的苏宁、国美及京东构成了更大的威胁。

资料来源：庞丽静，迟有雷，张昊．当阿里遇到海尔[N]．经济观察报，第 25 版．2013-12-16．笔者引用时有删节．

## 第八节　互联网时代的企业运作柔性化管理模式

### 一、企业柔性化管理时代的到来

消费者需求的变化，信息技术的不断应用，是推动生产体系不断变革的两大因素。"二战"后的 20 世纪 50 年代，发达国家制造业主要是以提高生产率，满足饥渴的消费需求，减轻劳动强度为目标，各种单机自动化加工设备得到了应用推广。到了 20 世纪 60 年代，CAD，CAM 等信息技术开始显现价值。20 世纪 70 年代，随着发达国家众多行业从卖方市场向买方市场转变，以及功能更强的信息技术的应用，柔性化的理念及技术得到推广，单点自动化扩展成一体化的自动化系统，出现了柔性化制造等先进的制造系统。20世纪 80 年代的细胞式生产，20 世纪 90 年代的模块化生产，都是在同一脉络下的演变。

现在，德国提出了工业 4.0 概念。工业 1.0 是机械制造时代，机器代替手工劳动；工业 2.0 是电气与自动化时代，是流水线生产；工业 3.0 是电子信息化时代，机器逐步代替人类作业；工业 4.0 是实体物理世界与虚拟网络世界融合时代，使制作业智能化。例如：软件公司 SAP 将产品模板放在生产线上的时候，上面就附上了一个小芯片，其中有用户关于这个产品的具体要求的各种信息，通过芯片和生产设备的"交流"，产品模板通过一道道工序后被加工成用户定制的个性化产品，这样一条生产线能生产多种个性化配置的产品了。

美国提出了工业互联网的概念，这是第三代互联网。第一代互联网是桌面互联网，主要是数据服务；第二代互联网是 WiFi，是移动互联网，主要是电信服务；第三代互联网是泛在网 CPS(Cyber Physical System),是通信、计算及控制相结合的网络,CPS 是以无所不在、无所不包、无所不能为特征,实现任何地点、任何人、任何物、任何时间都能顺畅地通信,是实现人与人、人与机器、人与物、物与物的直接沟通,这是泛在网络的架构。现在CPS 生产线自动化,实现了计算机控制网络和机器人相结合。现在制造业叫产品的全生命周期管理,过去讲产品就是生产,怎么用是你的事,今后是产品全生命周期智能化服务。我国陕西鼓风机动力集团建有工业单体设备的在线设施和故障系统,为已售出的1 200 多台机组安全运行服务,光这个服务年收入 20 亿元,占整个销售额的 1/3。美国GE 公司,把传感器安装在所有售出设备上,把传感器放在飞机发动机上,飞机在飞行中,它可以告诉你应该怎么飞,用油是否合理,发动机有没有问题,这就是产品全生命周期管理。制造业智能化服务时代到来了。

到了 21 世纪,互联网、云计算、大数据的发展,要求企业满足海量碎片式的消费者个性化的需求,如服装企业不能再采取大规模生产方式,而应采取更适合多品种、小批量的单流制(或单件流)的生产方式。不仅如此,还要有社会化协作的供应链的支撑,在互联网、云计算、大数据支撑下,伴随着现代零售业和物流业的发展,使供应链重组及柔性生产体系成为可能。沃尔玛和宝洁公司就是零售商与柔性化生产商无缝协作的典范,这两家企业信息系统连接后,其运作状况大有改观。沃尔玛一旦发现宝洁某一产品存量不足,就会自动通知宝洁供货,甚至于每当顾客购买宝洁产品时沃尔玛系统就会将信息传到宝洁,而宝洁也就可以按照这些信息来安排生产。这里出现的是价值链的反向链条,或称拉动式价值链,消费者→零售商→批发商→生产商(品牌商)→供应商。[①]

互联网最大优势在于它可以支撑大规模社会化、实时化的协作生产运作,它极大地提高了消费者在市场的主人翁地位,提高了消费者、企业以及企业之间的协作效率。原来企业的金字塔组织结构或链状的价值链结构正在被折断、被压缩在一个扁平化的平面上,这使得消费者个性化的需求得到相当程度的满足,这才是伟大的消费者时代的到来。

## 二、C2B 的商业模式

### (一)C2B 商业模式简介

C2B(customer to business)模式是互联网时代的新的商业模式。C2B 是消费者提出需求,生产企业按需求组织生产。通常情况下,消费者根据自身个性化需求定制产品和价格,或主动参与产品设计、生产和定价,生产企业进行定制化生产。

长期以来,由于定制生产成本很高,企业与消费者双方在交易过程中有空间、时间、金融支付和沟通等诸多障碍,因此使消费者和生产企业退而求其次,消费者以牺牲个性化需求换取企业大规模少品种大批量工业化生产的低成本,这就是以企业为中心的 B2C 模式。进入 21 世纪,互联网技术为企业和消费者双方提供了低成本、快捷、双向的沟通手段,现代物流畅达,金融手段便捷,以模块化延迟生产技术为代表的柔性生产技术日益成熟,使交易成本和生产成本大幅下降,为 C2B 模式的实现创造了条件。

① 曾鸣,宋斐.C2B 互联网时代的新商业模式[J].哈佛商业评论,2012-02.

### （二）C2B 模式的运行机制

需求动议者发起→消费者群体自觉聚集，内部审议→制定出明确的需求计划→根据需求选择合适的核心商家或企业群体→展开集体议价谈判→消费者群体决定采购价格和数量→企业按消费者订购计划进行生产→消费者群体购买→消费者群体对本次交易结果的评估→消费者群体解散或者抗议。

### （三）C2B 模式的种类

C2B 模式有以下四种：①

1. 要约模式。由用户发布自己需求的产品和大致价格，然后由商家决定是否接受用户要约。若商家接受要约，则交易成功。若不接受，则交易失败。

2. 聚合需求模式。数量庞大的用户群体通过聚合分散的需求，形成强大的购买能力，从而改变过去消费者的弱势地位，以此享受到大厂商、大批发商的价格并获得购买产品的资格。

3. 服务认领模式。企业通过互联网发布所需新产品试用服务，具体包括新产品试用的内容、试用应完成的指标、试用时长、支付报酬等，个人可以上网认领试用任务。淘宝"试用中心"便是一个典型案例，用户可通过试用中心免费领取心仪产品样品，但需完成一个设计好的产品试用报告，这份报告将帮助企业了解消费者需求，改进商品功能，得知市场反馈。

4. 商家认购模式。用户在企业的电子商城系统平台上提供有关需求商品的原创数码内容，如视频、摄影、图像、动画、设计等，然后企业根据需要及用户标价来认购这些原创数码内容。

所以 C2B 是消费者的舞台，在 C2B 电子商务网的形式下，消费者不用辛苦地去寻找商家，而是经过 C2B 网站把需求信息发布出去，由商家上来报价、竞标，消费者可以选择性价比最佳的商家来成交，不让消费者花一分冤枉钱。商家不开店、不打广告可以把商品卖出，因此 C2B 模式为消费者和商家找到了一条更加省时、省力、省钱的交易渠道。例如空调可以在线定制，借助淘宝网的团购平台"聚划算"，联合奥克斯发起了"空调玩定制，万人大团购"活动，数万名用户在 6 天时间里以选票形式决定了空调的外观、功能、功率等特性，开团 10 分钟后销出空调 1 223 台，开团 38 小时后售出空调 10 407 台。

表 13-2 列出大规模生产、大规模定制及 C2B 模式的区别。

**表 13-2　大规模生产、大规模定制及 C2B 模式比较**②

|  | 大规模生产 | 大规模定制 | C2B 模式 |
|---|---|---|---|
| 起始时间 | 20 世纪初成熟 | 20 世纪 90 年代成熟 | 2010 年以来开始出现 |
| 市场环境 | 需求稳定、供不应求 | 需求多变、供过于求 | 海量个性化需求兴起 |
| 市场形态 | 均质化统一市场 | 碎片化的细分市场 | 市场即对话 |

---

① baike. baidu. com/link? url＝fTeNkZvZ8751Qdn1VYzf7zZXPCOKSZM5yPZ.

② 曾鸣，宋斐. C2B——互联网时代的新管理模式. wenku. baidu. com.

| | 大规模生产 | 大规模定制 | C2B 模式 |
|---|---|---|---|
| 价值载体与支付方式 | 企业向消费者支付产品 | 企业向消费者交付服务或解决方案 | 以体验为载体,企业与消费者共创价值 |
| 消费者角色 | 孤立、被动、少知、基本上不参与设计或生产 | 部分参与企业设计或生产 | 见多识广,互相联系,积极主动并深度参与企业的设计或生产 |
| 产消格局 | 企业推动消费,企业为千篇一律的大众提供一视同仁的产品 | 仍基本上是企业推动消费,消费者适应企业现有的供应链 | 消费者与企业是互动式的,消费者需求驱动价值网络运作 |
| 供应链形态 | 线性供应链 | 具有价值网络属性的供应链 | 可实现大规模协作的在线供应链平台 |
| 竞争基点 | 成本与质量 | 成本、质量和速度的平衡 | 体验为王 |
| 支撑体系 | 大规模营销、流水线生产、部分物流外包 | 大规模营销,一定程度的柔性化生产,社会化物流 | 个性化精准营销,模块化、柔性化生产,社会化物流网络 |
| 经济实质 | 少品种、大批量的规模经济 | 多品种、小批量的范围经济 | 规模经济基础上的范围经济 |

# 第九节 互联网时代的网络市场营销模式

## 一、网络营销的特点

网络营销是指以互联网为主要手段,为达到一定营销目的而开展的市场营销活动。网络营销的主要特点如下:

1. 跨时空。可随时随地地全天候提供全球性营销服务。

2. 成本低。没有店面的租金成本,提高了营销信息传播效率。

3. 信息透明。互联网使信息非对称性减少,消费者可以掌握大量信息。

4. 资讯快捷。企业能快速搜集到信息,及时作出反应。

5. 效果可衡量。点击率、网页浏览量、网络广告成本等均可以即时跟踪与度量。

6. 交互性。供需双方在网上互动,双向沟通,企业能充分听取用户的意见和建议。

7. 多媒体性。互联网可以用文字、声音、图像、视频等多种形式的信息进行交换。

8. 大规模个性化。互联网条件下,消费者个性化得以充分释放,企业可以一对一地进行个性化促销,与消费者建立长期良好的关系。

电子商务是指利用电脑技术及网络技术进行的商务活动,包括电子货币交换、供应链管理、电子交易市场、网络营销、在线事务处理、电子数据交换(EDI)、存货管理和自动数据收集系统等。电子商务是在网络环境下,基于浏览器或服务器应用方式,买卖双方不谋面地进行各种商贸活动,实现消费者网上购物、商户之间网上交易、在线电子支付以及各种商务活动、交易活动、金融活动和相关的综合服务的一种商业运营模式。因此,电子商务的内涵较为广泛,而网络营销较为具体。总体而言,电子商务与网络营销密切相关,网络营销是电子商务的重要组成部分,日益受到企业的重视和应用。但是二者的侧重范围不同,网络营销注重以互联网为主要手段的营销活动,电子商务注重商务活动、交易活动、金融活动、综合服务等。

## 二、网络营销的市场

截止到 2012 年 12 月我国网络购物用户规模达 2.42 亿人(DoNews 2013 年 1 月 15 日根据中国互联网信息中心发布《第 31 次中国互联网络发展状况统计报告》),网络购物渗透率(指网络购物用户占全国网民的比例)提升至 42.9%。2011 年我国网络购物用户规模为 1.94 亿人,2012 年比 2011 年,增加了 4 800 万人,增长 24.7 个百分点。2011 年网络购物渗透率为 37.8%,2012 年比 2011 年网络购物渗透率增长 5.1 个百分点。

在发达国家,如 2010 年美国网络购物用户占全国网民的比例为 66%,韩国为 64.3%,我国网络购物市场仍有广阔的增长空间。与此同时,工业品及原料的网络市场亦有很大发展。

### 专栏 13-1

### 不同网龄的网民使用网络购物的比例(2012 年)

中国互联网信息中心(CNNIC)在《第 29 次中国互联网发展状况统计报告》(2012 年 1 月发布)中对比了不同网龄网民使用网络购物比例,见图 13-3。

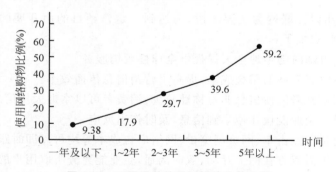

**图 13-3 不同网龄使用网络购物的比例**

由图 13-3 可看到两个明显的拐点:第一个拐点在 2～3 年,当网民网龄进入 2～3 年时其使用网络购物比例为 29.7%,比 1～2 年时提高了 11.8 个百分点;第二个拐点在 5 年以上,使用网络购物比例达到 59.2%,与 3～5 年时提高了 19.6 个百分点。

资料来源:郦瞻.网络营销[M].北京:清华大学出版社,2013.

## 三、网络营销的客户关系管理

客户关系管理(customer relationship management,CRM)是 20 世纪 90 年代初由美国 Gardner 集团首次提出的,是指:企业不断地通过顾客细分,应用先进的技术系统,针对性地配置企业资源来满足顾客需求,实现企业利润,客户满意度和忠诚度最大化的管理过程。

CRM 在近年的快速推广得益于互联网的技术进步,互联网是 CRM 的加速器,具体应用包括:数据挖掘,数据仓库,呼叫中心(Call Center),基于浏览器的个性化服务系统等。

随着互联网和信息技术的迅猛发展,你的客户距你的竞争对手仅有点击一下鼠标之遥,"客户就是上帝"的时代真正到来了。"以客户为中心"的口号不仅仅是时尚,已日渐成为现实。客户逐渐成为新产品的设计者、交易规则的制定者、公司价值的决定者。客户不仅用脚投票,而且靠手投票。

消费者富裕程度的增长、教育水平的提高、社会结构的转换、法律的日趋完善及技术的进步等都是推动客户关系管理成为时代主角的关键力量。

因此在互联网条件下客户占主导地位,客户正在重塑商业模式并转变企业的产业结构。客户关系非常重要,客户关系、客户支持率决定了公司的价值,客户体验也非常重要,他们对品牌的感觉决定了他们对企业的忠诚度。

基于互联网的客户关系管理的优点表现在以下几个方面:

1. 成本低。

2. 更有效地确定目标受众,企业接触到的顾客名单都是顾客自我登录或企业实现甄选的。

3. 企业不仅与客户建立更深更广的联系,而且与供应商、经销商、代理商、竞争对手、政府、金融机构、社会相关部门均保持了长期稳定良好的关系,即建立一条良好的客户关系链。企业要保证客户关系链上的相关部门得到他们应该得到的利益时,企业的利益才能得到保证。

4. 企业的客户关系链中获取大量按单定制的市场和产品信息。

5. 与客户建立起一种学习型关系。客户不仅是网站内容消费者,也是网站内容的提供者和合作运营参与者,他们为网站提供了绝大部分内容产品,这种交互关系贯穿整个客户生命周期。

## 案例 13-4

### 《哈利·波特与魔法石》在英国上映

2001 年 11 月 16 日,将要在英国上映的《哈利·波特与魔法石》还未正式售票时,一家连锁影院就已经接到了 2 万名热情观众的订票请求。该公司负责人喜不自禁:"我们的 599 个影院中有 255 个都安排放映《哈利·波特与魔法石》,这个比例比《泰坦尼克号》还高。"同所有人预想的一样,这部耗资达 1.25 亿美元的童话电影一面世就引起了收视狂潮,在北美地区 10 天净收 1.88 亿美元,创下了一系列票房纪录。

哈利·波特这个气质沉稳的小男孩横扫电影市场的背后,是 AOL 时代华纳这个全球第一媒体集团那几乎无所不包的传播力量。

除了《哈利·波特》原著小说的版权和作者罗琳不是 AOL 时代华纳的"资产"，它拥有几乎所有和《哈利·波特》有关的东西——7 部电影的版权以及所有特许权和制造附属商品的权利。时代华纳的魔法就是利用这些资源进行交叉推广。《哈利·波特与魔法石》电影出自 AOL 时代华纳旗下华纳兄弟电影公司，电影原声唱片也由其子公司录制。该片在美国放映前两周就出现在 AOL 时代华纳属下的《时代》杂志上，并成为另一份华纳刊物《娱乐周刊》的封面，而只要你打开 AOL 网站，那熟悉的小男孩的模样和网上订票服务、预告、网上游戏等就会铺天盖地而来，关于他的一切你都可以随时看到。

那些等着数钞票的影院并不是最大的赢家，真正乐得合不拢嘴的是《哈利·波特》的制片商。1.25 亿美元的拍摄投资可谓不小，但就在电影开映前这些成本就已经收回了。其中最大的一份合同来自可口可乐，它花了 1 亿美元买下哈利·波特的形象使用权在其包装上使用，影片中小魔法师酷爱喝可乐的动作也许将会为广大影迷模仿。《哈利·波特》的出版商也表示，影片的热映可能会使书籍的销量增加至少 100 万册。电影在美国上映前，包括福斯、NBC、ABC 和 CBS 美国四大电视网都有意争取《哈利·波特》的电视首映权，而华纳电影公司开出的播映权利金额高达 7 000 万美元。

资料来源：郦瞻.网络营销[M].北京：清华大学出版社，2013.

## 四、网络营销的客户体验管理

在买方市场导向和互联网技术背景下，消费者的生活方式与行为习惯发生了极大的改变，他们不再满足于单纯商品价值的实现，而是进一步追求商品购买与消费过程所蕴含的身心愉悦、社会认同与自我实现等更高层次的价值。网络营销企业只有对客户的体验需求趋势作出准确预测，有效发现和管理客户资源的个性特征，增加顾客体验的愉悦感受，才能在市场竞争中取得优势，因此客户体验管理将成为企业的核心战略和制胜关键。

本书在服务企业差异化战略已提及体验的概念，体验是指人们用很个性化的方式度过一段时间，从中获得过程中呈现出一系列可记忆的事情，如过生日、参加婚礼、听音乐会、参加体育比赛、参加会议，等等。

什么是客户体验管理，是指企业从感官、情感、思考、行动和关联等诸方面设计营销理念，以产品或服务为道具，激发并满足客户体验需求，从而达到组织目标的营销管理过程。体验是企业利润新的生长点，体验经济是在服务经济之后的又一新的价值源泉。

电子商务背景下客户体验管理（electronic commercial experience management，ECEM）是指充分利用数据库和数据挖掘等智能化信息处理技术，把客户大量资料加工成信息和知识，用以改善客户的购物体验，提高客户满意度和企业竞争力的一种商务管理过程。

### （一）客户体验管理的原则

做好网络营销中的客户体验管理，需要遵循以下四方面原则：①

---

① www.ciotimes.com/application/dzsw/74735.html.

1. 丰富的内容、实惠的价格、及时的服务、便捷的操作和安全的网络环境是构筑良好用户体验的基石。

2. 简单、直观、清晰明了，顾客无须思考、猜测和细读的流程与系统，是构成良好的用户体验的内容。网站页面设计、功能模块、操作流程都需优化、注重美观的同时应力求实用、文字表述清晰，用户易于理解，增加用户感知价值。

3. 个性化服务、快捷、完整、合理的用户问题处理是构成良好的用户体验的基本保障。对用户的问题认真听取，利用博客、BBS、微博等社会化媒体与用户进行互动，解答用户售前、售中、售后服务过程中遇到的问题，建立起与用户之间的信息链，让用户参与到商务活动中来，把信任与责任有机联系起来。

4. 客户体验管理是全过程、全部门、全员的管理过程。

### （二）客户体验营销策略

客户体验营销要做到 6E 组合。[①]

1. 体验（experience），这是体验营销最基本的要素，如同产品一样。

2. 情境（environment），就是企业为顾客创建的表演舞台，是体验产生的外部环境。

3. 事件（event），是指为顾客设定的一系列表演程序。企业必须对表演进程进行特别的设计，形成事件策略。

4. 浸入（engaging），体验营销关注顾客的主动参与性，通过营销手段使顾客参与到企业所设计的事件中去，即顾客的角色设计必须使顾客成为真正的"演员"，而不是观众，不是可有可无的人，只有当顾客真正地浸入到企业所设计的情境中，体验才会最终产生。因此设计一个什么样的角色给顾客非常关键。

5. 印象（effect），即对印象管理的策略，体验营销在向顾客让渡体验的同时必须注意顾客终生价值，而不是单次交易所产生的价值，体验的难忘过程产生了印象，成为长期维系顾客关系的重要因素。

6. 延展（expand），顾客的体验可以延展到企业的不同地区，不同时期，不同产品，更重要的是向他人传播，从而使体验在延展过程中得到升华，实现顾客价值最大化。只有将以上六个方面工作做好，才能实现客户体验管理。

## 案例 13-5

### 丽贝卡女儿的生日

20 世纪 60 年代，丽贝卡的妈妈过生日，丽贝卡的奶奶亲手做了生日蛋糕以示庆祝。20 世纪 80 年代，丽贝卡自己过生日，丽贝卡的妈妈打电话给超市，或当地面包房订生日蛋糕，约 10～20 美元，妈妈集中精力计划生日聚会。21 世纪初，丽贝卡女儿过生日，丽贝卡把整个生日聚会交给了一个公司来举办，在一个旧式农场，丽贝卡的女儿和她的 14 个

---

[①]  顾桥，梁东，刘泉宏. 体验营销的理论与实践［M］. 北京：中国地质大学出版社有限责任公司，2012.

小朋友体验了旧式农家的生活。让小朋友们用水刷洗牛的身体,放羊、喂鸡,自己制造苹果酒,还要背着干柴爬过一座小山,穿过树林,小朋友们玩得很高兴。丽贝卡为此付给公司 116 美元。他们体会"生日最美妙的东西并非是物品,而是体验"。

公司也认为顾客的体验是企业利润新的增长点。

资料来源:顾桥,梁东,刘泉宏.体验营销的理论与实践[M].北京:中国地质大学出版社,2012.

## 五、网络营销组合策略

### (一)网货策略

以网络零售平台作为主营销渠道的时尚流行商品,被网民们称为"网货"。现在对网货的定义仍存在不同的理解,综合产业界及学界专家的意见,网货是指通过互联网渠道进行销售的商品。网货在定义上有狭义和广义之分,狭义的网货是指通过网络零售渠道(包括 B2C,C2C 等电子商务网站)交易的消费品。广义上的网货除消费品外还包括 B2B 电子商务销售的工业品、原材料,可以称为企业间网货。就交易额来看,还是工业品、原材料所占网货交易额的比例较高。

货真价实、海量个性是网货的主要特征,互联网对商品的生产方式、销售渠道流通过程、产品形态、价格策略、促销方式等多方面都产生了非常深刻而持续的影响。

网货策略基于以下五方面的驱动力:

1. 政策驱动力。2009 年以来,中央及各地各级政府大力促进电子商务的发展,制定了许多政策、规定和意见,营造了良好的政策环境及法律环境促进了网货的快速发展。

2. 网货商业平台驱动力。在一个成熟的商业生态系统中,核心企业都会自觉地把自身定位于平台,即平台企业会致力于引入商业服务等合作伙伴以服务于用户,同时,在与合作伙伴的合作中,平台企业还会自觉限定自身的行为边界和行为规则,自觉促进合作群体之间的生态系统的发育。

3. 线上线下产业集群驱动力。在网货数量迅速增加的背景下,网货生产者开始趋向于"向专业化分工要利润"的运营思路,会拉动线上和线下产生集群的发展,甚至存在出现网货产业集群的可能性。

4. IT 技术发展驱动力。近年来,中国大力加强信息基础设施建设,取得可观成就,截至 2013 年 6 月我国网民规模 5.91 亿,互联网普及率 44.1%;手机网民规模 4.64 亿,网民中使用手机上网人群占比 78.5%。

5. 网货品牌驱动力。网货快速发展同时,一批网货品牌已经涌现出来,如淘宝网货品牌已经超过 200 家,其中很多已为网购消费者熟知,如裂帛、七格格、阿卡等。

网货品牌具有与传统产品服务品牌不同的特征,表现在:

(1) 网络消费者"定义"品牌,新人类为主体的新型消费者主动参与到网货品牌成长中,消费者正成为网货品牌共建的核心,使消费与生产趋向融合,深刻地改变未来的商业模式。

(2) 网络消费者传播品牌。互联网显著加快了口碑传播速度,扩展了口碑影响范围,消费者成为口碑的传播者甚至是创造者。消费者在互联网上搜寻商品信息时,消费者口碑信息占 87.95%。[①]

（3）网络企业的长尾理论赢得品牌。长尾理论是由美国人克里斯·安德森在 2004 年提出，长尾理论认为，由于成本和效率的因素，当商品储存流通展示的场地和渠道足够宽广，商品生产成本急剧下降，以至于个人都可以进行生产，产品销售成本也急剧下降时，任何以前看似需求极低的产品，只要有人卖，就会有人买。这些需求量和销售量不高的产品所占据的市场份额，可以和主流产品的市场份额相比，甚至超过主流产品的市场份额，见图 13-4。横轴是品种，纵轴是销量，典型情况是，只有少数热销产品销量较高，其余多数产品销量低，符合传统二八定律，企业只关注热销产品，认为 20% 的品种能为企业带来 80% 的销量。而在网络营销条件下，企业还应该关注长尾部分的销量，由于网络效应认为积少可以成多，可以积累成足够大的销量，甚至可以超过头部的市场份额。

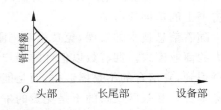

图 13-4　长尾理论示意图

如互联网企业销售的是虚拟产品，则支付和配送成本几乎是 0，可以把长尾理论发挥到极致。例如：Google 的 Adwords 广告使得无数中小企业都能自如投放网络广告，而传统的网络广告投放只有大企业才能涉足，其 Adsense 广告又使得大批中小网站都能自动获得广告商投放广告。因此 Adwords 和 Adsense 汇聚成千上万中小企业和中小网站，其产生的巨大品牌价值和市场能量足以抗衡传统网站广告市场。

**（二）网络营销的定价策略**

网络营销定价策略除了要遵循一般的市场营销定价策略之外，针对网络市场的特点，现提出几种主要的网络营销定价策略。

1. 低位定价策略

借助互联网进行销售，比传统销售渠道费用低廉。低价定位策略是在制定价格时一定要比线下同类产品价格低。

另外一种低价定价策略是折扣策略，它是在原价基础上进行折扣来定价，如亚马逊图书价格一般都要打折扣，而且有时折扣价格到 3～5 折。

2. 免费策略

将企业的产品和服务以零价格的形式提供给顾客使用，以此达到企业获利的目的。企业将免费商品的成本转移到另一个商品或后续服务上，或将免费商品的成本极大地降低，低到趋近于零。

互联网催生了免费经济，而免费经济会改变世界。免费策略企业如何赚钱？方法有四种：

（1）增值服务收费。免费版本作为营销工具，若提供更高级服务，则要收费。

（2）广告模式。用户可免费使用网站，但必须同时接受广告，网站通过广告盈利。

（3）交叉补贴。利乐包装机可免费赠送，但使用利乐包装机就必须要使用利乐的包

---

① 资料来源：阿里巴巴研究中心，2011-04.

装材料,而利乐的包装材料要收费,对产品和服务实行捆绑式免费策略,例如:对有些产品和服务可以被有限次免费使用,超过一定期限和次数后,就要收取费用。再如对某些产品和服务实行部分免费,如一些著名研究机构的网站只公布部分研究成果,要想获得全文必须付款。

（4）劳务交换。用户在网上要提供一定劳务,然后才可以免费上网,如帮助网站识别在古书上的单词等劳务。

随着信息技术的发展,免费策略刚刚兴起,它是网络经济中一种可行的、具有持久生命力的商业模式。拥有数以亿计的用户同时在线的强大娱乐和沟通平台,使网络平台企业意识到,它培育的不是摇钱树,而是能种出摇钱树的土壤,不是聚宝盆里的金子,而是聚宝盆本身。互联网反映的不是免费的午餐,而是自由、民主、互助、博爱的科学精神。

3. 定制生产定价策略

按照顾客需求进行定制生产,即 C2B 商业模式是网络时代满足顾客个性化需求的基本模式。定制定价策略是:企业在实行定制生产的基础上,利用网络技术和辅助设计软件,帮助消费者选择配置或者自行设计能满足自己需求的个性化产品,同时承担自己愿意付出的价格成本。

本书在前面 C2B 模式的介绍中已提到过的聚合需求模式。消费者通过在网上聚合分散的个性化需求,会形成数量庞大的用户群体,形成强大购买力,把需求信息在网上发布出去,由商家来报价、竞标,消费者群体可以选择性价比最佳的商家来成交,获得批量销售的价格优惠,不让消费者多花一分冤枉钱。

4. 使用定价策略

顾客通过互联网注册后,可以直接使用某公司产品,顾客只需要根据使用次数进行付费,而不需要将产品完全购买。采用使用定价策略,一般要考虑产品是否适合通过互联网传输,是否便于实现远程调控,比较适合的产品有软件、音乐、电影等。

5. 拍卖竞价策略

网上拍卖是目前发展比较快的领域,随着互联网市场的拓展,将会有越来越多的产品通过互联网竞价拍卖,在规定的时间内价高者得。目前国外比较有名的拍卖网站有eBay,它允许商品公开在网上拍卖,国内淘宝拍卖会也采取了类似策略。这就是 C2C 商业模式,是指个人与个人之间的电子商务,现在 C2C 国内网站有淘宝、易趣、拍拍、有啊等。

在 C2C 领域,其价格策略是网络议价,即销售者制定价格,购买者在线上与销售者讨价还价,最终成交。显然,消费者的信息掌握程度和讨价还价水平会直接影响成交价格。

上述几种网络营销定价策略主要特点是:①具有全球性,面对的是全球网上市场;②具有顾客主导性,即顾客通过充分市场信息来选择购买产品和服务,以实现顾客价值最大化;③具有低价位及弹性化的特点。

### （三）网络营销渠道策略

1. 网络营销渠道

网络营销渠道是指商品和服务基于网络平台从生产者向消费者转移过程的具体通道

或路径。

互联网的出现使传统的营销渠道发生了颠覆性变化,这一变化主要表现在市场的非中介化和再中介化。非中介化是指在一个给定的价值链中删除负责或承担特定中介环节的组织或业务流程,如批发商、或中间商的消失。如在B2C的商务模式中,生产商绕过批发商和零售商,直接将产品卖给了消费者,即直销。或者批发商绕过零售商等中间环节,将产品直接销售给了消费者。这两种情况都使得许多中介企业失去存在空间。非中介化为企业和消费者带来了便利,便于企业为消费者提供个性化的产品和服务,便于企业掌握消费者的需求信息,便于企业提高售后服务的技术支持能力,提高顾客满意度。由于非中介化带来的降低成本的收益可以为企业和消费者分享。

再中介化是指:新的在线辅助手段取代了传统中介的作用,在网络环境中充当了新中介的角色[①]。同时一些传统的中介组织也建立了自己的信息系统和网站,将自己的角色调整为新型电子商务的中介。

事实证明,网络营销过程中中介机构并没有完全消失。与此相反,再中介化也正在发生着。即在电子商务环境下,市场进入门槛降低,市场主体急剧增加,新的商业模式层出不穷,交易环境变得十分复杂,因此,网络营销过程中不是要非中介化,而是要再中介化。实际上,在买卖过程中,中介所承担的相应职能并没有被取消,如降低分销成本、分担市场风险、降低买卖双方寻找成本、促成买卖双方的交易等职能并没有被削弱;相反,由于中介所具有的专业化的竞争优势,在网络营销过程中某些中介职能还应加强,再中介化是指在一个给定的价值链中添加负责或承担特定中介环节的组织或业务流程,即建立一个中介平台,将买卖双方聚集到虚拟的市场和空间中,通过新的途径和方式为顾客和企业创造全新价值,最终实现交易的目的。

以网络中介为代表的各种类型的网络营销渠道主体不断发展演化,主要的渠道类型有6种,即信息中介、网络代理商、网络经纪商、网络零售商、网络批发商、网络营销辅助商。

网络中介组织除了担负传统营销渠道执行的功能(如信息、促销、联络、匹配、谈判、物流仓储、融资、风险承担等功能)外,在网络经济背景下还可以承担物流、支付、软件甚至咨询、培训等功能,例如:淘宝网提供信息与促销功能,卓越亚马逊提供匹配及物流功能,阿里金融提供融资功能等。

2. 网络营销渠道之一——O2O商业模式

O2O即Online to Offline,指通过互联网提供商家信息,聚集有效的购买群体,并在线支付相应的费用,再凭各种形式的凭据,去线下现实的商品或服务供应商那里去完成消费,使互联网成为线下交易的前台。这样,线下服务就可以在线上来招揽顾客,消费者可以用线上来筛选服务。这种商业模式特别适合必须到店消费的商品和服务,如餐饮、保健等。

O2O模式是2010年8月由Alex Rampell提出,但这种模式很早就有,2006年沃尔玛公司提出B2C战略,即B2C完成订单的汇总及在线支付,顾客到4 000多家沃尔玛连锁店取货,就是O2O模式。

---

① 孙开庆.电子商务环境下的非中介化和再中介化[J].云南财贸学院学报,2006,22(1).

中国携程网、大众点评网就是中国最早的 O2O 模式,现在在国内已非常普遍。O2O 模式对顾客而言,顾客从网上获得了丰富而全面的商家及其服务的内容信息,更加方便商家在线咨询并进行预售,同时顾客获得了比线下更为便宜的价格。O2O 模式对商家而言,可在网上进行更多的宣传,全面展示产品及服务,吸引更多客户到店消费,经营成本低,营销效果好。商家掌握用户数据及需求,推广效果可查,每笔交易可追踪,便于企业进一步开展营销推广。对 O2O 平台企业来讲,该平台能黏住大量用户,吸引大量线下服务企业加入,形成了巨大的现金流及更多的盈利模式。

O2O 模式的风险在于诚信难保。团购网站暴露出付款后卷款走人、网上货品及服务的描述与实际不符、额外消费多、高标低价等诚信问题。O2O 盈利模式同质化严重、竞争太过激烈,国内团购发展一哄而上,现在团购模式并不受一般消费者欢迎。

O2O 模式是把信息流、资金流放在线上进行,而把物流和商流放在线下,直观来看,那些无法通过快递送达的有形产品要应用 O2O 模式。

## 案例 13-6

### 湿定制：做买得起的好衣服

广州密码服饰有限公司(以下简称密码服饰)提出湿定制,所谓湿定制,是指把订购服装直接向顾客开放,去掉广告、租金、库存等运营费用。同时将网上订购与实体店试穿结合起来,解决了顾客因款式、颜色、尺码不合适而产生退货问题。用一种新的商业模式解决好衣服太贵的问题。例如,商场里一件高级大衣价格在 4 000 元以上,实际成本不到 500 元,对于许多女性来讲,只能等打折季到来才有可能来买这件衣服。

密码服饰靠线上销售和线下店铺相结合,即网站上架一件新装,顾客看中后只要告知尺码,即可在网上下单付费订购,或者顾客先在实体店试穿合适后再到网上订购。公司照单去采购面料,加工制作,一般一个月左右便能送到买家手中。这对于在商场里寻寻觅觅,只能等打折季才买衣服的女性来说,密码服饰无疑具有杀伤力。密码服饰的盈利模式是"零库存＋零预付款"的轻资产运营模式。首先是零库存,每一件订单都已经拥有了买主；其次是衣服没有生产之前,企业已收到了全款,财务没有压力,这两部分风险已全部由顾客承担了。

企业这种湿定制模式将从解决"好衣服太贵"的问题向解决"做大众买得起好衣服"转变。目前密码服饰已在全国开了 10 家实体店。密码服饰公司未来会从女装定制跨到男装、大码装、少女装、老年装、童装、化妆品、珠宝、鞋、包等品类发展。

资料来源：叶林.湿定制：大家都买得起好衣服.经济观察网. eeo. com. cn. 2012-02-17.

**（四）网络营销的传播策略**

网络营销传播是指利用网络传播企业和产品信息达到企业营销目的。网络营销传播因其运作成本低、信息互动性强、传播面广以及目标人群相对稳定等特点,备受营销界重视。网络营销传播主要是靠网络广告、公共关系、直复营销(Direct Marketing,即直接回应的营销)及销售促进。一般网络广告、网络公关更适于建立长期的品牌认知度和品牌美誉度,网络销售促进及网络直复营销更适于短期鼓励与刺激商品与服务的交易行为。

网络营销传播要做好五方面的工作:要提供尽可能详尽有效的网络营销信息,如网站服务介绍、产品介绍等;要建立尽可能多的网络营销信息传递渠道,使推广手段多样化;要尽可能缩短信息传递渠道,使用户点击少、快速找到信息;要保持信息传递的交互性;要充分提高网络营销信息传递的有效性,减少无效链接,加强服务反馈。

网络营销传播工具主要有以下六种:

1. 企业网站,这是网络营销的综合性工具。
2. 搜索引擎,这是网络营销的基本工具。
3. 电子邮件,这是 E-mail 营销和顾客关系的基本工具。
4. 网络联盟,为推广某种产品或服务组建的推广联盟,也是一个交流平台。
5. 网站流量统计,这是网络营销效果的评估工具。
6. 其他工具,如网络实名/通用网址、即时通信、电子书、博客 Blog、微博、社交网站(SNS)、百科、视频、社区论坛等。

**专栏 13-2**

## 2012 年国内参与电子商务活动的企业不到一成[①]

国家统计局发布 2012 年调查结果显示,我国电子商务交易活动已广泛渗透到国民经济的各个行业,在调查的 16 个行业门类,76 个行业大类中,75 个行业大类都有电子商务活动。电子商务交易规模最大的前五个行业见下表 13-3。

表 13-3　2012 年国内电子商务交易规模最大的前五个行业表

| 序号 | 行　　业 | 年电子商务交易规模(亿元) |
| --- | --- | --- |
| 1 | 计算机、通信及其他电子设备制造业 | 5 081.7 |
| 2 | 批发和零售业 | 4 918.6 |
| 3 | 汽车制造业 | 2 929.8 |
| 4 | 烟草制品业 | 2 861.0 |
| 5 | 黑色冶金和压延加工业 | 1 572.4 |

2012 年我国电子商务交易额最大的前 100 家企业总交易额 18 322.4 亿元,占全部电子商务交易额的 63.6%,在这 100 家企业中,制造业有 69 家,批发和零售业有 27 家,服务业有 4 家,没有建筑业、住宿和餐饮业和房地产业的企业。

2012 年对被调查的 30.8 万家企业电子商务交易额为 28 825.2 亿元,比上年增长17.6%。在 30.8 万家企业中有电子商务交易活动的企业仅有 22 573 家,占调查企业总数的 7.3%,占比重尚不到一成。数据表明,我国电子商务增长迅速,发展空间巨大。

---

① 资料来源:北京青年报,B6 版.2014-01-08.

# 第十四章

# 企业战略转型——企业可持续成长战略

## 第一节　企业可持续成长战略

### 一、企业的寿命

企业如同人一样，也是有寿命的。什么是企业寿命？是指企业从创立之日起直到企业解散或破产之日止所持续的时间。

由于经济全球化、全球信息化、科技的迅速发展，以及互联网、物联网、云计算、大数据等信息化浪潮的冲击，企业的寿命越来越短。

据统计，美国每年有 50 万户企业出生，一年内死亡 40%，五年内死亡 80%，十年内死亡 96%，即能活过 10 年的企业只有 4%。在 1970 年跻身《财富》的"全球500 强"的跨国公司，到 1982 年已有 1/3 都销声匿迹了，不是被兼并，就是被四分五裂了，其平均寿命仅 40～50 年。在日本和欧洲所有企业的平均寿命只有 12.5 年。在日本，1982 年企业倒闭共计 20 841 起，1997 年企业倒闭 16 000 起。我国民营企业平均寿命 2.9 年，有中国"硅谷"之称的中关村地区，从 1988 年成立高新技术试验区到1999 年年底，平均每年诞生 800 家企业，同时每年又有 200 家企业歇业或撤销。平均存续 1 年的企业占总量的 80%，存续 3 年的占 70%，存续 7 年的占 50%，存续10 年的不到 30%。

当然，世界上也有不少长寿公司，阿里·赫斯特认为，在世界企业发展史上瑞典的斯托拉(Stora)公司可能是我们目前所知的寿命最长的公司[①]，它已有 700 多年历史，它是一家生产纸张、纸浆与化学药品的公司。该公司成立之初是一家从事铜矿采掘的公有企业。表 14-1 列出了世界上比较重要的长寿公司。

---

[①]　实际上，世界上最长寿的公司是 2006 年《胡润全球最古老的 100 个家族企业榜》中，日本大阪市寺庙维修建筑企业金刚组，以传世 40 代历程 1 400 多年，名列第一。在本节中有简单介绍。

表 14-1 世界长寿公司排行榜

| 排行 | 公 司 名 称 | 创立时间 | 排行 | 公 司 名 称 | 创立时间 |
|---|---|---|---|---|---|
| 1 | 斯托拉公司 | 1288 | 18 | 通用汽车公司 | 1908 |
| 2 | 苏米托莫集团 | 1590 | 19 | 住友集团 | 1912 |
| 3 | 杜邦公司 | 1802 | 20 | 国际商用机器公司 | 1912 |
| 4 | 纽约时报 | 1851 | 21 | 波音公司 | 1916 |
| 5 | 李威·施特劳斯公司 | 1853 | 22 | 盖蒂石油公司 | 1916 |
| 6 | 摩根财团 | 1861 | 23 | 松下电器公司 | 1917 |
| 7 | 西尔斯·罗巴克公司 | 1866 | 24 | 西方石油公司 | 1917 |
| 8 | 三菱集团 | 1870 | 25 | 时代华纳公司 | 1918 |
| 9 | 标准石油公司<br>（洛克菲勒石油公司） | 1870 | 26 | 迪士尼公司 | 1919 |
| 10 | 塔塔工业集团 | 1877 | 27 | 希尔顿旅馆有限公司 | 1919 |
| 11 | 华盛顿邮报 | 1877 | 28 | 西武企业集团 | 1920 |
| 12 | 可口可乐公司 | 1886 | 29 | 雅普公司 | 1920 |
| 13 | 壳牌公司 | 1890 | 30 | 克莱斯勒汽车公司 | 1923 |
| 14 | 施乐公司 | 1893 | 31 | 肯德基 | 1930 |
| 15 | 百事可乐公司 | 1899 | 32 | 三星集团 | 1938 |
| 16 | 福特汽车公司 | 1903 | 33 | 休利特·帕卡德公司 | 1939 |
| 17 | 吉列剃刀公司 | 1903 | 34 | 麦当劳公司 | 1954 |

资料来源：阿里·德赫斯.长寿公司：商业"竞争风暴"中的生存方式[M].王晓霞，刘昊译.北京：经济日报出版社，1998.

中国也有许多曾经辉煌过的老字号、老企业，最典型的有同仁堂（1669 年成立）、全聚德（1864 年）、东来顺（1903 年）、永安堂（明永乐年间）、吴裕泰（清光绪年间）、六必居（明嘉靖九年）、内联昇（1853 年）等，见案例 14-1。

案例 14-1

# 同 仁 堂（2004 年）

在北京大栅栏林立的店铺中，有一座古朴庄重的楼阁，这便是清康熙八年（1669 年）由祖籍浙江宁波、明代迁居北京的乐家第四代传人乐尊育创建的，享誉海外的老字号"同仁堂"药店。

北京同仁堂是中药行业闻名遐迩的老字号。清雍正元年（1723 年）同仁堂开始供奉御药房用药，享受皇封特权，历经八代皇帝，长达 188 年。

300 多年来，同仁堂把"炮制虽繁必不敢省人工，品位虽贵必不敢减物力"作为永久的训规，始终坚持传统的制药特色，其产品以质量优良、疗效显著而闻名海内外。同仁堂目前生产中成药 24 个剂型，800 多个品种，经营中药材、饮片 3 000 余种；47 种产品荣获国家级、部级和市级优质产品称号。

1992年，在改革开放的新形势下，中国北京同仁堂集团公司宣布成立。1993年以来，同仁堂相继在香港、马来西亚、英国和澳大利亚开设了分店，与泰国合资组建北京同仁堂（泰国）有限公司。同仁堂作为驰名商标，已在加拿大、泰国、澳大利亚以及马德里协定成员国等50多个国家和地区注册，受到特别保护。

1997年5月，集团公司所属六家绩优单位组建成立北京同仁堂股份有限公司，同仁堂股票在上海证券交易所上市。为推动现代中药进入国际医药主流市场，2000年3月，以北京同仁堂股份有限公司为主要发起人，联合集团公司及其他六家有相当实力的发起人共同组建成立了北京同仁堂科技发展股份有限公司。同年10月，在香港联交所创业板上市，获得20多倍的超额认购。公司致力于传统中药现代化，加快研制、开发高科技产品的步伐，积极发展电子商务，挺进国际医药市场。

如今同仁堂集团已成为国有大型一类企业，在国务院确定的全国120家企业集团试点单位中，同仁堂是全国唯一的中药企业。在跨入21世纪大门之后，同仁堂人正以更加昂扬的姿态，更好地把传统精髓和现代科技有机结合，为进一步弘扬中药事业做出了更大的贡献。

在漫长的岁月中，在市场经济大潮的冲刷下，同仁堂非但没有消逝，反而日见辉煌——从解放前的三间小门面发展到今天营业面积4 600平方米的大楼；从过去"供奉御药"的中药房发展为总资产18亿元、拥有6 000多名员工的现代集团企业，并成为医药界为数不多的上市企业。其店名更成为企业德、诚、信的化身。

同仁堂既做大生意，又不放过小买卖，"只要能方便顾客就行"。它以"济世养生"为己任，从不为不义之财所动，且质量过硬。它的采购和制作都很考究，在制作成药过程中，坚持"质量第一"的宗旨，店内所有药品都从主渠道进货，"产非其地，采非其时"的药材被拒之门外。店内的中成药，从购进原料、炮制工作到包装上柜，要经过上百道工序，每道工序都有严格的标准。

300多个春秋过去了，同仁堂药店大了，名气大了，但它的追求——"质量第一"却丝毫未变。

过去的同仁堂就很注重宣传自己：每当京城会试期间，同仁堂都要向举子们馈赠牛黄清心、羚翘解毒等四季应时之药，以此为同仁堂传名。每当阴历二月开沟时，同仁堂便制造写有同仁堂字样的大红灯笼，每晚置于开沟之地，以防行人落入沟中。同仁堂时常施舍的义举都使同仁堂美名流传。

在市场经济中，同仁堂人更没有放弃对自己的宣传。媒体的宣传是其中的一小部分，而大部分的宣传靠的是"真诚的服务"。

此外，同仁堂集团公司投资上亿元改造生产环境，增添现代化设备，完善计算机信息管理系统。此外还在其他地区建立分店。同仁堂大胆地走出国门，目前"同仁堂"已取得了十几个国家和地区的质量认证和进口许可，产品通过直接和转口贸易形式出口多个国家和地区，以拉近与这些地区的消费者的距离。为了适应国外的习惯，同仁堂集团努力在药品的剂型、包装、销售等方面与世界接轨。

同仁堂的经营实践昭示出，企业的最长寿的资本不是别的，只能是企业的声誉，企业永不被损伤并日益提升的声誉。

资料来源：郑长德，张绍学.企业长寿：解读企业长寿奥秘[M].成都：四川出版集团天地出版社，2004.

荷兰学者阿里·德赫斯（Arie de Geus）1930 年生于鹿特丹，是长寿公司模式创造者，是"学习型组织"概念的首创者。他在皇家荷兰壳牌集团工作长达 38 年，他于 1997 年年末出版了《长寿公司：商业"竞争风暴"中的生命方式》一书，描述了长寿公司的特征，指出了长寿公司的管理特点。

阿里·德赫斯对 30 家具有 100 年以上历史的长寿公司的研究，发现长寿公司都有一些共同的特征在一代又一代地传承下去：

第一，对周围环境的变化保持敏锐地反应，以便学习和适应。历经战争、经济萧条、技术和政治变革的洗礼，长寿公司却似乎总能够适时地将自己的触角伸开，嗅出环境不稳定因素，坦然地面对未来将要发生的一切。即它们擅长学习和适应环境。例如斯托拉公司经历了中世纪、文艺复兴、17 世纪的战争、工业革命和 20 世纪的两次世界大战，在时代变迁中，斯托拉公司不断变换着主营业务，从铜矿到林业、再到冶铁和水电、最终是纸张、纸浆和化学产品，其生产技术从蒸汽机发展到内燃机，再从电力到芯片，斯托拉公司一直都在适应着这个永远变化的世界。

第二，有高度的认同感及凝聚力。整体意识对于公司长期生存起着重要作用，长寿公司在各个层次都保持有凝聚力。20 世纪初，日本三井集团成为居于日本首位的大财阀，拥有 100 多家子公司，经营范围覆盖了日本工商活动的各个方面，在第二次世界大战日本战败后，美国总统杜鲁门下令解散三井、三菱等日本大财阀，结果，三井公司人员被分散在 170 多家独立企业中，"三井"这个企业名称也不准再使用，1952 年，随着禁令解除，分散在不同行业中的企业立即重新启用了"三井"的名称，即三井财阀是不存在了，但其身份和价值观仍具有生命力，一有机会又聚合起来。

第三，在财务上采取保守策略。公司要永续经营就不能乱花钱，长寿公司从不轻易用自己的资本去冒险，而良好的资金配置使其能足以应付企业成长的需要，企业具备自我成长管理、自我演进的能力。

第四，有高度包容和分权思想。允许打破常规和进行创新的思考和试验。长寿公司内部致力于提高向心力，同时对一些特立独行出格的活动采取宽容的态度。例如葛兰素公司是一家由爱尔兰移民于 1854 年在秘鲁创立的葛瑞斯公司，它鼓励创新试验，它原是一家从事鸟粪（一种天然肥料）贸易公司，后转移到制糖和炼锡，之后成立泛美航空公司，现在是一家化学公司，还是美国肾透析服务的主要提供者。

德赫斯还发现长寿公司的组织也具有人格化的特征：即长寿公司重视员工胜于重视资产；放松控制，给予员工形成新思想的空间；组织学习，鼓励群体在互动合作中不断创造新知识；构建员工人际社区、交流平台和渠道，鼓励来自不同背景、学术领域、不同经验的员工进行交流，对组织学习很有效果。

## 二、企业的持续性成长

成长这一概念的英文是 growth，中文可译为生长、成长、发育、增大、增长、发展。[①] 中

---

① 新英汉词典编写组. 新英汉词典[M]. 上海：上海人民出版社，1976.

国现代汉语词典中"成长"，解释为生长而成熟，向成熟阶段发展，生长、增长。①

持续，在英文中是 sustain，中文可译为支撑、撑住、承受住、维持、继续、经受住、支持等。中国现代汉语词典中"持续"，解释为延续不断。关于企业持续成长目前尚没有统一的定义。

笔者认为，持续成长即延续不断地成长，维持成长、继续成长、供养成长、支持成长等。面对纷繁复杂的环境变化，为什么有的企业能经受百年沉浮而永葆活力，为什么有的企业在激烈地市场竞争中能不断克敌制胜？而有的企业却消失在茫茫商海？即企业如何才能永续保持生命活力，永葆青春？这是企业管理理论研究者及实践者长期关注的问题，也是企业战略管理的研究者及实践者长期关注的问题。

古典经济学认为，分工使产量提高、成本降低，单个企业随着分工程度提高而成长壮大，同时由于分工的自我繁殖，新企业不断形成，因此企业成长包括了单个企业规模扩大和企业数量增多两层含义。新古典经济学认为，企业成长取决于外生力量，是企业调整产量达到最优规模水平，实现利润最大化目标的过程。新制度经济学认为，企业成长是企业边界扩大的过程，成长的动因在于节约市场交易费用，是想把以前通过市场进行的交易活动纳入企业内部来进行，因而使企业成长，规模扩大。新技术创新理论认为，正是新技术和新发明的运用和推广，使企业边界和市场份额越来越大，不仅在国内扩张，而且还跨国经营，这是企业成长在当代的重要特征。

企业生命周期理论认为，企业具有生命体特征，即具有新陈代谢性、自我复制性和突变性的生命特征，即一个组织在经历了停滞后仍可能恢复生机，由此得出结论：一个组织可以持续不断地实现自我更新，这对我们管理理论界及管理实践者都具有深远的意义。企业生命周期理论经过 30 多年的争论形成了四个分支：企业生命周期的进化论、阶段论、归因论及对策论。

企业内生成长论以单个企业为研究对象，建立了一个企业资源-企业能力-企业成长的分析框架，认为企业拥有的资源状况是决定企业能力的基础，而企业的能力决定了企业成长的速度、方式和界限。该理论认为把企业内部未利用资源作为企业创新能力的重要来源，认为企业内部资源的利用存在着永不平衡性，即企业总是存在未被利用的资源，从而创新是企业的内生过程。

企业基因组合理论认为，企业如生命体一样，企业的基因对企业的结构、功能、竞争力都有着先天的影响。企业基因对企业生命的作用体系分为两个层面：企业理念构成企业基因内部核心层面，企业惯例构成企业基因的外部物质层面。优良的企业理念是企业凝聚力和向心力的激发机制，是企业持续成长的根本驱动力；相反，低劣的理念是模糊涣散、消极片面的，表现为企业成长的盲目性及短暂性。企业惯例是企业在长期经营过程形成的知识积累和特殊技能（包括技术的、管理的技能等）的组合，惯例是企业特有的协调和配置资源的能力，是使资源产生竞争优势的根本手段，惯例具有遗传性和变异性。持续成长的企业会把企业优良惯例延续遗传下去，对坏的惯例使其发生变异，使其符合企业持续发展的目标。

---

① 中国社会科学院语言研究所词典编辑室编.现代汉语词典[M].北京：商务印书馆，2005.

国内许多学者也对企业持续成长问题进行了深入研究。蒋一苇(1980)提出企业是一个有生命的"细胞",而不是无生命的"砖头"。陈佳贵(1988,1995)提出了企业生命周期理论。杨杜(1995)提出了《企业成长论》,李占祥(2000)发表《矛盾管理学》,刘力纲(2001)发表了《企业持续发展论》,张玉利、任学锋(2001)出版了《小企业成长的管理障碍》,李政于(2005)提出了企业成长的机理分析,等等。

综上所述,笔者认为企业持续成长是一个管理过程。企业成长包含企业数量上的增长,即规模的扩大如资产、人员、销售额、盈利、业务量的增加或提高;也包含企业质量上的提高,如企业创新能力增强、适应能力提高、核心竞争力增强、管理水平提高等。企业持续成长,包括成长性和持续性两方面,成长性即包含企业数量及质量上的扩大和增强,持续性是指企业持续生存较长的时期,即超过企业平均寿命的企业,一般指超过 50 年以上的寿命。

## 三、企业的可持续成长

### (一)企业可持续成长的概念

"可持续"的英文是 sustainable,中文可译为能支撑住的、能忍受的、可证实的。中国现代汉语词典中"可"表示同意、可以、许可、可能、能够、值得的意思。可持续,即表示可以持续、同意持续、许可持续、可能持续、能够持续,值得持续的意思。

有些文章对企业持续成长与企业可持续成长不加区分,笔者认为这是不恰当的。应当看到企业持续成长与企业可持续成长既有区别又有联系:区别在于企业持续成长指的是企业成长的状态及其管理过程,而企业可持续成长指的是企业持续成长的一种能力。

企业可持续成长,是 20 世纪 80 年代提出的一个概念,是适应各国在生态、资源、环境保护方面的要求而被提出来的,企业可持续成长,不仅包括企业在产品市场上的可持续成长,还包括企业在生态环境保护上的可持续成长,即企业的行为必须符合各国和地区生态环境保护法的要求,企业要在资源环境保护法允许的范围内持续经营,否则企业将被停止运营(李占祥,2000)。

尽管企业的持续成长与企业可持续成长都能使企业实现由小变大,不断地创新发展,但两者有本质的不同。企业持续成长是囿于企业自身,而企业可持续成长则放眼于与社会谐调发展。企业持续成长是追求企业自身利益的最大化,最终会陷入企业利益短视症的泥潭而自我毁灭,企业可持续成长是要追求企业长期的生存和发展,谋求企业和社会经济、资源、自然生态和环境的和谐共处,最终实现企业生命力的延续和长寿。

但企业持续成长与可持续成长又是有联系的,企业可持续成长更着重指的是企业具有的一种生命能力,当企业具有可持续成长的能力时才能使企业真正健康地持续成长。这种使企业可持续成长的能力要使企业在追求永续发展过程中既要考虑近期利润的增加和市场的扩大,又要考虑持续的盈利增长,以及建立和维持环境友好和社会经济良好的公共关系,以实现企业的可持续成长。关于企业可持续成长的概念,目前尚没有一个统一的定义。综上所述,笔者认为,企业可持续成长是指为求得企业长期生存和稳定地发展,使企业与环境、企业短期利益与长远利益、企业量的扩大与质的提高等方面相互协调、促进地创新与变革能力。

上述定义包含以下几层含义：

1. 企业可持续成长必须使企业经济生命力和生态社会等环境相统一、协调。

2. 企业可持续成长要使企业短期成长目标与长期成长目标相统一、协调。

3. 企业可持续成长要使企业的量与质两方面相互促进、螺旋上升，以期能永续生存和发展。

4. 企业要能持续发展就必须具有创新与变革的能力。

### （二）可持续成长企业的分类

按照可成长性与可持续性，我们可以把企业划分为四种类型。[1][2]

1. 可成长性差、可持续性也差。这种企业属"昙花一现型"企业，不会引起人们的注意。

2. 可成长性差、但能持续存活。这种企业属于"百年小店型"企业，这类企业能长期维持原有的经营模式和经营规模，企业在量上没有扩张，在企业价值及能力上亦没有显著提高。

3. 成长迅速但存活时间不长。这种企业属于"巨婴型"企业，即企业在短期内实现了资产及规模迅速膨胀，在市场曾红极一时，但企业很快就从市场上消失。这种企业是短命的。

4. 可成长性好且可持续性也很好。这种企业属于"健康长寿型"企业，这是许多企业长期追求的理想状态。

上述四种企业类型见图 14-1。[1]

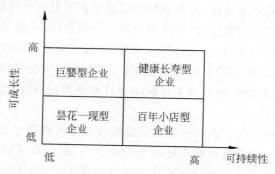

**图 14-1　企业可成长性和可持续性分类图**

企业可成长性体现在价值维度上的发展，主要体现在：企业经营业绩的不断提高，组织规模的不断扩大，资产数量和质量的持续增长，核心竞争力不断更新和跃迁，从而实现企业价值的不断成长。可持续性表面上看体现在时间维度上的发展，表现在企业寿命的延长，而实质上看是企业的发展要促进生态的可持续发展、经济的可持续发展和社会的可持续发展，上述几方面是互相关联不可分割的，企业只有促进了生态、经济、社会的持续发

①　饶扬德,王肃,熊祥福,王学军.创新协同与企业可持续成长[M].北京：科学出版社,2012.

②　汤学俊.企业可持续成长的途径[M].北京：社会科学文献出版社,2007.

展,企业才能可持续发展,其中生态可持续是基础,经济可持续是条件,社会可持续是人类共同追求的目标,即企业要促进生态、经济、社会的协调发展,企业的发展才是可持续的。

## 四、企业可持续成长要建立五个理念

### (一) 世界上不存在完全成熟的行业,每个企业都能持续成长[①]

任何行业中任何规模的公司都能成长,只要企业领导者学会让自己的视野超越对行业和市场的传统定义。美国学者拉姆·查兰(Ram Charan)和诺埃尔·M.提切(Noel M. Tichy)认为成长型公司与非成长型公司区别的标准不是它们所处的行业,也不是它们使用的策略,而是企业领导者的观念。可持续成长企业领导者的共同点之一就是这些企业领导者每天一早醒来想的就是企业成长。即使这些企业已经成为市场翘楚的时候,他们也不会坐下来为自己庆功,而是在寻找更大的市场份额及更多可持续成长的机会,可持续成长已经成为这些企业领导者心智的组成部分,是他们的心理定势。

### (二) 不是所有的增长都是有益的

优良的增长是可持续的,资金运用是高效的;阵发性增长是对未来的透支;破坏性增长,会导致灾难性的后果。民营企业新疆德隆集团于 1986 年在乌鲁木齐创立,以后相继投资食品加工、服装批发、房地产,相继进入制造业、流通业、服务业等,但由于资金严重不足,以银行短期借款支持长期投资现象严重,最后资金链断裂,于 2004 年宣布破产,这就是破坏性增长。

### (三) 可持续成长的企业要有一个良好的机制

机制是指有机体的构造、功能及其相互关系。企业机制是指:企业作为一个经济有机体,为适应外部环境和可持续发展而具有的内在功能和运行方式,是企业经营行为的各种内在因素及其相互关系的总称。我国民营企业最大的优势就在于其机制灵活,对外部环境变化反应灵敏,能够抓住机遇并迅速决策。而我国垄断型国有企业相对来讲,机制就不够灵活,对外部环境变化反应不够灵敏,决策就不够迅速,因而其经营绩效就不够理想。

### (四) 可持续成长企业要有一个优良的核心理念

美国学者詹姆斯·C.柯林斯、杰里·L.波拉斯著《基业长青——企业永续经营的准则》一书介绍了 18 个基业长青公司的成功经验,这些高瞻远瞩公司的核心理念的共同特点是只教导企业干部员工怎样做人,怎样做事,而没有和企业的经济效益挂钩。例如:美国波音公司核心理念是"领导航空工业;愿为先驱;冒险。";福特公司的核心理念是"我们从事的是汽车工业,尤其是为普通人生产汽车。";我国长寿公司核心理念也有些特点,如同仁堂的核心理念是"同修仁德,亲和敬业,共献仁术,济世养生。",这些理念均没有和企业经济效益挂钩。

---

① [美]拉姆·查兰,诺埃尔·M.提切.持续增长[M].鲁刚伟,译.北京:中国社会科学出版社,2005.

### （五）可持续成长企业要不断地进行技术创新和管理变革

我们不要把企业技术创新想得很神秘,认为技术创新是企业科技人员的事情,实际上企业里人人都能进行技术创新,技术创新应成为企业的一种习惯。例如:美国强生医药公司一个职工的太太(迪克森太太)在厨房做菜,经常会切着手或烫着自己,后来迪克森先生经过若干次实验发明了一种绷带,当迪克森太太又一次割破手指时,就用此绷带贴在手指上,手指仍能自由弯曲,并不妨碍干活。后来,强生医药公司将它命名为 Band-Aid,Band 指的是绷带,Aid 是帮助急救的意思,也就是"邦迪"。现在这种创可贴行销世界,每年要用掉 10 亿个,有人将它列为 20 世纪影响生活的十大发明之一。而迪克森先生当时仅是强生医药公司的行政人员,并不是科技人员,由于此项发明,迪克森先生后来升为强生医药公司的副总裁。

企业可持续成长还要不断地进行管理变革。广东中山大学管理学院谢康教授(2003)提出,要做百年老店企业必须跨越四道门槛:第一道门槛,3～5 年入门,这时会有 60％的企业被淘汰而没有入门,这时的风险是企业创业的风险及资金的风险;第二道门槛是 8～10 年入道,这时剩下的 40％企业中又有 60％～70％的企业没有入道而被淘汰,这时的风险是企业管理的风险和投资的风险;第三道门槛是 25～35 年入化,即企业出神入化地发展,这时剩下的 12％的企业中又有 60％～70％的企业被淘汰而没有入化,这时的风险是企业技术创新的风险和管理创新的风险;第四道门槛是 40～50 年入定,即企业将成为百年老店,大概只有 1％～2％的企业能够入定,此时 99％的企业都要被淘汰,这时的风险是企业接班换代的风险。

企业每跨过一道门槛都要进行管理变革,这种管理变革有时是非常痛苦的过程。正如老鹰的蜕变一样,据说老鹰的寿命可以活 70 年,但当老鹰活到 40 岁时,老鹰的喙长得又长又弯,已叼不住更重的东西了,鹰爪长得又长又尖,也抓不住更重的东西了,老鹰的羽毛长得又厚又沉,也飞不高了,这时老鹰面临两大前途:一是饿死,找不到食物了;二是蜕变。老鹰飞到高山上在悬崖上为自己筑巢,老鹰躲在巢中,用喙击打岩石,直到把喙打烂,等待新喙慢慢长出。当新喙长出,它用新喙将旧的鹰爪一片片拔出,等待新鹰爪长出。同时再用新喙把老的羽毛一根根拔出,等待新的羽毛长出。整个过程大概要经历 5 个月的时间,老鹰经过失血、饥饿、死亡威胁后获得重生,还可以再活 30 年。企业的管理变革就如同老鹰蜕变一样,因此企业要做好充分的思想准备,企业要成为百年老店,中间经历的坎坷很多。应当看到,上述企业成长的四道门槛划分过粗了,实际上,一个企业销售收入在 5 000 万元、1 亿元、2 亿元……都是门槛,都会经历老鹰蜕变的过程,这对企业领导者的素质提出了很高的要求。

## 五、企业可持续成长对企业领导者素质的要求

### （一）企业家要对外部环境变化有敏锐的洞察及应变能力

当市场环境发生变化时,企业高层领导者要能知微见著,看到微小的苗头,就能知道会发生显著的变化。《韩非子·说林上》中说:"圣人见微以知萌,见端以知末,胡见象箸

而怖,知天下不足也。"一天,箕子到纣王那里汇报工作,偶然看到纣王生活出现了一点小变化,箕子看到纣王用了一双象牙筷子,箕子见此情景大惊失色,因为纣王早期是非常朴素的,现在却用了非常奢侈的象牙筷子,可知天下有危险。

中国古代纣王用象牙筷子让箕子感到恐惧。箕子认为,象牙筷子肯定不会放到土制的器皿上,必然要用犀牛角和玉做的杯子,而玉杯子中不可能是豆子豆叶作为食物,必然要用牦牛、大象、豹子幼崽等珍馐佳肴作为食物;吃这种珍馐佳肴肯定不会穿粗布短衣在茅屋下用餐,肯定是穿着绫罗绸缎在很大的金碧辉煌的宫殿里用餐。我担心他的结局,所以害怕他的开始。[①] 箕子具有敏锐的洞察力。

### (二)企业领导者要做到品德高尚,严格要求自己,作风要谦逊,平时要低调

个别企业领导者愿意出风头,杂志登大头像,记者采访,论坛发言。笔者奉劝企业领导者,如果不是为了宣传本企业,企业领导者应当少见媒体,言多必失。

### (三)企业领导者要有优良价值观

价值观是指主体对自身及外界的人和事物的价值定位。价值观决定了人的自我认识,直接影响和决定一个人的理想、信念、生活目标和追求方向的性质。价值观对人的动机有导向作用,反映了人们的人生观和世界观,反映了人的主观认知世界。

笔者曾去日本松下电器公司参观,讲解员介绍松下幸之助当年住过的房子,这栋房子当年松下住在一楼,二楼松下请了一位和尚,天天为松下公司念经。当时体会企业文化说到极端是企业的一种宗教,一种信仰。日本的企业家把宗教思想融入自己的经营哲学中,"产业报国、以社会责任为己任、和睦相处、上下一致"等思想和日本神道"忠"的思想与儒教的"和"都有着紧密的联系。日本企业家在谈论企业目标、经营哲学时,与其说是在发表经营心得,还不如说是一位宗教得道者在传教布道。松下幸之助被誉为"经营之神",他一生中最尊重的人就是一个和尚。通过各种宗教活动,把宗教的各种教义、精神与企业的价值观巧妙结合起来,灌输给员工,使员工相信工作的目的并不只是为了个人和家庭,更多地是追求人类生活的共同幸福。通过朝会、晚训、社歌等形式使价值观深入到每个员工的心灵。日本企业就像是一个个宗教团体,企业最高领导者就是教主,他为实施自己的教义,不断地向他的教徒传播其经营哲学。企业员工则是一群狂热的信徒,为维护他们的信仰,可以舍身取义。日本企业文化与宗教信仰相结合,是日本企业管理一大特色。

在这种氛围下,企业领导者在体现企业核心价值观方面要做出表率,要求职工做到的,首先自己要做到。

### (四)企业领导者要有很强大的领导力

最具影响力的关于领导力的定义是美国管理学家孔茨、奥唐奈和韦里奇提出的,即"领导是一种影响力,是引导人们行为,从而使人们情愿地、热心地实现组织或群体目标的艺术过程"。在这个定义中包含三层含义:领导力的本质是影响力;影响和改变他人心

---

① zhidao.baidu.com.

理和行为的能力。领导力是领导者对组织成员施加影响的艺术过程的能力；领导力就是促动组织成员前进的行为和力量,鼓舞他们心甘情愿地、热心地为实现组织目标而努力奋斗的能力。

通过对卓越领导个人事迹的研究[①],能领导其他人开辟出一条新路的人,他们都经历了一条相似的路径。实际上领导能力不完全取决于个人魅力,它也是一种实践。美国的两位学者,詹姆斯·库泽斯和巴里·皮斯纳发现,卓越领导的个人事迹中有五种共同的行为：①以身作则；②共启愿景；③挑战现状；④使众人行；⑤激励人心。为了使企业可持续发展,领导者应当注重以上五种行为。这些行为并不存在于历史长河中的某个片刻,而是经受了时间的考验。由此看出,领导是一种人际关系,领导的成功取决于人们能否建立和维持某种可持续发展的人际关系,使人们在日常工作基础上做出杰出的成就。

而追随者希望他们从领导者身上看到的是什么? 两位作者调查了 7 500 多位企业领导者,数据清楚地表明,人们最想从一个领导者看到的品质是一样的,即大多数追随者都希望领导者具有四种品质：真诚、有前瞻性、有能力和有激情。卓越领导的五种行为与受人尊敬的领导人的四种品质构成了卓越领导力这一主题上完整的图像,即当他们的企业健康长寿地可持续发展时,他们不仅做出了成果,还满足了追随者的期望。

### (五)企业领导者要有很强的魄力

魄力是指处置事情所具有的胆识和果断的作风。这里不仅指企业领导者作战略决策要有魄力,也指企业领导者敢于揭露企业管理中存在问题的魄力,即老百姓讲的"敢于揭伤疤"。其实只要把企业管理的"伤疤"揭出来,找出解决"伤疤"的办法并不困难。我们有些企业领导者并不想把"伤疤"揭露出来,而又想找到解决"伤疤"的办法,那就是很困难的事情。只有不断地找出企业管理的薄弱环节,企业才能可持续发展。目前企业管理有问题吗? 回答：没有问题。

企业领导者要有很强的战略执行力。即企业高层领导要善于把战略变为行动,把行动转化为达成战略目标的结果。认为"高层领导制定战略,中下层管理干部执行战略",这句话并不全面。战略执行是从企业高层领导到基层员工的共同任务,尤其是企业高层管理者在战略执行的关键点上必须亲力亲为。推动战略执行只靠中下层管理干部是不够的,有些战略执行遭受阻力,有些关键环节必须要由企业高层领导亲自领导推动,因此要求企业高层领导必须要具有组织、计划、领导、控制、协调、激励等方面的能力。

### (六)企业要培养自己的职业经理人

即在企业里要培养总裁的接班人。例如,美国通用电气公司 CEO 杰克·韦尔奇,1960 年获化学工程博士学位后就进入通用电气公司工作,在公司各个岗位上工作了20 年,45 岁就当上了通用电气公司 CEO,执行总裁上任后,韦尔奇就在企业内选了 30 个人进行接班人培养,若干年后从 30 个人中选出 9 个人进行接班人培养,若干年后又从9 个人中选出 3 个人进行培养,当韦尔奇要退休的时候,韦尔奇把这 3 个人推举到董事

---

① ［美］詹姆斯·库泽斯,巴里·皮斯纳.领导力[M].李丽林,杨振东,译.北京：电子工业出版社,2004.

会,认为这3个人都有做我接班人的资格,最后董事会从这3个人中选择了伊梅尔特做了韦尔奇的接班人,成为美国通用电气公司的CEO。这就是在企业内部培养老总的接班人。

在中国,孟子曰:"君子之泽,五世而斩。""泽"是指一个人的功名事业;"斩",意谓断了,没法再继承。一位君子,辛辛苦苦成就了事业留给后代的恩惠福禄,经过五代人就消耗殆尽了。"富不过三代"只是中国民间俗语。2006年《胡润全球最古老的100个家族企业榜》,日本大阪寺庙维修建筑企业金刚组以传世40代历经1 400多年名列第一。该企业成立于日本敏达天皇七年(公元578年),开始是天皇命令工匠修四天王寺,之后企业就负责守护维修四天王寺,1 400年间寺庙曾多次被烧毁,几次被重新修建。日本明治之后,金刚组也开始从事普通住宅的建造。在全球100家家族长寿公司中英国有17家,法国有16家,美国有15家,日本有10家,第100名家族企业也有225年的历史。这些上榜企业的共同特点,从规模上来说大多属于中小企业,排在第一名的金刚组2005年的销售额仅为1亿美元;从行业来看有手工制作、造酒、酒店等,它们都有通过家族联姻使企业持续发展的经验,它们都非常重视人才培养和企业风险管理等。[①] 中国企业均无缘此榜单,我国家族企业平均寿命24年,目前只有不到30%的家族企业能进入第二代,不到15%能进入第三代,而进入第四代的只有大约4%。

总之,企业可持续发展关键问题之一就是企业接班人的问题。

### (七)企业领导要克服自己认知模式的刚性

1991年美国哥伦比亚大学汉布瑞克(Hambrik)和福克托玛(Fukutomi)提出了总裁生命周期的五阶段模型,对总裁任职期间领导能力的变化规律及其原因提出了一个比较完整的总裁生命周期的五阶段假说。他们认为,总裁的管理生命大约有如下五个季节(见表14-2):①受命上任;②探索改革;③形成风格;④全面强化;⑤僵化阻碍。[②]

**表14-2  总裁管理生命周期的五个季节**

| 主要变化因素和阶段 | 受命上任 | 探索改革 | 形成风格 | 全面强化 | 僵化阻碍 |
|---|---|---|---|---|---|
| 认知模式的刚性 | 中强 | 或弱或强 | 中强 | 强且上升 | 非常强 |
| 职务知识 | 知之甚少但上升很快 | 大体熟悉;中速上升 | 非常熟悉;缓慢上升 | 非常熟悉;缓慢上升 | 非常熟悉;缓慢上升 |
| 信息源宽窄 | 来源广,未经过滤 | 来源广,信息过滤产生 | 依赖少数信息源;信息过滤现象加剧 | 依赖少数信息源;信息高度过滤 | 非常少的信息源;高度过滤的信息 |
| 任职兴趣 | 高 | 高 | 中高 | 中高但是下降 | 中低,下降 |
| 权力 | 弱;上升 | 中;上升 | 中;上升 | 强;上升 | 非常强,失控产生 |

资料来源:Donald C. Hambrick & Gregory D. S. Fukutomi. The Seasons of A CEO's Tenure, Academy of Management Review,1991(4):719~742.

---

① 深圳新闻网(sznews.com),2006-06-08.世界最长寿企业今年1 428岁.
② 梁能,尹章生,李玲,李惠眉.公司治理结构:中国的实践与美国的经验[M].北京:中国人民大学出版社,2000.

所谓认知模式,包括两部分:一是指每个人长期形成的信仰、偏好,习以为常的思维方式;二是指个人用惯了的工作方式、分析手段、思想方法等。这些思想方法和工作方式的差别就形成了每个总裁的个人特殊的认知模式,这种模式的形成,往往与总裁的成长道路有关。由这些认知模式带领他们自己对世界、对行业、对企业、对人事、对技术、对产品、对管理等一系列问题已经形成的一套基本看法。每个总裁有一个从发展形成到固化强化,从模糊到明确,从试验探索到坚信不疑的发展过程。发展到最后,进入炉火纯青,溶化在血液中而浑然不觉的自觉状态。一般一个总裁的认知模式大致要经历五个阶段:

第一阶段,受命上任在一个新的企业担任总裁。一般都是按照自己原来在别的企业担任总裁时的认知模式进行的,基本照搬过去成功的经验。这时总裁的信息来源非常广泛,新企业干部员工反映的意见总裁都会认真听取。

第二阶段,总裁会把自己原有的认知模式加以修正。因为新企业是新的环境,新的行业,新的问题,总裁自己原有的认知模式并不适合这个新的企业,因此总裁会把自己原有的认知模式加以修正,使之适合新企业的经营,这时总裁的信息来源仍然非常广泛,企业干部员工反映的意见总裁都会听取。

第三阶段,总裁新的认知模式形成。这时总裁的信息来源开始变窄。如果某些干部员工所提供的信息与总裁新的认知模式非常符合,总裁会听取这些干部员工的意见。如果另外一些干部员工所提供的信息与总裁新的认知模式不符合,则总裁就不会听取这些干部员工的意见。总裁认为,"看见没有! 我们企业这几年规模扩大了,效益提高了,企业竞争力增强了,这正是我新的认知模式正确的一种反映! 好哇! 对哇!"于是总裁已听不进不同意见。

第四阶段,总裁的新的认知模式进入固化阶段。这时总裁的信息来源进一步变窄。这时企业几乎全体干部员工都知道,总裁喜欢听什么样的话,不喜欢听什么样的话,因此企业干部员工就找总裁喜欢听的话向他汇报,总裁不喜欢听的话我们少汇报,甚至不汇报。因为把总裁不喜欢听的话向他汇报了要挨批评,甚至要遭到处罚的,因此总裁这时就很少或根本听不到任何坏消息。

第五阶段,总裁的认知模式进入僵化阶段。这时总裁认知模式刚性化,不愿意再学习,不愿意对自己的行为方式作根本性的改变,这时总裁认为不必要再去听取广大干部员工的意见,只要听听领导班子内几位副总反映的意见就够了。因此,这时总裁的信息来源变得极窄,总裁的信息质量急剧下降。由于对自身认知模式的迷信,再加上既得利益的因素,创业总裁所代表的那一套曾经先进的思维方式和技能组合的积极作用渐渐向相反的方向发展,原来的革新家就有可能转为新一轮改革的反对派,企业的业绩便会随之下降。

一般来讲,随着总裁管理生命周期的上述变化,企业绩效也会随之变化,见图14-2。总裁认知模式在第一、二、三阶段时,一般企业的经济效益在上升,到了第四阶段,即认知模式到固化阶段,企业经济效益增长缓慢,或者就停滞下来,总裁认知模式到了第五阶段,即僵化阶段时,企业经济效益就下降了。因此,作为企业总裁千万不要使自己的认知模式到固化、僵化阶段,否则将非常危

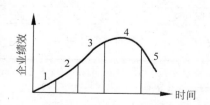

**图 14-2 总裁管理生命周期与企业绩效变化图**

险,在认知模式在第三阶段末期,企业高层领导一定要注意自己固有观念的转变。

总裁管理生命周期后期认知模式刚性化的原因有三个方面:一是在原有认知模式下战略上已作了大量投资,到现在虽然已明知某些投资后果不好,人们也往往不愿意作出改变,反而存在侥幸心理在追加投资,"将错就错"的心理很普遍;二是总裁认知模式有公开性和社会性,他们要在股民和公众面前作出许多承诺,这种决策的公众性使得他们修改认知模式的政治成本常常高到难以承受的程度。如果修改自己最根本的认知模式,会使他们觉得在全社会面前否定自己以前的一切,这是总裁难以接受的;三是总裁长期在位本身,使企业在相当一段时期得以较好的发展,绩效上升,竞争力增强,效益很好,总裁自己觉得这是自己认知模式正确的有效反映,越是任职长的总裁,就越容易相信自己行为模式的正确性。但时代在发展,正是在位时间长的总裁,其认知模式与环境要求的错位可能性越大。美国亨利·福特的孙子劝他的爷爷,时代已经不同了,劝亨利·福特要跟上时代,亨利·福特打断了他的话说:"你懂什么?是我创造了新时代!"

**(八)企业领导人要有开放的心态,要有一个比较好的管理团队**

企业可持续发展要求总裁要有开放的心态,作为领导者心胸要开阔,这样别人才愿意和你合作。

正如南怀瑾所言,地薄者大物不产,水浅者大鱼不游,树秃者大禽不栖,林疏者大兽不居。形象说明了胸怀宽广的重要性。

胸怀宽广从低到高有五个层次[1]:①容纳多样化和差异化。在企业管理上有差异是好事,要正视差异,尊重差异,将差异看成资源;②容人之短,允许下属有短处,不求全责备;③容纳反对的声音,允许别人批评自己;④容人之长,领导者能与别人分享对方的喜悦和得意,容许别人比自己强,不妒忌别人的长处和成功,不嫉贤妒能;⑤无私,这是胸怀宽广的最高境界,要克服自我中心、自我膨胀、自私的本能,当然,这就需要信仰的支撑和引导。到了无私这个层次,才会赢得他人的跟随、服从、合作、尊重与忠诚,赢得他人的信任、信赖与信服。

他人愿意和总裁合作,才能形成一个比较好的管理团体,这个管理团队无论企业在顺境或逆境情况下,这个团队成员都能和总裁肝胆相照,荣辱与共,共克时艰,也只有这样,企业才能可持续发展。

# 第二节　企业战略转型及其相关理论

## 一、世界及中国企业已进入到战略转型制胜的时代

### (一)当前世界经济在转型

21世纪以来,全球信息化速度加快,信息化的发展推动了经济全球化,出现了企业全球化,出现了科技、供应、生产、金融、贸易、人才及市场的全球化,进而出现政治区域化,进而又促进了文化等方面的全球化。

---

[1] 郝旭光.论领导者的胸怀.中国企业家网,iceo.com.cn.2013-08-12.

2008 年世界金融危机和经济危机爆发,暴露出当前全球经济失衡,各国国内经济均处于失衡状态,表现在经济发展方式失衡、经济结构失衡、金融业过度发展及财政赤字危机等,全球经济一体化的机制正在重新调整,因此世界经济正在转型。

同时由于移动互联网、云计算、物联网等信息技术的发展,使企业竞争规则发生了新的变化,企业正加速从陈旧的经营模式向新的商业模式转型,为此企业将战略转型视为在当前不确定环境下求得生存发展,为了不断地获得新的竞争优势的重要法则,全世界企业不约而同地走上了战略转型之路(Elias,1999;Gib Hedstrom and Michael Isenberg,2002)。正如美国学者拉里·博西迪和拉姆·查兰(Larry Bossidy and Ram Charan,2004)通过对欧美企业的实地考察和个案研究后在《转型》一书中说的,"世界上企业只有两种选择:要么转型,要么淘汰"。说明世界企业已进入到战略转型制胜的时代。

当前第三次工业革命已经到来,美国未来预测大师经济学家杰里米·里夫金(Jeremy Rifkin)最近出版了《第三次工业革命——新经济模式如何改变世界》一书,作者为我们描绘了一个宏伟蓝图,数亿计的人们将在自己家里、办公室里、工厂里生产出自己的绿色能源,并在"能源互联网"上与大家分享,能源民主化将重塑人际关系,它将影响我们如何做生意,如何管理社会,如何教育子女,如何生活。作者提出第三次工业革命的五大支柱:①向可再生能源转型;②将每个建筑物转化为微型发电厂;③在每栋建筑物及基础设施中使用氢及其他能源存储技术;④将电力网转化为能源互联网;⑤将运输工具转向插电式及燃料电池动力车。英国《经济学人》杂志简单地将第三次工业革命界定为"数字化革命",关注点是数字化制造和新能源、新材料的应用。第三次工业革命的到来,我们不能再迷信以劳动密集型产业参与国际分工,中国企业要有主动意识、创新意识、超越意识,必须立即战略转型,参与到第三次工业革命的布局中去,主动探索新的工业模式。

### (二)中国经济在转型

进入 21 世纪,中国经济进入了新阶段,中央提出 2000—2020 年是全面建设小康社会的时期,其基本任务是实现工业化和城镇化,在优化经济结构和提高效益的基础上国内生产总值到 2020 年比 2000 年翻两番,人民过上更加富裕的生活。

现阶段中国经济正在由以重工业为主导,转向以战略性新兴产业、信息产业和现代服务业为重点的工业化后期阶段转变,同时中国已进入到工业反哺农业、城市支持农村、实现工业与农业、城市与农村协调发展时期。这一时期,中国将结束持续 30 年的经济高速增长期,今后 10 年转而进入经济中速增长期,GDP 年增长速度将在 7% 左右。总之,中国经济正处于转型时期,转型时期要求中国经济发展方式要有一个根本性转变,即:从过度依赖投资出口拉动增长方式向以消费为主,消费、投资、出口相协调发展方式转变;从过度依靠廉价劳动力驱动方式向创新驱动,内生增长方式转变;从过度依赖房地产支撑增长方式向战略性新兴产业和现代服务业等多元支撑的发展方式转变;从过度依赖资源消耗和环境代价的粗放增长方式向低碳、绿色、集约的发展方式转变;从过度依赖一部分人先富起来的非均衡发展方式向均衡共享、包容性增长方式转变。

### （三）中国产业在转型

世界经济危机正在催生新的科技革命和产业革命，各国正在加紧发展新能源、新材料、节能环保、生物医药、信息网络、云计算、物联网、高端制造业等战略性新兴产业，各国都在抢占经济、科技、产业制高点，中国是处在国际产业转型背景下进行产业转型的。

中国城镇化高速发展会引爆中国巨大需求，为我国企业战略转型创造巨大消费市场和投资空间，城镇化发展有利于加快城镇交通、供水、供电、通信、文化娱乐等基础设施建设，带动多个相关产业的发展。

绿色经济及新能源产业将引发全球第四次产业革命，我国企业发展绿色经济，推进产业低碳化、产品低碳化，不仅能够提升企业盈利能力，也有利于规避绿色贸易壁垒，树立我国企业良好企业公民形象，最近国务院提出"中国制造2025"，为我国企业战略转型创造了巨大的投资空间。

产业高端化将促进我国企业价值链升级，企业注重培育核心竞争力，注意从OEM向ODM和OBM的产业升级，我国企业要逐渐占领国际产业链高端，危机形成的"倒逼"机制，政府推动经济发展方式转型政策，为企业实现产业价值链高端化战略转型创造了机遇。

经济服务化会拓展企业战略转型新空间，我国居民正处于第三次消费结构转化升级阶段，从生存型消费向发展型消费和享受型消费转型，为我国企业创造了广泛的服务业需求，随着我国人均收入水平的提高，我国经济逐渐迈向服务化，我国企业既可以在消费性服务业创造新的服务模式，也可以在生产性服务业及精神性服务业拓展新的发展空间。

国际产业转移为我国企业带来"走出去"和"引进来"双重机遇，金融危机使国外相当一部分企业陷入经营困境，这为我国企业"走出去"和为我国产业高端化提供了难得的机会。国际金融危机加速了国际产业分工的调整，使我国企业在后金融危机时代面临着国际产业转移良机，为我国企业带来"引进来"的机遇。近年来国际产业转移速度在加快，巨大潜在市场空间为我国企业战略转型、承接国际产业转移提供了良好机遇。

### （四）中国政府在转型

我国政府正在从经济建设型转向公共服务型，财政要从投资型财政转向公共型财政。政府工作的目标应是提高人民生活质量和增强人的能力。政府要把消灭贫困、充分就业、良好教育、身心健康安全、机会均等、社会公正、环境保护等社会发展问题放在重要地位。过去各级政府把主要精力放到GDP增长的经济建设上，引发出许多社会问题，我国市场主体不应由政府来承担，而应由企业来承担，政府经济职能主要应放到为发展经济创造良好市场环境上，提供稳健宏观调控上来，这样做，政府才不错位、不越位、不缺位。因此，中国政府也正在转型。

综上所述，世界经济、中国经济、中国产业都在转型，中国政府职能也在转型，外部环境的变化要求我国企业充分认识到实施战略转型的重要性、必然性和常态性的特点。

## 二、企业战略转型的概念

转型(transformation)是指:事物在发展过程中,由一种发展模式转变为另一种发展模式,从而实现事物由一种状态或系统向另一种状态或系统的转变,或被另一种状态或系统所取代,从而显示出与原来的状态或系统有本质上的不同的情况。

什么是企业战略转型,这是国内外企业战略管理理论界和实业界研究的热点问题之一,目前尚没有一个统一的规范化定义。一般来讲,战略转型(strategy transformation)是指:企业为应对外部环境及企业自身资源和能力的新变化,为谋求企业生存和可持续稳定地发展,为不断地获取新的竞争优势,在对原战略重新审视基础上,对企业发展目标,达成目标的途径和手段重新进行总体谋划,使原战略发生方向性、根本性变革的管理过程。

与战略转型相似的概念还有战略变革(strategy change)、战略创新(strategy innovation)、战略转换(strategy turnaround)、战略调整(strategy adjustment)、战略更新(strategy renewal)等,战略转型与上述词语的意思各有些许不同,本书认为,这些词语与战略转型的基本含义大体上相同,不再做严格区分。

## 三、企业战略转型的主要理论

20 世纪 70 年代后期,美国经济衰退,针对如何扭转企业业绩的下滑,战略管理理论研究中大致出现了两种研究的潮流。由申德尔(Schendel,1976)和霍弗(Hofer,1978)开始了"strategic turnaround"战略转换的先驱性研究,他们认为,企业业绩衰退的核心问题可能是战略性问题,也可能是运营性问题,若管理人员不能准确地判断企业衰退的原因而作出不恰当的反应,往往会出现无效率的战略转换。若是战略性问题,改变企业战略方向就成了战略转型的前提;若是运营性问题克服企业惯性,选择效率导向战略,成为战略转型的重要步骤。

战略转型研究的另一个分支是研究在政府放松产业管制背景下对"strategic change"战略变革的研究,如史密斯和格莱姆(Smith and Grimm,1987)研究了美国政府对铁路业放松管制后环境性质发生重大变化,企业作出反应的战略转型,他们认为,企业与环境的匹配是企业取得绩效的关键。在环境变化中,战略转型企业的绩效要优于不进行战略转型的企业。还有的学者探讨了即使在高度受管制的产业,例如航空运输业,企业也能形成特殊的战略转型,而连贯战略转型的能力与企业盈利呈正相关关系,当然,这种企业能采用战略的范围是受到管制特征限制的(Ramaswamy,Thomas and Litschert,1994),而恰恰是这种对组织战略施加的限制,受管制产业中的企业也将"人为地"享有稳定的环境,减少了环境变化对企业的冲击。放松管制却带来环境变化的高度不确定性,才促使企业不断地进行战略转型。

目前企业战略转型管理理论主要有:战略转折点理论、动态竞争理论、动态能力理论、战略转型的组织学习机制理论。

### (一)战略转折点理论

20 世纪 90 年代以后,对战略转型理论影响较大、有代表性的是布格尔曼和英特尔公司前任总裁格罗夫（Burgelman and Grove，1996）提出"战略转折点"（Strategic Inflection Point，SIP）理论，这是战略转型的基础理论之一。该理论认为，环境变化的剧烈性及其所带来的不确定性，会导致企业战略意图和采取的战略行动不一致，这种不一致常常会导致组织出现战略矛盾（strategic dissonance），而这种矛盾将会促进或阻止企业的战略转型，是组织面临"战略转折点"的标志，因此企业新战略的制定依赖于高层领导者从这种战略矛盾与冲突中获得有效的关键信息。

从理论上来讲，企业"战略转折点"的到来，是五种动态力量作用的结果，这五种动态力量是：①产业的竞争优势的基础，由波特的五种竞争力模型确定；②公司的核心竞争力；③公司现有的战略；④公司的战略行动；⑤公司的内部系统，如公司的管理系统、资源分配的规则、企业文化等。当产业内竞争优势的基础与公司的核心竞争力产生不一致，当公司现有的战略与战略行动不一致，或者上述两种情况同时发生，或者当企业资源分配规则与战略行动不一致，等等，都意味着战略转折点的到来。"战略转折点"的管理要经过两个时期，即管理者对"战略转折点"战略认知（strategic recognition）与战略转型。

能够成功跨越战略转折点的企业是那些适应性学习型组织，这样的组织在企业文化上有两大特点：一是它容忍争论，甚至鼓励争论；二是它能够作出明确的决策，并使整个组织拥护该决策。

"战略转折点"管理理论的最大贡献，就是对动态环境中的新战略的制定与形成过程提出了以战略矛盾、战略转折点、战略认知为基础的基本分析框架，明确了高中层管理者在其中的作用和适应性学习型组织在战略转型中的重要作用。

### （二）动态竞争理论

战略转型的又一基础理论就是动态竞争理论。在本书第七章第五节已作了介绍。

由于动态竞争的存在，就要求企业不断地进行战略转型，不是一次转型，而是多次转型，重要的是战略转型的有效性及速度，要及时舍弃过时的优势，不断地创造新的竞争优势，战略创新是竞争优势的来源。

### （三）动态能力理论

动态能力理论是战略管理理论的最新发展，Teece、Pisan 和 Shuen（1997）发表的《动态能力和战略管理》一文标志着企业动态能力理论的兴起。其基本理论已在本书第四章第四节作了介绍。

企业动态能力的核心是企业要具有动态核心竞争力，即一个好的可持续发展的企业战略应当有一条连续不断更新企业核心竞争力的链条，这是实现企业可持续发展的中心议题，见图 14-3 和图 14-4①。

即把企业的业务分成主要业务、战略业务及新兴业务三个层面，主要业务是企业当前现金流和利润的主要来源，相当于企业在嘴里吃着的业务；战略业务，相当于正在锅里

①　［美］梅尔达德·巴洛海，等.增长大车金术——企业启动和持续增长之秘诀[M].奚博铨，许润民，译.北京：经济科学出版社，1999.

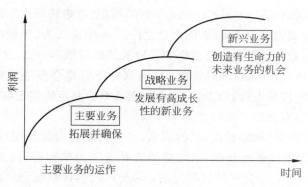

图 14-3　三个战略层面图

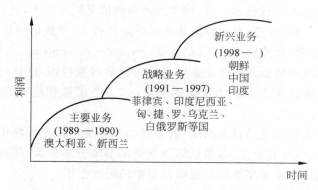

图 14-4　可口可乐阿马蒂尔公司三个层面同时管理图（1997 年）

煮着的业务，企业要 2～3 年后才能吃到嘴里，企业的任务是要加柴，赶快烧，言外之意，战略业务是需要投资的。新兴业务，相当于正在地里种着的业务，要 7～8 年之后才能吃到嘴里，现在刚刚长出小苗来，企业的任务是要间苗，把不好的苗拔了扔了，把好的苗留下来浇水施肥，言外之意，新兴业务更是需要投资的。以上三个层面的战略思想，可用于管理的各个方面，如战略、研发、供应链、价值链、产品、市场、服务、人力资源、核心竞争力等。

　　企业主要业务、战略业务和新兴业务的变化，使企业核心竞争力不断变化和跃迁。这里举一个案例：可口可乐在澳大利亚开的公司叫阿马蒂尔公司，1989—1990 年该公司主要在澳大利亚、新西兰市场销售可口可乐，1991—1997 年又将市场开拓至东南亚及东欧，1998 年以后又在朝鲜、中国、印度开拓市场，见图 14-4。这是一个市场不断开拓的三个层面，注意是三个层面同时管理，即嘴里吃着的时候，锅里要煮着，地里要种着。不能嘴里吃着的时候锅里没有煮，锅里煮着的时候，地里还没有种，那就连续不上了。

　　目前动态能力理论尚停留在概念框架研究阶段，系统的可操作性研究还很不够。

### （四）战略柔性理论

　　对企业柔性研究最早源于经济领域，Hart 和 Stigler（1932）认为，柔性是"能够支撑较大产出变动的生产技术特性"。经济学领域对柔性的研究侧重于讨论企业应对市场需求波动的能力。随后,有大量研究致力于生产制造系统柔性问题的讨论,柔性被定义为企业采取柔性制造系统和劳动力的能力(Zelanovic,1982;Browne et al.,1984;Gerwin,1987;Upton,1995)。Ansoff(1965)最早提出了战略柔性的概念[①],认为战略柔性可以通过多元化战略获得外部柔性和通过内部资源流动性获得内部流动两个方面来衡量。Evans(1991)认为[②]战略柔性的理解可分为两个不同视角:反应性战略柔性和前瞻性战略柔性。Samchez(1995)[③]将战略柔性分为资源柔性和协调柔性,资源柔性表示资源以低成本以低成本和时间为代价被应用于其他用途的范围;协调柔性表示企业重新配置资源链、利用以及重新制定产品战略。Nadkarni 和 Narayanan(2007)认为[④],战略柔性是指企业通过不断调查其当前战略行为、资源配置及投资策略而促使自身主动变革或适应于环境变化的能力。

由上述简略地阐述战略柔性论的研究过程可以看出,前人对战略柔性的研究和理解可分为三类:[⑤]第一类,描述的是战略柔性的表征,如 Upton(1995)认为,战略柔性是以较少的时间、努力、成本或绩效损失来实现改变或作出回应,定义中包括适应(回应)和改变两个方面,适应强调在变化时企业应适应变革,改变强调要求发起变革而不仅仅回应变革;第二类,将战略柔性定义为组织能力。将战略柔性视为组织通过调整内外部政策以处理环境不确定性的能力。Ranjan(2001)认为[⑥],战略柔性"不仅是组织对外部环境的被动适应,还包含企业能够以行动改变组织环境的能力";第三类,基于期权的观点理解战略柔性,认为战略柔性可被看作企业运用于不同外部情境的战略期权(Aaker and Mascernhas,1984;Bowman and Hurry,1993)。Sanchez(1997;2003)认为[⑦]企业的战略柔性取决于企业资源柔性和使用这些资源的协调柔性。

国内学者也对战略柔性进行了研究,龚代华和陈荣秋(1999)认为[⑧]:战略柔性是企业对环境不确定性的外部表现特征,它是企业决策反应能力、实现反应能力和协调程度的综合体现。王迎军和王永贵(2000)认为[⑨]:战略柔性是组织为达到控制自己命运的目标

① Ansoff,H. Corporate Strategy:An Analytic to Business Policy for Growth and Expansion. London:McGraw-Hill Companies,1965:33-34.

② Evams,J. Strategic Flexibility for High Technology Manoeuvres:A Conceptual Framwork. Journal of Management Stadies. 1991,28(1).

③ Sanchez,R. Strategic Flexibility in Product Competition. Strategic Management Journal. 1995,16(Special issue):135-159.

④ Nadkarni,S.,Narayanan,V. Strategic Schemas,Strategic Flexibility,and firm Performance:The Moderating Role of Industry Clockspeed. Strategic Management Journal. 2007,28(3):243-259.

⑤ 范志刚.基于企业网络的战略柔性与企业创新绩效提升机制研究[M].北京:经济科学出版社,2013.

⑥ Ramjan,V. Strategic Flexibility and Firm Performance[D]. Unpublished Ph. D. Dissertation. Washington:Washington University,2001.

⑦ Sanchez,A.,Perez,M. Flexibility in New Product Development:A Survey of Practices and Its Relationship With The Product's Technological Complexity. Technovation,2003,23(2):139-145.

⑧ 龚代华,陈荣秋.企业柔性研究中的若干问题[J].管理工程学报,1999,13(1):73-74.

⑨ 王迎军,王永贵.动态环境下营造竞争优势的关键维度——基于资源的"战略柔性"(上)(下)[J].外国经济管理,2000,22(7),23(8).

而与内外环境的互动,进而持续地塑造环境或进行调整并做出快速反应的能力。

综上所述,可以看出,前人研究从不同视角出发,对战略柔性有不同的定义和理解。笔者借鉴国内外学者的研究成果认为:战略柔性是指在复杂不确定环境下,企业做出快速适应或持续性地塑造环境,迅速地调整企业内外部资源、能力及其结构,以达成企业可持续竞争优势的动态战略管理系统。

由上述定义可以看出战略柔性是一个动态管理系统。参考了国内学者石立伟(2004)提出的企业战略柔性包括公司层战略柔性、业务层的战略柔性及职能层战略柔性等[1]列出战略柔性体系图,见图14-5。

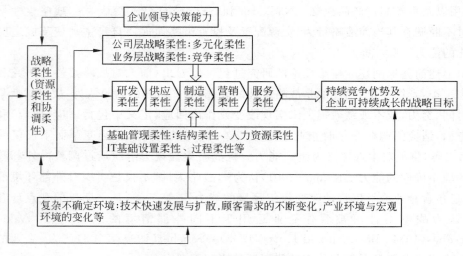

**图14-5　战略柔性体系图**

由图14-5中看出,企业资源柔性和协调柔性是战略柔性两大基础要素,这两大基础要素对企业绩效有积极的影响。战略柔性对企业绩效的影响研究,目前仍以理论研究为主,实证研究较少,现有的大多数研究都支持战略柔性和企业绩效之间存在正相关关系。如Moore和Cardona(2003)对欧美家电企业的模块化,战略柔性与企业绩效关系进行了分析,发现战略柔性与企业绩效之间有显著正相关关系。Abbott和Banerji(2003)挑选了227家美国财富500强中的跨国公司,讨论其战略柔性与企业绩效的关系,他将战略柔性分为市场柔性、产品柔性和竞争柔性三类;将企业绩效分为销售利润率(ROS)、资产收益率(ROA)和税前收益(EBIT),得出三种柔性都对企业绩效产生显著的正向影响。Seung-Hyun(2009)研究了经济危机背景下跨国企业国际投资问题,发现战略柔性可以帮助企业在难以预期的竞争环境中快速调整自己的投资策略,甚至可以提供一系列的投资选择期权,并对209家韩国样本企业进行了实证研究,验证了拥有战略柔性的跨国企业在危机背景下更易产生高的绩效。

当然,也有一些学者证实战略柔性与企业绩效之间不存在正向相关关系。如Pagell

---

① 石立伟.基于资源观的战略柔性研究[D].武汉大学硕士学位论文,2004.

和 Krause(2004)①对 Swamidass 和 Newell(1987)②等的实证结果采用新的样本进行了检验,并未发现环境动态性、战略柔性与企业绩效之间的正相关关系。但本书仍支持大多数学者所认为的,战略柔性对企业绩效有积极的正相关关系的观点。③

国内一些学者还研究了企业网络特征及企业吸收能力对战略柔性的构建影响。学者范志刚(2013)认为企业网络特征的四个维度(位置中心度、网络联结强度、网络规模和网络范围)对企业资源柔性有显著的正向影响,说明良好的外部网络可以提供较多的异质性资源和信息,企业可以利用这些资源和信息,以增加自身创新资源的柔性。其中位置中心度是用来度量企业融入企业网络的程度,企业在网络中所处位置的中心度越高,越有利于企业获得新信息和新知识,网络位置中心度对企业资源柔性及协调柔性都有显著的正向影响。网络联结强度是指网络内各行为者之间相互联系二元关系的重要维度,企业之间的强关系可以降低治理成本(可以降低企业间防范成本和协调成本),促进互补资源共享。网络规模是指企业在其所在网络中所拥有的直接联结的数量,即拥有更大网络规模和更多网络联系的企业具有优势将会在网络中获得更多的资源共享和互补。网络范围是测度企业网络异质性的重要指标,网络范围广,就意味着企业可以获得更加多样性的资源,网络范围越大资源柔性越高。

同时研究还表明,企业吸收能力的两个维度(企业知识获取能力和知识应用能力)对协调柔性也有显著的正相关关系。

### (五)企业战略适应性理论

#### 1. 企业战略适应性的概念

适应性是生物学名词,指生物体与环境适合的现象,指生物体经过长期的自然选择,最后生物体的适应性特征形成基因传给自己的子孙后代。如北极熊的白色,草地里蚱蜢的绿色,都是一种保护色,这种生物适应性有相对性,表现在适应是一种暂时现象,不是永久性的,当环境发生很大变化时适应就变成不适应,有时还会成为有害的,甚至是致死的因素,若长期不下雪,北极熊将无法生存。

什么是变化,我国古代把显著变化叫作"变",精微变化叫作"化"。《横渠易说·乾卦》中说:"变,言其著;化,言其渐。"北宋哲学家张载指出,著变和渐化这两种形式是互相联系、互相转化的,即迅速显著的变化是以逐渐的细微变化为基础的。现代哲学认为,变化指物质由一种状态向另一种状态的过渡。没有环境变化对主体的要求,就无所谓适应,就无所谓适应力。客体变化要求主体变化,两种变化趋于符合的过程,就是主体适应环境的过程。

适应是一种动态历程,包括改变自己与改变环境两个方面,也就是说,为取得和保持良好的适应,往往单靠一个方面改变是不行的,必须在改变环境的同时也要相应地改变自

① Pagell,M.,Krause,D. Re-exploring the Relationship Between Flexibility and External Environment. Journal of Operations Management,2004,21(6):629-649.

② Swamidass,P.,Newell,W. Manufacturing Strategy,Environmental Uncertainty and Performance:A Path Analytic Model. Management Science,1987,33(4):509-524.

③ 范志刚.基于企业网络的战略柔性与企业创新绩效提升机制研究[M].北京:经济科学出版社,2013.

己,适应性就是在这种历程中表现出来的能力。

达尔文在《物种起源》(1859)中说:"能够生存下来的,既不是最强壮的,也不是最聪明的,而是最能够适应变化的物种。"长颈鹿脖子很长,因为它生活在非洲草原上,那里的树木由于受洪灾和大风的影响,下部树干树叶很少,鲜嫩的树叶长在树的顶端,为适应这一独特环境,长颈鹿的脖子越来越长。

战略适应(strategic resilience),不是应付一时危机的能力,也不是从衰退中反弹的能力,而是长期地对影响企业核心业务盈利能力的趋势不断进行预测和调整的能力,是一种在环境变化尚未彰显时以复制变的能力[1]。

企业必须拥有战略适应性,才能成功地实施企业战略转型。只有不断地战略转型,才能达成企业可持续发展的目标。笔者认为,企业战略适应力是指:企业在不确定环境下不断对内外环境进行分析、预测,从而不断地对企业内外资源进行重新配置、整合、协调和优化,不断地形成新的核心竞争力及其商业模式,以达成企业战略不断转型及可持续发展目标的管理能力。

网络经济中,外界环境变化极其迅速,企业生存是头等大事,没有成功的企业,只有时代的企业。所有企业都不能认为自己是企业的,所谓成功,是因为当时踏准了时代市场的节拍,任何人、任何企业不可能永远踏准时代的节拍。

战略适应性是企业战略随环境变化而变化的能力,例如人,冬天来了穿上棉衣,夏天来了,穿单衣一样,这是人的适应力表现。应该把企业看成生物有机体,它可以感受环境、适应环境,甚至改变环境,企业战略及组织结构要因时而变、因势而变、因市场而变、因需求而变、因科技而变,等等,这就是企业战略适应性,这是网络经济条件下企业的核心竞争力。

2. 企业战略适应性与战略柔性

许多学者是将战略柔性与战略适应性的内涵作了统一。斯蒂格勒认为战略柔性是指企业系统快速、经济地适应外部变化或新的情况的能力,强调的就是组织的适应性。大多数学者对"柔性"和"适应性"的研究发现,无论战略柔性或战略适应性都包含两方面的特征,即环境的不确定性和动态性以及企业在动态环境中对资源、能力的获取、重构,以应对环境的变化,因此二者在本质上是一致的[2]。

但也有些学者认为"战略柔性"与"战略适应性"在一些重要方面仍存在区别,例如王迎军、王永贵(2000)[3]区别了适应性、再适应性、可改正性、柔性等概念,认为适应性是描述"组织应对动态变化环境的能力和特点"的最常使用的概念,且与柔性意义相近,但二者之间的主要区别在于:战略适应性指"对变化的环境所进行的一次性或永久性的调整",而柔性是指"连续性的临时调整",是组织为了达到控制企业命运的目标而与内部和外部环境的互动,进而持续地塑造环境或进行调整并作出快速反应的能力。

笔者认为,目前理论界对战略适应性理论的研究刚刚开始,所叙述的基本理论往往与

① 战略适应力. baike. baidu. com.
② 卢彬彬. 技术变革环境中组织的战略适应性[M]. 北京:经济管理出版社,2014.
③ 王迎军,王永贵. 动态环境下营造组织竞争优势的关键维度[J]. 外国经济与管理,2000,22(7).

战略柔性理论基本一致。笔者认为，"战略柔性"与"战略适应性"在本质含义上基本是一致的。国外学者例如 Sanchez(1993,1995)将组织的战略适应性区分为"资源的灵活性"和"协调的灵活性"。[①] 这种观点与许多国外学者把战略柔性区分为资源柔性和协调柔性两大基础要素是一致的。不仅国外学者，国内许多学者也是将"柔性"和"适应性"一起来论述的，如王永贵、侯玉莲、王迎军、张玉利(2000,2003)等学者将战略适应性区分为"内部柔性"和"外部柔性"，内部柔性体现为组织内部的可调整性，外部柔性体现在组织应对外部环境变化的能力、增强组织竞争优势的能力，体现在竞争柔性、产能柔性、多元化柔性以及供应链方面的柔性等[②][③]。本书将"战略适应性"与"战略柔性"二者在概念及含义上不再加以区分。

### （六）企业吸收能力理论

自 20 世纪 90 年代以来，吸收能力理论研究取得了重大进展，并且广泛应用于组织学习、组织变革、创业、创新等诸多领域。吸收能力(absorptive capacity)作为知识管理及组织变革的一个分支，被用来分析企业如何获取和保持可持续竞争优势，在当前已成为学者的研究的热点问题之一。

1. 吸收能力的概念及内涵

当前最广泛接受和使用的吸收能力的定义，是 Cohen 和 Levinthal 在 1990 年提出的[④]，他们将吸收能力定义为企业评价、消化和应用外部新知识的能力。同时，他们指出，吸收能力是先前创新活动和问题解决的副产品(by-product)，依赖于组织成员的个体吸收能力。Lane 等人(2006)提出[⑤]，吸收能力是组织学习的过程：通过探索性(explore)学习，识别并理解潜在有价值的外部新知识；通过转化性(transformable)学习，消化有价值的新知识；通过应用性(exploitative)学习，运用所消化的知识来创造新知识并产生商业产业。总的来看，后来的学者都对 Cohen 和 Levinthal(1990)提出的吸收能力的内涵作了一定的延展。

2. 吸收能力的模型

影响较大的有 Van den Bosch 等人(1999)的吸收能力和知识环境共同演化模型、Zahra 和 George(2002)的基于"动态能力"的模型以及 Lane 等人(2006)基于"组织学习"的模型。由于篇幅所限，这里仅介绍 Lane 等人(2006)的基于"组织学习"的模型[①]，见图 14-6。

---

① Sanchez R. Strategic Flexibility in Product Competition[J]. Strategic Management Journal,1995(16)：135-160.

② 王永贵,张玉利.对组织学习、核心竞争力、战略柔性与企业竞争绩效的理论剖析与实证研究[J].南开管理评论,2003(4).

③ 王永贵,等.战略柔性与企业高成长：构建刚柔并济的动态竞争力[M].天津：南开大学出版社,2003.

④ Cohen W, Levinthal D. Absorptive Capacity：A New Perspective on Learning and Innovation[J]. Administrative Science Quarterly,1990,35(1)：128-152.

⑤ Lane Koka, Pathak. The Reification of Absorptive Capacity：A Critical Review and Rejuvenation of The Construct[J]. Academy of Management Review,2006,31(4)：833-863.

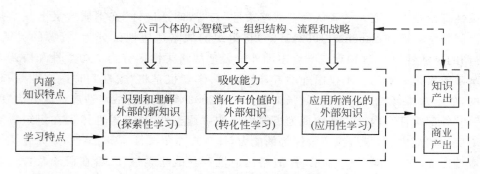

图 14-6　吸收能力模型[①]

3. 吸收能力的影响因素

吸收能力的影响因素有外部来源知识的性质因素及企业内部因素等。外部来源知识的属性是影响企业吸收和消化的一个重要因素,主要是知识的缄默性和知识的复杂性。如果吸收的大部分知识是缄默性的,则企业间知识的转移将非常困难,这种知识是难以模仿、转移和被吸收的。另外,知识复杂性越高,企业就越难以全部理解,吸收速度越慢,完整地应用也越困难。同时吸收能力也会因为"老师"的不同而导致"学生"学习的差异,知识的收购方与被收购方需要有充分类似的知识基础来促进企业组织间的学习,从而有利于知识的吸收。

企业内部因素也是影响吸收能力的另一个重要因素,主要有经验、组织结构、企业战略等。经验会显著地影响管理者的认知,并最终影响了企业识别和消化新知识的能力。组织结构搭建了组织成员间共享、交流和转移个体知识的平台,Van den Bosch 等人(1999)认为[②],矩阵型结构促进了吸收能力的提升;职能型结构不利于组织的吸收能力提升;分部型结构对吸收能力没有产生显著影响。企业战略影响到企业资源的分配,自然也会影响知识的识别、吸收和应用。企业要从战略高度重新审视企业的吸收能力,对企业知识的获取、消化及应用实行战略性管理。

当然,吸收能力也会受到知识产权因素、企业文化因素及社会因素等各方面的影响。

### (七)战略转型的组织学习机制理论

战略转型过程中新战略的形成是一种认知过程,所以组织学习(organizational learning)变成战略转型过程中一个非常重要的问题,企业的学习能力已成为可持续竞争优势的唯一源泉(Nonaka,1991),因此应该把战略转型的形成看作是组织学习的过程。国内学者芮明杰等(2005)专门分析了企业战略转型中的组织学习效应,见图 14-7。[③]

由图 14-7 中看出组织学习在战略转型中的作用,战略转型是组织学习的结果。组

---

① Lane Koka,Pathak. The Reification of Absorptive Capacity:A Critical Review and Rejuvenation of The Construct[J]. Academy of Management Review,2006,31(4):833-863.

② Van Den Bosch F A J,Volberda H W,De Boer M. Coevolution of Firm Absorptive Capacity and Knowledge Environment:Organizational forms and Combinative Capabilities[J]. Organization Science,1999,10(5):551-568.

③ 芮明杰,胡金星,张良森. 企业战略转型中组织学习的效用分析[J]. 研究与发展管理,2005(2):99-104.

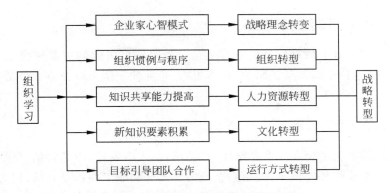

**图 14-7  组织学习对战略转型的效用图**

织学习与培训的方式有：课堂教学、计算机教学、网络教学、公司大学、与高等院校建立合作关系、即时教练、商务模拟等。在学习型组织中，团队学习是一项重要的"修炼"，团队学习中特别提倡深度会谈，这是一种带有反思性质的学习过程，深度会谈能够激发人们在对话中察觉那些过去被认为是理所当然的假设，将分歧的意见摊到桌面上来，深度会谈创造了一个环境，使团队成员对战略转型等问题进行心灵的交流与融合，所有参与者都将激发出智慧和创造力，这种团队才成为真正的团队，其凝聚力将达到前所未有的强度，由此产生极大的合力，促使战略转型取得成功。

## 四、企业战略转型的类型

### （一）按战略转型程度或幅度分类，可分为渐进性转型和激进性转型两种

渐进性转型，一般发生在环境变化相对比较稳定的情况，管理者有能力预测环境的压力及未来变化的趋势，采取相对温和的，甚至在保持原有体制不变的情况下，采用渐进性的变革。

激进性转型是一种激进式的变革，一般发生在复杂动态环境下，即剧变或不连续环境变化的情况，引发企业进行系统性、根本性的战略变革。

### （二）按转型时机分类，可分为前瞻性转型和危机性转型

前瞻性转型是一种主动性变革，环境的变化虽然目前暂时还不会危及企业生存，但是其潜在的威胁已经存在，若不提前进行战略转型，未来将严重影响企业的生存和发展，因此企业战略转型的时间要提前，以争取战略转型的主动性。危机性转型是一种被动性变革，是指企业经营业绩急剧下降，企业已经出现亏损，甚至已快到破产边缘，企业被迫进行的战略变革。

加拿大麦吉尔大学与美国哥伦比亚大学就此进行了合作研究，发现已知的企业战略转型案例多数属于危机型战略转型，因为前瞻性转型需要前瞻型领导，并与领导者心智模式有关，而这也是实施前瞻性战略转型最困难之处。

中国企业战略转型大多是危机性转型及激进性转型。

## 五、企业战略转型的阻力

相关研究表明,企业战略转型的阻力是企业战略转型失败的主要原因之一。企业战略转型阻力主要包括干部及员工阻力、技术阻力、企业惯例阻力以及企业外部利益相关者的阻力。

### (一)企业干部及员工阻力

第一,战略转型会使企业的业务结构、产品结构、人事安排、市场营销、科技研发、组织机构、企业文化都要作相应调整,关系到企业内部干部和职工的切身利益、权力、地位等问题。实际上战略转型方案是企业高层领导者政治权力重新平衡的结果,即企业原有战略的既得利益者反对战略转型,忧虑个人既得利益丧失,会形成转型阻力。

第二,陈旧的观念、陈旧的思维模式,因为老的习惯、惯性对未知变革恐惧,对转型缺乏理解和沟通,跟不上转型步伐,会成为转型的阻力。

第三,对战略变革缺乏信心,担心转型后自己不具备所需要的工作技能,不适应环境的变化,会形成转型的阻力。

第四,人情网、关系网、亲情网会形成转型的阻力。

因此企业干部及员工阻力会来自企业的高层、中层和基层人员,各层次员工的抵制行为都各有其特点和原因。战略转型是企业重大变革行为,涉及员工切身利益,如果得不到全体员工的共同参与和支持,转型后的战略将难以贯彻实施。

### (二)企业的技术阻力

战略转型是企业业务结构的重新组合,因此就需要有较强的新技术支撑,需要有新的相应的核心竞争力的开发和运用。而陈旧的技术和陈旧的核心竞争力往往表现出较大的刚性,科技人员也担心扔掉旧的技术后自己的技术优势、知识技能优势将会丧失,因而形成企业的技术阻力。

### (三)企业惯例阻力

企业惯例(routine)是指企业长期生产经营积累下来的企业文化、企业核心价值观,企业由隐性知识组成的组织记忆、企业工作的气氛、企业办事程序等,是组织内重复的可识别的行为模式,这种行为模式并没有明文规定、命令或规章制度,不靠规则手段去强制推行,只是因为习惯势力而被组织所遵守。惯例对企业成长具有积极性及消极性的双重作用,企业若没有惯例的存在,则企业将无法形成积累性的知识和经验,企业无法生存和演进;惯例也是产生组织惰性的主要来源(Rumelt, 1995),惯例深嵌于企业战略过程的组织行为当中,如果企业缺乏对惯例的创新,仍固守不符合环境变化所要求的旧有惯例,不仅会形成战略转型的阻力,而且会导致战略转型的失败。

### (四)企业外部利益相关者对战略转型的抵制

企业的股东、债权人、顾客、政府、供应商、合作伙伴、企业所在的社区居民等也会对战略转型带来阻力,他们担心企业战略转型对自己的原有利益格局会受到破坏,他们悲观,认为变革不会有好的结果,他们愤怒,因为变革意味着原有规则的打破,自己利益受损,他们甚至希望变革失败,而达到个人目的。

为克服上述转型的四方面阻力,企业需要战略转型的推动力量,本文认为战略转型的推动力量来自三个方面:

(1)更换企业高层领导。高层管理团队新成员会带来新的视野、新的价值观念、新的战略思想,这种新观念及新思想使战略管理者看到战略转型的重要性、必要性及紧迫性。

(2)具有创新偏好的企业家,也会成为战略转型重要推动力量。如美国通用电气公司的前任总裁杰克·韦尔奇、英特尔公司的前任总裁安德鲁·格罗夫、中粮集团的宁高宁、中国南车集团的赵小刚、联想集团的柳传志等企业家等都是在不断给企业施加变革压力,这些企业的战略转型的巨大成功与其企业高层领导者强烈责任感及创新偏好是分不开的。

(3)外部咨询专家能够有效地向企业发出战略转型必要性及合理性的信号。他们对企业环境的变化具有更加客观的观点,对企业具有较大影响力,有助于克服企业成员对战略转型的抵制。

# 第三节　企业战略转型能力

## 一、企业战略转型能力的概念

企业必须拥有战略转型能力,才能成功地实施企业战略转型。只有不断地战略转型才能达成企业可持续发展的目标。因此,笔者认为企业战略转型能力是指:企业在不确定环境下,不断地对内外资源进行重新配置、整合、协调和优化,不断地形成新的核心竞争力及其商业模式,以达成企业战略不断转型及可持续发展目标的战略动态管理能力。

由上述定义可以看出:

1. 企业战略转型能力是一种动态能力

上述定义中用了三个"不断",说明在复杂多变的内外部环境下,企业只有动态地进行战略转型,才能达成企业可持续发展的目标。而企业要成功地动态地进行战略转型,就要求企业要动态地对企业内外环境进行识别,动态地进行资源整合优化,动态地进行技术创新,动态地形成新的核心竞争力,动态地进行管理创新,动态地形成新的商业模式,动态地进行组织协调,说明企业战略转型能力是一种动态能力。

2. 企业战略转型能力是一种自组织能力

一般来说,组织是指系统内的有序结构或这种有序结构的形成过程。从组织进化的形式来看,可以把它分为两类:他组织和自组织。如果一个系统靠外部指令而形成组织,就是他组织,如果不存在外部指令,系统按照相互默契的某种规则,各尽其责而又协调地自动地形成有序结构,就是自组织。自组织现象在自然界和人类社会中都普遍存在。例如,大雁会自动排成一字形或人字形飞行;企业中职工自发地组成创新小组;安徽小岗村农民当年自发地组成包产到户小组等。即自行组织,自行演化,自主地从无序到有序,从粗糙到精细,形成结构系统。实践证明:在市场经济条件下,组织运行速度越快,他组织模式会逐渐转变为自组织模式;市场化程度越高的行业,其自组织趋势越明显;离互联网越近的行业,管理的自组织趋势越明显。

企业战略转型的过程就是一个自组织的过程,也是企业向复杂环境学习和积累经验的过程,从而改变原有战略,改变自身结构和行为方式,从中还会涌现出创新的战略管理系统的产生、分化及战略多样性出现。战略的自组织能力就是涌现生成创新战略的能力,就是企业战略的柔性及适应性的表现。

由上述推论,企业战略转型能力就是企业竞争优势之源,是企业可持续成长的能力。

## 二、企业战略转型能力的结构

湖南师范大学唐健雄 2010 年提出企业战略转型能力结构模型[①],并用了涉及 14 个行业的湘浙粤地区的 140 份企业问卷调查数据对该模型进行了实证检验。

笔者也在参考了唐健雄提出的模型基础上,提出了企业战略转型能力结构模型,见图 14-8。

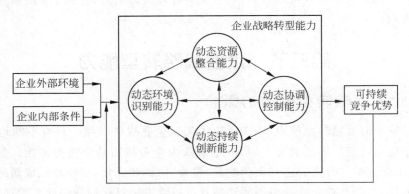

**图 14-8 企业战略转型能力结构模型**

由图 14-8 中看出,企业战略转型能力由四个子能力系统组成,即动态环境识别能力、动态资源整合能力、动态持续创新能力和动态协调控制能力,它们之间互相作用,互相影响,互为因果,共同构成战略转型能力系统。

动态环境识别能力是战略转型能力系统的前提,是体现战略转型能力由外而内、内外结合特性的窗口,为资源整合、持续创新、协调控制等能力提供了前提条件。一般是由环境扫描能力、机会识别能力及战略信息管理能力组成。动态资源整合能力是战略转型能力系统的基础,它受动态环境的影响,同时又为持续创新和协调控制提供资源保证。动态资源整合能力由企业内外资源识别及选择能力、资源配置能力及资源匹配能力组成。动态持续创新能力是战略转型能力系统的主导要素,通过变革和创新,使企业能保持持续发展的竞争优势,同时它也会受到环境识别、资源整合及协调控制能力的影响。动态持续创新能力由技术创新能力、制度创新能力、组织创新能力及管理创新能力组成。动态协调控

---

① 唐健雄.企业战略转型能力研究[M].长沙:湖南人民出版社,2010.

制能力是战略转型能力系统的保障要素，它能保证战略转型目标的实现，保证资源整合、持续创新的顺利实施，同时它也会受到动态环境变化的影响。动态协调控制能力由战略协调管控能力、企业内部各系统协调管控能力、组织激励能力、预算、绩效及风险管控能力等组成。

### 三、我国优秀企业在战略转型管理的经验

1. 优秀战略转型企业对环境有敏锐洞察力

优秀企业高层管理者努力把握每一次历史性的发展机遇，对环境变化保持高度警觉，他们知道企业在短时间内改变不了大环境，因此他们绝不做环境的牺牲品，因为企业可以发挥积极作用去局部地影响小环境，如政府关系、产业竞争格局等。同时企业可以主宰内部环境，以获得战略转型能力，并取得成功。

2. 优秀企业用迭代创新、开放式创新、标杆模仿、事后创新、整合再造等方法实现企业核心竞争力的动态跃迁

中国优秀企业用迭代创新、开放式创新、标杆模仿、事后创新、整合再造等方法所形成的后发优势已成为令跨国公司心惊胆战的一种核心能力。许多企业在广泛吸收国内外先进技术基础上，大力调动科技人员及管理人员积极性，学中创，创中学，先做到，再创造，由于竞争的动态性不断加剧，在此环境下没有任何一个企业可以长期保持其竞争优势，因此优秀企业能迅速频繁地使企业核心竞争力不断跃迁和转换，使核心竞争力具有动态性，保持了企业可持续发展的竞争优势。

3. 优秀企业善于进行资源整合

优秀企业在企业内外资源识别、选择、配置、融合等方面都能应付自如，使企业资源结构能够与战略转型相匹配，并根据环境变化及时调整企业内外部资源结构，确保战略转型始终具有资源优势。

4. 优秀企业具有较强的协调管控能力

优秀企业具有较强的战略执行力，即具有较强的战略领导力、共识力、协同力、控制力、适应力及变革力。高层领导者善于将战略转型理念在全体干部员工中进行宣贯，提高干部员工战略转型责任感；善于发挥领导作用；进行组织机构调整；保证关键价值链环节的资源投入，作出合理预算；制定战略转型的各项政策；及时获取战略转型的信息反馈；人力资源要进行合理配置；建立绩效管理与薪酬激励体系；创造与战略转型相匹配的企业文化等。总之，优秀企业高层领导人志存高远而又脚踏实地建立了与战略转型相匹配的管理模式。

5. 优秀企业高层领导者在战略转型方面创造了许多很好的经验

这些经验表现出我国优秀企业高层领导者具有高超的战略智慧、科学的形势判断、精妙的战略谋划，演出了许多威武雄壮、精彩绝伦的战略转型的活剧来。例如：对多元化战略与归核化战略的灵活运用；单一竞争战略向成本领先与差异化相结合的复合型竞争战略转型；制造型企业向生产服务型企业的战略转型；传统产业向高新技术产业的战略转型；传统商业模式向移动互联网的新商业模式的战略转型；资源采掘型企业向可持续发展的战略转型；科研设计型企业向科技与产业化相结合型企业战略转型；企业价值链解

构、再重构并培育企业集群的战略转型;向自主创新、培育新的核心竞争力的战略转型;向全产业链整合的战略转型;企业对外投资向全球公司的战略转型等。

6. 战略转型的优秀企业培育造就了一批成功企业家

这些企业家始终有一种立意高远的民族荣辱的历史使命感,这是他们追求企业战略转型管理创新取得成功的重要思想基础。这些企业家大多具有实用理性的价值观,即重视权变,讲究掌握战略转型的度,掌握分寸,恰到好处。体现在战略转型上是有理想而不理想化的战略思维,是激进、正确的战略转型目标与温和、妥协的手段相和谐统一。他们不仅适应环境的变化,准确地把握战略转型的时机,同时还要有科学的方法和技巧,讲究战略转型的艺术和规则,他们不仅有热情和信心,在企业中树立决策权威,强调统一思想,同时还要强调领导班子内的相互制约;提倡群策群力,形成科学的决策机制及民主决策的氛围,他们不仅重视战略转型的执行,同时更强调战略转型的及时调整,更强调战略转型的绩效,强调在现实体制条件下,企业战略转型的实际、实用、实行和实效。

## 四、我国企业战略转型管理存在的不足

1. 对外界不确定性环境变化尚缺乏深入地分析判断,缺乏战略预见性及洞察力。有的企业不重视竞争情报系统建设和情报人才培养,情报人员往往仅从信息搜集角度从事情报工作,缺乏从战略竞争、市场竞争、战略决策等角度对信息进行搜集、挖掘、整合、集成的能力。某些企业高层领导者仅靠听到少量部分信息,即作出战略转型决策,是十分危险的。

2. 对战略转型的产业选择与定位不合理。有的企业看到转型产业利润高,盲目进入该产业时,才发现产业发展机遇已过,招致战略转型失败。或由于向新产业转型成本过高,也会导致战略转型失败。

3. 企业资源整合能力差。有的企业往往资源配置永远落后于战略转型对资源的需求,而当资源配置达到要求时,战略转型时机已过。有的企业并没有使企业内外资源有效融合,起不到各种资源的协同效应,因而使转型成本过高而招致战略转型失败。

4. 企业持续创新能力差。在技术创新能力方面,在发明专利、实用新型、外观设计三种专利中,国外企业专利申请主体是发明专利,发明专利大约占三类专利申请总量的80%左右,而我国 2013 年发明专利受理量占三种专利总量的 1/3,[1]其余 2/3 都是实用新型和外观设计专列。

我国研发投入占 GDP 的比例,2012 年为 1.98%,2013 年为 2.08%。[2] 而 2008 年美国该比例为 2.79%,日本 3.45%,以色列 4.66%,韩国 3.36%。我国企业技术创新组织管理水平低,效率不高。许多企业战略转型大多采用并购或资产重组方式,很少用内部培育核心竞争力来实现,即内生性战略转型少,外延性战略转型较多,企业内部技术创新动力不足。

---

① 蒋建科.2013 发明专利申请受理量同比大增[N].人民日报,2014-04-23.
② 中国研发投入占 GCP 首破 2%北京全国最高[N].21 世纪经济导报,2014-10-24.

5. 我国企业体制创新、机制创新、组织创新、管理创新能力较弱。

我国国有企业在体制及机制等方面阻碍企业战略转型，国有企业最核心的问题是企业经营者由政府任命，企业所有者缺位，政府对企业进行行政化管理，经营机制僵化，不适应市场竞争环境，对外部经营环境变化反应迟钝，经营决策速度迟缓，国企缺乏长期发展的内在动力机制，又由于所有者不到位，缺乏完善的法人治理结构，缺乏相对应的激励和约束机制，因此国有企业战略转型大多属于危机型及激进型战略转型，往往以更换企业领导人作为战略转型契机，这种模式的好处是及时适应了环境的变化，但会给企业内部员工及企业管理带来较大不适应，给企业管理及员工心理带来伤害。

我国企业组织创新能力弱，一般都是组织机构落后于战略转型。当一个企业组织结构已经定型时，组织中的人们总希望组织保持稳定，因为稳定的组织给人以安全感，而组织变动则容易破坏心理上的平衡，因此原有组织结构总是对企业的新战略起到制约的作用，这种制约在战略转型中会有顽强的表现，一直会延续到战略转型的整个实施过程中。但当企业面临重大战略转折时，战略转型就对组织结构形成了严峻的挑战，如果企业不能对旧组织结构进行重大变革，则新战略将根本无法实施，这时只能采取两种办法：一是在战略转型实施上放慢速度及放低要求，让新战略与旧组织结构不匹配的矛盾充分暴露，使多数管理人员及员工认识到新战略与旧组织结构的矛盾已经发展到严重程度了，旧组织结构不改不行了，这时再对组织结构进行重大改革。这种方法要花费较多时间、精力和代价；二是当企业环境急剧变化已不允许企业有任何延迟，企业不在战略转型中崛起，就会在旧战略中灭亡，此时就要力排众议，坚决对组织结构进行变革，必要时要作出重大人事调整，使战略转型得以贯彻。这种方法抓住了战略转型时机，但也付出了代价，相当多的干部员工一时思想跟不上，也会使战略转型贯彻不彻底。

6. 企业协调管控能力差。

有的企业战略转型只有公司的目标及原则方案，没有具体的实施方案。战略转型越到基层，目标及方案越模糊，甚至有的子公司使原战略转型方案走样。有的企业集团是集而不团，管而不控，集团上下沟通不畅，信息交流、目标沟通、任务传递发生相互梗阻，致使战略转型不能贯彻到底。

有的企业高层领导企图开一两次全体干部员工大会，或发文件学习，让子公司及中下层干部自己去制定相应的战略转型的措施，其效果等于零。

有的企业战略转型与预算管理相脱节，与绩效管理相脱节，战略转型与企业文化不协调等都会导致战略转型的失败。

## 案例 14-2

### IBM 公司的战略转型（2014 年）

在 2014 年前三个季度财报中，IBM 引以为傲的四大业务板块中，服务收入同比下降 3%，软件收入下降 2%，金融业务收入下降 3%，硬件收入下降 15%。公司整体收入下滑 4%，净利润下降 17%。上述业务已连续 10 个季度业绩下滑，在过去的 6 年间，IBM 债务增长约两倍,而营业收入只基本持平。

IBM首席执行官罗睿兰(Ginni Rometty)说:"以前,我们从未遇到过如此众多在技术上非常重要的内容在同一时间发生改变,或者出局。这需要我们积蓄新的能力,进行一些重要的业务剥离,当然也需要下一些大赌注。"这说明蓝色巨人需要重新选择阵地和战略转型。

就在2014年前三季度财报公布前一天,IBM剥离了几十年来恋恋不舍的半导体制造业务,将其出售给Global Foundries公司。此前,IBM已将低端服务器业务以23亿美元出售给中国联想公司。IBM正在剥离一切与未来战略无关的能力。

首席执行官罗睿兰指出:"通往未来永远不是一条直线"(The path to the future is never straight line),目前IBM三大战略转型目标是:①通过数据推动行业和职业转型,打造新市场;②在云计算时代重塑企业IT系统;③成就企业客户同时通过榜样的力量成就IBM的领导地位。IBM重新定义了企业五大业务核心:云计算(Cloud)、大数据分析(Analytics)、移动(Mobile)、社交(Social)、安全(Security),合称CAMSS,取代之前的SMAC(社交、移动、大数据分析、云计算)。云和大数据分析被放到了前所未有的重要位置。

实际上2014年年初IBM已经按照CAMSS新战略进行了部署,"团结一切可以团结的力量",不仅与合作多年的SAP签署了云计算合同,成为SAP首选的云计算服务提供商,还与昔日竞争对手联手打造产品和服务,包括为苹果手机和平板电脑提供云服务(包括设备管理和安全),2013年8月IBM和谷歌、Mellanox(迈络思)、NXIDIA(英伟达)及TYAN(泰安电脑)建立研发联盟Open Power基金会,向成员开放其Power芯片技术,2014年10月IBM也将最前沿技术服务器芯片技术开放给了中国企业,建构了Open Power新型服务器生态系统。IBM期望今后在芯片、系统、软件和研发等诸多领域与中国各界进行合作。2014年10月29日IBM宣布与Twitter合作。

IBM将对Twitter平台上每天发送的5亿条推文进行数据分析,为企业提供顾问服务,协助其作出决策。2014年10月31日,IBM与中国腾讯签约,与腾讯的云软件业务方面进行合作。同年11月3日,IBM宣布与微软在云计算领域开展合作,双方将在IBM Cloud和Microsoft Azure上提供对方企业级软件,双方的客户、合作伙伴和开发者都可以互相利用对方的中间件、服务器和平台。

2014年10月2日,罗睿兰发表了有关"可知论"演说,"这个世界如此多的企业和社会问题归结为一个非常基本的问题:不知道。我们不知道下一季度的流行趋势,天气事件如何影响供应链,金融市场的风险……"但是,"如果一旦你知道了,你就不会再回到不知道的状态。一旦你知道了,你必然会知道怎么做而采取行动"。当认知计算正式走向大规模商用的时候,IBM再次证明自己战略转型的正确。"每一个IBM人都有机会,也有责任再造我们的公司,这是属于我们的时代。"①

注:

认知计算系统是指通过对大数据进行实时运算和分析,实现了自主学习并拥有了类似人脑的能力,但是我们最终目的并不是用电脑替代人脑,人脑与电脑各有所长,认知计算系统可以成为人类的一个很好的辅助性工具,可以解决人脑所不擅长解决的一些问题。认知计算系统可以提供百科全书式的信息辅助和支撑能力,让人类轻松地成为各个领域的资深专家。认知计算系统的真正价值在于,它可以从大量数据和信息中归纳出人们所需要的内容和知识,让计算系统具备类似人脑的认知能力,从而帮助人类更快地发现新问题、新机遇和新价值。[②]

资料来源:1. 沈建缘."治愈 IBM"[N].经济观察报,2014-11-10,第 26 版.本案例对原材料进行了摘编.

2. 2014 年 10 月 23 日 IBM 中国研究院院长沈晓卫在 2014 年中国计算机大会上作了题为《从大数据到认知计算》的报告,登在 2014 年 10 月 24 日河南日报上(记者李凤虎,实习生焦莫寒报道).

## 案例 14-3

## "三驾马车"拉动苏宁战略转型的成功(2014 年)

苏宁 2014 年报,全年业绩逐季向好,预测 2015 年一季销售规模同比增长达 30%。对于一个拥有 18 万员工的商业零售企业而言,苏宁转型难度可想而知。苏宁之所以战略转型成功,主要是靠战略、组织和人才"三驾马车"齐发力。

**一、转战略:坚持线上线下融合发展不动摇**

2009 年起,苏宁拉开战略转型发展大幕,当时以董事长张近东为代表的苏宁团队对未来转型之路并无清晰的模式,转型开始苏宁面临很大的业绩压力,张近东顶住了外界关于业绩的质疑,但当时对商业零售业转型心中无底,世界上也没有先例可鉴,当时也没有"O2O"这样的词汇,因此 2012 年张近东宣称苏宁要打造中国的"沃尔玛+亚马逊"之后,才归纳成 O2O 战略转型,2013 年苏宁从"苏宁电器"更名为"苏宁云商",直到 2014 年下半年,整个转型战略才清晰起来,将整体战略归纳为"一体两翼三云四端",线上线下融合发展。一体,就是坚持零售本质。两翼,就是打造线上线下两大开放平台。三云,就是把零售企业的商品、信息、资金这三大核心资源社会化、市场化,建立面向供应商和消费者以及社会合作伙伴开放的物流云、数据云和金融云。四端,就是围绕线上线下两翼平台,因时因地因人,融合布局 POS 端、PC 端、移动端、电视端。目前这 1234 战略框架已基本完成。2015 年在企业运营方面会实现三个突破:一是数据化驱动的采销模式的突破,苏宁会依托大数据,整合上游设计、生产、品牌资源,以单品营销为突破,主动发起订单,超前发起预售,实现自下而上的数据驱动、渠道引领;二是本地化联动的大区动作模式的突破,2015 年海内外 60 个大区在本地招商、云店落地、渠道下沉、会员扩展等方面体现出互联网转型特色,包括农村电商、自提柜、进驻校园等;三是社交化互动营销模式的突破,结合互联网把营销活动事件化、故事化。

**二、转组织:把一列火车变成联合舰队**

战略确定解决了苏宁未来发展方向问题,但要能确保战略贯彻下去,还需要强有力的组织建设。过去苏宁做连锁,就是标准化、制度化,可以将一个标准复制到全国,然后总部统一号令,统一运行。现在做互联网转型,集团面临的是多元化的全品类经营的格局,包括电器、超市、红孩子、百货、PPTV、物流、金融等各个行业的业务,各行业经营性质完全不同，现在要更强调专业化的组织进行专业化的经营，所谓专业化经营就是把商品经营与市场推广、经营组织、人力资源等全部整合到专业化组织内。过去苏宁是一列火车，总部是火车头，每个业务是一个车厢，每个车厢是不能独立行动的，都要跟着总部（火车头）走。现在不一样了，现在苏宁是联合舰队，总部是旗舰，每一个业务是一个军舰，是独立的单元，都能独立作战。在组织方面要强化三项变革，即部门专业化、层级扁平化、组织柔性化。

### 三、转人才：寻找"主人翁"而不是"打工仔"

有了战略和组织架构，战略转型能否成功则系于战略转型之中的"人"。要面对现有18万人的思想转换、能力转换、知识结构的转型升级问题，对老员工，一方面要调整绩效考核标准，另一方面则是要调整思想。总部对融合转型发展的态度十分明确，不换思想就换人。

同时，苏宁从总部到各大区对新的人才需求量很大，苏宁还要坚定不移地大规模引进人才。对新人苏宁更关注"企业认同感""协同度"和"团队磨合"这三方面。员工今后是以主人翁的心态工作，而不是打工仔的心态上班。

2009年到2014年这五年里，张近东和他的苏宁所经历的非议比比皆是，2011年苏宁易购上线，宣告苏宁向互联网转型，但2012年业绩便陷入徘徊期，2013年苏宁净利润同比下降85%，最恶劣的是2014年上半年竟出现了10年来首亏，额度高达7.55亿元。张近东说："我们当时清醒地看到互联网的趋势不可阻挡，于是我们决心突破自我，甚至不惜艰辛地蹒跚学步，学习互联网零售。虽然在道路上荆棘遍地，困难重重，但正因为那时的坚定，为我们赢得了转型的时间，赢得了战略回旋的空间。"2014年财报显示，苏宁实现盈利9.46亿元人民币，同比大涨555.28%。五年时间，张近东一边默默耕耘，苦练内功，一边还承受着销售徘徊，利润下降，用户吐槽，舆论诟病，投资者疑惑等外部诸多压力。如今，张近东们终于度过这一艰难历程。张近东说："我想对所有创新转型中的企业讲，过程中的失败不可怕，真正可怕的是失败后的放弃。"

资料来源：1. 五年坚持，张近东的苦与得. chenqingchun. baijia. baidm. com.

2. "三驾马车"拉动苏宁奔向转型成功. finance. ce. cn 中国经济网.2015年4月8日扬子晚报.

# 第十五章

# 企业战略选择

## 第一节  企业战略选择的概念和特征

### 一、企业战略选择的概念

战略的本质是选择,企业之所以要做战略,就是因为企业的资源和能力有限,不能所有的机会都选择。企业战略选择,就是战略决策者通过比较和优选,从可能的两种或两种以上的备选方案中选定一种合理的战略方案的决策过程。战略方案选择是确定企业未来战略的决策,而且是非程序化决策,因此在进行战略选择时除了要求对企业外部环境、市场增长率、企业竞争地位、企业优劣势、企业资源和能力等因素进行分析外,还往往取决于许多非理性的、非计量因素(例如,战略选择受领导人价值观影响很大),这些非理性的、非计量因素是模型分析所解决不了的,决策是科学,同时也是艺术,它是战略决策者的专业知识、工作能力、业务水平、实际经验、领导作风、价值观念、领导艺术的集中体现。

### 二、企业战略选择的特征

企业战略选择具有以下六个特征:

#### (一)战略选择是一个相当复杂的决策过程

战略选择过程是基于已经拟定出各种可行性方案以供战略决策者选择,备选方案的数量和质量往往决定了最终决策方案的优劣。此时,决策者需要考虑多种因素,多方面权衡,是相当复杂的决策过程。

面对经济全球化,全球信息化,科技高速发展,企业所处的宏观、产业、微观环境呈现不确定性特点,即环境的动态性、混沌性、模糊性、复杂性及不可预测性的特点,因而使战略选择过程会变得更为复杂,需要对企业面对的形势、趋势、时机、资源方案及其后果、需要舍弃什么、可能得到什么进行深入评判,这是一个极为复杂的决策过程。

### （二）对战略决策者综合判断能力有极高要求

战略选择要求战略决策者有敏锐的洞察力、有战略家的眼光、哲学家的思考、军事家的气魄、外交家的灵活、柔道高手的虚实腾挪的身段等，考虑到战略的各种因素后做出一个合理的综合性判断。

### （三）好的战略决策需要多方参与

企业的高层领导、中下层技术及管理干部、员工、外脑、用户，甚至利益相关者都应当在决策的一定阶段参与到决策中来，许多好的建议是用户和外脑提出来的。

### （四）战略选择是一个动态循环过程

由于环境的不确性，因此企业战略具有动态性，要根据不断变化的环境对企业战略及时进行修改和调整，甚至根据环境发生重大变化时需要重新对战略进行选择，即战略转型。应当说，这是一个动态循环的过程。

### （五）战略决策中感性思维的重要性

战略决策中理性思维和感性思维的比例，有人认为是 2∶8，有人认为是 3∶7，有人认为是 4∶6，总之，感性思维在战略决策中占据了大部分比例。什么是感性思维？是直觉，这说明战略决策中商业直觉十分重要。当外部环境提供的机会足够多，成长的空间足够大，凭直觉决策的成功率较高。真正促使你下决心的是直觉、预感的内心的声音。

什么是直觉？是突然闪过的洞察力，在英语中，intuition 是指问题突然得到了解决，用老百姓的话说，"眉头一皱，计上心来"就是直觉。直觉作用过程有 4 个阶段：①长期在大脑内存储的信息；②放松或清理你的大脑，进行思维沉淀；③经过头脑风暴，不同的信息在大脑中有选择地汇聚集成，形成突然闪过的洞察力；④坚定的决心使你立即付诸行动。

直觉不是对事物表面的直观感受，而是对事物全部内容的深刻理解，是对事物客观规律性的一种把握，直觉具有非逻辑性、直接性、突发性、创造性、整体性、随机性、跳跃性等特征，它表现为对客观事物的本质及其规律性可以作出迅速的识别、敏锐的洞察、直接地理解和整体判断的思维过程。[①]。直觉只产生于人们所熟悉的领域中，直觉是对熟悉事物的再认识，在认识达到一定深刻程度就可能产生直觉，实际上直觉是理性思维过程的升华、顿悟及思想的飞跃。

发明家爱迪生说过："天才就是 1％的灵感加上 99％的汗水，但那 1％的灵感是最重要的，甚至比那 99％的汗水都要重要。"这种灵感是长期在潜意识中孕育着积累到一定量就要爆发，并激活整个大脑，使神经元充满生物电，高度兴奋，于是产生灵感。

### （六）战略决策中理性思维和感性思维相结合

在市场竞争非常激烈的今天，仅靠直觉做出重大战略决策风险非常大，尤其在今天移

---

① 王家忠.灵性、潜能、创造：个人潜意识研究[M].北京：中国社会科学出版社，2010.

动互联网、大数据、云计算及数字化发展迅速，为理性分析提供了坚实的技术基础。当前，大数据已成为企业经营战略决策的依据。企业要学会大数据思维，利用大数据驱动企业发展，利用大数据作决策。因此战略决策中理性分析十分重要。一般来讲，商业机会的感知靠直觉，商业机会的评价和选择靠理性分析。"只有受纪律约束的直觉才是可信的"（德鲁克）。在战略决策过程中仍然要重视大数据分析、逻辑推理、分析工具的运用，以理性分析作为战略决策的依据和支持。全面的理性思维和感性思维相结合，才会产生一种全新的、与众不同的感觉，这是一个企业家与一般经营管理者最根本的区别之一。

# 第二节　企业战略选择的标准

## 一、企业战略选择标准的内涵

战略选择过程是根据战略目标，遵循战略选择标准，考虑到影响战略选择的各种因素，充分利用战略选择工具，确定最终战略方案并监控战略方案实施的过程。

在战略选择过程中，为确保所选战略方案的成功，必须使所选定的战略方案满足一定的标准，以增强所选方案成功的概率。一般来讲，战略选择方案应满足三方面标准，即战略方案的适宜性、可接受性和可行性，见图 15-1。

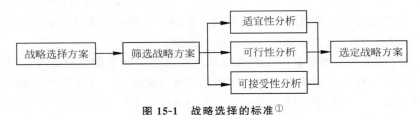

**图 15-1　战略选择的标准**[1]

## 二、适宜性分析

适宜性（suitability）是指战略与企业的愿景及组织目标的一致性、企业外部环境、企业内部条件以及利益相关方的期望四个方面的匹配程度。因此，在确定战略方案时要从企业的愿景目标、企业外部环境、企业内部条件及利益相关方四方面因素来评价战略选择方案和适宜程度。如果四方面因素中忽视了某一方面因素的考虑都将是不适宜的，在实施过程中都会遇到极大阻力，也很难保障战略目标的实现。

因此在评估企业战略适宜性时应主要考虑以下四个问题：

1. 该战略是否与企业的愿景及战略目标相一致？

2. 该战略是否充分利用了外部环境当前及未来所提供的机会？是否充分发挥了企业现有的及未来所具有的优势？

3. 该战略是否尽可能避开了外部环境当前及未来所造成的威胁？是否尽可能避开了企业当前及未来所具有的劣势？

① 任浩.战略管理——现代的观点[M].北京：清华大学出版社，2008.

4. 该战略是否尽可能利用了利益相关者所提供的机遇？尽可能避免了利益相关者所带来的挑战？

### 三、可接受性分析

可接受性(acceptability)是指战略满足企业经营者及其他利益相关者期望的程度。由于可接受性关注的是战略预期的业绩结果，所以在评估企业战略可接受性时应主要考虑以下三个问题：

1. 企业战略选择方案可能产生的回报是否可接受。这是衡量战略方案可接受性的一个重要因素。一般衡量战略方案产生回报的标准有五个方面：

(1) 资本回报率。即显示企业资本投资效益及盈利能力的比率。

(2) 投资回收期。即显示累积的经济效益等于最初的投资费用所需用的时间。

(3) 贴现现金流量分析。如果某项资产贴现后的价值高于该项资产当前的价格，则是有利可图的；反之，如果低于该项资产当前的价格，则说明当前的投资价格被高估。这是一种重要的评估投资计划的方法，在战略选择中得到了广泛应用。

(4) 成本收益分析。即战略方案的所有成本和收益都被赋予一定的货币价值，成本收益分析能使人们对影响战略选择的各项因素有更清楚的了解，从而避免仅用利润来计算回报的狭隘眼光。

(5) 股东价值分析。是指预测战略选择方案如何影响企业未来现金流量，从而影响企业股东价值的过程。它主要服务于企业战略选择。

2. 企业战略选择方案可能产生的风险是否可接受。这是衡量战略方案可接受性的又一个重要因素。这里的风险主要表现在战略选择方案将会如何改变公司的资本结构和偿债能力等方面。一般衡量战略方案可能产生的风险有两个方面：

(1) 财务比率分析。财务比率可以评价企业的财务状况、经营成果和现金流量。即包括企业偿债能力分析、运营能力分析、盈利能力分析三方面。

(2) 敏感性分析。敏感性分析是用来分析将来的实际值对估计值的偏离会对战略决策产生何种影响的方法，能够预测当支持某个战略方案的假设发生变化时，该战略方案仍能被接受的风险程度。通过敏感性分析，使决策者知道战略选择方案对哪些因素非常敏感，对哪些因素不太敏感。敏感性大的因素，即使发生了较小的偏离，也会导致战略选择的错误，所以，决策者在估计其数值时应特别谨慎小心，使数值尽可能精确。

3. 利益相关者对企业战略选择方案的反应是否可接受。由于利益相关方拥有权力，各利益相关者对企业战略的选择会有不同的反应，这些反应将直接影响企业战略方案的选择。若某一战略方案使利益相关者产生对抗性反应，这将直接损害战略取得成功。

在分析利益相关者反应时，博弈论分析方法将有助于理解企业存在的风险。通过博弈论分析，使战略选择方案的可接受性得到提高。[①]

---

① 任浩.战略管理——现代的观点[M].北京：清华大学出版社，2008.

### 四、可行性分析

可行性（feasibility）是指企业是否具备实施战略所需要的资源和能力。具体来讲，可行性分析主要看企业是否有足够的人力、财力、物力等资源，如企业内外资源配置能力、技术和研发能力、管理能力、竞争能力、经营能力、处理危机能力等。

战略方案的可行性分析，要求以全面、系统的分析为主要方法，经济效益为核心，围绕该战略方案的各种因素运用大量数据资料论证该战略方案是否可行。一般应包括以下五方面内容：

#### （一）战略投资必要性

在投资必要性分析中一要做好投资环境分析，二要做好市场研究，包括市场预测、竞争力分析、价格分析、市场细分、定位及营销策略等方面的论证。

#### （二）技术可行性分析

从战略实施的技术角度合理设计技术方案并进行比选和评价。对工业项目，可行性研究的技术论证应达到能够比较明确地提出设备清单的深度。对非工业项目，技术方案论证也应达到工程方案初步设计的深度，以便与国际惯例接轨。

#### （三）财务可行性分析

应从投资者的角度，设计合理财务方案；从企业理财的角度进行资本预算，评价战略方案的财务盈利能力；从融资主体的角度评价股东投资收益、现金流量计划及债务偿还能力。

#### （四）组织可行性分析

要设计合理的组织机构，选择经验丰富的管理人员，建立良好协作关系，保证战略方案顺利实施。

#### （五）风险因素及对策分析

对战略方案的市场风险、技术风险、财务风险、组织风险、法律风险、经济及社会风险等风险因素进行评价，制定规避风险的对策等。

# 第三节　企业战略选择的影响因素

一般来讲，企业战略选择的影响因素有行为因素、制度因素、文化因素等，本节重点介绍行为因素及制度因素。

## 一、企业战略选择的行为因素

在很多情况下，战略选择过程并不带有客观性和必然性，而是具有较多的主观性与偶然性。

### （一）过去战略的继承性

企业战略的选择往往是从对过去战略的回顾、审查过去战略的有效性开始的,它对最后做出战略选择往往有相当大的影响。由于在实施过去战略中已投入了相当可观的时间、精力和资源,人们对之都承担了相应的责任,而制定战略的决策者又多半是过去战略的缔造者,因而企业做出的战略选择接近于过去战略或只是对过去战略做局部改变是不足为奇的,因为这种沿袭过去战略的倾向已渗透到企业组织之中。这种对过去战略的继承性或惯性作用有其优点,即便于战略的实施,但如果在过去战略有重大缺陷濒于失败时仍延续不改,则将是一种危险,应当对此倾向有所警惕,必要时应做出相应的人事调整以克服这种惯性。

### （二）企业对外部环境的态度

全局性战略意味着企业在更大的外部环境中所采取的决策行为,公司必然要面对股东、供应商、顾客、政府及其他利益相关者等外部因素,这些环境因素从外部制约着企业的战略选择。如果企业高度依赖于其中一个或多个因素,其战略方案的选择就不能不迁就这些因素。企业对外部环境的依赖性越大,其战略选择余地及灵活性就越小,例如一个企业主要生产为另一个企业配套的协作件,则其经营战略就不得不适应该协作单位的要求。

决策者对外部环境的态度影响着战略选择,即使都处于同一环境中,不同的决策者对待外部环境的态度是不同的,因而战略选择的结果也会截然不同。

### （三）企业领导人的价值观及对待风险的态度

企业领导人的价值观及对待风险的态度对战略选择影响极大。甘冒风险、对风险持乐观态度的决策者有较大的战略选择余地,最后会选择风险较大、收益也较大的战略方案;相反,不愿冒风险,对风险持畏惧、逃避态度的决策者,其战略选择余地较小,风险型方案就会受到排斥,最后会选择较为稳妥的收益适中或较小的战略方案。过去的战略对保守型管理者的影响比对冒险型管理者的影响要大得多,因此,企业领导人的价值观不同,对风险的态度不同,最后选定的战略是很不相同的。

### （四）企业内部的人事和权力因素

许多事例说明,企业的战略选择更多的是由权力来决定,并不是由理性分析决定的。在大多数组织中,权力主要掌握在最高领导人手里,在战略选择中常常是他们说了算,在他们权欲很大时尤其如此。在许多企业中,当企业主要领导人倾向选择某种战略时,其他决策者就会同意这种选择。还有另一种权力来源,人们称为"联盟",在大型组织中,下属单位和个人(特别是主要管理人员)往往因利益关系而结成联盟,以加强他们在主要战略问题上的决策地位,往往是企业中最有力的联盟对战略选择起决定的作用。在决策的各个阶段都有相应的政治行为在施加影响,不同的联盟有其不同的利益和目标,不应简单地把它看成坏事。政治行为在组织决策中是不可避免的,应将其纳入战略管理之中,个人、下属和联盟之间的正式和非正式谈判和讨价还价,是组织协调的必要机制,确认和接受这一点,在未来战略的选择过程中就能强化向心力,选择出更切合实际的战略,因此,战略的选择往往是一个协商的过程,是企业内部各方面人事关系及权力平衡的结果,而并不完全是一个系统分析的过程。

### (五)吸纳中层管理人员参与战略选择的程度

在战略选择中全员参与性与民主性的要求越来越高,因此在战略选择过程中要充分利用中层管理人员熟悉本部门情况,掌握企业一线信息的优势,应注意把中层管理人员吸纳入战略决策层,赋予其一定的战略建议、评价和决策权,至于是吸纳部分关键性中层管理人员还是全部中层管理人员则应视企业具体情况而定。当然,由于中层管理人员受其职位及工作范围的限制,也要注意避免中层管理人员参与战略选择所带来的某些局限性。

### (六)时间因素

时间因素主要从几个方面影响战略的选择:第一,有些战略决策必须要在某个时限前做出,在时间紧迫、来不及作全面仔细的评价分析的情况下,决策者往往着重考虑采用某种战略方案所产生的后果,而较少考虑接受这种战略方案的效益,这时不得已而往往选择低风险、偏保守型的战略;第二,战略选择也有一个时机问题,一个很好的战略如果出台时机不当也会给企业带来麻烦,甚至是灾难性的后果;第三,不同的战略产生的效果所需时间是不同的,如果战略决策者关心的是最近二三年内的企业经营问题时,他们大概不会选择五年以后才会产生效果的战略,即战略所需的时间长度有时同战略决策者在任的时间长度是关联的,企业战略决策者着眼于企业长远发展,则他们就会选择较长时间跨度的战略。

### (七)竞争对手的反应

企业高层领导在做出战略选择时要全面考虑竞争对手将会对不同的战略做出哪些不同的反应,如果选择的是一种进攻型战略,对竞争对手形成挑战的态度,则很可能会引起竞争对手的强烈反击,企业领导必须考虑这种反应,估计竞争对手的反击能量,以及对战略能否取得成功的可能影响。

应区别不同的竞争对手的反应,分别采用不同的竞争策略,如应在哪些领域采用进攻策略,在哪些领域采用防守或退却策略等,从而进行正确的战略选择,争取使企业处于较为有利的竞争地位。

## 二、企业战略选择的制度因素

### (一)产权制度对战略选择的影响

1. 个人独资企业对战略选择的影响

个人独资企业又称私人业主制企业。企业归业主所有,企业剩余归业主所有,业主对企业负债承担无限责任,企业存续受制于业主的生命期,在法律上是自然人企业。由于投资者单一,财力有限,企业规模小,并且很难从银行取得贷款,所以个人独资企业一般不会选择迅速扩张型战略。只有在企业经营状况良好、个人信誉非常好、可以通过银行或其他途径取得贷款的情况下，个人独资企业才会考虑扩张型战略，其战略选择往往是一个人说了算，业主个人决策。

2. 合伙制企业对战略选择的影响

合伙制企业是由两个或多个出资人联合组成企业，企业归出资人共同所有，共同管理，并分享企业剩余或亏损，对企业债务承担完全责任。由于克服了个人独资企业的资本限制，比较容易解决资金问题，在战略选择时可以更多地考虑扩大企业规模，但合伙制企业由于合伙人之间的契约关系是建立在个人人际关系基础上的，其稳定性和延续性较差，这些局限性在很大程度上会影响企业战略的选择，降低战略选择的质量和时效性。

3. 公司制企业对战略选择的影响

公司制企业就是通常人们所说的现代企业制度，它是一个独立于出资者的自然人形式的经济、法律实体。从理论上讲，它有永续的生命；股份可以自由转让；出资人承担有限责任。公司制企业主要特征是：股权结构的分散化和多元化；融资方式的多样化；所有权与经营权的分离。

公司制企业的战略选择最初是出于追求股东价值最大化，但随着企业股东数量的不断增加，股权日益分散，同时由于企业规模扩大企业逐渐为内部人所控制。所谓内部人是指有能力直接影响企业决策的那些人，通常包括企业的经营者、管理人员和企业员工。而企业社会股东则被称为外部人，他们对企业运行影响力较弱。在转轨经济国家公司制企业中，企业战略选择重大决策中内部人的利益会得到有力的强调。

### （二）公司治理结构对战略选择的影响

狭义的公司治理是指企业所有权和经营权分离的情况下，公司董事会的结构与功能、董事和经理的权利和义务以及相应的聘选、激励与监督方面的制度安排等内容。广义的公司治理则不仅包括狭义的公司治理的各方面，还包括公司的人力资源管理、收益分配激励制度、财务制度、企业战略决策管理系统、企业文化和一切与企业高层管理控制有关的其他制度安排内容。

按公司治理结构模式划分，把各国公司治理结构分为以下四类：

1. 英美市场导向模式。这种模式最大特点是所有权较为分散，分散的股东不能有效地监控管理层的行为，即所谓"弱所有者（股东）、强管理者（内部人）"，由此产生董事会对战略参与的权力较弱，而高层管理人员出于对公司在资本市场上的表现和自身利益考虑，对战略选择的控制力较强。其高层管理者更注重公司短期财务指标和股价表现，以使自己在任职期间不会受到市场"弹劾"，因此英美型公司则倾向于选择风险较小、投资见效快的战略。同时英美型企业由于有完善的市场机制和法律环境，经理人市场发育也比较充分，高层管理者对战略选择负完全责任，经营不善的管理者将在经理人市场中被淘汰，从而使内部人控制概率较小。

2. 日德银行导向模式。这种模式最大特点是公司股权较为集中，银行在融资和公司治理方面发挥着巨大作用，企业还需要协调好员工、银行、供应商、关联企业等诸多利益相关者的关系。因此日德模式中董事会对公司战略决策的参与意愿和能力都比较强，在公司战略制定和实施过程中表现积极,控制力较强。在战略选择中,将大股东利益要求放在首位,体现在战略选择上大股东也更看重公司长远发展,以保证自己的投资安全和增值。日德模式中董事会对经理人员的监督和约束较为有效,但对董事会本身却缺少外部制衡,因此难以避免按照董事意愿选择战略的利己行为,难以避免战略选择的主观性和片面性,这使得公司战略选择失误的可能性大大增加。

3. 东亚家族控制的治理模式。这种模式的最大特点是公司股东集中在家族手中,控制性家族参与公司经营管理和投资决策,这种企业中儒家文化影响很深,在用人制度上强调家族观念,重视血缘关系。企业所有权和控制权大多采取继承制,这种企业有较强的凝聚力和向心力,在重大战略选择上容易取得一致。但家族控制模式具有封闭性、排他性,过于重视人际关系,不利于吸引人才,在战略选择上容易独断专行,在战略实施上不存在监督和制约。随着近年来东西方文化交流的增加,传统文化中的优势成分正在渐变成阻碍因素。家族色彩正逐步退化。

4. 转轨经济国家的公司治理模式。这种模式存在于俄罗斯、中东欧各国和中国等国家。这些国家都存在数量众多、规模庞大的国有或国有控股企业,这些企业董事会功能弱化,监事会监督功能不足,企业董事长和总经理仍由行政任命,企业所有者缺位,企业缺乏完善的治理结构,缺乏相对应的激励机制和约束机制。这种治理模式对外部经营环境变化反应不灵敏,战略选择速度迟缓。其公司的最大问题是内部人控制,即企业战略选择几乎完全由高层经理人员来决定,内部人对企业实行了强有力的控制。表现在战略选择中缺乏长远发展观念,希望企业在短期内,即在任职期间作出企业业绩,以使自己职业道路上升更快、更通畅。同时高层经理人员战略选择时眼睛向上,企业是向上级负责。

## 案例 15-1

### 当当网的战略选择(2014 年)

当当网成立于 1999 年 11 月,以图书零售起家,CEO 李国庆曾一度是国内 B2C 的领军人物。

2004 年拒绝亚马逊收购并开拓百货业务。

2006 年国内首推货到付款。

2007 年大力进行仓储建设。

2008 年扩大招商扩充品类。

2009 年开拓第三方平台。企业自成立以来三轮累计融资 4 000 万美元,成就其快速发展,一度被人们誉为"中国的亚马逊"。

2010 年 12 月 8 日在纽交所成功上市,但当当网没有充分利用上市的优势,在之后的发展中出现了战略失误,市场份额开始萎缩,企业开始亏损。这时天猫、京东、卓越亚马逊、苏宁易购等 B2C 强势崛起,给当当网的发展带来巨大压力,在一轮又一轮的价格战后,"每战必参与"的当当渐渐势微,无论在规模上还是市场地位上当当都被后起之秀赶超,失去了"中国亚马逊"的称号。多数人对电商大战理解更多的是价格战,而忽略了价格战背后的电商产业链建设。

为解决竞争及财务困境,当当采用过以下战略选择:

## 1. 开拓百货商场业务

早在 2004 年当当网就开始试水百货品类,一年后又进一步扩张到消费电子类和化妆品类,但因为当当网很难适应百货类商品相较于图书类商品更快的存货周转速度,这次扩张的尝试最终停止。到了 2009 年,当当网又一次启动百货品类扩张战略,并从物美、华润、沃尔玛等传统零售企业挖人。但从其收入结构来看,其百货品类扩张速度迟缓,2007—2010 年百货收入依次为 0.37 亿元、0.67 亿元、1.53 亿元、3.92 亿元人民币,分别占总收入的 8.26%、8.72%、10.49%、17.18%。

## 2. 收缩战略

2010 年 12 月当当网在纽交所上市,但 2011 年企业出现亏损并持续扩大,到 2012 年第四季度亏损率达 7.6%。对于这种业绩下滑趋势当当网高层进行了深刻反思,分析结论是企业盲目进行品类扩张,但商品渠道不成熟,对供应商没有强大的议价能力,导致毛利率降低。同期,与竞争对手京东、阿里巴巴竞争不力。2012 年年初,李国庆决定采用收缩战略,"由争地盘转为巩固优势区域,丰富品类,提高服务,聚集中心区域和老顾客",即当当网将专注于图书、母婴、化妆品、服装四个品类,并拓展第三方平台业务,希望通过这一战略控制公司成本,使企业扭亏为盈。但也正是这一战略,使得当当网错过了重要的电商发展时期,使其市场占有率降低,用户流失严重。

## 3. "引进来,走出去"战略

2012 年下半年,当京东商城、苏宁易购、天猫等电子商务纷纷加入价格战时,当当网则开启了"引进来,走出去"的战略,即一方面当当网在天猫、QQ 网购等平台开店,希望通过入驻天猫、腾讯能增加当当网自身的用户群,降低获得新用户的成本,另一方面也吸引国美、酒仙网、淘鞋网、乐淘、乐峰等电子商务入驻当当网,希望借助外来企业的供应链优势,激活平台用户的购买力,提高平台交易额,提高本企业的利润。但这一战略缺点是依赖天猫和 QQ 网购会导致当当网在消费者心中形象的弱化,并且需要向天猫和腾讯平台支付交易费,营销成本不低;另外,向弱势品类开发平台机会已经不多,该平台已是各方竞争的红海,当当网要想取得战略绩效难度很大。

## 4. 垂直电商战略

2013 年年初,当当网 CEO 李国庆在内部会议上宣布未来战略部署:未来 3 年内,将定位于中高端用户,品类将聚焦在图书、婴童、服装、日用百货四大品类上,这一战略直接否定了 2009 年以来当当网综合类电商的定位,走向另一个极端——垂直型电商。所谓垂直型电商是指在某一行业或某一细分市场深化运营的电子商务模式。这类电子商务模式的优势在于专注和专业,能够提供特定人群的消费产品,需要有精准的差异化定位和独特的品牌附加值,因而要求放弃对规模的一味追求,深耕供应链,精细化运营。但国内垂直类电商网站犹如雨后春笋,竞争已很激烈,发展机会也不多。

## 5. 进攻战略

2014 年 3 月,当当网宣布与 1 号店达成战略合作,双方互相入驻,互相帮助。当当网帮助 1 号店卖食品饮料,1 号店帮当当网卖图书。这一战略合作意味着当当网欲联合其他二线电商,与一线电商开展竞争。当当网 CEO 李国庆将 2014 年战略概括为"进攻"战略,核心是低价,2014 年 5 月 7 日当当"尾品汇"上线,主打品牌尾货促销,希望用低价策略获得市场份额。

当年当当网毛利率高达 23%,是国内平台电商先驱,上市时股价 35 美元,被誉为"中国亚马逊"这是曾经的当当网。

现在毛利率下滑到 13.4%,营收落后于中国网购整体 66% 的增速,股价不足 5 美元,这是现在的当当网。

10 年间,当当已从先驱者沦为了跟随者,被阿里系、京东系、苏宁系挤出了第一梯队。业界认为,战略选择的失误造成了当当的被动,错失了电商最佳扩张期,在国内电商融资烧钱、不计成本攻城略地的时候,当当走了较稳定的路线,选择了精打细算的保守战略,但是天猫、京东、苏宁易购却没有停下来。有分析师认为,当当最大的问题是反应太慢,从品类的丰富以及平台的扩展,都比别人慢了一拍。

资料来源:笔者根据三方面资料重新编写:① 陈明,孟鹰,余来文.战略管理理论、应用和中国案例[M].北京:经济管理出版社,2014.

② 张泉薇,李娜娜.当当网边缘化之困:稳健策略被指丧失先行优势.新京报.

③ 胡晨川.浅析当当过冬的战略转型.bbs.pinggu.org.

# 第十六章

## 企业战略的实施

## 第一节  企业战略实施的概念和基本原则

### 一、企业战略实施的概念

关于企业战略实施目前还没有一个统一的规范化定义,总结笔者多年企业战略管理咨询的实践经验,笔者认为:企业战略实施是企业战略管理的关键环节,是动员企业全体员工充分利用并协调企业内外一切可利用的资源,沿着企业战略的方向和途径,自觉而努力地贯彻战略,以期待更好地达成企业战略目标的过程。

企业战略制定与企业战略实施有着根本区别:战略制定是在行动之前的一种谋划,而战略实施是将战略谋划变为战略行为,是运用各种资源将战略变为现实并最终达到战略目标的过程;战略制定是一种分析思维的过程,而战略实施是一个实际行动的过程;战略制定需要有好的直觉与分析技能,而战略实施需要有特殊的激励和领导技能;战略制定只需要对几个人进行协调,而战略实施却需要对全体干部、员工进行协调。

成功的战略制定并不能保证成功的战略实施,实施战略要比制定战略重要得多,而且也困难得多、复杂得多。图 16-1 说明了战略制定与战略实施不同配合的结果。

|  | 战略制定 | |
| --- | --- | --- |
|  | 坏 | 好 |
| 战略实施 好 | 挽救或遭受失败 | 成功 |
| 战略实施 坏 | 失败 | 收效甚微 |

图 16-1  战略制定与战略实施的关系

当企业制定了良好的战略而且又能有效地实施这一战略时,则企业有可能比较顺利地实现战略目标,取得战略的成功。

企业没有能完善地制定出良好的战略,但企业执行这种战略时却一丝不苟,非常有效地实施这一战略,这时企业会遇到两种不同的情况:一种情况是企业能很好地执行这一战略,在战略执行过程中发现了原有战略的不足之处,并在执行过程中采取各种措施弥补了或者克服了原有战略的某些缺陷,在一定程度上避免了战略的某些失误,挽回了一部分损失,因此,企业也取得了一定的业绩;另一情况是企业认真地执行了这个不良战略,结果加速了企业的失败。

企业制定了很好的战略但贯彻实施很差,使企业处于艰难境地,一旦出现这种情况,管理人员的第一个反应常常是从战略本身找问题,而并不是从战略实施中找问题,结果是重新修订出来的战略仍按照老办法去实施,最终使企业战略收效甚微,甚至以失败而告终。

企业面临很不完善的战略又没有很好地执行,在这种情况下,企业管理人员很难把战略扭转到正确的轨道上来,最后使企业遭到重大损失而失败。

由上述四种情况看,只有既制定了良好的战略又能有效地实施这一战略,才能使企业取得成功。而战略实施却是一个复杂的系统工程,在实施的过程中企业阻力会相当大,如果企业高层领导没有坚定的决心和信心,战略是很难贯彻到底的。

这里要说明,目前有的教科书称为"企业战略的实施"有的教科书称为"企业战略的执行"。"实施"与"执行"在大意上有相同之处,即都是要将战略付诸行动,以求达成战略目标,但两者在含义中仍有细微差别。"实施"包含有在较大范围内主动开展工作的行为,而"执行"是在相对较小范围内,被动开展工作的行为;"实施"包含有根据企业内外环境要主动去调整战略,以达成战略目标的行为,而"执行"却包含有按标准、按上级指示完成各项任务,以达成战略目标的行为。本书对高层管理者采用"企业战略实施"的称谓,以强调在战略付诸行动中高层管理者要充分发挥战略实施的主动性、积极性、创造性及应变性。对中层管理者采用"企业战略执行"的称谓,强调中层管理者要坚决按高层管理者的战略意图,将其分解为各部门的工作目标和工作计划,并将工作目标及计划下达给基层管理者,督促其执行,以确保战略目标的达成,强调中层管理者执行战略的自觉性、规制性、执行力和影响力。

## 二、企业战略实施的重要性

企业战略实施是一门学问,它是战略的内在组成部分,如果在战略制定时不考虑企业战略的实施能力,任何领导都不可能制定出真正意义的战略。

企业战略实施是一个行动过程。战略实施是要把战略理念转变为整个组织的实际行动,你必须考虑各种因素,承担风险,预期回报,人员配置,这是为达到战略目标而采取的一系列行动的过程。

企业战略实施是一个系统工程。战略实施是利用企业的人力、物力、财力、知识等企业内外资源建立起一套战略的系统、体系、结构和制度,是进行控制、调节、反馈的过程。

企业战略实施是一个管理过程。它要经过企业的计划、组织、领导、协调、控制、激励等管理手段,促使战略变成各项具体任务,使企业运营始终朝着战略目标的方向前进,把握战略实施的全局,不断地对既定战略作出微调,甚至作出重大战略转型,以保证战略目标的实现。

企业战略实施是一种企业文化。要求企业全体员工都关注企业战略实施的质量、关注执行的细节、克服一切艰难险阻、持之以恒地坚决贯彻战略,没有优良的执行文化是很难做到的。如美国戴尔计算机公司战略的成功,在于它的优秀的战略执行文化,能够将每一个环节的工作落到实处。

总之,企业战略领导者不要认为自己只负责战略的制定,而战略的执行是中下层管理人员的事情,这种认识是片面的、错误的。

2000 年世界企业 500 强排行榜前 200 家公司中有 40 家公司的 CEO 被解雇或被迫辞职。当公司没有兑现战略承诺时,人们往往把责任归咎于 CEO 的战略错误,但在大多数情况下,战略本身并没有错,战略失败的原因是没有很好地实施战略。[①] 据美国《财富》杂志一篇文章分析,好的企业战略有 70% 没有获得成功,失败的主要原因是"公司战略实施不到位"。

### 三、企业战略实施的陷阱

1. 企业战略的领导者注重战略实施的短期回报,希望立即看到新战略实施的效果,企业的薪酬制度也是按年度业绩指标来考核的,而战略实施成功与否是要多年以后才能衡量出来的,需要时间。

2. 回到老路上去。企业高层管理人员在战略实施的初期要进行管理的变革,这会遇到企业内外相当大的阻力,而此时企业的业绩还不错,企业大多数管理人员和员工仍希望企业按老路走下去,企业战略领导者此时对新战略逐渐失去了兴趣,随之新战略被束之高阁。

3. 公司内外所有利益相关者对新战略目标并未达成共识,并未使企业朝着统一的战略目标前进,使战略实施十分困难。

4. 有时战略实施的最大阻力来自企业中层管理干部,每一位经理都有自己的利益所在,每个部门都在为争夺企业有限资源而斗争,即"会哭的孩子有奶吃",反而使企业战略重点得不到必要的资源保证,因此战略实施陷入困境。

5. 企图开一两次会议,由战略领导者亲自向全体干部员工讲解战略以求得干部及员工对战略的理解及共识,然后要求干部员工能自觉地贯彻战略。这只是一种战略实施的幻想,因为战略实施不是一件行政性工作。战略实施会涉及观念及管理理念的改变,以及管理流程、管理制度、组织结构、企业文化等各方面的变革,没有深入细致的思想教育,没有干部员工的亲身实践,很难在战略上达成共识。很多企业战略实施进程不到一半,即遇阻力而停止,大多原因均在于此。

6. 企业各部门沟通不畅,对战略没有达成共识,使各部门工作脱节,不能协同一致贯彻战略,因而使组织架构、人力资源配置、业绩评优、激励制度等各项管理流程的管理制度都和战略要求不匹配,使战略实施困难。

7. 企业各阶段目标不具体,没有数量化,一般员工对战略没有深刻理解,战略如果没有阶段性的数量化指标,公司将永远达不到战略目标。

8. 急于求成,不能循序渐进。战略实施初期,公司各项管理变革措施一起上,使得企业各层管理人员难以适应。

9. 激励措施跟不上。公司在完成战略阶段性目标任务后,企业高层管理人员又马上

---

① 拉里·博西迪,拉姆·查兰.执行:如何完成任务的影响[M].北京:机械工业出版社,2003.

布置了下一阶段更繁重的新任务,忘记及时奖励完成阶段性任务有功人员,使干部员工实施战略的积极性不高。

## 四、企业战略实施的基本原则

在企业战略的实施中会遇到许多在制定战略时未估计到或不可能完全估计到的问题,因此,在战略实施过程中要贯彻三个基本原则,以作为实施企业战略的基本依据。

### (一)适度的合理性原则

由于战略目标和企业战略的制定过程中受到信息、环境以及认识能力等因素的局限,对未来的预测不可能很准确,所制定的企业战略也不可能是最优的,而且在战略实施过程中由于企业外部环境及内部条件的变化较大,情况比较复杂,因此,只要基本上达到了战略预定的目标,就应当认为这一战略的制定及实施是成功的。在客观生活中不可能百分之百地完全按照原先制定的企业战略行事,因此战略的实施过程不是一个简单地机械执行的过程,而需要执行人员大胆地创造与革新,因为新战略本身就是对旧战略以及与旧战略相关的文化、价值观念的否定,没有创新精神,新战略就得不到贯彻实施。因此,战略实施过程也可以说是对战略的创造过程。在战略实施中,战略的某些内容或特征有可能改变,但只要不妨碍总体目标及战略的实现,就是合理的。

另外,企业战略目标和战略总是要通过一定的组织机构分工实施的,也就是要把庞大而复杂的总体战略问题分解为具体的、较为简单的、能予以管理和控制的问题,由企业内部各部门以至部门的各基层组织分工去贯彻实施,组织机构是适应企业战略的需要而建立的,但一个组织机构一旦建立就不可避免地要形成自身所关注的问题及本位利益,这种本位利益在各组织之间以及和企业整体利益间发生一些矛盾和冲突,有时也是不可避免的,为此企业高层领导要做的工作是对这些矛盾冲突进行协调以至折中、妥协,以寻求能为各方面所接受的解决办法,而不可能离开客观条件去寻求所谓的绝对合理性,只要不损害总体目标和战略的实现,还是可以容忍的,即在战略实施中要遵循适度的合理性原则。

### (二)统一领导指挥的原则

对企业战略了解最深刻的应当是企业高层领导人员,一般说来,他们要比企业中下层管理人员及一般员工掌握的信息更多,对企业战略的各个方面要求及相互关系了解得更全面,对战略意图体会最深,因此战略的实施应当在企业高层领导人员统一领导、统一指挥下来进行,只有统一指挥才能使资源的分配、组织机构的调整、企业文化的建设、信息的沟通及控制、激励制度的建立等各方面相互协调、平衡,才能使企业为实现战略目标而卓有成效地运转。

同时,要实现统一指挥的原则,要求企业每个部门能接受一个上级的命令,但在战略实施中所发生的问题,能在小范围、低层次解决的问题不要放到更大范围、更高层次去解决,这样做所付出的代价最小,因为越是在高层次的环节上去解决问题,其涉及的面越大,交叉的关系也越复杂,当然其代价也就越大。

这些原则看起来简单,但实际工作中由于企业缺少自我控制及自我调节机制或这种机制不健全,因而在实际工作中经常违背这一原则。

### （三）权变原则

企业战略的制定是基于一定的环境条件下的假设,在战略实施中事情的发展与原先的假设有所偏离是不可避免的,战略实施过程本身就是解决问题的过程,如果企业内外环境发生重大变化,以致原定战略的实现成为不可能,显然这时需要把原定的战略进行重大的调整,这就是战略实施的权变问题。其关键在于如何掌握环境变化的程度,如果当环境发生并不重要的变化时就修改了原定战略,这样容易造成人心浮动,带来消极的后果,缺少坚韧毅力,最终只会导致一事无成。但如果环境确实发生了很大变化而企业又不能及时作出反应,仍坚持实施已定战略,将最终导致企业破产,因此关键在于如何衡量企业环境的变化。

权变的观念应当贯穿于战略管理的全过程,从战略的制定到战略实施,权变的观念要求识别战略实施中的关键变量,并对它做出灵敏度分析,提出当这些关键变量的变化超出一定的范围时原定的战略就需要调整,并准备相应的替代方案,即企业应对可能发生的变化及其对企业造成的后果,以及应变替代方案,都要有足够的了解和准备,以使企业有充分的应变能力。当然,在实际工作中,对关键变量的识别和启动机制的运行都是很不容易的。

从图 16-2 所示可以看出,企业经过认真分析其外部环境及内部条件后,深思熟虑地制定了原定战略 A,并得到了企业高层领导的认可,于是战略 A 开始进入实施阶段。但实施时间不久,企业高层管理人员可能发现 A 战略中有一部分内容已不符合当时的内外环境,企业受条件限制,A 战略中的 C 部分已经不能实施了,于是原定战略 A 中只有 B 的内容可以继续实施。又过了一段时间,这时企业高层领导者或咨询专家提出了新的战略转型或突发的战略 D,而这时企业实际上实施的战略是将战略 B 与战略 D 相结合,是已规划的一部分可实施的战略与没有规划的突发战略相结合的产物,实现了战略 E。当 E

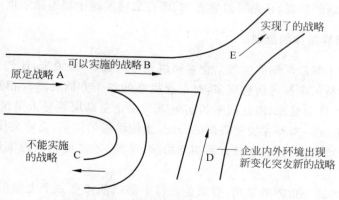

**图 16-2　企业战略实施的权变过程**[①]

---

① H. Mintzberg and A. McGugh. Administrative Science Quarterly, Vol. 30. No. 2. June 1985.

战略实施不久,又可能发现战略 E 中的一部分内容又不符合当时的内外环境了,于是企业战略的变化进入到了下一个循环当中。上述的过程就是企业战略的权变原则。

## 五、企业战略实施的主要任务

虽然每个企业具体情况不同,企业战略实施的方法也不尽相同,但是下面 10 项管理任务会反复出现于战略实施过程中,这是企业高层领导者必须花精力去完成的战略实施的基础性工作。

1. 发挥战略领导作用,不断提高战略实施水平。

2. 战略要在全体干部、员工中进行宣传贯彻,使之进行澄清、沟通,使全体干部员工认同,达成共识,提高贯彻战略的自觉性和责任感。

3. 建立一个有竞争力的与战略相匹配的组织机构并协调本组织与外部的关系。

4. 高层领导制定战略实施的程序和各项促进战略实施政策。

5. 根据公司战略,制定出公司下属各单位、各业务部门、各职能部门的战略。

6. 合理进行资源配置,保证战略重点部门有足够的资源支持。

7. 不断提高企业价值链各环节的经营运作水平。

8. 建立战略实施所需要的企业信息系统及运营系统,保证下级经理人员能成功地承担起战略实施中的角色,并完成相应的战略实施任务。

9. 制定人力资源开发与管理政策,发现、培养并起用人才,做到人力资源的合理配置,建立和战略实施相匹配的业绩管理与薪酬激励体系。

10. 建立与企业战略实施相吻合的企业文化。

以上企业战略实施的 10 项管理任务可综合为图 16-3 所示。

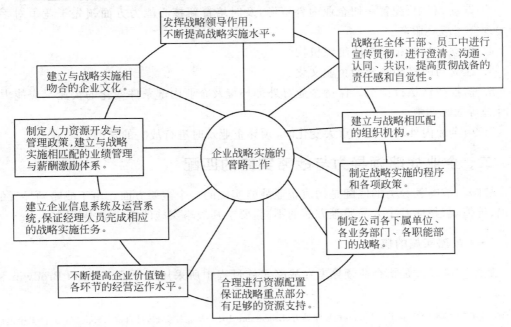

图 16-3　企业战略实施的 10 项管理任务

## 第二节　企业战略领导力与战略实施

### 一、企业战略领导力的概念

什么是领导力，目前尚没有一个统一的规范化的定义。有人认为，领导力是把愿景转化为现实的能力。有人认为，领导力是领导者影响别人的能力，这种影响力能够引导人们或群体达成组织目标。有人认为，领导力是领导者激励他人自愿地在组织中作出卓越成就的能力。有人认为，领导力是把握组织使命的动员人们围绕这个使命而奋斗所具备的能力。综上所述，笔者认为，领导力是领导者所具有的影响他人或群体去达成某一目标的能力。或者说，领导力是领导者能够影响他人或群体为一个共同目标而努力的能力。[①]所谓影响力，这是对他人或群体施加影响，从而改变其动机或观念来完成某一既定任务达成某一目标的能力。由此可以简单地认为，领导力就是影响力。

什么是企业战略领导力？这是近年来学者及企业家刚刚提出来的，目前仍在热议的新词、新概念，其定义众说纷纭。笔者认为，企业战略领导力是领导者能够影响企业全体干部员工充分利用一切企业内外资源，制定企业战略，自觉而努力地贯彻实施战略，以期更好地达成企业战略目标的能力。

根据企业战略实践，根据以上定义，笔者认为企业战略领导力必须在以下七个领域给予重点聚焦。

1. 提出企业愿景、制定战略及战略目标。

2. 将战略转化为一系列决策及执行语言，调动中层管理人员积极性指导公司各下属单位、各业务部门及各职能部门制定及执行部门战略。

3. 调动、利用、配置一切企业内外资源，及时培育新核心能力方面领先于竞争对手，为实现公司战略服务。

4. 建立与战略相匹配的组织机构。

5. 建立与战略相吻合的企业文化。

6. 监控战略执行情况。保持企业对外部环境及企业内部条件变化的快速反应能力，及时进行战略调整。

7. 当企业内外环境发生重大变化时，领导企业及时进行战略的转型。

### 二、企业战略领导力与战略实施的匹配

战略与战略领导力的匹配是构成企业战略实施的一个主要方面。由于战略领导者的知识、价值观，技能及个人品质等方面的不同，要求其战略实施的模式也不相同。

#### （一）战略实施的模式

战略实施模式是指企业领导者在战略实施过程中所采用的手段。David Brodwin 和

---

① ［美］芒福德（Michael D. Mumford）.领导力（Leadership 101）［M］.杜文东，吕自应，译.北京：人民卫生出版社，2014.

L. G. Bourgeois 研究了许多企业的不同战略实践,提出了五种企业战略实施的模式。

### 1. 指挥型

这种模式的特点是企业战略领导者考虑的是如何制定一个最佳战略的问题。在实践中,计划人员要向战略领导者提交企业战略的方案,战略领导者经研究分析后完成战略的制定,确定了战略后,向企业管理人员宣布企业战略,然后强制下层管理人员执行。

这种模式的运用要有以下约束条件:

(1) 战略领导者要拥有较高的权威,靠其权威通过发布各种指令来推动战略的实施。

(2) 本模式只能在战略比较容易实施的条件下运用,这就要求:战略制定者与战略执行者的目标比较一致;企业现在的运行系统不会构成威胁;企业组织结构一般都是高度集权式的体制;企业环境稳定,能够集中大量信息,多种经营程度较低;企业处于强有力的竞争地位,资源较为宽松。

(3) 要求能够准确、有效地收集信息并能及时地汇总到企业战略领导手中,因此,它对信息条件要求较高。这种模式不适应高速变化的环境。

(4) 要有较客观的规划人员。因为在权力分散的企业中,各事业部常常因强调自身利益影响了总体战略的合理性,因此,企业需要配备一定数量的有全局眼光的规划人员来协调各事业部的计划,使其更加符合企业的总体要求。

这种模式的缺点是把战略制定者与执行者分开,即高层管理者制定战略、强制下层管理者执行战略,因此,下层管理者缺少执行战略的动力和创造精神,甚至会拒绝执行战略。

### 2. 变革型

这种模式的特点是企业战略领导者考虑的是如何推动企业战略的实施。在战略实施中,企业战略领导者要建立一个机构,由这个机构去推动战略的实施,要对企业进行一系列变革,如建立新的组织机构、新的信息系统、变更人事,甚至兼并或合并经营范围,采用激烈手段和控制系统以促进战略的实施,为进一步增加战略成功的机会,企业高层领导者往往采用以下三种方法:

(1) 利用新建立的组织机构和参谋人员向全体员工传达新战略优先考虑的战略重点是什么,要把企业的注意力集中于战略重点。

(2) 建立企业的战略绩效评价系统及控制系统,采用各项激励政策以便支持战略的实施。

(3) 充分调动企业内各部分人员的积极性,争取各部分人员对战略的支持,以此来保证企业战略的实施。

这种模式在许多企业中比指挥型模式更有效,但这种模式并没有解决指挥型模式存在的如何获得准确信息的问题、各事业单位及个人利益对战略计划的影响问题以及战略实施的动力问题,而且还产生了新的问题,即企业通过建立新的组织机构及控制系统来支持战略实施的同时也失去了战略的灵活性,在外界环境变化时使战略的调整更为困难。从长远观点看,在环境不确定性的企业,应避免采用不利于战略灵活性的措施。

### 3. 合作型

这种模式的特点是企业战略领导者考虑的是如何让其他高层管理人员从战略实施一

开始就承担起有关的战略责任。为发挥集体智慧,企业战略领导者要和其他企业高层管理人员一起对企业战略问题进行充分讨论,形成较为一致的意见,制定出战略,再进一步落实和贯彻战略,使每个高层管理者都能在战略的制定及实施过程中做出各自的贡献。

协调高层管理人员的形式多种多样,如有的企业成立有各职能部门领导参加的"战略委员会",专门收集在企业战略问题上的不同观点,并进行研究分析,在统一认识的基础上制定出战略实施的具体措施等。战略领导者的任务是要组织好一支合格胜任的实施战略管理人员队伍,并使他们能很好地合作。

合作型模式克服了指挥型模式及变革型模式存在的两大局限性,使战略领导者接近一线管理人员,获得比较准确的信息。同时,由于战略的制定是建立在集体智慧的基础上的,从而提高了战略实施成功的可能性。另外,由于高层管理人员分工负责来贯彻战略,因此战略实施会取得较好的成果。

该模式的缺点是:由于战略是不同观点、不同目的的参与者相互协商折中的产物,有可能会使战略的经济合理性有所降低,同时仍存在着谋略者与执行者的区别,仍未能充分调动全体员工的智慧及积极性。

### 4. 文化型

这种模式的特点是企业战略领导者考虑的是如何动员全体员工参与战略实施活动。即战略领导者运用企业文化的手段,不断向企业全体成员灌输这一战略思想,建立共同的价值观和行为准则,使所有成员在共同的文化基础上参与战略的实施活动。由于这种模式打破了战略制定者与执行者的界限,力图使每一个员工都参与实施企业战略,因此使企业各部分人员都在共同的战略目标下工作,使企业战略实施迅速,风险小,企业发展迅速。

文化型模式也有局限性,表现为:

(1) 这种模式是建立在企业大多数员工都是有一定学识的知识分子的假设基础上的,而在实践中员工很难达到这种学识程度,受文化程度及素质的限制,一般员工(尤其在劳动密集型企业中的员工)对企业战略制定的参与程度受到限制。

(2) 极为强烈的企业文化可能会掩盖企业中存在的某些问题,企业为此也要付出代价。

(3) 采用这种模式要耗费较多的人力和时间,而且还可能因为企业高层管理人员不愿放弃控制权,从而使员工参与战略制定及实施流于形式。

### 5. 增长型

这种模式的特点是企业战略领导者考虑的是如何激励下层管理人员实施战略的积极性及主动性,为企业效益的增长而奋斗。即战略领导者要认真对待中下层管理人员提出的一切有利于企业发展的方案,只要方案基本可行,符合企业战略发展方向,在与中下层管理人员探讨了解决方案中的具体问题的措施以后,应及时批准这些方案,以鼓励员工的首创精神。作为大型企业集团来讲,母公司先不制定母公司的战略目标,先由下属子公司提出子公司战略目标,最后母公司把各子公司提出的战略目标加以综合平衡就形成了母公司的战略目标,这样做的好处也在于调动基层管理人员的积极性。采用这种模式,企业战略不是自上而下地推行,而是自下而上地产生,因此企业高层领导应具有以下认识:

（1）企业战略领导者不可能控制所有重大的机会和威胁，有必要给中下层管理人员以宽松的环境，激励他们帮助战略领导者从事有利于企业发展的战略决策。

（2）战略领导者的权力是有限的，不可能在任何方面都把自己的愿望强加于组织成员。

（3）战略领导者只有在充分调动及发挥下层管理者积极性的情况下，才能正确地制定和实施战略，一个稍为逊色但能够得到人们广泛支持的战略，要比那种"最佳"的却根本得不到人们热心支持的战略有价值得多。

（4）企业战略是集体智慧的结晶，靠一个人很难做出正确的战略。因此，战略领导者应坚持发挥集体智慧的作用，并努力减少集体决策的各种不利因素。

20世纪60年代以前，企业界认为战略实施需要绝对的权威，指挥型模式是必要的。20世纪60年代，钱德勒的研究结果指出，为有效实施战略，需要使组织机构与战略相匹配，这样就出现了变革型模式。合作型、文化型及增长型三种模式出现较晚，但从三种模式中可以看出战略实施充满了矛盾和风险，要调动企业各种积极因素才能使战略获得成功。

上述五种模式各有其优缺点，实际上在战略实施中上述五种模式是综合或交错使用的，即：战略的实施应当是在企业战略领导者指挥下进行；企业应当建立一个组织机构去推动战略的实施；要让企业高层管理人员各负其责，充分合作，认真地实施战略；企业高层领导还要向企业全体员工讲清楚如何实施战略，建立实施战略的共同价值观及文化，同时还要调动广大中下层管理人员积极性和主动性。只有这些工作都做好了，企业战略的实施才真正有效。

### （二）企业战略领导者与企业战略类型的关系

有什么样的战略就应当选用什么类型的战略领导者。从图16-4中看出，如果企业实施增长型战略，就应当选用开拓型创业者来实施增长型战略（图中左上角），如果企业实施紧缩型战略，企业就应当选用外交型管理专家来实施紧缩型战略（图中右下角）。

企业竞争地位

| 行业引力 | | 强 | 平均 | 弱 |
|---|---|---|---|---|
| | 高 | 增长战略<br>（急剧增长）<br>（大量投资）<br>开拓型创业者 | 扩充战略<br>（选择性投资）<br>征服型创业者 | 连续增长战略<br>理财专家 |
| | 中 | 扩充战略<br>（选择性投资）<br>冷静型创业者 | 连续增长战略<br>理财专家 | 发展战略<br>行政型管理专家 |
| | 低 | 连续增长战略<br>理财专家 | 巩固战略<br>行政型管理专家 | 收缩战略<br>外交型管理专家 |

**图16-4　企业战略实施领导者与企业战略类型的关系**

例如，德国一家企业马上就要破产了，这时董事会决定请理财专家弗里曼到这家快要破产的企业担任执行总裁，弗里曼经过两年艰苦奋斗，终于使该企业扭亏为盈，转危为安，正当该企业要大发展时，董事会决定解聘弗里曼，而弗里曼本人认为董事会的决定非常正确，我只不过是个理财专家，而目前企业要大发展了，董事会应当另请高明。这种事情在中国往往不是这种处理方法，中国企业如果遇到上述情况往往是要继续留任该执行总裁，中国的人才观点认为这位执行总裁受命于危难之中，经过两年的艰苦奋斗，终于把企业治理好了，干得不错，应当接着让他干下去，相信他在以后也能干得好。这种观点是不对的，当企业战略发生转折时，企业董事会应当审查目前企业领导人是否能够胜任新战略实施领导者的重任，不同的战略对战略实施领导者的素质特点的要求是不同的。表 16-1 列出了相应于图 16-4 中各种不同战略实施领导者的素质特点，可供参考。

表 16-1　各种企业战略实施领导者素质特点

| 类　型 | 行为特点 | 类　型　特　点 |
|---|---|---|
| 开拓型 | 服从性 | 非常灵活，富有创造性，自成一体 |
| | 社会性 | 性格明显外向，在环境的驱动下具有很强的才能与魅力 |
| | 能动性 | 极度活跃，难于休息，不能自制 |
| | 成熟压力 | 容易冲动，寻求挑战 |
| | 思维方式 | 非理性的直觉，无系统的思维，有独创性 |
| 征服型 | 服从性 | 非服从主义，对新生事物具有创造性 |
| | 社会性 | 有选择的外向性，适于组成小团体 |
| | 能力性 | 精力旺盛，对"弱信号有反应"，能够自我控制 |
| | 成就压力 | 影响范围逐渐增加，考虑风险 |
| | 思维方式 | 有洞察力，知识丰富，具有理性 |
| 冷静型 | 服从性 | 强调整体性，按时间表行事，求稳定 |
| | 社会性 | 与人友好相处，保持联系，受人尊重 |
| | 能力性 | 按照目标行动，照章办事 |
| | 成就压力 | 稳步发展，通过控制局势达到满足 |
| | 思维方式 | 严谨、系统、具有专长 |
| 理财型 | 服从性 | 官僚、教条、僵硬 |
| | 社会性 | 程序控制型 |
| | 能力性 | 只做必做的事情，无创造性 |
| | 成就压力 | 反应性行为，易受外部影响 |
| | 思维方式 | 墨守成规，按先例办事 |
| 行政型 | 服从性 | 循规守矩，例行公事 |
| | 社会性 | 性格内向 |
| | 能力性 | 稳重沉静，照章办事，等待观望 |
| | 成就压力 | 维持现状 |
| | 思维方式 | 固执以往的处理方式 |
| 外交型 | 服从性 | 在一定的目标内有最大的灵活性，有一定的约束性 |
| | 社会性 | 通情达理，受人信任，给人解忧 |
| | 能力性 | 扎实稳步，有保留但又灵活 |
| | 成就压力 | 注意长期战略，既按目标执行又慎重考虑投入 |
| | 思维方式 | 有深度与广度，能够进行比较思考 |

## 第三节　企业中层管理者的战略执行力与战略实施

### 一、企业中层管理者的角色及作用

什么是中层管理者？中层管理者是相对于高层管理者和基层管理者而言，他们起着承上启下、承前启后、承点启面的桥梁纽带作用。他们是在领会高层领导者的战略意图后，将战略意图转化成各部门具体实施的工作目标和工作计划，同时又将工作目标及计划传递给基层管理者，督促其执行，并相互协同，全程监控，确保战略目标达成的一个群体。

因此，中层管理者在战略实施中起着至关重要的桥梁纽带作用。甚至可以说，提高企业竞争力的关键人物并不完全是企业高层领导，而是中层管理者。中层管理者如果不作为，或未能充分发挥其应有作用，将对战略实施带来毁灭性影响。

#### （一）中层管理者的角色

就一般组织而言，凡是一个组织都可以分成三个层次，即高层管理者、中层管理者及基层管理者。中层管理者多数情况下充当的是企业的经理层、部门主管层。他们是企业人力资源中的关键少数，但却是企业战略实施的中坚力量。

具体地讲，中层管理者在企业战略实施中充当以下角色[1]：

1. 战略决策的参与者

对企业中层管理者来说，不仅要组织实施企业高层战略决策方案，还要发挥其作为一个领导人的影响力，通过参与高层管理者战略方案的讨论，提供企业实际运营状况及市场竞争信息，提高企业战略方案实施效率和效果，以期有效实现企业战略目标。

2. 运营活动的计划者

中层管理者需要把企业战略计划与本部门实际情况结合起来，制定出本部门的战略。所以他是本部门战略活动的计划者。

3. 部门战略的执行者

中层管理者不仅是本部门战略的计划者，更是本部门战略计划的执行者。要带领本部员工坚决执行战略计划，这是企业战略成败的关键问题。

4. 日常工作的管理者

作为部门的领导，中层管理者要对部门的日常工作进行管理，使企业能够有条不紊地正常运行。他们是各项日常工作的组织指挥者。

5. 员工能力的培养者

企业员工的在岗培训多数是在部门领导的安排下进行的。同时，中层管理者还需要不断地为企业发现和培养后备人才，使企业能够持续发展。

6. 组织内外的沟通者

中层管理者的地位和职能决定，他是一位企业内外各种信息的传递者和关系的沟通者。很多中层管理者是从一线工人或技术人员干起来的，随着时间的推移及不同工作岗

---

[1]　张一弛.中层管理者培训读本[M].北京：中国商业出版社，2015.

位上的轮换，他们在企业内外逐渐建立较为广泛的人际关系网，他们知道谁擅长干什么，怎样才能把事情干好。他们是实际情况的信息反馈者。

### 7. 各类矛盾的协调者

工作中会引发各种矛盾，或企业的重大变革都会在员工中引起情绪波动，中层管理者会想尽一切办法创造一个让员工安心工作的环境，他们之所以能够做到这一点，是因为他们在组织中所处的位置发挥了作用，他们能针对不同员工的个体需求进行个性化的沟通与协调。他们是各部门的思想工作者。

### 8. 企业变革的创新者

在实施企业战略转型进行变革时，中层管理者在组织中的位置所决定，他们与高层管理者比，他们与公司的日常运营、客户和一线员工更接近，因此他们要比高层管理者更明白问题出在哪里。但同时，中层管理者又和一线工作保持有相当距离，他们要比基层管理者看得更远，他们能够发现基层工作的问题，也能发现创新的新机遇。因此就企业的发展和变革而言，中层管理者能够提出很多建设性的创新想法，这些建议往往比高层管理者更加实际，更加可行。

### （二）中层管理者的作用

中层管理者作为上司的下属，他们是高层管理者的"替身"，要求在上司授权范围内管理好自己的部门。要发挥好执行力，同时作为下属的上司，中层管理者也是领导者，要发挥领导力，他们也是要"通过他人达到目标"的人。作为并列部门的同僚，中层管理者则是不同部门之间工作的协调者。从以上三种角色来看，中层管理者的作用不可低估。

### 1. 承上启下的桥梁纽带作用

中层管理者是组织的中间结构，在上情下达、下情上达的过程中起着"二传手"的作用，是组织中的纽带和桥梁。因此中层管理者要做到：

（1）正确领会高层战略领导者的战略意图，将上级领导的战略决策意图正确地传达下去，避免出现战略实施中的偏差，保证战略目标的实现。

（2）要及时地、准确无误地传达上级战略决策的命令，要在最短时间内将上级指令传达给指令对象，保证上级决策能及时发挥作用，避免贻误战机。同时，对上级决策命令不能任意歪曲篡改，任意改动战略决策含义，会使战略实施蒙受重大损失。

（3）传达上级命令讲究技巧。既要使上级命令的传达及时、准确、有效，也要尽量避免不良反应的发生，努力减少对上级领导工作的干扰和对企业发展的影响。

### 2. 承前启后的缓冲矛盾的作用

企业中存在很多指令，都要经过中层管理者进行处理才能得到有效的落实和执行。

（1）对上级领导决策某些不合理之处，中层管理者要向上级提出自己的意见，最好在决策尚未付诸实施的时候，争取能够修改、完善它，弥补上级领导思考过程中的一些欠缺，从而避免决策实施可能对组织造成的损失。

（2）企业内存在各种矛盾及冲突，既有领导与下属的冲突，也有领导者之间、下属之间的冲突。中层管理者应当承担矛盾及冲突的缓冲器的作用，就是隔离冲突双方，避免矛盾双方直接碰撞，由中层管理者介入，做大量思想教育工作，使矛盾双方可以较为冷静地思考问题,做出符合实际的判断,有利于企业战略决策的贯彻实施。

为达到上述目的,要求中层管理者本人要能客观地、理智地分析问题,有智慧地使矛盾、冲突双方都能做出符合战略意图的改进。要善于做思想工作,对矛盾、冲突双方在开始发生碰撞之前,就对他们做思想工作,使他们的不良情绪能得到宣泄或消除,从而维护组织的团结与和睦。要有敢于向高层战略领导者劝谏的勇气,对战略决策中的不符合实际、不完善之处,要提出自己的意见和建议。当然,在向上级领导提出批评建议时要讲究场合、讲究方式方法、讲究技巧,要根据上级领导的不同特点,不同时机、不同环境下采用不同的方法和策略进行劝谏,才能取得应有效果。不分场合,不讲究方法和技巧,直来直去,有时效果会适得其反。

(3) 协调平衡,提高组织凝聚力的作用。中层管理者要有全局及长远的大境界。即中层管理者工作的目标,不仅仅是为自己谋利益,而是为了企业及其利益相关者的目标、为战略目标的实现而努力工作。什么是境界?境界就是一个人的人生观和世界观,就是一个人看待问题的高度和深度,拥有更高、更大、更广的境界,才能获得更加平衡的心态,获得更接近成功的起点。中层管理者自己要有优良的价值观,要品德高尚,要严格要求自己,作风要谦逊,平时要低调,在工作中做出表率,这样才能较快地得到同级和下级的认同和共鸣,因而才能够平衡各部分人的心态,有效地激发起和凝聚起组织群体的士气,齐心协力完成各项战略任务,促进战略目标的顺利实现。

榜样的力量是无穷的。中层管理者以自己的思想、品德和行为作出示范,对团队成员施加影响,使基层管理者的员工受到影响、感染和暗示,激励基层管理者和员工也能为实现战略目标而努力奋斗。

## 二、提高中层管理者的战略执行力

### (一)了解战略,了解上级,让工作更有成效

作为企业的中坚力量,中层管理者既要管理好下级,又要理顺与上级的关系。其中吃透上级战略及其相关政策,落实和执行好战略及上级的指令,为上级做好参谋工作,相对来讲是更加重要的。

要详细了解你的上级,是中层管理者工作的组成部分,中层管理者要开展工作就要得到上级的支持。要让自己工作效率更高、成效更大,就要了解上级的思路,了解上级的目标、压力、长处和短处,了解上级的领导风格,了解上级的性格、特点、脾气和秉性。要主动与上级沟通,要让上级接纳自己,只有这样中层管理者才能做好工作。

### (二)保证达成战略目标才是硬道理

战略执行最基本的逻辑就是要完成各部门、各下属单位分阶段的战略目标,只有各部门、各下属单位都达到了分阶段目标,才能在最终达成总的战略目标。

"我已经做了我应该完成的任务,这件事情结果如何与我没关系。"这种回答是对"执行"仍然不够理解。执行要的是达成各部门、各下属单位的分阶段战略目标的结果,而不是任务。执行需要员工勤奋工作,但勤奋不是执行。"没有功劳,也有苦劳",但客户不仅

不相信苦劳,高层管理者也不相信苦劳,而只相信功劳。中层管理者,一定要从"做事"向"做成事"转变,把事情做成功,即达成每个部门、每个单位的分阶段战略目标,才是硬道理。事情做完了,你有一万个理由都不重要,重要的是事情做成了没有?结果是什么?是要达成战略目标。因此是结果第一,理由第二。

当你遇到没有执行条件或执行条件比较差的任务时,不要找任何借口,你要做的就是接受任务,创造条件来完成它。完成工作任务,促使本部门达到分阶段战略目标是你不可推卸的责任和义务。当然有时完成任务的有些条件确实是你的能力不能解决的,经过认真分析可以向上级领导请求支援,这并不能说明你的能力有问题,恰恰说明你有着清晰的头脑和良好的执行力,可以通过各种方法把工作做好。

### (三)卓越中层管理者是善于找出各种方法解决问题的人

中层管理者的执行决不是一种奴性的、不思考的执行,而是一种有智慧的、有思考的执行。[①] 在任务执行前,更多地要讲智慧,要思考尽量多的办法,寻找更多的路经,在这些方法和路径中找出一种最有效的方法和路径,然后用智力和勤奋去执行。

同样是在工作,有些人只懂得勤勤恳恳,其工作效果不大,而聪明人却在努力寻找一种最佳工作方法,在有限的条件中发挥才智的作用,用智慧将执行做到最完美,创造性地完成任务,即从拼体力转型为拼智力,这就是执行力的创新。这才是一个卓越中层管理者应该做到的。

### (四)速度第一,完美第二

没有多少人会去评估一个长跑运动员的跑步姿势是不是漂亮,人们首先关注的和赞扬的是长跑运动员的速度。在比赛中只保持着优美的姿势,却拿不到奖牌的人一般是不会得到赞扬和奖励的。企业也如此,没有速度就没有竞争力。在激烈市场竞争中,速度就是规模,速度就是市场,速度就是优势。

中层管理者在执行战略中,要以最快的速度完成执行的任务,快速执行会让企业占得先机,取得市场优势。是"先瞄准,后开枪"还是"边开枪,边瞄准"呢?在互联网迅速发展的今天,还是要"边开枪,边瞄准",在开枪过程中核对目标,找准目标。在战略执行过程中不断改进,这是速度战略的精髓。先执行,在执行过程中修正找准目标,在执行过程中完善各项执行措施,直至达成战略目标。中层管理者在开始执行任务时不要在细枝末节浪费时间,而是要把精力和工作重点放在对本部门整体工作的把握上,放在如何带领团队完成阶段战略目标上,有些细枝末节的工作可以交给员工们去完成。

### (五)用制度保证执行工作的落实

一家酒店员工接到来自台湾地区的客人的电话,说自己不慎在酒店遗落了一包回家祭祖时从祖坟上带来的泥土,这包土对于他来说非常珍贵,请工作人员一定要帮他找到。于是这位员工翻遍了酒店所有的垃圾袋,最后终于找到了那包泥土,台湾客人非常感激。

---

① 姜汝祥.新执行[M].上海:上海财经大学出版社,2013.

上述这种事情在酒店是经常发生的,有时因找不到会引起客人的不满。

有一家酒店,在经历了多次这样的经历后,客房部经理向高层管理者提出建议,酒店应建立一个制度,在客人退房后,服务员在打扫客房时,凡发现客人遗落下来的东西都一律保存,不管值不值钱,哪怕只是一张废纸,也要完整地保存下来,最长保存一年,这样做的目的就是怕无意中扔掉对客人有纪念意义的东西。[1] 这样的制度出台后,客人找不到东西的现象再也没有发生过,酒店因而赢得客人的赞扬,树立了良好的口碑。

从上述案例中可以看到,当出现问题时,一般员工只会想到如何解决当前存在的问题,而作为中层管理者就要从现象看到本质,想到如何让类似的事情不要再出现,如何用制度来保证。制度,是一个组织和团体中要求成员共同遵守的办事规程或行动准则,制度是落实各项工作任务的重要保障,是用制度管人,而不是用人情管人。

建立合理的制度是良好执行力的重要保证。一个优秀的制度应当具有自我能动实施的动力和手段,而工作流程就是这种动力和手段的主要来源。

人性化管理是对制度的完善和灵活执行,和人情管理完全不同。人性化管理可以获得更多的人的尊重,使公司制度更容易执行。而人情管理则破坏公司制度,使员工藐视管理者的权威,使管理工作变得艰难。

只有制度化才有规范化和专业化,只有制度保障才能达到本部门分阶段战略目标的实现。战略执行靠制度设计,靠制度创新,这才是执行力的核心主线!

### (六)执行力更需要指导力

指导力是执行力的源头。作为中层管理者,如果不能有效地指导下属,下属就不知道如何执行你的战略,整个组织的执行力也无法体现。

因此在战略执行前,中层管理者要结合下属所在位置,和下属一起讨论具体执行的策略和方法,在执行过程中,中层管理者要动态地进行监管,并及时对下属进行指导,当下属执行不力时,要及时对下属提供帮助并提供建设性的意见。

如果中层管理者一味地抱怨下属执行力太差,只能说明你对执行的指导力太差。是指导力决定执行力,指导力比执行力更重要。

台湾台塑集团公司王永庆对指导力有精辟的解说:"一群老虎给羊带,所有的老虎都会变成羊,一群羊给老虎带,所有的羊都会变成老虎。"部队征兵时,征的全部都是对军事战争一窍不通的年轻人,但新兵连一过,各个新兵都变得非常强悍,有战斗力。为什么?这个世界不缺人才,缺的是培养人才的方法,军队高效力的执行力,前提是有强悍的指导力。

中层管理者要提高整个团队执行力,还应该致力于在企业内建立一种"执行文化",在建立执行文化过程中,中层管理者必须先使自己成为执行力的尖兵。领导者的执行力强,团队中每个员工的执行力就会增强。当然,必须解决员工物质激励和精神激励的问题,才能有效发挥每个员工的作用,才能培养团队的执行力,才能使企业形成"执行文化"和良好的工作氛围。

---

① 黄杰.赢在中层:中层管理者执行力法则[M].北京:中国华侨出版社,2010.

# 第四节　企业组织结构与战略实施

## 一、企业组织结构的概念

所谓"组织"，是指为了达到某些特定目标经由分工与合作及不同层次的权力和责任制度而构成的人的集合。这一定义包含三层意思：

1. 组织必须具有目标，因为任何组织都是为目标而存在的，目标是组织存在的前提。

2. 没有分工与合作也不能称为组织，分工与合作的关系是由组织目标限定的。

3. 组织要有不同层次的权力与责任制度，这是由于分工之后就要赋予每个部门乃至每个人相应的权力和责任，以便于实现组织的目标。

所谓"结构"，是一个系统的构成形式，是系统内部以一定性质、一定数量的各个要素按照一定的关系进行排列组合的方式。所谓"企业组织结构"，就是研究企业组织这一系统的构成形式，即目标、协同、人员、职位、职责、相互关系、信息等组织七要素的有效排列组合方式。简言之，就是把企业的目标任务分解为职位，再把职位综合为部门，由众多的部门组成垂直的权力系统和水平的分工协作系统的一个整体机构。组织结构是企业的组织意识和组织机制所赖以存在的基础，企业组织结构主要是研究组织结构设计原理、企业组织的规模、企业组织的领导结构、企业组织的层次结构、企业组织的职能结构和企业组织的形态结构。

## 二、企业战略决定组织结构

### （一）企业战略规范着企业的组织结构

在探索企业战略与企业组织结构的关系方面，美国学者钱德勒（A. D. Chandler）做出了重要贡献，他对美国 70 家大公司（特别是通用汽车公司、杜邦公司、新泽西标准石油公司和西尔斯·罗布克公司）的发展历史进行了研究，发现各个公司在处理战略与组织结构的关系上有一个共同的特点，即在企业选择了一种新的战略之后，由于管理人员在现行结构中拥有既得利益，或不了解经营管理问题以外的情况，或对改进企业结构的必要性缺乏认识，使得现行组织结构未能立即适应新的战略而发生变化，直到行政管理出现了问题，企业效益下降，企业才将改变组织结构问题纳入议事日程，组织结构改变以后，才保证了战略的实现，企业的获利能力才大幅度提高。由此钱德勒得出一个著名结论：企业组织结构要服从于战略，组织结构是为战略服务的。通用电气公司的经营发展史证明了钱德勒论断的正确性，在 20 世纪 50 年代末期，通用电气公司执行的是简单的事业部制，但那时已开始从事大规模的多元化经营战略。到了 20 世纪 60 年代，该公司的销售额大幅度提高而行政管理工作跟不上，造成多元化经营失控，影响了利润的增长。在 20 世纪70 年代初，通用电气公司重新设计了组织结构，采用了事业部结构，使行政管理滞后的问题得到了解决，妥善地控制了多元化经营，利润也相应得到了提高。由此看出，企业组织结构一定要适应实施企业战略的需要，它是企业战略贯彻实施的组织保证。由此得出结论：战略决定组织结构，组织结构决定企业绩效（Rumelt，1974）。

### （二）原有的组织结构制约着新战略的制定和实施

当一个企业的组织结构已经存在时，组织中的人们总是希望组织保持稳定，因为稳定的组织能给人们以安全感，而变动则容易破坏心理上的平衡。因此，人们希望维系旧的组织结构，而对新战略要求变革旧的组织结构表现出反对、阻挠甚至对抗的制约力，这些制约力量是历史与现实、物质与心理、素质与观念、认识与情感等诸因素共同作用的结果。

1. 历史的与现实的因素。组织变革需要一定的投资，而组织变革结果的不确定性和风险性，以及变革可能产生的副作用，都可能抵消变革方案的收益。即使在收益既定的情况下，如果投入的费用越高，变革遭到反对的可能性也就越大。这里，投入的费用不仅包括当前的人力、物力和财力方面的投资，还包括历史滞留下来的成本。不管一项变革有多少优点，叫人忘掉花在原有系统中的努力，由集权到分权，由集中管理到分散管理，总是有一定难度的，这就是为什么老企业比新企业面临的变革阻力更大、有经验的管理人员比年轻的管理人员更加反对组织变革的一个主要原因。历史的成本和现实的投资与不确定的收益比较的结果，往往会左右人们对待组织变革的态度。

2. 物质的和心理的因素。组织结构的变革必然要带来权力、地位和利益的调整，精简组织机构会使一些管理人员的管理跨度缩小了，职能参谋部门的指挥权被"剥夺"了，由此带来的利益损失就不仅是金钱上的，还包括社会声望和事业成就，这些因素虽然只是形成阻力的浅层原因，但在人们的觉悟水平较低的情况下，很可能导致他们从切身利益出发朴素地反对变革。无形的心理因素也往往会对组织变革形成潜在抵制。变革的阻力有时被解释为人的惰性，或者更准确地说它是来源于人们求稳定和求安全的心理，组织结构的变革需要人们放弃一套熟悉的习惯思维方法和固定的工作程序，这样可能会带来混乱和不安、压力与紧张。

3. 素质的和观念的因素。新的组织结构对管理人员的能力、素质提出了新的挑战，有些人顾虑自己的知识和技能会过时，又担心自己学不会新的知识与技能，从而力图阻止变革的发生。从思想观念上看，依赖性强的人习惯于事事向上级请示，这样他就会反对分权决策体制，控制欲望强烈的人也会从另一角度阻止分权的变革。我国由于受长期封建思想影响，小生产意识较为浓厚，它盘踞在人们头脑中，支配着人们的价值观念和基本态度，如论资排辈、干部能上不能下、惧怕和回避风险等观念和态度，往往会成为抵制组织变革的强大力量。

4. 认识的和情感的因素。组织变革的阻力也有可能来自人们对变革的目的、内容和结果缺乏了解或产生误解，因此，加强沟通和交流，开诚布公地进行对话，向职工群众交底，有助于人们更好地理解变革的必要性。另外，有些管理人员在理智上虽然可能已认识到变革的需要，但感情上不能做出相应的转变，这种情感方面的阻力相对来说是需要较长时间和很大耐心才能扭转的。群体中不成文的规范、组织本身的惯性和刚性以及某些行业的集权体制，也有可能成为组织变革的阻力。

总之，组织变革要打破旧的规章制度，改变人们多年来形成的传统惯例和行为规范，过去的一套管理程序和方法不再适用了，人们普遍感到不适应、不习惯，可见制约新战略的制定和实施、阻碍和反对建立新的组织结构的力量是来自各方面的，有主观的，有客观的,有企业内在的、外在的,有群体的、个人的,而且力量大、刚性很强。由此看出,完善的、完全与企业战略相匹配的组织结构只不过是一种理想,现实的状况是企业的原有组织结构总是要对企业的新战略起到制约作用,这种制约作用在新战略制定过程中就有顽强的表现,一直延续到新战略整个实施过程中,因此企业新战略的制定和实施在某种程度上要迁就企业原有的组织结构。

### (三)没有企业组织结构上的重大变革,很难在战略上实现实质性的创新

在外界环境相对稳定的时期,其企业战略的调整和相应的组织结构的变革都以渐进方式进行,其战略与组织结构的匹配虽不尽完善,但也能大致做到相符合,两者矛盾并不突出。当企业面临重大的战略转折时,要求制定和实施与旧战略很不相同的新战略,即企业要实现重大的战略创新,这就对企业组织结构形成了严峻的挑战,如果没有对企业旧的组织结构进行重大变革,则创新战略将根本无法实施,这时可以采取的办法有两个:一是在创新战略的推行和实施上放慢速度和放低要求,以使新战略的实施与旧的组织结构不相匹配的矛盾充分暴露,使企业内多数管理人员和员工认识到企业新的战略与原有的组织结构的不相匹配的问题已发展到相当严重的程度,阻碍了企业的快速发展,甚至使企业贻误了战机,蒙受了许多不应有的损失,付出了很大代价,这时企业才产生出克服组织结构刚性的动力,进而对企业组织结构进行重大改革,这种方法要花费较多的时间、精力和代价;二是当企业环境的急剧变化已不允许企业有任何迟延,企业不在创新战略中崛起,就会在旧战略中灭亡,在此重大战略转折关键时刻,应力排众议,克服任何阻力,坚决对组织结构进行重大改组和变革,以使创新战略立即在企业内贯彻实施,对于那些反对创新战略实施或对创新战略贯彻实施很不得力的管理人员,甚至是企业高层管理人员,为了企业的利益,企业只有做出人事调整,多换思想少换人,不换思想必换人,扫清战略实施的重大障碍,以便创新的战略得以贯彻。这种方法虽然使新战略能立即见效,而且抓住了战略时机,但也要付出很大代价,如果大多数管理人员及员工思想跟不上,仍会使战略的贯彻不很彻底。

上述三点可以看出战略的前导性和组织结构滞后性。相对于企业外部环境变化而言,往往对环境变化最先作出反应的是战略,而不是组织结构,即战略变化在前,组织结构变革在后。因此,中高层管理人员在战略实践中要考虑到组织结构变革滞后,给战略实施所带来的影响以及所带来的实施的复杂性。

## 三、企业组织结构决定企业战略

从战略执行的角度来说,战略决定了组织结构,但从战略制定的角度来说,可能关系恰好相反,是企业组织结构决定了企业战略。在很多文献中,都比较鲜明地认为是企业组织结构决定了企业战略,在这里企业战略一般是指企业战略的制定。当一种企业组织结构确定以后,组织结构往往决定了企业战略变革的内容。

企业生命周期理论的提出者爱迪斯认为,在组织结构与战略之间还存在一个概念:行为,即组织结构决定行为,而行为决定了战略。所谓行为,是指由组织中的成员本身利益所决定的行为。在组织中每一个成员都有自己的本位利益,这种本位利益是由现有组

织结构所决定的。爱迪斯认为,组织结构由三个子系统构成:责任结构、职权结构及奖惩结构。这三个系统的统一体能够使组织产生比较高的效率。对于一个既定组织结构来讲,只有把责任、职权、奖惩三者协调一致之后,才能进行战略规划,也就限制了战略的制定和实施。[①]

也有的学者从组织的资源观角度出发,认为组织结构可以作为一种资源,认为成功的战略变革会发生在拥有大量资源的组织中(rensose)。Nelson 和 Winter(1982)认为组织内部容易形成历史"惯例",而这种惯例会阻碍战略变革,因此有时是企业组织结构决定了企业战略。

## 四、企业组织结构与企业战略的相互促进、相互影响

很多学者认为,在现代信息化环境中,企业战略与企业组织结构的关系并不是谁决定谁的问题,而是相辅相成相互影响的(Farjoun 2002)。Whittington、Pettigrew 和 Ruigrok(2002)认为,一项战略变革要成功,必须要有组织结构的变革和组织过程的变革相配合。这里战略变革主要是指公司层面上的战略变革。组织结构变革主要是指削减中间管理层,以增强组织结构扁平化的行动。组织过程变革主要是指通过组织流程变革要使企业内部信息流动更加顺畅。只有上述三者全部实行了变革,组织绩效才会提升。

笔者认为,关键看企业战略目标是否有重大变化,如果企业战略目标发生重大变化,如企业由单一产品经营转变为多元化经营;企业由大规模低成本经营转变为差异化经营,企业由国内经营转变为跨国经营等,这时不仅企业战略目标及战略会发生重大转型,同时企业组织结构也会发生重大变化。也正是由于企业组织结构的变化发展也会促使企业战略发生转型。如企业国际化经营原来公司成立的是国际部,负责本企业的产品出口经营等业务,但随着国际业务的发展,公司不仅在东道国建立了工厂,同时由产品出口发展为资本输出,在东道国成立控股的合资公司,甚至对东道国企业进行兼并收购,并在东道国建立了研发中心等机构,由此公司业务发展推动公司国际化组织机构的扩大发展,进而推动公司的跨国经营战略也在不断升级。

## 五、企业组织结构的创新

在当前互联网条件下,产品生命周期在缩短,市场变化日益加快,人们的需求个性化、碎片化的环境下,企业原有组织结构的弊端愈来愈明显,主要体现在部门的分割、信息传递速度缓慢、决策速度慢、不能对变化的环境及时快速作出反应,因此必须对这种组织结构进行改造。下面介绍两种有利于快速反应的组织结构。

### (一)企业内部组织结构的创新

1. 组织结构扁平化,减少中间管理层次

中间管理层次过多造成企业内部信息传递路径长、环节多、速度慢、信息失真,是影响快速反应和决策速度的重要原因。

---

① 刘海建.企业组织结构刚性与战略变革[M].北京:商务印书馆,2013.

扁平化组织结构通过减少中间管理层次，裁减冗余人员，从最高决策层到最低操作层中间管理层级很少，让最下层单位拥有充分的自主权，面对生产结果负责，从而形成扁平化组织结构。信息化的发展是扁平化组织机构产生的直接原因。

扁平化组织结构的优点是：缩短了上下级之间的距离，密切了上下级关系，信息传递速度快，失真少，便于高层领导了解基层情况，被管理者有较大自主权，因而会进一步调动其积极性、主动性。

扁平化组织结构的缺点是：主管人员管理幅度增大，负担重，精力分散，不易对下级组织人员严密控制，难以对下级进行深入具体地管理，对主管人员的管理素质要求高，管理幅度越大，对主管人员素质要求越高、越全面。同时权力下移后对基层管理人员素质及员工素质都有较高要求，当然一个强大而健康的企业文化是必不可少的。

应当说明，尽管由于信息化的发展，使企业组织结构扁平化了，但组织结构仍具有层次性。所谓层次性是指"系统在深化过程中内部元素之间不断归并为若干个相对独立的层次，系统最终由这些层次所构成"。[①] 这样的等级分层不仅是大型企业组织结构所独有的特点，而是对所有的企业都适用，每一个组织具体形式会有所差别，但都包含有一些起关键作用的特殊层次。组织结构的层次性体现在很多方面，如决策权、信息处理等。不管未来新技术和自动化技术发展程度如何，都不可能消除组织的基本分层结构，减少的只能是某些协调层次罢了。即使企业组织结构网络化了，网络化组织仍将包含等级层次，网络将补充而不会取代等级层次。

2. 组织结构团队化

团队是由为数不多的员工根据企业功能性任务组成的工作单位，其主要特征是团队成员承诺共同的工作目标和方法，并相互承担责任。[②]

团队成员为了共同的目的或业绩目标，他们自我组织、自我管理，共同完成工作任务，使信息知识、技能、资源在团队中流动，团队成员彼此有信任感，相互承担责任。

组织结构团队化的流行，除了具有民主氛围、参与决策、提高员工满意度、提高员工积极性等作用外，还有三个方面的原因：①它能整合员工的多种技能，能够完成复杂的、不确定性的工作；②它能快速组合、重组和解散，方便灵活，增强组织的灵活性；③它适应复杂、多变的外部环境，直接感受到市场环境、竞争对手、顾客需求等环境的变化，并快速作出反应。它是在互联网条件下企业生产经营及管理的基本组织构成单位。

3. 组织结构柔性化

柔性化要求企业组织结构具有一种快速、有效地适应复杂、不确定性环境的能力和特性，表现为稳定性与灵活性的统一。即组织的集权与分权的融合，稳定与变革的融合。

集权与分权的融合，一方面，要求组织单位要保持松散、分权和差异，以使组织单元具有主动和快速反应的创新能力；另一方面，它需要集中管理，保持战略的执行力，减少决策和行动上的时间延滞。企业根据外部环境的变化，针对不同的部门、不同的业务、项目、

---

① 辛安娜，李克强. 企业组织结构的复杂性分析[J]. 晋阳学刊，2004(2).

② J. Katzenbach and D. Smith(1993). The Magic of Teams, Harvard Business School Press, Boston, Mass. 转引自孙海法：团队与国企组织管理[J]. 学术研究，1998(6).

不同的组织单元,灵活采取集权或分权结构。

稳定与变革的融合,组织中有些基本要素在短期内是不会变的,要保持其稳定性。而工作团队、专家、顾问的变动、项目及业务的变动来增强组织的柔性,从而维护组织结构稳定与变革的统一。

组织结构柔性化表现为组织结构团队化、组织结构虚拟化、学习型组织的建立等。

4. 组织结构网络化

信息的传递不必再遵循自上而下或自下而上的等级阶层,就可以实现部门与部门,人与人之间直接信息交流,因而刺激了企业组织网络化的发展。

组织结构网络化主要表现为企业内部组织结构网络化和企业间组织结构的网络化。企业内部组织结构网络化是指企业内部打破部门界限,各部门及成员以网络形成相互连接,使信息、知识、能力及资源在企业内部快速传播,实现最大限度的资源共享。

在内部网络组织中行政协调仍然发挥作用,企业行政协调系统的存在表明,总部的各组织单元拥有最终的资产控制和管理控制权。

行政协调系统的作用有三个:一是对企业总体目标、战略制定与下达;二是企业信息、知识、技能的传递;三是当环境变化时,行政命令会发挥作用,例如,为寻求企业整体利益最大化,总部可以利用行政命令规定内部价格,把利润转移到低税收国家去。

公司内部是一个由众多工作团队组成的内部网络体系,它是由总部及有相对独立或自治的工作团队通过通信技术和网络技术相联结所构成的、知识和权力主要分布于团队的网络管理结构。每个工作团队具有高度灵活性,每个工作团队有不同或相同的产品研发任务,成员是充分自由的,如果把团队或工作小组理解为网络上的节点,大多数节点相互之间是平等的,非刚性的,这种形式促进了全方位的信息化沟通,工作团队的自我组织、自我管理却变得十分重要,这类组织的一个重要特点是能把全公司的各种功能连为一体,能够招聘到善做各种工作的人员,能创造较好的企业绩效。

企业作为总部与组织单元(工作团队)之间,以及组织单元(工作团队)之间形成的契约关系网,各节点之间关系由三种机制所协调:①企业内部市场;②各组织单元之间基于共同利益而形成的合作关系;③行政协调仍然发挥着作用。依靠这些管理机制和关系、知识、能力、资源得以在网络结构中的各单元间进行流动,提高了内部网络结构对环境变化做出快速反应的能力。

内部网络结构中管理者的角色发生了重大变化。在传统企业中高层经理担当企业家角色,负责制定并实施战略,中层管理者担当管理控制者角色,一线经理人员是战略执行者角色。在内部网络结构中,一线经理人员不完全是战略执行者,而是企业家行为的发起者。一线经理人员要求具有企业家精神,起到增加组织单元的知识、资源总量并增强竞争力的作用,要直接为顾客创造价值。中层管理者指导和支持一线经理人员,负责平衡网络结构中的资源、能力和知识。他们把跨部门分散的知识、技能和实践经验融合起来,发挥着培养基层管理者能力、整合各流程能力的作用。高层管理者负责公司战略目标及公司战略的制定。塑造企业愿景,不断调整现有战略以适应不断变化的环境①。

---

① 徐炜.企业组织结构:21 世纪新环境下的演进与发展[M].北京:经济管理出版社,2008.

## 案例 16-1

# 海尔组织结构的创新[①]（2012 年）

传统的企业正三角组织：金字塔最上面的尖是最高领导，金字塔最底下是普通员工，中间是不同层次的管理者。这种结构带来的问题是，最底层的员工接触用户，得到的信息逐级汇报上去，领导做的决策也要逐级传下去，这显然不能适应互联网时代快速反应的要求。所以我们把金字塔结构倒过来，变成倒金字塔，接触用户的员工在第一线，领导在下面，领导从原来的指挥者变成资源提供者。

倒三角的组织结构体现的是实现两个"零距离"的目标：员工内部协同的零距离；组织与外部用户的零距离。第一个零距离体现在一线员工要完成为用户创造价值的目标，原来的领导要支持他，和他协同零距离；第二个零距离则是内部员工协同起来共同创造用户价值，必须全流程和用户零距离。比如，研发人员和营销人员都要面向用户，共同满足用户需求。

由此海尔把八万多员工变成了两千多个自主经营体，海尔将这些自主经营体分为三类：第一类为活跃在市场前线的两千多个直接按"单"定制、生产、营销的一级经营体；第二级是平台经营体，为一级经营体提供资源和专业服务；第三级是战略经营体，即原来的高层管理者，主要负责制定战略及创新机制。自主经营体已经不存在传统的向领导汇报的概念，对于一级经营体，通过一个公开的信息平台提出自己的需求，二、三级经营体会根据平台机制给予解决。如果解决不了，则是平台和机制出了问题，需要二级、甚至三级来"关闭差距"，"关闭差距"的过程就是二级，甚至是三级经营体的"单"。通过这样的"倒逼"机制的纵横连接，把海尔过去传统的正三角形组织结构转变为以自主经营体为基本单元的倒三角网络型组织结构，使企业所有环节和员工都面向用户，为满足用户需求、为用户创造价值而创造性地工作。张瑞敏认为，战略转向人单合一，组织结构就颠覆成倒三角网络型组织结构。

资料来源：是三个资料的综合。①笔者 2012 年 2 月 22 日至 24 日随中国企业联合会去海尔调研材料；②蒋黔贵.学习海尔：努力探索互联网时代管理新模式.19 届国家级企业管理创新成果[M].北京：企业管理出版社，2013；③2012 年 3 月 24 日张瑞敏在 2012 年全国企业管理创新大会上的讲话。

### （二）企业间组织结构的网络化

随着信息的化的发展，企业间组织结构网络化已成为企业重要发展趋势之一。企业网络化组织是指：一些相互独立的业务过程或企业以信息及通信技术为基础，依靠网络将研发、供应、生产、销售、消费者甚至竞争对手等独立的企业或个体连接而组成的动态性联盟，每一个伙伴各自在研发、设计、生产、营销等领域为联盟贡献出自己的核心能力，实现盈利共享，成本及风险共担，共同把握快速变化的市场机遇以达成共同的战略目标。企业间的合作网络及其关系管理能力的高低，决定了企业在网络中的生存和发展，企业的这种关系资源或网络资源已成为企业的战略资源，是企业有价值的核心能力。有些学者（如 Gulati 等人）把这种网络称之为战略网络，企业间网络组织包括正式的网络结构（如组织结构和沟通渠道），也包括非正式的网络结构（如社会关系及其结构），由此可知企业间网络组织要比原有的企业间的战略联盟其合作的范围要宽广得多。

企业间网络组织产生的原因有：第一，网络组织将促进合作伙伴之间的"组织学习"，从而提高各方对不确定性环境的认知能力，同时，网络企业间长期合作关系也在一定程度上抑制了交易各方之间的机会主义行为；第二，企业间的联盟替代市场机制有利于稳定交易关系，资产专用性越高，交易双方关系保持稳定性就越有意义，合作的意愿就越强；第三，建立网络组织，可充分利用组织的稳定性抵消外部市场的不确定性；第四，由于信息技术的发展，使信息成本降低，使网络组织资源配置效率高于等级组织，使之更有竞争力，同时也提高了网络组织绩效。[①]

企业间网络组织的运行离不开企业间的协调机制，主要是信任协调、契约协调及沟通协调，其中：信任协调机制是规范、协调各企业及行为主体的行为方式；契约协调机制是保证企业间网络组织结构良好运行的基础；沟通协调机制是对网络中各企业良好运行的前提。多种协调机制共同发挥作用才能使企业间网络组织发挥正常的作用。

企业间网络组织在当代信息化条件下呈现出多样化的特点，互联网企业、战略动态联盟、虚拟化企业、业务外包、供应链管理、企业集群等多种企业间网络组织创新形式不断涌现。

值得注意的是虚拟联合体已成为企业间组织结构发展的高级化形式。虚拟联合体不具有独立的法人资格，它是几个企业间形成的一种暂时、松散的动态联盟。依靠信息技术网络的协议方式确立实现目标或某种服务协作关系，一旦目标达成，虚拟联合体就立即解散。这种企业间组织更加强调企业边界的模糊性，虚拟联合体突破了传统企业组织边界的束缚，它利用信息网络可以在任何时间、地点办公，实体组织的作用已大为降低，通过互联网实现各种交易，成为结构无形化组织如淘宝网、互联网金融等。

# 第五节　企业文化与战略实施

## 一、企业文化的概念

什么是企业文化？目前企业界及学术界还没有一个统一的规范化的定义。综合国内外的研究，笔者认为企业文化是指：全体员工在企业长期发展过程中，培育形成并共同遵循的最高目标、价值观念、道德标准和行为规范。它是一种经济文化、管理文化和微观组织文化。

## 二、企业文化的结构

企业文化结构大致可分为四个层次，即物质层、行为层、制度层和精神层。

### （一）企业文化的物质层

企业文化物质层也叫企业的物质文化，它是形成制度层、行为层和精神层的条件，它

---

① 徐志坚.多企业组织结构分析与竞合策略[M].南京：南京大学出版社，2011.

往往能折射出企业的经营思想、管理哲学、工作作风和审美意识。它主要包括企业名称、标志、厂容厂貌、产品的特色、式样、外观及包装、企业工艺设备特性,企业的旗帜、歌曲、服装、花卉、文化体育设施、企业的造型和纪念性建筑、文化传播网络、纪念品,从这些方面往往能折射出企业的战略思想、经营哲学、工作作风及审美意识,反映出企业文化的个性色彩。

### (二) 企业文化的行为层

企业文化的行为层也可以叫企业的行为文化,它是指企业员工在生产经营活动中、学习娱乐活动中产生的活动文化。它是企业经营作风、精神面貌、企业风气、人际关系的体现。

企业行为文化从人员结构划分,可包括企业家行为文化、企业模范人物的行为文化和企业员工的行为文化。

企业家是企业生产经营活动的领导者,成功的企业家的经营决策行为必然要求企业家要有高尚的品德、优良价值观等优秀企业文化的支撑,也只有优秀企业文化的支撑才能正确地制定并实施正确的企业战略,直至企业战略目标的达成。

企业模范人物是实施企业战略的中坚力量,是优秀企业文化的代表,这些模范人物使得企业价值观"人格化"、"具体化",他们是企业员工学习的榜样,他们的行为成为企业全体员工仿效的行为规范。

企业员工是企业的主体,企业员工的群体行为决定了企业整体的精神风貌和企业文明的程度,如企业的风俗,企业的典礼、仪式、行为习惯,节日活动的行为习惯,企业风气,企业的工作气氛,企业的人际关系等。因此,企业员工群体行为的塑造是企业文化建设的重要组成部分。

### (三) 企业文化的制度层

企业文化的制度层又叫企业的制度文化,主要包括企业的领导体制、企业组织机构和企业的管理制度三个方面。

1. 企业的领导体制是企业进行决策、指挥、监督等领导活动的具体制度,以保证企业领导活动的完整性、一致性、稳定性和连贯性,它是领导者与被领导者之间建立关系、发挥作用的桥梁和纽带,是用制度化的形式规定了企业系统内的领导权限、领导机构、领导关系及领导活动的方式。企业领导体制会受到企业文化的深刻影响。

2. 企业组织机构是指企业全体员工为实现企业目标而进行的分工协作,在职务范围、责任和权力方面所形成的结构体系,包括正式组织机构和非正式组织机构,是企业文化的载体。

3. 企业管理制度是企业员工在企业生产经营活动中共同遵守的规定和准则的总称,包括企业的人事制度、生产管理制度、民主管理制度等一切规章制度,对员工行为有强制和约束作用,它是企业进行正常生产经营活动的强有力的保证,优秀企业文化的管理制度必然是科学、完整、实用的管理方式的体现。

### （四）企业文化的精神层

企业文化的精神层又叫企业的精神文化。

它是企业文化的核心部分,主要是指企业的领导和员工共同信守的基本信念、价值标准、职业道德及精神风貌,精神层是企业文化的核心和灵魂,是形成企业文化的物质层、行为层和制度层的基础和原则。它是在企业生产经营过程中,受一定的社会文化背景、意识形态影响而长期形成的一种精神成果和文化观念。企业文化的精神层主要包括企业最高目标、企业哲学、企业精神、企业道德和企业的宗旨五个方面,企业文化中有没有精神层是衡量一个企业是否形成了自己的企业文化的一个标志和标准。

企业最高目标反映了企业领导者和员工的共同追求、奋斗目标和理想抱负,是全体员工凝聚力的焦点,是企业共同价值观的集中体现,是企业文化建设的出发点和归宿。

企业哲学是企业领导者为实现企业目标在整个生产经营活动中的基本信念,是处理企业生产经营过程中发生的一切问题的基本指导思想和依据,是企业在长期生产经营活动中自觉形成的,并为全体员工所认可和接受的,具有相对稳定性。

企业精神是企业有意识地提倡培养员工群体的优良精神风貌,是企业现有的观念意识、传统习惯、行为方式中的积极因素进行总结、提炼及倡导的结果。

企业道德是指企业内部调整人与人、单位与单位、个人与集体、个人与社会、企业与社会之间关系的行为准则。道德与制度虽然都是行为准则的规范,但制度具有强制性和约束性,而道德却是非强制性的。一般来讲,制度解决是否合法的问题,道德解决是否合理的问题。从企业道德内容来看,主要包含调节员工与员工、员工与企业、企业与社会三方面的行为准则和规范。作为微观的意识形态,它是企业文化的重要组成部分。

企业宗旨是指企业存在的价值及其对社会的承诺。企业对内外都承担着义务:对内,企业要保证自身的生存和发展,使员工得到基本生活保障并不断改善他们的生活福利待遇,帮助员工实现他们的人生价值;对外,企业要生产出合格的产品和服务,满足利益相关者的需求,从而为社会物质文明的精神文明进步作出贡献。

## 三、企业文化的性质和作用

### （一）企业文化的性质

文化是由人类创造的不同形态的特质所构成的复合体,它是一个庞大的丰富而复杂的大系统,既包含有社会文化、民族文化等主系统,也包含有社区文化、企业文化等属于亚文化层次的子系统。由于文化的层次不同,它所具有的功能、担负的任务、所要达到的目的也不同。企业文化作为一种子系统文化,主要包括以下四方面特性:

1. 无形性。企业文化所包含的共同理想、价值观念和行为准则是作为一个群体心理定势及氛围存在于企业职工中,在这种企业文化面前,员工会自觉地按照企业的共同价值观念及行为准则去从事工作、学习、生活,这种作用是无法度量、计算的,企业文化是一种信念的力量、道德的力量、心理的力量,这三种力量相互融通、促进,形成了企业文化优势,这是企业战胜困难、夺取战略胜利的无形力量。

　　企业文化虽然是无形的,但却是通过企业中有形的载体(如企业员工、产品、设施等)表现出来的。没有企业,没有员工、设备、产品、资金等有形载体,则企业文化便不复存在。企业文化作用的发挥有赖于企业的物质基础,而物质优势的发挥又必须以企业文化为灵魂,只有企业的物质优势和文化优势的最优组合,才能使企业永立于不败之地。

　　2. 软约束性。企业文化之所以对企业管理起作用,是靠了其对职工的熏陶、感染和诱导,使企业员工产生对企业目标、行为准则及价值观念的"认同感",自觉地去按照企业的共同价值观念及行为准则去工作。因此,企业文化是非强制性的、不成文的行为准则,它对员工有规范和约束的作用,而这种约束作用是一种软约束。员工的行为会因为合乎企业文化所规定的行为准则受到群体的承认和赞扬,从而获得心理上的满足与平衡,反之,就会受到群体意识的压力和谴责,从而产生失落感、挫折感及内疚。如果员工的某种行为违背了企业文化的行为准则,群体就会来规劝、教育、说服这位员工服从企业群体的行为准则,否则他将被该企业员工所抛弃,直至离开这个企业。

　　3. 相对稳定性和连续性。企业文化是随着企业的诞生而产生的,具有一定的稳定性和连续性,能长期对企业员工行为产生影响,不会因为日常的细小的变化或个别干部及员工的去留而发生变化。

　　但是,企业文化也要随企业内外经营环境的变化而不断充实和变革,封闭、僵化的企业文化形态最终也会导致企业在竞争中失败。在我国经济体制改革过程中,由于企业内外环境及企业地位等发生了重大变化,企业文化中如价值观、企业哲学、发展战略等都会发生很大变化,若企业仍然抱残守缺,不肯变革,终究会走上破产的道路。因此,在保持企业文化相对稳定的同时,也要注意企业文化的灵活性,及时更新、充实企业文化是保持企业活力的重要因素。

　　4. 个性。企业文化是共性和个性的统一体,各国企业都是商品或服务的生产者和经营者,有其必须遵守的共同的客观规律,如必须调动员工的生产积极性、争取顾客的欢迎和信任等,因而其企业文化有共性的一面。而另一方面,由于民族文化和所处环境的不同,其企业文化又有个性的一方面,据此我们才能区别美国的企业文化、日本的企业文化、中国的企业文化等。同一国家内的不同企业,其企业文化有共性的一面,即由同一民族文化和同一国际环境而形成的共性,但由于其行业不同、社区环境不同、历史特点不同、企业战略不同、经营特点不同、产品特点不同、时间特点不同,等等,从而形成企业文化的个性。只有企业文化具有鲜明的个性,才能充分发挥企业文化的作用。

### (二)企业文化的作用

　　企业文化理论的出现,使得以前被视为管理难题的组织目标与个人目标的矛盾、管理者与被管理者的矛盾等有希望得到解决,具体而言,企业文化具有以下五个作用:

　　1. 导向作用。即把企业员工个人目标引导到企业所确定的目标上来。在激烈的市场竞争中企业如果没有一个自上而下的统一的目标,很难参与市场的角逐,更难于在竞争中求得生存和发展。在一般的管理概念中,为了实现企业预定的目标,需要制定一系列策略来引导员工,而如果有了一个适合的企业文化,员工就会在潜移默化中接受共同的价值观念,形成一股力量向既定方向努力。

企业文化就是在企业具体的历史环境及条件下，将人们的事业心和成功欲转化成具体的奋斗目标、信条和行为准则，形成企业员工的精神支柱和精神动力，为企业的共同奋斗目标而努力。因此，优秀的企业文化建立的实质就是建立内部的动力机制，这一动力机制的建立，使广大员工了解了企业正在为崇高的目标而努力，不但可以产生具有创造性的策略，而且可以使职工勇于为实现企业目标而做出个人牺牲。

2. 约束作用。作为一个组织，企业常常不得不制定许多规章制度来保证企业的正常运行，这当然是完全必要的，但是即使有了千万条规章制度，也很难规范每个员工的每个行为，而企业文化则是用一种无形的文化上的约束力量形成一种行为规范，制约员工的行为，以此来弥补规章制度的不足。它使信念在员工的心理深层形成一种定势，构筑出一种响应机制，只要外部诱导信号发生，即可得到积极响应，并迅速转化为预期的行为。这就形成了有效的"软约束"，它可以减弱硬约束对职工心理的冲撞，缓解自治心理与被治现实形成的冲突，削弱由其引起的一种心理抵抗力，从而使企业上下左右达成统一、和谐与默契。

3. 凝聚作用。文化是一种极强的凝聚力量。企业文化是一种黏合剂，它把各个方面、各个层次的人都团结在本企业文化的周围，对企业产生一种凝聚力及向心力，使员工个人的思想感情和命运与企业的安危紧密联系起来，使他们感到个人的工作、学习、生活等任何事情都离不开企业这个集体，将企业视为自己最神圣的东西，与企业同甘苦、共命运。

4. 激励作用。企业文化的核心是要创造出共同的价值观念，优秀的企业文化就是要创造一种人人受重视、受尊重的文化氛围。良好的文化氛围往往能产生一种激励机制，使每个成员所作出的贡献都会及时得到员工及领导的赞赏和奖励，由此激励员工为实现自我价值和企业发展而勇于献身，不断进取。

未来企业的成功需要看能否聚集员工的创意，是否激励员工和管理人员一起从事创造性的思考而定。一个企业的成功与否关键是企业员工创造性的发挥。优秀的企业文化诱发每个员工的创新热情及开拓进取的好风气，从而形成一种激励环境及激励机制，这种环境和机制胜过任何行政指挥和命令。它可以使企业行政指挥及命令成为一个组织过程，将被动行为转化为自觉行为，化外部动力为内部动力，其力量是无穷的。

5. 辐射作用。企业文化塑造着企业的形象。优良的企业形象是企业成功的标志，包括两个方面：一是内部形象，它可以激发企业员工对本企业的自豪感、责任感和崇尚心理；二是外部形象，它能够更深刻地反映出该企业文化的特点及内涵。

企业形象除对本企业产生很大的影响外，还会对本地区乃至国内外企业产生一定的影响，因此企业文化具有巨大的辐射作用。

## 四、企业文化与企业战略的关系

### （一）企业文化决定了企业战略

一般来讲，企业文化为企业战略的制定提供了正确的指导思想，同时企业文化也为企业战略实施提供了优良的文化环境。例如一个企业自身具有很强的创新文化特色时，决定了企业差异化战略的制定和实施。因此优秀企业文化为企业战略制定及实施成功奠定了坚实的基础,由于企业文化具有共同的价值观、信息和行为规范,使员工形成统一意志,形成自觉行动,这种文化为企业战略有效实施提供了原动力。

### (二)企业战略规范着企业文化

严格来讲,有什么样的战略就应该有什么样的企业文化,即企业文化应服从于企业战略,企业文化是为战略的制定和实施服务的。许多企业管理实践也证明了这一点,凡是在战略取得成功的企业,一般都有与战略相匹配的优秀企业文化在起作用,即战略决定了企业文化。

### (三)原有企业文化制约着新战略的制定和实施

当一个企业文化已经存在时,组织中的人们总是希望该企业文化能保持稳定,因为稳定的企业文化给人以安全感,人们希望维系旧的文化,而对新战略要求变革旧的企业文化表现出反对、阻挠甚至对抗的制约力,这些制约力是历史与现实、物质与心理、素质与观念、认识与情感等诸因素共同作用的结果。因此企业及文化变革要打破旧的规章制度,改变多年来人们形成的思维定势、传统习惯和行为规范,人们普遍感到不适应,不习惯,可见阻碍和反对建立新的企业文化的力量是多么强大,旧的企业文化的刚性非常强。因此旧的企业文化对新战略制定和实施会起到制约作用,这种制约作用在新战略制定过程中就有顽强的表现,一直延续到新战略整个实施过程中,因此新战略的制定与实施在某种程度上有时要迁就企业原有的文化。

综上所述,可以看出战略的先导性与企业文化的滞后性,即相对于企业外部环境变化而言,往往对环境变化最先作出反应的是战略,而不是企业文化,即战略变化在前,企业文化变革在后。因此,企业中高层管理者在战略实施中要考虑企业文化变革的滞后给战略实施所带来的影响,以及所带来的实施的复杂性。

### (四)企业文化与企业战略必须相互适应和协调

严格地讲,当企业战略制定后,企业文化应随着新战略的制定而有所变化。但是,一个企业的企业文化一旦形成以后,要对企业文化进行变革难度很大,也就是说企业文化的刚性较大,而且它具有一定的持续性,会在企业发展过程中有逐渐强化的趋势。因此,从战略实施的角度来看,企业文化既要为实施企业战略服务,又会制约企业战略的实施。当企业制定了新的战略要求企业文化与之相配合时,企业的原有文化变革速度却非常慢,很难马上对新战略作出反应,这时企业原有文化就可能成为实施企业新战略的阻力,因此,在战略管理过程中企业内部新旧文化更替和协调是战略实施获得成功的保证。

企业文化与企业战略相适应的关系有四种形式,见图 16-5。纵轴表示企业在实施新战略时,企业的组织结构、技能、价值观、生产流程等各种组织要素所发生的变化程度。横轴表示企业战略变化与企业目前的文化相一致的程度。

1. 图 16-5 中第 Ⅰ 象限是指:企业实施一个新战略,企业的组织要素变化不大,而且战略变化与企业原有的文化相一致。在这种情况下,高层管理者主要考虑两个问题:

（1）利用目前的有利条件，巩固和加强自己的企业文化；

（2）利用企业文化相对稳定及持续性的特点，充分发挥企业文化对企业战略实施的促进作用。

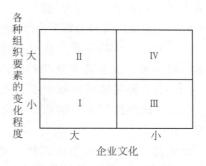

图16-5　企业文化与企业战略的关系矩阵

2．图16-5中第Ⅱ象限是指：企业实施一个新战略，企业的组织要素发生很大的变化，但这些变化与企业原有文化有潜在的一致性。这种情况大多是以往企业的效益就比较好，企业根据自己的实力，寻找可以利用的机会，以求得更大的发展，或者企业试图扩大自己的主要产品或市场以求得发展。总之，这种企业处于一种非常有发展前途的地位，它们可以在企业原有文化的大力支持下实施新战略。

在上述情况下，企业处理战略与企业文化关系的重点是：

（1）企业进行重大变革时，必须考虑与企业的基本性质与地位的关系问题，即企业的基本性质与地位是确定企业文化的基础。高层管理人员在处理战略与企业文化关系过程中，一定要注意到企业的战略可以发生变化，但这一战略变化由于并没有从根本上改变企业的基本性质和地位，因而仍与企业原有文化保持着不可分割的联系。

（2）要发挥企业现有人员的作用，由于这些人员仍保持着企业原有的价值观念和行为准则，这样可以保证企业在原有文化一致的条件下实施变革。

（3）在必须调整企业的奖励制度时，要注意与企业目前的奖励措施相衔接。

（4）企业高层管理者要着重考虑与企业原有文化相适应的变革，不要破坏企业已经形成的行为准则。

3．图16-5中第Ⅲ象限是指：企业实施的战略，企业的组织要素变化不太大，但这些要素的变化却与企业原有文化不很协调。在这种情况下，企业高层管理者往往在生产经营中，在不影响企业总体文化一致的前提下，对某种经营业务实行不同的文化管理，但要注意加强全局性协调。例如美国瑞奇百货公司非常注重产品质量，该公司原来的目标市场是为高收入层的顾客服务，在20世纪70年代，该公司决定要开拓中下层收入顾客的市场，但这个市场的文化要求与该公司以往获得成功的价值观念和行为准则极不一致，因此，瑞奇公司决定在零售业中新开一个联号商店，使其独立经营，结果该公司在两种市场上都获得了成功。因此，企业要对与企业文化密切相关的因素进行变革时，根据文化的不同要求进行分别的管理是一个重要手段。

4．图16-5中第Ⅳ象限是指：企业实施一个新战略，企业的组织要素发生了很大的变化，而这些变化与企业原有文化又很不一致。在这种情况下，企业高层管理者首先要考察企业是否有必要大动干戈推行这个新战略，因为企业为实施新战略而冒改变企业文化的风险，要付出巨大的代价，而这一改变能否取得预期的效果尚难以预料，如果认为没有必要冒这一风险，就要考虑重新制定战略，即在现实中企业只能实施与企业现有文化基本一致的战略。但有时由于外部环境发生重大变化，迫使企业不得不制定与企业原有文化发生重大矛盾的战略，在这种情况下企业就必须考虑采取以下四方面措施：

（1）企业高层管理者要下定决心进行变革，并向全体职工讲明变革企业文化的重要意义。

（2）为形成新的企业文化，企业要招聘一批具有新的企业文化意识的人员，或在企业内部提拔一批与新企业文化相符的人员。

（3）企业要奖励具有新企业文化意识的分部或个人，以促进企业文化的转变。

（4）要让全体职工明确新企业文化所需要的行为，要求企业员工按照新企业文化的要求工作。

企业高层管理者应当认识到改变企业文化的难度是相当大的，原有企业文化持续时间越久，则企业文化变革就越困难；企业规模越大、越复杂，则企业文化的变革就越困难；原有企业文化越深入人心，则企业文化变革就越困难。但不管改变企业文化的难度如何，如果实施的战略与原有企业文化不相匹配，就必须要考虑对策。企业高层管理者应当认识到，急剧地、全面地改变企业文化在多数情况下难以办到，但逐步地调整也不是不可能的，当然，这是一个费时费力的过程。因此有人主张，改变企业文化最方便的办法就是更换人员，甚至更换企业高层管理者，即当企业确有必要实行新的战略而渐进式地改变企业文化的措施又不能立即取得预期效果时，企业只能做出重大人事变动，更换领导人员，聘用新的工作人员，并对他们灌输新的价值观。对企业员工要加强教育和培训，抓住每一个机会不断地使员工理解实施新战略的必要性及重大意义，最终使新战略与员工的价值观念达成一致，从而实现企业文化的变革。

## 五、企业文化的创新与发展

在今后互联网、云计算、大数据等大发展的环境背景下，企业文化也会有一个大发展，未来企业文化内容会更加丰富多彩。

### （一）互联网企业文化

这是在互联网特殊世界中，企业员工进行学习、工作、交往、沟通、休闲、娱乐等活动方式及其所反映的价值观念、社会心态的总称，包括人的心理状态、思维方式、知识结构、道德修养、价值观念、审美情趣、行为方式等。因此由于互联网，尤其是移动互联网的发展，要求互联网企业文化必然要具有开放、平等、自由、共享、协作、沟通的文化。其企业内部组织是无层级的、去中心化、去管控化的组织。互联网企业要求员工快乐地工作，鼓励冒险，容忍快速失败。

## 案例 16-2

### 谷歌（Google）的十大信条

谷歌（Google）的十大信条是：①以用户为中心，其他一切水到渠成。②专心将一件事情做到极致。③越快越好。④网络也讲民主。⑤信息需求无处不在。⑥赚钱不必作恶。⑦信息无极限。⑧信息需求无国界。⑨认真不在着装。⑩追求无止境。

资料来源：http://www.google.com.hk/about/company/philosophy/.

## 阿里巴巴的价值观

我们坚持"客户第一,员工第二,股东第三"。

阿里巴巴集团有六个核心价值观,是我们的企业文化的基石和公司 DNA 的重要部分,这六个核心价值观是:①客户第一:客户是衣食父母。②团队合作:共享共担,平凡人做平凡事。③拥抱变化:迎接变化、勇于创新。④诚信:诚实正直,言行坦荡。⑤激情:乐观向上,永不言弃。⑥敬业:专业执着,精益求精。

资料来源:http://page.1688.com/group/culture_value.html.

### (二)创新与变革文化

不创新即倒退,不创新即死亡,已成为企业经营的第一定律,因此创新变革是今后企业文化的主旋律,同时当前开放式创新、外包创新、众包创新、众筹创新等创新模式发展。因此企业文化中敢于创新、不怕冒风险、宽容失败、善于行动、敢于挑战自我、善于打破旧的平衡、创造新的平衡、强烈的危机意识、挑战自我、志在追求更高目标等内容将是今后企业文化的中心内容之一。

### (三)学习型文化

21 世纪是知识经济的时代,知识已成为企业战略资源,学习型组织已成为竞争力最强、最具活力的组织形式。学习型企业文化高度重视人的因素,特别是员工素质的全面提高,注重企业和员工的协调发展,是人本管理最高层次的体现。它是一种鼓励个人及组织学习和自我超越的企业文化,是一种形成共同价值观、改善心智形式、培养系统思考的企业文化,是一种以学习力的提升进而增强企业和员工的竞争力的企业文化。企业应提倡学习的理念,搭建和提供学习的平台,营造良好学习氛围,创建学习型企业。

### (四)文化全球化

在互联网条件下,合作竞争、战略联盟、虚拟企业、供应链管理、线上线下融合(O2O)、国际化经营等模式均是 21 世纪企业发展的新战略模式。它使企业边界模糊化,或称企业无边界经营,中国企业开始走向国际化,自然资源、人力资源、金融资源、无形资源正在全球以新的方式得以重新配置。这些都给企业文化发展提出新的需求,许多跨国并收购整合后的企业往往最大的问题是文化不兼容,甚至文化冲突导致兼并失败。因此,要求企业文化转型,由封闭型文化转向开放型文化,由管理意志文化转向法制文化,由经验型文化转向规制型文化,从垄断型文化转向平等合作型文化,从行政型文化转向市场型文化,从任意型文化转向信誉型文化,等等。

文化全球化是指世界上一切文化以各种方式在全球范围内流动。当前学术界对文化全球化看法仍有较大分歧。实际上文化全球化是经济全球化的产物,是世界的一种发展趋势。美国的肯德基、麦当劳,是当人们接受了美国快餐文化之后,人们才接受美国的快餐食品。所以,文化全球化是当今世界文化发展的一种客观趋势、历史进程,它不等同于"文化殖民化"或"文化霸权主义"。在文化全球化进程中,仍存在民族文化的保护和发展问题,任何民族只有积极融入文化全球化,在文化全球化中创造发展自己民族文化新特色,向世界贡献民族文化特色,才能共同构造全球文化新体系。

全球化时代的文化发展,不仅仅是民族的,还必须是世界的,只有这样企业文化才能有活力,才能对世界和国家作出贡献。

### (五)信用与责任文化

市场经济是信用经济,互联网时代,信用是企业立业之本,兴业之道,信用是企业文化的底线,信用的积累是信誉,是企业的无形资产。信用文化机制构成有三个层次:①建立在人格的特殊感情基础上的信用文化机制;②建立在法律和契约基础上的信用文化机制;③建立在价值观基础上的信用文化机制。

在恪守信用基础上企业要承担社会责任,这是企业文化的基本要求。企业承担社会责任,既是其社会性的体现,也是市场伦理的基本要求,企业承担社会责任从长远来看不是付出,而是获取,是企业基业长青的基本文化律。

# 第 十 七 章
# 企业战略的评价与控制

## 第一节　企业战略的评价

### 一、企业战略评价的概念

企业战略评价是指对战略制定、战略实施、战略效果及其绩效这一战略管理全过程进行评价。在评价活动中，能及时发现问题和不足，并对战略进行适当调整，以保证战略管理过程的顺利实现。由此可见，战略评价决定着战略管理的成败。

因为企业外部环境及企业内部条件都在不断变化，因此任何企业战略都需要不断地审视、修订和评价。

传统的观念认为，企业战略管理过程的顺序是先分析、制定战略，然后实施战略，再对战略进行评价控制。认为这是企业战略管理过程顺理成章的事情，[①]各个阶段的分界是十分清楚的。但事实上，战略管理各过程已经开始从分离逐步走向交融，即各阶段之间的界限正在逐步模糊，战略评价已不仅仅是对战略执行状况的评价，而是对从战略分析到战略实施，以至到战略转型创新的战略管理全过程的评价。战略评价对于企业及时纠正战略偏差、确保战略达到预期目标意义重大。

有的教科书用"战略评估"一词，有的教科书用"战略评价"一词。一般来讲，评估是指依据某种标准、目标、技术或手段，对评估对象的价值或状态，进行分析、研究，判断其效果和价值的一种活动过程。评价是指通过评价者对评价对象的各个方面根据评价标准进行量化和非量化的测量过程，最终得出一个可靠的并符合逻辑的结论。由上可知，评估与评价是有联系的又是有区别的。

评价与评估是有联系的，不论是评价还是评估，都是对对象的价值进行评判而得出的结果。一般认为，评价是确定性较强的，而评估则确定性较弱的，但事实上却未必如此，尤

---

① 任浩.战略管理：现代的观点[M].北京：清华大学出版社，2008.

其将价值判断应用于社会经济领域,价值的定义是比较宽泛的,价值判定也不可能是完全确定的,其中必定有较强的估计性质。因此,从确定性程度上评价与评估没有原则上的区别,两者都是基于衡量某一特定对象而作出的一个评判过程及其结果。

但评价与评估仍是有区别的。其区别表现在三个方面:①评价一般要有量化的结论,而评估一般不需要量化的结论;②评价必须由特定主体承担责任,包括法律的责任、经济的责任等,而评估只需要承担道义上的责任;③评价的本质是价值判断,而评估的本质是事实判断。评价作为动词而言,意在评判价值;作为名词而言,其意在对价值进行评判的结论。

综上所述,笔者认为,在企业战略管理教科书中,使用"企业战略评价"较为妥当。

## 二、企业战略评价的内容

从战略评价贯穿于战略管理全过程的角度,大体上可以把战略评价内容分为三个层次,即战略分析选择评价、战略实施过程评价和战略绩效评价。

### (一)战略分析选择评价

战略分析选择评价是对企业所处内外部环境的评价,其目的是为了发现最佳机遇和最佳战略方案。属于事前评价。

战略分析选择评价是指运用 SWOT 等分析法,评价企业内外环境状况,以发现企业最佳机遇及最佳战略方案。这种评价也可称为企业现状分析评价。它一方面要检查企业现行战略是否能为企业带来经济效益,如果不能增效就要重新考虑其他战略方案的可行性;另一方面通过考察外部环境,判定在现行环境下企业是否有新的机遇。最后结合各方面的评价结果,企业将决定是继续执行现有战略方案,还是采取适应环境要求的新的战略方案。

具体来讲,战略分析选择评价包括战略目标评价和战略实施方案评价。

战略目标评价是要评价战略目标的方向是否正确(即是否与企业愿景及长远利益相一致),评价战略目标是否切实可行(即企业制定的战略途径及措施、企业的资源和能力是否有可能使企业达到战略目标),评价战略目标是否完善(即战略目标是否明确,目标内容是否协调一致)等。

战略实施方案的评价是要评价战略方案与外部环境和企业内部条件的匹配性,分析各战略方案的优缺点、风险及效果,提出战略性补充措施,预计各战略方案实施过程中的阻力和风险,企业克服困难的可能性等,最后选出最佳战略方案。

### (二)战略实施过程评价

战略实施过程评价是指在战略执行过程中进行的,是对战略执行情况与战略目标差异的及时获取和及时处理,是一种动态评价,属于事中评价。

严格来讲,战略实施过程评价是时时都应进行的。从企业战略运行来讲,一般要一个季度或本年就要进行一次战略实施过程评价。通过考察外部环境及企业内部条件的变化,观察企业目前执行的战略是否实用有效,战略方案要不要在某些方面进行调整或修改,这是保证战略取得绩效的关键环节。

企业战略分为公司层战略、业务层战略和职能层战略,对不同层级战略评价内容不尽相同,但评价的基本逻辑是相同的,即要调查各层级战略目标的完成情况,各层级战略执行的现状结果,寻找产生现状结果的深层次原因。同时将需要评价的战略分解为更细层面的不同要素(即驱动因素),然后搜索多方面的信息,分析和验证这些驱动因素的执行情况及所处环境的变化情况,最后根据上述评价确定产生问题的原因并提出相应的解决方案。

### (三)战略绩效评价

战略绩效评价是在本次战略周期末对战略实施完成情况的分析评价,从财务指标和非财务指标各方面进行全面综合衡量,即通过战略实施成果与原定战略目标进行对比分析,找出偏差,并采取有效措施加以纠正。这为企业下一个战略周期的新战略方案的提出提供了现实研究的基础。

**专栏 17-1**

## 新上任总裁的战略评价[①]

对于新上任的总裁来讲,要进行企业战略评价大致有以下六步[①]:

第一步,审视评价公司的现行战略是否适合他操作。企业好战略的"好"字,隐含着一个重要前提:对于特定的某个总裁,这是好战略,换了另外一个总裁,由于其条件、能力、经验、资源等各种因素不同,可能就不是一个好战略,而是一个效果一般的战略或不可实现的战略。所以,对于一个新上任的总裁来讲,要审视一下自己的战略位势,看看自己有没有能力实现既定的战略方案及战略目标。

第二步,对企业原有骨干员工能力及素质评价。看看这些骨干员工能否配合他完成公司的战略目标,如果这些老员工不能适应新的战略目标的要求,公司董事会应允许新任总裁组建合适的团队,调整组织结构和人员配置。如果不能从现有人员中组成团队,新任总裁就必须从外部引进新的优秀管理人员,组建新的管理团队来实现新的战略目标。

第三步,对战略措施的评价。看看原来制定的这些战略措施能不能保证新战略目标的实现。新任总裁应当根据外部环境及内部条件分析,提出更强有力的战略措施以保证新战略目标的实现。

第四步,检查反馈。新任总裁应当深入战略实施第一线,深入基层,检查战略措施实际在基层落实情况如何,贯彻落实中存在什么问题,倾听基层干部及员工对落实战略措施中的意见和建议,争取战略措施的落实到位,产生实效和实绩。

第五步,快速反应。在贯彻落实战略过程中,发现问题应快速决策,迅速调整,当机立

① 战略评估. baike. baidu. com.

断,高效率地扫除一切阻碍战略贯彻的阻力和障碍,使战略的各项措施得以顺畅地贯彻执行,使战略有用、有效、有力。

第六步,绩效考评。在一个新任总裁的企业中,你来不及树立威望,只能用"考评"这个指挥棒调动各级管理人员的积极性,使各个团队能够在执行战略时团结合作、协调配合,使之达成整体战略目标,同时也能树立起新任总裁的威望。

## 三、企业战略评价标准

许多战略教科书介绍了三位学者提出的战略评价标准,即美国战略学家乔治·斯坦纳(George A. Steine)提出了战略评价的六个要素[1]、英国战略学家理查德·鲁梅尔特(Richard Rumelt)提出了战略评价的四个标准[2]、日本管理学家伊丹敬之提出了优秀战略评价的七个标准[3]。这三位学者提出的战略评价标准虽各有不同,但归纳起来主要有三个方面,即适宜性标准、可行性标准和可接受性标准,这三项标准与本书第十四章第二节企业战略选择标准是一致的,此处不再赘述。

## 四、企业战略评价方法

不同战略评价方法会对其战略的实现产生不同的效果,因此,应根据企业现实需求来选择恰当的战略评价方法。根据评价对象的不同,战略评价方法可分为战略分析选择的评价方法和战略实施过程及战略绩效的评价方法。

### （一）战略分析选择的评价方法

战略分析选择评价方法中,有关提出战略备选方案的评价方法,大致有 SWOT 矩阵、SPACE 矩阵(strategic position and action evaluation matrix,战略地位与行动评价矩阵)、IE 矩阵(internal-external matrix,内部-外部矩阵)、战略方案汇总表等。但战略制定评价的目的是要选出最有可能使企业到达它要去的地方的战略,对于这种战略选择可采用的评价方法有:"定位-持续性-价值-灵活性"评价框架、生命周期分析法、博弈论分析法、PIMS 分析法、汤姆森和斯克特方法、基于折现现金流和期权价值战略评价法、BCG 矩阵法、GE 矩阵法等。本书对 BCG 矩阵法及 GE 矩阵法已在有关章节作了介绍,现仅对"定位-持续性-价值-灵活性"评价框架、生命周期分析法、博弈论分析法、PIMS 分析法、汤姆森和斯克特方法及基于折现现金流和期权价值战略评价法作一简单介绍,详细方法请读者参考有关书籍。

---

① 美国战略学家乔治·斯坦纳提出的战略评价六要素是:①战略环境的适应性;②战略目标的一致性;③战略竞争的优势性;④战略预期的收益性;⑤战略资源的配套性;⑥战略要规避其风险性。

② 英国战略学家理查德·鲁梅尔特提出的战略评价的四个标准是:①一致性;②协调性;③可行性;④优越性。

③ 日本管理学家伊丹敬之提出的战略评价的七个标准是:①要实行差别化战略;②战略资源要集中;③要把握好时机;④要利用波及效果;⑤战略要激发员工士气;⑥战略要有不平衡性;⑦战略要巧妙组合。

1."定位-持续性-价值-灵活性"评价框架

Hax 和 Nlajluf 提出了"定位-持续性-价值-灵活性"评价框架：其中定位,是指一个战略必须能为企业带来独特的竞争优势,要评价其战略的独特性;持续性,是指对战略优势持久性评价;价值,是指评价这种战略为企业所有者创造的价值;灵活性,是指持久的战略还必须具有灵活性,由于外部环境不可预测,也要面对企业的竞争对手的不可预见的行为,因此企业面临的不确定性决定了战略要具有灵活性,即企业修改自己战略的能力。即从定位、持续性、价值及灵活性四个方面进行战略评价。

2.生命周期分析法

生命周期分析法是由亚瑟·利特尔咨询公司提出,并被战略管理学界所接受,该方法以两个参数来确定公司中各个经营单位所处的战略位置：行业成熟度及战略竞争地位。需要结合三种生命周期和每种生命周期中的四个阶段进行战略评价,即产品生命周期、行业生命周期、公司生命周期和每种生命周期中的幼稚期、成长期、成熟期、衰退期。

在产品生命周期处于幼稚期及成长期早期阶段,战略决策者一般都倾向于选择差异化、成本导向定价,采取快速撇脂策略,但到产品生命周期后期企业可能会采取集中、收缩,甚至放弃战略。

当行业生命周期处于幼稚期,新行业刚刚建立不久,企业早期进入新行业有可能较早地开始学习过程,尽早使产业结构成型,建立顾客忠诚,有可能在原材料供应、零配件供应、批发渠道等方面取得成本优势。但到行业生命周期衰退期,企业就要考虑转移或退出。

当公司生命周期处于幼稚期及成长期时,公司一般会采用增长型战略,而当公司处于成熟期或衰退期时,公司往往会采用多元化或纵向一体化战略。

在进行战略评价时,需要充分明确三种生命周期的定位,采用具有一定组合性的战略。

3.博弈论分析法

博弈论是战略分析和决策的重要方法论。博弈分两大类：一类是合作博弈;一类是非合作博弈。合作博弈是研究人们参与合作的收益分配问题,非合作博弈是指参与人在博弈中没有保障双方合作的具有约束力协议的博弈。战略思维强调决策的长远性与全局性,这与博弈论的向前展望和往回推论的思维方法是一致的。战略就是处理对抗关系与合作关系的方法和方略,是对弈双方如何战胜对方的方法,也是发现合作途径的艺术。我们可以在评价战略时,借用博弈论提供的概念来分析战略及与竞争对手之间的关系。

4.PIMS 分析

PIMS 分析又称战略与绩效关系分析,主要通过不断完善企业战略评价指标体系、不断扩充数据库资料来完成。采用这种方法,我们可以评价采用什么样的战略会产生什么样的经济效果。PIMS 分析主要回答以下三个问题：

(1) 对于一个给定的经营单位,考虑到它的内外环境等因素,什么样的利润水平算是正常的和可以接受的?

（2）哪些战略因素能够解释各经营单位之间业绩的差别？这些战略因素的变化是如何影响经营单位业绩的？

（3）为改进经营单位的绩效，应在什么方向上进行怎样的战略性调整？

5. 汤姆森和斯克特方法

汤姆森和斯克特方法又称为战略簇矩阵法，即将市场增长率的快慢和竞争地位强弱作为经营单位选择战略的两个参数，并以此建立坐标轴，各经营单位战略可分列于四个战略象限中，评价者可以根据公司所处环境及经营单位所处矩阵的战略簇进行战略评价。

除了上述评价模型以外，还有些模型是先对环境因素进行分析，然后制定判断标准并打分，最后计算出结果。如战略规划评估（SPE）模型、定量战略规划矩阵（QSPM）模型，战略一致性（SAM）模型等，这些模型均有一定局限性，只能作为战略选择评价的参考，而不能成为评价的主要依据。

6. 基于折现现金流和期权价值的战略评价法

期权（options）是一种特殊合约协议。战略期权是指企业目前的投资决策要为组织未来获利行为创造更多机会。战略期权可以有效地将现在与未来结合起来，在现阶段为未来的机会埋下种子，是为管理者解决当前的不确定性提供的工具。即当环境发生变化时，战略方案的实施可以延期或进行调整。而现金流折现法为公司战略管理者对公司价值的评估提供了基点与依据。企业估值就是对企业经济价值进行计量，其目的就是帮助战略管理者制定和改善战略决策。目前战略期权分析与折现现金流技术只是一种相互补充的关系，而不是相互替代的关系。这样既考虑战略方案的净现值又考虑它的期权价值，把定量分析与定性分析结合起来，可以更加准确地反映战略方案的价值。

## （二）战略实施过程及战略绩效的评价方法

应当看到，战略的执行比战略制定重要千百倍，因此战略实施过程和战略绩效的评价在战略评价中居于十分重要地位。在战略实施过程中进行战略评价的目的：

1. 为战略管理者提供信息，使其了解战略运行的整体情况。

2. 将战略运行整体情况与原定战略方向和战略目标及要求进行对比，找出存在的差距及问题的原因。

3. 战略实施过程及战略绩效评价信息也是对员工进行绩效考核的依据。

战略绩效评价，是在一个战略执行期结束时，对整个战略完成情况进行全面衡量和分析。同样地，要将整个战略完成情况与原定战略方向、目标及要求进行对比，找出存在的差距及问题的原因，为下一个战略周期的战略规划做好准备。

战略实施过程及战略绩效的评价方法有以下四种：

1. 杜邦分析法

杜邦分析法是利用几种主要的财务比率之间的关系来综合地分析企业的财务状况。例如，投资报酬率是企业战略实施的一个总目标，投资报酬率＝资产周转率×销售利润率，由此，再将资产周转率及销售利润率层层分解，形成一个完整的指标体系。这也是当前企业常用的战略绩效的评价方法。

从企业战略绩效评价的角度来看,杜邦分析法只包括了财务方面的信息,不能全面反映企业实力,因此在战略绩效评价实际运用中需加以注意。即使对财务方面评价中亦不能完整地评价财务活动对盈利能力的影响,不能全面地揭示经营活动的获利能力。例如:杜邦分析法无法解决无形资产的估值问题;信息时代,顾客、供应商、雇员、技术创新等因素对企业经营业绩影响很大,但杜邦分析法在这些方面亦无能为力。

2. 平衡计分卡法

平衡计分卡是由美国哈佛大学教授罗伯特·卡普兰(Robert S. Kaplan)与诺朗诺顿研究所(Nolan Norton Institute)的 CEO 大卫·诺顿(David P. Norton)共同研究提出的一种衡量企业战略绩效的工具。它弥补了杜邦分析法的不足,它在保留了财务维度的同时,增加了顾客维度、企业内部流程维度和员工学习与成长维度,平衡计分卡从上述四个维度将企业战略转化为一组可操作、可衡量目标体系。该目标体系包含了四方面的平衡:①财务指标和非财务指标的平衡;②长期目标和短期目标的平衡;③结果性指标和动因性指标的平衡;④企业内部群体与外部群体的平衡。

平衡计分卡从财务、顾客、内部流程和学习与成长四个相互关联的维度来综合评价企业的战略及业绩,见图 17-1。

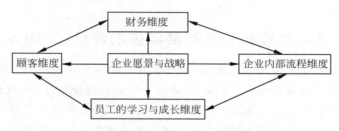

图 17-1 平衡计分卡四个维度图

财务维度主要是从利益相关者的角度看企业增长、利润率及战略风险。企业在不同发展时期内战略有不同要求,相应地应选取不同的财务绩效指标。如企业在增长时期,应采用销售额增长率、目标市场收入增长率等财务绩效指标来加以评价。

顾客维度主要考虑应从哪些方面去构建良好的顾客关系,提高顾客满意度,保持或提高顾客忠诚度,提高顾客黏性。

内部流程维度主要考核企业在研发、采购、生产/服务、销售、售后服务等业务流程方面所做的努力。对内部业务流程分析有助于管理层了解业务运行情况,以及产品/服务是否满足顾客需要,管理层可以评估业务部门及员工在行动方法上的有效性,通过评估发现组织内部存在的问题,并采取适当措施加以改进,提高组织内部效率。

学习与成长维度主要评估员工管理、企业激励、授权与职业发展等方面的能力,企业信息系统能力等。

平衡计分卡应用领域广泛,既有服务商,也有制造商,例如,SK Telecom 在 1999 年11 月引入平衡计分卡,是韩国第一次企业级范围内应用平衡计分卡系统。实施平衡计分卡的目的是实现组织内战略的共享与监控,并基于战略实现进行绩效评估。韩国 LG Telecom 在 2000 年 6 月引入平衡计分卡,其目的是要实现高层管理决策支持、组织内战略共享及改善公司绩效评估标准。目前在世界 500 强企业中有 80% 的企业都在应用平衡计分卡,并取得了极大成功,如汽车行业巨头沃尔沃公司、石油巨头美孚公司、邮政速递巨头敦豪(DHL)等。

平衡计分卡自 1993 年引入中国后,虽经许多有识之士不断对这一方法进行改进,力求使之适应中国企业的特定环境,但总的说来,平衡计分卡在中国企业界实施败多成少[①],主要原因是平衡计分卡首先是一个制定战略的有效工具,成功有效的战略规划是实施平衡计分卡的前提和基础,而处于当前发展阶段的中国企业却缺乏清晰的战略规划。与在市场经济条件摸爬滚打上百年的西方企业相比,中国企业流程机制设计不严谨,流程节点不清晰,岗位责权利不明确,即使有良好的战略与规划作前提保障,仍难以应用平衡计分卡将战略分解成四个维度进行有效实施。平衡计分卡的实施也与企业信息化程度、员工素质、推行方式、企业文化等因素相关,同时中国企业外部环境变化很快,这也是实施平衡计分卡的客观困难。

## 案例 17-1

### 青岛啤酒股份公司战略实施的评价(2010 年)

青岛啤酒股份有限公司其前身是 1903 年 8 月由德国商人和英国商人合资在青岛创建日耳曼啤酒公司青岛股份公司。1993 年青岛啤酒成立股份公司,在 A 股和 H 股上市。青岛啤酒在 20 世纪 90 年代后期,运用兼并重组,破产收购,合资建厂等多种资本运作方式,在中国 19 个省、市、自治区拥有 50 多家啤酒生产基地,基本完成了全国性的战略布局。青岛啤酒股份公司 2010 年累计完成啤酒销量 635 万吨,同比增长 7.4%。实现主营业务收入 196.1 亿元人民币,同比增长 10.4%,实现净利润 15.2 亿元人民币,同比增长 21.6%。青岛啤酒已远销美、日、德、法、英、意、加拿大、巴西、墨西哥等世界 70 多个国家和地区。全球啤酒行业权威报告 Barth Report 依产量排名,青岛啤酒为世界第六大啤酒厂商。

青岛啤酒分别在 1998 年、2002 年进行了两次大的战略调整。1998 年公司实施"大名牌战略",战略要点是高起点发展,低成本扩张。2002 年公司由"做大做强"并购扩张战略转向"做强做大"系统整合战略。就在 2002 年实施系统整合战略之后面临的很大困惑,即企业扩张所并购的企业如何整合,如何使这些企业在自己手里比别人管理价值更大? 用什么方法把战略落实到每一个业务单元? 要解决这些问题,需要有一个好的工具。于是青岛啤酒聘请博意门咨询公司运用平衡计分卡的思路和方法结合青岛啤酒的公司愿景、使命及战略目标,借助战略地图的形式体现公司的各种战略要素之间的因果关系,建立了

---

① 李仁祥,方池雄. 平衡计分卡之路. emkt. com. cn. 中国营销传播网. 2004-06-14.

孙永玲. 平衡计分卡在中国的实践应用. finance. sina. com. cn. 新浪财经网. 2006-01-15.

战略规划框架,见图 17-2。

战略地图的开发是基于公司的整体战略规划与青岛啤酒高层管理人员访谈信息的整合与分析,最终将战略规划的核心内容浓缩于一个企业发展规划框架中,并按平衡计分卡的方法论将此框架转化为公司层面的战略地图(见图 17-3),从财务、客户、内部流程和学习成长四个角度体现公司的战略体系,并反映各战略要素的逻辑关系,为公司战略的有效执行提供了一个管理、监督、评价的框架。

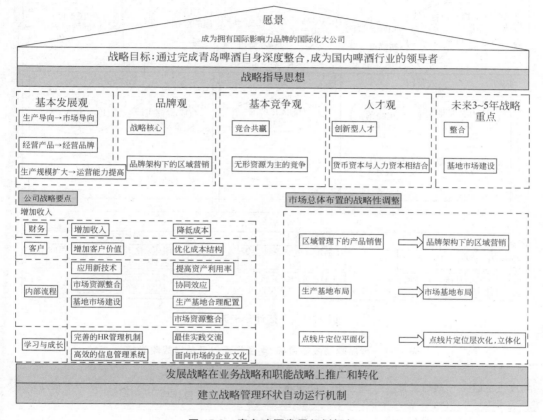

**图 17-2 青岛啤酒发展规划框架**

1. 公司领导高度重视战略执行体系的建设

集团总裁将平衡计分卡列为集团十项重点工作之一,并组织实施。

2. 将战略转化为可操作的行动

公司借助平衡计分卡确定出公司核心的战略目标、衡量指标及关键战略举措,见表 17-1。

3. 以公司平衡计分卡为中心,再分解到部门

在明确了公司的战略地图及平衡计分卡后,再依次逐级分解成各事业部及职能部门的平衡计分卡。

青岛啤酒公司实施平衡计分卡的流程见图 17-3。

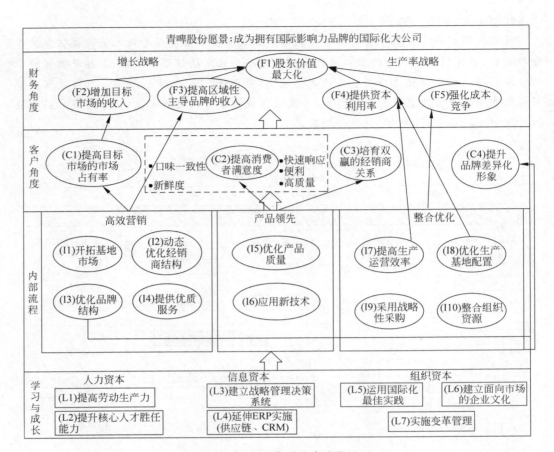

**图 17-3　平衡计分卡流程**

**表 17-1　青岛啤酒战略目标、衡量指标以及关键战略举措**

| 角度 | 主题 | 战略要素 | 编号 | 衡量指标 | 2005 年目标值 | 2006 年目标值 | 责任人 | 编号 | 战略举措 |
|------|------|----------|------|----------|--------------|--------------|--------|------|----------|
| 财务角度 | 财务 | (F1)股东价值最大化 | F1.1 | 净资产收益率 | 6.4% | 7.6% | 金志国 | | |
| | | | F1.3 | 利润总额 | 5.2 亿元 | 6.6 亿元 | 金志国 | | |
| | | (F2)增加公司的总收入 | F2.1 | 销售收入 | 95 亿元 | 116 亿元 | 杨华江 | | |
| | | (F3)提高主品牌的收入 | F3.2 | 主品牌销售收入 | | | | | |
| | | (F4)提高资本利用率 | F4.1 | 总资产周转率 | 0.96 | 1.16 | 孙玉国 | | |
| | | (F5)强化成本竞争力 | F5.1 | 成本费用利润率 | 5.8% | 6.2% | 孙玉国 | | |
| | | | F5.2 | 净利率 | 3.23% | 3.30% | 孙玉国 | | |

| 角度 | 主题 | 战略要素 | 编号 | 衡量指标 | 2005 年目标值 | 2006 年目标值 | 责任人 | 编号 | 战略举措 |
|---|---|---|---|---|---|---|---|---|---|
| 客户角度 | 客户 | (C1)提高目标市场的市场占有率 | C1.1 | 主品牌的市场占有率 | | | | | |
| | | (C2)提高消费者满意度 | | 消费者满意度 | | | | | |
| | | (C3)培育双赢的经销商关系 | C3.1 | 专营的经销商店占总经销商的比例 | | | | | |
| | | (C4)提升品牌差异化形象 | C4.1 | 品牌无提示第一提及度 | | | | K1 | 有效实施品牌建设方案 |
| 内部流程 | 高效营销 | (I1)开拓基地市场 | I1.1 | 基地市场数 | | | | K2 | 有效实施开拓基地市场计划 |
| | | (I2)动态优化经销商结构 | | 战略性经销商比例 | | | | | |
| | | (I3)优化品牌结构 | I3.1 | 前六大品牌占总销量的比例 | 64% | 65% | 杨华江 | K1 | 有效实施品牌建设方案 |
| | | (I4)提供优质服务 | I4.1 | 投诉处结率 | 90% | 95% | 董建军 | | |
| | 产品领先 | (I5)优化产品质量 | I5.1 | 青岛啤酒 A+1 档酒的比率 | 83% | 88% | 董建军 | K3 | 完善品评管理体系 |
| | | | I5.2 | 啤酒的新鲜度 | | | | K4 | 保证运行的一致性 |
| | | (I6)应用新技术 | I6.1 | 应用新技术降本增效 | | | | K5 | 加强与 AB 的合作 |
| | 运营管理 | (I7)提高生产运营效率 | I7.1 | 产能利用率 | | | | | |
| | | | I7.2 | 库存周转率 | | | | | |
| | | (I8)优化生产基地配置 | I8.1 | 平均单厂产能 | | | | K6 | 实施战略性的技能改、扩建 |
| | | (I9)采用战略性采购 | I9.1 | 集中采购量占总采购量比率 | | | | K7 | 完善供应商综合评价管理体系 |
| | 环境与社会 | (I10)推行 EHS | I10.1 | 千斤酒综合能耗 | | | | | |
| | | (I11)诚信经营 | I11.1 | 审计偏差率 | | | | | |

续表

| 角度 | 主题 | 战略要素 | 编号 | 衡量指标 | 2005 年目标值 | 2006 年目标值 | 责任人 | 编号 | 战略举措 |
|---|---|---|---|---|---|---|---|---|---|
| 学习与成长 | 人力资本 | (L1)提高劳动生产力 | L1.1 | 人均利润(利润总额/员工总数) | | | | | |
| | | (L2)提升核心人才胜任能力 | L2.1 | 核心人才胜任率 | 80% | 82% | 汪岩 | K8 | 建立能力发展计划 |
| | 信息资本 | (L3)延伸 ERP 实施 | L4.1 | ERP 实施覆盖率 | | | | K9 | 延伸 ERP 实施(供应链、CRM) |
| | 组织资本 | (L4)运用国际化最佳实践 | | | | | | K10 | 有效实施最佳实践交流项目 |
| | | (L5)建立面向市场的企业文化 | L6.1 | 知识共享数量 | | | | K11 | 建立并实施知识管理系统 |
| | | (L6)加强变革管理 | | | | | | K12 | 实施组织结构整合计划 |

4. 使战略成为每个人的工作

公司各部门平衡计分卡的应用基本顺畅后,进一步将平衡计分卡与岗位员工绩效管理实现关联,从而使员工绩效目标与公司战略目标保持了一致。

5. 使平衡计分卡变成持续的管理流程

公司强化了战略管理流程,使其从过去侧重战略规划转变为在制定战略后必须要监控和评价战略的执行过程,建立了基于平衡计分卡的战略执行回顾报告及会议制度,将战略的动态管理作为一个流程固定下来,见图 17-4。

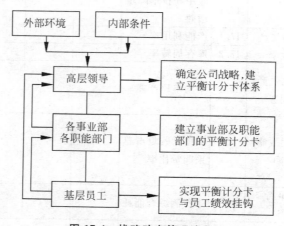

图 17-4　战略动态管理流程

通过实施平衡计分卡四年多的时间,青岛啤酒股份有限公司总裁孙明波谈道:"平衡计分卡实施后公司开会一切围绕数据说话,避免了空谈,提拔干部、年薪、绩效等都是根据平衡计分卡的数字说话。"总体来说,青岛啤酒公司实施平衡计分卡后取得了几大成效。

① 推动了思想的转变。平衡计分卡的基本思想已经在青岛啤酒公司形成,主要包括以客户为导向、无形资产驱动、化战略为行动、基于衡量的管理等,并逐步贯彻到了员工的日常行动中去。

② 建立了一套科学的战略管理控制评价体系,包括战略沟通机制、责任落实机制、跟踪回顾机制、纠偏机制等,使公司各战略要素形成 PDCA 的循环,提高了战略执行的一致性,保证了战略的实现。

③ 聚焦了资源,通过明晰公司的战略目标,公司的资源投向更加聚焦,提高了资源的利用效率。青岛啤酒扩张了以后,大家感到有很多事情要做,但是要做什么没有一个中心思想和主题,通过平衡计分卡最大的好处是资源的使用效率得到了大大提升,不管做得好与坏,起码我们朝一个方向走,这样就提高了资源的使用效率。

④ 提高了组织的协同能力。总部职能部门、营销公司和工厂之间基于共同的公司战略目标而实现了更好的协同。

⑤ 打造了一个事业化团队。

⑥ 公司业绩得到了大幅提升。

几年来,平衡计分卡已被证明是战略执行、监控、评价的十分有效的工具,青岛啤酒公司这几年来的应用证明了这一点,公司所有的业务单元、职能部门及职工都承担着为公司创造价值的使命,平衡计分卡让每个员工知道了公司需要你创造什么价值和怎样衡量你创造的价值,而不是按照每个人的想象随意地去创造"价值",这样就实现了价值导向、资源聚焦的公司价值链的协同。

资料来源:1. 孙永玲. 谢朝晖. 陈剑波. 谢抄华. 青岛啤酒股份公司平衡计分卡项目公司层面战略图说明材料. wenku. baidu. com. 博意门公司.

2. 孙明波. 青岛啤酒利用平衡计分卡的成功经验介绍. wenku. baidu. com.

### 3. 战略准备度分析法

这是卡普兰教授和诺顿教授在 2004 年在《哈佛商业评论》上发表的《评估无形资产的战略准备度》一文介绍了一种叫作战略准备度(strategic readiness)的新方法,这种方法用来系统地评估无形资产与企业战略协调一致的程度。所谓"战略准备度",就是指公司的人力资本、信息资本及组织资本与本公司战略协调一致的程度。如果公司制定了完美的战略,而它的无形资产又与这一战略协调一致,那么这些资产将会为组织创造价值;反之,如果无形资产与公司战略不一致,或者公司战略有缺陷,那么无形资产将不会为组织创造多少价值,再好的战略也不可能获得成功。因此战略准备度是评估企业无形资产的新工具,并由此找到了增加无形资产价值的新方法,对这些资产的评估和管理,在它们向成功的、以战略为导向的组织转变过程中发挥了重要作用。

### 4. 价值链分析法

价值链分析法是把企业看成是一系列的输入、转换与输出活动序列的集合,价值链上的每项活动都有可能成为相对于最终产品产生增值的行为,从而增强企业的竞争地位。

价值链分析法可以对企业的战略绩效作周期性评估,从而判断在战略实施过程中实施效果与原战略设计的偏差,并能帮助企业找出纠正偏差的办法。利用价值链分析法可以帮助企业确定战略方向,帮助企业找出价值链中最重要的、最关键的环节,在以增加顾客价值为主要标准的情况下,如何最大限度地降低成本,并为贸易伙伴提供有效服务。价值链理论揭示企业与企业的竞争,不只是某个环节的竞争,而是价值链与价值链的竞争,价值链分析法帮助战略评价者用价值链的观点去评价战略的实施及其结果,是整个价值链的综合竞争力决定了企业的战略竞争力。

## 五、企业战略评价的过程

一般来讲,战略评价过程是先确定评价的对象,然后建立评价标准及指标体系,选择恰当的评价方法,获取评价信息,提出改进战略的意见。即首先对企业现行战略及其绩效进行评价,检查现行战略是否给企业带来绩效,其经营方向是否与战略目标一致。如若采取纠正措施,是在原战略基础上做出调整,还是需要重新制定新战略,无论是要做出战略调整还是要制定新战略都需要对企业环境重新评价,根据企业要求制定备选战略,然后进行战略选择评价,确定并实施新战略,接着进行新战略实施过程评价。获取新战略执行情况并及时处理战略目标差异,最后再进行战略实施效果评价,再循环回到最开始的对企业战略现行战略及其绩效进行评价。上述过程见图 17-5(张玉,2010)。

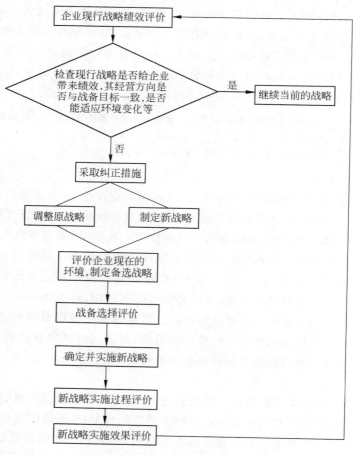

**图 17-5　企业战略评价过程**

# 第二节  企业战略控制

## 一、企业战略控制的概念及作用

### （一）企业战略控制的概念

企业战略控制是指：在企业战略实施过程中，实时监督自身战略实施进程，及时纠正偏差，使战略实施更好地与企业当前所处内外环境、企业战略目标协调一致，使战略实施结果基本上符合战略预期效果的动态调节过程。

因此，企业战略控制的直接目的就是保证企业战略执行方向正确，保证在这个正确方向上企业战略能够得到有效的贯彻实施。企业战略控制的效果就是不断地纠正企业在战略实施过程中发生的各种偏差并检验、修订、优化原定战略方案以保证战略方向的正确。

企业战略管理中的基本矛盾就是既定战略与变化着的环境之间的矛盾。企业战略实施结果不一定与预期战略效果相一致，产生这种偏差的原因很多，大致有三方面原因：

1. 企业内外环境发生变化，原定战略与新的内外环境不匹配。

2. 原定战略本身就存在重大缺陷，需要在执行过程中完善、补充和修正。

3. 在战略实施过程中，战略管理存在重大缺陷，如信息传递反馈受阻、上下级缺少沟通、用人不当、资源配置与战略要求不符、决策失误、企业文化与战略要求不符等，因而偏离了原战略预期目标。

对以上企业活动与预定战略目标偏离的情况，如不及时采取措施加以纠正，则企业战略目标将无法实现，为使企业战略实施不断地顺应内外环境的变化就必须加强对战略实施的控制。

### （二）企业战略控制的作用

企业战略控制在企业战略管理中的作用表现在以下四个方面[①]：

1. 企业战略实施控制是企业战略管理的重要环节，它能保证企业战略方向正确，保证这个正确方向能够得到有效的贯彻实施。战略决策仅能决定哪些事情该做，哪些事情不该做，而战略实施控制的好坏，将直接影响企业战略决策实施效果的好坏与效率的高低。

2. 企业战略实施控制能力的强弱及效率的高低又是企业战略决策的重要制约因素，它决定了企业战略行为控制能力的强弱，企业战略实施控制能力强，控制效率高，则企业高层管理者可以做出较为大胆的、风险较大的战略决策，若相反，则只能做出较为谨慎稳妥的战略决策。

3. 企业战略实施的评价与控制为战略决策者提供了重要的信息反馈，对积累战略决策经验、提高战略决策水平具有重要意义。

4. 在全球信息化、中国企业走向国际化等浪潮推动下，企业战略实施控制水平的提

---

① 战略控制. baike. baidu. com.

高对提高企业管理素质,在激烈市场竞争中取得竞争优势也具有重要意义。

### (三)战略评价与战略控制的关系

1. 战略评价是战略实施控制的基础和前提。只有评价好,才能控制好。只有通过恰当的评价和有效的反馈,战略设计的合理性和战略执行的有效性才能依靠管理人员通过采取战略控制措施来实现。所以,选择什么评价工具和方法,取决于战略控制的对象和策略。

2. 战略控制本身也是战略评价的对象和客体。战略评价的范围非常广,既包括战略分析评价、战略选择评价、战略实施过程评价、战略绩效评价等,也包括对战略控制措施本身的评价,只有通过战略评价才能不断完善战略控制的有效性,才能保障战略目标的实现。

## 二、企业战略控制的类型

常见的企业战略控制分类有三种:按战略控制时间分类;按战略控制主体分类;按战略控制的切入点分类。[1][2]

### (一)按战略控制时间分类,可分为事前控制、事后控制和实时控制

1. 事前控制。在战略实施之前,要正确地设计战略计划,该计划的执行必须取得董事会或企业高层领导人的批准后方可进行。所批准的内容有时往往也就成为考核经营活动绩效的控制标准。这种事前控制多用于对企业重大问题的把控,如企业重大投资、重要人事任免、重大设备采购处置、重大合同的签订等。

事前控制,又称前馈控制,即在重大战略措施实施前对战略措施实施的结果趋势进行预测,并将预测值与既定的标准值进行比较评价,发现可能出现的偏差,从而提前采取纠偏措施,使战略推进始终不偏离正确轨道,保证战略目标的实现。

由于事前控制发生的时间点在战略行动成果尚未实现之前,战略管理者只能通过预测来发现战略行动的结果可能会偏离既定战略设计。战略管理者一般对以下预测因素进行分析研究:

(1)重大投入因素。如对人、财、物、技术、信息等重大资源投入的种类、数量、质量等因素,其对产出会产生极大影响。

(2)企业外部环境和内部条件发生重大变化因素,会对战略实施产生重大影响。

(3)企业早期的战略实施成果因素,这些因素会对企业未来发展产生重大影响。

事前控制对战略实施中企业发展趋势进行预测,使企业能防患于未然,因而是一种卓有成效的战略控制方法。

2. 事后控制。在战略实施过程中,将战略实施结果与原战略计划的标准进行比较,然后根据偏差的大小及其发生的原因,对战略实施过程采取矫正措施,以使战略实施最终

① 孟卫东.战略管理[M].北京:科学出版社,2014.

② 顾桥,马麟.企业战略管理[M].北京:北京大学出版社,2014.

结果能符合战略计划的标准。

事后控制的重点是日常的战略控制工作,即要明确战略控制的程序和标准,把日常的控制工作交由职能部门人员去做,即在战略已经部分实施之后,将实施的结果与原战略计划标准相比较,由企业职能部门及各事业部门定期或不定期地将战略实施结果向高层领导汇报,由高层领导者决定是否有必要采取纠正措施。

因此事后控制又叫后馈控制,在战略实施中检测和控制的是结果,纠正的是资源分配和人们的战略行动,根据行动的结果总结经验教训来指导未来的行动,使战略实施永远保持在大致正确的轨道上。

但事后控制有时会由于纠偏不及时,而给战略实施带来一定损失。其运用大都局限在企业经营环境比较稳定的条件下的战略实施控制。

事后控制方法具体操作主要有两种,即联系行为和目标导向。

(1)联系行为。即将对员工战略行为的评价与控制直接同他们工作行为联系挂钩,通过这种方法,员工比较容易接受既定战略,并能明确战略行动的努力方向,使员工行动导向与企业战略导向接轨,同时,通过行动评价的反馈信息修正战略实施行动,使之更加符合战略的要求。通过行动评价,对战略资源实施合理的分配,从而强化员工的战略意识。

(2)目标导向。即让员工参与战略行动目标的制定和工作业绩的评价,使员工既可以看到个人行为对实现企业战略目标的作用和意义,又可以从工作业绩的评价中看到成绩与不足,使员工从中得以肯定和鼓励,为战略推进增添动力。

3.实时控制。即过程控制,企业高层领导者要控制战略实施中关键性的过程或全过程实时采取控制措施,纠正战略实施中产生的各种偏差,引导企业沿着既定的战略方向进行经营,这种控制方式主要用于对重大关键性的战略措施所进行的实时控制。

### (二)按照战略控制主体来分类,战略控制可为避免型控制和开关型控制

1.避免型控制。即采用适当的手段,使不适当的行为没有产生的机会,从而达到不需要控制的目的。方法有:①通过自动化手段使企业按照预期目标恰当地工作,保持工作的稳定性,使控制得以改善;②通过与外部组织共担风险以减少控制,如企业与保险公司签订合同,由保险公司分担一部分风险;③转移或放弃某种经营活动,如企业管理人员由于没有很好地理解某些生产经营活动的过程,感到难以控制企业的某些活动,这时管理人员可以采取发包或完全放弃该项生产经营活动的形式,将潜在的利益与相应的风险转移出去,消除相关的控制问题。

2.开关型控制。开关型控制又称为事中控制或行与不行的控制,其原理是:在战略实施过程中,按照既定的标准检查战略行动,确定行与不行,类似于开关的"通"与"止"。

开关型控制方法的具体操作方式有以下几种:

(1)直接领导。管理者对战略实施活动进行直接领导和指挥,发现差错及时纠正,使其行为符合既定标准。

(2)自我调节。管理者通过非正式的、平等的沟通,按照既定的标准自行调节自己的行为,以便和协作者配合默契。

（3）共同愿景。组织成员对目标、战略宗旨认识一致，在战略行动中表现出一定的方向性、使命感，从而达到殊途同归、和谐一致，实现目标。

开关型控制法一般适用于实施过程标准化的战略实施控制，或某些过程标准化的战略项目的实施控制。

应当看到，避免型控制和开关型控制从控制的层次上来说基本上是属于战略控制层次，而不是战术型或作业型控制，其控制的主体是企业高层管理者，其控制的目标基本上是定性的，而不是定量的目标，控制的目的是要保证战略正确方向，解决的是战略效能问题，而不是效率问题。

**（三）按照战略控制的切入点来分类，战略控制可分为财务控制、生产控制、销售规模控制、质量控制和成本控制五类**

1. 财务控制。这种控制方式覆盖面广，是用途极广的非常重要的控制方式，包括预算控制和比率控制等。

2. 生产控制。即对企业的产品品种、数量、质量、成本、交货期及服务等方面的控制，可以分为产前控制、过程控制及产后控制等。

3. 销售规模控制。销售规模太小会影响企业经济效益，太大会占用较多的资金，也会影响经济效益，为此要对销售规模进行控制。

4. 质量控制。包括对企业工作质量和产品质量的控制。工作质量不仅包括生产工作质量，还包括领导工作、设计工作、信息工作等一系列非生产工作的质量，因此质量控制的范围包括生产过程和非生产过程的一切控制过程。质量控制是动态的，着眼于事前的未来质量控制，其难点在于全员质量意识的形成。

5. 成本控制。通过成本控制使各项费用降低到最低水平，达到提高经济效益的目的。成本控制不仅包括对生产、销售、设计、储备等有形成本的控制，而且包括对会议、领导、时间等无形成本的控制（无形成本是指难以用市场价格直接表现的成本，例如对企业声誉的负面影响、对企业职工凝聚力的负面影响等）。在成本控制中企业要建立各种费用的开支范围、开支标准并严格执行，要事先进行成本预算工作，尤其要注意无形成本的控制。

成本控制的难点在于企业中大多数部门和单位是非独立核算的，因而大多缺乏成本意识。

应当看到，上述五种控制是属于作业层次控制。其执行主体是中层管理人员，控制目标是确定的、具体的，定量目标控制的目的是要解决效率问题，是企业内部封闭性控制。

除上述三种战略控制类型外，还有按控制等级层次分类，可分为公司层战略控制、业务层战略控制和作业层战略控制；也有按控制对象来分类，可分为活动控制（如行为限制、工作责任制等）、工作成果控制（如成果责任制等）、人员控制（如建立人员控制系统、建立工作团队、进行人员培训等）等。

## 三、企业战略控制的特征

1. 战略控制具有全局性和系统性。企业战略本身就具有全局性和系统性特点，而战略控制的目的就是要求战略被执行，从而使组织目标得以实现，因此战略控制也必须具有全局性和系统性,即战略实施控制会涉及企业所有人员及企业的各个方面。同时要求企业各级管理人员要有全局观及系统观,有时某些调控措施从局部来看,未必是利益最大化的调控措施,但从企业全局,甚至从社会全局来讲,却可能是最有利的调控措施,这是企业战略控制之要义。

2. 战略控制具有动态性。因为企业内外环境具有动态性、混沌性、模糊性及复杂性特点,即企业内外环境具有不确定性的特点,因此战略控制措施也要随着内外环境的变化而变化,只有战略实施控制保持动态性,才能随时调整企业战略方向,使战略永远保持正确的方向。

3. 战略控制是对人的控制并由人来执行。因此要求战略控制是在企业高层领导者统一领导、统一指挥下进行,要求高层领导者把企业战略实施控制的各项政策措施向各级管理人员及广大员工作好澄清、沟通、认同、宣传工作,提高他们贯彻战略控制各项政策措施的热情、自觉性和责任感。培育与战略控制相应的企业文化。

4. 战略控制是提高各级管理人员及员工的战略执行能力、业务能力及自我控制能力的重要手段。

## 四、企业战略控制的过程

战略控制的一个最重要的目的就是使企业的实际战略绩效尽量符合战略预定绩效。为此,战略控制一般分为以下五个步骤:

1. 确定战略控制的范围。战略控制分为公司层级、业务层级及作业层级,因此要明确这次战略控制的范围,即确定战略控制的边界。

2. 订立控制标准。标准是衡量战略实施绩效的依据和准绳。标准来自于原定战略目标,但也不完全等于原定战略目标,在战略实际中笼统地将原定战略目标作为标准是不行的,必须根据企业最近一段时间以来的实际情况及实施战略的特点设置标准。标准最好是定量的,但对一些项目不容易定量,也应提出一些定性的标准进行控制。

3. 收集信息和数据。收集信息及数据是为了获得战略实施的实际情况。信息及数据的收集可以由施加控制的人或群体来进行,也可以由被控制的人和群体来进行,在后一种情况下,信息和数据有失真的情况。特别是当控制过分强调惩罚而不是强调更正错误的行为或措施时,则被控制对象会受到刺激,以至于经常把曲解了的信息或数据报告给上级,这使得辨别责任的工作相当困难。为此,企业应建立专门的部门来从事这项工作,如统计部门、审计部门等。

4. 衡量绩效。所谓衡量绩效就是找出实施战略的绩效与战略目标标准之间的偏差信息,根据这种信息来评价战略实施工作的优劣。控制的目的不是衡量绩效,而是达到预定的绩效。所以在控制过程中要预测可能出现的偏差,以便控制未来的绩效。

5. 诊断与更正。诊断包括评价偏差的类型并寻找产生偏差的原因。诊断之后,就应采取措施来更正实际战略绩效与标准绩效之间的差异。并不是任何偏差都需要采取更正行动的,也不是任何人都能采取更正行动的,仅在偏差较大又影响到目标实现时才需要采取行动,也只有被授予权力的人员才能采取行动。

产生偏差的原因是复杂的,所以更正行动可能是各种各样的。但一般情况下,不要过多地追究个人责任，以防引起负作用。

## 五、企业战略控制的手段和方法

战略控制在企业内部的控制手段包括人员配备、实施评价、组织结构、政策与规则、财务办法、计算机控制系统等。

1. 人员配备控制。人员配备控制从两方面进行，一是对职工进行选择；二是对职工进行培训。人事选择主要针对任用谁、提升谁、调动谁的问题，这是一种非常重要的控制手段。如果在人事选择方面出现偏差，可能会给战略实施带来重大损失，与此相反，选择出合适的人员，特别是合适的高层管理人员，将会给战略实施带来巨大的收益。人员培训包括技术的业务方面的培训，也包括理念、行为、态度、价值观及文化方面的培训。从战略控制角度来讲，往往对职工在理念、行为、态度、价值观及文化方面的培训显得更为重要。

2. 实施评价控制。实施评价控制是企业为防止并更正非战略期望行为的一种有效控制措施。由于人的经验、阅历、价值观以及感知能力不同，同样的控制手段对于不同的人产生的效果不同。例如有的人对于自己的上级及其他人对自己的评价极为重视，认为这是衡量自己成功与否的标志，而另一些人则并不太重视上级及其他人对自己的评价，而仅注意自己的评价，对于这两种人就应采用不同的控制手段。在企业中奖惩都来自于实施评价，奖惩是实施评价的结果。

3. 组织结构控制。企业中都有明确的组织机构图、工作规则或岗位责任制，它们说明了组织中每个职位的权力和责任。如何合理地建立这种权力结构对战略控制影响很大。权力和责任划分合理，使职工能有效地互相协调合作，会大大促进战略实施，并取得理想绩效。否则会导致战略失控，不能取得应有的绩效。

组织结构的关系就是信息沟通渠道，组织结构合理，则信息沟通渠道畅通，有利于进行战略控制。

组织结构也决定了控制跨度，所谓控制跨度是指向同一个人报告的人员数量。

管理者控制跨度小，他对下级的战略控制就紧一些，控制跨度大，他对下级的战略控制可能就松些。管理者可能没有足够的时间和精力来控制那么多的下级，因此组织结构合理使管理者的控制跨度较为均衡，使战略控制得以有力而高效地进行。

4. 政策与规则控制。政策与规则是战略控制的重要方式。政策是企业为实现战略目标而订立的行动准则，规则是规定出来供大家共同遵守的制度或章程。政策与规则的差别在于政策指导的范围大，往往是指导性的，灵活性较大。而规则指导的范围小，往往是具体的指令，灵活性较小。政策是由企业高层管理者或企业最高权力机构制定的，规则可能是由企业各部门根据政策要求自己制定的。

企业战略的许多项目都是由政策和规则来进行控制，这种控制手段有助于限定企业有关部门或个人的主观判断以及所要采取的行动。

5. 财务控制。财务控制的目的：第一，防止错误地分配资源；第二，及时提供财务信息反馈，以便更正错误行为。整个战略活动过程都在财务控制手段之下进行，一般是通过企业内部审计部门、财务部门以及公司董事会中进行控制。财务控制对战略实施控制至关重要，是战略控制的核心问题之一。

财务控制的方法有两种即预算控制和审计控制。

（1）预算控制。预算控制是使用最广泛的控制手段。企业预算是指企业未来一定时期内经营、资本、财务等各方面的收入、支出、现金流的总体计划，它将企业各种经济活动的计划用货币的形式表现出来。预算必须根据企业战略来制定，要与企业战略目标保持一致，预算是战略的数量化的详细计划，是未来经营活动的依据，是将企业活动导向战略目标的有力工具。

预算控制是管理控制中使用最广泛的一种控制方法。预算控制最清楚地表明了战略与控制的紧密联系。预算是战略的数量表现，也是转化为战略控制标准的计划。编制预算实际上就是战略控制过程的第一步，即拟定标准。战略控制过程第二步，即找出偏差。战略控制过程的第三步，即采取纠正措施，消除偏差。编制预算能使战略及战略目标和拟定标准的工作得到落实和改进。当为企业各部门都编制了预算时就为协调组织的活动提供了基础。同时，由于对预算结果的偏离更容易被查明和评定，预算也为控制工作中的纠正措施奠定了基础。所以，预算可以帮助企业做出更好的计划和协调，并为控制提供了基础，这正是编制预算的基本目的。

只有充分按照企业战略及战略目标要求，按照企业组织机构状况制定、协调并完善计划，才有可能编制出一个足以作为控制手段的分部门的预算，也才能对各级主管人员真正起到指导和控制约束的作用。

只有当主管人员通过预算清楚地看到哪些资金由谁来使用，将在什么地方、什么时间使用，清楚地看到费用的开支计划、收入计划和投入产出计划时，主管人员才有可能放心地授权给下属，使下属在预算限度内去实施战略。

（2）审计控制。审计控制是指根据预定的审计目标和既定的环境条件，按照战略的要求审查、监督企业经济运行状况，通过评价所得论断与战略要求标准之间进行比较，发现偏差，采取措施纠正偏差、排除干扰，使企业各项活动在战略规定的范围内发展，以期达到战略目标的过程。

审计控制是通过审计活动对运用组织资源的业务活动的一种控制，旨在使之符合战略目标的要求。所以审计控制的目标是使企业的各项业务活动提高其合规性和效益性。合规是指各项业务活动合企业战略及战略目标之规。审计控制的范围是企业的各项业务活动，而不仅仅是财务活动。只要这些活动利用了组织的资源（而不仅仅是资金、资产），都要进行审计，只有在企业各项业务活动深入研究的基础上，才有可能发现创造效益、提高效益的源泉。审计控制的方式是过程式的，包括事前、事中和事后，而不仅仅是事后的审计。过程式审计，更好地体现了审计的预防控制职能，在过程中发现业务活动中存在的潜在风险，做到防患于未然，能够解决"结果式审计"所不能解决的问题，更有利于战略控制目标的实现。审计控制的范围不仅仅是业务活动，更主要的是业务活动的结果产生的机制。即审计控制更关心的是从机制上解决问题，而这种机制又往往不是通过组织部门内部能够解决的，一般而言，这种机制改进是要通过企业高层管理者或董事会才能解决，而只有从机制上解决了问题才真正实现了战略控制的目标。当然，审计控制是一种重点控制，而不是全面控制，纳入审计控制范围的是企业战略中的重大项目、大额资金、重要资产、重要资源等,是审计控制遵循的重要原则。①

6. 计算机控制系统。这是应用计算机参与控制并借助一些辅助部件与企业战略相联系、以获得战略控制目的而构成的系统。企业中目前广泛应用计算机管理系统来实际控制企业的各项活动。应用互联网、大数据、云计算等信息技术对企业战略实施各项活动进行监控具有精度高、速度快、存储容量大、实时性及互动性好、有逻辑判断功能等特点,这使战略控制建立在信息化基础上,这是企业战略控制的发展方向。

计算机控制系统一般由采集模块、传输模块、监督模块、控制模块等组成,战略控制系统应满足以下几个基本要求:控制系统应当是节约的,既不能产生过多信息,也不能提供太少的信息,应是最经济地产生为各控制部门所需要的必要信息;控制系统应与企业战略的重要项目及关键目标相联系,能为各控制部门人员提供真正需要的有价值的信息;控制系统应能提供有关发展趋势的定性信息,以使管理人员能及时发现问题,及时采取纠偏措施;控制系统应能够实时将战略运行实际情况与战略标准进行对比,发现偏差,并能提出纠偏方案,供各级控制部门参考。

## 六、如何有效地实施战略控制

### （一）及时性

较好的战略控制必须及时发现偏差,迅速报告上级,使上级能及时采取措施加以更正。如果信息滞后,往往会造成不可弥补的损失,时滞现象是反馈控制的一个难以克服的困难。虽然发现偏差、找出偏差可能不会花费很长的时间,但分析偏差产生的原因,提出纠正偏差的具体方法也许旷日持久,当真正采取这些办法去纠正偏差时,实际情况可能已有了很大变化。如何解决这种问题? 较好的办法是采用前馈控制,采取预防性控制措施,使实施战略的最初阶段就能严格按照标准方向前进,一旦发现偏差就要对以后的实施情况进行预测,使控制措施针对将来,这样即使出现时滞现象,也能有效地加以更正。②

### （二）经济性

战略控制活动是需要费用的,是否进行控制,控制到什么程度,都要考虑费用问题。要把控制所需费用同控制所产生的结果进行经济比较,只有当有利可图时才实施战略控制。当然,在选择控制手段之前要有足够的信息资料,能比较准确地计算出战略控制成本及战略绩效价值。

### （三）客观性

战略控制应当尽量做到客观,这是对战略控制工作的基本要求。在战略控制过程中最易引起主观因素介入的是对人的绩效的衡量,这可能来自两种心理方面的作用,一种是晕轮效应;另一种是优先效应。晕轮效应是一种以点带面的效应,人们往往习惯把人的

---

① 审计控制. baike. baidu. com.

② 徐国华,张德,赵平. 管理学[M]. 北京:清华大学出版社,1998.

行为中的某一点覆盖于人的全部行为之上,这种效应容易引起判断上主观性造成评价上的偏差,比如"情人眼里出西施",就是形容这种晕轮效应。所谓优先效应是指人们往往把第一印象看得更重要,以至于影响今后对人的评价,这也是心理作用,比如"开始要给人的一个好印象"。管理者要严防上述两种心理效应在评价工作中出现,如果没有对绩效的客观评价或衡量,就不可能有正确的战略控制。

要客观地进行战略控制,第一,要尽量采用客观的计量方法,尽量把绩效用定量方法记录并评价,把定性的内容具体化;第二,管理人员要从组织目标来观察问题,应避免主观性、个人偏见和成见。

### (四)具有弹性

企业必须保证在发生了一些未能预测到的事件情况下,战略控制工作仍能有效进行,不受影响。例如企业环境变化、新产品开发失败等情况发生,此时战略控制必须要有弹性,必须要有替代方案,使战略控制仍能有效进行。

战略控制如果过度控制,频繁干预,容易引起消极反感。因此,战略控制要适度,要有一定弹性,只要能保证与战略目标的一致性,就应尽可能减少对实施过程的干预,尽可能多地授权下属,使其有更多的自主权,能在小范围、低层次解决问题的,绝不要在大范围、高层次上去解决,战略控制要充分调动各级管理人员的主动性、积极性和创造性,才能使战略实施取得好的效果。

### (五)战略控制必须配合组织形态

战略控制要同组织和人员分工、职责、权力、激励结合起来,组织是维持战略控制系统的骨架,组织和战略控制要配合进行,否则战略控制将不会收到效果。

### (六)战略控制要预测未来

及时发现偏差,不如预先已估计出可能发生的偏差,预先采取行动会更好。所以,战略领导者最好能设计出一种战略早期预警系统,使战略实施潜在问题及未来的偏差能早日觉察,以防患于未然。

### (七)战略控制要有重点

战略控制不可能控制战略实施中的所有项目,但必须控制关键的项目,而且仅仅是在这些项目的偏差超过一定限度足以影响战略目标达成之时,企业才会采取战略控制措施予以更正。

# 主要参考文献

[1] 李俊.中国经济国际化现状评估与路径建议[J].国际经济合作,2011(8).

[2] [英]托马斯·加拉文,杰拉德·菲茨杰拉尔德,迈克·莫利.企业分析[M].马春光,译.北京:生活·读书·新知三联书店,1997.

[3] [美]加雷斯·琼斯,珍妮弗·乔治,查尔斯·希尔.当代管理学[M].北京:人民邮电出版社,2003.

[4] [美]弗莱蒙特·E.卡斯特,詹姆斯·E.罗森茨韦克.组织与管理:系统方法与权变方法[M].傅严,李柱流,等译.北京:中国社会科学出版社,2000.

[5] [美]丹尼尔·A.雷恩.管理思想的演变[M].孙耀君,等译.北京:中国社会科学出版社,1986.

[6] [美]伊恩·沃辛顿,克里斯·布里顿.企业环境(第四版)[M].徐磊,洪晓丽,译.北京:经济管理出版社,2011.

[7] [美]亨利·明茨伯格,布鲁斯·阿尔斯特兰德,约瑟夫·兰佩尔.战略历程:纵览战略管理学派[M].刘瑞红,徐佳宾,郭武文,等译.北京:机械工业出版社,2002.

[8] [美]乔治·A.斯蒂纳,约翰·F.斯蒂纳.企业、政府与社会[M].张志强,王春香,译.北京:华夏出版社,2002.

[9] 长城战略咨询:产业分析方法,豆丁网.docin.com.

[10] [美]Porter Michael E.竞争战略[M].陈小悦,译.北京:华夏出版社,1997.

[11] 杨成长.产业跨界融合呈现五大趋势[N].中国证券报,2014-10-24.

[12] [美]富兰克·H.奈特.风险、不确定性和利润[M].王宇,王文玉,译.北京:中国人民大学出版社,2005.

[13] 刘东.资源、能力与企业战略[M].北京:经济管理出版社,2006.

[14] 黄津孚.资源、能力与核心竞争力[J].经济管理·新管理,2001(20).

[15] 王伟光,吉国秀.知识经济时代的技术创新[M].北京:经济管理出版社,2007.

[16] 刘平.战略管理(项目教学版)[M].北京:机械工业出版社,2013.

[17] 石军伟.社会资本与企业行为选择[M].北京:北京大学出版社,2008.

[18] 周晓东,项保华.意会知识及其企业内传播的探讨[J].软科学(成都),2003(3).

[19] 江积海.动态能力是"皇帝的新装"吗[J].经济管理(京),2012(12).

[20] 江若玫,靳云汇.企业利益相关者理论与应用研究[M].北京:北京大学出版社,2009.

[21] 赵斌,陈玉保,等.企业伦理与社会责任[M].北京:机械工业出版社,2011.

[22] 彭华岗,等.企业社会责任管理体系研究[M].北京:经济管理出版社,2011.

[23] 欧阳润平.义利共生论——中国企业伦理研究[M].长沙:湖南教育出版社,2000.

[24] 厉以宁.道德是调节经济运动的第三种方式[N].新华日报,1999-05-06.

[25] 叶陈刚.企业伦理与文化(第二版)[M].北京:清华大学出版社,2007.

[26] 文红芳,郭福才.战略视角下的企业伦理竞争优势的构建[J].企业管理,2009(2).

[27] 艾莉森·艾宁.如何低成本提供卓越服务[J].商学院,2014(9).

[28] 孟卫东.战略管理——创造持续竞争优势(第二版)[M].北京:科学出版社,2014.

[29] 顾桥,梁东,刘泉宏.体验营销的理论与实践[M].北京:中国地质大学出版社,2012.

[30] [美]乔治·S.戴伊,戴维·J.雷布斯坦因,罗伯特·E.冈特.动态竞争战略[M].孟立慧,顾勇,龙烁,译.上海:上海交通大学出版社,2003.

[31] 迟晓英,宣国良.正确理解供应链与价值链的关系[J].工业工程与管理,2000(4).

[32] [美]小阿瑟·A.汤普森,约翰·E.甘布尔,A.J.斯特里克兰.战略管理:获取竞争优势[M].蓝海林,李卫宁,黄嫚丽,等译.北京:机械工业出版社,2006.

[33] [美]迈克尔·克尔德,安德鲁·坎贝尔,马库斯·亚历山大.公司层面战略:多业务公司的管理与价值创造[M].黄一义,谭晓青,冀业鹏,颜晓东,译.北京:人民邮电出版社,2004.

[34] MBA必修核心课程编译组.经营战略[M].北京:中国国际广播出版社,2002.

[35] 宋璇.海外并购的第六次浪潮[N].国际金融报,2014-05-19.

[35] [加]丁焕明,[德]弗里茨·克勒格尔,[德]斯蒂芬·蔡塞尔.科尔尼并购策略[M].张凯译.北京:机械工业出版社,2004.

[36] 庞守林,邱明,林光.企业并购管理[M].北京:清华大学出版社,2008.

[37] [美]乔尔·布利克,等.协作性竞争:全球市场的战略经营与收购[M].林燕,等译.北京:中国大百科全书出版社,1998.

[38] [法]皮埃尔·杜尚哲,贝尔纳·加雷特,[中]李东红.战略联盟[M].北京:中国人民大学出版社,2006.

[39] 林珏.跨国公司并购和跨国战略联盟研究[M].上海:上海财经大学出版社,2011.

[40] 陈建南.经济全球化中跨国公司战略联盟新趋势和启示[J].经济前沿,2001(1).

[41] 姚建农.跨国公司组织结构网络化研究[J].浙江大学博士论文,2005.

[42] 邹文杰.企业战略联盟研究——基于企业能力理论视角的分析[J].厦门大学博士论文,2007.

[43] 张仁琪,高汉初.世界汽车工业——发展趋势、矛盾、对策[M].北京:中国经济出版社,2001.

[44] 颜士梅,王重鸣.战略联盟与并购:两种企业组织方式的比较分析[J].科学研究,2002,20(3).

[45] 闻雪.企业外部成长战略之战略联盟与并购的选择[J].商场现代化,2006(中旬刊)(总第47期).

[46] [美]保罗·克鲁格曼,劳瑞斯·奥伯斯法尔德.国际经济学[M].海闻,译.北京:中国人民大学出版社,1998.

[47] 卢进勇."走出去"战略与中国跨国公司崛起:迈向经济强国的必由之路[M].北京:首都经济贸易大学出版社,2012.

[48] 谢文杰.当代跨国公司发展研究:兼论中国跨国公司全球战略[M].北京:知识产权出版社,2012.

[49] [美]迈克尔·波特.国家竞争优势[M].李明轩,邱如美,译.北京:中信出版社,2007.

[50] 马亚明,张岩贵.技术优势与对外直接投资:一个关于技术扩散的分析框架[J].南开经济研究,2003(4).

[51] 冼国明,杨锐.技术积累、竞争策略与发展中国家对外直接投资[J].经济研究,1998(11).

[52] 王恕立,卢平.发展中国家FDI理论的发展与对中国的启示[J].武汉理工大学学报(信息与管理工程版),2009(3).

[53] 陈本昌.中国企业海外并购的动因——基于投资诱发要素组合理论的一种解释[J].东北财经大学学报,2009(2).

[54] 卢勇.西方FDI理论评述及其借鉴意义[J].国际贸易,2010(24).

[55] 邹奋先,门成奎."天生全球化"理论综述[J].商业时代,2009(4).

[56] 周海军,邹奕杰,史敏."天生全球化"研究文献综述[J].科学管理研究,2010(2).

[57] 杨蕙馨,等.经济全球化条件下产业组织研究[M].北京:中国人民大学出版社,2012.

[58] 张毅.全球产业结构调整与国际分工变化[M].北京:人民出版社,2012.

[59] 张毅.跨国公司在华直接投资的战略演进[M].武汉:华中科技大学出版社,2008.

[60] 康荣平,柯银斌,许惠龙.冠军之道:利基战略设计与实施[M].北京:中国对外翻译出版公司,2006.

[61] 王志乐.静悄悄的革命——从跨国公司走向全球公司[M].北京:中国经济出版社,2008.

[62] 康荣平.无母国型跨国公司的产生[J].环球企业家,2005(11).

[63] 毛蕴诗,戴勇.OEM、ODM到OBM:新兴经济的企业自主创新路径研究[J].经济管理·新管理,

2006,10(20)(总第 404 期).

[64] 毛蕴诗,吴瑶.企业升级路径与分析模式研究[J].中山大学学报,2009(1).

[65] 薛求知.无国界经营[M].上海:上海译文出版社,1997.

[66] 商务部跨国经营管理人才培训教材编写组.中外企业跨国战略与管理比较[M].北京:中国商务出版社,2009.

[67] 乔为国.商业模式创新[M].上海:上海远东出版社,2009.

[68] 徐迪.商业模式创新复杂性研究[M].北京:经济管理出版社,2005.

[69] 王启亮,虞红霞.商业模式与企业战略差异问题研究[J].当代财经,2008(8).

[70] 赵大伟.互联网思维——独孤九剑[M].北京:机械工业出版社,2014.

[71] 陈钰芬,陈劲.开放式创新:机理与模式[M].北京:科学出版社,2008.

[72] 张洪石.突破式创新及其组织[M].北京:知识产权出版社,2013.

[73] 曾鸣,宋斐.C2B 互联网时代的新商业模式[J].哈佛商业评论,2012(2).

[74] 鄢瞻.网络营销[M].北京:清华大学出版社,2013.

[75] 顾桥,梁东,刘泉宏.体验营销的理论与实践[M].北京:中国地质大学出版社,2012.

[76] 孙开庆.电子商务环境下的非中介化和再中介化[J].云南财贸学院学报,2006,22(1).

[77] 祁顺生.归核化战略[M].上海:复旦大学出版社,2002.

[78] 任浩.战略管理——现代的观点[M].北京:清华大学出版社,2008.

[79] [美]拉里·博西迪,拉姆·查兰.执行:如何完成任务的学问[M].北京:机械工业出版社,2003.

[80] [美]芒福德.领导力[M].杜文军,吕航,译.北京:人民卫生出版社,2014.

[81] 张一驰.中层管理者培训读本[M].北京:中国商业出版社,2012.

[82] 姜汝祥.新执行[M].上海:上海财经大学出版社,2013.

[83] 黄杰.赢在中层:中层管理者执行力法则[M].北京:中国华侨出版社,2010.

[84] 刘海建.企业组织结构刚性与战略变革[M].北京:商务印书馆,2013.

[85] 徐大韦.企业组织结构:21 世纪新环境下的演进与发展[M].北京:经济管理出版社,2008.

[86] 徐志坚.多企业组织结构分析与竞合策略[M].南京:南京大学出版社,2011.

[87] 顾桥,马麟.企业战略管理[M].北京:北京大学出版社,2014.

[88] [美]德赫斯·A.长寿公司:商业"竞争风暴"中的生存方式[M].王晓霞,刘星,译.北京:经济日报出版社,1998.

[89] 饶扬德,王肃,熊祥福,王学军.创新协同与可持续成长[M].北京:科学出版社,2012.

[90] 汤学俊.企业可持续成长的途径[M].北京:社会科学文献出版社,2007.

[91] [美]拉姆·查兰,诺埃尔·M.提切.持续增长[M].鲁刚伟,译.北京:中国社会科学出版社,2005.

[92] [美]詹姆斯·库泽斯,巴里·波斯纳.领导力[M].李丽林,扬振东,译.北京:电子工业出版社,2004.

[93] 梁能,尹尊生,李玲,李惠眉.公司治理结构:中国的实践与美国的经验[M].北京:中国人民大学出版社,2000.

[94] 芮明杰,胡重星,张良森.企业战略转型中组织学习的效用分析[J].研究与发展管理,2005(2):99-104.

[95] 唐健雄.企业战略转型能力研究[M].长沙:湖南人民出版社,2010.

[96] Milliken F. J.. Three of Perceived Uncertainty about the Environment: State, Effect, and Response Uncertainty. The Academy of Management Review, 1987, Vol. 12, No. 1, pp. 133-143.

[97] Grant R. M.. The Resource-based Theory of Competitive Advantage: Implications for Strategy Formuation, California Management Review, Spring, 1991.

[98] Grant T. Savage, Timeothy W. Nix, Carlton J. Whitehead, D. Blair. "Strategies for Asseting and Managing Organizational Stakeholders." Academy of Management Executive (Vol. V, No. 2 May

1991) 65. Reprinted with Permission.

[99] Michael A. ,Hitt R. ,Duane Lreland, Robert E. Hoskisson. Strategic Management: Competiveness and Globalization. South-West College Publising,1999.

[100] Bendiner J.. Understanding Supply Chain Optimization [M]APICS-the Performance Advantage, 1998, 1:pp. 34-40.

[101] Sheridam J. H.. Management the Value Chain for Grouth [J]. IW,1999,Sept. 6:pp. 50-54.

[102] Booth R.. Appreciating the Value before Coanting the Cost [J]. Management Accounting, 1997, (Jan):pp. 54.

[103] Graves S. C. , Kletter D. B. , et al. A Dynamic for Requirements Planning.

[104] Dunning J. H.. Globalization and the Theory of MNE Activity, In N. Hood and S. Young (eds). The Globalization of Multinational. Enterprise Activity, London: Macmillan, 1999,pp. 21-54.

[105] Baladwin R. E. , Nicoud F. R. The Impact of Trade on Intra-industry Reallocations and Aggregate Industry Productivity: A Comment [A]. Working Paper, 2004(7).

[106] Baladwin R. E. ,Forslid R. ,Trade Liberalization with Firms[A]. CEPR. Discussion Paper Series, 2004(12)

[107] Bernad A. B. , Eaton J. , Jenen J. B. , Kortum S.. Plants and Productivity in International Trade [J]. American Economic Review,2003,93(4).

[108] H. Mintzberg and A. McGugh. Administrative Science Quarterly. Vol. 30,No. 2. June 1985.

# 教学支持说明

▶▶ 课件申请

尊敬的老师：

您好！感谢您选用清华大学出版社的教材！为更好地服务教学，我们为采用本书作为教材的老师提供教学辅助资源。鉴于部分资源仅提供给授课教师使用，请您直接手机扫描下方二维码实时申请教学资源。

任课教师扫描二维码
可获取教学辅助资源

▶▶ 样书申请

为方便教师选用教材，我们为您提供免费赠送样书服务。授课教师扫描下方二维码即可获取清华大学出版社教材电子书目。在线填写个人信息，经审核认证后即可获取所选教材。我们会第一时间为您寄送样书。

任课教师扫描二维码
可获取教材电子书目

清华大学出版社

| | |
|---|---|
| E-mail: tupfuwu@163.com | 网址：http://www.tup.com.cn/ |
| 电话：8610-62770175-4506/4340 | 传真：8610-62775511 |
| 地址：北京市海淀区双清路学研大厦B座509室 | 邮编：100084 |